대중문화의 이론과 현장

대중문화의 이론과 현장

최양묵 지음

W미디어

오늘날 한국사회는 대중문화가 넘쳐흐르고 있다. 한 국가에는 정치, 경제, 사회 등 근간이 되는 분야가 두루 있기 마련이지만, 특히 21세기에 들어와서는 이것들이 모두 대중문화 속으로 빨려 들어와 녹아 있거나, 아니면 내용이 무엇이든 간에 대중문화라는 포장지로 싸서 전시된다. 따라서 자세히 살펴보면 여러 가지 현상들은 대중문화라는 개념을 빼놓고는 아무것도 이야기할 수가 없다.

우리는 대중문화의 홍수 속에서 살고 있고, 그 거센 흐름에 빠져 허우적거리고 있는 모양새이다. 무슨 이유 때문에 이런 일들이 일어나는 것일까? 그것은 아마도 세계적인 미디어와 인터넷의 확장과 확산 때문이 아닐까 생각된다. 우리의 경우도 680여 개의 일간지와 경제지, 스포츠신문, 지하철 입구에서 배포되는 무가지까지 합치면 실로 엄청난 양의 활자 정보가 제공된다. 거기에다 5개 지상파 텔레비전 방송을 비롯해 100여 개 채널에서 나가는 케이블 텔레비전, 그 속에서 호시탐탐 나타나는 홈쇼핑 방송, 위성방송, 또 새롭게 등장한 DMB, IPTV 등 240여 개 방송을 통해 헤아릴 수 없는 거대한 분량의 영상정보를 쏟아내고 있다. 또 전국적으로 300여 개가 넘는 극장에서 매일 한국 영화와 할리우드 영화 등이 상영되고 있다. 1,860여 개의 인터넷 매체는 이들과 비교할 수 없는 엄청난 양의 정보를 시시각각으로 올리고 있다. 이러한 활자매체와 영상매체, 그리고 인터넷을 통해 쉬지 않고 광고가 따라다닌다. 결국 이들은 특이하고 유별난, 어느 면에서는 이상하기까지 한 영상을 창출하기 위해 밤낮을 가리지 않고 노력하는데, 최종적으로 추구하는 목표는 '영상 이미지를 자극해 만들어내는 감성'이다.

여기서 중요한 관점은 이미지와 감성이다. 이미지의 사전적 의미는 영상이나 심상(心象)을 말하며, 감성은 자극에 대하여 감각·지각이 일어나게 하는 능력, 또는 감수성을 지칭한다. 이것들을 다시 풀이하면 해당 내용과는 별개로 외모, 외피, 외연(사물의 범위) 등을 이용해 자기 목적을 달성하고자 하는 행위의 배경이라고 할 수 있다. 소위 다매체 범주인 연극, 영화, 텔레비전, 뮤지컬, 대중음악, 애니메이션, 만화, 게임, 인터넷, 광고, 현대무용, 비보이(B-boy), 넌버벌 퍼포먼스(Non-Verbal Performance) 등의 내용을 판매하는 개념인 콘텐츠(contents)는 모두 이미지와 감성을 통로와 과정으로 하면서, 또 최종 목표인 수익을 위해서 만들어지고 있다.

그러다보니 국민들은 자신도 모르는 사이에 텔레비전이나 영화, 광고가 내뿜는 이미지와 감성에 익숙해져 있다. 심하게 말하면 거기에 깊이 중독되어 있다고 표현해도 결코 지나치지 않을 것이다. 더욱이 우리나라의 경제 규모가 세계 10위권에 올라 있기 때문에 먹고사는 문제로 아웅다웅하는 것도 과거와 다르다. 우리는 그저 멋있는 것을 보고, 사고, 입고, 먹고, 춤추고, 즐기면서 살면 그만이다.

이런 감성시대의 주역들은 아무래도 텔레비전 탤런트들이 다수이다. 이들이 인기가 생기면 영화도 찍고 광고에도 나가 거액의 돈도 벌고 스타 대접을 받게 되니까, 모든 젊은이들은 탤런트가 되는 꿈을 한 번쯤 꾸어볼 수 있다. 만약 다소라도 용모, 신장 등 조건이 유리하다면 탤런트 되기에 목숨을 걸게 된다. 최근에는 텔레비전 드라마, 영화 등의 시장이 확장되어 한 번 도전해보는 것도 결코 나쁘지 않다.

그러나 시청자들의 눈은 여간 까다로운 것이 아니다. 뿐만 아니라 아주 변덕스럽다. 실력이 있어, 또는 운이 좋아 드라마 출연의 기회를 잡았다 하더라도 그 유통기간이 대단히 짧은 것이 최근 두드러진 현상이다. 그래서 반짝하고 나타나는 '반짝 스타' 들이 즐비하고, 곧 깜빡하고 사라지는 '깜빡 탤런트' 가 셀수 없이 많다. 이렇게 탤런트는 진입 과정에도 어려움이 도사리고 있을 뿐만 아니라, 그 직분을 유지하는 데도 인내심과 노력이 필요하다. 우리가 모두 아는 대로 탤런트는 우선 뛰어난 미모와 연기력, 그리고 도덕적·윤리적 자기 절제가 필수이다. 연기력과 자기 절제의 본질은 상식과 교양, 지성과 이성이며, 이것들이 감성과 적절히 조화를 이룰 때 훌륭한 탤런트가 탄생하게 된다.

현실은 우리의 이런 이상과 사뭇 다르다. 감성이 뛰어난 사람들은 고교와 대학 시절에 학업에 충실하지 못한 경우도 많을 수 있으며, 탤런트가 되어 현업에 투입되었다면 교양이나 전문서적을 읽을 시간이 좀처럼 나지 않고, 또 그런 분위기도 아닐 것이다. 영국의 스타 축구선수인 데이비드 베컴의 아내로, 또 팝그룹 스파이스 걸스의 전 멤버로 유명한 빅토리아 베컴은 "학창시절 교과서를 빼놓고는 평생 책이라는 것을 손에 들어본 적이 없다" 고 고백했다고 〈시크〉 지는 전한다. 이러한 상황을 잘 설명해주는 기사이다.

이 책은 텔레비전, 영화 등에 관련된 대중문화이론 중에서 현장작업을 해나가는데 도움이 되는 내용들을 요점 정리하는데 그 기본적인 뜻이 있다. 현업과 실기에 기초적인 자양분을 공급하는 이론들은 매우 다양하다. 문명과 문화, 대중문화론, 커뮤니케이션과의 관계, 텔레비전 이론, 연기론, 영상이론, 영화, 애니메이션 등 넓은 스펙트럼(범위)에 걸쳐 포함되고 있다.

대중문화는 특히 휘발성이 매우 강한 분야이다. 불붙기도 쉽지만 사그라질 때도 순식간이다. 즉 본질이 아닌 내용들은 일시적인 경우도 많다. 이론과 연구로서는 손에 잘 잡히지 않는다. 대중문화를 제대로 이해하고자 한다면 그 현상의 파악이 매우 절실하며, 발생하고 있는 사례를 고찰하는 것이 유용하다. 따라서 이미 세상에 노출된 여러 스토리에 근접함으로써 대중문화의 핵심 지점에 도달하고자 한다. 이 방법으로 큰 줄기와 작은 가지들이 수없이 돋아있는 대중문화를 독자들이 알기 쉽게 이해하도록 '이야기하는 식', 또는 '이야기 사전식'으로 꾸며보았다.

이 책의 제목은 애초에 젊은 층이 선호하는 느낌의 '대중문화와 연애하기'로 작명했었다. 그러니 대중문화 이론 분량이 적지 아니 늘어나 〈대중문화의 이론과 현장〉으로 개명하게 되었다. 기술 내용은 '비주얼'과 '이미지', '감성'과 '정서적 메시지'를 주로 다루었는데 관련 스타와 저명인사의 사진을 싣지 못하게 되어 아쉽다. 사진은 글의 이해력과 설득력에도 상당한 도움을 준다. 그러나 초상권은 엄격하고 그 접근통로가 높아 어찌 해볼 도리가 없었다. 유감스러운 일이다. 또한 이 책의 출판을 결정하고 많은 양의 원고를 세밀하게 검토해주신 W미디어 박영발 사장님께 심심한 감사를 표하는 바이다.

최 양 묵

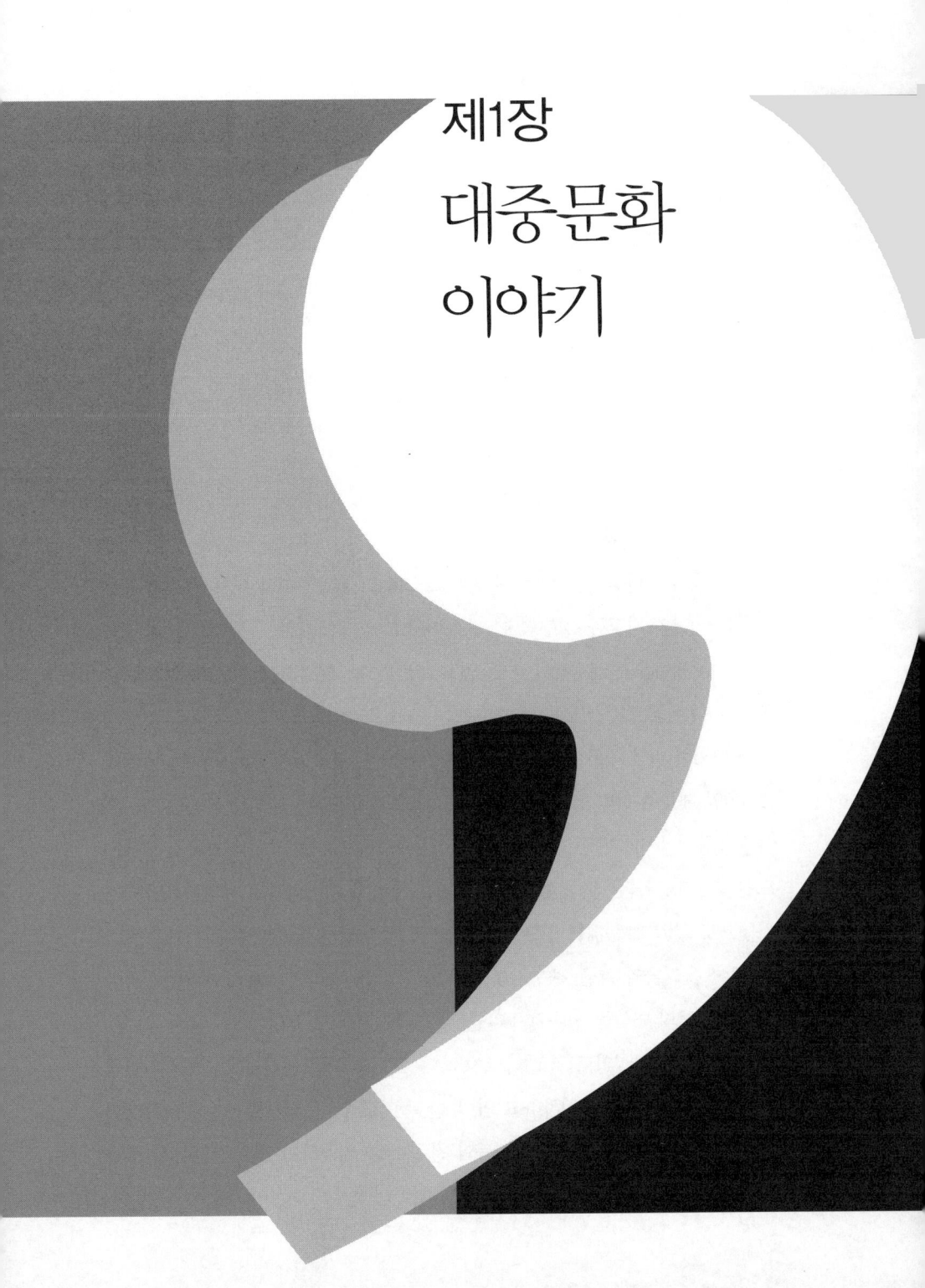

제1장

대중문화
이야기

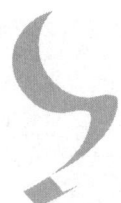

1. 대중문화의 개황

20세기를 마감하기 10여 년 전부터, 그리고 21세기에 들어와서도 전 인류는 텔레비전의 막강한 영향력 아래 살아가고 있다. 그것은 지상파 텔레비전을 비롯해서 케이블 텔레비전일 수도 있고, 위성방송, IPTV의 경우도 있을 것이다. 종류는 다소 다르지만 모두 텔레비전임에는 틀림없다.

1960년 미국 대통령 선거에서 닉슨과 케네디 후보의 텔레비전 토론, 1989년 11월 9일 베를린 장벽 붕괴, 1991년 걸프 전쟁, 2001년 9·11 테러, 2003년 미국의 이라크 공격과 바그다드 함락 등 역사적인 사건들, 그리고 계속되는 올림픽과 월드컵 축구 경기들은 모두 텔레비전 화면을 통해서 제공되었다. 세상이 온통 TV 화면으로 들끓고, 문제를 일으키고 해결되면서 궁금증을 풀어주고, 위안과 오락을 주어 우리들의 삶을 하루하루 이어가게 한다. 심하게 표현하면 텔레비전이 없다면 지구의 역사는 진행되지 않을 것 같다는 생각도 든다.

우리나라의 상황도 별로 다르지 않다. 오히려 다른 나라들보다 텔레비전에 기울어지는 정도가 더 심하다고 봐야 할 측면도 많다. 텔레비전이 우리나라의 정치, 경제, 사회, 문화, 과학, 체육 등의 전 분야를 지배하고 있는 정황이다. 국가의 장래와 국민의 일상생활에 영향을 주는 정치조차도 정치가들이 텔레비전 화면에서 보여지는 비주얼(visual), 이미지와 감성적 측면에 힘입어 선출되고 있다는 사실을 국민들은 모두 알고 있다. 국회의원은 물론이고 대통령 선거까지도 그런 선택기준에서 이미지가 많이 작용한다. 따라서 정치인들은 비주얼의 핵심인 텔레비전 카메라를 왕으로 섬기고 상전으로 모실 수밖에 없을 것이다.

보통시민들은 텔레비전을 끼고 살다시피 한다. 근래에 와서는 핸드폰에 그 자리를 일부 빼앗기고 있지만, 정보통신회사와 텔레비전 회사들이 핸드폰으로 텔레비전 프로그램을 시청할 수 있는 DMB 기술을 개발해 소위 '방송과 통신의 융합'을 구가하고 이윤을 더욱 올리고자 혈안이 되고 있다. 최근에는 또 하나의 강력한 신무기인 스마트폰도 가세해 전장(戰場)을 더욱 뜨겁게 달군다.

여기서 중요한 관점은 보도, 교양, 정보 등 텔레비전의 여러 가지 기능 중에서 오락기능 만이 쉬지 않고 극대화된다는 점이다. 드라마, 쇼 등 본격 오락 프로그램 외에도 약간의 교양으로 포장된 오락, 쇼의 요소가 과도하게 가미된 정보 등 전체 텔레비전 프로그램 숫자로 볼 때 오락 프로그램의 성격을 갖춘 프로그램이 거의 절반 이상을 넘는다고 봐도 과언이 아니다. 그 이유는 무엇일까?

우리나라는 이성 중심의 사회가 붕괴되면서 즉각적이고 즉물적이며 색조(色調)적이고 육체가 강조되는 감성의 사회에 깊숙이 진입해 오고 있다. 그 핵심 원인은 텔레비전으로 귀결된다. 그 이유는 텔레비전이 시청자의 눈을 유혹하기 위해 팩트(fact)와 메시지를 외면한 채 비정상적인 방법으로 오락적 소재를 과장·왜곡하고 불공정하며 선정적인 프로그램들을 양산해왔기 때문으로 분석할 수 있다. 이런 관점에 비추어볼 때, 2010년 현재까지도 국가의 미래와 비전을 선도해야 할 텔레비전의 정체성(正體性)은 적절히 확립되었다고 말하기는 어렵다.

이런 상황들은 '이미지 창출'에 불리한 신문(text)이 쇠퇴하고 있는 반면, 텔레비전은 즉시성과 화려한 화면을 바탕으로 승승장구하게 됨으로써 광고시장(독자와 시청자) 쟁탈전에서 더 큰 파이(pie)를 획득하기 위한 싸움에서 비롯된다. 한동안 쟁점이 되었던 '미디어법 개정' 문제도 정확하게 보면 신문은 텔레비전의 영역을 확보하고자 하는 것이고, 텔레비전은 과거에 누리던 독점적인 영화를 빼앗기지 않고자 하는 쟁투(爭鬪)에 다름 아닌 것이다. 다시 말해 '미디어 겸영(兼營) 시대다', '공영방송이 좋다', '상업방송은 못 하겠다' 하는 것들은 허울 좋은 구호일 뿐이다. 여기에 각 정당의 이해관계가 끼어들어 난리를 피우고 국력을 심각하게 소모시킨 것이다.

텔레비전 장르 별로 프로그램을 천착해 보면, 일부는 붕괴의 조짐마저 보일 만큼 위태로운 정황을 나타낸다.

보도는 전 정권에서는 표현하기 부끄러울 정도로 '불공정'의 극치였다. 새 정권으로 교체된 이후에 개선된 부분은 있지만 아직도 적지 않은 프로그램이 시청자 위주가 아니고 자신들의(기자 또는 PD) 기호, 이데올로기, 향토색, 이해관계에 따라 제작되는 구태의연한 행태들이 도사리고 있다. 왜냐하면 그들은 10년에 걸친 정권에서 호사를 누려 그 달콤함을 아직도 잊지 못하고 있기 때문이라는 견해가 우세하다. 그럼에도 불구하고 정치인들은 TV의 위력에 계속 놀라면서 지금도 TV를 이용하기에 골몰하고 있다.

텔레비전 드라마는 2009년과 2010년에 이르러 영화적 특성을 다수 차용하고 있는 경향이다. 즉 영화를 닮아가고 있다. 드라마 대본도 영화의 시나리오 작가를 기용하는가 하면, 강력한 액션과 폭력, 농도 있는 애정 장면을 삽입하기에 주저하지 않는다. 영화제작과 유사한 스케일 큰 로케이션을 일삼으면서 제작비를 퍼붓는다. 화면이 시원하고 광대하지 않으면 시청자들이 외면한다는 이유에서이다. 이런 시스템에서 '아침 드라마'는 그저 시간 때우기 소모품으로 전락하는 사례도 자주 발생한다. 콘텐츠라기보다는 일회용 칫솔 같은 신세일 수도 있다. 그래서 드라마 비용만 계속 소모되고 낭비되는 것이다.

또 TV 드라마의 형식과 내용은 불륜 드라마, 막장 드라마, 남자 기생화 드라마, 분노 드라마, 스피드 드라마, 미드식 드라마, 아이돌 출연 드라마 등 다양하게 변화하고 있다. 평균 40% 대의 시청률을 올린 SBS의 〈아내의 유혹〉은 막장 드라마의 대표선수이다. 왜 막장 드라마로 호칭되었는지는 분명치 않다. '막장' 의 사전적 의미는 '갱도(坑道)의 막다른 정면(正面)' 과 '허드레로 먹기 위해 담은 된장' 의 두 가지이다. 전자, 후자 모두 막장 드라마의 의미를 내포하고 있다고 할 수 있다. 이 드라마에서 폭력과 분노는 폭발한다. 여성 탤런트 김서형은 분노의 독보적 존재이다. 또 보통 드라마의 진전 속도보다 4~5배 빠르다는 것이다. 즉 한 달 정도가 지나야 도달될 이야기가 이틀 만에 끝나버리는 경우도 있어, 시청자는 내용이 어떻게 돌아가는지 모르고 그냥 그런가 보다 하고 시청한다. 스피드 드라마는 드라마 작법(文法)이 파괴된 상태이다. 막장 드라마의 의미가 축약·변형되어 '막드' 라고도 지칭된다. "막가야(막 만들어야) 시청자들이 막 보게 된다" 는 의미라고 한다. 막드의 관련자들은 부끄러움을 느껴야 할 것으로 생각하는 전문가들이 많다.

'불륜' 은 TV 드라마에 있어 토착화된 전통이지만, 남자 기생화 드라마는 〈꽃보다 남자〉를 통해서 강력하게 대두되었다. 남자의 강인함, 신중함은 실종되고, 여성 같은 예쁜 얼굴과 몸매가 강조되면서 '제멋대로의 젊은 남성' 을 칭송하기에 여념이 없다. 〈꽃보다 남자〉는 일본 만화 〈화4(花4)〉에서 비롯되었다. 이 일본 만화가 한국 변형 드라마를 통해서 "대한민국의 젊은 남성들이여! 이제 당신들은 모두 꽃으로 변신해야 산다" 를 외치고 있다. 이런 TV 드라마의 영향으로 일반사회에서도 남성들의 차림과 말투는 여성화되어 가고 있다. 이렇게 한국 TV 드라마는 "메시지는 상관없이 비주얼을 파는 시청률만 있으면 그만이다" 가 주조(主調)이다. 이것들이 시청률 지상주의의 현주소이다.

2009년에는 〈아이리스〉가 관심을 끌었다. 방송사에서는 '한국형 첩보 액션 드라마' 로 이름 지었다. 미국의 〈과학수사대(CSI)〉와 할리우드 액션이 혼합된 듯한 냄새를 풍긴다. 스토리의 핵심은 군산(軍産) 복합체 조직이 무기 등을 팔아먹기 위해 한국과 북한 간의 전쟁 도발을 시도하고 남·북의 정보원들이 이들을 막기 위해 목숨을 건다는 내용이다. 광화문광장에서의 총격전, 남북 정보원들의 등장, 김태희와 이병헌의 출연이 신선하다는 옹호론자도 있고, 남북관계라는 가장 심각·미묘한 내용을 TV 드라마가 가지고 놀았다는 비판도 만만치 않다. 재미(시청률)만 있으면 된다. 그래서 그들은 무소불위이다.

이렇게 TV 회사들은 다른 장르의 프로그램들은 안중에 없는 듯 드라마 대박에만 목을 매고 있다. 고(高) 시청률 드라마에서 제시되는 대사, 말투, 의상, 시추에이션(극의 상황), 배경이 되는 상품, 심지어 점포 스타일까지도 즉시 유행하게 된다. 이 틈에 여러 가지 종류의 상업적 이해관계가 끼어들어 혼탁해지고, TV 드라마의 분위기는 우리가 따라가지 않으면 안 되고, 지키지 않으면 큰 일 날 규범으로 인식된다.

한편 드라마 소비자들은 텔레비전 드라마는 천박하다느니 하는 비판을 하면서도 어느새 자신도 모르는 사이에 드라마에 빠져들게 된다. "이슬비에 옷 젖는다" 는 말이 있지만, 거기서 나오는 내용들은 무엇이고 간에 정당하고 진실하고 멋있다는 결론에 도달한다. 세뇌 당하고 마는 것이다. 드라마는 무슨 유사종교 비슷한 성격이 되고, 하나의 신앙처럼 떠받들어진다.

이런 원인을 딱 잘라 정확하게 판단내리기는 매우 어렵다. 전문가들은 세대의 변화, 즉 젊은이들의 사고방식과 생활태도를 거론하기도 한다. 전쟁을 겪지 않은 그들은 어려움과 인내를 모르고, 경제적 풍요는 단지 소비하면 되고 그것이 최대의 목표와 미덕이라는 주장도 있다. 텔레비전 와이프인 여성들의 입장도 비슷하다. 과거처럼 곤궁한 삶도 아니고, 많은 부분 시어머니 등쌀에 고통 받는 처지도 아니다. 핵가족 바람으로 아내의 권리와 의무가 남편과 동등하게 되고, 여성화된 남편 아니면 구조조정이니 명예퇴직이니 하는 사회 변화에 희생된 가장, 그 위에 군림하는 아내와 가정도 적지 않을 것이다. 그러니 무엇이 문제겠는가? 텔레비전 드라마에 깊이 탐닉하면서 그것을 즐기고 사족을 달고 모방하면 그만일 터이다.

중국의 마오쩌둥은 1949년 정권을 잡으면서 "중국 하늘의 반을 여성이 이고 있다" 는 발언을 한 적이 있다. 이 말은 자신을 지지할 수 있는 사람의 반이 여성이라는 계산에서 나온 것이다. 그래서 여성을 중시하겠다는 뜻이다. 이런 전략이 우리나라 텔레비전 공식에도 대입되고, 정치판에서도 이용되고 있다. 또 일부 단체들을 통해 무섭게 불고 있는 페미니즘 바람과 남성에 비해 소비욕구가 큰 여성을 노리는 제조회사들의 상혼도 한 몫을 톡톡히 하고 있다. 홈쇼핑의 거대한 매출이 그것을 증명하고 있다. 이런 다양한 요인 때문에 텔레비전은 날로 욱일충천하며, TV 드라마는 그 위세가 하늘을 찌르고 있다.

그러면 드라마의 핵심은 무엇인가? 대본과 탤런트이다. 그러나 작가는 대부분 장막에 가려져 있고, 연기자인 탤런트만 부각된다. 청춘들에게 탤런트는 그들의 꿈을 이루는 키워드이고 아이콘이며 지름길이다. 따라서 복권 못지않게 거부하기 어려운 유혹인 반면, 에베레스트처럼 정복하기 어려운 고지이기도 하다.

또 하나, 이렇게 사람들을 텔레비전에 깊이 빠지게 한 이유 중의 하나는 브라운관을 통해 보여지는 '색깔(color)' 을 들 수 있다. 우리는 원래 백의민족이었고, 또 일제강점기와 6·25전쟁, 1950~1960년대 경제적 어려움으로 해서 밝고 화려한 색깔을 거의 사용해본 경험이 없다. 1970년 이후 고도경제성장이 계속되면서 지금은 사용하지 않는 색깔이 없을 정도로 다양한 컬러가 속속 개발되었다. 그런 물결은 생활용품, 의상, 화장품, 가전, 자동차, 아파트 등 모든 제조업 분야에서 총천연색 상품들을 출시해낸다. 이것을 100% 조장한 것은 1980년 12월부터 방송된 컬러텔레비전이다. 컬러텔레비전의 화려하고 다양한 색깔이 비주얼 이미지와 감성을 자극·창출했고, 이 과정에서 탤런트들은 여기에 편승하게 되었다.

현재 연예오락 프로, 소위 예능 프로는 버라이어티(variety)가 대세이다. 여기에는 강호동과 유재석이 양대 지존(至尊)이다. 이들은 수하들과 함께 지상파 3사의 예능 프로들을 오가며 완전 점령해버렸다. 대부분 미약한 리얼리티, 아니면 자기들끼리 떠들고 놀며 밥 해먹기다. 최근에는 식당에서 밥 사 먹으면서 게임식으로

논다. 시청자는 상관없다. 무조건 웃어대면 된다. 막말이 난무하고, 취객처럼 떠드는 내용들이 여과 없이 쏟아진다. 이런 프로들이 유행하는 이유에 대해 제작자와 구성작가들은 시청자가 선호하니까 만든다는 핑계를 댄다. 하지만 시청자는 그런 것만 방송하니까 '울며 겨자 먹기'로 할 수 없이 본다는 반응이다. 시청자들의 말이 솔직하고 백 번 옳다. 버라이어티가 상당 부분 규탄 받아야 할 대목이 많다.

K-Pop(현재 유행하는 한국의 대중음악)에는 노래는 거의 실종됐고, 선정적인 춤만 존재한다. 이런 영향으로 남녀노소 가리지 않고 춤을 못 추는 사람은 대한민국 국민도 아니다. 모두 TV의 덫에 걸려 만들어진 기형적인 모습인 셈이다. 여기서 강조되는 것은 특히 여성의 '노출'이다. 걸 그룹 가수들도 그렇지만, 일요일 오전에 방송되는 어떤 프로그램의 무용수들은 가슴과 하체 사이에 커다란 빈 공간을 만들어내고 배꼽이 잘 보이도록 모션을 취하면서 춤을 춰댄다. 의상은 부정되고 가리개만 존재한다. 필자가 여러 경로로 개선을 요망한바 최근 다소 개선되었다. 〈추노〉라는 드라마 때문인지, 아이돌 그룹의 뮤직비디오 탓인지 남자들의 복근 보여주기도 유행이다. 남녀가 모두 벗겨진 상품으로 전락하고 있다. 또 반드시 춤을 춰야 하고, 다리는 계속 흔들어야 한다.

노래는 〈텔 미〉, 〈노 바디〉, 〈미쳤어〉, 〈총 맞은 것처럼〉, 〈지아〉, 〈내 머리가 나빠서〉, 〈토요일 밤에〉, 〈소원을 말해봐〉, 〈Abracadabra〉, 〈너 때문에〉, 〈루시퍼〉, 〈죽어도 못 보내〉, 〈밥만 잘 먹더라〉, 〈사랑이 딱해〉, 〈가식걸〉 〈훗(Hoot)〉 등이 히트하고, 후렴 부분은 반복되어야 한다. 가사(text)는 거의 사라져 버렸다. 또 말미에 'baby'는 빠지는 경우가 드물다. 흡사 야한 나이트클럽의 모습이다. 최근(2010년 12월 3일) 시스타의 〈니 까짓 게 뭔데〉라는 신곡이 가사 중에 타인을 비하하는 느낌의 단어가 들어 있다는 이유로(니 까짓 게 뭔데 내 눈에 눈물 나면 니 눈에는 피눈물 나) KBS로부터 방송 불가 판정을 받았고, 소속사 스타쉽엔터테인먼트는 일부 가사를 수정해 재심을 청구한다고 한다. 이렇게 유행곡들의 테마는 사랑인데, 그 표현은 헤어지면서 사랑은 별거 아니라는 듯 제목은 반어적 표현을 쓰고 있다. 그러면서 왜 사랑을 읊조리는지, 젊은 층에게 사랑은 그저 게임이고 장난인지 잘 알 수 없다. 지난 2009년 2월 26일에 있었던 JYP 엔터테인먼트의 연습생 공채엔 단 3명 모집에 2만여 명이 몰려 약 7,000대 1의 경쟁률을 기록한 바 있다. 한국 사회는 온통 노래와 춤판이다. 심하게 표현하면 미쳐 있다. 분량이 적은 가사로 만 본다면 최근 노래는 혼돈 상태이다.

교양 프로에 속하는 시사 프로(다큐멘터리의 범주로 분류하는 경우도 있음), 특히 〈PD 수첩〉은 2년이 지난 지금도 많은 문제를 계속 야기시키고 있다. 소위 PD 저 널리즘의 핵심 프로이다. 'PD 저널리즘'이라는 단어는 언론학에서 공인된 바 있 는지는 분명치 않다. 일반적인 개념으로는 한 가지 주제를 깊이 파고드는 취재 방식을 말한다. 여러 성공사례가 있음에도 불구하고 의도된 결론에 맞추어 결 말을 유도하는 구성방식을 추구함으로써 불공정하다는 비판을 받고 있다. 황우 석 박사의 논문조작의 경우도 정도(正道)를 벗어난 취재과정의 문제, 그리고 2008 년 4월 29일에 방송된 '긴급취재! 미국산 쇠고기, 광우병에 안전한가?'는 국기(國 基)를 흔들기에 충분했다. 여기에는 제작자와 작가의 이데올로기, 자신이 마음대 로 해도 된다는 자의적인 해석이 주요 원인이 되고 있다는 시각이 우세하다. 그 들은 자신들이 만든 프로그램이 어떤 사회적인 반향과 국민 전체에 영향을 미 치는지는 관계없이 소영웅주의에 빠져 프로그램을 변신시키기에 열중하고 있다 는 것이 관련 전문가들의 주장이다. 어쨌든 대중문화가 핵심이다. 보수든 진보 든 대중문화를 팔아 살길을 찾는다. 대중문화는 황제로 군림하고, 모두가 그의 신하이고 신도이다. 심지어 공산주의자와 좌파 미디어들조차 대중문화를 이리 저리 변형해 자신들의 이익의 도구로 삼는다.

이렇게 기자, 제작자, 방송 수뇌부, 정치인, 시민단체들이 TV에 매달리는 데 는 TV가 내장하고 있는 비기(秘技) 때문이다. TV는 현존하는 어떤 미디어보다 설 득력, 이해력, 파괴력, 화력이 있음을 그들은 경험을 통해 충분히 인식한 바 있다. TV에 기대어 시청자(국민)들을 충성도 높은 소비자로 만들어 자신들의 이해관계에서 덕을 보자고 하는 일부 불순한 세력들은 이 순간에도 도처에서 호시탐 탐하고 있다. 이때 ENG 카메라는 TV 권력의 핵심이다. 즉 TV·영화의 비주얼은 ① 이미지(Image)를 창출하고, ② 이미지는 감성(Sensibility, Emotion)을 유발한다. ③ 감성은 고급 정서를 생산한다. ④ 정서는 가치를 부여한다. ⑤ 가치는 모종의 미학으로 변신한다. ⑥ 미학은 품위를 상승시킨다. ⑦ 품위는 어떤 권력에 도달한다. ⑧ 이때 감성은 매우 강력하다.

결국 이런 과정을 거침으로써 비주얼은 하나의 근사한 정서와 가치, 품위와 권력을 낳게 된다. 그래서 여성들은 성형수술을 마다하지 않고, 남녀 모두 큰 키와 마른 몸매를 선호한다. 상대방을 평가할 때도 외모만 보아 "없어 보인다" 가 남발된다. 심지어 밴쿠버 동계올림픽 스피드 스케이팅 여자 500m에서 금메달을 딴 이상화 선수의 허벅지를 '금벅지' 라 부르고, 애프터스쿨의 가수 유이에게는 '꿀벅지' 라는 별칭을 달기에 주저하지 않는다. 이런 경향 때문에 신체의 모든 부분을 노출하는 의상이 유행이고, 좀 더 나아가 최근 예능 프로그램에서는 키 크고 얼굴 잘 생기고 초콜릿 복근이 있는 남자를 '비덩' , 즉 '비주얼의 덩어리' 라고 지칭하는 은어까지 생겨났다. 그의 재능과 인품은 상관없다. 때문에 TV 시청자인 나이든 정치인들조차 새빨간 넥타이 매기에 열심이다. 모두 TV가 명령하는 감성에 무조건 순순히 복종하고 있는 것이다. 따라서 비판적인 견해에서 보면, 오늘날 한국의 TV는 적지 않은 부분에서 '악의 축' 임이 틀림없다.

비주얼이 중시되는 것은 시대적인 변화이다. 인간의 좌뇌는 이성, 언어, 생각, 노래의 고음, 박자, 가사, 즉 텍스트(Text)와 유사한 기능을 수행한다고 한다. 반면 우뇌는 감각, 시각, 형태, 저음, 고저 강약, 멜로디, 즉 비주얼을 관장한다는 것이다. 다시 말해, 좌뇌는 고상하며 과학적, 수리적 능력, 수학적, 분석적, 논리적이다. 우뇌는 천박하며 예술적, 섹시, 직관적, 창의력, 상상력, 미적 능력, 예체능에 유효하게 작용한다는 것이다.

자본주의 발전에 따른 인간의 물질적 풍요로 사고와 노동의 강도는 저하되고, 레저와 오락의 심도는 깊어졌다. 컴퓨터 등 전자통신 기기의 개발로 좌뇌를 사용할 기회가 점차 감소되고 있다. 이런 경향은 범세계적인 추세이고, 인간은 골치 아프게 생각하고 일하는 것보다 잘 먹고 마시고 멋있게 춤추고 잘 노는 것이 미덕인 시대에 돌입했다. 여기에 TV와 영화가 주체적인 역할을 했음을 부인할 수 없다. 국민들의 사고와 행동 방향을 디자인하는 기능을 수행해야 할 방송인들의 심도 있는 사고가 부족했고, 순기능보다는 역기능을 이용했다는 비난을 피하기 어렵다.

방송은 지상파 TV를 비롯해 케이블 방송, 위성방송, DMB, 와이브로, IPTV 등이 무서운 속도로 진화하고 있다. 이것을 일컬어 '방송과 통신의 융합' 이라고 지칭한다. 이것은 다시 말해 옛날처럼 방송국을 운영하면 돈을 벌 수 없다는 뜻이다. 즉 방송 산업은 '비즈니스 시대' 에 돌입했음을 의미한다. 이런 관점도 우리는 심각하게 파악하고 있어야 한다.

2. 대중문화의 시발(始發)

텔레비전이 주전선수로서 혁혁한 전공을 세우고 있는 '대중문화' 라는 개념은 언제부터 쓰이기 시작했을까? 물론 우리나라에서 나온 것은 아니다. 대중문화는 고급문화에 반대되는 개념으로, 외래어를 번역해서 나온 단어이다. 포퓰러 컬처(popular culture)라든지 매스 컬처(mass culture)가 그것이다. 매스 컬처란 용어는 원래 독일의 '마스(mass)' 와 '쿨투르(kultur)' 의 복합어이다.[1] '마스' 란 과거 유럽 사회에서의 비(非)귀족적이고 교육을 받지 못한 계층을 가리키는 말이며, 오늘날에 와서는 사회계층 구조에서 중류층이나 하류층 사람과 노동자 또는 아주 가난한 사람들을 뜻하는 말이다. 영어의 하이 컬처(high culture)는 고급문화에 가까운 뜻이며, 과거 서구 사회에서 귀족계급이나 교육을 잘 받은 엘리트들이 세련

---

1) 최정호·강현두·오택섭 공저, 『매스미디어와 사회』, 나남출판, 1999, pp.325·329.

되고 고상한 창조적 상황에서 즐겨 애용하던 문화로서 음악, 미술, 문학 및 기타 고급예술의 지적(知的) 태도를 뜻한다.

지적으로, 교육적으로 열등한 집단인 마스와 고급문화인 쿨투르의 복합어인 '매스 컬처' 는 문화적으로 세련되지 못한 다수에 의해 수용되는 문화를 뜻하게 된다. 따라서 매스 컬처는 확실히 경멸조의 말이다. 매스라는 대중은 이성적인 개인이나 판단력을 갖춘 공중이라기보다는 분별력이 없고, 비이성적인 군중(crowd)과 같으며, 때때로 폭도(mob)라는 뜻마저 내포하기 때문이다.

대중은 정치적, 사회적, 경제적 영역에서 평등주의를 요구하고 이를 실현시켰다. 현대에 와서는 소수 엘리트들에게 남은 마지막 영역인 문화 예술에서 평등주의를 획득하게 된다. 소수 엘리트들만이 향유하던 고급문화를 대중들이 함께 나누자는 것이다. 이와 같은 대중의 문화적 욕구는 교육의 보편화와 커뮤니케이션의 발달, 그리고 대중의 여가 증대에 의해서 더욱 박차가 가해졌다. 그리하여 대중에게 집중되는 대중문화로서의 매스 컬처는 문화적 엘리트의 눈에는 두려움과 경멸조의 뜻이 담긴 문화일 수밖에 없으며, 비문화적인 뜻마저 지닌다.

매스 컬처는 대중의 출현 이후의 문화일 뿐만 아니라 산업사회에 들어와서 비로소 실현되었고, 기술의 발달에 의해서 대량생산과 대량소비가 가능해졌을 때, 그리고 문화가 이윤 추구를 위해서 생산과 소비의 구조를 갖추게 되면서 생겨난 새로운 양상의 문화이다. 매스 컬처는 현대의 매스미디어를 통한 커뮤니케이션에 의해 대량으로 복제되고 생산되는 문화이다. 따라서 대중문화는 '표준화 → 대량 생산 → 동일하게 소유 → 의식의 획일화' 등의 특성을 나타낸다. 이렇게 양산되고 복제되는 대중문화는 진실된 예술품일 수 없다는 견해도 있다.

"레코딩된 음악을 듣는 것은 브리지트 바르도(Brigitte Bardot)의 누드 사진을 들고 침대에 드는 것과 같다" 면서 루마니아 출신의 세르지우 첼리비다케(Sergiu Celibidache)는 평생 연주를 음반에 녹음하는 것을 거부했다. 음악이 기계로 저장되는 순간 그것은 '복사된 누드 사진' 일 뿐 살아있는 몸이 될 수 없다. 음악이든 삶이든 태어나서 소비되고, 결국은 사라지는 존재라는 것이다. 이러한 주장은 현대 대중문화의 생산 과정을 완전히 무시한 대지휘자의 견해일 뿐이다.

3. 프랑크푸르트 학파와 문화산업론

대중문화의 출발은 프랑크푸르트 학파의 연구에서 비롯되었다. 프랑크푸르트 학파란 2) 독일의 바이마르 공화국 시대인 1923년에 독일 프랑크푸르트 대학 내에 설립된 사회연구소와 관련을 맺고 연구했던 한 무리의 학자들을 지칭한다(호르크하이머, 아도르노, 마르쿠제, 폴로크 등).

이들의 주장은 이렇다. 고전적인 마르크스주의 이론에 따르면 자본주의가 발달할수록 노동계급이 자본주의의 모순을 깨닫게 되고, 사회변혁의 주체로 나서게 된다는 것이다. 그런데 마르크스의 예언과는 달리 서구 선진자본주의 국가에서는 혁명의 열기가 식어가고, 반대로 낙후한 러시아에서 사회주의 혁명은 성공했으나 곧 스탈린 독재체제로 타락하였다.

프랑크푸르트 학파는 노동자들이 왜 역사의 주체로서 혁명에 가담하지 않고 현상에 안주하거나, 아니면 오히려 반동적(세계적 공산화라는 역사의 조류에 역행하여 진보적 운동에 반대하는 보수적·우파 운동을 지칭하는 공산주의자들의 표현)으로 행동하게 되었는가를 설명하려고 했다. 그들은 그 주요 원인이 노동자들의 허위의식에 있으며, 그 허위의식은 당시 널리 보급되어 일상화된 신문, 영화, 라디오 등을 통한 대중매체에 의해 조성되는 것으로 보았다. 그래서 대중문화 또는 커뮤니케이션에 관심을 쏟기 시작하여 문화산업을 비판적으로 분석하게 되었다. 호르크하이머와 아도르노는 〈계몽의 변증법〉에서 대중문화라는 용어가 대중의 자발성에 연관될 위험성이 있다는 점에서 대중문화 대신 '문화산업'이라는 신조어를 사용하였다.

이로써 그들은 대중문화가 이윤을 위해 조작된 산물이라는 점과 그 산업

---

2) 이효성, 『정치언론』, 이론과 실천, 1999, pp.280·292에서 발췌 요약.

성에서 오는 사물화적(개인 소유), 행정적 성격을 폭로하고 비판하려 했다. 문화산업이라는 말은 결국 산업화된 문화를 일컫고 있다. 그러므로 비판이론에서 말하는 문화산업은 오늘날 대중문화가 이윤을 위해 산업적으로 생산되는 표준화된 문화라는 사실을 강조하기 위한 것이다. 마르크스주의자들이 주장한 자본주의의 쇠락이 이루어지지 않은 원인의 하나로 문화산업을 들고 있다. 위의 연구자들은 오늘날의 상황과 관점에서 보면 완전한 좌파 학자들이다.

그들은 1933년 나치의 권력 장악과 더불어 미국으로 망명하여 컬럼비아 대학에 연구소를 다시 개설하고 연구 활동을 계속했다. 종전 후 호르크하이머 등은 독일로 돌아가 연구소를 재건하고, 마르쿠제 등은 미국에 잔류했다. 연구자들이 그렇게 나쁘게 보았던 문화산업은 오늘날 미국에서 영화, 대중음악, 애니메이션 등 콘텐츠로 꽃을 피워 세계에 대중문화를 전파하고 문화산업에서 최고의 국가가 됐다는 점은 참으로 아이러니가 아닐 수 없다.

4. 대중문화를 발화시킨 포스트모더니즘

포스트모더니즘(post modernism)의 포스트(post)는 'against(…에 대항하는)' 또는 'after(다음)'의 뜻을 내포하고 있다. 따라서 '모더니즘'에 반대한다는 뜻이 된다. 모더니즘은 뿌리 깊은 봉건주의와 도저히 거부할 수 없는 교회의 권위에 반기를 들었던 18세기 계몽주의 등 이성중심주의 시대를 지칭한다. 이 시기에는 합리성, 과학, 기계문명, 현대적 도회 풍속 등을 추구한 바 있다. 한마디로 20세기를 상징하는 모더니즘은 문명과 문화 등 모든 분야에서 인류 역사상 최고의 업적을 이루어낸 것이다.

그러나 제1차 세계대전과 제2차 세계대전은 그간 쌓아온 물질적, 정신적 모든 성과물들을 무자비하게 파괴하고 부숴버렸다. 여기에 대한 반발과 반성으로 나타난 사조와 운동이 포스트모더니즘이다. 1960년대 중반부터 자연 발생한 포스트모더니즘의 핵심적 동기 중의 하나는 모더니즘을 통해 수립된 고급문화와 저급문화의 엄격한 구분, 예술 각 장르 간의 폐쇄성을 허물자는 것이었다.

고급문화의 벽을 허물고 대중문화의 기틀을 수립하는데 기여한 인물들이 많은데, 가까운 예로는 마릴린 먼로 등의 스타와 저명인사들의 얼굴을 다양하게 묘사해 미술작품으로 승화시킨 미국의 앤디 워홀(Andy Warhol) 같은 작가들이 포스트모던 작가로 분류될 수 있다. 특히 미국과 프랑스에서 활발했던 포스트모더니즘은 학생운동, 여성운동, 흑인민권운동 등도 주요 주제로 삼고 있었다.

이렇게 프랑크푸르트 학파로부터 대중문화와 문화산업이라는 개념이 확립되었고, 포스트모더니즘을 통해 고급문화와 대중문화의 벽이 급속히 허물어졌다. 아주 간단하고 우리가 익히 알고 있는 하나의 사례를 들어보자. 1997년 개봉되었던 미국 영화 〈타이타닉〉에서 숙명적으로 만난 주인공들인 꽃미남 배우 레오나르도 디카프리오와 청순 발랄한 케이트 윈슬렛은, 먼저 가난한 사람들과 담배 연기가 뒤범벅이 되어 자욱한 지하층 3등 선실에서 드럼소리에 맞추어 테이블 위에 올라가 질탕하게 춤을 춰대고 기쁨을 만끽한다. 그러나 후에 디카프리오는 연미복을 빌려 입고 부자들로 가득한 상갑판 메인 홀에서 윈슬렛과 왈츠를 춘다. 저급문화인 막춤(?)과 고급문화인 왈츠로 문화가 이분화 되는데, 왈츠는 정확히 스텝을 배우고 익혀야 하기 때문에 어렵지만 고상하다. 그러나 몸을 마구 흔들어대는 춤은 어떤 정형이 없고 저질로 보이나, 그래서 오히려 신이 나고 우리가 늘 가까이 하게 된다. 이런 속성을 통해 봐도 대중문화는 현대인들에게 더욱 강력한 파워를 지니고 다가온다고 생각할 수 있다.

5. 문명·문화·예술

▷ **문명**(civilization)은 인류의 물질적, 기술적인 소산을 지칭하는 반면, 인류의 정신적, 가치적 소산을 문화라고 부른다.3) 문화 중에서 도시적인 요소, 고도의

기술, 작업의 분화, 사회의 계층분화를 갖는 복합문화(문화의 복합체)를 큰 단위로서 파악한 총체가 문명이라고 불린다.

문명이라는 용어는 라틴어의 '키비스(civis-시민이라는 뜻)'나 '키빌리타스(civilitas-도시라는 뜻)'를 우리말로 번역한 것이다. 토인비(Arnold Joseph Toynbee)는 고대에서 현대에 이르기까지의 모든 세계 문명을 포괄적으로 다룬 역사가로서, 문명의 단위를 국가보다는 크고 전 세계보다는 작은 중간적인 단위에서 구했다. 그는 서구 문명, 인도 문명, 극동 문명, 그리스도 문명과 같은 현존하는 문명에서 고대문명까지 거슬러 올라가 21개의 문명을 들었고, 그 발생·성장·쇠퇴·해체 과정을 논하였다.

이들 문명 중에서 그 모체가 된 고대문명을 '모(母)문명'이라 부르고, 이들은 서로 독립해서 발생하였다고 보고 있다. 모문명은 구세계의 이집트 문명, 수메르 문명, 미노스 문명, 중앙아메리카의 마야 문명, 아시아의 중국 문명 등 6개이며, 여기에 더하여 고대 인도의 하라파 문명이 독립적으로 발생하였다고 보면 7개가 된다고 말하고 있다. 이 중에서 중간에 이민족의 지배를 받으면서도 현재까지 4천 년 동안 계속 살아있는 것은 중국 문명이다.

▷**문화**(culture)에 대한 정의는 일반적으로는

① 구미풍(歐美風)의 요소나 현대적 편리성(문화생활, 문화주택 등)

② 높은 교양과 깊은 지식, 세련된 생활, 우아함, 예술풍의 요소(문화인, 문화재, 문화국가 등)

③ 인류의 가치적 소산으로서의 철학, 종교, 예술, 과학 등을 가리킨다.

---

3) 두산백과사전

▷ 문명(모문명과 주변 문명)

	크레타	이집트	제1메소포타미아	인더스
	↓		↓	↓
	↓		마티니	↓
(제1대)	↓		히타이트	↓
	↓		엘람	↓
	↓		↓	↓

- -

	그리스·로마	히브리·제2메소포타미아		제1인도	제1중국
	↓	↓		↓	↓
	이베리아	이슬람	이란	제2인도	제2중국
(제2대)	에트루리아	↓		↓	↓
	에티오피아	↓		↓	↓
	아라비아	↓		↓	↓
	박트리아	↓		↓	↓
	↓	↓		↓	↓

- -

	비잔틴→러시아	이슬람·인도	실론	한국
	유럽	에티오피아	티베트	일본
	중앙아프리카	터키·타타르	네팔	베트남
	안데스	서아프리카	말레시아	
(제3대)			인도네시아	
			미얀마	
			타이	
			캄보디아	
			크메르	

※ 고딕체 : 모문명 명조체: 주변문명

문화란 인류에게서만 볼 수 있는 사유(思惟), 행동양식(생활방식) 중에서 유전에 의한 것이 아니라 학습에 의해 소속하는 사회(협동을 학습한 사람들의 집단)로부터 습득하고 전달받은 것 전체를 포괄하는 총칭이다. 문화라는 용어는 원래 라틴어의 'cultura' 에서 파생한 말을 번역한 것이며, 본래의 뜻은 '경작(耕作)' 이나 '재배(栽培)' 였는데, 나중에 '교양' '예술' 의 뜻을 가지게 된 것이다. 문화를 성립시키는 요소를 들면 기술, 가치, 사회관계, 언어 등 4가지이다. 여기에 물질(일반적으로 물질문화라 함)을 덧붙여 5가지로 크게 나눌 수 있다. 사회관계(결혼, 친족관계, 지연적 연결 등)는 기술이나 가치와 깊은 관련을 가지면서도 독자적인 법칙을 갖고 있다. 언어 역시 다른 요소들에 의한 영향을 가장 받기 어려운 성질을 가지면서도 상징화 작용에 의해 문화의 학습과 문화의 전달에 커다란 역할을 수행한다.

또 문화는 지역이나 집단에 따라 특유한 성격을 띠는데, 지역적 분포 상으로 보아 비슷한 문화 패턴을 지닌 것을 문화 영역(culture area) 또는 문화권(文化圈)이라고 부른다.

▷예술(art)은 원래는 기술과 같은 의미를 지닌 어휘로서 어떤 물건을 제작하는 기술 능력을 가리켰으나, 오늘날에는 미적 작품(회화, 조각, 음악, 문예 등)을 형성시키는 인간의 창조 활동을 지칭하게 되었다. 예술에 해당하는 그리스어 '테크네(techne)' , 라틴어 '아르스(ars)' , 영어 '아트(art)' , 독일어 '쿤스트(Kunst)' , 프랑스어 '아르(art)' 등도 일반적으로 일정한 과제를 해결해낼 수 있는 숙련된 능력 또는 활동으로서의 '기술' 을 의미했던 말로서, 오늘날 미적 의미에서의 예술이라는 뜻과 함께 '수공(手工)' 또는 '효용적 기술' 의 의미를 포함한 말이었다.

이러한 기술로서의 예술의 의미가 예술 활동의 특수성 때문에 미적 의미로 한정되어 기술일반과 예술을 구별해서 '미적 기술(fine art)' 이라는 뜻을 지니게 된 것은 18세기에 이르러서이다.

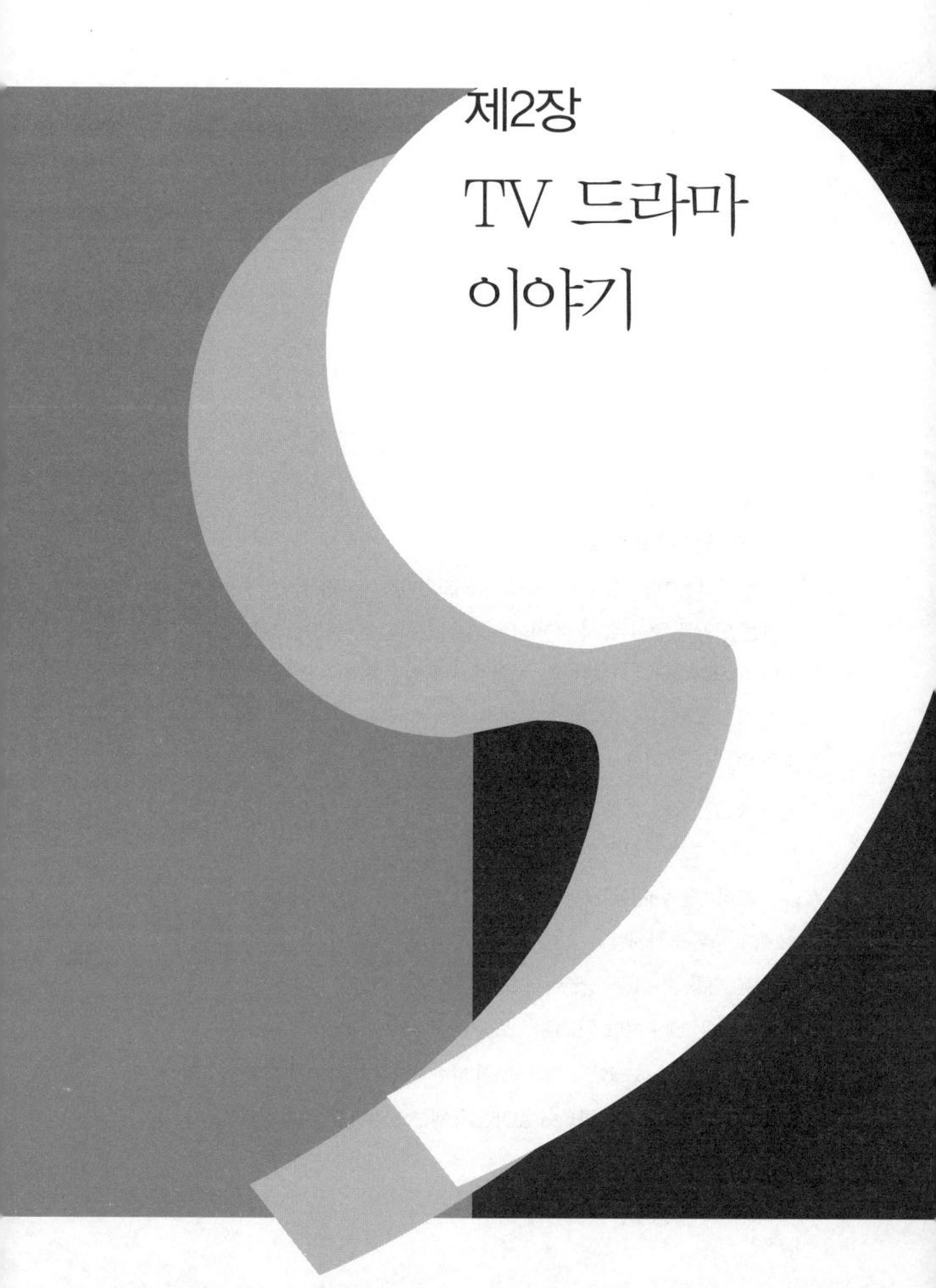

제2장

TV 드라마 이야기

1. 텔레비전 드라마의 특성

드라마는 바로 시청자의 욕망을 건드린다.[4] 그 욕망을 충족시키기 위해 방송사는 일일극, 주말극, 사극, 미니 시리즈, 문학관 등 다양한 방법으로 시청자의 욕망을 찾아다닌다. 드라마는 시청자에게 일종의 필수품이 되었다. 드라마는 방송 산업의 핵심이기도 하다. 드라마 제작에는 몇 백 억원 단위의 제작비가 소요되기도 한다. 이렇게 만든 드라마에 대적할 프로그램이 없다. 따라서 드라마는 오랫동안 오락 경제의 핵심에 있다. 그래서 인기를 끈 드라마는 전국의 온 가족을 끌어 모으는 마력을 지니게 된 것이다.

드라마는 시청률 경쟁을 주도한다. 드라마에서 앞서면 방송국 간 경쟁에서도 쉽게 우위를 차지할 수 있다. 드라마는 대부분 주요 시청시간대에 편성되고, 가장 많은 시청자가 있는 장르여서 드라마 경쟁은 자연히 방송사 간 시청률 경쟁의 핵심이 된다. 10개 가량 내보내는 드라마 중 한두 개만 높은 시청률을 올리면 쉽게 시청률 시장을 주도할 수 있는 것이 방송시장의 특성이다. 드라마가 다른 프로그램보다 상대적으로 시청률이 높지만, 문제는 드라마를 놓고 경쟁사보다 뒤질 경

---

4) 김승수, 〈드라마제작 시장원리〉, 2005. 참조.

우가 발생한다. 본전치기도 못하는 경우인데, 10개의 드라마 중 한 개 정도가 30% 이상의 시청률을 올리고, 2~3개가 겨우 20%를 넘기는 일종의 투기성이 있다.

또 드라마 제작에는 '비용 질병(cost disease)' 내지 '비용 딜레마(cost dilemma)' 라는 것이 있는데, 이것은 제작 요소를 조금은 줄일 수 있으나 없앨 수는 없어 비용 증대를 억제할 수 없다는 것을 의미한다. '문화지대' 라는 개념은 매체 등을 통해 대중적 인기를 확보한 제작사, 프로듀서, 연예인 등이 대중문화시장을 지배하는 힘을 갖는 것을 말한다. 전에는 방송사가 인기 프로듀서와 탤런트를 통제하고 있었기 때문에 '문화시내권' 을 사실상 독점하였지만 점차 그 힘이 연예기획사 등으로 분산되는 중이다. 또 '대중문화지대' 를 획득한 탤런트는 광고 등 부대사업으로 출연료보다 훨씬 많은 수입을 올린다. 드라마의 성공은 프로듀서, 작가, 출연자 모두에게 엄청난 이권을 보장한다.

드라마는 방송사, 광고주, 시청자의 욕망이 딱 맞아떨어지는 장르이다. 정치적으로 부담이 없고, 일정한 규모의 수입이 보장되니 방송사로서는 마다할 이유가 없다. 당연히 방송사는 드라마에 집중적으로 투자를 하게 된다. 광고주도 대환영이다. 수백만에서 수천만 명의 시청자에게 자사 제품을 그토록 효과적으로 노출시킬 수 있는 수단이 드라마 이외에는 거의 없다. 시청자도 남녀노소 예외 없이 드라마를 좋아한다. 드라마는 방송 관련 집단 모두의 욕구를 공통적으로 충족시켜 주는 것이다. 따라서 방송사의 드라마 제작에는 많은 인력과 자금이 필요하다. 드라마는 방송사마다 차이가 있지만, 전체 방송시간의 18% 가량을 차지한다. 재방송을 합치면 연간 드라마 편성은 200편을 훨씬 넘는다.

2. 외주제작 규정

방송법 제72조는 외주 프로그램을 의무화하였고, 이에 방송위원회(지금은 방송통신위원회)는 매월 방송시간의 100분의 40 이내에서 외주 비율을 정하고 있다.5) 이것은 동 시행령 제2항에서 자회사나 계열사 등이 만든 프로그램은 외주 프로그램의 30% 범위에서 방송위원회가 결정하는 비율에 따라 편성하도록 규정한 근거에 따른 것이다. 이 법에 따라 방송위원회는 MBC와 SBS는 매월 외주 비율이 전체 방송시간의 27%, KBS는 22%, 지역방송은 4% 이상으로 고시했다. 자회사 등 특수 관계자 외주 비율은 전체 외주 비율의 18% 이내로 제한했다. 주요 시청 시간대의 프로그램 중 6%는 반드시 외주 프로그램으로 편성하도록 하였다.

한편 외주 프로그램의 저작권 다툼은 복잡하다. 조사에 따르면 987개 외주 프로그램의 저작권을 조사한 결과 94%가 방송사에 귀속된 것으로 나타났다 (송경희, 2000). 외주 프로그램의 계약과 관련해서 선급금 지불이 매우 적고, 시청률에 따른 동기 부여가 거의 없는 것이 문제로 지적되었다.

3. 지상파와 연예기획사 간의 갈등

MBC와 연예제작자협회의 갈등이 불거져(출연 거부 등) 방송이 파행된 사건이 있었다. 이 사건은 가수, 탤런트 등 연예인의 힘이 막강하고, 이들과 계약관계를 맺고 관리하는 연예기획사가 방송제작에 상당한 영향력을 가지고 있다는 점이 공식화된 것이었다. 탤런트들은 대개 몇 개의 연예기획사 중에 한 곳에 소속되어 있다.

연예기획사는 인기 탤런트를 계약으로 묶어 놓고 방송사를 상대로 배역과 출연료를 놓고 흥정한다. 이들 탤런트의 계약, 출연과 광고 등의 활동을 관리하는 대가로 수입의 일부를 차지한다. 이러한 시스템은 최근 정착된 것으로 전근대적인 연예노동력 시장을 현대화했다는 점에서 긍정적이다. 또한 이들은 방송사와 탤런트의 종속관계를 해체시켰다.

하지만 연예기획사는 탤런트를 지배하는 또 다른 공룡이다. 이들은 인기

---

5) (2, 외주제작사 3. 연예기획사) 김승수 교수 논문 참조.

탤런트가 가진 문화지대권을 구입하여 최대의 이익을 남기기 위해 갖가지 방법을 동원한다. 인기 탤런트를 매개로 다양한 방식의 불공정 또는 부당거래를 요구한다. 자사 소속의 인기 탤런트를 출연시키면서 같은 소속의 무명 탤런트를 같은 프로그램이나 다른 프로그램에 출연시키는 소위 '끼워 팔기'를 하는 것이다. 인기 탤런트의 겹치기 출연도 연예기획사의 횡포 때문이다. 명백히 공적 영역에서 활동하는 연예기획사를 적정한 수준의 공적 규제를 받게 하는 것도 신중히 검토해야 한다. 그렇지 않을 경우 방송을 연예기획사가 좌우할 위험이 크다.

4. TV 드라마 제작과정

텔레비전 드라마의 요체는 무엇일까? 드림웍스의 유명 영화감독 스티븐 스필버그가 '영화의 미래는 무엇인가?' 하고 질문을 받았을 때, 그는 주저 없이 스토리텔링(story telling)이라고 대답했다.

텔레비전도 영화와 다르지 않다. 스토리텔링이 최우선이다. 이것은 송신자가 어떻게 소비자(consumer)와 스토리로 소통(communicate)하느냐의 중요성을 말한 것이다. 이 스토리텔링을 영화에서는 보통 서사 구조, 또는 내러티브(narrative)라고 지칭한다. 이때 내러티브는 이야기의 구조, 즉 스토리를 말하는데, 여기에는 이야기가 벌어지는 상황, 주요 등장인물, 사건의 원인, 전개과정, 결말이 모두 포함된 내용을 지칭한다.

스토리텔링을 다소 어렵게 표현했지만 텔레비전 드라마의 스토리텔링은 한마디로 말하면 '사랑과 이별', '갈등과 눈물'이다. 이것은 한국적 드라마의 속성을 강조한 면이 강하다. 그러나 현재 방송되는 드라마를 포함해 모든 TV 드라마들은 이 공식을 벗어나는 특별한 것을 찾아볼 수 없다.

텔레비전 드라마는 동작(action), 대사(dialogue), 줄거리(plot)가 주요 구성요소이고, 픽션(fiction)의 세계를 다루고, 사랑 이야기가 주축을 이룬다. 우리들의 꿈과 이상을 잘 버무리는 한편, 주인공들의 욕망과 좌절을 절묘하게 배합한다. 개인과 개인, 개인과 사회 간의 갈등과 긴장국면을 고조시키고, 엔딩에 가서 다시 화해시키고 정리하는 구조가 대부분이다.

▷TV 드라마는 몇 가지 기준에 따라 구분된다.

● 시대 구분 : 사극, 시대극, 현대극

● 길이 구분 : 단막극, 일일 연속극, 대하드라마, 미니 시리즈(주 2회, 2달 16회 정도)

● 소재 구분 : 청소년, 홈드라마, 농어촌 드라마, 수사극, 무협극, 전쟁, 계기(契機

　－민속절, 중추절, 삼일절 등)

● 수법(手法) : 심리극, 사이코, 괴기(怪奇), 멜로드라마, 로드 무비 등으로 나눈다.

　또 연속극과 유사한 '소우프 오페라(soap opera)' 라는 장르가 있다.6) 이것은 가벼운 홈드라마 형식의 연속 방송극이다. 미국의 대표적인 대중문화 현상의 하나로 꼽히는 소우프 오페라는 처음에는 낮에 방송되는 라디오 연속극을 가리키는 말이었다. 대략 1920년대 말—1930년대 초에 발생한 이 프로그램의 형식은 아침시간에 집안에 있는 주부를 대상으로 한 연속극으로, 비누 제조회사가 스폰서를 하는 경우가 많아 소우프 오페라라는 이름이 붙게 되었다. 라디오 소우프 오페라가 TV 소우프 오페라로 크게 번창하면서 낮 시간 이외에 저녁시간에도 방송되었다. 그러니까 소우프 오페라는 연속극을 대신해서 지칭하는 연속극의 또 다른 이름인 셈이다.

　'멜로드라마(melodrama)' 는 그리스어의 '멜로스(melos–노래)' 와 드라마가 결합된 말이다. 원래 음악반주가 들어간 오락적인 서민극으로, 18세기 후반 프랑스혁명 전후에 성행했다. 오늘날에는 음악과 상관없이 대개 연애를 주제로 줄거리

---

6) 방송문화진흥회 엮음, 『방송문화사전』, 한울아카데미, 1997, p.246.
7) 김소희.
8) 수잔 헤이워드 지음, 이영기 번역, 『영화사전』, 한나래. p.79

에 변화가 심한 통속적 연극, 영화, 텔레비전 드라마를 지칭한다.7) 또 다큐드라마, 시트콤, 트렌디 드라마, 로드 무비(Road Movie)형 등이 있다.

　　로드 무비는8) 말 그대로 주인공들이 '길 위'를 움직이는 영화이다. 일반적으로 그런 영화는 도상학적으로 볼 때 자동차와 같은 수송 수단, 트래킹 숏, 광활하고 황량한 열린 공간들로 표징된다. 이런 면에서 로드 무비는 장르적으로 웨스턴과 비슷하다. 로드 무비는 일종의 개척자 정신에 관한 것으로, 이것의 주요한 약호 가운데 하나는 발견, 보통 자기 발견이다. 일반적으로 말해 로드 무비는 한정된 시간에 순차적인 시간을 쫓아 A지점에서 B지점으로 이동한다. 보통 여행자는 남성이고, 여행 목적은 자기 인식을 획득하는 데 있다. 영화 〈이지 라이더(Easy Rider)〉도 그 중의 하나이다. 그러나 최근에는 여성들이 여행자로 등장하기도 한다. 〈델마와 루이스〉처럼 여성들을 로드 무비의 주인공으로 내세울 경우, 로드 무비라는 장르를 전복하거나 패러디하려는 의도를 읽어낼 수 있다. TV 드라마에서는 로드 무비 형태가 성공한 예가 많지 않다.

▷드라마의 제작 과정(구체적 부분을 생략했다)
① 시놉시스(synopsis)를 통한 작품(작가) 결정
② 극본 완성
③ 미술(소품 외) 등 제작 준비물 발주
④ 캐스팅(출연자) 및 스태프(각 부분 제작 전문가) 결정
⑤ 극본 연습(책 읽기)
⑥ 연출 콘티 작성
⑦ 야외 촬영
⑧ 편집
⑨ 드레스 리허설
⑩ 스튜디오 녹화

⑪ 방송

⑫ 평가회의

⑬ 제작비 정산

위에서 콘티는 'continuity' 의 줄임말로 '연속상태' 를 의미한다. 즉 촬영 대본을 말한다. 콘티뉴이티와 '스토리보드' 는 거의 같은 뜻으로 쓰이고 있다. 스토리보드는 TV 커머셜이나 동화(動畫)의 흐름을 설명하기 위해 간단한 스케치를 그려 패널(panel)화 한 것이다. 만화 영화 등에서도 스토리보드는 아주 중요하다. 우리나라와 일본에서는 '콘티뉴이티' 로 많이 쓰고, '스토리보드' 는 유럽 쪽에서 흔히 사용하는 것으로 되어 있다. 영화에서는 스토리보드 작가가 따로 있어 촬영 화면을 그림으로 그려 사전 제공하기도 한다.

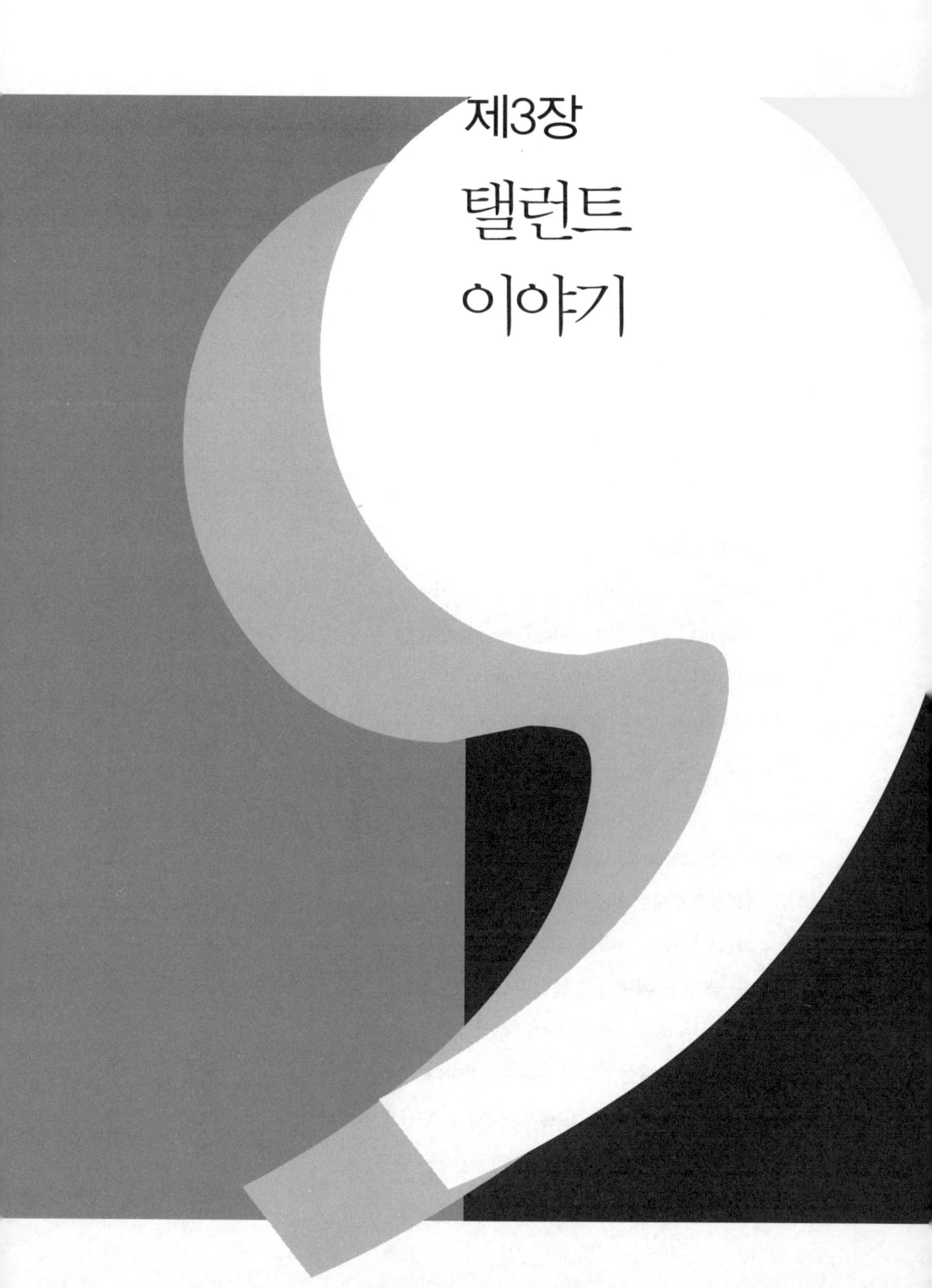

제3장

탤런트
이야기

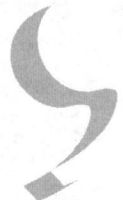

1. 탤런트의 어원

　탤런트(talent)는 '재능'을 뜻하는 단어로 라디오나 텔레비전에 출연하는 배우, 가수, 아나운서, 코미디언(또는 개그맨), 연주인, 무용인, MC, DJ, 성우 등의 예능인을 말한다. 이렇듯 원래는 그 범위가 보다 포괄적인데, 우리나라에서는 TV 드라마에 나오는 배우만을 탤런트로 한정해서 표현하는 것이 관행화되어 있다. 어원은 그리스어 '탈란톤(talanton)', 또는 '달란트'에서 유래되었다고 한다. 달란트는 본래 무게의 단위였으나 고대에는 저울눈이나 화폐 단위로도 사용되었다. 달란트는 탤런트로 불리면서 '독특한 재능'을 뜻한다. 그 유래는 신약성경 마태복음 제25장으로부터 비롯된다.

　어떤 부자가 여행을 떠나면서 세 명의 종에게 각각 5달란트, 2달란트, 1달란트를 맡겼다. 여행에서 돌아온 주인은 결산을 했는데, 5달란트와 2달란트를 맡은 자는 두 배의 이익을 남겨 "충성스러운 종이다. 이제 내가 큰일을 너희에게 맡기겠다"고 주인으로부터 칭찬을 받았다. 1달란트를 맡은 종은 땅에 파묻어 두었다가 그대로 가져오자 주인은 "사악하고 게으른 종이다. 이 쓸모없는 종을 바깥 어두운 곳에 내쫓아라"라고 말했다는 내용이다.

이렇게 볼 때, 5탤런트(달란트)와 2탤런트를 맡았던 두 하인은 모두 대단한 재테크 전문가이며 특별한 재주꾼들이었음을 알 수 있다. 이렇게 탤런트라는 직종은 그 직업적 성격이 적잖이 특이하고 복합적인 측면이 있다. 즉 예술가들처럼 창작적 또는 창조적 부분이 강조되기는 하지만, 결국 출연료를 받고 텔레비전에 재능을 팔지 않으면 안 되는 상업적 요소가 강하다는 이중성(二重性)을 내포하고 있는 것이다. 쉽게 말하면 예술가일 수도 있지만 완벽하게 상인의 범위를 벗어나기 어려운 처지이다(물론 이런 주장에 반대할 사람도 많을 것이다). 그래서 시청자들은 평소에는 탤런트를 선망하고 호감을 갖고 대하다가도 조그만 실수라도 발생하면 그들을 거친 언사로 비난하기 일쑤이다.

2. 탤런트는 누구인가?

텔레비전의 일상적 매체 기능을 제외하면 그 발전 과정상 두 가지 면에서 실험이 이루어져 왔는데, 하나는 텔레비전 언론이라는 새로운 저널리즘의 형성이요, 다른 하나는 텔레비전 드라마라는 새로운 형태의 공연예술(performing art)의 등장이다. 이런 공연예술의 주인공인 탤런트들은 시청자 입장에서 보면, 텔레비전 화면에서 보는 밤마다의 미녀, 밤마다의 쾌남이다.9) 이들의 특징은

① 텔레비전 드라마에 출연하는 탤런트는 좋건 싫건 간에 이미 시청자들에게 남주인공(hero), 여주인공(heroine)으로 각인된 영웅이고 우상들이다. 이것을 텔레비전이 갖는 후광효과(hallow effect)라고 부른다.

② 탤런트가 밤마다 시청자들 앞에 모습을 드러내는 텔레비전은 어느 다른 미디어보다 가족적인, 가정적인 의미를 갖고 있다는 사실이다. 즉, 연소자 입장불가라는 스티커를 붙이기 어려운 '집안의 미디어' 라고 할 수 있다.

③ 이런 TV의 일상적, 미디어적 측면은 텔레비전을 보는 시청자의 눈이 이따금

---

9) 강현두, 『TV드라마의 탤런트 역할과 위치』, 1977, 아카데미 대화모임.

영화나 연극을 관람하는 관객의 눈보다 훨씬 냉정하고 비판적이라는 점이다.

이런 텔레비전 연기자들은 인간 가치형성의 여러 면에서 큰 영향을 미치게 된다.[10] TV 드라마 형식은

① 충족의 기회를 제공하고,

② 어린이들의 사회화 과정(언어, 폭력, 사고)에 영향을 미치고,

③ 시청자 일반에게 수동적, 현실도피적 영향을 줄 수 있다.

④ 동일시 현상으로 상대적 박탈감이나 기대상승을 가져올 수 있다.

⑤ 기존의 가치·태도·의견을 변화, 보강, 전환시킬 수도 있으며,

⑥ 기타 여러 가지 긍정적, 부정적 영향을 주게 된다.

위의 ④번 항목에서 거론한 동일시(identification)는[11] 다른 사람의 속성 일부를 자신의 속성(또는 정체성)에 융합시키는 과정을 말한다. 리크로프트(Rycroft)에 따르면 동일시는

① 다른 누군가에게로의 정체성 확장

② 다른 누군가로부터의 정체성 차용

③ 다른 누구와의 정체성의 혼동 등을 포함할 수 있다.

때때로 우리는 일상생활에서 부딪치는 좌절 등을 성공적으로 극복하는 남녀 영웅들의 표본을 모방하거나 심지어 창조해내기도 한다. 그러한 동일시는 환상을 통해 구축되는 어떤 신화적 실체, 미디어 이미지 또는 집단 내의 타자들의 직접 경험 등과 함께 이루어지기도 한다.

켈만(H.C. Kelman)은 미디어 수용자가 메시지를 수용하는 형태를 3가지로 나눈다. 내면화, 동일시, 순종이 그것이다.

---

10) 최창섭, 『한국방송론』, 나남출판, 1985. pp.91~93.
11) 『방송대사전』, p.151.

① 내면화(internalization)는 수용자가 메시지를 완전히 자기 것으로 받아들여 자신의 가치체계로 소화한 상태다.

② 동일시는 메시지 내용에 동조함으로써 태도를 같이하는 사람들과 한 편이라는 소속감을 느껴 심리적 만족을 얻는 것이다.

③ 순종(compliance)이란 자신의 내면적 변화보다는 보상이나 처벌을 생각하여 겉으로 메시지에 동조하는 자세를 보이는 것이다.

텔레비전 드라마12)가 스타 시스템(인기 있는 스타만 캐스팅하는 경우)을 고집할 때 작품의 예술성보다는 스타의 인기에 의존하게 된다. 이것은 저급한 관객을 위한 오락영화가 고급한 관객을 위한 예술영화보다 인기 스타에 의존하는 것처럼, 저수준의 연속극일수록 스타 시스템에 기대는 정도가 심한 것을 알 수 있다. 인기주의를 지향할 때 연기인은 미모나 화려한 의상, 센세이셔널한 개인의 신변 이야기 등을 과장하여 연기 외적인 사랑으로 시청자에게 어필한다. 우리의 TV 드라마가 현실과 먼 호화롭고 사치스러움만 보여주는 것도 어쩌면 스타 시스템적 드라마 제작 상황을 말해주는 것 같다. 외국 텔레비전의 경우, 출연자들은 이웃에서 쉽게 볼 수 있는 사람들의 모습임을 우리는 기억할 필요가 있다.

3. 탤런트의 직업적 성격 13)

사람들이 하는 일에는 '하고 싶어서 하는 일' 과 돈 벌기 위해 마지못해 하는 일 로 나누어진다. 전자는 '롤(role)' 이고 후자는 '잡(job)' 이다. 잡이 수동적이고 의무적이며 보수 위주로 평가되는 일이라면, 롤은 능동적이고 자율적이며 보수보다는 자기표현적인 면이 강하다. 일반 봉급생활자는 거의가 잡의 입장이고,

---

12) 강현두, 앞의 책, p.5
13) 이어령, 『직업인으로서의 TV탤런트』, 아카데미 대화모임, 1977.

예술가·학자·순수과학자들은 롤 쪽에 가깝다. 그러나 탤런트는 잡과 롤의 중간지점에 있는 특수한 위치에 있다. 자신의 개인적인 인기나 재능에 따라 얻어지는 보수가 달라지게 됨으로써 예술가와 마찬가지로 롤의 의미가 크게 작용하지만, 일정할 틀(조직) 속에서 개인이 의무적으로 봉사하게 되는 재능의 표현방식에 있어서는 잡의 요소가 크다. 보람과 보수를 다 같이 충족시켜야 하며, 경우에 따라 그것이 선택적으로 일어난다.

탤런트라는 직업은 그 책임과 개념이 모호하다. 텔레비전 방송국을 공장으로 비유하면 탤런트는 상품, 시청자는 소비자가 된다. 그러나 시청자에게 있어 탤런트는 상품과는 달라서 브라운관 안에서만이 아니라 그 밖의 사생활, 자연인으로서의 직업 이외의 행동까지도 연기의 연장으로 평가되는 직업이다.

텔레비전은 영화보다 일상성이 강한 미디어이므로 생활과 텔레비전 화면이 보다 밀착되어 탤런트의 사생활 자체, 자연인으로서의 몫까지 포함되어 직업의 영역 속에 영향을 끼친다는 점이다.

탤런트라는 직종에 대해서 대중은 두 가지 다른 반응을 보이는 '앰비 밸런스(ambi-balance)'의 심리를 지니고 있다. 하나는 경멸이요, 또 하나는 선망이다. 그러므로 탤런트 자신도 때로는 직업에서 또는 심리적 압박감과 우열감을 동시에 갖는 모순과 분열감을 지니게 된다. 결국 이 3가지 특성을 요약해보면, 탤런트는 직업적 성격으로 볼 때 경계인(marginal man)의 위치에 있다고 할 수 있다. 따라서 경제적으로는 안정된 직업일 수 있지만, 심리적으로는 늘 불안할 수도 있는 것이다.

이런 관점에서 보면 탤런트는 매우 어려운 직업군에 속한다. 최근 드라마는 연기자(탤런트)를 일회용 소비재로 보는 아주 위험한 경향을 드러내고 있다. 비온 뒤에 대나무 순 돋아나듯이 끊임없이 계속되는 꽃미남, 미녀 드라마의 주인공은 매번 바뀐다. 이것은 아마도 시청자에게 변화된 느낌, 신선한 이미지를 제공하려는 의도로 판단된다. 한 드라마에서의 역할이 끝나고 곧 다른 채널로 옮

기는 것은 아주 드문 경우이다. 젊은 연기자는 거의 한 번 쓰고 버리려는 의도
가 아닌가 의심되기도 한다.

이런 사정 때문에 탤런트 공급의 상당 부분을 담당하고 있는 기획사(프로덕
션)들은 '드라마용 맞춤 미인·미남'을 생산해낸다. 그래서 탤런트들은 거의가 비
슷한 얼굴과 모습으로 나타나(성형수술의 영향도 있을 것이다) 그 사람이 그 사람 같고,
개성과 특징마저 희미해질 수 있다. 결국 이런 치열한 경쟁에서 살아남는 사람
들은 키가 늘씬하고 얼굴이 작으며 눈이 크고 목이 가늘고 피부가 희면서 소위
색시한 용모를 지니고 있다. 또한 뭔가 교양과 품위가 있어 귀엽고 귀티 나는 인
물들이다.

그러면 용모(섹시)와 교양의 비율은 어떻게 보면 좋을까? 아마도 7:3으로 보
면 문제가 없을 것이다. 용모가 7이라도(7을 최상위로 치자) 교양이 부족하면 천박해
보인다. 이 때 가장 쉽게 표출되는 증상은 '말' 이다. 드라마, 쇼 프로그램, 인터
뷰에서의 말은 그 연기자의 품위를 즉시 반증한다. '말' 의 정체는 무엇인가? 생
각이다. 생각은 무엇인가? 생각은 그 사람이 받은 학교 교육, 사회교육, 가정교육,
독서, 문화적 체험 등에서 나온다. 만약 18·19세에 드라마에 등장했다면 그런
훈련을 받을 기회는 매우 적고 부족할 것이다. 7의 용모와 3의 교양이 결합되어
조화를 이룰 때 연기자의 생명이 연장되고 롱런 할 수 있다. 3의 교양은 그 비중
이 아주 높고 중요성이 크다. 이런 사실은 잘라 말하면 3의 교양은 '일회용 연기
자' 로 쓰고 버려지는 것을 막고 방지하는 절대적인 역할을 수행한다는 점이다.

HDTV(고화질)용 드라마나 영화는 화면의 정밀하고 세세한 정도가 뛰어나
기 때문에 표정 하나, 대사 한 마디, 느낌으로도 배우의 연기력이 평가된다. 따라
서 3의 교양은 깜빡 사라지는 스타가 되지 않기 위해, 또 심화되고 다양한 얼굴
을 소유한 연기자로 성장하기 위해 필수라고 해도 지나치지 않다. 얼굴 그럴 듯
하고 키 크다고 어떻게 연기자로 반드시 성공할 수 있겠는가? 다시 말해 화면으
로나마 연애하고 싶은 사람, 차 한 잔 같이 하고 싶은 연기자에게는 뭔가 독특한

분위기가 있는데, 그 느낌의 30%는 교양에서 풍겨져 나온다는 것이 정설이다. 노력 없이는 교양도 없다. 세상에 공짜는 없는 법이다.

4. 텔레비전 드라마 연기이론

　　사람들은 매일 텔레비전 드라마를 시청하기 때문에 연기는 대본에 따라 표정을 짓고 움직이고 상대역과 대화를 하면 된다고 생각할지도 모른다. 특히 요즘은 꽃미남, 미녀 용모가 대세이기 때문에 연기는 그저 적당히 해도 된다는 오해가 있을 수 있다. 그러나 텔레비전 연기의 전문적 개념은 간단하지 않다.

　　텔레비전 연기자14)는 항상 자신 외(外) 누군가의 역할을 연기하고 있다. 등장인물의 경험이 자신의 경험과 같다고 할지라도 텔레비전 연기자는 자신이 아닌 등장인물의 개성을 투영하지 않으면 안 된다. 이와 관련해 텔레비전 연기에서 고려해야 할 대표적인 사항들은 다음과 같다.

　　① **오디언스**(audience) : 텔레비전 연기자는 그들의 상상의 관객이라 할 수 있는 카메라를 앞에 두고 연기를 해야 한다. 그러나 결코 카메라를 의식하고 있다는 것을 드러내서는 안 된다. 텔레비전 관객(카메라)은 연기자의 주위를 빙빙 돌며 가까운 곳에서 또는 먼 곳에서, 위로부터 또는 아래로부터 연기자를 쳐다본다. 카메라는 연기자의 눈, 발, 손, 등판 등 연출자가 보라고 지시하는 대로 비춘다. 연기자는 항상 자연스럽고 자신 있는 모습을 보여줘야 한다.

　　텔레비전 연기를 특징짓는 가장 중요한 요인은 배역의 내면화(internalization)이지 외면화(externalization)가 아니다. 연기자는 자신이 맡은 등장인물을 연기해낸다기보다는 가능한 한 그 인물 자체가 되도록 노력해야 한다. 연기자는 어떤 액션을 통하여 상황을 묘사하기보다는 주어진 상황에 적절히 반응(reaction)함으로

---

14) Zettl 저, 황인성·정재철·윤선희·조찬식 공역, 『텔레비전 제작론』, 나남출판, p.573, pp.587·591.

써 감정을 전달할 수 있다.

② **액션과 말하기**(action and speech) : 일반적으로 연기자의 외적 액션을 최소한으로 줄이고, 무엇을 하든지 간에 특히 클로즈업 샷의 경우에는 서두르지 말아야 한다. 액션이나 목소리를 지나치게 강조하지 않는다. 비록 마이크 붐(붐 마이크)이 충분히 멀리 있다고 해도 연극 대사를 하듯이 목소리를 크게 내서는 안 된다. 명확하게 말하되 자연스럽게 한다. 목소리 크기보다는 똑똑한 말씨가 더 중요하다.

③ **블로킹**(blocking) : 연기자는 연습 시 연출이 지시한 동작 선을 정확하게 지켜주어야 한다. 갑자기 연습 때보다 더 나은 영감이 떠올랐다고 해도 그것을 겉으로 표출해서는 안 된다. 블로킹 표시를 사용하지 않는다면 마음속으로 '블로킹 지도(blocking map)'를 그려서 특정 샷에서 어떤 대도구(大道具)와 어떻게 관련하여 서 있을 것인지를 외우고 있어야 한다. 때로는 연출이 서 있으라고 지시하는 장소가 다른 연기자들과의 관계를 고려할 때 전혀 적당치 않다고 생각할 수도 있다. 이런 경우에도 혼자 마음대로 생각하여 지정된 장소로부터 자의적으로 움직여서는 안 된다.

④ **대사 암기**(memorizing lines) : 텔레비전 연기자는 대사를 신속히, 그리고 정확히 외울 수 있어야 한다. 연속극은 다음날 1시간용 프로그램을 녹화에 들어갈 대사를 공부하기 위한 시간이 겨우 하루 저녁밖에 주어지지 않는다. 연기자는 참으로 재빠르게 대사를 연구해야만 할 것이다. 또 즉흥적으로 떠들어댈 수도 없다.

⑤ **타이밍**(timing) : 연기자에겐 치밀한 시간 의식이 필요하다. 타이밍은 연기 속도의 조정을 위해, 클라이맥스를 쌓아가는 데, 급소를 찌르는 말을 전달하는 데, 그리고 미리 엄격히 정해진 시간 내에 작업을 마치는 데 관계된다. 등장인물의 역할을 충분히 살리면서 동시에 융통성 있게 진행하는 요령이 필요하다.

⑥ **연기자와 포스트프로덕션**(the actor and postproduction) : 텔레비전 연기는 대

개 조각조각 이루어진다. 연기자의 물리적인 외양(겉모습)은 연출자의 특별한 지시가 없는 한, 전 제작과정을 통하여 일관성을 지켜야 한다. 즉 차후 편집 시 연속적인 하나의 장면으로 결합되어야 할 두 개의 부분이 서로 분리되어 독립적으로 녹화되는 경우에는 항상 일정한 에너지 수준을 유지해야 한다. 녹화 초기에는 특별히 활력적인 연기를 보였으나, 그 다음 주에 녹화가 재개되었을 때 활력 없는 연기를 해서는 안 될 것이다.

⑦ **연출과 연기자의 관계**(the director-actor relationship) : 다른 텔레비전 제작 관련 요원들과 마찬가지로 연기자 또한 자신만의 개성을 너무 내세워 다른 사람들과 비협조적이어서는 곤란하다. 텔레비전 제작에는 많은 사람들이 연출과 협조관계에 있다. 제작에 관계되는 무대요원, 송신, 기술자, 마이크 붐 담당자, 비디오 요원 등도 모두 중요하다는 것을 알아야 한다.

①의 오디언스에서 '내면화'와 '외면화'라는 말이 나오는데, 그 개념의 이해가 쉽지 않다. 그 범위도 넓어서 6가지나 된다. 따라서 '예술의 표현' 문제를 짚어보고자 한다.15)

1) 표현의 의미 : 예술가의 창작 행위에는 예술가가 외계의 사물을 묘사, 재현하려 하는 계기와 예술가의 내계, 즉 마음속에 있는 것을 외화(外化)하려는 계기와 구별된다. 외계의 사물을 묘사하려는 원리작용을 재현이라고 부르고, 내적인 것을 외화하려는 원리작용을 표출이라고 하며, 이 양자를 총괄해서 예술가가 작품 속에서 어떤 의미의 내용을 객관화하는 작용을 '표현'이라고 지칭한다.

2) 표출 : 표출(expression)은 원래 ex(-로부터)와 pressio(밀다)로부터 성립되고, 즉 밖으로 밀어낸다는 의미이다. 농업 용어로 과즙을 짠다는 의미로 지금도 쓰고 있다. 예술에서는 뭔가 안에 있는 것을 밖으로 내보낸다는 의미이다. 예술에서의 표출은 무엇이 표출되는가 하는 점이지만, 표출이라는 말의 본래 의미는

---

15) 와타나베 마모루, 이병용 옮김, 『예술학』, 현대미학사, pp.104~124에서 발췌 요약.

인간 내부에 있는 것, 그리고 심적인 내용은 감정과 사고로부터 성립된다고 볼 수 있다. 예술의 표출 내용은 '감정'이라는 설이 많았다. 보통 언어는 사고를 전달하고, 예술은 감정을 전달하는 것이라는 주장이다.

3) 재현 : 재현(representation)이란 어떤 의미에서 이미 존재하고 있는 것을 예술 속에 제시하는 것이다. 외계에 있는 다른 것을 인간이 자신의 손으로 다시 표현하려고 시도한 것은 이미 원시시대의 주술에서도 볼 수 있다. 그리고 음악과 같이 언뜻 사물의 묘사를 본질로 하고 있지 않은 듯이 보이는 예술에서도 표현하고자 하는 욕구는 항상 있어 왔다.

4) 표출과 재현의 융합 : 재현은 원리적으로 정반대의 기능을 갖지만 예술에서는 원리적으로 유기적으로 결합되어 있다. 이 표출과 재현의 융합은 어떤 원리에 의해서 가능한 것일까?

첫 번째는 '소재의 대상화'에 의한 원리이다. 예술의 표출은 단순히 '내재하는 것의 외화(外化)'라는 일방적인 과정을 취하지 않고, 실제로는 내재하는 것까지도 한번 외적인 것으로 바꿔서 이것을 표출한다.

두 번째는 '소재의 보편화'라고도 할 수 있다. 예술에서 표출되어야 할 것은 작가의 내면의 감정이나 사상에 있더라도 그것은 작가의 개인적인 것이 아니라 어느 정도 보편성을 가지는 것이어야 한다.

지금 내가 풀이 죽은 모습을 하고 있을 경우, 그 모습에 따라 외화시키려고 하는 것은 나의 감정이다. 이 감정이 보편성을 가지는지 어떤지는 직접적인 관심사는 아니다. 그러나 예술에서는 작가의 개인적인 감정이 표출되는 경우에도 이 감정은 단지 수용자의 공감을 불러일으킬 뿐만 아니라, 보편적인 인간 감정으로서 공감을 불러일으킬 수 있어야 한다. 이 경우 감정의 주인인 작가는 인간의 대표가 되는 것이다. 작품은 많은 사람들에 의해서 수용되는 것을 예상하고 있기 때문에 표출 내용도 보편적인 것을 요구한다.

5) 표현의 전달 : 예술은 전달의 구조를 가진다. 따라서 작가가 표현한 것

은 감상자에게 전달되어야 할 성질의 것이다. 작가도 또한 단순히 표현하고 싶다는 욕구 때문에 표현할 뿐만 아니라 감상자에게 전달하고 싶기 때문에 표현한다. 결국 표현과 전달은 다른 과정이고, 표현이 끝나지 않으면 전달은 행해지지 않고, 전달 속에 표현이 포함되지 않아도 지장이 없다. 그렇기 때문에 내가 나 자신의 표현이 아니고 그저 전언(傳言)하는 경우, 즉 A가 말한 것을 B에게 전달하는 경우에도 전달은 행해질 수 있다.

그러나 예술의 경우에는 표현 그 자체가 전달의 구조 속에 짜 넣어진다. 작가가 무엇을 어떻게 표현했는가가 수용자에게 전달된다. 이 경우 예술가로부터 수용자에게 전달을 매개로 하는 '기호' 는 예술작품이기 때문에 작품은 표현을 전달하는 것이라고 할 수 있다. 표현은 예술작품 속에 중요한 의미를 가지고 존재한다는 뜻이다.

6) 형성과 표현 : 예술에는 표출이나 재현과 어울려서 예술작품이라는 객체를 성립시키는 또 하나의 중요한 원리로 '형성(形成)' 이라는 것이 있다. 이것은 작품 속에서 형체를 만들어내고 또 그것을 정리·정돈하는 역할을 한다.

우선 형성은 표출에 작용을 한다. 예술은 사람이 위급함에 처했을 때 무의식중에 '도와주세요' 라고 소리치듯이 자연적, 직접적 표출은 아니다. 예술에서는 그 표출되는 것이 어떤 형태로든 정돈되어 있어야 한다. 또 형성은 재현에도 작용을 한다. 예술의 재현 역시 정돈된 형체를 가져야 함은 물론이다.

이렇게 길고 어렵게 배역과 관련한 내면화의 중요성들을 설명했지만, 내면화 연기는 대본의 단순한 외면화가 아니라 연기자 마음속에서 대본 내용을 어떻게 정확하게 소화하고 정리하고 승화시켜 예술적 수준으로 끌어 올리느냐에 대한 문제이다. 따라서 용모가 뛰어난 신인이 그냥 대본을 달달 외우고 적당한 표정과 동작을 섞어서 연기라고 한다면 절대 시청자의 호감을 살 수 없다. 그래서 '아무나 탤런트를 하는 것이 아니다' 라는 말이 나오고, 한 번 등장했다 사라지는 연기자들이 수없이 많은 이유이다.

5. 텔레비전 연기의 요점

텔레비전은 연기 매체 가운데 가장 늦게 출현하였다.[16] 라디오에서 시작했으나 연극과 영화의 영향을 많이 받았다. 영화는 실제 상영시간과 장소, 관객으로부터 배우를 자유롭게 만든다. 배우를 스크린에서 확대시키는 영화는 커다란 몸짓이나 표정의 확대 묘사를 필요로 하지 않는다. 그러나 무대배우는 신(scene) 하나하나를 창조하는 데 비해서 영화배우는 각각의 프레임(frame)을 하나씩 만들어간다. 텔레비전은 '클로즈업' 극장으로 무대처럼 대사와 연기자의 몸, 얼굴, 소리를 중시한다. 또한 텔레비전은 영화와 같이 잘 보이지 않는 것을 우리에게 보여준다. 하지만 텔레비전은 연극, 영화와 달리 이미지를 단순화시킨다. 그러므로 잘 훈련되지 못한 탤런트는 불필요한 연기를 하기 쉽다.

텔레비전 연기자의 조건은 무엇인가? 다음은 미국 캘리포니아 대학의 저명한 연극학 교수인 로버트 코헨이 지적한 배우의 조건들이다.

① 재능   ② 참여
③ 퍼스낼리티   ④ 건강한 태도와 심리적 조정 능력
⑤ 육체적 특징   ⑥ 품위
⑦ 훈련   ⑧ 좋은 정보와 조언
⑨ 경험   ⑩ 행운
⑪ 연줄 등이다.

다시 설명하면, 탤런트의 첫째 조건은 '탤런트'이다. 텔레비전 연기자를 포함한 코미디 탤런트, 사회자 등을 탤런트라고 부르는 것은 그들이 모두 재능을

---

16) 강대인·김우룡·홍기선 공저, 『방송제작론』, 나남출판, 1987. pp.144~147.

가졌기 때문이다. 별다른 재능 없이도 텔레비전에 스타로 등장한 사례가 없지는 않았으나 대체로 그 생명은 길지 못했다. 특별한 재능은 처음부터 드러날 수 있다. 탤런트는 춤과 노래에서부터 마술연기, 태도에 이르기까지 폭 넓기 때문에 정의되어질 수 있는 것이 아니라 그냥 알아볼 수 있는 것이다.

두 번째는 '퍼스낼리티(personality)' 이다. 사람의 됨됨이와 기본 바탕은 무엇보다도 중요하다. 한 배역을 뽑기 위해 50명을 면접할 때, 결정의 92%는 후보자의 개인 행위에 의해서 이루어지고, 나머지 8%만이 배우의 재능과 능력에 바탕을 두고 이루어진다. 텔레비전은 제작시간의 제약이 있기 때문에 인물의 성격을 정밀하게 창조할 시간이 많지 않다. 따라서 텔레비전 연출자들은 배역의 기본으로 퍼스낼리티를 이용하게 된다.

이른바 스타니슬랍스키(Konstantin Sergeevich Stanislavski)의17) '만약의 요술' 도 써먹는다. "만약에 네가 ○○○한다면 어떻게 하겠느냐?" 는 물음에 가장 확실한 답변은 탤런트가 가진 원래의 퍼스낼리티가 될 것이다. 스타니슬랍스키는 러시아 출신의 연출가, 배우, 연극이론가이다. 사실적 수법으로 무대를 시적 상징으로까지 높인 독자적인 스타니슬랍스키 시스템을 확립했으며, 사회주의 리얼리즘의 최고봉이라고 평가된다. 주요 저서로는 〈배우수업〉, 작품으로는 〈갈매기〉 등이 있다.

연기자의 세 번째 조건은 육체적 특징이다. 분장이라는 마술이 있기는 해도 배역에는 인종, 성별, 나이 등 차별이 심하다. 한국에서도 서양인 배역에는 서양 사람을 기용하려는 경향이 두드러지고 있다. 왜냐하면 배역의 ABC는 차별주의이기 때문이다.

미국 배우들의 인명록 '플레이어즈 가이드(Players' Guide)' 에는 배우를 구분하는 다음의 카테고리가 있다.

▷어린이 : 12살 이하

---

17) 네이버 백과사전

▷프리 틴즈 : 13살에서 15살

▷틴즈 : 16살에서 19살

▷청춘스타 : 20대 초반의 '첫사랑' 범주를 말한다. 여성 탤런트들이 가장 선호하는, 또 하고 싶어 하는 역이 청춘스타이다. 특히 주말 연속극에 등장한다면 금상첨화이다.

▷남녀 주연급 : 보다 경험 있는, 성숙하고 로맨틱한 20대 중반에서 40대 중반까지

▷남녀 성격 배우 : 비교적 나이가 든, 매력보다는 인물의 성격이 뚜렷한 배우들

좋은 연기자가 되려면 훈련과 경험을 쌓아야 한다. 아무리 재능 있고, 매력 있고, 개성이 있어도 훈련과 경험이 없으면 오디션에서 탈락할 수밖에 없다. 그러면 연기술은 어디에서 배우는가?

① 대학의 연극영화학과 등에서 훈련을 받을 수 있다.

② 영화배우 워크숍, 연기 스튜디오 등에서도 가능하다.

③ 연기를 공부할 수 있는 극단에서 인턴을 하거나 입단하면 연기를 연마할 수 있다. 여기서는 대체로 도제훈련을 받게 될 것이다.

④ 수백 대 일의 경쟁을 통과해야 하지만, 지상파 TV의 탤런트 공채에 도전해 합격하는 경우이다. 거기서 훌륭한 연기지도를 받을 수 있다.

⑤ 최종적으로는 연줄이다. 이것은 잘 아는 사람을 통해서 그런 조직에 들어가는 것을 의미한다.

6. TV·연극·영화 연기의 차이점

TV는 일상생활 하듯이 자연스럽게 연기해야 하고, 카메라를 상대로 연기하기 때문에 카메라가 붙잡지 않는 신체 부분은 신경 쓰지 않아도 된다. 하지만 실제 관객은 없지만 TV 카메라라는 더 예민한 관객이 있다는 점을 고려해야 한다.

연극은 표정보다 대사나 동작이 크고 깊어야 한다는 점이 중요하다. 무대에서 진행되는 연극은 관객을 의식하기 때문에 신체의 세부적인 부분까지도 항상 염두에 두어야 한다. 또 정해진 화면이 없기 때문에 신체 전체를 동원해 적극적으로 연기할 수도 있다. 배우가 무대장치나 조명까지도 자기와 어떻게 조화를 이루어 연기할지까지도 사전에 생각해두는 것이 좋다.

영화는 스크린의 예술이다. 따라서 연기에서 눈썹 떨림까지도 신경 써야 할 것이다. 콘티에 따라 자신이 잡히는 화면 크기에 대한 대처도 미리 생각하지 않으면 곤란해진다. 또 감독이 제공한 세트 안에서 어떻게 적응할 것인가에 대한 아이디어도 필요하다.

7. 탤런트의 연혁

우리나라의 텔레비전 시대는 5·16 군사혁명 후인 1961년 12월 31일, KBS 텔레비전 개국으로 본격화됐다고 볼 수 있다. KBS 텔레비전이 개국하고 10여 일쯤 지난 1962년 1월 15일부터 비로소 기본편성에 의해서 방송이 실시되었다. 이 기본편성에는 〈나의 경우〉라는 30분 프로그램과 〈금요극장(50분)〉 등 드라마 프로그램이 120분 편성돼 있었다. 드라마를 제작할 작가, 연출가 등 스태프 구인난에도 문제가 있었지만, 카메라 앞에서 직접 연기할 탤런트가 부족하였다. 전무한 형편이었다.[18]

이런 어려움을 해결하기 위하여 KBS(현재 한국방송공사)는 사상 처음으로 텔레비전 탤런트 공개모집을 실시했다. 1962년 1월 20일, 마감 날 응시자 수는 2,574명이나 되었다. 라디오 방송만을 통해서 광고를 냈는데도 당시로서는 대단히 많은 응시자가 쇄도한 셈이다. 약 100대 1의 경쟁을 뚫고 제1기 탤런트로 합격한 사람은 26명으로, 남녀 각각 13명이었다. 지금도 드라마에 출연하고 있는 김혜

---

18) 한국방송공사 편찬, 『한국방송』, 1976. 참조.

자, 정혜선, 박주아, 태현실, 최정훈, 이길호, 이묵원, 김난영(작고) 등이 뽑혔다. 같은 해 5월 5일 제2기 탤런트를 공모했는데, 남녀 8명씩 16명이 선발되었다. 대표적인 탤런트는 강부자이다. 이후 지상파 TV들은 매년, 또는 한 해 걸러 탤런트를 공채해 드라마에 연기자를 공급해오고 있다.

8. 탤런트 되기의 유의점

아무리 대중문화가 우리 가까이에 있고 늘 쉬지 않고 소비하고 있지만, 대중문화인 텔레비전 드라마나 가요를 글로 써서 설명하거나 말로 해서 독자에게 이해시키기는 지극히 어려운 일이다. 대중문화에 대한 이론서적은 가짓수가 많지는 않지만 그래도 있는 편이다. 그러나 그것들은 대체로 외국의 이론들을 가지고 서술한 경우가 많다. 대중문화를 전공해서 학자가 되려는 의도가 아니라면 실제적으로는 큰 도움이 안 된다고 볼 수 있다.

그렇다면 엔터테이너로 입문하고자 하는 사람들에게 무슨 이야기로 대중문화계를 알 수 있게 할 것인가? 또 어떤 독창적인 접근 방법이 있을까를 골똘히 연구해 봐도 뾰족한 대안이 떠오르지 않아 고민에 빠졌다. 그러다가 내린 결론이 각종 에피소드나 사례를 통해 연예인의 세계, 연예인 훈련과 그 뒤안길, 영광과 좌절을 그린다면 어느 정도는 간접 체험할 수 있지 않을까 하는 생각을 하게 되었다.

또 연예 스토리는 커뮤니케이션의 관점이 되거나 신문학적 또는 방송학적, 아니면 영화적 연구대상이 아니라면 쉽게 논문화 또는 이론화 되지 않는 특성이 있다. 따라서 엔터테인먼트 문제는 부득이 미디어에 노출된 내용의 분석과 30여 년간 방송사 근무의 경험을 토대로 하면서 우선 '탤런트 되기' 문제의 결론을 생각해보고자 한다.

① 용모 : 연기를 전공으로 하는 대학의 신입생을 선발할 때는 실기 테스트와 인터뷰 등을 한다. 이 때 관찰하는 기준은 신장, 얼굴의 크기(되도록 작은 얼굴이 선호된다), 얼굴에 있어서는 눈이 크고, 코가 오똑하고, 이마도 웬만큼 있고, 목선이 굵지 않으며 피부는 흴수록 좋다. 키는 패션모델을 뽑는 것이 아니기 때문에 너무 커도 문제가 있다. 상대역 고르기도 나쁘다. 여기다 인상이 현대적이고 개성적이어야 유리하다. '얼굴 크기가 다소 작아야 유리하다'는 점은 텔레비전 카메라가 사람의 실물(얼굴 등)보다 약 3% 정도 크게 보인다는 특징 때문이다. 남녀 불문하고 어디 그런 사람이 있겠느냐고 반문할 사람들이 있을 것이다. 그러나 연기학과에서 필자의 경험도 비슷하겠지만 탤런트 선발장, 또는 연기 테스트 입시교실에서 보면 대한민국에 미남미녀가 대단히 많다는 것을 알 수 있다.

② 정확한 발음(대사 표현력) : 발음을 잘해야 하는 조건이 있다. 구강의 문제 등으로 발음이 정확하고 전달이 잘되는 목소리를 낼 수 있는가도 따져볼 대목이다. 탤런트나 가수들은 일반적으로 '골든 보이스(다소 기름진 목소리)'가 좋다. 영국 BBC의 분류에 따르면 골든 보이스는 연기자들이 지녀야 할 조건이고, '실버 보이스(약간의 쇳소리가 나는 목소리)'는 뉴스를 하는 아나운서나 기자, 리포터에 적합하다고 한다. 즉 발음이나 목소리에 어떤 문제가 있다면 아예 방향을 전환해 캐스팅(출연자)보다는 스태프(제작 전문가) 쪽으로 선회하는 것이 현명하다. 스태프도 대단히 흥미롭고 재미있다. 그리고 치아 상태에 문제가 발견되면 즉시 교정 등으로 개선 조치를 시행하는 것이 현명하다.

③ 대사 분석력 : 탤런트에게는 대사 분석이 매우 중요하다. 대본에서 요구하는 것을 단번에 알아차려 연기를 할 준비를 해야 한다. 여기서 요구되는 것은 세상사에 대한 이해와 인식이다. 스토리는 세상사에 관한 것이다. 이것은 모든 일에 대한 연기 연습생이 갖고 있는 호기심과 독서량을 통해서 얻어야 한다. 책도 안 읽고, 신문도 안 보며, 텔레비전 뉴스도 시청하지 않고 오직 인터넷만 친하

다 보면 사물과 세상 돌아가는 일반적인 방법을 이해하고 분석하는데 매우 미숙함을 드러내게 된다. 만약 위의 다른 조건이 모두 적합하다면 대사 분석을 위한 경험적 훈련을 게을리 하지 말아야 할 것이다. 즉 고전, 역사, 언어, 법, 문학, 무대예술, 철학, 종교, 시각예술 등 인문학에 관심을 가져야 유리하다는 뜻이다.

④ 암기력 : 많지 않은 원고를 빠른 시간 안에 외울 수 있어야 한다. 먼저 자신이 원고를 외우는 실험에 도전해봐야 한다. 대사는 원고를 정확히 외우고, 거기에 역할을 표현하는 감정이 가미되고, 또 동작이 수반되어야 하니까 먼저 외우는 능력을 검증해보는 것이 현명하다. 만약 요즘 유행하는 노래제목처럼 '머리가 나빠서' 라면 탤런트 되기를 재고해야 한다. 대사를 암기하는 방법도 개인에 따라 가지가지이다. 예컨대 부인이나 동생 등이 상대역의 대사를 던져줄 때 대사가 잘 외워진다는 사람도 있고, 화장실 속에서 외우거나 사우나에서 암기력이 향상된다는 등 별별 방법이 다 동원된다. 빨리 대사를 외우는 일은 결코 쉽지 않다.

⑤ 건강과 지구력 : 텔레비전 드라마와 영화는 밤을 새우며 촬영하는 경우가 많다. 하루에 두세 시간만 자고도 일을 계속해야만 한다. 건강하지 않을 경우 감당하기 어렵다. 지구력은 글자 그대로 '오래 버티어 가는 힘' 을 말한다. 10초짜리 장면 하나를 찍기 위해 밤새워 기다리는 경우가 해당된다. 그렇게 버티는 힘이 없으면 탤런트의 길은 요원하다. 그래서 평소에 조깅 등으로 폐활량을 넓히는 운동을 해야 하며, 어느 정도 근육도 강화해야 하고, 에어로빅이나 요가 등으로 유연성과 지구력을 확보하지 않으면 안 된다. 또한 절도 있는 행동을 하는 습관을 기르고, 잠꾸러기가 되어서도 곤란하다.

⑥ 성격 : 성격도 좋아야 한다. 텔레비전 제작은 국가로부터 그 방송사의 사장이 전파사용을 위임 받는다. 전파는 국가(국민)의 소유이다. 다시 사장은 프로그램(텔레비전 드라마) 제작을 프로듀서에게 위임한다. 이 때 드라마는 연출자 또는 PD 혼자 만드는 것이 아니다. 작가, 스크립터, 탤런트, 카메라맨, 비디오맨, 오

디오맨, 조명, 의상, 분장 담당자들이 있어야 하고, 조연출에 타임 키퍼 담당자, 음악, 효과 담당자, 엑스트라 연기자, 스턴트맨, 심지어 밥차(식당차)까지 동원되어야 하나의 프로그램 녹화가 가능해진다. 이것은 텔레비전 제작이 '집단제작' 임을 의미한다. 아무리 주인공이 인기 탤런트라 하더라도 그는 이 팀의 일원일 뿐이다. 따라서 화를 잘 내거나 참을성이 부족하고 자기중심적인 이기주의자, 독불장군은 팀 멤버로 활동하는데 지장이 많다.

⑦ 누적적(累積的) 훈련 : 우리가 텔레비전 드라마를 시청하다 보면 앞에서 거론한 조건들이 완벽하게 반대인데도 탤런트로 활동하는 사람들이 적지 않다. 그들은 연기파니 성격 배우니 하는 말로 대우를 해준다. 그들은 조건이 불리하기 때문에 대사, 표정 등 연기연습을 절대 게을리 하지 않아 계속 출연하는 것으로 알고 있다. 평소 또는 사전 연습이 부족하면 탤런트의 길은 막히고 만다.

하나의 에피소드를 소개하고자 한다. 과거 MBC에서 성우로 일했던 인사가 있었는데, MBC에서 텔레비전이 개국되자 TV 드라마에서 크지 않은 단역을 제의 받게 되었다. 왜냐하면 성우이기 때문에 대사 실력이 출중했기 때문이다. 오전 내내 스튜디오에서 녹화 차례를 기다리다가 5분 미만의 짧은 연기를 마쳤다. 그런데 그는 그 스튜디오에서 녹화가 끝나는 밤 12시까지 다른 탤런트의 녹화를 지켜보며 참관(공부)을 계속했고, 녹화가 끝난 오밤중인데도 연출자에게 다가가 오전의 '자기 연기' 에 문제가 없느냐는 질문을 했다고 한다. 처음에는 연출자와 동료들이 아주 이상한 사람 취급을 했다는 것이다. 이런 누적적 연기수업으로 그는 다른 누구보다도 빠른 시간 내에 성우에서 연기력 있는 탤런트로의 전환이 가능했다.

⑧ 부지런함 : 이것은 탤런트에게 있어 중요한 덕목이다. 부지런함 중에는 연습은 물론 녹화 때 집합시간을 정확히 지키는 것도 포함된다. 텔레비전 드라마 제작의 핵심은 약속이다. 모든 것을 사전 약속대로 해야 한다는 점이 무엇보다 상위에 놓는다. 그래서 탤런트들은 '책대로 하자' 는 얘기를 많이 한다. 즉 사

전 연습대로 하자는 것이다. 여기서 벗어나면 반칙이다. 연습시간에 모이는 것도 아침 8시면 꼭 그 시간에 모여야 연습이든 녹화든 진행된다. '나 한 사람 빠져도' 는 절대 통용되지 않는다. 그것은 불문율이다.

지각하지 않고 조기 도착의 1인자는 탤런트 최수종으로 알려져 있다. 어떤 드라마 녹화 때, 한 여자 탤런트가 '신인이니까 일찍 도착하자' 는 생각으로 아침 7시 집합시간보다 30분 먼저 스튜디오에 들어섰다고 한다. 그런데 최수종이 스튜디오 한쪽에서 대본연습에 열중하고 있는 것을 보고 놀랐다는 것이다. 인기 높은 주인공 탤런트가 집합시간보다 훨씬 일찍 나와 있으니 그럴 만도 했다. 그 여자 탤런트는 다시 집합시간이 아침 6시로 잡히자 이번에는 아예 새벽 5시에 도착했는데, 이미 최수종은 또 연습에 골몰하고 있는 것이 아닌가! 이 신인은 '그가 괜히 최고의 탤런트가 된 것이 아니구나' 를 절실하게 깨달았다는 일화이다.

⑨ 열정(passion) : 사람과 악수를 해보면 어떤 사람의 손은 차갑고, 또 다른 사람의 손은 매우 뜨겁게 느껴지는 경우를 체험하게 된다. 차가운 손을 만지면 어쩐지 그 사람이 공연히 냉정하고 야멸치지 않은가 하는 생각을 하게 된다. 또 이 사람은 인간관계에서도 소극적이 아닐까 하는 상상도 해볼 수 있다. 이런 만큼 열정과 적극성은 일을 성사시키는 과정과 결과에 심대한 영향을 미친다.

탤런트의 세계에서는 매사에 열성적으로 덤벼드는 거친 도전정신이 요구되는 것이다. 그런데 이 열정 부분에서 지망생들의 오해가 자주 일어나는 것을 목격하게 된다. 'Passion(열정)' 과 'Fashion(유행)' 두 단어는 글자와 발음이 다소 유사하지만 뜻은 전혀 다르다. 그러나 지망생들은 탤런트가 소유해야 할 열정에 대해 생각하는 것이 아니라 탤런트는 TV 화면에 나오니까 사람들에게 자기과시를 할 수 있고, 또 수입도 좋은 것 같으니까 하나의 유행의 경향으로 삼는 사람도 많다는 점이다. 이렇게 연기를 패션으로 치부한다면 정말 큰일 날 일 아니겠는가? 목적과 목표를 행해 발휘되는 육체와 정신에 꽉 들어찬 무서운 힘이 바로 열정이며, 탤런트에게 꼭 필요한 요소 중의 하나이다.

⑩ 연기자의 운 : 연기자의 운을 거론하는 전문가들이 꽤 있다. 운을 말하는 것은 다분히 비논리적이다. 그러나 인간사에서 비켜갈 수 없는 것도 운이다.

탤런트의 운에 대해 설명하는 것은 어렵지만 축구 선수의 경우를 예로 들면, 공격수나 수비수가 늘 공에 가깝게 접근해 있어야 슛 찬스가 생긴다는 점이다. 남아공 월드컵 경기에서 이정수 선수의 경우가 바로 그 예이다. 공이 떨어질 위치를 사전에 예측한 것이다. 공과 멀리 떨어져 있으면 절대 슛을 할 수 없다는 사실을 운과 연결해 강조하고자 한다. 탤런트의 연기에 있어서도 축구공은 어떤 것이고 또 무엇인지를 판단해 늘 거기에 근접해 있어야 배역이 나타나고 크고 깊은 연기가 발생한다는 '운(運)런트' 론을 펼친다.

역술가들은 흔히 한 인간에 있어 세 번의 '대박 운' 이 온다고 설명한다. 그래야 살맛이 날 것이다. 운은 다른 말로 표현하면 복(福)이다. 복은 재복(財福), 건강복(無病長壽), 승진복(官運)이 중요한데, '운런트' 는 관운과 재운의 혼합형이다. 초년운, 중년운, 말년운 등을 따지는 사람들도 있는데, 탤런트 지망생이라면 평소에 주변관리와 대인관계(인적 네트워크 구성)를 잘 해두어야 찬스를 잡을 수 있고, 입문과 캐스팅 등 복이 내려질 수도 있음을 기억했으면 한다.

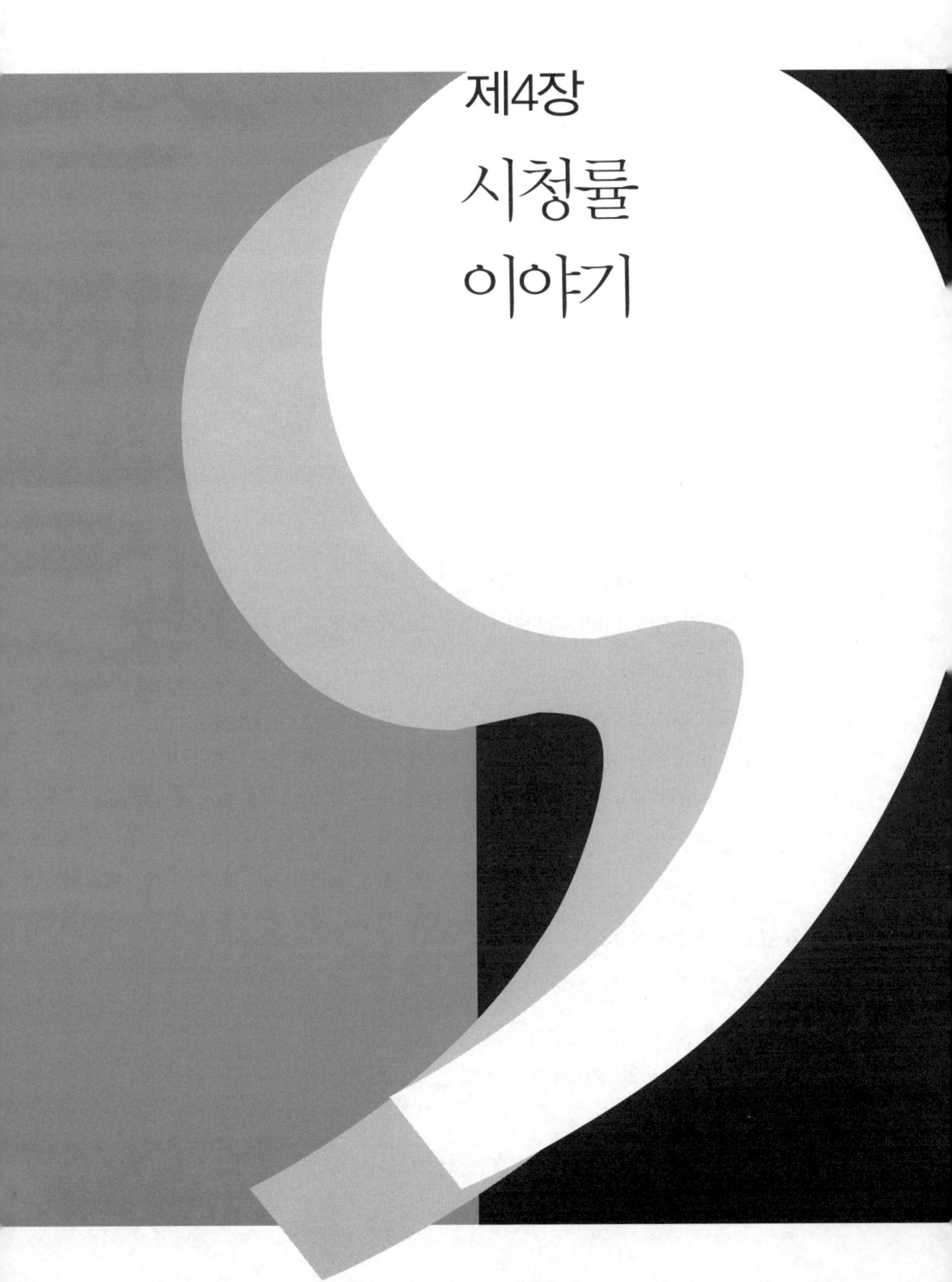

제4장

시청률
이야기

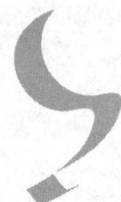

1. 시청률의 개념

방송사가 존재하는 이유는 텔레비전과 라디오 프로그램을 제작해 국민들에게 방송하기 위해서이다. 그것이 사명이고 임무이다. 그러나 이런 프로그램들을 만들려면 제작하는 비용이 있어야 하고, 방송사라는 거대한 조직을 운영할 많은 자금이 필요하다. 결국 방송사는 돈을 벌지 않으면 안 되는 조직이다.

요즈음 방송을 하는 회사들은 '방송 산업'이라는 단어로 지칭되는 하나의 기업이다. 방송사 입장에서 보면 그들의 최종적인 목적은 이윤을 만들어내는 데 있다. 보통의 기업들은 제품을 생산해 유통시키고 판매를 통해 수익을 얻는다.

방송사도 그 과정은 별로 다르지 않아 그들은 프로그램을 제작하고 이것을 광고회사에 팔아 비용을 확보한다. 즉 방송사는 프로그램을 통해(방송함으로써), 시청자로부터 시청률을 끌어 모아(프로그램을 재미있게 만들어 시청자가 많이 보게 함으로써), 이것을 광고주에게 갖다 파는 행위의 결과 돈을 벌게 된다. 이때 '얼마큼 많은 이익을 낼 수 있는가'와 관련이 있는 것이 바로 시청률이라는 개념의 핵심이다.

시청률은 어느 면에서 인기 또는 선호도와 비슷하다. 우리가 텔레비전을 구매할 때 삼성전자의 '파브' 나 '보르도' , LG의 '엑스캔버스' 를 선택하는 것과 유사하다. 따라서 텔레비전 프로그램은 무엇보다도 흥미와 재미, 작품성이 높아야 좋은 시청률을 얻을 수 있다. 이것이 방송사들이 시청률에 목을 매고, 별별 수단을 다 써가며 심지어는 방송법에 위배되는 프로그램을 만들어서라도 시청자의 눈길을 사로잡으려고 하는 이유이고 동기이고 목적이다. 곧 시청률은 돈이기 때문이다.

방송되는 프로그램들을 보면 그 종류와 형태가 각기 다른 것들이 많다. 소위 여러 장르가 포함되어 있는데 보도(뉴스), 드라마, 연예오락, 교양, 다큐멘터리 등이 그것들이다. 그런데 시청자들은 아무래도 TV 드라마와 연예오락 프로그램(최근 경향은 버라이어티 등)을 좋아한다. 따라서 광고(commercial)는 주로 드라마나 오락 프로그램에 치중해서 붙게 마련이다. 광고주들이 광고 효과를 통해 자기 회사 제품을 대량 판매하고자 한다면 시청률이 높은 프로그램에 광고를 넣으려는 행위는 아주 당연한 일이다. 또한 이 과정에서 방송사도 광고방송으로 수익을 올려야 하기 때문에 다른 프로그램들에 비해 드라마와 연예프로들은 매우 비중 있는 대우를 받게 된다. 특히 드라마, 그 다음 연예오락 프로를 통해서 돈을 많이 벌어 비교적 광고가 덜 붙는 보도·교양 등의 프로그램 제작비용을 충당할 수밖에 없다. 한마디로 텔레비전 방송의(공영방송을 포함해서) 의미와 존재감은 시청률에서 출발하고 시청률에서 종료된다. 따라서 탤런트는 훌륭한 연기로, 가수는 멋있는 노래로 시청률을 올려야 프로그램의 인기를 얻게 되어 방송사도 덕이 되고, 자신도 인지도가 높아져 광고에 출연해 거액의 돈도 벌 수 있다. 방송국에서는 모든 일을 대충해서는 안 되고 최선을 다해야 하는 이유가 바로 시청률에서 비롯된다.

시청자는 유아, 어린이(초등학생), 청소년(중고생), 대학생, 직장인, 자영업자, 미시 주부, 중년 여성, 중년, 장년, 노인 등 남녀노소이다. 즉 대한민국 국민, 국내 거주 외국인, 해외 교포 모두가 시청자이다. 이들에 대한 각 프로그램의 선호도인 시청률은 '시청률' 과 '점유율' 두 가지로 나누어 조사된다.

▷시청률은 'TV 수상기를 가진 가구 전체에 대한 특정 방송사 프로그램을 시청하는 가구의 백분율' 이다. 즉 각 방송사의 시청자를 텔레비전을 보유하고 있는 전체 가구 수로 나눈 것이다.

$$●시청률 = \frac{특정\ 방송사\ 시청\ 가구\ 수}{TV\ 보유\ 가구\ 전체} \times 100$$

▷점유율(share of audience)은 'TV 시청 가정(HUT-Home Using Television)이나 TV 시청자(PUT-Person Using Television)에 대한 특정 채널을 시청하고 있는 가구의 백분율' 이다.

$$●점유율 = \frac{특정\ 방송사\ 시청\ 가구\ 수}{TV\ 시청\ 가구(또는\ 시청자)} \times 100$$

이를 다시 정리하면 시청자 100명을 조사했을 경우, KBS1=30명, KBS2=20명, MBC=20명, SBS=20명, TV 안 본 사람=10명처럼 '안 본 사람도 포함했을 경우'는 시청률이고, '안 본 사람은 빼고, 본 사람 중에서 몇 사람이 특정 방송 프로그램을 보았느냐' 는 점유율이다.

2. 지상파 TV와 시청자의 관계

프로그램을 만드는 텔레비전 회사와 그 프로그램의 소비자인 시청자는 여러 가지 관계에 있어 다소 복잡한 양상을 보이고 있다. 그 구체적인 모습을 이해하려면 대중문화의 핵심인 텔레비전에 대해서 시청자들이 어떻게 생각하고 있느냐를 알아야 더욱 자세한 정보를 얻을 수 있다. 2010년 현재와는 다소 차이가 있을 수 있지만, 한국방송광고공사가 만든 '2008 소비자 행태조사 보고서'를 통해 구체적인 내용들을 살펴보고자 한다.

1) 접촉 주기

1주일에 7일=54.6%, 5～6일=23.6%, 3～4일=13.6%, 1～2일=4.7%. 조사 대상 시청자의 거의 절반 이상이 매일 텔레비전을 시청하고 있는 것으로 조사되고 있다(※ Base : N=6,000(MCR 전체 응답자), 단위 %, 무응답 생략).

2) 광고 접촉도 1위는 지상파 TV

평일=71.8%(1순위 만), 87.3%(1+2순위), 주말=72.8%(1순위 만), 87.8%(1+2순위). 이렇게 지상파 TV들은 약 72% 정도 광고와 연관을 맺고 있다.

3) 시청 형태

① 가구당 TV 보유 대수 = 1.46대, 2대 이상 보유 가구 = 40.3%.

② 디지털 TV 이용 = 현재 보급률 28.7%. 향후 5년 내 65% 보급. 수신 상태 = 양호 85.2%. (디지털 TV의 보급률은 아직 미흡한 편이다)

③ 지상파 TV 시청시간

평일 = 2시간 12분. 토요일 = 2시간 48분. 일요일 = 3시간 17분. 1일 평균 = 2시간 26분.

▷1일 8시간 근무를 기준으로 따져보면 약 25% 이상을 사람들은 지상파 텔레비전을 시청하면서 보내고 있는 것이다.

4) 선호 프로그램

남자는 '뉴스/ 보도'. 여자는 '드라마'. 남녀 10대는 '쇼/ 오락'. 시청자가 가장 선호하는 프로그램은 드라마(37.8%)이다(※Base : N=연도별 TV 보유자. 단위 : %. 사례 수(명) : 5,832).

▷이 성향을 구체적으로 보면 드라마=37.8(남자=12.6, 여자=63.9), 뉴스/ 보도
=29.5(남자=46.7, 여자=11.7), 쇼/ 오락=19.3(남자=21.8, 여자=16.8), 스포츠=4.4(남자=8.6, 여자
=0.2), 다큐멘터리=2.2, 영화=2.1, 코미디=1.7, 토크쇼=1.3, 어린이/ 만화=0.6, 기타
=0.6, 생활정보=0.3 등의 분포를 보이고 있다.

여성 시청자의 약 64%는 드라마를 선호한다. 남녀 불문한 평균은 37.8%이
다. 이런 자료를 통해서 우리는 TV 회사가 드라마를 하늘같이 생각하고 집착하
는 이유를 발견하게 된다. 다음 순위는 뉴스/ 보도가 29.5%로 높다. 남성 시청
자 비율은 무려 46.7%에 이른다. 드라마와 뉴스가 방송사의 핵심 프로그램임을
알 수 있다.

5) 여성 광고 모델 톱10
① 김태희=12.2 ② 이영애=7.2 ③ 이효리=5.0 ④ 전지현=3.8 ⑤ 김희애=1.5
⑥ 송혜교=1.3 ⑦ 고두심=1.2 ⑧ 현영=1.2 ⑨ 소녀시대=1.1 ⑩ 이나영=1.1

6) 남성 광고 모델 톱10
① 장동건=9.6 ② 유재석=3.0 ③ 조인성=2.1 ④ 비=2.0 ⑤ 안성기=1.3
⑥차승원=1.2 ⑦이순재=1.1 ⑧정준호=1.0 ⑨ 태진아=1.0 ⑩배용준=1.0

여성 모델에 비해 남성 모델의 광고효과는 근소한 차이로 보이나 다소 떨
어지는 것으로 조사되었다(※Base : N=6,000(MCR 전체응답자, 단위 %, 무응답 생략). 남녀 톱
은 대한민국 최고의 미남 미녀라고 평가되는 장동건, 김태희가 차지하고 있다.
이 부분도 앞서 지적한 '감성 사회'가 만들어낸 결과가 아닌가 생각된다. 가장
기억에 남는 광고는 '① Show ② T-라이브/ 생각대로'이다.

위의 인용 자료의 조사 시점에서 몇 년이 지났기 때문에 내용이 일부 변동
되었으리라는 점에 대해 독자들의 이해를 바란다. 2010년에는 남성은 이승기의

독주, 여성은 전반에는 김연아, 후반에는 신민아, 고현정, 이민정, 소녀시대 등 걸그룹이 약진하는 등 상황의 변화가 있다.

3. 드라마 최고 시청률

시청률 조사회사인 'AGB닐슨 미디어리서치'가 1992년부터 2003년 10월까지 12년간 방영된 한국의 TV 드라마 가운데 최고의 평균 시청률을 올린 드라마

▷ **최고 시청률 히트 드라마**(1992~2003. 10)

순위	제목	제작사	방영시기	시청률
1	사랑이 뭐길래	MBC	1992	59.5
2	아들과 딸	MBC	1992~1993	49.1
3	허준	MBC	1999~2000	48.9
4	첫사랑	KBS	1996~1997	47.1
5	모래시계	SBS	1995	45.4
6	보고 또 보고	MBC	1998~1999	45.0
7	여명의 눈동자	MBC	1992	44.4
8	질투	MBC	1992	43.1
9	그대 그리고 나	MBC	1997~1998	42.5
10	진실	MBC	2000	42.1
11	사랑할 때까지	KBS	1996~1997	40.2
12	별은 내 가슴에	MBC	1997	40.0
13	정 때문에	KBS	1997~1998	38.9
14	토마토	SBS	1999	38.6
15	M	MBC	1994	38.6
16	태조 왕건	KBS	2000	38.3
17	엄마의 바다	MBC	1993	37.9
18	목욕탕 집 남자	KBS	1995~1996	37.7
19	올인	SBS	2003	37.6
20	바람은 불어도	KBS	1995~1996	37.4

순위를 2003년 10월 22일에 발표한 바 있다. 앞에서와 같이 다소 오래된 자료를 소개하는 이유는 당시 각 드라마의 시청률이 대단히 높았음에 주목했기 때문이다. 자료를 지금에 와서 살펴보는 것도 흥미로울 수 있다.

위의 도표를 보면서 몇 가지 이야기를 첨가하고자 한다. 평균 시청률 59.5%, 즉 60%에 근접한 〈사랑이 뭐길래〉가 방송된 1992년 당시는 MBC가 파업 사태로 인해 사장이 한동안 부재한 시기였다. 후에 부임한 최창봉 사장은(그는 PD 출신으로 역대 지상파 사장에 오른 5인 중 1인이다. 모든 지상파 사장들은 그때나 지금이나 모두 기자 출신이 차지했다) "사장도 없는 회사에서 어떻게 그렇게 재미있고 시청률이 높은 드라마가 나올 수 있었는가?" 하고 감탄을 금치 못했다. 또 다른 일화는 〈사랑이 뭐길래〉에서 주인공 '대발이(최민수 분)' 아버지로 출연했던 이순재는 이 드라마의 최고 시청률 덕분에 후에 국회의원에 출마해 당당히 당선되었다. 사람들은 "사랑이 뭐길래는 이순재 씨 국회의원을 시켜주기 위해 기획된 드라마이다" 라고 농담을 했다. 드라마 시청률과 국회의원 득표율과도 상관관계가 매우 높았던 모양이다. 〈사랑이 뭐길래〉가 방송되던 기간에는 이 드라마를 시청하기 위해 많은 택시 기사들이 돈벌이를 집어치우고 일찍 귀가해 부인과 이 드라마를 보았다는 소문도 전해지고 있다.

이 순위표에서 2000년대 이전에는 MBC가 최대의 드라마 강국이었음을 알 수 있다. 20위 중에서 10위까지에 8개 드라마가 포함되는 등 모두 11개가 들어 있기 때문이다. 평균 시청률의 경우는 〈사랑이 뭐길래〉가 최고였지만(현재까지도 이 기록은 깨지지 않고 있다), 일일 시청률이 가장 높은 드라마는 KBS-2TV 주말연속극 〈첫사랑〉 마지막 회인 1997년 4월 20일 편이 65.8%를 기록하며 일일 기존 최고 시청률을 경신했다. 4월 19일과 20일의 시청률 평균은 64.6%였다. 현재와는 매우 다른 양상이다. 이런 원인이 여러 가지 있겠지만 AGB닐슨 미디어리서치의 조사에 따르면, 2002년 10월 현재 지상파 방송사의 시청 점유율은 71.7%, 케이블 방송사는 27.2%였던 것이 2007년 10월에는 지상파 56.5%, 케이블 방송 43.5%로

격차가 현저하게 좁혀지는 등 방송환경 변화가 중요 요인으로 작용한 것으로 분석되고 있다. 현재는 지상파와 케이블 간의 수입구조와 시청률이 역전되었다는 일부 분석도 나오고 있는 상황이다.

4. 시청률과 출연료의 관계

한 개의 제품을 생산할 때에는 투입(input)과 산출(output)로 구분해서 판단하는 것이 일반적이다. 원자재와 기술(기계 또는 시스템), 그리고 서비스가 공급되어야 할 것이다. 이런 인풋의 비용이 과다하면 이윤은 줄어든다. 또한 투입의 요소가 적절히 배분되지 않고 한 곳에 치우친다면 일본의 '혼다 자동차 리콜' 경우에서 볼 수 있듯이 다른 부분이 취약하게 되는 위험이 발생한다. 텔레비전 드라마도 그와 유사한 사례가 나타날 수 있다. 시청률을 올리기 위해 인기가 있는 스타, 즉 고액 출연료를 지불해야 하는 인기 탤런트를 기용한다면 시청률은 반드시 상승할 것인가에 대해 심사숙고할 필요가 있다. 고액 출연자를 썼을 경우, 다른 제작비용이 줄어들기 때문에 전체적으로 완성도와 작품성에 하자(흠, 결점)가 생길 가능성이 높아진다. 2007년 자료를 통해서 접근하면 시청률 면에서 성공적이라는 평가를 내릴 수 있지만, 반대의 결과가 나올 수 있다는 점도 추측해볼 수 있다.

하루에도 수십 편씩 방송되는 TV 드라마를 체크하기는 쉽지 않다. 또한 스토리, 출연 탤런트, 내용 등은 물론이고 그 뒤에 감추어져 있는 시청률, 제작비, 스타들의 출연료, 그 효율성은 파악하기가 지극히 어렵다. 여기서 출연료의 액수를 확인하고는 방송사들이 드라마 때문에 재정이 기울어지거나, 아니면 경영상의 심각한 손실을 입을 수 있다는 사실도 알게 될 것이다. 주연배우 출연료(1회당)에 드라마 방영 횟수를 곱한 후, 이것을 평균 시청률로 나누면 시청률 1%당 스타 비용이 나온다. 2007년 시청률 1~30위 중에서 주연들의 효율성 1~5위까지만 살펴보도록 한다.

● 시청률 1%당 스타 비용 = $\dfrac{1회당\ 출연료}{평균\ 시청률}$ X 방영 횟수

연기자	채널/프로그램명	%당 비용(원)	회당출연료(원)	방영횟수	시청률(%)
송일국	MBC 주몽	④3,204만	④1,800만	81	45.5(1위)
박신양	SBS 쩐의 전쟁	③3,278만	⑤5,000만	20	30.5(2위)
최수종	KBS1 대조영	②3,661만	⑤800만	30	28.4(3위)
배용준	MBC 태왕사신기	①2억2,388만	①2억5,000만	24	26.8(4위)
박신양	SBS 쩐의 전쟁-보너스 라운드	⑤1,492만	②1억	4	26.8(5위)

　　시청률 1%당 가장 몸값이 비싼 연기자는 〈태왕사신기〉(MBC)의 배용준
(2억 2388만원)이었다.19) MBC 노보(2007년 12월 6일자)에 따르면 "태왕사신기 제작비
430억원 중 배용준에게 지급된 금액이 60억여원에 달한다"로 나와 있다. 이
를 토대로 추정하면 배용준의 편당 몸값은 2억5,000만원인 셈이다. 〈대조영
〉(KBS)의 최수종(3,661만원), 〈쩐의 전쟁〉(SBS)의 박신양(3,278만원), 〈주몽〉(MBC)의
송일국(3,204만원) 등이 출연한 드라마는 평균 시청률 1~5위를 차지해 투자한
만큼 본전을 뽑은 '고비용 고효율'의 사례가 됐다. 국내 드라마(미니 시리즈 기
준)의 제작비는 회당 평균 1억원 정도가 든다고 한다. 이 중 약 60%가 주연배
우 개런티 및 작가에게 나간다. A급 스타 편당 출연료는 2,000~2,500만원 선
에서 결정되는 것으로 알려져 있다.
　　30위 이내의 작품 중에서 회당 출연료가 2,000만원 이상인 배우는 배
용준, 박신양, 고현정, 김정은, 이서진, 엄정화, 김승우, 이준기, 김희애 등이다.
출연료가 제일 적은 경우는 회당 170만원이다. 30편 중에서 시청률이 20%

19) 〈동아일보〉, 2007년 12월 11일. 참조.

이하 작품은 17편이다. 이런 결과는 고액 출연료가 반드시 고 시청률을 보증하지 않는다는 점을 시사한다. 2008년 이후 현재에 이르는 상황은 위의 경우와 많은 차이를 보일 것이다.

5. 시청률 조사의 연혁

시청률 조사(rating research)는 특정 시간에 특정 프로그램이 어떤 사람들에게 어느 정도 시청되고 있는가를 알아보기 위한 조사이다.[20] 최초의 수용사 조사는 1929년 미국의 '크로슬리 라디오 회사'가 실시한 청취율 조사이다. 시청률은 프로그램의 과학적 편성과 합리적인 광고 효율 책정을 위한 기초 자료로서 중요한 의미를 갖는다. 방송사 입장에서는 시청률을 통해 시청자가 원하는 프로그램이 무엇인지 알 수 있고, 최적의 시간에 최적의 프로그램이 편성되고 있는지를 제대로 이해할 수 있는 가장 현실적인 방법이다. 광고주 입장에서는 자사가 제공하는 프로그램을 얼마나 많은 사람들이 보고 있는지, 광고의 비용은 적절한지, 광고의 효과는 기대한 만큼 거두어지고 있는지를 파악해볼 수 있는 방법이기도 하다.

우리나라의 시청률 조사는 1955년 1월 기독교방송국(HLKY)에서 당시 서울의 일부 지역을 대상으로 라디오 수신 형태에 대한 내용을 면접 조사한 것이 처음이며, 그 후 정기성(定期性)을 띠고 청취자에 대한 조사가 실시되기 시작한 것은 공보부 방송관리국 산하 방송문화연구실이 발족한 1957년 6월 이후이다.

1970년대까지 당시 양대 민영방송이었던 MBC와 TBC(동양방송)가 프로그램 개편을 전후해 '일기 식' 방법을 통해 시청률 조사를 실시했다. 1990년 6월 '한국 갤럽'이 텔레비전 정보센터를 설립, 일본의 '비디오 리서치' 사의 기술 자문을 얻어 최초로 피플 미터법(people meter)에 의한 조사를 시도하였다. 그러나 1995

---

20) 『방송문화사전』, 방송문화진흥회 엮음, 1997. pp.279~80. 참조.

년부터는 방송 3사 모두 피플 미터에 의해 시청률 조사를 하고 있는 MSK(Media Research Korea) 등의 서비스를 받고 있다.

피플 미터법은 1987년부터 실용화된 새로운 TV 시청률 조사 장치로, 가족 구성원 가운데 누가 TV를 봤느냐 하는 인구통계학적 속성까지 파악할 수 있는 최신 방법이다. 피플 미터는 개인별로 시청 정보를 얻을 수 있는 초 단위의 자료를 측정할 수 있어, 광고시청 정보 획득이 가능하다는 점이 장점이다. 그러나 채널수 제한이 있으며, 가족 이외의 식구에 대한 측정이 불가능하고(현재는 다소 개선되었다), 여전히 핸드세트를 조작해야 하는 등의 한계가 있다는 점, 미터 설치가 복잡하고 비용이 비싸다는 점, 표본수가 적거나 선정이 잘못되면 대표성에 문제가 야기된다는 점, 표본가구의 협조 우호도에 따른 오차 발생 가능성이 있다는 점 등이 단점이다.

6. 시청률 조사의 실제

현재 우리나라의 TV 시청률 조사는 'AGB닐슨 미디어리서치'와 'TNS 미디어코리아'의 2개 사가 담당하고 있다. 이들의 조사는 피플 미터기를 통해서 이루어진다. 여기에는 리모컨 형식의 핸드세트 장치가 있는데, 가구 내 가족들은 1번, 2번, 3번 등 고유번호가 부여되고, 시청 개시와 종료 시에 리모컨으로 자기 번호를 눌러준다. 그러면 전화선에 연결된 피플 미터에 누가 어떤 프로그램을 보았는지의 정보가 초 단위로 입력·기록되고 시청률조사 회사의 중앙 컴퓨터는 방송이 종료되는 밤 2시경에 이들 시청정보를 꺼내가서 분석을 거쳐 시청률 시트를 작성하고, 이른 아침에 방송사와 광고회사에 시청률 시트를 배달한다.

여기서 어떤 시청자들을 통해서 개개 프로그램의 시청 여부를 판단하느냐도 중요하다. 각 회사들은 패널 가구(대표 시청자)의 선정은 통계청이 발표하는 인구 센서스에 기초하고, 사전 조사를 통해 각 가구의 TV 보유 대수, 가구 소득,

성, 연령을 고려해 대표성을 판단한다고 한다. 또한 최근에는 TV 시청의 다양한 플랫폼이 등장함으로써 유료방송 등 매체별 가입비용 상황도 감안하고 있다. AGB의 경우 기초 조사는 연 3회, 패널 교체는 연간 25%의 비율로 실시해 4년이면 모든 패널이 교체되도록 설계되어 있다고 한다. 공정성을 확보하고자 하는 조치이다. 2009년 현재 AGB는 전국적으로(서울, 경기, 대전, 대구, 부산, 춘천, 청주, 구미, 전주, 마산 등) 2,350가구를, TNS는 2,200가구를 패널로 운영하고 있다.

한 회사 당 2,000여 패널 가구에서 측정된 자료를 분석해서 산출된 시청률의 신뢰도에 대해 의문이 제기될 수 있다. 그러나 회사 관계자들은 미국의 경우도 패널 가구가 5,000여 가구임을 감안할 때 인구 대비(한국=5,000만 명, 미국=3억 3,000만 명) 표본 크기를 통해서 나온 조사결과의 신뢰성에 문제가 될 정도는 아니라는 주장이다. 또 AGB는 2010년 상반기부터 통합 시청률을 제공하겠다고 밝혔다. 알티캐스트와 업무 협약을 통해 지상파, 케이블 TV, 위성방송, IPTV, VOD, DMB 등 다양한 플랫폼의 시청률까지 합산해 발표한다는 내용이다.

한 개의 프로그램에 대한 두 시청률 조사기관의 시청률에 있어 편차가 발생할 수 있다. TNS 조사결과가 AGB에 비해 2~3%, 또는 그 이상 높은 경우이다. 2010년 2월 15일의 경우, 최고의 시청률은 KBS-2TV의 〈공부의 신〉인데 TNS=21.3%이고, AGB=20.6%이다. 왜 이런 결과가 나오는지에 대해 TNS는 피플미터기 조사에서 해당 가구의 가족 외에 방문한 '손님'도 포함되어 있어 AGB에 비해 약간 높을 수 있다고 주장한다. 한편 AGB는 손님의 방문이 그리 많지 않을 텐데 그런 차이가 발생하느냐고 반문한다. 그런데 이런 약간의 차이가 큰 문제를 야기시킨다. 왜냐하면 재차 강조하지만 시청률은 돈과 직결되어 있기 때문이다.

이런 상황을 감안할 때, 시청률 조사의 정확성에 대한 검증은 반드시 필요하다. 그러나 현재 우리나라의 경우 그런 시스템이 가동되지 않고 있다. 시급히 대책이 마련되어야 한다는 목소리가 높다. 시청률 조사기관의 조사결과에 대해 영국은 방송수용자조사위원회(BARD), 독일은 TV조사위원회(GFK), 프랑스는 광고매체연구센터(CESP)를 통해 조사과정을 감독한다.

밤 8시 이후 11시 사이 소위 프라임타임 대의 광고료(15초 기준)를 보면(2010년 2월 현재, 출처 한국방송광고공사) 다음과 같다.

▷KBS-2TV
●8시 50분: 〈1대 100〉=10,365,000원. ●9시 55분: 월화 미니시리즈=11,955,000원

▷MBC-TV
●8시 15분: 일일 연속극=12,630,000원. ●8시 55분: 뉴스데스크=13,200,000원. 9시 55분: 월화 드라마=13,485,000원

▷SBS-TV
●8시 50분: 월화 드라마=12,420,000원. ●9시 55분: 대하드라마=13,200,000원 등이다.

15초 광고비가 1천만원을 초과한다는 것은 일반적인 물가를 기준으로 판단할 때 과도한 요금이다. 그러나 여기서 간과해서는 안 될 관점은 우리가 구매하는 모든 상품에 이들이 광고비로 지출하는(15초에 1천만원 이상) 비용이 모두 포함되어 있다는 점이다. 제조사들은 질 좋은 상품을 만들기보다는 고액 광고비로 소비자를 유혹하는 것이 유리하다는 역설이 나오고, 그 때 소비자는 상당한 손해를 입을 수밖에 없다는 결론에 도달한다. 즉 소비자들이 바가지를 쓴다는 이야기다. 이렇게 보면 방송사는 양심적이거나 매우 훌륭한 기업이 아닐 수도 있다. 스테이션 이미지 광고에서는 시청자를 극진히 모시는 시늉을 내지만 속내를 살펴보면 허위와 모순 덩어리가 바로 지상파 방송사들임을 우리는 깨달아야 한다.

이런 고액의 광고비를 놓고 보면 2~3%의 시청률 편차는 광고비에 적지 않

은 영향을 미칠 수 있다. "2009년 1일 1일에서 4월 12일까지 수도권 가구 시청률 차이가 5%포인트 이상 발생한 사례가 50여건에 달했다"는 보도가 나온 바 있다. 2009년 1월 14일 KBS1의 〈집으로 가는 길〉 AGB닐슨=29.26, TNS=20.35로 8.91%의 최고치 오차를 보이기도 했다. 반대로 2월 9일 〈아내의 유혹〉은 TNS=40.34, AGB닐슨=32.44로 TNS가 7.9% 높았다. 5%포인트 이상은 사실상 오차한계를 벗어났다고 보아야 한다. 광고전문가들은 시청률이 5% 높은 결과로 나올 때, 일주일 간의 광고가치가 5억원으로 추정하기 때문에 월간으로 계산하면 20억원이 되는 것이다. 이런 이유로 방송사는 1% 시청률이 올라도, 반대로 떨어져도 신경을 곤두세운다.

위와 같은 제도가 만들어진 것은 1981년 1월 20일 '한국방송광고공사(KOBACO)'가 설립되고 이들이 지상파 방송의 광고판매를 독점·대행하고부터이다. 만약 60분짜리 프로그램이 방송되면 그 1/10인 6분, 360초의 광고를 방송할 수 있다. 15초 기준으로 보면 24개의 광고를 내보내게 된다. 위에서도 적시했듯이 황금시간대 SA급 15초 광고를 한 번 방송할 때 약 1,100~1,300만원 정도가 소요된다. KOBACO는 '특별기획' 등은 다소 다른 계산방법을 적용한다. 즉 특별기획 드라마는 전용 세트장을 갖추고 있고, 시리즈가 20회 이상으로 제작비가 많이 드는 프로그램은 특별판매한다. MBC의 〈태왕사신기〉의 경우는 시청률이 25%를 초과하면 기본 단가의 130%를 받기로 계약했는데, 시청률이 35% 내외를 기록해서 15초 광고 단가는 1,525만5천원을 받을 수 있다. 드라마가 70분으로 편성되어 15초짜리 광고 28개를 넣을 수 있어, 1회 방송에 모두 4억2,700만원의 막대한 광고수입을 올린 바 있다. 이러니 방송사가 시청률에 목매이지 않을 수가 없을 터이다.

KOBACO의 지상파 광고 연간 매출액은 약 2조원 내외이다(2009년 1조9,046억원, 전년 대비 2,791억원 감소). KOBACO는 매출액의 81%를 매출을 발생시킨 지상파 방송사에 주고, 11%는 광고회사에, 6%는 방송통신위원회에 '방송발전기금'으로 제공하며, 나머지 2%는 KOBACO 비용으로 쓰도록 규정되어 있다.

7. 시청률이 프로그램에 미치는 영향

'시청률 이야기'를 마치면서 시청률의 정체는 과연 무엇인가를 생각해보지 않을 수 없다. 시청자 입장에서 시청률은 '정도(正道)의 시청률'과 '왜곡된 시청률'로 구분할 수 있다. 전자는 KBS가 방송해 호평을 받았던 다큐멘터리 〈차마고도〉와 같이 작품성(시청 흡인력+완성도)이 높은 프로그램을 말하는 것이고, 후자는 '플레이보이 채널'을 틀 때처럼 선정성이 노골적이거나 또는 폭력성, 천박성이 강한 내용을 방송할 경우를 지칭한다.

2010년 설날(2월 14일) 연휴 동안 지상파 3사의 프로그램(본방과 재방)을 보면, 정말 과감하게 '왜곡된 시청률'을 위해 매진한 국면이 뚜렷하다. 버라이어티 프로는 평소에도 늘 그랬지만 출연자가 바보 천치가 되어야 하고, 몸 개그(넘어지고 자빠지고 해서 어이없어 웃게 만드는)에 능해야 하며, 불량배들이 사용하는 욕·막말을 남발하면서 서로 간, 또 남녀 간에 내밀한·비상식적인 표현도 서슴없이 말해야 인기를 얻을 수 있다. 드라마도 스토리텔링보다는 젊은 꽃미남·미녀 탤런트의 의존도가 높고, 무엇보다도 이각, 삼각, 사각 연애에 목숨 걸고 소리 지르는 싸움이 대세를 이루고 있다. 또 몇 개의 장면은 영화처럼 찍고, 전개는 종전 방식으로 연결해 다소 어색한 작품을 만들기도 한다.

또 2010년 6월, 6.25 60주년을 맞아 방송된 전쟁 드라마 〈전우〉(KBS1)와 〈로드 넘버원〉(MBC)의 두 편 모두 시청률의 덫에 걸린 것으로 평가된다. 전투 신, 폭발장면, 세트, 촬영기법, 그래픽, CG, 진내 폭격(로드 넘버원) 등은 지금까지 볼 수 없었던 훌륭한 부분들이 대단히 많아 호평을 받고 있다. 그러나 6.25전쟁은 규모나 사상자 수로 볼 때도 제2차 세계대전, 월남전 다음으로 큰 국제 전쟁이다. 따라서 여기에는 전장(戰場)의 치열함, 전우애와 참상이 주요 줄거리여야 정답이다. 그런데 두 편 모두 스토리 라인의 중심에는 멜로(사랑 이야기)가 도사리고 있다. 목숨이 경각에 달린 판에 사랑타령이 반복되는가 하면 불필요해 보이는 휴머니즘을 넣기에 여념이 없었다. 이 경우 아무리 전투신 등 로케이션 환경이 우수하다고 하더라도 리얼리티(현실감)와 감동이 여지없이 곤두박질한다. 스티븐 스필버그와 톰 행크스가 제작한 〈Band of Brothers〉(2001, 미국 HBO), 〈The Pacific〉, 〈Longest Day〉(1962, 켄 아니킨 감독 외), 〈머나먼 다리〉(1977, 리차드 어텐보르 감독), 〈철십자 훈장〉(1978, 샘 퍼킨파 감독), 〈블랙호크 다운〉(2001, 리들리 스코트 감독) 등에 익숙한 시청자들은 전쟁 드라마의 정체가 무엇인지를 이미 잘 알고 있다.

〈전우〉 80억원(회당 4억원, 20부작, 8월 20일 종료), 〈로드 넘버원〉 130억원(20부작, 8월 26일 종영)의 엄청난 제작비를 쏟아 부으면서 '강 멜로, 약 전쟁'의 형태로 만드는 이유는 무엇일까? 추측컨대 아무리 전쟁 스토리라도 연애 상황을 집어넣어야만 시청률이 높다는 가능성에서 출발하지 않았을까 하는 의심이다. 시청률에 목 매인다면 6.25와 같은 전쟁에 대한 재발 대비, 애국심, 젊은 세대에 대한 역사인식 고취 등 애초 6.25드라마의 하드코어는 실종될 수밖에 없다. 시청률은 드라마의 고귀한 가치조차 파괴하는 괴물일 뿐이다. 그렇다고 시청률이 상당한 것도 아니다. 〈전우〉는 전국 20회의 평균 시청률이 15.6%(TNmS 조사)와 14.2%(AGB닐슨)로 겨우 턱걸이를 했고, 〈로드 넘버원〉은 20회 평균 시청률이 6.63%(TNmS) 및 6.19%(AGB닐슨)로 낙제점을 맞아, 들인 제작비만큼 본전을 뽑지 못했다. 전체 지상파 텔레비전의 시청률 점유를 50%로 추계할 때, 이를 지상파 3사가 나누어 갖는 것으로 가정하면 평균 시청률이 16~17%를 넘어야 낙제를 면한 웬만한 성적을 올린 것으로 판단할 수 있다. 〈로드 넘버원〉의 낮은 시청률에 대해 시청률이 높은 경쟁사의 〈제빵왕 김탁구〉 때문이라고 불운의 핑계를 대는 것도 설득력이 있어 보이지 않는다.

또한 두 드라마 모두 에필로그 부문에서 무리수가 발생해 시청자들로부터 많은 원성을 샀다. 〈전우〉는 19회에서 극중 이현중 분대장(최수종)과 함께 사선을 넘은 전우 박일권 등 7명을 모두 죽게 한다. 20회 최종회에서는 이현중과 부상자로 병원에 누워 있는 정택수 일병이 훈장을 받는 것으로 끝난다. 분대장만 살고 전우는 모두 죽는다면 〈전우〉라는 드라마의 존재 이유가 무색해진다는 것이다. 시청자들의 항의가 이유가 있어 보인다. 이 드라마는 초기 장면(중공군의 스펙터클한 진공) 등에서도 적군의 강력한 힘을 보여주면서 국군은 방어에만 정신이 없어 시청자들을 힘 빠지게 했다. 제작 라인에서 스토리에 대한 검증을 누가 하는지 참으로 궁금하다. 이런 문제에 대해 아무도 책임소재가 존재하지 않는 것인지 묻고 싶다.

〈로드 넘버원〉 또한 19회에서 영춘교로 진입하는 중공군을 막기 위해 교량을 폭파해야 하는 임무가 주어진 중대장 이장우가 절체절명의 순간에 애인 김수연을 구하러 다리를 건너 중공군 쪽으로 갔다가 애인을 구해오는 순간 중공군의 총에 맞고 이어 다리가 폭파돼 사망한 것으로 시청자들은 이해한다. 그런데 20회에서는 60년이 지나 이장우(장민호)가 어떻게 살아났는지 설명 없이 신태호 중위(최불암)와 재회하는 장면으로 끝을 맺는데, 참으로 사실성은 1%도 없는 엉터리 픽션의 진수라고 아니할 수가 없다. 이 드라마는 사전 제작이라 수정이 얼마든지 가능할 터인데 감리자와 조정자는 아무도 존재하지 않는 모양이다. 참으로 아쉽고 안타까운 일이다. 한국의 TV 드라마는 어떻게 이렇게 허술하게 만들어질 수 있는지 탄식이 절로 나온다.

쇼 프로는 소위 '걸 그룹'과 '아이돌'이 판을 치고, 다큐멘터리는 소재 고갈인지 아프리카, 아마존 등 오지로 향해 시청하기에 그리 편치 않은 내용들을 찍어 대고 있다. 또 밴쿠버 동계 올림픽 중계방송에서조차 정제되지 않은 표현들이 막 나온다('아무개가 사고 쳤다 - 금메달 획득했다는 뜻). 일반시청자들은 여과되지 않은 거친 프로그램들에 무수히 노출되고 있다.

제작자들의 시청률에 대한 인식도 변화되었으면 한다. 드라마 왕국이라고 칭송받았던 어느 방송사에서 한동안 드라마가 침체했던 적이 있었다. 항상 앞서던 드라마 시청률은 줄곧 떨어지고, 뒤처지던 상대사는 상승국면이 상당 기간 계속돼 왕국 회사는 늘 절치부심 속을 태웠다. 그러던 어느 날 같은 시간대 경쟁사 드라마보다 시청률이 1% 높게 나왔다. 이 사실을 확인한 PD들은 순간 사무실에서 만세삼창을 불렀다는 에피소드가 전해오고 있다. 1%면 오차 범위 안에 있는 것인데, 소아병적인 무조건의 시청률 숭배 풍조는 사라졌으면 하는 생각이다.

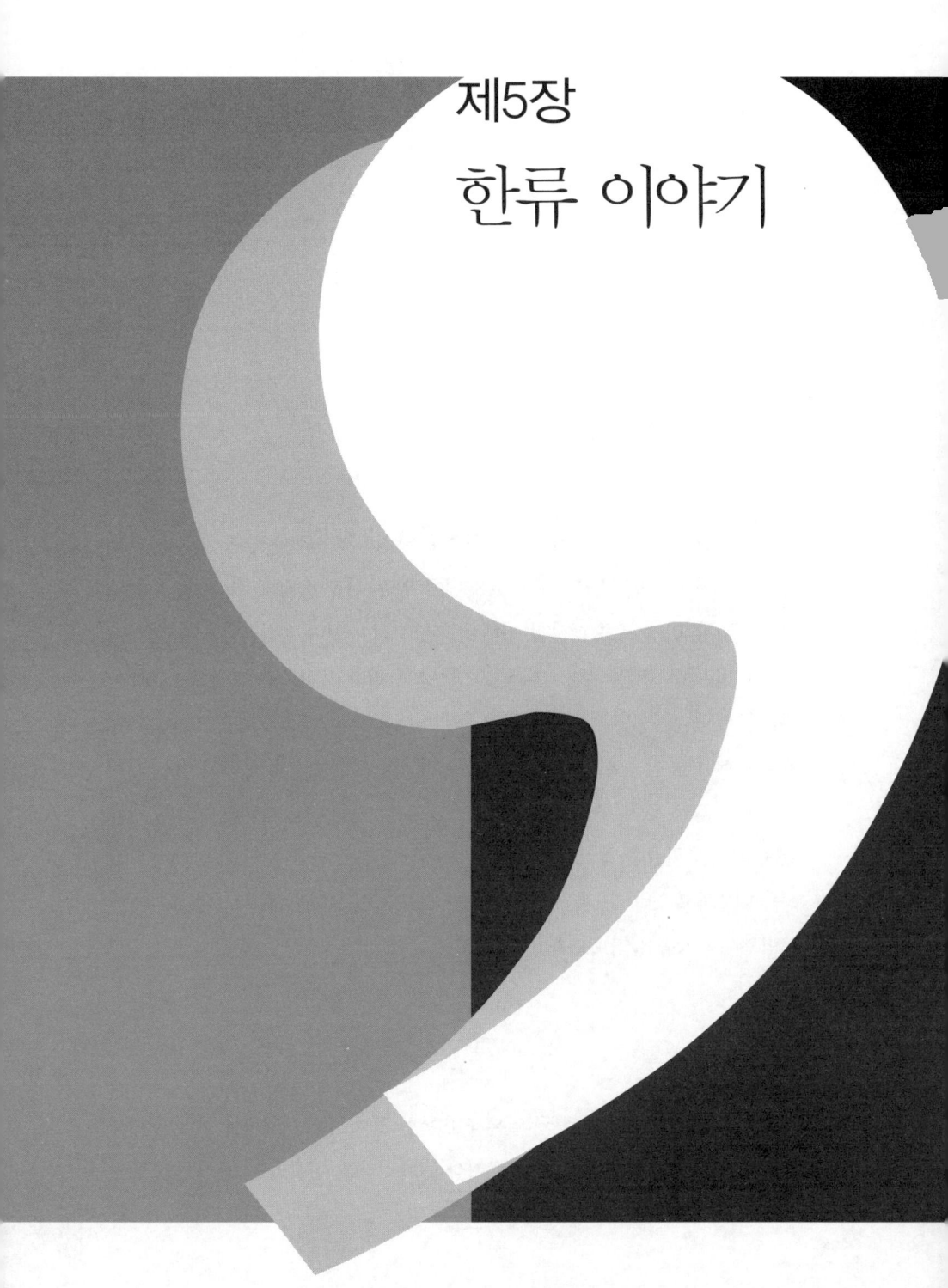

제5장

한류 이야기

대한민국이 국제사회에서 본격적으로 알려지기 시작한 것은 1986년 서울에서 개최된 '아시안 게임', 이어 1988년에 열린 '서울 올림픽'과 2002년 '월드컵' 등 국제적인 스포츠 행사를 통해서였다. 그러나 보다 실질적이고 강력한 영향을 미친 것은 〈겨울연가〉, 〈대장금〉 등 소위 한류 드라마가 결정적인 역할을 했음을 부인할 수 없다. 즉 성공한 3개의 스포츠 이벤트 못지않게 한류의 역할이 대단했다는 점을 시사한다. 한류의 근저에는 오늘날 한국산 핸드폰, 자동차, HDTV, 화장품, 김치, 한식(韓食) 등의 유행과 활발한 매출을 올리는 배경이 되고 있다. 그만큼 한류는 글로벌 시대에 있어 특히 산업과 문화·예술 부문에서 중요성을 내포하고 있다. 그 과정을 파악하는 것도 의미가 있을 것으로 생각된다. 한류의 전개과정을 살펴보도록 한다.

1. 한류의 시작

한류(韓流)란 2004년 중국, 일본을 비롯한 동아시아 지역에서 한국의 대중문화가 열광적인 인기를 끌고 있는 현상을 가리킨다. 한류라는 용어는 중국에서 처음 사용되어 한조(韓潮), 한풍(韓風)이라고도 불리는데, 최근 이를 활용하여 관련 산업에 성과를 창출하는 이른바 신한류(新韓流) 현상이 나타나고 있다.[21]

중국은 한류 열풍의 진원지로서 한국 대중문화 및 연예인 마니아 집단인 하한쭈(哈韓族)까지 등장하였으며, 중국에서의 한국 드라마 열풍은 韓迷(한국 마니아)로 불리는 한국 팬들을 만들어냈다. 중국에서의 한류 주역은 대중가요와 TV 드라마이다. 한국 음악방송은 1996년부터 시작되었으며, 음반 발매는 1998년 H.O.T가 최초로 시판 한 달 만에 5만 장 판매를 기록했으며, 이후 클론, 안재욱, 유승준 등이 음반발매아 동시에 현지 대형 콘서트를 통해 한류를 확대시켰다. 드라마는 1997년 6월에 〈사랑이 뭐길래〉가 큰 히트를 한 이후 1999년 〈별은 내 가슴에〉의 히트로 안재욱이 중국 최고의 인기스타로 부상했다.

타이완에서의 한류 주역은 클론을 필두로 한 대중가요로, 클론의 경우 한국어 앨범임에도 불구하고 45만 장이 팔렸으며, 2000년 당시 민진당 천수이볜 후보가 총통 선거전 캠페인 송으로 사용하기도 했다. 드라마의 경우, 1999년 이후에 본격 진출하여 〈불꽃〉과 〈가을동화〉가 시청률 1위를 기록하면서 송승헌 등이 인기스타로 부상했다.

베트남의 한류 주역은 〈의가형제〉, 〈모델〉 등이다. 〈의가형제〉는 1999년 베트남 전국으로 방영되어 공전의 히트를 기록했고, 주인공 장동건은 베트남 국민배우로 불릴 정도로 폭발적인 인기를 끌었다. 〈모델〉의 김남주는 김남주식 화장법, 패션 등을 유행시키면서 '김남주 신드롬'을 낳았으며 LG생활건강은 김남주를 '드봉' 브랜드 모델로 채용하며 드봉 브랜드를 베트남 국민 브랜드로 만드는데 성공했다.

홍콩에서는 1997년 〈별은 내 가슴에〉를 필두로 한 드라마뿐만 아니라 ATV의 'Pop in Seoul'을 통한 한국의 대중가요와 〈쉬리〉, 〈반칙왕〉 등의 영화까지 다방면에 걸친 한류 현상이 보였다.

---

21) 이부영(현대경제연구원 연구위원), 『한류현상과 문화산업전략』, 2004년 12월. (2) 겨울연가와 욘사마 열풍, (3) 겨울연가의 경제적 효과. 도 함께 참조.

2. 〈겨울연가〉와 욘사마 열풍

일본의 경우, 영화 〈쉬리〉가 일본 내 관객 130만 명 동원에 성공함으로써 일본 내 한국 영화 붐을 주도하였고, 보아의 성공과 같은 한류현상이 있었으나 본격적인 한류 붐은 드라마 〈겨울연가〉로부터 시작됐다.

2003년 4월 일본 NHK 위성방송에서 〈후유노 소나타(冬のソナタ)〉가 방영되어 드라마의 대성공과 함께 주인공 준상 역 배용준의 인기가 급상승했고, 한류열풍이 불게 되었다. '욘사마' 란 배용준의 이름자 '용' 에 일본어 극존칭 '사마(樣)' 를 붙인 신조어로 2004년 일본 최고의 유행어이자 트렌드이다.

욘사마 열풍의 원인은 일본의 주요 팬들인 40대 이상의 중장년층의 향수를 자극할 뿐 아니라, 일본 여성의 이상적 남성상의 변화에 있다. 욘사마의 팬은 40대 이상의 전후세대로 〈겨울연가〉의 시대적 배경은 이들이 힘들게 보낸 전후 일본의 사회적 현실과 유사하다. 일본의 전후세대는 전후 복구를 위해 힘든 젊은 시절을 보낸 추억이 있어 〈겨울연가〉의 주인공 '준상' 의 이미지와 일치하며, '준상=욘사마' 를 통해 노스탤지어(nostalgia)를 느낀다.

욘사마=겨울연가의 준상은 일본인의 전통적인 미학과 일치하는 따뜻함, 상냥함, 예의 바름, 강함, 성실함을 두루 갖춘 인물로서 일본 여성의 한국 표준 남성상으로 인식하고 있다. 최근 일본 남성들은 산업구조의 고도화, 여성의 산업현장 진출 증가, 가족에 대한 가치관 변화 등에 의해 욘사마가 보여주는 남성상과는 거리가 멀기 때문이다. 〈겨울연가〉는 윤석호 연출, 윤은경·김은희 극본으로 2002년 1월 14일부터 같은 해 3월 19일까지 KBS2 채널을 통해서 방송된 바 있는 작품이다.

3. 〈겨울연가〉의 경제적 효과

욘사마 열풍은 단순한 문화적 현상을 뛰어넘어 한·일 양국의 경제적 상승

효과, 한국 브랜드 이미지 제고 등 다방면에서 유·무형의 효과를 유발하고 있다. 욘사마의 경제효과는 양국 합계 3조원(한국 1조원, 일본 2조원)으로 추정된다. 〈겨울연가〉의 경제적 효과는 1조원 이상, 주인공 배용준의 경제적 효과는 3조원 이상에 이른다.

　　음식료 사업에서는 욘사마 효과에 의해 한국 식품의 인기 상승으로 두산의 일본 소주 수출량은 전년 동기 대비 22% 증가했고, 김치업체들은 전년 대비 10~20%가 늘어났다. 관광 사업에서는 2004년 10월까지 여행수지가 전년 대비 11.3% 증가하여 진년 동기의 -15.1%에서 26.4% 증가한 이외에, 추가석 관광수입으로 8,400억원, 국가 홍보 효과 330억원에 달한다. 문화 콘텐츠 부문에서는 배용준 화보 200억원, 〈겨울연가〉 앨범 1,000억원, 배용준 달력 100억원 등 총 1,300억원을 수출했다. 이는 자동차 13,101대(2003년 대당 9,605달러 기준) 수출과 맞먹는 수준이다. 일본 NHK는 〈겨울연가〉로 위성방송에서 500억원 이상, 2004년 지상파 방송 실시로 광고 등 1,500억원을 상회하는 수익을 올려, 총 2,000억원이 넘는 부가가치를 창출한 것으로 추정된다.

　　영국 BBC와 함께 세계 공영방송의 양대 산맥으로 불리는 NHK가 위성방송과 본방송에서 한국 드라마를 방영한 것은 세계 최고를 지향하는 일본인들의 자존심이라는 관점에서 보면 대단히 이례적이다. 그러나 경제적인 측면에서 일본 측은 2조원, 한국은 1조원 정도의 수익을 차지했다는 사실도 우리에게 시사하는 점이 많다. 국제적인 콘텐츠의 개발과 평가, 수입문제 등에 대한 더 많은 연구가 필요한 이유이다.

　　욘사마 열풍은 일본 내 한류열풍에 불을 지피면서 한국문화의 전파 및 확산 현상을 야기시켰다. NHK는 12월 19일 위성방송인 BS2의 '한국의 날–한국! 알고 싶다'를 통해 처음으로 특정 국가 문화현상을 8시간 연속 방영하였다. 1995년까지 한국학 강좌가 개설된 대학은 143개 대학이었으나, 2001년에는 285개, 2004년에는 335개 대학으로 증가하였으며, 한국어 능력시험 응시자가 급증하는 등 한국학 열풍이 심화됐다.

4. 〈겨울연가〉의 일본 방송 시청률

일본에서 숱한 화제와 기록을 만들어내며 폭발적 인기를 모았던 화제의 드라마 〈겨울연가〉 최종회(2004년 8월 21일 방영)가 전편을 통틀어 가장 높은 시청률을 기록하면서 화제가 되고 있다.22) 시청률 조사기관 미디어리서치에 따르면 마지막 회의 평균 시청률은 도쿄(東京)를 비롯한 간토(關東) 지방이 20.6%에 달했다. 나고야(名古屋) 지방의 평균 시청률은 22.5%, 오사카(大阪)를 비롯한 간사이(關西) 지방의 시청률은 23.8%로 간토 지방보다 높았다. 방송시간이 심야시간대인 밤 11시 10분인 점을 고려할 때 이런 높은 시청률은 경이적인 것으로 평가된다.

4월부터 NHK 공중파 방송을 타기 시작한 〈겨울연가〉 20회 전편의 평균 시청률은 간토 지방이 14.4%, 나고야 지방 13.9%, 간사이 지방은 16.4%였다. 이 세 지역을 합한 평균 시청률은 14.90%에 이른다. 〈겨울연가〉의 평균 시청률은 일요일 프라임 타임(저녁 8시)에 방송되는 NHK의 대표적 대하드라마 〈신센구미(新選組)〉(1월 11일 시작)의 지난주까지 32회 방송분 평균 시청률이 17.7%인 것과 비교할 때 놀라운 수준이라는 것이 일본 방송가의 일반적 평가이다.

NHK는 〈겨울연가〉 종영 기념 시청자 사은행사로 28일 도쿄 시부야(澁谷)에 있는 공개홀에서 '겨울연가 그랜드 피날레-감동에 감사하는 연가의 모임' 행사를 갖기로 했다. NHK에 따르면, 이 공개녹화 팬 사은회에는 참가 응모가 쇄도, 공개홀 수용인원이 3천 명 정도인 데 비해 입장 경쟁률이 50대 1에 이르러 5만 명이 신청했다는 것이다. 이 행사에서는 시청자들이 뽑은 〈겨울연가〉 베스트 10 장면이 발표되며, 드라마 작가 등이 게스트로 출연한다.

〈겨울연가〉는 NHK 지상파로 재방영되기 전에 위성방송을 통해 2차례 방

---

22) 〈연합뉴스〉, 2004년 8월 23일. 참조.

영했으며, 3차례 방송 과정에서 숱한 화제와 기록을 만들어냈다. 〈겨울연가〉의 인기에 힘입어 배용준은 일본 최대의 광고회사 덴쓰(電通)가 선정한 그해 상반기(1 ~6월) 일본 화제 상품 4위에 올랐다.

5. 〈대장금〉의 약진

　〈대장금(大長今)〉은 조선시대 중종의 신임을 받은 의녀(醫女)였던 장금의 삶을 구성한 MBC 드라마이다. 〈대장금〉은 주인공 서장금(徐長今, 이영애의 배역)이 폐비 윤씨의 폐위 사건 당시, 궁중 암투에 휘말려 부모를 잃고 수라간 궁녀로서 궁궐에 들어가 중종의 주치의인 최초의 어의녀(御醫女)가 되기까지의 과정을 통해 장금의 성공과 사랑을 그리고 있다. '장금' 이라는 이름은 조선왕조실록 가운데 중종실록에 여섯 번 가량 등장하며, 장금이라는 의녀가 있었고, 왕의 신임을 받았다는 정도로 기록되어 있다. 그 밖에는 장금의 본명이나 출신 등에 대한 자료는 전해져 있지 않으며, 드라마에 등장하는 장금이라는 인물에 관한 내용은 대부분 작가의 상상력으로 만들어진 픽션이다.

　김영현 극본, 이병훈 연출의 〈대장금〉은 2003년 9월 15일부터 2004년 3월 30일까지 방송되었는데, 지상파 3사 드라마 중 2003년 최고의 평균 시청률(37.8%)을 기록한 바 있다. 제작비는 80여 억원이 들어간 것으로 알려졌는데, 광고수입 190여 억원, 인터넷 다시보기 서비스 9억원, 해외수출 24억원(2004년 3월 현재), 상표 사용권 30억원 등 막대한 수입을 올린 것으로 추정된다. 수출 호조에 힘입어 배우 이영애는 한류 스타로 등극하게 되었다. MBC로서는 진정 대박을 터트린 것이다. 이런 바탕을 배경으로 해외에서 벌어진 〈대장금〉의 상황을 살펴보기로 하자.

　요리에 특히 호감을 갖고 있는 인구 13억의 중국인들은 〈대장금〉의 매력에 깊이 빠졌다. 2005년 9월 현재, 〈대장금〉을 방송한 31개 도시에서 14%의 시청률

1위를 기록하면서 경제, 사회, 문화 등 다방면에서 영향력을 발휘하고 있다. 홍보 차 중국을 방문한 배우들이 큰 환영을 받고, DVD 판매량이 늘고, '장금이 신부복'이 유행을 타고, 후진타오 국가주석과 우방궈 전인대(전국인민대표회의) 상무위원장도 사석에서 〈대장금〉을 언급할 정도로 찬양일색이다.

일본에서 〈대장금('宮廷女官 장금의 맹세' 라는 제목)〉은 NHK–BS2에서 2004년 10월 7일부터 2005년 10월 27일까지 방영되었다. 그리고 지상파 방송은 2005년 10월부터 54부작의 재방송이 나갔다. 이것은 위성방송에서 인기를 확인하고 지상파 방송에 편성해 성공시킨 〈겨울연가〉의 방영 방식을 그대로 따라간 것이다. 상당한 시청률에도 불구하고 〈겨울연가〉와는 달리 '한국 음식'이 강조되어 한국전통음식축제, 한국궁중음식강좌, 한국궁중의상 패션쇼 등 이벤트로도 확산되었다. 〈겨울연가〉가 일본의 여성 시청자들의 큰 호응을 받았다면, 〈대장금〉은 남성 시청자들의 시청 비중이 높았다고 한다.

2005년 4월 홍콩 TVB에서 〈대장금〉의 방송이 나가자 시청자들의 많은 사랑을 받았다. 사극(史劇) 장르에다 음식과 의술, 성공담을 버무린 〈대장금〉은 홍콩 방송사상 유례가 없는 47%의 시청률을 기록했다. 이는 홍콩 시민 690만 명 중 320만 명이 시청한 것이고, 2003년 스페인과 홍콩의 축구경기 시청률을 능가한 것이다.

2007년 4월 중국 언론들은 "홍콩의 교육계가 대장금 드라마 내용 중 '장금정신(長今精神)'을 뽑아 교재로 만들어 홍콩 전체 1,500개 초등학교에 보급할 예정"이라고 보도했다. 하나의 드라마 시리즈가 일으킨 '드라마'라고 표현하기에는 실로 대단한 영향력이 아닐 수 없다. 이런 배경에는 한류 영화와 TV 드라마가 있었다. 홍콩인들은 영화 〈8월의 크리스마스〉, 〈엽기적인 그녀〉, 〈너는 내 운명〉, TV 드라마 〈가을동화〉 등을 통해서 이미 한류에 익숙해진 점도 유리하게 작용했다.

이란에서 〈대장금〉은 국영방송인 IRIB 채널2에서 2006년 10월 27일부터

2007년 11월 9일까지 1년간 금요일 저녁 8시 프라임 타임에 방영되었다. 이란 국영방송이 집계한 최고 시청률은 86%(수도 테헤란에서는 90% 이상)를 기록했다. 지리적으로도 한국에서 멀리 떨어져 있고, 이슬람 국가의 문화적인 차이에도 불구하고 폭발적인 인기를 얻은 것은 '콘텐츠 마술'의 효과로 평가해야 할 것이다. 그곳 사람들은 '장금이'를 '양금'으로 불렀고, 이런 영향으로 전자제품, 자동차 등 한국 상품의 판매 호조가 유지되었다.

우리 텔레비전 드라마 중에서 가장 많은 국가에 수출된 드라마는 역시 〈대장금〉이다. 대만, 베트남, 일본, 말레이시아, 홍콩, 중국, 싱가포르, 필리핀, 태국, 인도네시아, 우즈베키스탄, 호주, 유럽 Phoenix(위성), 이집트, 인도, 이란, 아랍/유럽 JSTV(위성), 카자흐스탄, 러시아, UAE, 터키, 헝가리, 탄자니아, 짐바브웨, 아프가니스탄, 케냐, 잠비아, 말라위, 에티오피아, 이스라엘 등에 수출되었고, 2008년 현재 여섯 나라가 방송 준비 중이다. 한 개의 드라마로서는 정말 놀랄 만한 대단한 성과이다. 총 수출액은 2008년 4월 현재 약 1,250만 달러이다.

한국의 대중문화를 설명하면서 TV 드라마를 빼놓을 수 없다. 또 텔레비전 드라마를 운운하면서 한류를 제외한다면 현대적인 의미로 볼 때 핵심에서 벗어난 얘기가 된다. 한국 드라마들은 그간 주로 여성 시청자를 타깃으로 한 국내용 제품의 형식으로 진화해 왔으나, 한류의 걸작 〈겨울연가〉와 〈대장금〉이 터져 나옴으로써 그 관행을 탈피하고 글로벌 성향으로 변모하는 계기가 되었다.

〈겨울연가〉는 일본에서 발화(發火)되고 폭발했다. 여러 가지 분석이 가능하나, 세계 2위의 자본주의 대국으로서 현대성, 그것이 요인이 되어 점증하는 일본 사회의 소외, 그런 와중에 홀연히 TV 화면에서 보여준 젊은 남녀 간의 사랑 속에 피어난 친절함, 따뜻함, 애절함, 아름다움은 한 송이 꽃 같은 판타지였다. 배용준=욘사마, 그는 지금 보아도 미남자이고 세련된 멋쟁이다. 옷감으로 비유하면 실크나 카시미어(cashmere), 알파카(alpaca)와 유사한 부드러움이 있다. 치열한 자본주의 경쟁에서의 찌들고 침잠한 모습은 볼 수가 없다.

그리고 클로즈업에 많이 기대는 촬영 대신 남이섬 로케이션 등과 화려한 색깔을 피사체에 입혀 텔레비전의 미학을 극대화시켰다. 이런 화면구성들은 KBS의 TV 문학관 등에서 사용했던 기법이었다. 아름다운 자연, 친절의 덩어리 같은 남자, 애틋하게 보여서 안아주고 싶은 여자, 이렇게 세 가지 요소가 조화를 이루어 완성도가 높고 작품성이 깊은 드라마가 방송이 끝나고 나서야 완성된 것이다.

2002년 KBS에서 〈겨울연가〉가 방송될 당시의 평균 시청률은 23.1%이다. 이 수치는 시청률 조사기관인 닐슨미디어리서치가 1992년 1월부터 2004년 4월까지 12년간 집계한 '드라마 역대 최고 시청률 TOP 50위'에는 들어 있지도 않다. 50위를 차지한 SBS의 〈천국의 계단〉은 42.4%이다. 이렇게 〈겨울연가〉가 한국에서 방송될 당시에는 큰 호응을 받지 못했다. 그러나 바다 건너 일본으로 진출해 그 진가를 인정받고 확인시키게 된 것이다. 사람의 장래를 점치기 어렵다는 말을 자주 듣지만, 드라마의 운명도 도대체 알 수가 없다. 〈겨울연가〉는 글자 그대로 대기만성이었던 셈이다.

TV 드라마와 영화는 소프트 파워(Soft Power)이다. 미국 하버드대학교 케네디 스쿨의 조지프 S. 나이 교수는 〈제국의 파라독스〉라는 저서에서 하드 파워(Hard Power)는 "군사력, 경제력 따위의 강제력을 사용해 원하는 것을 얻는 힘"이고, 소프트 파워는 "교육, 학문, 예술, 문화처럼 매력적이고 자발적인 힘을 발휘해 원하는 것을 얻은 힘"이라고 주장했다. TV 드라마는 강력한 소프트 파워인 셈이다.

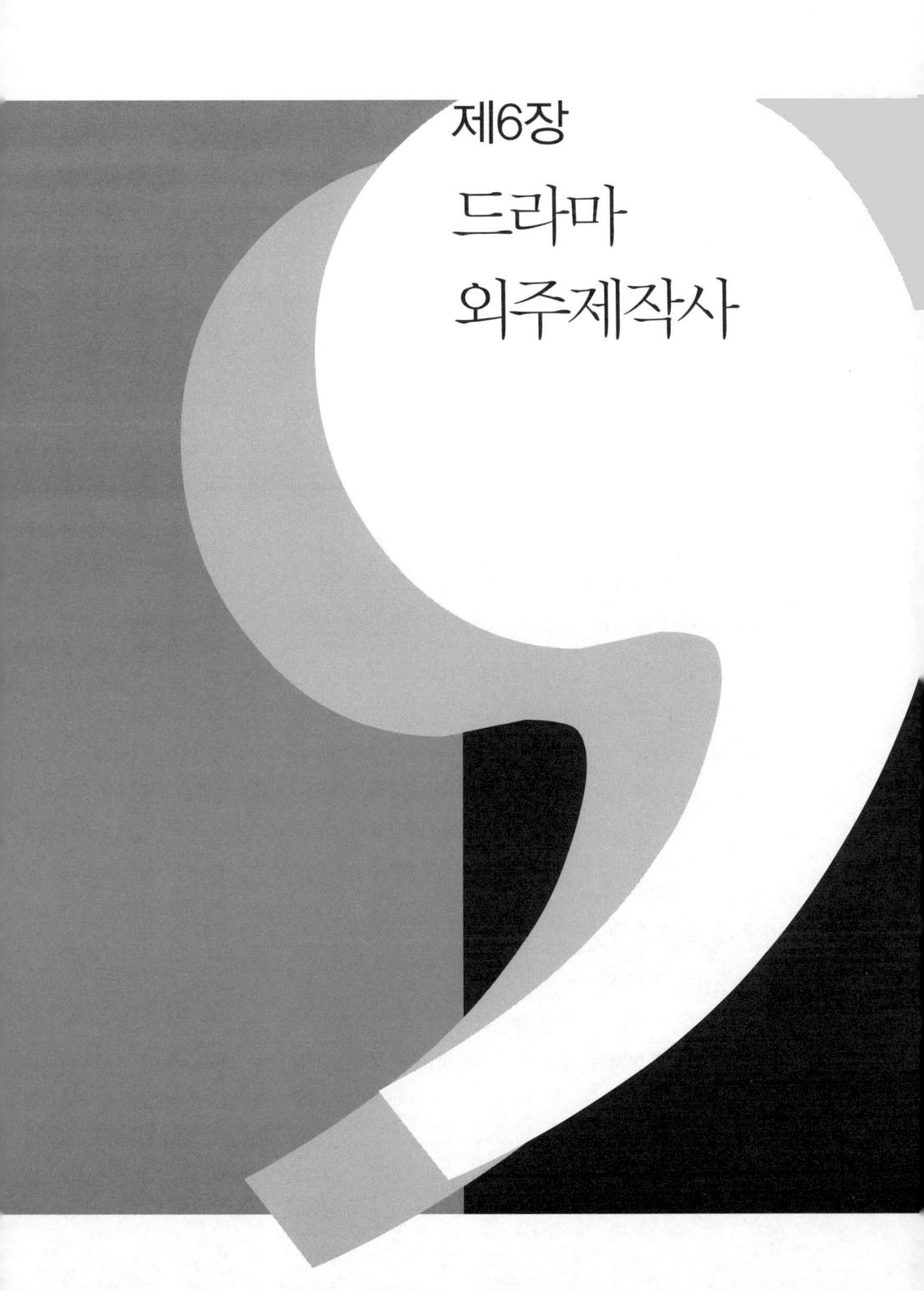

제6장

드라마
외주제작사

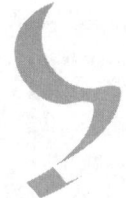

　　소위 흔히 기획사로 불리는 회사들은 자체 드라마 제작 능력을 갖고 실제로 드라마를 제작해 납품하는 지상파 방송사의 드라마 국(局)과 같은 기능을 수행하는 회사의 경우와, 탤런트나 영화배우를 소속하고 그들과 계약, 여러 명의 매니저를 두고 일반적 관리, 캐스팅, 녹화와 관련된 업무를 대행하는 기획회사로 구분된다. 또 두 가지 기능을 다 수행하는 회사도 있을 것이다. 기획사나 외주제작사를 탤런트 등 연예인이 선택하거나 또는 선택당하는 것은 무엇보다도 중요하고, 인기를 얻거나 또는 좌절을 맛볼 수도 있다. 왜냐하면 최근에는 KBS, MBC, SBS의 지상파 3사 드라마의 약 90% 정도를 외주제작사들이 맡고 있기 때문이다. 그런 이유로 외주제작사에 관심을 기울여야 한다. 반대로 말하면 외주제작사의 눈에 띌 준비를 해야 한다. 현재 국내에는 40여 개의 외주제작사가 설립돼 있으나, 실제로는 그 절반인 20개 미만의 회사가 실질적인 드라마 제작에 참여하고 있다. 외주제작사들 중에는 TV 드라마를 주 업종으로 하는 회사도 있고, 쇼 프로에 출연하는 가수들을 매니징 하는 회사도 있어 그 성격에 차이점이 있다.

1. 드라마 외주제작사

　　주요 드라마 외주제작사를 거론하는 것은 대단히 어려운 일이다. 왜냐하면 외주제작사들은 한 개의 드라마가 히트하면 큰 회사로 도약할 수 있고, 그 반대의 경우도 발생할 수 있기 때문이다. 또 인수합병을 통해 크기나 소유관계의 변동도 손쉽게 일어나기도 한다. 소위 이합집산과 부침이 대단히 민감한 영향을 미치게 된다. 따라서 그간 해당 회사의 작품제작 실적을 소개하는 것이 독자들의 이해를 도울 수 있을 것으로 생각된다. 여러 가지 자료를 종합해 활발한 드라마 외주제작사들을 열거하고자 한다. 다만 2010년 현재 각 회사들의 실질적 재정 상태 등에 대한 정보는 알 수 없다는 점과 대표자의 변경 가능성도 있다는 것을 아울러 밝히는 바다.

▷**삼화네트웍스** : 〈제빵왕 김탁구〉, 〈인생은 아름다워〉, 〈엄마가 뿔났다〉, 〈목욕탕집 남자들〉, 〈조강지처 클럽〉, 〈내 남자의 여자〉, 〈부모님전 상서〉, 〈TV 문학관〉 등 총 55편 제작(회장 신현택).

▷**김종학프로덕션** : 〈제중원〉, 〈아직도 결혼하고 싶은 여자〉, 〈이산〉, 〈태왕사신기〉, 〈아빠 셋 엄마 하나〉, 〈히트〉, 〈하얀 거탑〉 등 총 40여 편 제작.

▷**올리브나인** : 〈프라하의 연인〉, 〈불량 주부〉, 〈주몽〉, 〈황진이〉, 〈마왕〉, 〈왕과 나〉, 〈쾌도 홍길동〉 등(사장 고대화).

▷**팬엔터테인먼트** : 〈겨울연가〉, 〈여름향기〉, 〈허준〉, 〈구미호 외전〉, 〈장밋빛 인생〉, 〈두 번째 프로포즈〉 등(대표 박영석).

▷**초록뱀미디어** : 〈올인〉, 〈불새〉, 〈장희빈〉, 〈요조숙녀〉, 〈주몽〉(올리브 나인과 공동제작), 〈거침없이 하이킥〉, 〈일지매〉, 〈에덴의 동쪽〉 등(사장 길경진).

▷**로고스필름** : 〈로드 넘버원〉, 〈천국의 계단〉 등 13편 제작(사장 이장수).

▷**JS픽쳐스** : 〈산부인과〉, 〈자이언트〉, 〈수상한 3형제〉 (사장 이진석).

▷**IHQ** : 〈봄날〉, 〈고맙습니다〉, 〈누구세요〉 등(사장 정훈탁).

▷CK미디어웍스(사장 이찬규), ▷예당(사장 변두섭), ▷이관희프로덕션(사장 이관희), ▷그룹에이트(사장 송병준 - 〈궁〉, 〈꽃보다 남자〉), ▷윤스칼라(사장 윤석호), ▷드라마하우스(사장 안관석, 배종욱) 등의 외주제작사들이 활발한 활동을 펼치고 있다.

2. 대형 매니지먼트사

대형 매니지먼트 회사는 주로 TV 드라마를 기획·제작하는 회사와는 다른 특성이 있다. 엔터테인먼트의 산업적 측면에서, 또 개념적으로 구분하면 영화제작사, TV 드라마제작사, 음반제작사, 매니지먼트사, 에이전시, 아카데미 등으로 나눌 수 있다. 이 중에 '대형 매니지먼트사의 기능과 역할은 무엇일까?' 하는 의문이 생길 수 있다. 이 회사는 영화제작, 드라마제작, 음반제작 등 자신들의 고유 영역 외에 영화, 드라마, 음반 등 다른 부문 콘텐츠 제작을 모두 겸하는 경우가 이에 해당된다. 이때 경제학에서 말하는 '범위의 경제(Economic of Scope)'를 생각해볼 수 있다. 이것은 동일한 생산시설로 여러 종류의 제품을 만들었을 때 발생하는 효과를 말한다. 이런 대형 매니지먼트사는 다수의 배우·탤런트·가수 등 연예인 소속이 반드시 필요할 것이다. 그래야 운영이 가능하다.

'에이전시(agency-대리점, agent-대리인)'는 "배우와 소속계약을 맺고 출연·투자·관리하는" 매니지먼트사의 개념과는 달리, 배우와 제작사의 중간에서 배역을 중계하고 배우의 개런티 중 일부를 수수료로 징수하는 시스템이다. '아카데미'는 주로 조연 이하의 배우들을 제작사의 요구에 따라 공급하는 회사인데, 해당 내용에 대한 사전 연기지도가 선행된다. 그러나 이것은 시스템에 대한 분류이고, 우리나라의 경우 편의상 위의 3가지 중 일부씩을 섞어 활용하는 경우가 있을 것이다.

2000년대 초기까지는 TV 방송사와 영화사는 '갑'이었고, 매니지먼트사는 '을'의 관계를 유지했다. 그러나 1998년 IMF 사태를 맞으면서 TV 방송사는 구조

조정이 필요했고, 그 과정에서 능력 있는 드라마 PD들이 방송사를 떠나 독립 프로덕션을 창업했고, 또 대자본이 투입된 대형 매니지먼트사가 출현해 연예산업의 지형도가 변경되기에 이른다. 특히 스토리라인(대본)보다는 시청률이나 흥행 성적이 탤런트나 배우의 지명도에 따라 결정되는 분위기가 고착되면서 이들의 공급권을 나누어서 독점하게 된 대형 매니지먼트사의 권력이 강화되었다.

반대로 '캐스팅 권'을 강력히 행사하던 TV 회사나 영화사들의 영향력은 약화되었다. TV 회사들은 '편성권'이라는 최고의 무기를 아직도 소유하고 있지만, 높은 시청률이 보장되지 못하는 편성권은 과거에 비해 힘이 약해질 수밖에 없게 되었다. 그래서 결국 역전 상황을 맞고 있는 것이다. 2005년 6월 한국영화제작가협회는 "매니지먼트사들이 거액의 개런티와 제작 지분을 요구한다"고 스타 파워의 위험 수위에 대해 연예인 매니지먼트사를 공개적으로 비난한 바 있다. TV 쪽에서는 인기그룹 SG워너비가 2005년 말 'MBC 10대 가수'에 선정됐으나 수상을 거부했고, 보아와 윤도현도 스케줄을 이유로 출연하지 않았다. 종전 개념으로는 '연말 가요대상'을 안 받겠다는 발상은 도저히 이해될 수 없는 일이었다. 이것은 한국 엔터테인먼트의 권력이동이 상당히 진행되었다는 것을 말해준다.

대형 매니지먼트사의 대표나 핵심 인사들은 대체로 연예인, 가수, 기타 매니저 등으로 현업에 종사한 경험을 살려 성공가도를 달리고 있는 것이 특징이다. 대형 매니지먼트사 및 중형 회사의 규모 등을 유추하기 위해 몇몇 회사를 소개한다. 그러나 다음의 자료들은 부정확할 수 있음을 사전에 밝히고자 한다. 왜냐하면 스타들의 '소속 관계'는 해당회사에서 정확하게 공개하기를 불편해 하는 부분도 있고, 또 '신규 소속'과 '소속 해지'가 자주 발생하기 때문이다. 이 점 양해가 있기를 바란다. 소속 연예인들은 탤런트·배우·가수·개그맨들이 이중으로 혼재되어 있는 경우도 발견하게 된다. 출처는 한국PD연합회 발행 〈2010 PD수첩〉 자료를 중심으로 구성한 것이다.

조용필, 정우성, 김지호, 박신양, 전지현, 김선아, 김혜수, 송혜교, 이미연, 전도연, 지진희, 한고은, 황정민 등…. 이들은 국내 최대 매니지먼트사 '싸이더스HQ '의 지주회사인 IHQ의 정훈탁 대표가 과거 매니저를 맡았던 톱스타들의 이름이다.

IHQ는 싸이더스HQ, 영화제작사 아이필름, 영화배급사 아이러브필름, 케이블채널 YTN미디어, 드라마제작사 캐슬인더스카이 등을 거느리고 있고, 속옷업체와 합병을 통해 IHQ가 되었다. 현재(2010년 3월) 싸이더스HQ 자료에는 78명이 소속된 것으로 나와 있다.

▷**싸이더스HQ :** 공유, 공현주, 김성은, 김수로, 김신영, 데니안, 문블러드굿, 문희준, 박미선, 박소연, 성유리, 손창민, 염정아, 이봉원, 장혁, 전지현, 조인성, 조형기, 차태현, 채림, 한예슬 등이다. 정말 화려한 스타 군단이다. 이 회사는 연기자·가수·방송인(MC, VJ, 개그맨, 리포터)·모델(CF, 매거진, 패션) 등을 사업 영역으로 하고 있다. 대형 매니지먼트사는 얼마나 많은 수의 인기연예인을 소속시키느냐가 자산이고, 이들을 각 분야에 어떻게 유효적절하게 공급하느냐가 경영의 핵심이다. 따라서 연예인들은 실력을 갖추어 아무래도 대형회사에 소속되는 것이 연예활동 전반에서 대단히 유리할 것으로 판단된다.

▷**코어콘텐츠미디어 :** TV 드라마 〈에덴의 동쪽〉, 〈슬픈 연가〉, 〈신데렐라〉, 〈슬픔보다 더 슬픈 이야기〉 등 제작. 씨야, 다비치, 티아라, 초신성, 양파, 김종욱, 블랙펄 등 소속(대표 김광수).

대중음악 분야에서도 대형 매니지먼트사들이 존재한다. 현업에서 많은 경험을 쌓은 가수들이 기업형 프로듀서로 변신·등장한 것이다. 이들의 성공요인은 우선 그 시기에 음악을 소비하는 젊은이들이 무엇을 원하는가? 하는 콘셉트를 재빨리 파악해 노래로 재생시키는 것이다. 또한 그러한 음악 흐름에 대한 전망을 예측해 가수를 사전 발탁해 훈련시켜 TV 방송사의 음악 프로에서 주요 레퍼토리를 다양하게 공급할 수 있도록 사단병력을 구축해 몸집을 키우는 전략을 사용하고 있다.

가수 출신 이수만이 주도하는 SM엔터테인먼트의 성공전략은 '서태지와 아이들'을 통해서 유발된 '10대 음악시장'을 집중 공략했다는 점이다. 1996년 설립된 SM엔터테인먼트는 중고교 남학생 5명으로 구성된 그룹 H.O.T.와 여성 3인조 그룹 S.E.S. 그리고 6인조 남성 그룹 신화, 초등학교 6학년생이었던 보아(권보아)까지 발탁해 가요계 전체를 '틴(Teen) 시장'으로 바꿔 변회시키는데 앞장섰다.

▷**SM엔터테인먼트** : 강타, 보아, 동방신기, 천상지희, 수퍼주니어, 장나인, 소녀시대, 샤이니, 송광식, 이유미, 윤다훈, 김민종, 이연희, 이삭, 노민우, 표인봉, 홍록기, 김경식, 이웅호, Fx, 김동우.

또 이 회사는 풍부한 자사 소속 연예인들과 자금력을 바탕으로 'SM 픽쳐스'를 설립하고 창립작으로 〈꽃미남 연쇄테러사건〉을 제작한 바도 있다. 음악을 넘어 대형 매니지먼트사의 길로 들어가고 있는 것이다.

가수 박진영이 2001년 설립한 'JYP엔터테인먼트'는 다양한 장르의 음악을 개발해왔다. 특히 강력한 율동, 즉 가수의 춤에 큰 비중을 두어 TV와 가요계에서 지명도를 얻어가면서 영향력을 키웠다. 그룹 GOD, 박지윤, 비(정지훈) 등의 매니저를 맡아 이들을 스타 반열에 올려놓았다.

▷**JYP엔터테인먼트** : 박진영, 임정희, 원더걸스, 2AM, 2PM, JOO.

'서태지와 아이들' 멤버 출신인 양현석이 세운 'YG엔터테인먼트'는 1996년 현기획으로 출발해 1997년 남성 듀오 지누션, 4인조 그룹 원타임, 힙합 가수 페리 등을 데뷔시켰고, 2003년 미소년 이미지의 세븐을 발탁해 국내 10대 소녀시장을 공략했다. 세븐의 일본 진출을 통해 현지화 전략도 시도한 바 있다.

▷**YG엔터테인먼트** : 지누션, 세븐, 거미, 빅뱅, 정혜영, 구혜선, 강혜정, 스토니 스컹크, 허이재, 2NE1, 싸이.

▷**DSP미디어** : TV 드라마 〈마이걸〉, 〈연개소문〉, 〈외과의사 봉달희〉 등 제작. 젝스키스, 핑클, SS501, 카라, 선하, 레인보우(대표 이호연).

▷**큐브엔터테인먼트** : 포미닛, 비스트, G.NA, 마리오, 김동률, 박기영, 이예린, 진주 (대표 홍승성).

▷**스타제국엔터테인먼트** : 쥬얼리, 팝핀현준, 에이포스, 제국의 아이들, 나인뮤지스, 홍수아, 서인영, 박정아(대표 신주학).

▷**스타제이엔터테인먼트** : 조현재, 한채영, 수애, 최강희, 이정진, 마르코, 김현군, 이진, 이소연(대표 정영범).

▷**서울종합예술학교** : 송혜교, 심은하, 김희선, 송윤아, 김소연, 채림, 이준기, 박해진, 박은혜(이사장 김민성).

▷**디초콜릿엔티에프** : 김용만, 유재석, 신동엽, 노홍철, 강호동, 고현정, 박경림, 솔비, 송은이, 최화정, 윤종신, 아이비.

▷**라인미디어** : 김건모, 박미경, 클론, 구준협, 채연, 이정.

▷**더블아이엔터테인먼트** : 김종서, 이지영, 이정현, 테프콘, HIP-UP걸.

▷**뮤직팜 :** 이적, 하임, 김진표, 신애, 서재형, 조원선.

▷**뮤직팩토리 :** NRG, 소방차, VASIA, 이성진, 천명훈.

▷**엠글로벌루브엔터테인먼트 :** 손호영, 팀, 손정민, 박민지.

▷**엠넷미디어 :** 이효리, 옥주현, 정우, 한은정.

▷**예당엔터테인먼트 :** 양수경, 김아중, 김정은, 이정재, 한재석, 한지혜, 황정민, 김선아.

▷**올리브엔터테인먼트 :** 오윤아, 안정훈, 정애리, 정태우, 최지우.

▷**지앤지프로덕션 :** 인순이, 베이지, 한고은, 이시영.

▷**케이엠컬쳐 :** 유미, 한석규, 조민수, 주진모, 예지원.

▷**팝업엔터테인먼트 :** 휘성, JK김동욱, MtoM.

▷**IS엔터테인먼트 :** SG워너비, 민경훈.

▷**Lee & Blue :** 차승원, 박진희, 채경진, 유지호, 천사.

▷**TN엔터테인먼트 :** 토니안, 수매쉬, 김민선, 이휘재, 조혜련, 정형돈, 김지선, 신봉선, 황현희, 최은경, 붐.

▷N.O.A 엔터테인먼트 : 전도연, 하정우, 임수정, 공유, 공효진, 류승범, 가수 윤건 (2010년 10월 현재).

가수 부문과 관련해 2~3년 사이의 새로운 경향은 인기 가수가 TV 드라마에도 출연해 드라마의 시청률을 올리는 성공사례가 적지 않다는 사실이다. 이승기(K2-〈소문난 칠 공주〉, SBS-〈찬란한 유산〉), 윤아(K1-〈너는 내 운명〉, MBC-〈신데렐라 맨〉), 김현중(〈꽃보다 남자〉), 윤은혜(〈궁〉, 〈커피프린스 1호점〉, 〈포도밭 그 사나이〉, 〈아가씨를 부탁해〉), 손담비와 동방신기의 유노윤호 등 그 숫자가 적지 않다. 아이돌 가수로 인기를 얻고 예능 프로를 거쳐 스타를 굳히면 틀림없이 TV 드라마에 진출한다는 공식이 일반화된 것이다. '범위의 경제' 라는 경제학원리가 대중문화시장에도 곧바로 적용되는 시대가 되었다. 엔터테인먼트는 비즈니스이기 때문이다.

우리나라 전체 기획사는 약 400개로 알려지고 있으나 그 정확한 근거는 알기 어렵다. 한국PD연합회 발행 〈2010 PD수첩〉 자료에 등재된 대형, 중형을 포함한 기획사의 수는 모두 267개 회사이다. 이 중에서 20여 개를 소개했다. 그 이유는 독자들이 그 회사의 소속 연예인들을 쉽게 알 수 있다는 점이 근거이고 배경이다. 물론 여기에서 빠진 다른 회사들도 모두 연예인들을 소속하고 있다.

이 대목에서 우리는 한국 대중문화의 크기를 가늠해볼 필요가 있다. 전화번호 등을 제공해서 프로모션(홍보)에 나선 이들을 보면 남자 탤런트 945명, 여자 탤런트 714명, 가수(남녀 구분 없음) 668명, 코미디언(개그맨 포함) 435명, 남자 성우 332명, 여자 성우 228명, 영화배우 156명, 여배우 59명 등 총 3,597명이다. 여기에는 뮤지컬 배우나 연극배우 등은 제외된 숫자이다. 약 3,600명 중 절반이 활동한다고 가정하면 1,800명이고, 1/3은 1,200명이 되고, 만약 10% 정도만 활발한 출연을 한다고 보면 360명이다. 이들은 대체로 267개 이상의 회사에서 소속계약을 원하는 연예인이 될 것이다. 왜냐하면 이들만이 소속회사로 하여금 돈을 벌게 해줄 가능성이 있기 때문이다. 이런 자료를 통해 보면 탤런트나 가수, 개그맨 등 연예인으로 인기를 얻고 돈을 벌면서 살기란 하늘에 높이 떠있는 별 따기임을 알게 될 것이다.

3. 외주제작사(또는 매니저)와 연기자 지망생과의 관계

탤런트나 기타 지망생이 대형 외주사들과 인연을 맺는다면 비교적 좋은 조건에 놓이게 된다. 그러니 그런 상황은 결코 쉽지 않을 것이다. 이때 연기자는 외주사 입장에서는 돈을 벌어주고 시청률을 올려주는 첨단상품으로 그들의 가치를 따지지 않을 수 없기 때문이다. 그래서 지상파 TV든 외주제작사든 웬만한 용모와 그 당시 드라마의 유행적 요소(예컨대 〈꽃보다 남자〉처럼 미남자), 또 연기력을 갖추지 못했다면 그 담장을 넘기가 어려운 것이다.

이때 연예인이 되고자 하는 급한 마음에 서두르다 보면 어려운 지경에 봉착할 수 있다. 이때 기획사와 연예인 간의 계약에 있어 기획사는 갑(甲)이 되고, 연예인은 을(乙)이 된다. 이 갑과 을의 관계에 있어 일반적으로 갑은 을에 비해 유리하고, 을은 우선권이 미흡하고 불리하게 된다. 다 그런 것은 아니지만 최악의 나쁜 상대를 만나면 올가미에 걸리는 신세가 된다. 얼마 전, 연예계에서 심각한 파문을 일으킨 탤런트 장자연 자살 사건은 보도된 내용으로 따져보면 이런 범주에 속하는 것이 아닌가 생각할 수 있다.

큰 사회적 파장에도 불구하고 유사 사건은 계속 일어나고 있다. 2010년 10월 7일 서울경찰청 광역수사대에서 밝힌 내용은 다음과 같다.

『지난 2월 연예기획사를 차린 김모(31) 씨는 가수지망생 정모(18) 양과 박모(20) 양과 7년 계약을 맺고 이들에게 사업가 김모 씨를 소개했다. "성공하려면 스폰서가 있어야 한다" 며 성상납을 강요해 석 달 동안 10여 차례 성관계를 맺었다. 기획사 대표 김 씨는 계속되는 요구를 거부하는 지망생 두 명에게 "일이라 생각하고 계속하라", "평생 비밀로 하지 않으면 소문내겠다" 고 협박하고 사업가 김 씨로부터 3,000여 만원을 받아낸 혐의로 결국 구속되었다.』

엔터테이너에게 가장 필요한 존재는 기획사이고, 반대로 심사숙고해야 할 대상도 바로 기획사라는 점이 매우 중요하다. 여기서 기획사는 일부를 제외하고는 영세하기 때문에 사장이 매니저일 수도 있고, 아니면 사장 수하에 여러 명의 매니저가 활동하는 경우도 있다. 세간의 매니저에 대한 평가가 좋지는 않은 데, 이는 보도된 내용들이 대부분 사건화된 것이라는 공통점이 있다. 물론 성실한 노력으로 무명의 연기자를 스타로 만든 뛰어난 능력의 사람도 있다는 점을 고려해야 한다. 이런 사례에 대해서 정확한 경고를 표현한 백현락의 칼럼 일부를 소개하고자 한다.

『얼굴 좀 괜찮다 싶으면 마구잡이로 계약해두고 '쨍 하고 해뜰 날' 만 기다리는 '복권형' 매니저, 좀 뜬다 싶으면 다른 스폰서에게 팔아 넘겨 한몫 챙길 생각만 하는 '도매상형' 매니저, 돈만 된다 싶으면 삼류잡지 모델이든 구멍가게 행사든 가리지 않고 내돌리는 '앵벌이형' 매니저, '나3, 너7' 이라는 달콤한 계약조건을 내세워 계약해놓고 나중에는 딴소리 하는 '건망증형' 매니저, 자기 뜻대로 따르지 않거나 재계약을 거부하면 약점을 폭로하겠다고 물고 늘어지는 '물귀신형' 매니저, 스타로 관리하는 건 뒷전이고 여자 연기자를 데리고 놀 생각만 하는 '꿩 먹고 알 먹고 형' 매니저.

회사 사무실에도 한 번 가보지 않고 호텔 커피숍에서 매니저 말만 믿고 덜컥 계약했던 탤런트 겸 배우 A양. 그녀는 얼마 전 회사가 부도나는 바람에 그동안 벌었던 돈을 고스란히 날리게 됐다. 초보 연예인들에게 "매니저를 구할 때는 배우자를 구하는 것보다 더 신중하라" 고 조언한다. "바다에 나갈 때는 두 번 기도하고, 전쟁에 나갈 때 세 번 기도하라. 결혼할 때는 네 번 기도하고, 매니저를 구할 때는 다섯 번 기도하라." 약이 되는 조언이다.』

이 글에서는 매니저의 나쁜 점만 거론되었는데, 보도내용을 중심으로 해서 기술된 것이기 때문에 부정하기도 쉽지 않다. 앞에서 언급한 탤런트 장자연 자살사건은 사회적으로 상당한 충격을 주었고, 연기자들에게도 경종을 울리는 계기가 된 것으로 생각할 수 있다. 각종 미디어 연예면의 헤드라인으로 올라있는 제목들을 보면 "일부 기획사 접대용 신인 따로 관리", "억울한 일 당해도 호소할 곳 없는 신인", "100만 스타 지망생 노리는 검은 손, 2000여 곳", "돈·몸 뺏는 노예계약", "환상만 쫓는 스타 지망생" 등 적시하기에 민망하고 부끄러운 내용들이 다수이다.

해외 연예계에서도 유사한 사례들이 많은 모양이다. 〈셰익스피어 인 러브〉, 〈아이언 맨1, 2〉, 〈실비아〉, 〈위대한 유산〉 등으로 우리에게도 잘 알려진 영화배우 기네스 팰트로(Gwyneth Paltrow)가 잡지 〈엘르(Elle)〉 2010년 11월 호에서, 여배우와 배역책임자들 간의 성관계 대가로 배역을 얻는 이른바 '캐스팅 카우치(Casting Couch)' 등 추악한 사례가 존재한다고 폭로했다. 그녀는 할리우드 진출 초기 "침대 위에서 미팅을 끝내자"는 제안을 받고 그 인사와 싸웠다고 한다. 또 여배우 리사 린나(Lisa Linna)와 남아프리카공화국 출신 여배우 샤를리즈 테론(Charlize Theron)도 유사한 위기에서 벗어났다고 고백한 바 있다. 물론 일부의 이야기겠지만 엔터테인먼트의 세계는 동서양을 막론하고 적색지대임을 늘 인식하고 있어야 한다는 점이 중요하다.

이런 여러 가지 사회적 문제점이 계속 노출됨에 따라 문화체육관광부는 2010년 10월 19일 연예기획사와 협의를 통해 청소년 연예인의 권익보호 방안을 내놓았다. ① 기획사들의 난립을 막기 위해 연예기획업체 등록제를 도입한다. ② 연예활동 현황과 애로사항을 파악하기 위해 연 1회 실태 조사를 실시한다. ③ 청소년 연예인의 심야시간대 연예활동을 제한하도록 한다 등의 방안을 추진할 예정인데, 이 내용이 법적으로 하루 빨리 효력을 발생하도록 서둘러야 할 것이며, 적절한 성과를 거둘 수 있는 강력한 추진력이 요망된다.

　장자연 자살사건 등 제반 사회적 문제 발생으로 해서 공정거래위원회는 대중문화예술인(연예인)들의 정당한 권리를 보호하고 연예산업에서 불공정한 내용의 계약체결을 개선하기 위하여 〈대중문화예술인 표준계약서(연기자 중심 및 가수 중심)〉를 심사하여 2009년 7월 7일 공시한 바 있다. 기획사와의 계약을 혹시라도 놓칠까봐 노심초사하는 신인 탤런트 등 연예인이나 그 부모들은 이런 장치와 규정이 있는 사실도 모르거나 잊을 수도 있을 것이다. 새로 등장하는 연예인이 진정 자타가 전망이 좋다는 평가가 생기면 계약은 대단히 중요한 요소가 아닐 수 없다. 따라서 이 책의 말미 '부록3'에 소개하는 자세한 원문내용을 숙지하는 한편, 이해가 미흡한 부분이 있다면 반드시 변호사 등 전문가의 도움이 필요하다는 점을 강조한다.

　세밀한 표준계약규정이 엄연히 있는 데도 불구하고, 그 제정 1년에 즈음해 공정거래위원회가 2010년 6월 24일 발표한 국내 57개사 소속 연예인 291명에 대한 '중소 연예기획사의 연예인 전속계약 실태조사' 결과에 따르면 아직도 상당히 불공정·불합리 조항들이 시정되지 않고 있는 것으로 나타나고 있다.

　사례들을 보면 30대 연예인 A씨와 B씨는 C사와 체결한 전속계약서에는 "연예인은 항상 정확한 신체 사이즈를 유지하고, 신체 및 머리 모양에 변화가 있을 경우 즉시 기획사에 알려야 한다"는 조항이 있다. 또 다른 경우는 "소재지를 소속사에 상시 통보해야", "연예활동의 중지와 은퇴도 스스로 결정할 수 없다"는 내용도 나온다. 또 2010년 9월에 진행된 한 재판의 경우, 유명 아역 스타 A양은 B연예기획사와 5년 계약을 맺었는데 ① B의 사전 서면 승낙 없이 타자와 출연교섭을 할 수 없고, ② A양은 모든 연예활동 계획에 관해 B와 사전 상의해야 한다. ③ A양은 자신의 위치에 대해 B에게 통보해야 하며, 언제든지 B와 연락이 가능하도록 해야 한다는 조항이 있어 어린이의 사생활조차도 철저하게 통제하고 있는 것으로 드러나고 있다. 어린이조차 완벽한 돈벌이 수단으로 이용되고 있는 것이다.

대명천지에 아직도 위와 같은 노예계약이 존재하고 있다니 참으로 놀랄 일이다. 엔터테인먼트는 한마디로 '글로벌 콘텐츠' 라는 것을 연예인이나 기획사, 소비자 모두가 인식하고 있는 개념이다. 그런데도 불구하고 이렇게 규정 등이 무시되는 정황은 정말 이해가 어렵다.

4. 한·일·미 드라마 제작 시스템

세계적으로 TV 드라마의 외주제작이 늘어나고 있어 그것이 내수용이든 또 수출용이든 작품의 장르, 특징, 독창성, 그래픽의 사용 등에 있어 여타 프로그램들에 비해 탁월한 흥미를 유발하지 않으면 안 된다. 즉 지상파 TV들은 제작 여건에 한계가 존재하고 영화제작처럼 전문성이 존중되는 형태로 전환이 불가피한 것이 그 이유이다. 따라서 한국, 일본, 미국의 드라마 제작 시스템을 간략히 살펴보는 것도 현대 TV 드라마를 이해하는데 도움이 될 것이다.

1) 한국의 TV 드라마 제작

미국 월가에서 번진 금융위기로 한동안 침체되었던 드라마들이 최근 상당히 활기를 띄고 있는 분위기이다. 〈선덕여왕〉, 〈추노〉, 〈동이〉 등 여러 편의 사극들이 시청자들의 관심을 끈 바 있다. 우리나라의 경우는 시스템에 있어 '탄탄하다' 는 느낌보다는 다소 허술한 부분이 있는 것처럼 생각되기도 하지만 나름대로의 특징을 가지고 있다.

① TV 방송사가 제작비를 투자하고 방영권과 저작권을 공히 소유하는 형태가 많다. 이 경우 외주제작사는 제작비 부담이 적어 안정적인 제작에 임할 수 있는 장점이 있다. 반면 드라마가 히트했을 경우, 판권에 대한 권한이 약해 보상

부분이 미흡하다.

② 최근 높아진 스타 배우들의 고액 출연료로 인해 제작비의 상당 부분이 배우들에게 투입돼 많은 제작사들이 적자경영의 어려움을 겪고 있다.

③ TV 방송사로부터 편성권을 따내기 위해 '대본(스토리텔링)' 보다는 '톱스타 캐스팅' 이 우선 된다. '어떤 스토리인가?' 가 아니고 '누가 나오느냐?' 에 따라 편성이 결정되는 경우가 많다. 상당히 왜곡된 논리가 작용하는데, 이것이 개런티 폭등의 원인으로 작용한다.

④ 16부작이나 24부작 등 미니시리즈 형태가 많다

⑤ 여러 가지 원인으로 '쪽 대본' 사태가 발생할 수 있고, 만약 시청률이 좋으면 기승전결을 무시한 횟수 늘리기도 다반사로 일어난다.

⑥ 소재 면에서 불륜, 폭력, 3~4각 관계, 출생의 비밀이 장기간 계속되고 있고, 역사물조차도 의상만 멋있는 판타지 패션쇼 스타일로 만들기를 주저하지 않는다.

⑦ 드라마 방송 개시 시점에서는 기선제압용으로 60분 드라마를 70분으로 늘려 편법 방송한다. 이 경우 정규편성이라는 의미는 무색해진다.

①항의 '외주제작사의 제작비 부담이 안정적' 이라는 부분이 2010년 8월 말 심하게 흔들리고 있다. 한국방송영화공연예술인노동조합(한예조) 측은 "방송사(지상파) 외주제작 드라마의 출연료 미지급 누계금액이 44억원에 달한다" 며 "이 문제의 해결을 위해 9월 1일부터 촬영을 거부한다" 고 밝혔다. 3개사의 해당 프로그램은 모두 13개에 달한다. 당초 방송사들은 프로그램 제작비를 모두 외주제작사에 지급했으므로 책임이 없다며, 미지급은 외주제작사의 문제이고 방송사와는 무관하다는 입장이었으나, KBS 및 SBS는 협상이 타결됐고, MBC와는 계속 협의 중이다.

한예조는 평일 미니시리즈는 2억원 안팎의 실제작비가 들어가는데, 방송사들은 제작사에 1억~1억3,000만원 정도를 지급하기 때문에 방송사는 절반에 가까운 제작비를 안주는 것이라고 주장한다. 즉, 방송사들은 제작비의 일정 부분(통상적으로 50-70%)을 지급하는 대신 나머지 부분에 대해선 제작사가 자체적으로 협찬광고나 방송 간접광고(PPL)를 통해 '알아서' 채우도록 하고 있어 외주제작 사들의 경영이 악화되고 있다는 것이다. 하지만 그들은 4~5억원의 광고비를 독식하고 해외수출, 인터넷 방영, 관련 상품판매 등 이차적인 수익을 얻을 수 있는 길을 원천 봉쇄하고 있다고 비난한다.

방송사, 외주제작사, 연기자 간의 분명한 계약관계에 대한 규정이 시급히 마련되어야 이러한 갈등과 분쟁이 없어질 것으로 판단된다. 정부의 관련 업무 관할부서가 공정거래위원회인지 어디인지 분명치 않지만 하루 빨리 이에 대한 대책이 나와야 한다. 드라마의 불방은 국민의 시청권에 대한 침해이고 훼손이기 때문이다.

2) 일본

일본 드라마도 이미 한국에서 적잖이 익숙한 시청 형태를 보이고 있다. 케이블 TV 또는 스카이라이프 등 J채널을 통해 최근 '일드 마니아'들이 늘고 있는 상황이다. NHK 대하드라마 〈천지인〉, 〈부부도〉도 인기가 있다. 〈노다메칸타빌레〉, 〈꽃보다 남자2〉, 〈호타루의 빛〉, 〈블러디 먼데이〉, 〈전차남〉, 〈1리터의 눈물〉, 〈바람의 검 신선조〉 등이 이미 알려진 작품들이다. 일본의 드라마 제작은 한국과는 다소 다른 면이 있다.

① 주 1회 12부작으로 총 3달간 방영되는 것이 기본 패턴이다. 사전제작이기 때문에 연장방송이나 조기종영은 없다고 봐야 한다.

② 사전제작으로 쪽 대본이 있을 수 없고, 스태프가 시간에 쫓기는 제작도 거의 없다. 배우 역시 철저한 연기에 임할 수 있다. 따라서 배우의 과로도 없다. 배우의 보호를 위해 위험장면은 대역을 쓰는 추세이다.

③ 소재는 소설이나 만화에서 가져오는 경우가 많다. 일본은 만화의 왕국으로 만화 선호층이 매우 두터워 이점이 있다.

④ 배우와 매니지먼트사 간에 종신계약제 월급 시스템이 일반적이므로 배우의 인기가 올라간다고 해서 고액 출연료를 요구하기 어렵다. 우리나라와 다른 점이다

⑤ 판권은 외주사보다 방송사 측에서 많이 보유하고 있는 상황이다.

⑥ 안정성이 확보된 상황임에도 불구하고 일본 시청자들은 정감 있는 한국 드라마를 선호하는 경향을 보이기도 한다.

⑦ 전체적으로 보면 일본은 미국 드라마 제작 경향에 가깝다는 평가가 많다.

3) 미국

한국인들이 할리우드 영화에 익숙하듯이 미국 TV 드라마도 당연히 선호도가 높다. 1970~1980년대에 국내 지상파 TV들이 미드(미국 드라마)를 수입해 방영함으로써 시청자들에게 깊은 인상을 남긴 바 있다. 〈6백만 불의 사나이〉(1973~1978, 총 108화, ABC), 〈원더우먼〉(1975~1979, 총 59화, ABC&CBS), 〈소머즈〉(1978~1979, 총 58화, ABC), 〈다이너스티〉(1981~1989, ABC) 등은 아직도 기억하는 올드팬들이 많을 것이다.

그러나 케이블 TV와 위성방송이 활성화되고 있는 현재는 미드 시장은 영화 못지않은 활황 장세를 보이고 있다. 한국 출신 김윤진이 출연한 〈로스트〉를 비롯해 〈CSI 과학수사대〉, 〈위기의 주부들〉, 〈ER〉, 〈프렌즈〉, 〈식스 핏 언더〉, 그리고 우리나라 골드미스들의 페미니즘에 치명적인 영향을 미쳤다는 〈섹스 앤 더 시티〉 등은 이미 유명세를 타고 있는 작품들이다. 이들의 제작 시스템은 이미 미국 영화제작 관행에 가까이 다가가고 있다는 분석이다.

① 투입 규모가 거액이다. 한국은 회당 제작비가 많아야 2억원 정도인데, 미국은 250만 달러이니 엄청난 액수이다. 〈로스트〉의 파일럿 제작비가 1,000만

달려왔다니 우리나라나 일본과는 비교가 안 된다.

② TV 방송사는 1차 방영권만 소유할 뿐 기타 2차 저작권(DVD·비디오 판권, 해외 수출)은 제작사가 차지한다. 투자에 대한 위험성을 무릅쓰나 성공하면 막대한 수익을 보장받는다. 즉 'High Risk, High Return' 시스템이다.

③ 편성경쟁에서 성공해도 파일럿 작품을 거쳐 시청자의 수능시험을 통과해야 한다.

④ 주 1회 방송이다. 만약 작품성과 흥미도(시청률)에 흠결이 생기면 '시즌 1'로 드라마를 마감할 수 있다.

⑤ 영화에 버금가는 스토리, 고비용의 CG, 화려한 세트, 장대한 로케이션으로 '거실(居室) 영화'를 추구한다.

4) 출연료 비교

개런티 비중은 막대한 자본이 투입되는 미국이 제일 높고, 기형적인 구조를 보이고 있는 우리나라가 다음이고, 일본이 그 다음이다.

우리나라의 회당 드라마 평균 제작비는 2억원 내외로 알려지고 있다. 고액 출연료 얘기가 나오는 것은 〈태왕사신기〉(MBC)에서 배용준의 출연료가 회당 2억 5천만원(지급 총액 60억원)이었다는 MBC 노보 기사가 나간 이후 논란이 계속되었다. 이런 시류에 편승해 A급 스타들의 출연료는 회당 1억원을 상회하는 사례들이 나오고 있다. 어느 정도 과장인지의 여부는 정확히 밝혀지고 있지는 않지만, 일반적 관점에서 볼 때 연기는 예술의 영역이라고 해도 총체적인 노임(勞賃)이라는 개념에서는 상식선을 한참 뛰어넘고 있다. 이것은 2010 월드컵 중계방송도 마찬가지이지만, 시청률 우위만 추구하는 지상파 TV 경영진의 방만한 경영태도에 기인한다.

일본은 회당 제작비 3,000만 엔에서 최고 개런티는 350만 엔 정도라고 한다. 미국은 〈CSI 라스베이거스〉에 출연한 윌리암 피터슨(그리썸 반장 역)은 회당 50

만 달러이다. 총 24회의 출연료는 1,200만 달러가 된다. 김윤진의 경우는 조연인데도 회당 10만 달러를 상회한다는 것이다.

한·일간 1회 출연료를 비교해 보고자 한다. 여러 가지 조건에 따라 다르겠지만 일본보다는 한국의 출연료가 다소 높아 보인다.

〈한국〉		〈일본〉	
송승헌	7,000만원(에덴의 동쪽)	기무라 타쿠야	350만엔(약 5,200만원)
권상우	5,000만원(못된 사랑)	요시나가 사유리	300만엔(약 4,500만원)
박신양	5,000만원(바람의 화원)	가토리 신고	300만엔(약 4,500만원)
최지우	4,800만원(스타의 연인)	미츠시마 나나코	300만엔(약 4,500만원)
송일국	4,000만원(바람의 나라)	우에노 주리	50~70만엔(750~1,050만원)

물론 출연료가 높아야 훌륭한 연기가 나오느냐? 하는 이야기는 별 의미가 없다. 다만 출연료의 키가 클수록, 즉 키가 크다고 가슴 팔 다리가 모두 튼튼할 수는 없다는 점이 TV 드라마 제작과 출연료와의 상관관계에서 매우 중요한 관점이라는 사실을 말하지 않을 수 없다.

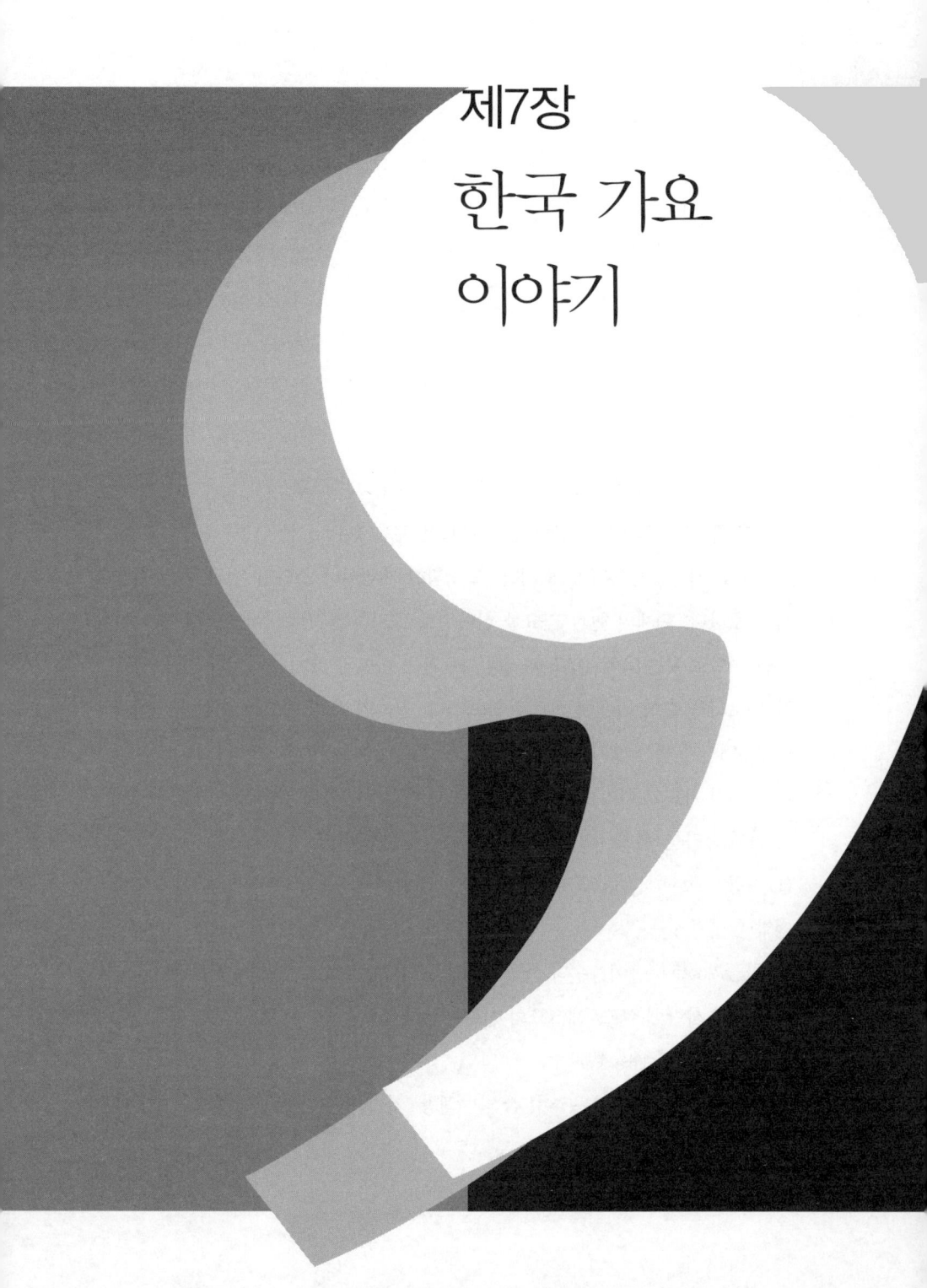

제7장

한국 가요
이야기

　　현재 텔레비전에서 보여지는 노래들은 보통 'K-Pop 한국대중음악' 이라는 표현으로 지칭하는 경우도 있지만, 그 정확한 개념이나 스타일, 범위 등은 적잖이 모호하다. 현재의 한국 가요를 한마디로 평가하면 '귀로 듣는 노래·음악이 아닌 눈으로 보는 음악' 이다. 과거의 가요와는 하늘과 땅처럼 차이가 있다. 경쾌한 멜로디와 춤이 좌우하는 그런 노래들을 접하면 우리 가요의 연원이 도대체 언제부터인가 하는 생각을 하게 된다.

　　우리 가요의 뿌리는 1922년경으로, 지금부터 88년을 거슬러 올라간다. 〈가요 반세기〉라는 책에서23) 개설(槪說)의 주요 제목을 보면

① 요람기(1921년)– 유랑의 노래/ 레코드 시대의 여명·사의 찬미/ 막간 가수들의 성좌

② 황금기(1931년)– 여가수의 선구자 기생들/ 은하에 흐르는 별들/ 백화난만 : 노래에 살고 사랑에 살고/ 레코드의 신화/ 악극단의 시대

③ 수난기(1941년 태평양전쟁)

④ 재생기(1945년 광복 이후)– 아! 감격의 해방/ 가거라 38선아/ C 레이션과 재즈와

---

23) 반야월·조영춘·김성운·김민주, 『가요 반세기』, 성음사, 1972

악단과/ 6.25 그 수난의 날들/ 다시 황금기로 가는 사양길

등으로 시대적인 구분을 해놓고 있다. 이 책이 1972년에 발간되었기 때문에 소위 전통가요 또는 고전가요에 해당하는 옛 노래에 대한 내용을 담고 있다.

우리 가요는 6.25전쟁이 휴전된 후, 1960년대와 1970년대에 다시 개화하기 시작해 1980년대와 1990년대 고도경제성장 시대를 거치면서 다양한 장르와 스타일로 변모되어 왔다. 우리가 가요를 말할 때 흔히 '트로트(Trot)' 24) 가요라는 표현을 자주 쓴다. 트로트는 일제 강점기에 발생한 우리 대중가요의 장르이다. 트로트라는 이름은 구미(歐美) 춤곡의 하나인 폭스트롯(foxtrot)에서 유래한 것이다. 한국에서 전해오던 세 박자 또는 다섯 박자(3+2)를 기본으로 하는 것을 '트로트'라고 부르고, 빠른 두 박자(쿵짝, 쿵짝…)를 기본으로 하는 것을 '뽕짝' 이라고 칭하기도 한다. 다만 '뽕짝' 은 속어로 보아 공식적으로 사용하지는 않는다. 최근에 와서는 트로트 가요를 포함한 1990년 이전의 가요들을 '전통가요' 라고 지칭하는 경향이 있다.

이것은 아마도 2000년대와 30~40여년 전 가요와의 사이에 존재하는 시대적, 문화적, 정서적 괴리 때문이 아닌가 생각된다. 따라서 전통가요 부분 논의는 대부분 생략하기로 한다.

그러나 나훈아, 남진, 이미자로 대표되는 트로트 가요는 우리 국민의 정서를 대변하는 맥이요, 커다란 물줄기라는 사실은 재삼 언급할 필요조차 없다. 트로트보다는 다소 서구적인 팝 스타일을 가미한 송창식, 윤형주, 김세환, 김민기, 이장희, 조영남, 김추자, 펄시스터즈, 패티 김, 윤복희, 조용필 등은 국민들의 지극한 사랑을 받은 바 있다. 뒤이어 '7080 가요' 라고 이름 지어진 노래들이 존재했다. 명실 공히 최근 텔레비전을 통해 방송되는 젊은 가수들의 모태임이 분명하다.

---

24) 네이버 지식인

1. 서태지의 등장

　텔레비전, 영화와 함께 오늘날 대중문화의 핵심 장르인 가요 부문을 논하자면 '서태지와 아이들' 을 빼놓고 이야기하기 어렵다. 어떤 대중음악 평론가는 한국의 가요사(史)를 논할 때, '서태지 이전과 이후로 구분해야 한다' 고 주장한 바 있다. 서태지의 출현에 대해 알아보기로 하자.

　열창이었지만 방청석은 조용했다.25) "노래 좋죠?" 사회자가 세 차례 되물은 끝에야 관객들은 어색하게 호응했다. 앳된 얼굴의 무명 가수는 이마의 땀을 닦아냈다. 〈난 알아요〉를 알아보지 못한 건 심사위원도 마찬가지였다. 가사를 노래하는 것이 아니라 속사포처럼 '내뱉으며' 무대 위를 방방 뛰는 모습이 못내 낯설었다. 작곡가 하광훈은 "멜로디 라인에 신경을 안 쓴 것 같다" 고 했고, 연예평론가 이상벽은 "춤에 치중해 노래가 묻혔다" 고 했다.

　평점은 10점 만점에 7.8점. 신곡 소개 프로그램의 진행자인 임백천은 신인의 어깨를 감싸며 "100점 만점에 80점은 맞은 것" 이라고 위로했다. 1992년 4월 11일 '서태지와 아이들' 은 그렇게 데뷔했다. 하지만 브라운관 밖의 반응은 달랐다. 〈난 알아요〉, 〈환상 속의 그대〉 등이 수록된 1집 앨범은 발매 3주 만에 30만 장의 판매량을 기록하더니 두 달새 100만 장이 팔렸다. 각종 가요 차트에서도 17주 연속 정상을 석권했다. 50분짜리 랩 댄스 음반 1장이 트로트와 발라드 위주였던 가요계의 질서를 뒤흔든 것이다.

　당시 젊은 세대는 '새 것' 에 목말라 있었다. 그해 문민정부가 들어서면서 탈(脫) 정치화가 시작됐고, 경제호황으로 생활이 넉넉해지자 문화적 갈망이 어느 때보다 커졌다. 헤비메탈에 랩과 댄스를 버무리고 트로트까지 가미해 '장르의 공식' 을 깬 서태지는 그 욕망의 완벽한 배출구였다. 서태지의 등장은 'X세대' 를 탄생시킨 문화적 사건이기도 했다. 권위주의에 도전하려던 10대들에게 서태지의 노랫말은 성경과도 같았다. '질문 말고 달달 외라' 는 교사들을 향해 X세대

---

25) 〈동아일보〉, 2008년 4월 12일. 참조.

는 "됐어, 이제 그런 가르침은 됐어" 라고 반항했다.

앨범마다 혁명적 변신을 거듭하던 서태지는 "새장에 갇힌 새는 똑같은 노래만 부른다" 는 말을 남기고 1996년 은퇴했다. 데뷔 3년 10개월 만이었다. 그는 떠났지만 신화는 계속되고 있다. 2007년 12월 데뷔 15주년 기념 공연은 예매 10분 만에 전 좌석이 매진됐다. 서태지 없이 후배 가수들만 참여했는데도 그 정도였다.

서태지의 컴백 공연(2000년 9월)을 본 음악평론가 임진모는 그의 음악적 성향에 대해 다음과 같은 코멘트를 했다. "서태지는 단 한 빈도 지배 그룹의 음악을 택한 적이 없다. 그가 퍼뜨린 랩, 헤비메탈, 얼터너티브 록, 펑크, 갱스터 랩은 한마디로 '아버지가 싫어하는 모든 음악들' 이다. 이번의 선택인 하드코어는 더 나가 메탈, 펑크, 랩 등 본래 소란스런 음악이 이종교배를 통해 볼륨과 스피드를 극대화한 초강성(超强性) 굉음이다. 12일 방영된 MBC '컴백 스페셜 서태지' 프로그램은 그가 왜 이번에 광기의 음악인 하드코어를 들고 나왔는지 여실히 말해준다. 거기서 음악 팬들은 모처럼 현란한 춤이 아닌 통렬한 '악기 소리' 를 들었고 가수의 사나운 포효를 목격했다" 고 분석했다. 즉 서태지의 노래는 소외된 젊은 이들의 외침이라는 것이다. 총 350만 장 이상의 레코드가 팔린 '서태지 음반' 은 1997년 삼성경제연구소가 선정한 '역대 최고의 히트상품' 으로 선정되기도 했다.

앞에서 'X세대' 라는 단어도 나오는데, X세대는 1991년에 출간된 캐나다 작가 더글러스 쿠플랜드(Douglas Coupland)의 장편소설 제목이다. '점점 빨라져 가는 문화 이야기' 라는 부제가 붙어 있다. 이 책이 출간되자 X세대는 1960년대와 1970년대 서구 산업국가에서 태어난 세대를 가리키는 유행어가 되었다. 이들의 삶은 공허하고 우울함으로 특징지어지는 감성으로 가득 차 있다. '못 말리는 세대' , '도저히 이해할 수 없는 부류(윤희영, 2005)' 라는 부정적 인식이 그런 이름을 낳았다. 이들은 제2차 세계대전 직후인 1946년부터 1964년까지 태어난 베이비

붐 세대의 바로 다음 세대이다. 미국 독립 이후로는 13번째 세대로 구분돼 '서 티너스(Thirteeners)' 라고도 불린다. 이런 배경으로 서태지에게도 X세대 가수라는 레이블(label)이 붙은 것이라고 생각된다.

2. 보아의 일본 진출

'아시아의 별' 로 호칭되며 주로 일본에서 대형가수로 활동해온 보아가 5년 만에 국내로 컴백한다는 반가운 소식이다. 현재 일본에서 7집 앨범 〈아이덴티티〉로 인기몰이와 함께 전국 콘서트를 돌고 있는데, 종료되는 2010년 8월에 돌아와 국내 활동을 벌인다는 것이다. 보아는 비록 아주 어린 나이에 가수로 데뷔했지만 지금은 가장 활동이 많은 글로벌 가수의 한 사람이 됐다. 그 성공 요인은 투자가 가능한 대형 기획사를 만난 점, 가족적·음악적 분위기를 배경으로 한 타고난 음악적 재능, 그리고 아주 일찍부터 일본어와 영어를 연마한 점 등을 꼽을 수 있다. 자료26) 등의 요약을 통한 보아의 이야기는 가수 지망생들에게 많은 참고와 함께 중요한 시사점이 될 수 있다.

2남 1녀의 막내인 보아(BoA, 권보아)의 큰오빠 권순훤은 서울대학교 음대에 수학한 피아니스트이고, 작은오빠 권순욱은 서영은·서인영·팝핀현준 등의 뮤직비디오를 제작한 감독이라고 한다. 그녀는 1986년 출생으로 1998년 6월 초등학교 재학 중, SM 이수만 사장에게 발탁되어 2년여의 트레이닝 기간을 거쳤다. 데뷔의 스토리는 흥미롭다. SM에 오디션을 받으러 가는 큰오빠를 따라갔다가 '옆의 여자애는 누구냐?' , '할 줄 아는 노래가 있느냐?' 식의 우여곡절 끝에 오빠는 떨어지고 보아는 오디션에 합격했다는 이야기다. 또 하나의 설은 보아가 백화점 경품행사 장기자랑에 나갔었는데, 행사관계자가 SM에 보아를 소개시켜 주었다는 이야기도 있다. 어쨌든 보아는 운이 좋은 아가씨이다.

---

26) 위키 백과, 참조.

보아는 아주 일찍이 장래에 대비한 훈련에 들어갔다. 일본에 진출하기 위해 NHK 아나운서의 집에 머물며 정확한 일본어 발음을 익혔고, 구리시 삼육중학교에 다니던 중에 영어회화를 위해 한국켄트외국인학교로 전학하기까지 했다. SM은 보아 데뷔를 '신비 프로젝트'로 명명하고 30억원 정도를 투입했다. 2000년 8월 〈ID; Peace B〉라는 앨범으로 보아는 가수로 데뷔한다. 2001년 3월 보아는 일본 도쿄에서 쇼케이스(사람의 재능을 알리는 공개행사)를 갖고 5월 〈ID; Peace〉를 발매하고 일본에서 정식 데뷔했다. 일본 데뷔는 SM과 일본의 에이벡스(avex)의 합작으로 이루어졌다. 양자는 'SM Japan'을 설립하여 보아의 개인 일정을 관리하고, 에이벡스는 음반 발매와 홍보를 전담키로 했다. 그간 일본에서 발표한 대표곡들은 〈Listen to My Heart〉(2002), 〈Valenti〉(2002), 〈Do the Motion〉(2005), 〈Bump Bump!〉 등 다수이다. 보아는 이런 활동에 힘입어 할리우드 댄스 영화에 출연한다는 소식이다. 소속사 SM은(2010년 8월 3일) 보아가 데뷔 10년 만에 정식 연기자로 변신해 새로운 모습을 선보일 것이라고 밝혔다. 바람직한 일이다.

그간 보아에 대해 '1인 기업'이니 '경제적 가치가 1조원'이니 하는 말들이 돌았지만 정확하게 얼마를 벌었는지는 알기가 어렵다. 이런 정보들은 대부분 비공개가 일반적이다. 다만 2002년 1월부터 2003년 3월까지 총 1,043억원의 수입을 올렸다는 보도는 있었다.[27] SM 측은 앨범 매출=780억원, 싱글 매출=192억원, 라이센스 앨범=30억원, CF 출연료=15억원, 콘서트 티켓=26억원을 합해 총 1,043억원이라고 밝혔다. '1인 강소(强小) 기업'이라는 말이 나올 만하다.

'경제가치 1조원' 설은 삼성경제연구소 고정민 연구원이 라디오에 출연해서 '단순 매출액 이상'이라고 언급했는데, 한 스포츠 신문에서 그 프로그램을 소개하면서 '보아의 경제적 가치는 1조원 이상이라는 방송이 나갈 예정'이라는 기사를 내보내면서 비롯되었다. 매출의 파급효과를 계산하는 공식은 보통 매출액의 1.5배에서 2배 정도를 곱해 경제적 파급효과를 계산한다고 한다. 고정민 연구

---

27) 《주간조선》, 2003년 5월 1일. 참조.

원은 "가수인 보아의 경우, 방송 산업에 적용하는 가중치 1.67을 곱해 경제적 파급효과를 1,741억 원 정도로 볼 수 있다"로 계산했다. 보아는 명성과 함께 SM에 엄청난 부를 쌓아주면서 국제적인 가수로 성장했다. 물론 자신도 청담동에 집을 소유했다는 이야기도 있다. 결론적으로 보아는 하늘에서 감이 떨어지듯 공짜로 대형 가수가 된 것이 아니다. 많은 노력과 소속사의 사전 준비가 철저했음을 우리는 인정해야 한다. 세상에 단순히 운 좋게 가수가 되는 사람은 없다고 잘라 말해도 좋다는 생각이다.

3. 비(정지훈)의 성공

1982년생인 비. 어린 시절부터 취미로 춤을 추던 정지훈은 노래와 춤에서 재능이 발견되었다.[28] 창서초등학교, 숭문중학교, 안양예술고등학교를 거쳐 경희대학교 포스트모던음악 학사를 취득하고, 경희대학교 아트퓨전디자인대학원 퍼포밍아트학과에 들어갔으나 자퇴하고 단국대학교 대중문화예술대학원에 입학하여 재학 중에 있다. 그는 1998년 6인조 댄스 그룹 '팬클럽' 멤버로 데뷔하였으며 2002년 1집 앨범 〈n001〉의 타이틀곡 '나쁜 남자'를 통해 솔로가수로 데뷔했다. 2집 〈rain2〉를 거쳐 2004년 3집 〈IT'S RAINING〉, 2006년 4집 〈RAIN'S WORLD〉, 2008년 5집 〈RAINISM〉으로 5장의 앨범을 발매한 상태이다.

연기자로서 수상경력은 2003년 KBS 연기대상 신인상 외 다수가 있고, 출연작은 KBS 〈상두야 학교 가자〉, 〈풀하우스〉, 〈이 죽일 놈의 사랑〉, 〈스피드 레이서〉, 〈닌자 어쌔신〉이 있다. 2006년 5월 미국 시사주간지 〈타임〉에서 선정한 '세계에서 가장 영향력 있는 인물 100명' 중의 한 명으로 선정되었다. 2010년 6월 6일 미국 'MTV 무비 어워즈' 시상식에서 할리우드 액션 영화 〈닌자 어쌔신〉(2009)으로 '최고의 액션스타상'을 수상했다.

---

28) 위키 백과(2010년 6월 29일 수정)

이상은 비의 성공 스토리다. 좋은 면만 언급했는데, 그는 고등학교 2학년 때 JYP 오디션을 통과하고, 약 4년간의 피나는 연습생 시절을 거쳐 2002년 가수로 데뷔했다. 그 시절은 모친의 병고와 가난으로 고난이 많았다고 한다. 그러나 박진영을 만나지 못했다면 오늘의 정지훈의 진로는 어려움이 많았을 것으로 추측된다. 박진영이 노래할 때 비가 백댄서였다는 이야기도 있다. 박진영은 가수를 조련하는데 매우 엄격하고 지독했다는 얘기가 많다. 비는29) "박진영이 정말 타이트했다", "신비주의 전략으로 '웃지 마라', '차에서 나오지 마라' 등"을 요구했다고 한다. 그건 사실인 모양이다. 정지훈이 자신의 소속사 가수들에 대해 "잠은 죽어서나 자라", "적토마가 왜 앞만 보고 달리나? 눈가리개를 해서 다른 곳이 안보이기 때문"이라고 다그치는 것은 박진영이 자주 했다는 말을 그대로 재방송하는 것인데, 박진영의 영향이 얼마나 컸었나를 잘 알 수 있다. 그가 전한 박진영 어록은 "낚싯대 하나 던져주고 고기 잡아서 잘 요리해 먹어라"이다. 콘셉트만 알려주고 구체적인 방법은 자신이 창의적으로 만들어내야 한다는 주장이다. 옳은 말씀이다.

이런 혹독한 훈련과 경험의 결과로 해외공연에서도 대단한 성과를 거둔다. 비는 2005년 부산 KBS홀, 도쿄 국제포럼, 도쿄 부도칸, 오사카 후생연금회관, 홍콩 컨벤션센터 공연에서 8만 명의 관객을 동원했다. 2007년 5월 25일 도쿄돔 공연에서 4만3000명이 입장했는데, 그 중에는 스마프의 초난강, 축구선수 등 유명 인사가 200여 명이나 되었다. 1회 공연에서만 4억8,000만엔의 수입을 올렸다. 이에 앞서 2006년 2월 뉴욕 매디슨스퀘어가든에서 개최된 공연도 5,000여 명의 관객을 동원하면서 성공적으로 치러졌다. 그러나 〈뉴욕타임스〉는 "아직 독창성이 미흡하다"고 평가했다. 비의 하와이 공연은 무산됐고, 법적 송사도 있었다.

비는 한국 가수 중에서는 가장 국제적으로 성공한 인물이다. 성공요인이 무엇일까? 박진영을 만난 것 외에 자신의 노력이 가장 클 것이다. 그 노력은 어

---

29) MBC 황금어장/ 무릎팍 도사, 2010년 6월 9일.

디서 오는가? 그는 중학교 2학년 때 아버지 사업이 망하고, 당뇨병 치료를 제대로 받지 못해 합병증으로 세상을 떠난(2002년) 어머니로부터 나온다고 말한 바 있다. 즉 "어머니가 자신의 종교" 라는 것이다. "돈이 없어 어머니 병도 치료하지 못한 아들이 어떻게 게으름을 피울 수 있나?" 정지훈은 진정 정신력이 강한 연예인이다.

또한 그는 가수로서 대성할 수 있는 시스템을 구축하고 있다. 즉 ① 비의 헤어스타일, 의상, 이미지 콘셉트를 총괄하는 스타일리스트 팀 ② 국내외 공연, 홍보, 섭외를 담당하는 뮤직사업·마케팅 팀 ③ 영화 및 드라마 등 연기관련 섭외 및 연기지도를 하는 연기 팀 ④ 박진영과 함께 비의 앨범, 공연의 음악을 담당하는 음악 프로듀서 ⑤ 춤을 개발하는 안무 팀을 운영하는 것이다. 제이튠스 엔터테인먼트의 조직이다. 이들은 비의 미국 진출을 위해 독선생을 붙여 하루 8시간 가까이 영어 수업을 하도록 했고, 비 스스로도 노트북에 CNN 뉴스나 미국 드라마를 내려 받아 공부를 한다는 것이다. 비 이야기의 클로징은 "하늘은 스스로 돕는 자를 돕는다" 가 적확하다.

4. 아이비(IVY)의 출세기

아이비의 본명은 박은혜이다. 그녀는 동덕여자대학교 방송연예과 출신이다. 이 학과는 1998년 창설된 이래 박경림, 박진희, 김정화, 김아중, 공현주, 조향기, 박시은, 조윤희, 남보라(재학 중, 〈로드 넘버원〉 출연) 등 연예인들을 배출한 바 있다. 2001년 3월 같은 과 친구인 탤런트 조윤희(〈황금물고기〉 출연)의 소개로 팬텀엔터테인먼트에 찾아갔다.[30] 회사 사장 앞에서 양파의 〈애송이의 사랑〉 등 20여 곡을 불렀지만 "다음에 오라" 는 말을 들었다. 퇴짜였다. 이 거절을 오해한 그녀는 실용음악학원에서 집중훈련을 하고 6개월 후 다시 기획사를 찾았다. 기획사는 연

---

30) 〈조선일보〉, 2007년 4월 7일. 참조.

습생으로 받아들이고 탤런트 재목 여중생과 같이 살도록 아파트를 얻어주었다. 아이비에게는 여중생을 심리적으로 안정시키기 위한 임무가 있었다. 다만 전세 금과 아파트 관리비는 대주었지만 용돈은 주지 않았다. 그러나 여중생의 재능은 떨어지고 아이비는 점점 재능이 나타났다. 이로써 아이비는 임시연습생에게 본 격연습생이 된다.

　　이때부터 기획사의 강훈이 시작되었다. 이 회사의 이도형 사장은 "연예인은 20~30% 정도는 본인의 노력, 70~80%는 기획사의 프로젝트에 의해 만들어진다"고 강조했는데, 다음 내용을 보면 그 말에 수긍이 간다.

　① 06:00~08:30 - 폐활량을 늘리기 위해 양재천 10km 조깅, 줄넘기 1,000번 이상, 스트레칭 2시간

　② 10:00~11:00 - 발성연습

　③ 11:00~12:30 - 노래연습

　④ 14:00~15:00 - 안무수업

　⑤ 15:00~16:30 - 노래연습

　⑥ 16:30~19:00 - 안무수업

　⑦ 20:00~22:00 - 노래연습, 피아노 연습

　⑧ 22:00~23:00 - 잡지 스크랩

　⑨ 23:00~24:00 - 노래연습

　⑩ 24:00~01:00 - 가요 모니터

　　이 훈련 일정표를 보면 진정 가수는 아무나 되는 것이 아니구나 하는 것을 실감하게 될 것이다. 잠자는 6시간과 식사 2시간 등 8시간을 제외하고 24시간 중 16시간을 가혹한 훈련에 매달리지 않으면 안 되었다. 아마 이 정도 노력이면 사법고시에도 합격하고도 남지 않을까 생각된다. 애초에 아이비는 발라드 가수 를 꿈꾸었다. 그러나 회사는 댄스 가수를 요구했다. 체육담당 트레이너 4명으로

부터 다리를 180도 벌리는 '다리 찢기' 즉 사지를 잡고 비틀고 늘리기를 수백 차례 반복해서 당했다. 아프다고 말하면 "처음에는 다 그런 거야" 하며 무시했다. 그 후 반 년 동안 하루 20시간씩 댄스 연습만 했다. 그러던 중 회사는 아이비를 박진영에게 소개하고, 그는 'IVY' 라는 작명을 해주었고, 함께 미국으로 건너가 각종 훈련을 쌓았다.

드디어 2005년 7월 데뷔 무대에 오를 수 있었다. 그해 아이비는 SBS 등 방송사의 신인상을 휩쓸었다. 그녀가 1년 반 동안 올린 총수입은 30억원, 2007년의 수입은 총 70억원대를 예상했다. 아이비에게 투자된 금액은 15억원 정도다. 이것은 성공한 엔터테인먼트 경영의 한 사례이다. 아이비는 스타로 등극하기까지 약 4년 이상이 소요되었다. 이래서 고진감래(苦盡甘來)라는 사자성어가 생긴 모양이다. 가수되기를 절대 만만히 보면 안 된다.

또 가수가 되고자 한다면 일차적으로 '다리를 찢어야 한다.' 왜냐하면 오늘날은 가수 노래보다는 춤이 더 중요하기 때문이다. 댄싱 퀸 손담비도 당했다. 초창기 준비생 시절 다리를 벌리는 각도가 나오지 않자, 안무 선생님 두 사람은 다리를 한쪽씩 잡고 찢어버렸다. 허벅지·종아리에 핏줄이 터지고 골반도 어긋났다. 〈미쳤어〉라는 노래가 나왔을 무렵, 그녀는 긴 다리를 이용한 '의자 춤' 으로 인기를 끌었다. 다리를 일자로 뻗어 의자 위로 올렸다 내리는 동작을 5,000번 정도 연습했다고 한다. 목소리만으로 노래하는 것이 아니고 오직 몸, 특히 다리와 엉덩이로 노래해야 되는 세상이다.

5. 서태지 이후 등장한 가수들

서태지도 그렇지만, 데뷔 당시 가수들의 나이는 젊다기보다는 어린 층이 대부분이다. 즉 '10대(大) 가수' 가 아니라 '10대(代) 가수' 들이다. 가수들을 얘기할 때 떠올리는 나훈아, 남진, 패티 김, 조용필은 요새 가수의 개념과 아주 동떨어져 있다. 가수의 이름도 거의 영어식이다. 또 무슨 뜻인지도 알기 어렵다. SS501은 '더블 에스오공일'로 발음해야 하는 모양이다. 2NE1은 '투애니원'으로 부른단다. 남녀 모두 그룹이 많다. 보통 5인조이고, 소녀시대는 여성 9인조 그룹이다.

그 이유는 가수가 노래에 앞서 춤이 주 종목이기 때문이다. 한 사람이 춤 춘다면 무대가 횡하니 심심하다. 단체로 나와 춤 굿판을 벌려야 신명이 나는 것 이다. 그룹이라기보다는 실제로도 댄싱 팀이다. 노래에서 텍스트(가사)는 단 몇 마 디이고 나머지는 동어반복(同語反覆)이다. 이런 노래 형식을 'Hook Song'이라고 부르는데, 갈고리 또는 음표를 니다내는 'Hook'와 'Song'의 결합으로 나온 신 조어이다. 특징은 반복되는 감각적인 멜로디와 가사, 따라 하기 쉬운 안무로 시 청자나 관객의 시청각을 사로잡는 노래를 말한다. 중독성이 매우 강하다. 이것이 '후킹 효과'이다. 〈미쳤어〉, 〈어쩌다〉, 〈노바디〉, 〈지〉 등이 여기에 속한다. 결국 춤의 공습으로 텔레비전은 가사의 파괴현상을 일으키고, 가사 실종시대를 도래 케 한 것이다.

노래는 예술품이지만, 최근에는 그것이 고가품 수준으로 제작된다. 즉 대 자본이 개입돼 명품을 만들어내는 과정이나 같다. 아래에 거명되는 가수나 그 룹들은 대형기획사인 SM(이수만), YG(양현석), JYP(박진영) 소속이거나 그곳 출신들이 많다. KBS 〈뮤직 뱅크〉, MBC 〈음악중심〉, SBS 〈인기가요〉를 시청하지 않는 사 람들에게는 다음에서 아주 낯선, 매우 생경한 가수들의 이름을 뇌어보는 기회 가 될 것이다. 이 노래들을 확인해보는 것은 오늘의 대중문화 한가운데 위치해 있기 때문이다. 그 계보를 살펴본다.[31]

▷현진영(1990 데뷔)

▷서태지와 아이들(1992) – 〈난 알아요〉, 〈환상 속의 그대〉, 〈하여가〉, 〈우리들만의 추억〉, 〈발 해를 꿈꾸며〉, 〈교실 이데아〉, 〈컴백 홈〉

▷김건모(1992) – 〈잠 못드는 밤 비는 내리고〉, 〈핑계〉, 〈혼자만의 사랑〉, 〈잘못된 만남〉

31) 위키 백과, 일부 참조.

▷잼(1992)

▷The Blue(1992)

▷듀스(1993)

▷노이즈(1993)

▷솔리드(1993)

▷DJ DOC(1994) – 〈머피의 법칙〉, 〈여름 이야기〉, 〈겨울 이야기〉

▷박진영(1994) – 〈너의 뒤에서〉, 〈날 떠나지 마〉, 〈청혼가〉

▷룰라(1994) – 〈백 일째 만남〉, 〈비밀은 없어〉, 〈날개 잃은 천사〉, 〈풍변기곡〉

▷쿨(1994) – 〈슬퍼지려 하기 전에〉, 〈운명〉, 〈진실〉, 〈해석 남녀〉

▷R.ef(1995)

▷터보(1995)

▷IDOL(1995)

▷H.O.T.(1996) – 〈전사의 후예〉, 〈Go! HOT〉, 〈We are the Future〉, 〈행복〉, 〈캔디〉

▷영턱스클럽(1996)

▷클론(1996) – 〈쿵따리 샤바라〉, 〈돌아와〉, 〈초련〉

▷지누션(1997)

▷젝스키스(1997) – 〈학원 별곡〉, 〈폼생폼사〉

▷양파(1997) – 〈애송이의 사랑〉, 〈사랑 그게 뭔데〉, 〈그대를 알고〉

▷NRG(1997) – 〈할 수 있어〉, 〈대한건아 만세〉

▷태사자(1997)

▷SES(1997) – 〈I'm Your Girl〉, 〈Dreams Come True〉, 〈꿈을 모아서〉

▷베이비복스(1997) – 〈나 어떻게〉, 〈킬러〉, 〈와이〉

▷신화(1998) – 〈으쌰 으쌰〉, 〈Hey Come On〉, 〈Perfect Man〉

▷조성모(1998) – 〈아시나요〉, 〈슬픈 영혼식〉, 〈피아노〉, 〈잘 가요 내 사랑〉

▷핑클(1998, 이효리, 성유리, 이진, 옥주현) – 〈내 남자 친구에게〉, 〈영원한 사랑〉, 〈자존심〉

▷코요테(1998)

▷원타임(1998)

▷GOD(1999) – 〈어머님께〉, 〈니가 있어야 할 곳은〉, 〈거짓말〉, 〈사랑해 그리고 기억해〉

▷이정현(1999) – 〈와〉, 〈바꿔〉, 〈너〉, 〈줄래〉, 〈아리아리〉

▷드렁큰 타이거(1999) – 〈Good Life〉, 〈남자이기 때문에〉

▷클릭비(1999)

▷플라이 투 더 스카이(1999)

▷랑현랑하(2000)

▷UN(2000)

▷샤크라(2000) – 〈한〉, 〈Hey U〉, 〈난 너에게〉

▷보아(2000) – 〈No 1〉, 〈사라〉, 〈Sweetie〉, 〈My name〉, 〈발렌티〉

▷성시경(2000) – 〈처음처럼〉, 〈제주도의 푸른 밤〉, 〈거리에서〉

▷쥬얼리(2001) – 〈Again〉, 〈니가 참 좋아〉

▷장나라(2001)

▷K-POP(2001)

▷밀크(2001)

▷슈가(2001)

▷블랙비트(2002)

▷신비(2002)

▷휘성(2002) – 〈안 되나요〉, 〈With me〉, 〈Insomnia〉

▷비(2002) – 〈나쁜 남자〉, 〈안녕이란 말 대신〉, 〈태양을 피하는 방법〉, 〈Rainism〉

▷이삭N지연(2002)

▷노을(2002)

▷이효리(2003) – 〈10 Minutes〉, 〈Hey girl〉, 〈Remember〉, 〈유고걸〉

▷세븐(2003) – 〈와줘〉, 〈열정〉

▷동방신기(2003) – 〈Hug〉, 〈My little Prince〉, 〈The way U are〉

▷SG 워너비(2004) – 〈Timeless〉, 〈죄와 벌〉, 〈살다가〉

▷이승기(2004)

▷트랙스(2004)

▷천상지희(2005)

▷아이비(2005) – 〈유혹의 소나타〉, 〈이럴 거면〉, 〈큐피드〉

▷수퍼주니어(2005) – 〈Miracle〉, 〈Sorry Sorry〉

▷가비앤제이(2005)

▷SS501(2005) – 〈U R Man〉, 〈내 머리가 나빠서〉

▷씨야(2006)

▷브라운아이드걸스(2006)

▷타이푼(2006)

▷빅뱅(2006) – 〈거짓말〉, 〈마지막 인사〉, 〈붉은 노을〉, 〈하루 하루〉

▷배틀(2006)

▷베이비복스리브(2007)

▷캣츠(2007)

▷윤하(2007)

▷FT 아일랜드(2007)

▷소녀시대(2007) – 〈다시 만난 세계〉, 〈Kissing you〉, 〈Gee〉
▷손담비(2007) – 〈Cry Eye〉, 〈미쳤어〉, 〈토요일 밤에〉
▷블랙펄(2007)
▷초신성(2007)
▷원더걸스(2007) – 〈Tell me〉, 〈So hot〉, 〈Nobody〉
▷카라(2007) – 〈Pretty Girl〉, 〈Honey〉
▷JOO(2008)
▷다비치(2008)
▷A' st1(2008)
▷샤이니(2008) – 〈누난 너무 예뻐〉
▷2AM(2008)
▷스매쉬(2008)
▷U-Kiss(2008)
▷아이유(2008)
▷2PM(2008)
▷반하자(2008)
▷태군(2009)
▷애프터 스쿨(2009) – 〈Ah〉
▷2NE1(2009) – 〈롤리팝〉
▷포미닛(2009)
▷티아라(2009)
▷슈아이(2009)
▷f(x) (2009)
▷MBLAQ(2009)
▷BEAST(2009)
▷JQT(2009)
▷시크릿(2009)
▷레인보우(2009)
▷씨엔블루(2010)
▷ZE:A(2010)
▷포커즈(2010)
▷오로라(2010)
▷대국남아(2010년)
▷씨스타(2010)

▷미쓰에이(2010)

이 외에도 화요비, 서인영, 케이윌, December, 유미, 먼데이키드, 린, 예성, 바비 킴, 뜨거운 감자, 김윤아, 거미, 씨아, 이석훈, 지드래곤, 김태우, 리쌍, 김윤아, 아이유&임슬옹, 오렌지 캬라멜, 슈프림 팀, 옴므, X-Cross, Nine Muses, GP Basic, 홍진영, 환희, 인피니트, 주석, 틴탑, LPG, 원투, 지나, 태양, 나비, 박봄, 캔(배기성, 이종원), 지오, 안진경, 낯선 등(무순) 남자 아이돌과 여성 아이돌에서 솔로로 등 새로운 형태의 가수들이 자고나면 계속 등장하고 있다.

이렇게 데뷔 순서대로 보면 최근의 한국 대중음악을 생산하는 가수들의 등장은 양적으로도 넉넉하고 화려하다. 하이틴이나 주니어들이라면 몰라도 일반 시청자들은 전혀 듣도 보도 못한 이름들이 가득하다. 따라서 길게 이들을 소개하는 것은 한국 가요를 이해하는데 이건 이렇고 저건 저렇고 얘기하는 것보다 가수나 그룹의 이름을 나열하는 사전적 접근이 더 설득과 이해에 도움이 될 것으로 생각되어 기록한 것이다.

6. 아이돌 그룹의 상황

2009년과 2010년에는 특히 소위 아이돌 그룹이 융성한 시기이다. 그 이유는 ① 아이돌 그룹의 나이가 미성년자이거나 20세 정도이기 때문에 미모와 큰 키, 목소리 등 육체적인 신선감에 대해 관객이나 시청자들이 호감을 갖는 것이 가장 큰 요인일 것이다. ② 연습생 지망생의 숫자가 포화상태로 너무 많은 것도 이유가 된다. 그래서 기획사들은 그들을 한 사람씩 데뷔시키기보다 여러 명으로 묶어 번들(bundle-묶음) 상품으로 출시하는 방법을 택한다. ③ 최근의 노래 경향은 가사 중심이 아니라 춤이 강조되기 때문에 한 사람의 춤은 파워풀하지 않고 오히려 군무가 강력한 임팩트를 주기 때문에 무대 장악력이 매우 크다는 장점도 작용한다. ④ 그들의 젊음도 약 5년 정도가 한계이기 때문에 새로운 팀이 계속 공급된다. 연습생의 나이도 어려져 초등학교 6학년, 중학생 때 스카우트되기도 한다.

아이돌들이 TV 드라마, 예능, 영화, 전국에서 벌어지는 각종 행사, 광고 등을 휩쓸고 다니기 때문에 세상은 온통 아이돌 판이다. '소녀시대'의 춤과 노래는 매력적이고 흥미롭지 않은가? 2009년과 2010년 시점에서는 대중문화의 핵심은 아이돌이라고 평가해도 틀린 말이 아니다. 이런 유행의 분위기에 따라 '아이돌 비즈니스(Idol Biz)'라는 광고 신조어까지 생겨났다. 즉 아이돌 그룹을 커머셜에 출연시켜 매출을 늘리는 전법이다. 그간 나온 것을 보면, H.O.T.(강타)=음료수 틱톡 HOT. 핑클=핑클빵. 삼성 휴대전화 코비=2NE1 및 2PM 출연. 삼성 기업광고=브라운아이드걸스, 카라. 에버랜드 캐리비안 베이 광고=소녀시대, 2PM. LG 뉴초콜릿폰=소녀시대 등이다. 2008년 현재, 대중음악 매출 규모는 약 2조1,355억원 정도로 알려져 있는데, 이런 추세는 앞으로도 당분간 계속될 전망이다. 현재 활동 중인 아이돌 그룹은 약 50팀이 넘는다. 기획사의 아이돌 연습생 모집에도 지망생이 수천 명 또는 만여 명씩 몰려 '아이돌 고시'라는 신조어가 생겨나기도 했다.

▷남자 아이돌 그룹

▷샤이니(5명)

▷동방신기(5명)

▷수퍼주니어(13명)

▷2pm(6명)

▷2am(4명)

▷초신성(6명)

▷대국남아(5명)

▷틴탑(6명)

▷비스트(6명)

▷엠플랙(5명)

▷빅뱅(5명)

▷SS501(5명)

▷제국의 아이들(9명)

▷포커즈(4명)

▷유키스(6명)

▷씨엔블루(4명)

▷인피니트(7명)

▷FT아일랜드(5명)

▷먼데이 키드(4명)

▷슈프림 팀(2명)

▷옴므(2명)

▷디셈버(2명)

등 22개 팀, 멤버는 총 128명이다.

▷걸 그룹

▷소녀시대(9명)

▷원더걸스(5명)

▷미쓰에이(4명)

▷포미닛(5명)

▷2NE1(5명)

▷F(x) (5명)

▷카라(5명)

▷씨스타(4명)

▷에프터스쿨(6명)

▷걸스데이(5명)

▷브라운아이드걸스(4명)

▷티아라(6명)

▷다비치(2명)

▷쥬얼리(4명)

▷LPG(5명)

▷씨야(3명)

▷가비엔제이(3명)

▷빅마마(4명)

▷브랜드뉴데이(3명)

▷베이비복스3기(5명)

▷햄(4명)

▷레인보우(7명)

▷씨크릿(4명)

▷나인뮤지스(9명)

▷오렌지 캬라멜(3명)

▷GP Basic(초·중등생 6명)

▷미스에스(3명)

등 27개 팀, 멤버는 총 128명이다.

또 '퍼스트(First, 남녀 8명)'도 있다. 남성 22개 팀, 여성 27개 팀, 혼성 1팀으로 총 50팀, 멤버는 모두 합해 272명이나 된다. 게다가 한 주가 지나고 나면 속속 새로운 팀이 출현한다. 아마도 이 책이 출간될 시기에는 몇 그룹이 더 생겨나 있을지도 모를 일이다. 남자, 여자 합쳐 10명이 되는 '남녀공학'이 나왔다가 그새 활동을 중단한 바도 있다. 남녀 모두 미남 미녀들이고, 나이가 모두 20세 전후로 젊다. 그래서 그들은 얼굴, 몸매, 태도 등이 신선하고 귀엽다. 또 그룹이라도 개개 멤버가 춤 실력은 실로 대단하다. 20대뿐만 아니라 30~40대 열광적인 팬이 이미 생겼고, 음반도 많이 팔린다고 한다. 따라서 이들 그룹 중에서 1~2명, 또는 2~3명씩 갈라져 거의 모든 예능 프로를 점령하고, 일부는 고정 게스트로 정착했다. 또 일부는 연기자로 변신해 TV 드라마에도 출연하고 광고에도 나간다. 한국의 대중문화라는 틀에서 볼 때 대단한 대세이다. 2010년 8월 현재로 볼 때, 이들이 없으면 텔레비전 프로를 만들기 어려울 정도이다. 기성세대들은 별 관심이 없을 수도 있지만 이들이 현재적 또는 잠재적 실세임은 부인할 수 없다.

2010년 8월 25일 일본 도쿄 오다이바 아리아케 콜로세움에서 '소녀시대(일본 발음 소뇨시데)'가 쇼케이스 공연을 벌여 총 2만2천 명의 관객을 끌어모았고, NHK

의 메인뉴스 'NHK 뉴스워치'에 톱으로 소개되기도 했다. 〈스포츠호치〉는 소녀시대의 무대 장악력을 칭찬하면서 "늘씬한 18개의 다리를 뽐냈다"고 쓰고 있다. 소녀시대의 춤과 노래는 발레나 현대무용과는 또 다른 판타지이다. 일본 사람이라도 왜 싫겠는가? 한편 카라는 8월 11일 도쿄 중심부인 시부야 109(이치마루큐－패션 빌딩) 건물 앞에서 게릴라 콘서트를 연 바 있다. 원래는 30분 예정이었는데, 3,000여 명이 순식간에 몰려 경찰이 출동하는 등 3분 만에 끝났다. 일본 텔레비전과 신문의 연예 프로그램에서 한국 걸 그룹의 노출빈도는 대단히 많다. 그래서 일본에서 〈겨울연가〉 이후 신(新)한류의 재림을 점치는 전문가들도 있다. 일본에서 관심을 갖는 여성 아이돌은 소녀시대, 티아라, 카라, 포미닛, 브라운아이드걸스, 이효리 등으로 알려지고 있다. 정말 걸 그룹의 활동은 종횡무진이다.

그 이름도 모두 별스러운데 나름대로 숨은 뜻이 있다. 대부분 영어로 작명되었다.

▷빅뱅(BIGBANG)=가요계의 대폭발(인기, 혁명)을 일으킨다.

▷2PM=오후 2시에 맞는 신나는 댄스 음악을 제공한다.

▷2AM= 오전 2시에 맞는 감미로운 발라드.

▷비스트(BEAST)=강한 퍼포먼스를 하는 야수, 즉 최고의 자리를 찾는 소년들(Boys to search for top)의 의미.

▷엠블랙(MBLAQ)=Music Boys Live in Absolute Quality, 절대적 자질의 노래를 부르는 소년들.

▷U-KISS= U는 첨단시대 Ubiquitous(유비쿼터스)와 당신(you)이라는 의미를, KISS=Korean International idol Super Star의 약자.

▷원더걸스=놀라운 소녀들.

▷투애니원(2NE1)=New Evolution의 약자로 '21세기 새로운 진화'된 노래를 부르겠다는 의미라고 한다. 이름들은 그럴 듯한데 노래 수준이 거기에 부합하는지는 잘 알 수 없다.

7. '5초 가수' 논란

　　아무리 아이돌 그룹의 시대이지만 그들에 대한 우려의 목소리도 없는 것이 아니다. 그들은 '5초 가수'에 불과하다는 것이다. 이 '5초 가수'라는 말은 2010년 7월 20일 MBC 〈뉴스데스크〉 리포트를 통해서 나왔다. MBC의 메인뉴스로 사건이나 사고가 아니면 연예 스토리를 좀처럼 다루지 않는 관행에 비추어보면 매우 이례적이었다. 소제목은 '5초 가수 수두룩, 가창력 논란'이었다.

　　▷앵커= 요즘 몇 년 사이 아이돌 그룹이 대중 가요계를 풍미하고 있는데요. 멤버가 많다 보니, 노래시간이 겨우 3초에서 5초에 불과한 가수들이 허다합니다. 당연히 가창력 논란이 일고 있습니다.

　　▷김재용 기자= 8인조 걸 그룹 '애프터스쿨'이 부른 3분짜리 노래 〈뱅〉입니다. 가수 개인별로 노래한 시간을 재봤습니다. 리더인 가희가 18초, 메인 보컬 레이나 13초, 다른 보컬인 정아 6초, 주연은 가장 적은 3초입니다.

　　▷남성 신인 아이돌 그룹 '엠블랙'. 5인조인 이 팀은 8인조 여성 그룹보다는 개인별로 노래하는 시간이 깁니다. 하지만 함께 노래하는 시간을 빼면 각각 노래 부른 시간은 미르 15초에서부터 메인 보컬인 지오의 32초까지로 돼 있습니다.

　　▷다른 남성 신인 그룹 '인피니트'는 멤버 7명 가운데 3명이 1초에서 4초까지로 채 5초를 부르지 못했습니다. 노래시간으로 따지면 가수라는 말이 무색할 정도입니다.

　　▷전문가 인터뷰 일부= 연예계에선 이들이 가수로 정착하기보다는 가수로 일단 얼굴을 알렸다가 나중에 드라마 출연이나 연예 프로그램 진행자 같은 게 되길 희망하고 있는 걸로 보고 있습니다(김내현 작곡가). 이런 그룹들이 최고 인기를 누리는 현실을 보면서 정말 가창력이 뛰어난 가수가 설 땅은 어디인지를 묻는 목소리가 높아지고 있습니다(조영수 작곡가). 아무리 댄스를 하고 치장이 중요하지만 기본은 노래를 불러야 가수인데 3초, 5초 가지고 가창력을 구현할 수는 없는 거죠. 점점 노래실력은 퇴화될 수밖에 없습니다(임진모 대중음악평론가).

▷기자= 댄스 그룹이냐, 정통파 가수냐 가요계에 뜨거운 논쟁이 일고 있지만 분명한 건 누구나 다양한 음악을 즐길 수 있도록 지나친 댄스 음악 쏠림 현상만은 경계해야 한다는 것입니다.

사실 아이돌 그룹의 노래는 화려한 무대장치와 조명 때문에 노래(가창 및 가사)가 묻혀 버리기 일쑤이다. 노래라는 것도 무용 중에 빙빙 돌면서 한 소절 반 소절 하는 경우가 많아 실제 누가 얼마만큼 노래를 하는지 잘 알 수 없다. 그래서 '좌측 랩', '우측 랩'이라는 말도 나왔다.

이와 함께 걸 그룹의 성(性) 상품화 경쟁도 문제로 지적되고 있다. 또 멤버들 중에 미성년자가 많이 포함된 것으로 나타나고 있다. 한 리포트에 따르면 18개 걸 그룹의 총 인원은 85명인데, 이 중 34%인 29명이 미성년자라는 것이다. 미성년자가 노래하는 것은 아무런 문제가 없지만, 이 어린 소녀들이 성적으로 교태가 넘치는 춤을 추는 것은 문제가 아닐 수 없다. 그 이유는 걸 그룹의 소비자가 중년 남성들로 파악됐고, 그들에게서 인기를 얻기 위해 기획사가 장사 속으로 여고생들이 포함된 멤버들에게 외국의 뮤직비디오를 보여주며 선정적인 춤을 훈련시킨다는 사실은 결코 용인되기가 어렵다. 무대는 늘 화려하지만 언제나 문제를 안고 있다는 점이 공연의 특성이라는 사실이 반드시 기억됐으면 한다.

8. 슈퍼스타K의 선전(善戰)

케이블채널 엠넷의 가수 오디션 프로그램 '슈퍼스타K'는 2009년 7월 24일 처음 방송됐다고 한다. 우리나라에는 노래방이 많아서인지(전국 약 35,000개) 가수 지망생들도 무척 많다. 이들에게 오디션을 통해 데뷔무대를 제공하고 가수가 되도록 도와주는 슈퍼스타K2가 케이블 TV의 방송 환경에서 볼 때 이례적으로 대단한 인기를 얻은 바 있다. 그 이유는 이 프로그램이 가수되기가 낙타가 바늘구멍을 통과하기와 같은 상황에서 여러 가지 특혜를 주고 있는 점일 것이다.

그 내용을 살펴보면,

① 슈퍼스타K2 우승자에게는 2억원과 승용차 QM5 1대가 주어진다. 또한 주변인을 추천한 사람에게도 푸짐한 현상금을 준다고 한다.

② 아시아 음악인들의 최고의 축제인 2010 MAMA 시상식에 갈 수 있다.

③ 최고의 작곡가가 미리 곡을 만들어 놓고 우승자를 기다리며, 우승 후 한 달 이내에 음반 및 뮤직비디오를 제작해준다.

④ 우승자의 원활한 음악활동을 위해 기획사들과 계약 연계도 주선한다.

⑤ 서울 등 전국 8개 지역에서 1차 합격자를 대상으로 지역예선도 연다.

⑥ 미국 LA에서 해외 거주자를 대상으로 한 예선도 실시한다.

⑦ 탈락자 및 최초지원자 대상으로 한 패자부활전에서 최고 득점자 1명에게 부활기회를 제공한다.

⑧ 지역예선 및 슈퍼위크 진행을 통한 본선 진출자 선발 생방송과 본선 서바이벌을 통해 최종 우승자를 선정한다.

⑨ 심사위원은 이승철, 엄정화, 윤종신, 박진영 등 전문성이 있는 유명가수들이다.

여러 가지 제시된 조건으로 볼 때, 가수 지망생들에게는 대단히 매력적이다. 관심 있는 젊은 층이 많기 때문에 시청률도 높은 것으로 나타나고 있다.

AGB닐슨 미디어리서치 조사는, 2010년 9월 3일 오후 방송된 '슈퍼스타K2'는 엠넷과 KM 합산 시청률 10.128%를 기록했다. 게다가 이날 순간 최고시청률은 무려 11.79%까지 치솟았다. 또 9월 10일 방송된 8회는 12.756%(AGB닐슨 미디어리서치 기준 Mnet과 KMTV 합산)로 올라갔다. 계속된 프로들은 15%에 육박한다. 이는 여느 지상파 예능 프로그램과 비교해도 뒤지지 않는 높은 수치다. 홈쇼핑을 제외한 케이블방송사들은 시청률이 5% 이상이면 선전한 것으로 간주한다. 더욱이 '슈퍼스타K2' DML 20~29세 점유율은 무려 52.49%에 이르렀다. 같은 시간 케이블 TV를 시청한 20~29세 인구 2명 중 1명은 '슈퍼스타K2' 를 시청한 것이다. 엠넷미디어 측은 "80분간의 '슈퍼스타K2' 시청률은 9% 이하로 내려간 적이 없었다"며 앞으로도 새로운 기록들을 기대하고 있다. 이 스타 발굴 오디션 프로그램(배틀 형식)은 과거의 노래자랑 프로와는 아주 다른 양상이다. 왜냐하면 노래, 즉 인기가수는 보아나 비, 소녀시대의 예에서 보듯이 글로벌 킬러 콘텐츠이기 때문이다. 또한 슈퍼스타K에 자극받은 지상파 MBC는 '케이블TV 따라 하기'라는 비아냥을 감수하면서 2010년 11월 〈스타오디션-위대한 탄생〉을, SBS는 2011년부터 〈슈퍼스타 서바이벌〉을 선보일 예정이다.

9. '가수 되기'에 대한 정리

가요에 있어 이렇게 저렇게 하면 성공할 수 있다는 등 어떤 요령을 설명하는 것은 불가능할 만큼 어려운 일이다. 흔히 인기가 오래 지속되는 가수를 가객(歌客), 가인(歌人), 가희(歌姬)로 칭송하지만, 가요계에 그런 분들이 그렇게 많지만은 않다. 이런 사실은 아날로그 시대의 일이고, 지금은 모름지기 디지털의 세상이다.

가요에 있어 텔레비전 쇼 프로 등에서 표현되는 형식도 아날로그에서 디지털 시대로 전환되고부터는 그 양태가 많이 달라졌다. 가요의 가사 내용의 비중이 줄어든 반면, 가수의 춤이 극대화되었다. 또 노랫말은 소위 랩(rap) 식으로 빠른 속도의 내용이 속사포로 나간다. 소위 전통가요처럼 가사가 끌려 나가는 경우는 드물다.

이것은 아마도 미국의 뮤직 비디오로부터 유래되지 않았나 생각된다. 따라서 오늘날 TV에서 보여지는 가요는 춤, 랩, 빠른 속도가 혼합된 장르로 변모했다. 여기서 빼놓을 수 없는 장치는 바로 가수의 의상과 무대장치, 조명이다. 마치 라스베이거스 쇼와도 같다. 프랑스에는 '리도 쇼', '물랭 루지', '크레이지 호스' 등의 세계적 쇼들이 공연되고 있는데, 한국 TV 쇼의 무대와 의상은 그들을 오히려 능가하는 수준이다. 그 호화찬란한 화려함이 매우 상업화 되었다고 평가할 수 있다.

그러나 피카소의 추상화에는 루벤스, 렘브란트, 세잔의 구상적(具象的) 전통이 밑바탕이 되었듯이 아무리 요즘 노래가 젊은 시청자의 호응을 받는다 하더라도 가수가 되려면 서태지 이전의 창법과 스타일을 공부해두지 않으면 곤란할 것으로 판단된다. 왜냐하면 5천만 명의 우리 국민 중에는 아직도 전 세대의 가요를 선호하는 사람들이 많고, 노래를 칼로 물 베기 식으로 완전 구분할 수도 없기 때문이다. 가사와 멜로디, 음정과 박자가 존중되다가 추상화 같은 오늘의 가요로 들어가야 한다는 이야기다. 가수 되기와 관련해 몇 가지 필자의 관점들을 설명하고자 한다.

① 오디오의 역량

오늘날의 가수는 오디오 가수가 아니라 비디오 가수 시대임은 부정할 수 없다. 그러나 기본적으로 가수는 성대와 입을 통해 노래를 부르지 않으면 안 된다. 따라서 오디오의 출중한 능력은 기본이다. 인기가수로 데뷔 50주년 기념 공연을 치른 A씨는 과거 새벽에 인왕산 바위에 앉아 발성 연습을 했다는 이야기가 전해오고 있다. 국창(國唱)으로 불렸던 고(故) 박동진 씨도 인터뷰에 나와 음성을 틔우기 위해 인분을 복용했다고 밝힌 적도 있다. 모름지기 가수는 목소리를 자유자재로 운영하지 않으면 안 된다. 그가 오페라 가수이든 대중가요 가수이든 목소리의 컨트롤은 피해갈 수 있는 운명이 아니다. 앞서 인용한 아이비의 이야기에서도 폐활량을 높이기 위해 양재천을 조깅했다는 내용이 나온다. 노래방에서 가요를 잘 따라 할 수 있으니 가수가 되겠다는 욕심은 정말 바보 같은 생각이다.

기획사에 소속되기 전이라면 가요학원에 가서 자신의 재능이 어떤가를 검증해 볼 필요가 있다. 만약 어린 나이에 부모의 동의로 기획사에 진입했더라도 중도 탈락의 위험이 있을 수 있다. 따라서 안전하게 고등학교 학업을 마치고 대학의 실용음악과에 진학하는 것도 훌륭한 방법이다. 물론 실용음악과에 들어가는 일도 쉽지 않다. 거기서 화성, 발성, 연주 등 음악에 관한 모든 기술을 다 연마한다면 가수나 엔테테이너가 되기에 순조로운 절차를 밟아나갈 수 있을 것이다.

모두 생생하게 기억하고 있겠지만, 현존하는 최고의 팝 디바 셀린 디온(Celine Dion)이 영화 〈타이타닉〉에서 열창한 주제가 'My Heart Will Go On' 은 모든 연령의 계층을 가리지 않고 순수한 사랑의 감정을 샘솟게 한다. 이런 대중의 사랑에 힘입어 셀린 디온은 지금까지 전 세계 음반 판매고가 2억 장이 넘었다고 한다. 1998년 영국의 음악전문지 〈Q〉는 '지난 30개월 동안 그녀는 1.2초마다 한 장의 앨범을 팔았다' 고 전하고 있다. 이것은 가수의 음성으로서의 역량과 노래가 우리에게 제공하는 핵심적인 재미와 의미이다.

어디 그뿐인가. 무용이 현란하기 그지없는 비욘세(Beyonce)의 가창력도 세계 최고 수준이다. 얼굴과 춤으로만 승부하려는 자세는 불안하다. 2009년 3월 13일부터 20일까지 서울, 일산, 인천, 부산 등 내한 공연을 가진 팝페라 가수 사라 브라이트만(Sarah Brightman)은 기자회견에서 여전히 매력적인 음색과 몸매를 유지하는 비결에 대한 질문에서 "목소리는 근육과 관련돼 있는 데다 정신적으로도 늘 충만한 상태를 유지해야 하기 때문에 매일 트레이닝 하는 것이 중요하다." 는 견해를 밝혔다. 그래서 그녀가 부른 〈타임 투 세이 굿바이(Time to Say Goodbye)〉는 세계 모든 사람들의 애창곡이 되고 있는 것이다.

② 춤과 안무

원래 현대의 춤이라도 그 춤을 어떤 음악에 맞추어 어떻게 추어야 한다는 원칙이 있다. 왈츠라든지 탱고라든지…. 그러나 요즘 텔레비전에서 보이는 춤들은 사실상 '막춤' 에 가까운 경우가 많다. '안무' 라는 단어는 가곡·가요에 따르는 무용의 형(型)이나 진행을 창안하는 일과 그것을 연기자에게 가르치는 일을 말할 때 쓴다. 다시 말하면 춤은 반주와 노래에 맞도록 디자인된 춤이라야 제대로 된 것이다. 이렇게 볼 때, 춤은 개인적인 독자 훈련으로는 성과를 내기 어려운 것으로 보여진다. 어떤 방법으로든지 춤에 대한 전문적 교육을 받을 필요가 있다. 보아나 비는 모두 무용에 탁월한 재능을 보여 대가수로 발돋움할 수 있었다. 기획사나 학원에서 전문교육을 받기 이전에 지망생은 몸의 유연성과 순발력을 기를 수 있는 기초적인 체력 훈련을 잘 해놓는 것이 필요할 것이다. 무용은 스텝, 턴, 순서, 타이밍 등이 유기적으로 운영되어야 하기 때문에 체중 조절과 몸놀림이 재빨라야 한다는 점은 더 말 할 필요가 없다.

③ 다른 가수 노래의 모니터

지상파 텔레비전 오락 프로에는 우리 가요 1,000곡 부르기에 도전하는 프로가 있다. 가사와 멜로디에 있어 대체로 흠결이 없어야 각 회전에서 통과될 수 있다. 우수한 전적을 올린 출연자들의 후일담을 들어보면 노래방에서 하루 종일, 또는 몇 날 며칠 노래 부르기를 연습했다는 대목이 나온다. 이것은 노래 외우기이다. 노래를 암기해보는 것이다. 이 경우 노래의 맛, 정서, 분위기 등은 살피기 어렵다. 노래에 있어서는 전통가요든 요새 노래든 간에 '이모션(emotion)'이 아주 중요하다. 이모션은 감동이나 감격, 또는 정서, 희노애락의 감정을 말한다. 이것을 한마디로 줄이면 노래에 대한 어떤 감정을 파악해야 한다는 뜻이다. 그러자면 기성, 또는 기존 가수의 노래를 꼼꼼히 듣고 공부하는 것이 효과가 있을 것이다. 그것을 그대로 단순히 모방하자는 의도가 아니다. 이런 노래에서 힌트를 얻어 자기만의 독창성을 만들어내야 한다는 뜻이다. 그래야 노래의 장르, 창법, 호흡 조정, 메시지 표현에 있어 어떤 내공의 경지에 도달할 수 있게 된다. 이때 '내공'의 뜻은 내적으로 수련을 통해 축적된 에너지의 정도를 말하는데, 내공이 높으면 고수이고 낮으면 하수이다.

④ 외국어 배우기

텔레비전 드라마와 함께 '가요'는 하나의 첨단상품이라고 말해도 지나치지 않다. 일반상품은 큰 공장도 있어야 하고, 거기에 많은 기계 및 설비가 수반되어야 하고, 노동자도 없어서는 안 된다. 생상공장과 제품 생산과정은 복합적이고도 단순하지 않다. 그러나 음반이나 DVD 제작은 거기에 비해서는 단출하고 덜 복잡하다. 여기서 문제가 되는 것은 제품의 판로, 즉 시장이다. 가수가 노래한 음반을 팔 시장이 커야 수익이 창출된다. 특히 대중문화와 내수시장의 관계는 콘텐츠(contents)를 대량으로 팔 수 있느냐 없느냐를 결정하는 핵심적인 요인이다.

여기서 문제가 되는 것은 그 나라의 인구 규모이다. 인구가 많다면 더 많이 팔 수 있는 기회가 있는 것이고, 그렇지 않으면 판매는 부진할 수밖에 없다.

▷2007년 7월 현재의 세계 인구의 순위는 다음과 같다.

1	중국	13억3천만 명
2	인도	11억7천만 명
3	미국	3억1천만 명(현재 3억3천만 명)
4	인도네시아	2억3천만 명
5	브라질	1억9천만 명
6	파키스탄	1억6천만 명
7	방글라데시	1억6천만 명
8	나이지리아	1억5천만 명
9	러시아	1억4천만 명
10	일본	1억3천만 명
26	한국	5000만 명(2010년 10월 14일 현재 주민등록 인구)

(※2010년 통계청 인구주택 총조사 인구 4,821만 명)

이 자료는 한국 시장은 대단히 좁고 협소한 시장일 뿐이라는 사실을 제시하고 있다. 음반을 많이 팔려면 중국, 미국, 일본의 시장에 진출하지 않으면 안된다. 또 동남아시아나 동북아시아도 중국의 세력이 크다는 점을 간과해서는 곤란하다. 오늘날의 국제간 문화현상은 일방적이 아니고 상호교환적인 상황이 일반적이다. 따라서 한국어 노래를 상대국에 강요할 수는 없다. 설혹 한국어 노래가 히트했더라도 홍보 등의 차원에서 그 나라 언어를 사용할 수 있어야 유리하다.

따라서 큰 가수가 되고자 한다면 영어, 일본어, 중국어를 사전에 공부하는 것이 필수이다. 더욱이 언어의 습득은 시간이 많이 필요한 작업이다. 꿈이 있다면 외국어를 배우는 것도 반드시 선행되어야 한다는 점을 강조하고 싶다.

⑤ 자기절제 훈련

탤런트나 영화배우도 마찬가지이지만 대중가요 일에 종사하다 보면 여러 가지 구설수에 처할 수도 있고, 스캔들에 휩싸일 수도 있다. 연예인끼리의 열애와 결별, 이혼과 불륜, 폭력과 사기, 음주 운전과 상대방 비방 등 크다면 클 수도 있지만 사소한 일들로 대중의 입방아에 오르게 되는 경우가 많다. 또 이런 추문들은 인터넷을 통해 순식간에 퍼져 나간다. 이런 파괴력은 대단히 강력해서 '텔레비전 출연정지'로 이어지기도 한다. 아주 치명적이다. 방송사 인터넷에 댓글이 수없이 올라와 인기 있는 연예인이라도 방송사로서도 어쩔 수 없이 결단을 내리게 된다. 과거로 올라가보면 특히 가수 분야에서 그런 일들이 자주 발생했던 것으로 기억된다. 이럴 때 대중들은 '딴따라라 어쩔 수 없다'는 험담을 서슴지 않는다. 그 이유는 분명치 않다. 필자의 경험을 통해서 생각하면, 가수들은 다른 연예인보다도 감성이 한층 풍부하고 그래서 감정의 절제가 잘 안될 때가 더 많지 않았는가 하는 추론을 할 수 있을 뿐이다. 사회의 다른 분야도 마찬가지이겠지만, 가요계도 매우 냉정하고 탐욕적이며 치열한 경쟁 속의 한마당이다. 그러니 그 갈등과 피로를 이기기 위해 연애도 하고 술도 마시는 것이 나쁜 것은 절대 아니다. 다만 사고(事故) 성격의 사건을 만들지 말아야 가수로서 대성할 수 있다는 점을 상기시키기 위해 하는 말이다. 그 때 조금만 참고 양보하면 아무 문제가 없을 것을 그것을 참지 못하고 일을 저지르는 것이다. 이것은 일간지 연예면에 즉시 대서특필된다. 우리는 그것이 크게 보이는데 당사자들은 안 보일 뿐이다.

인기는 곧 공주와 왕자를 탄생시키고, 그들을 황제와 중전마마로 격상시킨다. 그러나 이것은 인기 면에서 그런 것이지 실제생활과는 연관이 안 된다. 인기 연예인 부부의 이혼에 대해 하나의 패턴을 살펴보고자 한다. 인기인 남편이 심야에 음주 후 귀가해서는 속이 출출하니 라면을 끓여 달라고 인기인 부인에게 말했다. 술 먹고 놀고 온 사람이 직접 끓여 먹어야지 내가 왜 해주느냐고 거절한다. 공주와 왕자 간에는 이런 것이 모두 분란의 씨앗이 된다. 애초에 이런 숙명의 짐을 져서는 안 된다는 이야기다. 또 인기인들은 지갑을 잘 열지 않는다는 것도 정설이다. 인기가 그것을 막는 모양이다. 가수나 탤런트가 공인(公人)이냐 아니냐로 의견이 분분하지만, 그것을 떠나 그들은 자기절제에 혼신의 힘을 기울여야 인기인으로 오래 남을 수 있다. 까딱 한 발만 잘못 밟아도 이백(李白)의 시에 나오는 '비류직하 삼천척(飛流直下三千尺)' 이다. 물줄기가 날아 흘러 곧바로 삼천 척이나 떨어진다는 말로, 웅장하고 멋진 폭포의 모습을 말하는 것이지만, 추락의 의미가 적절하기 때문에 사용했다.

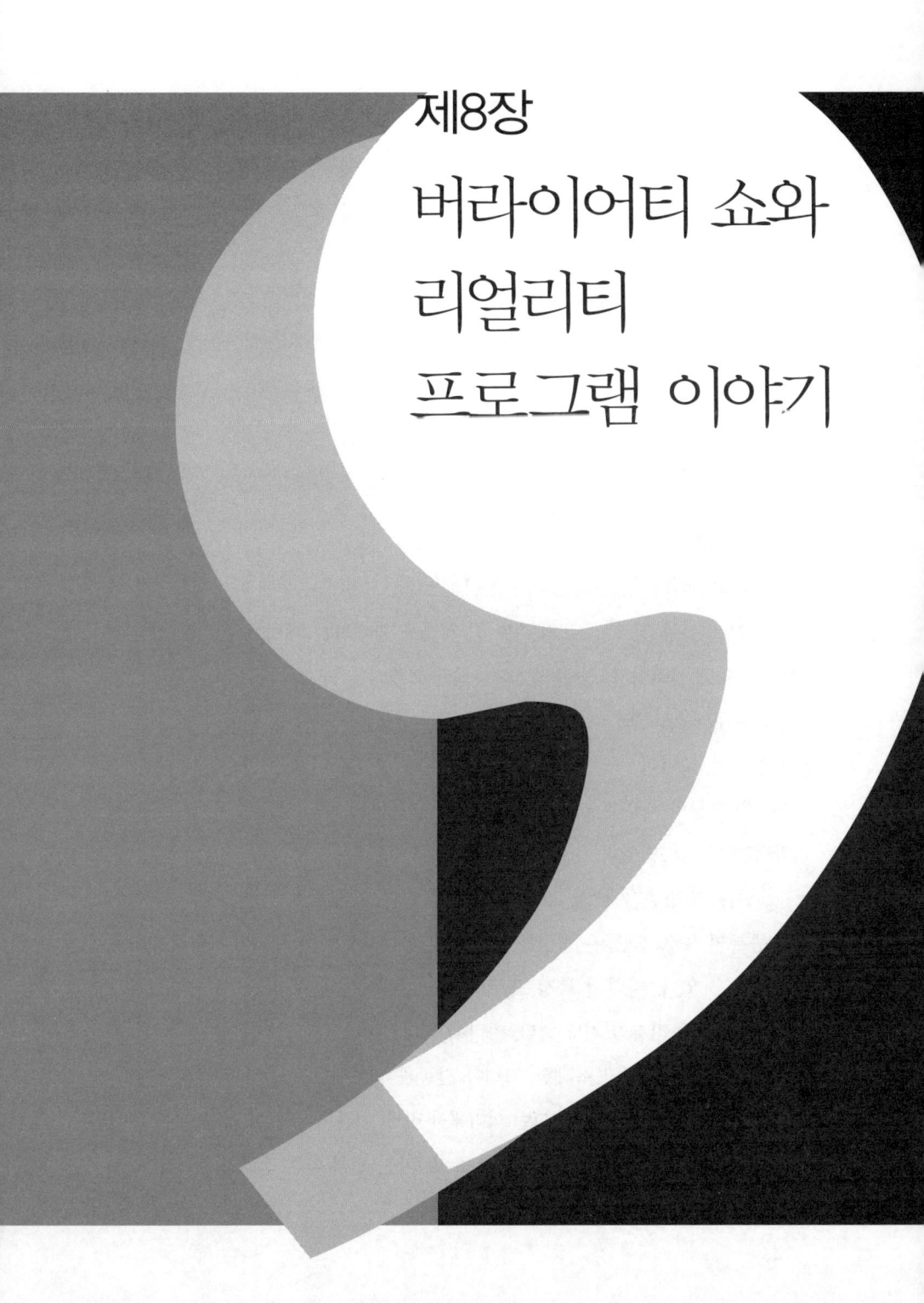

제8장

버라이어티 쇼와 리얼리티 프로그램 이야기

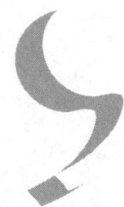

1. 버라이어티 쇼

버라이어티 쇼(Variety show)는 음악과 토크, 코미디, 경우에 따라서는 게임까지 포함된 복합 장르 쇼로 대부분 긴 시간을 할애하는 대형 쇼를 가리킨다.[32] 일반적으로 사회자가 진행하는 다양성과 복합성을 체계화한 버라이어티 쇼의 형식은 무대에서부터 라디오를 거쳐 TV에 이르렀다. TV 버라이어티 쇼 프로그램은 음악, 코미디, 드라마 등 한 가지 소재와 형식을 다루는 단순함에 대한 일부 시청자들의 새로운 요구에 제작진들이 개선된 내용을 갖고 부응함으로써 시작되었다고 할 수 있다.

최근의 방송계에서는 장르 간 융합 현상이 일어나고 있는데다가 버라이어티 종류의 프로그램들은 일정한 틀을 가지고 있지 않아서 개념이 복합적이고 포괄적일 수 있다. 따라서 특정 프로그램을 '버라이어티 쇼'라는 하나의 장르로 분류하기에 무리가 있기도 하다. 따라서 버라이어티 쇼의 의미는 이제 '여러 코너로 구성된 다양하고 유쾌한, 그러나 감동과 정보에도 소홀하지 않은' 프로그램 포맷을 지칭하게 되었다. 그런 의미에서 비록 '버라이어티 쇼'라는 같은 용어를 사용하긴 하지만 과거 TBC의 〈쇼 쇼 쇼〉와는 전혀 다른 장르인 것이다. 최근에는 KBS-1TV를 제외한 모든 채널에서 주말 황금시간대를 독점하는 등 예능 오락 프로그램 중에서 가장 비중 있는 장르로 자리 잡았다고 볼 수 있다.

2. 리얼리티 프로그램

리얼리티(Reality) 프로그램은 경찰서, 소방서, 종합병원 응급실 등 현장에서 벌어지는 사건·사람들을 가공하거나 연출하지 않고 추적하는 방식이며, 이 과정과 내용을 통해서 어떤 진실에 도달하고자 하는 목적을 갖고 있다. 여기에 '재현'의 기법이 사용되기도 한다.

리얼리티 프로그램을 킬본(kilborn, 1994, p.423)은 다음과 같이 규정하고 있다.

① 개인이나 집단이 일상생활에서 겪은 실제 사건을

② ENG나 캠코더를 이용하여

③ 극화(劇化)하여 재구성(dramatized reconstruction)하되

④ 리얼리티 효과나 오락적 가치를 높이기 위해 다양한 요소를 가미한 것으로 보고 있다.

따라서 리얼리티 프로그램은 가공되지 않은 현장 상황을 전달하는 경우와, 극화하여 재구성하고 오락적 요소를 가미한 두 가지로 구분된다. 전자는 다큐멘터리 영역에 속하게 되고, 후자는 오락 프로 범주에 들어갈 수 있다. 전자의 한 가지 예는 '로드니 킹(Rodney King)' 사건인데 리얼한 카메라가 얼마나 대단한 위력을 발휘하는지를 증명했다. 다음은 그 자세한 내용이다.

『로드니 킹 사건은 1992년에 있었다.33) LA의 코리아타운이 엄청난 피해를 보았던 이 사건은 1991년 3월 3일, 로드니 킹이라는 한 흑인이 친구들과 함께 고

---

32) 강태영·윤태진 지음, 『한국 TV예능 오락프로그램의 변천과 발전』, 한울아카데미, 2002, pp.93~100. 참조.
33) www.kinocine.com 참조.

속도로에서 과속으로 차를 몰고 가다 경찰에게 붙잡힌다(이때 로드니 킹이 몰았던 차가 현대자동차의 엑셀이었다). 로드니 킹은 이날 네 명의 백인 경찰에게 죽도록 얻어맞는다. 이 장면이 근처 아파트에 살던 조지 홀리데이(George Holliday)라는 사람의 카메라에 다 잡히고 말았다. 이 아마추어가 찍은 영상은 곧바로 TV 방송을 타고 미국 전역에 뿌려졌다. 하지만 아직 폭발하지 않았다.

이듬해인 1992년 4월 29일, 이 사건에 대한 재판이 열리고, 전원 백인으로 구성된 배심원단에 의해 폭행경찰에게는 무죄평결이 내려졌다. 경찰들의 주장은 언제나 똑같다. "로드니 킹이 위협적인 자세를 취했었고, 경찰은 예기치 못한 사고를 미연에 방지하기 위한 공정한 법 집행이었다"고 주장했다. 이 판결에 불만을 품은 LA 흑인들이 폭동을 일으켰다. 사실 로드니 킹 구타사건이 일어나고 경찰에게 무죄평결이 내려지기 전까지 1년 동안 인종갈등은 부글부글 끓고 있었다. 그것은 단지 흑백 갈등뿐만이 아니었다. 결국 끓어오르던 흑인들의 분노는 한계점을 넘어 폭발하고 말았다.

흑인들은 백인들의 가게와 아시아인들의 가게를 무차별적으로 약탈, 방화하기 시작했다. 통제 불능의 사흘 동안 55명이 죽고 2,000명이 다쳤으며 12,000명이 체포되었다. 물적 피해는 10억 달러에 달했다. 그리고 흑인 대 백인, 흑인 대 한국인, 유색인 대 백인 사이의 갈등의 골은 깊어만 갔다. 베벌리 힐즈의 부자 백인들이 LA 경찰의 철통같은 보호를 받을 동안 다운타운의 한인업소가 흑인들의 약탈 1순위였다. 한인업소 1,600여 개가 파괴되었고, 3억 달러에 이르는 피해를 입었다. 그 나쁜 백인 경찰은 결국 1993년 다시 연방재판을 받게 된다. LAPD 스태이시 쿤과 로렌스 파웰의 유죄가 인정되어 징역 30개월이 처해진다. 나머지 두 경찰에겐 무죄가 선고되었다.』

이렇게 굳이 로드니 킹 사건을 소개하는 것은 방송국의 카메라가 아닌 개인의 캠코더나 홈 비디오로 찍은 화면은 구성이 좋지 않고 거칠더라도 그 생생한 현장감 때문에 그림의 파괴력이 대단하다는 것을 설명하기 위해서이다.

오락적 요소가 심하게 가미된 또 다른 리얼리티 쇼는 미국 CBS 방송의 〈서바이버(Survivor)〉 같은 형식이다. 이런 포맷이 시작된 것은 1949년 미국의 '캔디드 카메라(Candid Camera)' 에서 비롯된 것으로 시기를 거슬러 올라가기도 한다. 이후 1987년 미국에서 시나리오 작가들이 파업을 하게 되자 임시방편으로 각본도 없이 만든 NBC의 〈언솔브드 미스터리(Unsolved Mistery)〉가 인기를 얻자 이것이 리얼리티로 발전하게 되었다. 배우와 각본에 대한 비용이 없어 제작비가 싸게 드는 것이 큰 장점이었다.

그러나 리얼리티의 원조는 1999년 네덜란드 출신의 프로듀서 존 드 몰(John de Mol)이 설립한 엔데몰(Endemol)에서 제작한 〈빅 브라더(Big Brother)〉였다. 네덜란드에서 방영되어 히트하자 세계 70여 개국에 같은 이름으로 매년 제작해 수출되고 있다. 이 프로는 9명의 남녀가 100일 동안 한 집에서 사는 모습을 28대의 카메라와 59개의 마이크를 통해 촬영돼 시시콜콜한 내용들을 모두 방송한 것이다. 빅 브라더는 일주일에 여섯 번씩 모두 114회에 걸쳐 방영되면서 최고의 시청률을 기록했다. 마지막 회가 방송되던 날에는 시청률이 무려 53.6%까지로 치솟아 거리에 인적이 끊길 정도였다고 한다.

영국 민영방송 ITV가 채널4에서 방송하고 있는(2006년 8월 현재) 〈빅 브라더〉는 일정수의 참가자들이 폐쇄된 공간에서 함께 모여 생활하는 모습을 시청자들에게 보여주고, 시청자들은 매주 투표를 통해 참가자 한 명씩을 퇴출시키고, 최후에 남는 사람 한 명에게 거액의 상금을 주는 형식이다.

독일의 민간방송인 RTL2가 남자, 여자 각각 5명을 외부와 차단된 집에 넣은 뒤 24시간 일거수일투족을 100일간 카메라에 담는데, 역시 이름은 〈빅 브라더〉이고 녹화를 마치면 각각 50만 마르크를 받는다(지금 마르크는 사용하지 않는다). 반대자들은 이 프로그램을 두고 '인간 동물원' 이라고 비판했다.

프랑스의 상업방송인 M6과 위성방송 TPS도 낯모르는 성인 남녀 11명을 외딴집에 모아놓고 26대의 카메라와 50개의 마이크를 장치해놓고 10주 동안 일상 생활과 은밀한 내용까지도 여과 없이 보여주는 〈로프트 스토리(Loft Story, loft는 지붕 밑 방을 뜻한다)〉를 방송한 바 있다. 여기서 섹스 장면도 노출되는데 지상파인 M6는 편집을 하고, TPS는 편집 없이 내보냈다고 한다. 이 프로 역시 네덜란드 엔데몰의 프랑스 계열사인 ASP 프로덕션이 제작했다.

2000년 5월 31일 첫 방송을 냈던 미국 CBS의 〈서바이버〉는 첫 회에 1,500만 명, 마지막 회에 5,100만 명, 평균 시청자수는 2,450만 명이었다. 참가자들은 말레이시아의 팔라우티가 오지에서 굶주림을 채우기 위해 쥐를 잡아먹는 등의 원시적인 삶의 모습을 생생하게 보여주었다. 〈서바이버〉 13번째 에피소드에서 한국인 권율(33) 씨가 우승해 10억원을 받았다. 그는 스탠포드대학에서 컴퓨터공학을 전공했고 예일대 로스쿨을 졸업한 뒤 구글 등에서 일한 바 있다. 이 경우 5만 명이 지원했고, 그 중 8,000명과 인터뷰 심사를 한 후 50명을 선정해 합숙을 거쳐 최종으로 뽑힌 남녀 20명을 무인도 밀림에서 한 달 넘게 경쟁해 승자를 가리는 게임이었다. 유명인사가 된 권율 씨는 2009년 10월 미국연방통신위원회 소비자행정국 부국장으로 임명되었다.

이렇게 리얼리티 프로그램의 현재적인 개념은 〈빅 브라더〉와 〈서바이버〉같이 어떤 한계상황에서의 남녀가 섞인 서로 간의 투쟁이다. 리얼리티 프로들은 인기도 높지만, 사생활과 인권 침해, 저급한 내용, 관음증, 선정성 등으로 계속적으로 문제를 야기하는 것으로 비판을 받고 있다. 그러나 시청률에 비해 낮은 제작비 등으로 세계의 방송사들은 리얼리티 프로그램에 목을 매고 있다.

3. 국내 방송사의 편성 현황

쉽게 말하면 리얼리티 프로는 어떤 승부를 가리는 게임일 수도 있고, 무슨 역할을 담당하는 체험인 경우도 있을 텐데, 이것이 한국에 와서는 뒤죽박죽되어서 '리얼 버라이어티' 라는 변종으로 태어났다. 버라이어티면 버라이어티고 리얼리티면 리얼리티 프로여야 하는데 이것도 저것도 아닌 형태로 프로그램이 만들어졌다. 이렇게 탄생된 소위 왜곡 버라이어티가 온통 텔레비전 화면을 점령해버렸다. 한마디로 모두 소위 '예능 프로' 인데 참으로 이상야릇하다. 그 상황을 살펴보기로 한다.

2010년 8월 현재의 자료를 그대로 싣는 것은 이 프로들의 쏠림 현상과 병폐를 지적하기 위함이다. 다만 방학과 휴가철이라 소위 '게릴라 편성' 으로 편성의 변경상황을 정확히 고려하기 어려운 부분과 2010년 10~11월 이후 가을 개편으로 예능 편성이 일부 바뀌었다는 점을 미리 밝혀둔다. 11월 상순까지 확정된 프로들은 KBS=〈여유만만 백점만점(진행: 박명수, 박경림)〉, 〈안녕하세요(진행: 신동엽, 컬투)〉. SBS=〈심야토크 밤이면 밤마다(진행: 김제동 등)〉, 〈파일럿 존〉 등이 있다. 프로그램의 성공 여부와 시청자들의 반응을 살피고 더 들어갈 가능성도 배제할 수 없다.

▷**KBS-2TV**

- ●월요일=① 〈위기탈출 넘버원(60분)〉 ② 〈해피 버스데이(70분)〉
- ●화요일=③ 〈위기탈출 넘버원(재 60분)〉 ④ 〈김승우의 승승장구(70분)〉
- ●수요일=⑤ 〈스펀지 0(재 60분)〉
- ●목요일=⑥ 〈비타민(재 60분)〉 ⑦ 〈상상대결(60분)〉 ⑧ 〈해피투게더(70분)〉
- ●금요일=⑨ 〈스펀지 0(60분)〉 ⑩ 〈청춘불패(70분)〉
- ●토요일=⑪ 〈상상대결(재 60분)〉 ⑫ 〈천하무적 토요일(75분)〉
- ●일요일=⑬ 〈1박2일(90분)〉 ⑭ 〈출발 드림팀 시즌2(70분)〉
- ⑮ 〈해피투게더 스페셜(65분)〉 ⑯〈남자의 자격(70분)〉
- ⑰〈해피선데이(155분)〉 ⑱〈밤샘 버라이어티(70분)〉으로 주간 1,295분, 다시 말해 21시간 35분이다.

▷MBC-TV

- 월요일=① 〈놀러와(70분)〉
- 수요일=② 〈황금어장(75분)〉
- 토요일=③ 〈황금어장 스페셜(40분)〉 ④ 〈무한도전(85분)〉 ⑤ 〈세바퀴(80분)〉
- 일요일=⑥ 〈해피타임(75분)〉 ⑦ 〈웃음의 버라이어티 꿀단지(80분)〉
  ⑧ 〈청춘 버라이어티 꽃다발(70분)〉 ⑨ 〈일요일 밤에(155분)〉으로
  주간 730분, 다시 말해 12시간 10분이다.

▷SBS-TV

- 화요일=① 〈강심장(70분)〉
- 금요일=② 〈맛있는 초대(70분)〉 ③ 〈스타부부쇼 자기야(70분)〉
- 토요일=④ 〈스타 주니어쇼 붕어빵(75분)〉 ⑤ 〈놀라운 대회 스타킹(90분)〉
- 일요일=⑥ 〈하하몽쇼(75분)〉 ⑦ 〈강심장 스페셜(70분)〉 ⑧ 〈일요일이 좋다
  (160분)〉으로 주간 680분, 다시 말해 11시간 20분이다.

지상파 3방송사의 버라이어티 및 유사 형태의 주간 총 방송시간은 재방송을 포함해서 2,705분으로 45시간이다. 2009년 상반기 현재, 3채널에서 한 주일 동안 나가는 버라이어티 형식의 프로는 모두 1,680분으로 28시간이었다. KBS-2TV=585분(9시간 45분, 7개 프로그램), MBC=615분(10시간 15분, 7개 프로그램), SBS=480분(6시간, 5개 프로그램) 등이다. 지난해보다 2010년은 1,025분, 17시간 정도가 더 늘어났다. 좀 천박한 표현을 쓰자면 예능 프로로 도배를 한 셈이다. KBS-2TV와 MBC는 명색이 공영방송이지만, 위의 자료로 보면 오히려 SBS가 공영방송이고, KBS-2TV와 MBC가 상업방송의 모양새를 보이고 있다.

그러면 지상파 3사(KBS2, MBC, SBS)는 왜 이렇게 버라이어티 등 예능 프로에 목을 매는가? 그 이유는 간단하다. 방송에서는 신탁액(信託額)이라고 점잖은 표현

을 쓰지만 사실은 순전히 돈을 더 벌기 위해서이다. 강호동이 진행하는 프로그램마다 CF 매진을 기록해 방송가의 '완판남'으로 떠올랐다. 강호동이 사회자로 나선 KBS-2TV 〈해피선데이〉 '1박2일', MBC 〈황금어장〉 '무릎팍 도사', SBS 〈놀라운 대회 스타킹〉, 〈강심장〉 등은 모두 광고 완전 판매를 기록하고 있다. SBS 예능 프로그램 중 〈강심장〉 〈스타킹〉 〈인기가요〉 '런닝맨' 등이 매회 CF 판매율 100%다.

이들 예능 프로그램은 약 70분씩 방송된다. 광고 시간은 7분으로, 15초짜리 CF를 28개씩 판매할 수 있다. 회당 매출이 줄잡아 2억8,000만원(28X1,000만원)인 셈이다. 〈스타킹〉 '1박2일' 등 주말 프로그램은 광고 프리미엄이 붙기 때문에 광고 매출이 3억원 이상일 가능성이 높다. 강호동이 출연하는 프로그램의 한 주 광고 매출이 약 12억원에 달한다. 외주 제작사의 한 프로듀서는 "광고가 완전히 판매될 수 있는 전제 조건은 시청률이다. 강호동이 진행하는 프로그램 시청률이 대부분 동 시간대 1위를 기록하고 있다. 높은 시청률을 보장해주는 진행자이기 때문에 자연스럽게 높은 광고 매출로 연결된다. 강호동이 MC 가운데 가장 높은 수준의 출연료를 보장받는 이유다"고 말했다. 한편 SBS 수목 미니시리즈 〈대물〉의 주인공인 고현정은 CF 매출 약 100억원(스포츠한국 10월 15일자)을 방송사에 안겨줘 '드라마 완판녀'로 등극했다. 강호동이 예능계 완판남이라면 고현정은 안방극장 완판녀인 셈이다.

2010년 11월 24일 방송된 MBC의 〈무릎팍 도사〉에 출연한 전 부산국제영화제 위원장 김동호 씨가 출연한 프로그램은 전국시청률 10.1%를 기록해 그 전 주(11/17) 13.9%보다 3.8%가 떨어진 최저 성적을 기록했다. 방송사측은, "봐라! 우리는 시청자가 인기인들을 좋아 하니까 어쩔 수 없이 예능을 편성한다"고 주장한다. 천만의 말씀이다. 시청자는 방송사가 그런 예능 프로만 갖다 대니까 그렇게 습관이 되어 있다는 점은 왜 간과하고 있는지에 대해서도 답해야 한다. 물론 예능, 버라이어티, 리얼리티 프로 중에서 오락적이면서도 작품성이 있는 프로들이 없는 것은 아니다. 그러나 과유불급(過猶不及)이라는 말처럼 '정도를 지나침은 미치지 못한 것과 같다'는 사자성어를 깊이 새겨두어야 할 것이다. 왜냐하면 전파는 국민의 것이니까.

4. 특성과 역기능

① 주제와 아이템에 상관없이 출연자는 수단방법을 가리지 말고 무조건 웃겨야 한다. MC도 웃음의 분위기 유발을 위해 별로 웃음이 안 나오는 출연자의 발언이라도 손뼉을 치며 야단법석이고 때로는 데굴데굴 구르기도 서슴지 않는다. 또 심한 경우는 뒤로 벌렁 자빠져서 남자의 중요부분을 심하게 노출하기도 한다. 목불인견(目不忍見)이다. 김정일 찬양하듯 미친 듯이 열광해야 한다.

② 저질 댄스든 뭐든 춤을 잘 추어야 한다. 막춤이든 뭐든 춤이 안 되면 출연 자격이 없다.

③ 출연자 중 어떤 상대방을 내리깎고 조롱을 일삼아야 한다. 예컨대 과거 최고의 아이돌이었던 여성 탤런트와 노래도 잘하는 남자 가수는 매번 바보 역할로 과장된 연기를 해야 살아남는다.

④ 말과 말투는 버릇없는 내용을 내뱉어야 제대로 하는 것이다.

⑤ 자신과 관련이 없는 상황이라도 총알처럼 튀어나와 뭔가를 말해야 한다. 이 때 어이없거나 바보 같은 답변이 나와 실소를 자아내야 잘하는 것이다.

⑥ 부부 간에, 부모자식 간에, 친한 친구 간에 결점이나 나쁜 버릇, 심지어 여자 관계 등을 미주알고주알 말해 폭로 경쟁을 벌인다.

⑦ 야외녹화 예능 프로에서는 트럭 밑에서 라면을 끓여 먹는 등 무리한 설정을 일삼는다. 청소년들이 모방하는 것은 상관없다.

⑧ 예능 프로는 시청자의 관심과 시청률이 높기 때문에 모든 연예인들이 출연을 원한다. 제작자들은 전화 인터뷰에서 좀 웃기는 얘기를 한 사람조차 프로그

램에 끌어낸다.

⑨ 예능 프로에서 성공한 사람은 TV 드라마와 영화에도 출연 기회가 생겨 예능은 대중문화의 왕 노릇을 하는 것이 현실이다.

역기능도 심각한 수준이다. 이런 프로를 자주 보면 초·중·고·대학생들조차 저속하거나 즉흥적 언어사용이 일반생활에서도 이어진다. 20~30대 직장인들도 티격태격 놀이식의 예능 프로 말투를 재치로 오해하고 선배와 상사들에 대해 조준사격을 일삼는다. 이런 유행을 이해하지 못하면 아무리 상사라도 '아저씨' 취급을 받는다. 심지어 예능 출연자가 점잖은 얘기를 하면 여기가 어디 '아침마당' 프로냐고 타박도 한다.

이렇게 방송시간으로만 따져 봐도 우리의 텔레비전은 가히 버라이어티 또는 리얼 버라이어티 프로의 왕국이다. 여기서 출연자들이 웃기고자 하는 노력의 일환으로 많은 막말이 쏟아져 나오고, 이상한 의상과 춤들이 화면을 장식한다. 비록 시청자에게 즐거움과 위안을 제공한다는 명분은 갖고 있겠지만, 너무 지나치다는 생각을 떨칠 수가 없다. 외국에서는 제작비를 줄이고자 시작했다고 하지만, 최근 우리의 버라이어티들은 높은 출연료와 상당한 비용이 드는 것으로 되어 있다. 단지 시청률과 광고신탁을 목적으로 시청자를 볼모로 해서 더러는 난잡하고 선정적인 프로를 내는 것은 아무리 오늘날 대중문화의 한결같은 현상이라고 변명을 하더라도 대단히 과도한 행태라는 지적은 피할 수 없다.

이런 이유로 버라이어티 프로에서 퇴출되지 않기 위해 '막 튀는 행위'를 일삼는 연예인들이 있는데, 이는 상당 부분 자제가 필요하다고 본다. 여성 연기자에게서도 그런 모습이 보이고 있고, 딴 방송사의 연출자들이 망가진 모습을 보인 그 여성을 캐스팅하는 것은 대단히 무모한 짓이다. TV 화면에서의 볼썽사나운 장면은 아무리 의도적인 연기라 하더라도 개인의 인격권과 존엄성과도 깊은 관계가 있다는 점을 인식했으면 하는 생각이다.

예능 프로그램의 제작비는 드라마에 비해서는 낮지만, 주요 출연자들의 출연료는 결코 적지 않다. MBC 대주주인 방송문화진흥회 자료에 따르면, 2008년 MBC 상위 20명의 출연료가 전체의 22%를 차지했다고 한다. TV 출연료 상위 10명의 합계는 57억5,000만원에 이른다. ▷유재석=9억5,440만원, ▷박명수=8억4,277만원, ▷이휘재=5억7,454만원, ▷김구라=5억3,278만원, ▷김제동=5억1,178만원 순이다.

이렇게 거액을 유명 연예인들에게만 치우치게 지불하면서도 재미있는 오락을 제공한다고 방송사는 계속 강조한다. 이 사실은 시청률에 목매는 것이고, 결국 시청자를 유혹해서 돈을 더 벌겠다는 얄팍한 속셈이라는 것은 시청자들이 모두 알고 있다. 한 지상파 회사가 주간 21시간이나 적잖이 유해한 프로를 내보내면서 수신료를 올려달라는 것도 체면이 없는 것이다.

그러나 KBS 이사회는 2010년 11월 19일 임시이사회를 통해서 "TV 수신료를 현행 2500원을 3500원으로 1000원 인상하고, 2TV 광고는 반드시 유지" 하기로 의결했다고 한다. 또 "국민의 부담을 최소화하기 위해 인상폭을 최소화했다"는 등의 논리를 폈지만, KBS는 2010년 상반기에 1,000억 원을 상회하는 수익을 낸 바 있다. 수신료가 30년 동안 동결됐다는 점과 디지털 전환 비용의 확보라는 명분을 내세우지만, 위에서와 같이 오락 프로그램의 질과 관련해 수신료를 반드시 인상해야 하고, 더욱이 2TV 광고도 계속해야 한다는 억지 주장은 앞뒤가 어긋나는 모순일 뿐이다. 앞으로 방송통신위원회 심의 및 국회 의결이 남아있지만 시청자의 입장은 편치 못하다. 차후 만약 이 안이 통과된다면 "TV는 정치와 결탁되어 있다" 는 국민들의 오래된 고정관념 속에 다시 한 번 갇히게 될 것이다.

5. 2009~2010년의 예능 프로

최근 가장 인기가 있는 예능 프로그램의 제작은 다소 특별한 점이 있다. 무엇보다도 우선적으로 출연자의 특성, 즉 웃기는 설정이나 재주에 따라 섭외가 이루어진다. "빵! 하고 터졌다!" 로 요약되는 폭소를 유발하지 못하는 사람은 절대 사절이다. 배구에서의 스파이크처럼 웃음 공격이 없으면 스튜디오 근처에도 못 온다. 그리고 나이 많은 사람은 단 몇 명을 제외하고 나올 수가 없다. 그리고 동반출연자(더러는 '병풍' 이라는 표현도 한다)와 함께 인정사정 볼 것 없이 웃겨야 한다. 마구마구 곰처럼 능청스럽게, 때로는 여우처럼 야비하게라도 폭소를 제조해야 예능 감(感)·예능정신이 좋다는 평가를 받고 고정출연이나 게스트가 될 수 있다. 물론 예능 작가와 의논해 웃기는 스토리, 에피소드와 연기선(블로킹)을 외우고 있어야 하고, 여기에 즉흥적인 애드리브를 가미해 강력한 웃음의 폭탄을 터트려야 한다.

이 때 출연자들은 웃기기 위해 사력을 다하는데, 내용이 심하게 엉뚱하거나 과도한 장면이 양산된다. 그러면 담당 PD는 해당 부분을 부득이 몽땅 잘라 들어낸다. 출연자는 '통(째로) 편집' 당했다고 매우 불쾌해 하고 아쉬워한다. 춤은 반드시 수반되어야 하고, 이상한 행동을 연출해 '몸 개그' 니 하면서 바보 노릇을 하지 않으면 안 된다. 그러나 출연자들인들 그렇게 하고 싶겠는가? 하지만 이런 예능 프로를 통해 TV 드라마와 영화, 광고로 들어가는 관문이 되고 있으니 그들도 어쩔 도리가 없을 것이다. 높은 시청률 때문이다. TV 예능 프로가 출연자들도 버려놓았고, 시청자도 고장을 내서 예능을 선호하도록 습관이 들게 했다.

아주 최근의 트렌드 중의 하나는 예능 프로그램에 출연해 일반적 관행에서 볼 때 공개하기 꺼려지는 스타의 개인사(史)를 미주알고주알 모두 털어놓는 형식이 많다는 점이다. 고생스러웠던 젊은 시절을 극복하고 오늘의 성공을 거두었다는 '인간 승리' 를 얘기하자는 것인지, 아니면 그 출연자는 말하기 거북한 내용조차 거침없이 다 말하는 진솔한 인간성을 지닌 인물이라는 것을 찬양·강조하고자 하는 것인지 파악이 어렵다. 여기에는 그의 이야기를 들어주는 여러 명의 동료 연예인들이 모여 공감하고 옹호하고 변호하고 맞장구치고 동정하고 힘내라고 격려하는, 아무리 예능 프로라도 방송은 공공성이 담보되어야 하는데, 개인

넋두리 시간으로 변질되어 사담(私談) 방송으로 변하고 있다. 이런 프로를 통해 시청자가 무엇을 느끼고 얻으려는 것인지 도대체 알 수가 없다. 억지로 웃기는 것에 한계가 있다는 점을 인식해 포맷을 수정 보완하는 것은 바람직하지만 방송에서 무엇을 다루고 말해야 시청자들에게 도움이 될 것인지에 대한 강력한 성찰이 요구된다는 사실을 강조하지 않을 수 없다.

6. 예능 작가의 약진

　　한국방송작가협회가 발행한 〈2010 방송작가수첩〉에 등재된 회원작가는 모두 2,206명이다. 여기에는 드라마 작가, 구성작가로 구분되는데, 구성작가는 또다시 교양작가, 예능(코미디) 작가, 라디오 작가 등으로 나뉜다. 이 방송작가수첩에서 각 장르의 작가 수는 정확히 헤아리기 어렵다. 그들이 담당했던 프로그램으로 미루어 판단해야 하는데 교양 작품, 예능, 라디오 작품이 혼재되어 구별이 쉽지 않은 것이다. 회원 2,206명 외에 비회원으로 활동하는 구성작가를 10%로 보고, 또다시 회원이지만 작품 활동이 활발하지 않은 작가를 10%로 보고 빼면 현실적으로 2,200명이라는 계산이 나온다. 대단한 숫자이다. 방송작가가 하나의 직업군(群)으로 확실하게 자리매김한 것이다. 명실 공히 방송의 중심부 세력이다. 방송가에서 과거에는 드라마 작가를 최고로 쳤다. 몇몇의 시니어 작가들이 시청률을 좌지우지하는 파워를 형성했기 때문이고, 원고료 수입도 대단했다. 그 다음은 구성작가로 이들은 모닝 쇼나 이브닝 쇼, 종합구성, 순수교양, 라디오 프로를 담당하는 작가군이었다. 이들이 한 2년 정도 기량을 닦아 '다큐멘터리 작가' 로 성장해 권위와 품위, 또 상당한 작가료를 확보하는 업그레이드 작가가 될 수 있다. 한 걸음 더 나아가 탄탄한 구성력을 무기로 드라마 작가로 변신하는 코스를 최고로 보았다. 과거 〈모래시계〉를 썼던 송지나 작가가 그 예이다. 그러나 '방송의 세월' 도 변해 TV 드라마가 아직도 무게가 있지만 걸 그룹, 버라이어티 등이 강세를 보여 예능 작가들의 활동과 투입이 늘어나고 있는 형편이다. 예능 프로들이 하도 많다 보니 예능 작가의 숫자도 파악하기 어렵다. 또한 프로그램에는 수석에 해당하는 메인 작가, 서브 작가, 자료조사원, 아이디어맨들이 섞여 있어 파악은 어렵다. 그러나 이들은 계속 약진 중이다.

과거의 예능국 구성작가들은 가수를 섭외하고 멘트를 쓰는 등 지금보다는 다소 편안했을 것이다. 그러나 현재는 〈웃찾사〉 등 개그 프로, 〈뮤직뱅크〉 등 K-POP프로, OO본부로 불리는 지상파 3사의 모든 예능 프로, 수많은 드라마에서 웃기는 탤런트, 케이블 TV에서 인기 출연자, 화제가 되는 영화의 장면들, 연예·스포츠 신문도 샅샅이 뒤져 잠재력 있는 웃음 생산자를 찾아내지 않으면 안 된다. 이들의 업무는 마치 수사관과도 유사한 면이 있다. 출연자의 버릇, 약점, 특이한 실수담, 어린 시절, 별명, 술버릇, 애인·부모형제와의 관계 등 수사하듯 미주알고주알 찾아내 한 개의 꼬투리라도 잡아내야 섭외에 들어가게 된다.

이때부터 이들에게서 사전 진술(고백)을 받고 이것을 방송시 처음 말하는 것처럼 꾸미고 과대 포장해 대본을 만든다. 그리고 출연자의 캐릭터도 구축하는데 몸이 허약한 캐릭터, 먹기만 하는 사람, 젊은 남자를 좋아하는 나이든 여자 등을 만들어 놓고 틈만 나면 깔깔대면서 놀려먹도록 구성한다. PD, 작가, 출연자가 모두 공모해서 나오는 것이 예능 프로이다. 편집 시에는 10자 이내의 촌철살인의 자막을 고안해 화면 타이밍에 꼭 맞게 박아 넣어 시청자가 더 웃도록 한다. 결코 쉬운 작업이 아니다. 그러나 이들이 찰리 채플린처럼 프로그램을 만들었다고 성취감에 도취되거나 자찬할지는 알 수 없다.

또 출연자가 다른 방송 프로에 출연해 웃음을 터트린 화면도 빌려와야 한다. 서로 화면을 꾸어오고 빌려주고 참으로 인심도 좋다. 뿐만 아니라 예능은 홍보의 첨병이다. 새로 시작하거나 시청률이 안 오르는 그 회사 드라마나 프로그램을 홍보하기 위해 뭔가 자랑을 해대야 한다. 언제부터인지 정확하지는 않지만 꽤 오래된 습관인데, 영화 개봉을 앞두고 출연 배우들이 꼭 예능 프로에 나와 은근히 또 노골적으로 영화 선전을 해댄다. 예능은 시청자들이 영화배우들에게 호기심이 있다는 이유로 완전히 영화사의 홍보방송 노릇을 한다. 새로 나온 가요도 마찬가지 형태로 광고된다. 그래도 제작자와 방송사 고위 관계자는 높은 시청률만 나오면 거칠 것이 없다는 눈치이다. 이런 예능 풍토에 대해 PD도 같은 입장이겠지만, 오락 방송의 개념과 정신, 메시지와 진실을 잘 알고 있는 예능 작가들은 정말 못해 먹을 노릇이리라. 그들 스스로가 프로그램의 천박하고 질적으로 못 미치는 부분을 과감히 털어내는 변신을 꾀했으면 하는 바람이다.

과거 연예인이 10여 명 이상 출연해 중구난방으로 떠들어대던 '집단개그 쇼'가 상당 기간 유행된 적이 있다. 신 김치 맛이 되어 지금은 다 없어졌다. 현재의 버라이어티 쇼도 이미 2~3년을 지속해왔다. 더 아이디어가 없으면 임시방편으로 무슨 '시즌2, 3'으로 포장지만 바꾼다. 이미 몰락의 전조가 보이기 시작했다. 신상품을 만들어 내놓아야 한다. 내용에서 우수성이 인정되는 주력(主力) 버라이어티만 남기고 이제 정리 정돈할 시기에 도달한 것으로 생각된다. 이것은 강한 신념과 무서운 결단력이 없으면 불가능한 일일 것이다.

예능 프로그램과 함께 또 하나의 특이 현상은 음식을 주제로 한 프로가 너무 과다하게 편성되어 있다는 점이다. 무심히 프로를 보더라도 남녀노소 가리지 않고 한 입 가득 음식을 씹어대는 모습이 자주 노출된다. 그리고 음식이 식탁에 나오면 식객들이 모두 박수를 쳐대면서 환호하고 음식이 맛있다고 엄지손가락을 높이 드는 광경은 적잖이 천박해 보인다. 이런 상황을 연출해낸 것은 오직 TV 프로그램들이다.

음식 프로그램들을 살펴보면 ▷KBS=〈한식 탐험대(정규)〉, 〈6시 내 고향〉, 〈생생정보통 스페셜〉, 〈생생정보통〉, 〈VJ특공대〉 등에서도 비록 코너지만 수시로 음식점과 주방, 특선 요리 등이 소개된다. ▷MBC=〈명의가 추천하는 약이 되는 밥상(정규)〉, 〈TV 밥상 꾸리기 식사교실 베스트(정규)〉, 〈찾아라 맛있는 TV 스페셜〉 등이 있고, 지금은 폐지되었지만 일요일 아침에 나가던 〈맛 대 맛〉은 인간의 식

탐을 가지고 장난치는 프로였다. 특히 군부대에서 악명 높은 프로였는데 오래도 버티었다. ▷SBS=〈진짜 한국의 맛〉, 〈잘 먹고 잘 사는 법〉, 〈맛있는 초대〉 등이 정규이고 〈출발 모닝 와이드〉, 그리고 저녁의 〈생방송 투데이〉에도 음식 아이템이 매우 자주 나온다.

　음식 프로의 기획 의도는 국민이 잘 먹기 위해 방송사가 대신 음식정보를 제공하겠다는 것인지 아니면 그림으로라도 위안을 삼으라는 것인지 명확치 않다. 화면이 좋고 제작이 편하고 피드백도 웬만하니까 마구 찍어내는 것은 아닌지 하는 의심도 생긴다. 정보라면 음식점들이 전국 방방곡곡에 분포되어 있어 전국 방송에서는 정보의 가치가 떨어진다. 그 지역에 사는 시청자라도 음식 값이 결코 싸지 않아 글자 그대로 그림의 떡이라는 점도 고려되어야 한다. 그리고 방송이 나간 후 그 음식점을 찾아가면 시청자들이 떼로 몰려 제대로 얻어먹지도 못한다는 불평도 많다.

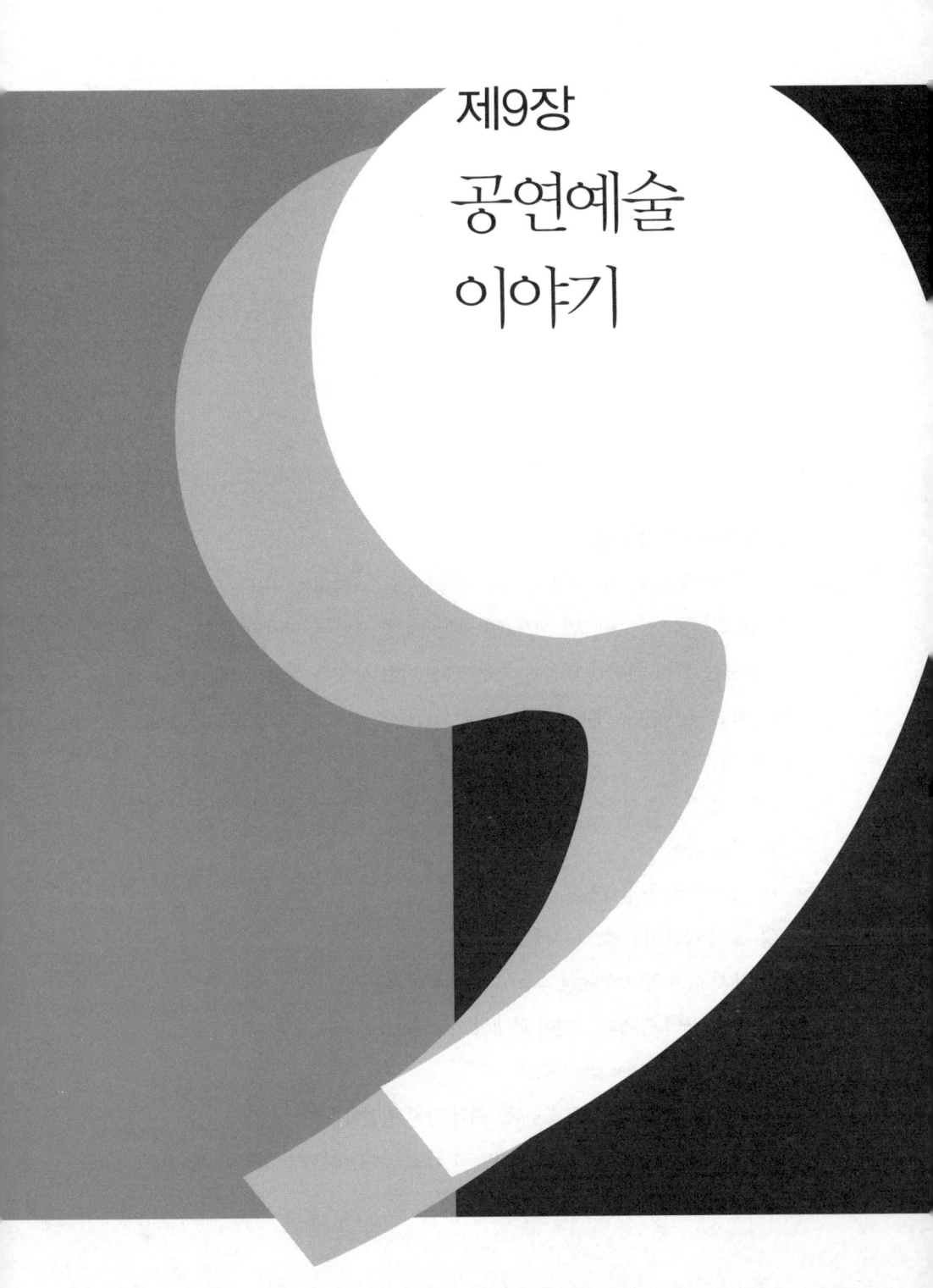

제9장

공연예술
이야기

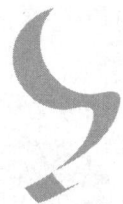

1. 공연예술의 중요성

국내 총소득(GNI)은 그 나라의 소비수준을 나타내는 지표로도 볼 수 있다. 우리나라의 GNI는 2010년 20,000달러에 육박할 것으로 전망된다. 그리고 총 경제 규모는 세계 13위권 내외에 속해 있다. 이런 사실은 한국이 대단히 잘 사는 나라라는 의미이다. 세계의 모든 나라 사람들은 먹고 사는 문제가 해결되면 문화와 예술에 관심을 갖고 그것들을 통해 즐거움을 얻고자 한다. 한국인들도 그들과 마찬가지로 특히 예술과 공연 분야를 선호한다. 한국사회에서 이런 경향은 21세기에 들어와서 더욱 두드러졌다. 그 이유는

① 과거에 비해 경제력이 향상된 점과

② 공연 자본이 다소 풍부해졌으며

③ 세계 유수의 공연단체 작품 수입이 용이해졌고

④ 국내 공연 단체의 저변이 확대되고(양적 측면)

⑤ 주말 휴무제(소위 '놀토') 도입

⑥ 대·중·소형 극장 설립 증가 등 여러 가지 원인이 있다.

공연의 장르도 다양화되었으며, 그 규모도 대형화되는 경향이 계속되고 있

다. 이런 추세 속에서 전체적인 공연을 통제하는 '공연기획자' 들이 다수 출현하게 되었다. 그들 중에 여성기획자들이 많다는 사실은 특징적이다. 왜냐하면 여러 형태의 공연들은 정서적으로 남성보다는 여성적 기호가 두드러지고, 또한 잠재 공연 소비자인 전문직 여성의 수가 늘어남으로써, 이와 같은 현상을 정확히 읽어낼 수 있는 여성기획자의 존재가 필요했기 때문일 것으로 추측된다.

이런 상황에도 불구하고 문제점이 없는 것은 아니다. 그녀들의 양적인 면에 비해 전문성의 수준은 그리 높지 않다는 것이 이 분야 프로들의 한결 같은 지적이다. 예컨대, 클래식 음악 같으면 음대에서 전공을 마치고 대학원에서 공연행정 등 전문 코스를 이수한다. 또 미술의 경우는 여러 가지 전공을 마치고 큐레이터의 자격을 얻어 활동하게 되는데, 공연예술(Performing Art) 특히 연극 등은 연극단체나 기획사에서의 근무 경험을 통해 얻어지기 때문인데, 그 단체들이 영세할 경우에는 전문성 부분에서 미흡한 점이 많이 발견된다. 이것이 실제 공연에서 작품성의 저하로 나타날 수 있는 위험성이 있다. 이런 점을 극복하기 위해서는 '공연예술기획의 이론과 실제, 즉 총체적인 아우트라인과 가이드라인' 을 정확히 이해할 필요가 있으며, 차후 영세하지 않은 공연단체에서의 정통적인 연수를 통하지 않고는 결코 습득하기 어려운 전문기술임을 이해해야 한다.

뿐만 아니라 공연기획자는 '공연물의 세계화' 속에서 외국어 특히 영어, 일본어, 중국어를 습득하는 것도 필수적이다. 왜냐하면 그 나라들은 인구가 많아 대형 공연시장으로의 장점이 있기 때문이다. 현재 일상적으로 사용되는 세계화라는 개념은 "국제사회에서 상호의존성이 증가함에 따라 세계가 하나의 사회 체계로 통합되는 방향으로 나가고 있다" 는 것으로 정의될 수 있다. 반면에 규제완화와 함께 개별국가의 내부통제는 느슨해지므로 그동안 중앙 정부의 그늘에 가려 있던 지방이나 소수민족의 정체성이 부각되며, 이들이 자기 권리를 주장하는 목소리가 높아질 수 있다. 즉 세계화 속에서 지역화와 문화적 다양화가 동시에 진행되는 것이다.

2. 공연예술의 개념과 성격

사전적 정의에 따르면 '공연이란 어떤 일을 수행하는 행위나 그 과정을 지칭하거나 또는 음악, 노래, 묘기 등 모종의 놀이를 다른 사람 앞에서 해보거나 같이 하는 행위'라고 기술되어 있다. 공연예술의 개념은 대단히 광범위하고 포괄적인 의미를 내포한다. 무대라는 공간에서 베풀어지는 모든 종류의 예술행위로서, 이것은 반드시 그 행위자가 예술행위의 수용자(관객 또는 청중)와 그 예술행위가 벌어지는 극장(무대 공간)을 중심으로 이루어져야 한다. 동서양을 막론하고 공연의 본질적 의미는 '행위' 안에서 찾아지는 것이다. 분명한 목적을 동반하지 않는 일상적인, 또는 무의식적인 행위들은 그것들이 비록 행위의 성격이 있는 것이지만, 공연행위는 습관적, 무의식적인 일상생활에서의 행위와는 달리, 의도적이고 목적적 성격을 수반하는 것이다.

공연예술은 표현 매체의 종류와 성격 등에 따라 분류된다. 여기에는 인간의 소리, 특히 말과 신체를 표현매체로 하는 연극 또는 인형극, 주로 신체적 동작에만 의지하는 무용, 서커스, 마임, 비보이 등이 있다. 또 모든 표현 매체를 종합적으로 사용하는 오페라, 뮤지컬, 한국적 장르인 판소리와 창극, 악극, 마당극, 사물놀이, 그 밖에 콘서트, 축제, 퍼포먼스적인 공연, 이벤트성 공연, 굿 같은 제의(祭儀)들도 일종의 공연예술 장르에 포함된다. 이들은 정해진 '극장'이라는 닫힌 공간에서 공연되기도 하고, 혹은 야외의 열린 공간이 무대로 이용되기도 한다.[34]

그러나 공연예술을 수용자(audience)를 대상으로 하는 모든 장르로 확대 해석하기도 한다. 그러면 TV, 영화, 콘서트(라이브 투어), 올림픽, 월드컵, 대통령 취임식 등의 식전 식후 행사, 영화제 개막, 프로 야구·축구 개막식, 지방자치제에서 거행되는 축제 행사들도 모두 공연예술 범주에 편입될 수 있다.

그 특성을 살펴보면 공연예술은 정서적인 위안을 제공하거나 오락적 즐거

---

34) 신일수 지음, 『극장 상식 및 용어』, 교보문고, 2000. p.3.

움을 주는 것이 대부분이다. 그리고 유료공연인 상업적인 것과 시민을 위해 비영리적으로 진행되는 무료공연으로 나눌 수 있다. 또한 무대공연은 최근에는 TV 녹화나 DVD로 공연 내용들이 보존 유통될 수 있으나, 일반적으로는 공연자체가 생산되는 동시에 소비되고 소멸된다. 상업적인 공연은 상품인데, 그 격(格)은 대체로 '경험재(experience goods)' 이고 '기호가치(sign value—신분 과시용)' 일 수도 있다.

최근에 상연되는 공연물들은 대형화되고 해외에서 성공한 것들을 재상연하거나 리메이크한 것들이 많은 추세이다. 이것들은 해외에서 흥행에서 좋은 성과를 냈기 때문에 우리나라에서도 관객동원이 잘 될 것이라는 기대와 함께 유명세를 통해 홍보에 유리할 것이라는 장점 때문이다. 또한 narrative(이야기의 구조, 즉 story)보다는 이미지(image)에 주로 의존한 뮤지컬, 콘서트, 넌 버벌 퍼포먼스(non verbal performance, 난타, 점프, 도깨비 스톰, 비보이도 여기에 속한다)가 강세이다. 이런 경향은 현대인들은 사고가 필요한 어떤 경험의 이해보다는 시원하고 아름답고 흥미로운 장면을 즐기는 특성 때문이다. 또한 그 공연들이 자국이 아닌 해외에 진출했을 경우, 언어의 문제를 자동적으로 해결해주는 장점도 중요한 이점으로 작용한다.

이렇게 공연에서 '이미지' 가 핵심으로 등장하게 된 것은 우리나라의 경우 1980년 12월 컬러텔레비전이 개시된 이후 그 영향을 받은 것으로 판단된다. 컬러 TV 이전에 사람들은 매우 단순한 색채만 사용했고, 크게 관심도 없었다. 그러나 TV의 드라마와 쇼에 익숙해지면서 자신도 모르는 사이에 색깔에 깊이 심취되었고, 모든 상품들은 컬러를 핵심으로 생산되었으며, 우리는 그것들을 소비하면서 색채의 포로가 된 것이다. 또한 2001년 10월부터 수도권에서 일부 디지털 방송이 개시됨으로써 강력한 정세도(精細度—정밀하고 세밀한 정도)가 있는 그림을 선호하게 되었다. 비호감적인 화면은 공연에서 자연히 배제되는 경우가 많았다. 또한 다소 어렵고 딱딱한 공연보다는 쉽고 부드러운 내용으로 구성되는 것들이 대중의 관심을 끈다. 즉 일부 특권층만을 위한 난해한 엘리트 예술보다는 대중적인 팝아트가 더 중요하다는 것이다. 플라시도 도밍고(Placido Domingo)는 유명한 오페라 가수이다. 1981년 그는 대중가수인 존 덴버(John Denver)[35]와 함께 〈Perhaps Love〉를 불러 톱20 히트를 기록하며 크로스오버 장르를 탄생시킨 것이 하나의 예이다. 박인수와 이동원의 〈향수〉도 비슷하다. 1989년 나온 〈향수〉는 우리 시단(詩壇)에서 천재 시인으로 불리는 정지용 시인의 '향수' 라는 시에 작곡가 김희갑이 곡을 만들고, 테너 박인수와 음유 가수 이동원이 듀엣으로 부른 매우 격조 있는 크로스오버이다. 당시 한국 사회는 고급문화와 대중문화의 벽이 대단히 높아 이 향수 CD가 발매된 이후 국립오페라단 단원이었던 박인수는 단원들과의 갈등으로 그 조직에서 나왔다는 소문도 돌고 있었다. 대중문화의 흐름은 이렇게 매우 빠르게 지나간다.

3. 공연기획이란 무엇인가?

일반적 의미의 공연 외에 범위를 넓혀 텔레비전이나 라디오 공개방송 등 행사성의 공연들까지 합치면 그 범위는 다소 광범위하게 된다. 그러면 우리가 왜 공연을 하기 위해 애쓰고 집착하는가를 제일 먼저 따져봐야 한다. 공연의 목적은

① 오디언스에게 작품에서 우러나는 메시지를 전달하기 위한 것이다.

② 총체적인 관점에서 정서의 안정, 오락적 즐거움을 충분히 제공해야 한다.

③ 수익을 목표로 삼지 않으면 안 된다. 왜냐하면 공연에서 이익을 올리지 못하면 자금 사정으로 다음 작품의 준비가 어렵고, 단체의 명성도 떨어져 관객들의 외면에 직면할 수밖에 없다.

---

35) 존 덴버는 1970년대 고향을 그리는 노래 〈Take Me Home, Country Roads〉와 아내 사랑 노래 〈Annie 's Song〉 등으로 인기를 얻었다. 에미상, 그래미상을 수상했으며, 1997년 10월 12일 경비행기를 조종하다 추락 사망했다.

④ 현대적 의미의 공연은 전 세계를 대상으로 해야만 발전과 도약, 존속이 가능하다.

⑤ 독창적이고 매력적인 작품을 구현함으로써 공연문화 발전에 기여해야 한다 등으로 설명할 수 있다.

요약하면, 현대인의 삶에 대한 적절한 메시지, 정서의 안정, 오락적 즐거움, 수익의 확보이다. 이렇게 볼 때, 위의 5가지 요소를 모두 만족시킬 수 있는 방법은 무엇인가? 그것은 두말할 필요 없이 '철저한 기획'을 봉해서만 이루어질 수 있다는 것이 모든 전문가들의 공통된 견해이다.

기획 일반론을 설명하면, 우리가 접하게 되는 공연예술에서 '기획'이라는 개념은 거의 드러나 있지 않다. 물론 공연 팸플릿에서 '기획=누구'가 표시되기는 하지만, 우리는 그런 부분을 거의 무시해버리는 것이 보통이다. 따라서 무대에 나오는 출연자에게 관심이 집중되고, 그 다음은 연출자에게 시선을 보낸다. 그러나 정확히 보면 해당 작품을 찾고 발견한 사람, 그리고 공연이라는 건축물을 설계한 인물이 누군가는 대단히 중요하다. 그런 사람은 어떤 사고를 하고, 어떤 관점에서 생각을 해내야 할까? 무릇 세상의 모든 일은 그 첫걸음이 '기획'에서부터 시작된다. 정치, 경제, 사회, 문화 모든 분야에서 뛰어난 결과(output)를 생산해내고자 한다면, 훌륭한 마스터플랜(master plan-종합기본계획)을 만들어내지 않으면 안 된다.

이런 기획의 최초의 발상은 '관람객들이 왜 이 공연을 돈 내고 멀리서 보러 찾아오는가?'에서부터 출발해야 한다. 이것은 한마디로 공연(작품 전체적인 평가)이 무엇인가 끌리는 데가 있어야 한다. 우리가 공연을 보게 되는 것은 신문이나 방송에서의 홍보, 그리고 본 사람들로부터 전달된 소위 '입 소문'에 의해서이다. 입 소문은 생각보다 대단히 강력하다. 이 때 입 소문이 생기는 이유는 그 공연에서 어떤 감동, 흥미, 재미, 교양, 정보, 오락, 미학 등 훌륭한 요소들을 얻을 수 있기 때문이다.

그러나 앞에 예시한 7가지 내용들은 결코 간단한 것들이 아니다. '감동' 만 보더라도 감동은 희(喜), 노(怒), 애(哀), 락(樂)을 통해 어떤 절정의 느낌을 장면이나 화면으로 보여주지 않으면 안 된다. 그러나 그것들이 어디 그리 쉽겠는가? 그 밖의 많은 다른 요소들도 어렵기는 마찬가지이다. 신문, 잡지, 서적, TV, 라디오, FM, 영화 등 모든 미디어들이 매체는 서로 다르더라도 대중에게 전달하고자 하는 내용은 한 결 같이 위에서 거론한 내용들이다. 그런 것들이 기획이 쉽지 않은 이유이다.

공연계에서는 클래식 공연 유료관객 규모=15만 명, 뮤지컬=25만 명, 발레 =1만 명, 현대무용=1,000명 내외라는 견해가 우세하다. 공연은 아주 어려운 일이다. 그러므로 기획에 있어서 심각하게 고려해야 할 사항은 다음과 같다.

① 제작비, 즉 돈을 생각하고 기획에 착수해야 한다는 점이 절대적이다. 돈이 없으면 사상누각이다. 공연주(impresario)의 확보가 필수적 요소이다.

② 관객에게 무엇(What)을 줄 것인가?를 기획의 최고 순위에 놓고 자료를 수집해야 한다.

③ '주변 상황' 을 비교해 보아야 한다. 즉, 관객이 처한 입장이 경제적으로 불황 시기인지 호황기인지 여부, 어떤 계절인지, 여름휴가, 추석 명절, 수능시험, 공연기간에 국경일, 토요일과 일요일이 포함되어 있는지, 시위 예상 시기(대학로는 시위의 전당이다), 다른 경쟁 상대의 공연이 같은 시기에 진행되는지 등을 꼼꼼히 예측해 보아야 한다.

④ 자신들이 예상하고 있는 기간에 극장 대관이 가능한지?

⑤ 그 극장의 지리적 접근성(지하철 등 교통이 편리한지?)

⑥ 인기 있는 캐스팅(출연자)은 가능한지?

⑦ 기획 기간은 넉넉한지? 기획은 단기간에는 좋은 성과를 얻기 어렵다. TV, 영화, 연극, 뮤지컬, 콘서트 등 모든 장르의 공연에 있어서 속전속결의 기획

은 실패의 지름길이라는 것을 많은 공연기획자들은 시행착오의 경험을 통해서 알고 있을 것이다.

⑧ 관객층에 대한 분석이 선행되어야 한다. 어린이, 청소년, 대학생, 주부(미시 주부, 중년 주부), 직장인, 중년, 장년, 노인, 자유업 종사자 등 중에서 어떤 계층이 '이 작품의 경우' 가장 구경을 많이 올 수 있는가도 생각해보는 것이 좋다.

⑨ 그러면 어디에서 이런 여러 가지 요소들을 포함한 작품을 찾아낼 것인가? 해외에서 성공한 공연의 동향을 파악하는 것이 중요하다. 이런 정보들은 대체로 일간지, 경제지, 스포츠 신문, 여성 잡지, 주간지, 월간지, 전문사(음악동아, 월간미술 등) 및 대기업의 사내·외보 등을 통해서 얻는 것이 효율적이다. 또는 친구, 친지 중에 해외 유명도시에 유학중인 사람들이 있다면 그들로부터 공연정보를 상시적으로 공급받는 것도 하나의 방법이 될 수 있다.

⑩ 특히 일본, 미국 등 해외공연 대행사와 정보제공 채널을 구축하는 것도 매우 필요하다.

⑪ 기획에 있어서 최초, 최종에 생각해보아야 할 핵심적 사항은 '관객 우선의 원칙'이다. 오디언스가 진정으로 원하는 것이 과연 무엇인가? 그들은 무엇을 선호하고, 무엇을 보고 싶어 하는가? 어떤 것을 제공하면 관객의 의식, 정서, 기호에 도움을 줄 수 있겠는가? 하는 관객의 '입맛'을 반드시 염두에 두어야 한다는 점이 가장 중요하다.

이런 11가지 요소에 있어서 전체적인 트렌드는 어떤 것이라고 판단해야 할까? 한마디로 정의하기 곤란한 매우 까다로운 문제이다. 그러나 공연이라는 장르를 커다란 틀에서 본다면 그것은 판타지를 통한 '감성'의 잔치임에 틀림없다. 즉 공연은 감성의 페스티발이다. 감성은 인간의 오관(五官)을 통해서 완성된다. 오감을 낳는 다섯 감각기관은 눈(시각), 귀(청각), 코(후각), 혀(미각), 피부(촉각)로 인해서 무엇인가 느끼고, 어떤 종류의 느낌이든 좋은 감상을 발생시켜야 한다. 우리가 디즈니랜드나 유니버설 스튜디오, 에버랜드를 찾는 것은 어떤 판타지를 맛보려함이 아니겠는가?

이런 느낌을 표현하는 개념이 바로 '아우라(aura)' 이다. 아우라는 예술작품 자체가 지닌 독특성, 일회성, 또는 사회적 구별성을 자아내는 특수 미묘한 분위기나 내용을 말한다. 아우라는 원래 그리스어, 라틴어에서 나온 말로 미풍(微風)이나 꽃향기의 발산과 같은 작용을 뜻하였다. 다른 한편으로는 간질병 환자나 히스테리 환자가 발작 직전에 느끼는 신체감각의 전조나 최면술 시술자로부터 피시술자에게 전달되어가는 영기(靈氣)를 말하기도 한다. 이렇게 공연작품을 선택하는 여러 가지 요소에는 반드시 우리가 감상을 통해 아우라를 느끼고 체험하는 측면이 내재되어야 한다는 점을 인식하는 것이 필요하다.

4. 뮤지컬의 연혁

뮤지컬은 2000년대에 들어와서 우리 공연시장에서 대단히 활발하고 큰 주류를 형성하고 있는 장르이다. 특히 대학생들과 전문직 여성들이 선호하는 것으로 알려지고 있다. 뮤지컬의 매력은 춤과 노래, 그리고 연기이다. 그러니까 관객이나 지망생들이 모두 보고 싶어 하고, 또 하고 싶어 하는 연기의 요소인 삼박자가 완벽하게 갖추어져 있다. 우리나라뿐만 아니라 세계적으로 춤은 인류 역사상 그 어느 때보다도 왕성하고 광범위한 유행을 보이고 있다. 젊은 층에게서 '춤을 춘다' 는 사실은 어떤 종교적인 신앙과도 유사하게 보인다. 거리에서 평범하게 볼 수 있는 젊은이들이라도 장소가 제공되고 반주가 나오면 몸을 자연스럽게 흔들면서 춤동작이 나온다. 이와 같이 우리의 생활환경이 조성되어 있기 때문에 춤은 젊은 층에게 있어서는 필수불가결의 요소이다. 또한 텔레비전의 예능 프로그램들이 이런 현상을 부추기고 있다. 뮤지컬은 TV나 영화의 멜로드라마보다는 훨씬 역동적이고 신나고 재미있다. 또 뮤지컬을 구경 간다는 것은 영화관에 가거나 프로야구 보러가는 것보다 뭔가 수준이 높아 보이고 세련된 행위라는 잠재적인 의식도 작용하는 것으로 생각된다.

뮤지컬의 역사는 영국과 미국으로 구분되지만, 영국의 경우는 초기인 1728년 존 게이의 발라드 오페라 〈거지 오페라〉로부터 시작된다. 그러나 영국은 프랑스나 독일, 또는 이탈리아와 같은 오페라와 오페레타의 전통적 토대가 부족해서 괄목할 작품들이 나오지 못했다. 미국에 있어서는 영국의 식민지 시기인 1751년 역시 〈거지 오페라〉가 나온 바 있다. 이후 1866년 뉴욕 브로드웨이에서 〈검은 옷의 갈고리 새〉가 공연되었다. 이 작품은 원래 다른 곳에서 막을 올릴 예정이었는데, 그 극장이 화재로 변경된 곳이 바로 브로드웨이였고, 그것이 오늘날의 브로드웨이를 조성하도록 한 배경이라고 한다.

그리고 1927년의 〈쇼보트〉, 1943년의 로저스 해머스타인의 〈오클라호마〉, 1949년 〈남태평양〉 등이 계속 나왔다. 제2차 세계대전이 끝나고 그간 뮤지컬에서 크게 강조되지 못했던 음악과 노래가 관객들에게 반향을 일으키는 계기가 되었다. 〈아가씨와 건달들〉(1950), 〈왕과 나〉(1951), 〈피터팬〉(1954), 〈마이 페어 레디〉(1956), 〈시카고〉(1957), 〈웨스트사이드 스토리〉(1957), 〈사운드 오브 뮤직〉(1959) 등이 쏟아져 나왔다. 1960년대에 들어서는 〈헬로우 돌리〉(1964), 〈지붕 위의 바이올린〉(1965), 〈헤어〉(1967) 등이 등장했다. 1970년 이후에는 〈코러스 라인〉(1975), 〈에비타〉(1978), 〈캐츠〉(1982) 등의 작품들이 이어진다. 이 작품들은 유명세를 타고 모두 영화화된다.

5. 앤드류 로이드 웨버 이야기

현대 뮤지컬을 말할 때 앤드류 로이드 웨버(Andrew Lloyd Webber)를 먼저 거론하지 않으면 안 된다. 다음은 그의 주요작품 연보다.

▷1970년=〈지저스 크라이스트 슈퍼스타〉 제작
▷1978년=〈에비타〉 작곡, 런던 공연

▷1981년=〈캐츠〉작곡, 뉴런던 극장에서 초연

▷1982년=〈캐츠〉미국 브로드웨이에서 초연

▷1986년=〈오페라의 유령〉작곡, 런던 초연

▷1988년=〈오페라의 유령〉브로드웨이 초연

　그는 위에 예시된 작품 등을 작곡·제작함으로써 '뮤지컬의 황제' 가 되었고 '20세기의 모차르트' 로도 추앙되고 있다.

　앤드류 로이드 웨버는 1948년 3월 22일 영국 켄싱턴에서 태어났다. 아버지는 작곡가로 런던음악대학의 지휘자였고, 어머니는 피아노 교사, 숙모는 연극배우, 동생 줄리안은 첼로 연주자였다. 이런 음악 가정에서 자라면서 그는 자연스럽게 음악과 연극에 관심을 보이며 피아노, 바이올린 등 악기도 다루게 되었다. 옥스퍼드대학에서 역사학을 전공하다가 로열음악대학에 편입하게 된다.

　여기서 그는 3살 위인 팀 라이스(Timothy Rice)를 만나 의기투합한다. 그들은 웨버가 약관 23세 때 작곡을 담당하고, 팀이 26세로 작사를 맡아 1970년 〈지저스 크라이스트 슈퍼스타〉를 발표해 세상을 놀라게 했다. 뉴욕 브로드웨이 마크 헬링턴 극장 앞에서는 매일 기독교 신자들의 시위가 계속되었다. 예수는 헤비메탈 가수로, 열두 사도는 히피족으로 묘사됐고, 무대 위에서는 성가 대신 록 음악과 격렬한 춤이 난무했으니 그럴 만도 하지 않겠는가.

　처음에는 인기 록 그룹 딥 퍼플(Deep Purple, 1968년 데뷔)의 리드싱어인 이언 길런(Ian Gillan)이 예수 역이었고, 맨손으로 살아있는 닭 모가지를 비틀었던 록 가수 앨리스 쿠퍼(Alice Cooper, 1969년 데뷔)가 해롯 왕으로 출연했으니 난리가 나지 않을 수 없었으리라. 파격적인 상상력과 상식을 뛰어넘는 발상의 전환이 기독교인들의 격노를 유발했고, 반면 관객들을 열광시켰다.

　1981년에 나온 〈캐츠(Cats)〉는 의인화한 '고양이들의 이야기' 인데, 고양이가 뮤지컬의 주제가 될 수 있다고 생각한 사람은 아무도 없었을 것이다. 캐츠는 T.S.

엘리엇의 시집 〈지혜로운 고양이가 되기 위한 지침서〉의 시 14편에 맞춰 웨버가 곡을 붙이고 캐머룬 매킨토시가 연출을 담당했다. 20년간 세계 180개 도시에서 5,000만 명의 관객을 동원하면서 볼리비아의 국민 총생산과 비슷한 3억8천만 달러의 수입을 올렸다는 사실은 진정 놀랄 만한 이야기다. 고양이 스토리도 마찬가지로 금기시 되던 정치적 소재로 성공한 〈에비타〉는 누구도 예측하기 어려운 역발상이었다.

1986년 작사가 찰스 하트, 리처드 스틸고와 함께 만든 〈오페라의 유령〉은 그의 또 하나의 걸작이 되었다. 〈오페라의 유령〉은 전 세계에서 6만5천 회 이상 공연했고, 1억 명이 관람했다고 한다. 웨버는 〈캐츠〉에서 무명의 합창단원이었던 사라 브라이트만(Sara Brightman)과 1984년 두 번째로 결혼한다. 〈오페라의 유령〉은 부인 사라 브라이트만을 위해 만든 작품으로 알려져 있다. 〈오페라의 유령〉으로 그녀는 대중가수로 큰 성공을 거두고 클래식과 팝을 넘나드는 가수가 된다. 안드레아 보첼리(Andrea Bocelli)와 함께 부른 〈Time to Say Goodbye〉는 세계적인 애창곡이다. 웨버의 뮤지컬에는 대표적인 러브 테마송들이 삽입되어 있다. 〈지저스 크라이스트 슈퍼스타〉=I don' t know how to love him, 〈캐츠〉=Memory, 〈오페라의 유령〉=The Music of night, All I ask of you 등이 그것들이다.

이런 작품들로 그는 6개의 토니상, 3개의 그래미상;36) 4개의 드라마데스크상, 영국 토니상인 로렌스 올리비에 상을 5개나 수상했다. 또 1996년 영국 왕실로부터 종신기사 작위를 받기도 했다. 그는 현재 호주 시드니에 'Really Useful Company' 라는 회사를 운영하면서 세계 도처에서 뮤지컬·음반·영화 사업을 총지휘하고 있다.

콘텐츠는 강조해서 표현하면 현대산업에서 가장 강력한 성장 동력이라고 말하는 사람들도 많다. 영화와 애니메이션, 뮤지컬과 대중가수 공연, TV 드라마

---

36) Gramy Award는 1959년부터 시작된 전 미국 레코드 예술과학아카데미가 1년간 우수 레코드와 앨범을 선정해 수여하는 우수 레코드상.

등이 주요 콘텐츠이다. 미국 할리우드는 히트했던 과거의 영화 40여만 편을 보유하고 있으면서 세계 여러 나라 지상파 TV, 케이블 TV, 위성방송, 비디오, DVD로 계속 판매해 막대한 수익을 올린다. 디즈니는 세계에 공급되는 애니메이션의 상당 부분을 장악하고 있는 큰손이고, 일본도 많은 부분을 지배하고 있다. 또 미키마우스·심슨 등 여러 가지 캐릭터를 팔아 벌어들이는 액수도 광장하다. 앞에서 설명한 앤드류 로이드 웨버는 세계적으로 히트한 뮤지컬을 대부분 작곡했으며, 그의 주요 작품을 무대에 올리게 됨으로써 뉴욕은 뮤지컬의 본고장으로 관광객을 유치해 뮤지컬 공연의 메카로서 명성을 쌓아 한 해 40억 달러의 매출을 올리고 있다. 최근 우리나라에서 자주 공연을 갖는 해외 아티스트들도 많은 돈을 벌어간다는 것은 우리가 다 알고 있는 사실이다. 공연물은 신제품인 동시에 첨단상품인 것이다.

6. 롱런 브로드웨이 뮤지컬

우리나라는 뮤지컬 공연이 길어야 2~3개월에 불과하지만 미국의 브로드웨이와 영국의 웨스트 앤드(west and London)는 원칙적으로 롱런 방식을 취하고 있다.[37] 상업연극의 긴 전통을 가지고 있는 뉴욕이나 런던은 연극이나 뮤지컬이 도시 기간산업의 하나가 되고 있다. 그 때문에 개개의 작품에는 재능 있는 인재와 막대한 비용이 쏟아져 긴 시간을 들여 한 개의 신작이 구축되어 간다. 또 한 번 히트작을 만들어내면 장기에 걸쳐서 안정된 수익이 보장되기 때문에 투자의 대상으로 매력적인 상품이 되고 있다.

그러나 쇼 비즈니스는 그 성질상 누구라도 내일을 기약할 수 없는 것이 현실이다. 따라서 거기에 개재하는 여러 가지 리스크를 최대한 줄이기 위해서 제작 스태프나 투자가로부터 배우나 소도구 담당에 이르기까지 모두가 일심동체

---

37) 주장석, 〈브로드웨이 롱런 뮤지컬 작품〉, 2007년 11월 6일. 참조.

가 되어 보다 좋은 작품을 만들어내려고 적극 노력한다. 결론적으로 이런 순환 구조가 항구적인 롱런 공연을 가능케 한다.

〈오페라의 유령〉은 1988년 1월 26일 초연 이래 매주 월요일 정기휴일과 전통적인 휴일인 추수감사제의 다음날, 그리고 크리스마스(12월 25일) 외에는 쉬는 날 없이 주중은 물론 토요일 낮과 밤, 그리고 일요일의 낮 공연 등 주 8회의 공연을 19년간 계속하고 있다.

미국에서 가장 긴 연속 상연기록을 가지고 있는 작품으로 어른부터 아이들까지 함께 즐길 수 있는 뮤지컬은 〈더 팬타스틱스(The fantasticks)〉이며, 뉴욕의 브로드웨이 소극장에서 1960년 5월 3일 초연 이래 2002년 1월 13일에 종연할 때까지 42년간, 상연 회수 17,162회의 대기록을 수립했다.

일본의 최장 상연기록은 극단 사계판의 〈라이언 킹〉 도쿄 공연이다. 1998년 12월 20일 초연 이래 9년째인 2007년에도 롱런 공연을 계속하고 있다. 총 6,000회 이상 공연했는데, 이것은 나고야, 후쿠오카, 오사카 등의 지방 공연과 서울 등의 해외공연 회수를 합친 것이다. 서울 샤롯데 극장에서 한국 배우들을 중심으로 〈라이언 킹〉을 2006~2007년 1년간 330회 공연을 하기도 했다.

다음은 브로드웨이의 역대 롱런 작품 중 연속 상연 회수가 2,000회 이상인 것을 조사한 것이며, 도표 중 '종연' 부분이 공란으로 되어 있는 것은 2007년 7월 29일 현재도 상연 중인 것을 나타내는 것이다.

다음의 서울종합예술학교 주장석 교수의 글을 통해 보았듯이 〈오페라의 유령〉의 경우는 초연 이후 20년이 흘렀는데도 지금까지 계속되고 있다. 이것은 하나의 기업이다. 따라서 뮤지컬을 생각하고 이야기하자면 결국 브로드웨이를 빼놓고는 불가능하다는 사실을 알게 된다. 물론 미국과 한국은 역사, 문화, 생활관습 등이 매우 다르다. 그러나 우리도 사고와 행동, 의식주 등이 거의 미국과 같이 서구화되고 있어 뮤지컬에 입문하고자 한다면 브로드웨이를 참고로 배우고 연구하지 않으면 안 된다는 사실을 강조할 수밖에 없다.

작품	초연	종연	회수	연수	장르
The Phantom of the Opera 오페라의 유령	1988.1.26		8,133	19년 6개월	뮤지컬
Cats 캣츠	1982.10.7	2000.9.10	7,485	17년11개월	뮤지컬
Les Miserables	1987.3.12	2003.5.18	6,680	16년2개월	뮤지컬
A Chorus Line	1975.7.25	1990.4.28	6,137	14년9개월	뮤지컬
Beauty and the Beast 미녀와 야수	1994.4.18	2007.7.29	5,465	13년3개월	뮤지컬
Oh! Calcutta!	1976.9.24	1989.8.6	5,959	13년	뮤지컬
Rent 렌트	1996.4.29		4,697	11년3개월	뮤지컬
Chicago 시카고 리바이벌	1996.11.14		4,450	10년8개월	뮤지컬
Miss Saigon	1991.4.11	2001.1.28	4,097	9년9개월	뮤지컬
The Lion King	1997.7.31		4,082	9년12개월	뮤지컬
42nd Street	1980.4.25	1989.1.8	3,486	8년8개월	뮤지컬
Grease 그리스	1972.2.14	1980.4.13	3,388	8년2개월	뮤지컬
Fiddler on the Roof 지붕 위의 바이올린	1964.9.22	1972.7.2	3,242	7년9개월	뮤지컬
Life with Father	1939.11.8	1947.7.12	3,224	7년8개월	드라마
Tobacco Road	1933.12.4	1941.5.31	3,182	7년6개월	드라마
Hello, Dolly!	1964.1.16	1970.12.27	2,844	6년11개월	뮤지컬
My Fair Lady	1956.3.15	1962.9.29	2,717	6년6개월	뮤지컬
The Producers	2001.4.19	2007.4.22	2,502	6년	뮤지컬
Mamma Mia!	2001.10.18		2,420	5년9개월	뮤지컬
Cabaret 카바레	1998.3.19	2004.1.4	2,378	5년10개월	뮤지컬
Annie	1977.4.21	1983.1.2	2,377	5년8개월	뮤지컬
Man of La Mancha	1965.11.22	1971.6.26	2,328	5년6개월	뮤지컬
Abie's Irish Rose	1922.5.23	1927.10.1	2,327	5년6개월	코미디
Oklahoma!	1943.3.31	1948.5.29	2,212	5년2개월	뮤지컬
Hairspray	2002.8.15		2,054	4년11개월	뮤지컬

7. 세계 4대 뮤지컬

1) 캐츠(Cats)

T.S. 엘리엇의 시 '웃기는 고양이 아가씨의 행장기'를 뮤지컬로 만든 〈캐츠〉. 은은한 달빛 아래 창녀 고양이가 자신의 추억을 들려주는 주옥같은 뮤지컬 곡 '메모리'로 유명하다. 캐츠는 세계 뮤지컬 사를 새로 썼다고 해도 과언이 아니다. 이 작품은 1997년 5월 6,138회라는 놀라운 숫자로 브로드웨이 뮤지컬 사상 최장기 공연기록을 세웠다. 이때까지의 최장기 공연 작품은 〈코러스 라인〉이었다. 〈캐츠〉는 고양이를 의인화하여 인간들 삶이 내면세계를 그려낸 뮤지컬로 음악과 춤 그리고 코믹한 상황들로 시종일관 관객을 사로잡는다.

〈캐츠〉는 1982년 10월 7일에 브로드웨이 윈터 가든에서 초연된 이후 14년 9개월 동안 공연을 계속, 세계에서 가장 인기 있는 뮤지컬로 자리매김했다. 전 공연 관람객 수만도 뉴욕 시 상주인구 숫자를 넘는 800여만 명, 입장권 수입 3억2,900만 달러(약 4천억원)였으며, 1982년 초연 이래 아직 남아 있는 사람은 231명의 출연 배우 중 단 2명뿐, 9명의 배우는 그동안 세상을 떠났다.

주제곡인 '메모리'는 그 동안 180명의 배우 및 가수, 오페라 가수들에 의해 취입되었다. 또 전 세계적으로 30여 개국에서 공연되어 관람객 5천만 명에 공연 수입 22억 달러를 올린 경이적인 뮤지컬이다. 수상 내역은 1985년 토니상에서 작품상, 조연여우상, 연출상, 각본상, 작사·작곡상을 수상하였다.

한편 1981년 5월 11일 런던 뉴런던시어터에서 개막된 〈캐츠〉는(김기철, 2001) 이곳에서만 8,500회를 넘긴 웨스트엔드 사상 최장기 공연작이 되었다. 〈캐츠〉는 런던을 찾는 관광객이라면 누구나 거쳐야 할 필수 코스가 됐다. 숫자로 본 〈캐츠〉의 활약상은 눈부시다. 뉴런던시어터 극장에서 〈캐츠〉를 본 관객만 800만 명을 넘어섰고, 티켓 수입만 1억2,500만 파운드(한화 약 2,300억원 내외)를 기록했다. 함부르크에서 도쿄까지 세계 300개 도시에서 공연됐고, 전 세계에서 10억 파운드(약 1조8,490억원 내외)의 공연 수입을 올렸다.

2) 레미제라블(Les Miserables)

　　빅토르 위고의 소설을 뮤지컬화한 〈레미제라블〉은 나폴레옹 시대 이후 동맹국이 프랑스 왕으로 추대한 샤를 10세의 시대가 멸망하기까지의 이야기이다. 뮤지컬로 만든 사람은 프랑스인 작곡가 알랭부빌과 클로드 미셸 숀버그이다. 1967년 이 소설을 뮤지컬로 만들 계획을 세우던 중 1972년 뉴욕의 브로드웨이에서 공연 중인 〈지저스 크라이스트 슈퍼스타〉를 관람하고는 오페라와 팝을 조화시킬 수 있는 가능성을 발견했다.

　　프랑스 혁명을 주제로 잡은 이들은 우선 앨범을 만드는 작업에 착수, 그 앨범은 프랑스에서 발매 후 골든 앨범을 기록하였고, 무대 역시 성공을 거두었다. 이들은 오페라와 뮤지컬의 장점을 조화시킬 수 있는 주제를 가진 작품을 찾았고, 그것이 바로 '레미제라블' 이었다. 1,200페이지에 달하는 분량의 서사적인 이 작품을 9개월이나 걸려 3개의 막과 6개의 극적 장치, 그리고 하나의 에필로그로 대사 없이 노래와 음악으로 만들어냈다.

　　〈레미제라블〉은 공연보다 음반이 먼저 발매되었고, 1980년 10월 파리에서 초연 이래 3개월 동안 연일 매진되었다. 영국의 뮤지컬 제작자인 카메론 매킨토시는 파리에서 공연이 끝난 지도 한참 뒤에야 음악을 듣고 프랑스로 이들을 찾아왔다. 매킨토시는 이들과 원작을 부분적으로 다시 쓰기 시작하였고, 1985년 10월 드디어 런던 바비컨 극장에서 〈레미제라블〉이 공연되었다. 이후 이 〈레미제라블〉은 뉴욕 브로드웨이 공연을 비롯해 세계 곳곳에서 사랑받는 뮤지컬이 되었다. 1987년 뉴욕 공연 후 그해 토니상에서 작품상, 조연남우상, 조연여우상, 연출상, 극본상, 작사·작곡상을 비롯한 8개 부문을 수상하였다.

3) 미스 사이공(Miss Saigon)

　　클로드 미셸 숀버그가 작곡하고, 니콜라스 아리트너가 연출한 〈미스 사이공〉은 푸치니의 오페라 〈나비부인〉의 일본 여자 초초상이 미국 해군 장교와 잠시 사랑을 나누고 이별, 그의 아이를 낳았으나 사랑을 이루지 못하고 결국 자결하고 만다는 내용을 상당 부분 담고 있다. 〈나비부인〉의 현대판이라 할 수 있는 〈미스 사이공〉 역시 미군을 상대로 베트남 환락가의 여자 킴이 미군 장교를 만나 연애를 하고, 그의 아이를 낳고 미군 장교와 아이를 위해 불공을 드리며 재회를 기다리다가 크리스의 미국인 부인을 본 킴은 실망해 자살하고 크리스는 아들을 데리고 떠난다는 큰 틀의 비극적 내용은 유사하고 시대적 배경만 다르다.

이 뮤지컬은 엄청난 제작비로 완벽에 가까운 무대를 만들었다. 그것은 무대 위에 실제 헬리콥터, 베트남전을 상징하는 소총부내, 거대한 호지민 흉상이 등장하여 리얼리티를 발휘하기 때문이다. 이 역시 1990년 영국의 카메론 매킨토시에 의해 제작되어 1991년 미국에 올랐다. 이 작품은 미국 공연 전 아시아계 여성들을 성적인 노리갯감으로 표현했다는 공세에 휘말리기도 했다. 〈미스 사이공〉의 '세상의 마지막 밤(The Last night of the world)' 과 '해와 달' 등은 히트 뮤지컬 삽입곡으로 사랑받고 있다.

4) 오페라의 유령(The Phantom of the Opera)

〈오페라의 유령〉은 프랑스의 작가 '가스통 르루(Gaston Leroux)' 의 원작 소설을 찰스 하트가 뮤지컬 극본으로 만들고, 뮤지컬 음악의 귀재 앤드류 로이드 웨버가 작곡하였다. 이 소설은 출판 당시에는 많은 평론가들로부터 찬밥 대우를 받았지만, 영화와 텔레비전 드라마에서는 황금의 소재였다.

환상적이고 로맨틱한 이 작품의 무대는 오페라 극장이며, 그 위에 기품 있고 화려한 오페라 공연이 극중 극 형식으로 진행된다. 내용은 한때 오페라 작곡가로 명성을 날렸으나, 잊혀진 천재가 되어버린 오페라의 유령이 호숫가에서 은둔 생활을 하던 중 미모의 오페라 가수 크리스틴에게 반한다. 그러나 크리스틴에게는 사랑하는 남자가 있었다. 오페라의 유령은 자신의 사랑을 쟁취하기 위해 크리스틴이 출연하는 오페라 공연을 망쳐 놓겠다는 등 온갖 협박과 회유를 하지만, 그래도 자신의 순수한 사랑을 지킬 수밖에 없다고 크리스틴이 말하자, 유령은 그녀를 목매달아 죽이려고 한다. 그러나 유령의 크리스틴에 대한 사랑은 결국 실패로 끝나고 만다.

〈오페라의 유령〉은 음악뿐만 아니라 시각적으로도 많은 이야깃거리를 낳았다. 그것은 클래시컬한 복장과 UFO 모양의 대형 샹들리에, 막대한 제작비를 들인 무대 장치 때문이다. 1988년 토니상에서 작품상을 비롯하여 주연남우상, 주연여우상, 연출상, 장치상, 조명상 등을 수상한 바 있다.[38]

8. 한국 뮤지컬 약사(略史)

우리나라에서 현대적인 뮤지컬이 시작된 것은 1966년 〈살짜기 옵서예〉부터라고 규정하는 학자들이 많다. 〈살짜기 옵서예〉는 김영수 작, 최창권 작곡, 임성남 무용, 백은선·임영웅 연출로 '예그린 악단' 에 의해 공연되었다. 고전소설인 '배비장전' 을 각색한 〈살짜기 옵서예〉는 제주도로 간 배비장이 기생 애랑에게 빠져 망신당한다는 내용이다. 음악, 무용, 연극 등의 전문가들이 모두 참여해 상당한 작품성을 인정받았고, 음반으로도 제작되었으며, 패티 김이 주제가를 불러 대중적인 인기도 높았다.

이 단체는 서울시립가무단(현 서울시립뮤지컬단)으로 바뀌고 〈포기와 베스〉(1984), 〈지붕 위의 바이올린〉(1985), 〈고향의 민들레〉(1990), 〈간도 아리랑〉(1995) 등을 세종문화회관에서 공연하는 등 활발한 작품 활동을 하고 있다. 이런 연고로 뮤지컬협회는 〈살짜기 옵서예〉가 초연된 10월 26일을 '뮤지컬의 날' 로 지정하고 있다.

민간 극단인 동랑레퍼토리극단이 1966년 드라마 센터에서 〈포기와 베스〉를 공연했고, 그 후 공연된 〈방황하는 별들〉 시리즈는 청소년 뮤지컬로 각광을

---

38)출처: 세계뮤지컬학회.

받았다. 극단 가교는 〈판타스틱스〉(1973), 현대극장의 〈빠담 빠담 빠담〉(1977), 〈피터팬〉(1979), 〈지저스 크라이스트 슈퍼스타〉(1980), 〈사운드 오브 뮤직〉(1981), 〈에비타〉(1981), 〈올리버〉(1983), 〈웨스트 사이드 스토리〉(1987), 〈레미제라블〉(1988) 등 주로 브로드웨이에서 히트한 작품들을 번안해 공연했다.

극단 민중, 대중, 광장의 세 극단 합동으로 〈아가씨와 건달들〉을 공연했는데, 이 작품은 1983년 초연 이후 관객을 가장 많이 동원한 뮤지컬로 추계되고 있다. 극단 대중은 〈쉘부르의 우산〉(1989), 〈캐츠〉(1991), 〈코러스 라인〉(1992), 〈레미제라블〉(1993)을 무대에 올렸고, 극단 신시뮤지컬컴퍼니노 〈7인의 신무〉(1995), 〈사운드 오브 뮤직〉(1996) 등을 공연했다. 뮤지컬 프로덕션 에이콤은 〈아가씨와 건달들〉(1994), 그 후 유명한 〈명성황후〉(1996)를 공연해 실력 있는 뮤지컬 단체로 등장했다.

간략하게 그간 공연된 우리 뮤지컬 작품과 극단들을 살펴봤지만, 심하게 평가하면 미국의 브로드웨이를 모방했거나 그대로 베낀 모양새이다. 물론 이런 작업과 활동이 없었다면, 현재의 뮤지컬 토대는 구축되지 못했을지도 모른다. 그러나 미국에서 히트한 작품을 한국, 특히 서울에서 공연한다고 모두 성공할 수 있는 일은 아니다. 뮤지컬은 일반 연극과 달리 제작비가 많이 들어간다. 안무, 편곡, 조명, 의상이 특히 화려해야 하고, 라이브로 하는 가창(歌唱)의 삽입에 따라 오랜 연습 기간이 필요하다. 그래야 작품성을 담보할 수 있는데, 공연된 작품 수나 년도, 또는 빈도를 통해서 봤을 때 상당히 미흡한 부분이 노정되고 있다. 따라서 너무 돈 벌기 위한 상업성에만 매달리지 않았나 하는 비판을 면하기 어려운 형편이다. 이런 상황은 현재도 계속되고 있어, 즉 외국 대본을 사온다든가 또 공동제작, 공동연출의 형태로 꾸며 겉은 해외작품이고 속은 한국형이라는 제작 관행에 대해 어떤 획기적인 반전이 반드시 필요할 것으로 전망된다.

그러나 독특한 창의성으로 상업적으로도 성공하고 우리나라 뮤지컬의 위상을 높인 작품도 있다. 바로 〈지하철 1호선〉이다. 뮤지컬 〈지하철 1호선〉은 독일의 폴커 루드비히(Volker Ludwig) 원작을 김민기가 한국적 상황과 정서에 맞게 번안·연출한 록 뮤지컬로 1994년 이래 극단 학전극장(종로구 동숭동)에서 초연한 후 장기 공연되어온 바 있다. 이 작품의 스토리는 백두산에서 풋사랑을 나눈 한국 남자 제비를 찾아 중국에서 서울로 온 연변 처녀 선녀가 하루 동안 지하철 1호선과 그 주변에서 부딪치고 만나게 되는 서울 사람들의 모습을 웃음과 해학으로 그리고 있다. 김민기는 "그간 15년이라는 세월이 흘러 무서운 속도로 변하는 21세기의 서울을 담아야 할 필요성을 절감했다." 그래서 "21세기 버전을 만들어 오늘의 한국을 비출 것"이라고 한 인터뷰에서 말했다.

김민기는 1970년대 저항가요 〈아침 이슬〉의 작사·작곡가로 1974년 소리굿 〈아구〉의 대본 작업으로 입문한 마당극 1세대이다. 〈지하철 1호선〉은 13년간 170명의 배우와 50여 명의 연주가가 출연했고, 3,700여 회 공연으로 68만 명의 입장 관객을 기록했다. 또 조승우, 황정민, 설경구, 방은진, 장현성 등의 스타들이 출연한 바 있다.

9. 연극공연 이야기

연극은 인간의 발전사로 보면 가장 오래된 역사를 갖고 있는 공연 장르이다. 동서양을 막론하고 사람들은 무대라는 개념을 설정하고 무슨 이야긴가를 꾸며 이것을 사람들에게 보여주기를 좋아했다. 현재와는 형태와 심도가 많이 다르더라도 그것들은 모두 인간의 꾸준한 연극 활동이었다.

우리나라 최초의 연극은 1908년 11월 15일 원각사에서 공연된 이인직의 〈은세계〉이다. 이 신연극 이래 근·현대의 연극이 대중문화라는 토양에 뿌리를 내리고 성장해온 지 100년이 넘었다. 그간 1923년 2월에는 박승희가 중심이 되어 신극운동 전문극단인 '토월회(土月會)'를 조직하였다. 토월회라는 이름은 '이상(理想)은 하늘(月)에 있고, 발은 땅(土)을 디딘다'는 의미에서 지었다고 한다. 김기진, 이서구, 김을한, 김복진, 박승목, 조택원 등 주로 일본 유학생들로 구성된 멤버들은 방학 때 강연을 하기보다 연극 공연이 효과가 크다고 생각하고 1923년 7월 4일 조선극장에서 제1회 공연의 막을 올렸다. 작품들은 번역 단막극과 박승희의 창작극 등이었으며, 토월회가 광무대(光武臺)로 바뀐 이후에 서월영, 복혜숙, 석금성, 윤심덕 등이 참가해 모두 87회의 공연 기록을 수립했다.

이렇게 초창기 및 중흥기 등을 거쳐 한 세기의 세월이 흘러간 지금, 한국 연극에 대해서는 논의가 어려운 측면이 있다. 왜냐하면 서구의 다른 나라들에 비해 연극에 공연 자본의 투입이 내난히 미흡하고, 극작가의 폭이 넓지 않아 탁월한 창작극이 생산되지 않고 있으며, 대학의 연극학과도 많고 극단도 적지 않지만 뛰어난 연기자들이 더 많이 배출돼 관객을 유인하지 못하고 있기 때문이 아닌가 보여진다. 더욱이 과거의 전통적 연극과는 달리 오늘날의 연극들은 무대나 장치, 조명들이 보다 독창적으로 설계되고 거기에 따라 창의성 있는 대본이 어우러져야 하는 등 제작비의 상승은 큰 부담이 되지 않을 수 없다.

일반적으로 양이 질을 도출한다는 논리가 있기는 하지만, 우리 연극의 경우에 이런 상황을 대입해도 되는지에 대해 확신이 서지 않는다. 공식적으로 '서울연극협회'에 등록된 회원 극단 수는 모두 198개 극단이다(2009년 현재).

대표적인 극단으로 ▷서울창무극단=오현주, ▷화동연우회=유용환, ▷현대예술극장=최불암, ▷현대극장=김의경, ▷한양레파토리=최형인, ▷학전=김민기, ▷제작극회=안평선, ▷자유=이병복, ▷유=강혜경, ▷예맥=임동진, ▷에이콘=윤호진, ▷쎄실=채윤일, ▷신협=전세권, ▷신시뮤지컬컴퍼니=박명성, ▷성좌=권은아, ▷서울예술단, ▷서울시 뮤지컬단, ▷서울시 극단, ▷산울림=임영웅, ▷뿌리=김도훈, ▷민중=이종일, ▷민예=정현, ▷미추=손진책, ▷목화레퍼토리컴퍼니=오태석, ▷디.캐츠=홍유진, ▷동숭아트센터씨어터컴퍼니=홍기유, ▷동랑레퍼토리=박상원, ▷김금지=김금지, ▷국립극단, ▷광장=문석봉, ▷가교=최연식, ▷(주)PMC프로덕션=송승환 등 약 30개의 극단이 과거 공연이 빈번했던 업적, 또는 대표자의 유명성을 통해서 알 수 있을 뿐 나머지 170개의 극단은 대부분 젊은 연극인들이 극단을 끌고 가는 것으로 추측할 수 있다.

앞서 거론한 30여 개의 극단도 일 년에 몇 편쯤 연극을 무대에 올리는지는 헤아리기 쉽지 않다. 또한 서울시에서 작성한 '서울 서베이' 부록에 나온 자료를 보면, 2007년 현재 서울시에 존재하는 공연시설(극장)은 모두 178개이다. 그 구분은 종합공연장이 13개, 일반 공연장이 65개, 소공연장(소극장)이 100개이다. 이런 자료를 통해서 접근하면 200개의 극단들이 주로 소극장에서 공연하는 것으로 생각할 수 있다. 대극장들은 대관이 쉽지 않고, 비용도 많이 들 것이다. 무대가 넓으면 비용이 더 나가는 것은 분명하지만, 그만큼 관객이 와 주느냐는 아주 다른 문제이다. 따라서 공연 자본이 몰려오지 않고, 공연 팸플릿 협찬을 잡기에 고생한다. 연극의 주변에 돈이 모여들지 않는 것이 한국 연극계가 풀어야 할 가장 중요한 과제이다.

1,000석 이상의 공연장 현황은 ▷세종문화회관 대극장=3,022석, ▷예술의전당 콘서트홀=2,515석, ▷예술의전당 오페라 하우스=2,340석, ▷서울교육문화회관=1,082석, ▷KBS홀=1,854석, ▷국립극장=1,972석, ▷정동이벤트홀=1,030석, ▷서울대학교 문화회관=1,903석, ▷숭의음악당=1,990석, ▷숙명여대 강당=1,500석, ▷리틀엔젤스예술회관=1,282석, ▷경희대 평화의전당=4,600석 등이다.

서울연극협회가 2007년 1월에서 6월까지 상반기의 공연실적을 조사해 발표한 바 있다. 시기적인 간격에서 2010년과는 차이가 발생할 수 있지만, 공연의 트렌드를 이해하는 데는 도움이 될 것으로 생각돼 소개하고자 한다.

조사 대상에는 연극, 뮤지컬, 퍼포먼스(마임, 비언어극, 비보이)가 모두 포함되었다. 이 기간에 총 377편이 공연되었고, 이 중 연극이 260편(69.0%), 뮤지컬 92편(24.4%), 퍼포먼스 25편(6.6%)이 무대에 올려졌다.

구체적으로 장르별 세부내용을 보면 ▷연극 창작 초연=75편, ▷연극 라이센스 재연=73편, ▷연극 창작 재연=70편, ▷연극 라이센스 초연=36편의 순서였다.

뮤지컬 부문에 있어 ▷창작 재연=29편, ▷창작 초연=27편, ▷라이센스 재연=25편, ▷라이센스 초연=7편, ▷외국단체=4편이었다.

퍼포먼스에서는 ▷창작 재연=13편, ▷창작 초연=9편, ▷외국단체=3편으로 되어 있다.

연극 장르에서는 260편의 공연 가운데 라이센스 초·재연이 109편으로 41.93%의 높은 비율을 나타낸다. 뮤지컬은 모두 92편 중 32편으로 34.79%에 이른다. 이렇게 우리 연극에서 라이센스 공연(외국 작품)이 많은 이유는 공연을 올려서 흥행에 성공할 확률이 높은 창작극 내본이 부족한 원인과, 젊은 층 관객들이 무엇인가 독특한 분위기를 선호하는 경향 때문이 아닌가 보여진다. 연극을 관람한다는 사실이 연극 자체를 즐긴다는 면도 있지만, 외국의 '아무' 작품을 보았다는 기호 가치를 얻고자 하는 의도와도 맥을 같이 한다. 즉 연극 작품을 루이비통 핸드백처럼 어떤 해외 명품을 구매하는 성향도 작용하지 않나 의심되는 점을 생각할 수 있다.

그러나 외국 작품들을 우리 실정에 맞게 번안한다 하더라도 작가의 의도, 번역에서 오는 미세한 차이, 연출자의 접근 등으로 작품의 완성도가 어느 만큼 구현되느냐는 결국 관객이 느껴야 할 몫이 된다. 외국 작품이라고 하더라도 잘 소화해 우리의 작품으로 만들어야 하는데, 그렇지 못하면 작품성이 떨어지는 연극으로 남을 수밖에 없다.

이 자료에서 공연기간(일수)이 2주일 이하가 대부분이다. 그러나 90일 이상의 장기 공연이 늘어난 점과 연극 21편이 레퍼토리 형태가 되었다는 점은 특기할 만하다. 그러나 객석 300석 미만의 소극장 공연이 284편(75%)으로 거의 4분의 3에 이른다는 사실은 우려할 사안이다. 관객으로부터 높은 입장 요금을 받더라도 좌석 수가 작아 공연을 계속할 자금을 확보하기 어렵고, 또한 출연자와 스태프에게 적절한 비용을 지불할 수 없는 악순환이 이어지는 것은 매우 유감스러운 상황이다.

10. 연극배우 되기

연극에서 배우로 출연하는 것은 매우 재미있고, 신기하고, 멋있고, 성취감이 높은 행위이다. 한번 분장을 하고 조명을 받으면 그 분위기와 맛을 결코 잊기 어렵다. 그래서 많은 지망생들이 연극을 향해 도전한다. 그러나 연극·영화학과에서 훈련을 받았다면 진입하기가 다소 수월할지 모르지만, 그렇지 않은 경우에는 개인적으로 교습을 받거나, 극단의 훈련생으로 연기를 쌓아야 한다. 그러나 서울연극협회에 등록된 198개의 극단이 한 해 동안 또는 매년 연속적으로 어떻게 연극을 공연하느냐에 따라 그 극단의 시스템이 확립되고, 따라서 거기서 훈련을 받게 되는 훈련생들의 연극적 기량도 연마될 것이다.

프로 야구나 축구에서 훈련생으로 입단해 재능을 인정받는 경우가 가끔 보도되기는 하지만, 어떤 극단에서 훈련생 또는 견습생을 받아주는지도 알기 어렵고, 어떤 방식으로 연기를 지도하는지도 파악하기가 쉽지 않다. 또한 과거와 달리 영화나 TV처럼 연기자의 신장과 미모, 체격을 선정의 기준으로 삼지 않을 수 없으므로 그 점도 고려해야 된다. 중고등학교 시절 연극부에서 잠시 활동했다든가, 큰 소리로 대사를 소화할 수 있는 등의 이유 때문에 연극 쪽에 뛰어들었다가는 상당한 고난을 감수해야 할 것이다.

어떤 분야든 프로는 출연료를 받거나 정기적인 급료를 받아야 각 개인의 생활을 유지할 수 있다. 그런데 극단의 재정이 넉넉한 곳은 아마도 198개 중 겨우 몇 극단에 불과하지 않을까 생각된다. 연극 지망생 또는 훈련생은 이런 연극계의 상황들을 이해하고 보다 적극적으로 대처하기를 바라마지 않는다. 대처한다는 뜻은 평소 연극을 자주 보고, 또 출연하는 배우들과 대화를 나눌 수 있는 기회를 가져야 하며, 무엇보다도 자신이 연극배우로 적합한지를 스스로 판단할 수 있어야 할 것이다. 그 후 각 극단의 사이트에 자주 접촉해 견습생, 훈련생을 모집하는지를 확인하고 오디션에 임하는 것이 중요하다.

11. 한국의 축제

우리나라의 축제는 역사적으로는 오래 전부터 존재해왔다. 그러나 축제가 활성화된 것은 김영삼 정부시절인 1995년 6월 27일에 실시된 지방자치단체장과 의회 의원을 선출하는 소위 4대 지방선거를 실시한 이후라고 보는 것이 타당하다. 왜냐하면 그 이전에는 지방자치단체장을 거의 중앙정부에서 임명했기 때문에 지역적 성격에 대한 고려가 지극히 부족했다. 국회의원들이 그 임무를 수행했지만, 그 지역에 대한 문화·예술·축제 등 세밀한 부분에 대한 배려는 부족할 수밖에 없었다. 그러나 지방자치제 실시 이후 시장이나 군수, 지역 의원들은 해당 지역 주민들의 직접 투표에 의해서 선출된다. 선출된 장들은 선거 구민에게 무엇인가 가시적 성과를 제시해야 하는데, 그런 면에서 보면 지역의 축제를 활성화하고 주민들을 그 행사에 직접 참여시키는 것이 득표에 대단히 효율적이라는 점이 발견되었다.

따라서 지역 축제에 대한 예산도 확보되었고, 연구·개발 활동도 활발해져 지방자치제 시행 15년이 지난 2009년 현재 우리나라는 명실 공히 축제의 국가가 되었다. 특히 여기에는 우리의 바로 이웃나라인 일본의 '마쓰리'의 유명세도 한 몫을 해서 영향을 받은 것으로 파악된다.

2006년 현재, 국내 지역 축제는 연간 1,176개로 집계되고 있다. 축제 성격별로 보면 ① 생태자연축제 ② 문화예술축제 ③ 전통 문화축제 ④ 지역특산물축제 ⑤ 스포츠·산업축제로 분류된다. 개최 시기는 4~6월에 35%, 9~10월에 40%가 몰려 있고, 축제 기간은 1주일 이내가 전체 85%에 이른다. 계절별 중요 축제를 살펴보고자 한다.

▷**겨울 축제**

① 산천어 축제 : 강원도 화천군 주관, 1월 초순에서 2월 초, 약 1개월 간, 방문객 100만 명 이상

② 눈 축제 : 강원도 태백시, 1월 말 경, 방문객 40만 명

③ 빙어 축제 : 강원도 인제군, 1월 말에서 2월 초, 방문객 100만 명

▷봄 축제

① 정월 대보름 들불 축제 : 제주시, 3월 초, 방문객 20만 명 정도

② 군항제 : 경남 진해시, 3월 말에서 4월 초, 방문객 200만 명

③ 광안리 어방 축제 : 부산광역시 수영구, 4월 초, 방문객 65만 명

④ 한국의 술과 떡 잔치 : 경북 경주시, 4월 중순, 방문객 60만 명

⑤ 신비의 바닷길 축제 : 전남 진도군, 4월 중순에서 5월 초의 3일간, 방문객 100만 명, 외국인 참여율 높음

⑥ 성웅 이순신 축제 : 충남 아산시, 4월 28일 전후, 방문객 50만 명

⑦ 한국 전통 찻사발 축제 : 경북 문경시, 4월 말에서 5월 초, 방문객 40만 명 정도

⑧ 세계 도자 비엔날레 : 경기도 이천시, 4월 말에서 5월 말의 한 달 간, 방문객 668만 명 정도

⑨ 대나무 축제 : 전남 담양군, 5월 3일 전후, 방문객 135만 명

⑩ 하이 서울 페스티벌 : 서울특별시, 4월 말에서 5월 초, 방문객 200만 명

⑪ 춘향제 : 전북 남원시, 5월 4일에서 8일, 방문객 140만 명

⑫ 전곡리 구석기 축제 : 경기도 연천군, 5월 초의 5일간, 방문객 60만 명

⑬ 다향제 : 전남 보성군, 어린이날 전후, 방문객 80만 명

⑭ 나비 축제 : 전남 함평군, 어린이날 전후, 방문객 170만 명

⑮ 약령시 한방문화 축제 : 대구광역시 중구청, 어린이날 전후, 방문객 60만 명

⑯ 마임 축제 : 강원도 춘천시, 5월 말에서 6월 초, 방문객 10만 명

▷여름 축제

① 반딧불 축제 : 전남 무주군, 6월 초의 10일간, 방문객 70만 명

② 머드 축제 : 충남 보령시, 7월 둘째 주의 주말부터 10일간, 정부 지정 최우수축제로 지정, 외국인 참여율 높음, 방문객 170만 명

③ 한산 모시 축제 : 충남 서천군, 7월 말에서 8월 초, 방문객 55만 명

④ 백련 축제(연꽃 축제) : 전남 무안군, 8월 초의 10일간, 방문객 52만 명

⑤ 난계 국악 축제 : 충북 영동군, 8월 말에서 9월 초, 방문객 40만 명

⑥ 문화 청결고추 축제 : 충북 괴산군, 8월 말, 방문객 25만 명

▷가을 축제

① 한지 문화제 : 강원도 원주시, 9월 초, 방문객 35만 명

② 효석 문화제 : 강원도 평창군, 9월 초, 방문객 70만 명

③ 인삼 축제 : 충남 금산군, 9월 초에서 중순, 방문객 95만 명

④ 송이 축제 : 강원도 양양군, 9월 말에서 10월 초, 방문객 40만 명

⑤ 국제 탈춤 페스티발 : 경북 안동시, 9월 말에서 10월 초, 방문객 100만 명, 외국인 참여율 높음

⑥ 춘양목 송이 축제 : 경북 봉화군, 9월 말 10월 초, 방문객 30만 명

⑦ 세계 무술 축제 : 충북 충주시, 9월 말에서 10월 초, 외국인 참여율 높음, 방문객 37만 명

⑧ 지평선 축제 : 전북 김제시, 10월 초, 외국인 참여율 높음, 방문객 100만 명

⑨ 남강 유등 축제 : 경남 진주시, 10월 1일에서 12일까지, 방문객 280만 명

⑩ 풍기 인삼 축제 : 경북 영주시, 10월 초, 방문객 62만 명

⑪ 홍타령 축제 : 충남 천안시, 10월 초, 방문객 67만 명

⑫ 자갈치 축제 : 부산광역시, 10월 중순, 방문객 200만 명

⑬ 강경 발효젓갈 축제 : 충남 논산시, 10월 중순, 방문객 100만 명

⑭ 세계 소리 축제 : 전라북도, 10월 중순, 방문객 40만 명

⑮ 국제 공예 비엔날레 : 충북 청주시, 격년제, 10월 한 달간, 방문객 50만 명

⑯ 남도음식문화 큰잔치 : 전라남도 22개 시군 참여, 10월 하순, 방문객 40만 명

▷종합 평가표

(주)에버랜드에서 작성한 '종합영향력지수' 로 평가한 자료에 따르면 10점 만점에 8점대가 경기도 세계 도자 비엔날레, 김제 지평선 축제, 논산 강경 발효젓갈 축제, 진주 남강 유등 축제, 하이 서울 페스티벌, 함평 나비 축제이고, 6점대는

보령 머드 축제, 춘천 마임 축제, 화천 산천어 축제이다.

이렇게 장황하게 설명하는 이유는 우리나라의 축제는 양적인 면에서나 질적으로도 상당히 토착화 되었다는 사실이고, 주제를 가지고 하는 행사이기는 하지만 많은 공연이 식전, 또는 식후 행사로 반드시 삽입되기 때문에 공연의 기획자, 또는 출연자들이 이런 축제와 관련해 출연의 기회를 마련할 수 있다는 의도에서 자세하게 내용을 적시한 것이다. 그리고 본 축제행사 이외에 춤과 노래, 음악 연주 등 공연 자체의 이벤트가 점차 늘어나고 있다는 점이 중요한 관점이 아닌가 한다. 1,176개 축제에서 만약 두 개의 공연이 포함된다면(식전 및 식후), 2,352개의 공연 이벤트가 필요하다. 이것은 대단한 틈새시장이라고 볼 수 있다.

이제는 축제도 수출하는 시대가 되었다. 수영복을 입은 아시아인, 백인, 흑인들이 머드(진흙)탕으로 슬라이딩한다. 그 순간 모든 인종의 피부색깔은 하나로 변한다. 인근 머드 교도소와 머드 극기 훈련장에서도 머드 범벅이 돼 얼굴마저 분간할 수 없는 관광객들이 넘쳐난다. 인종도, 지위의 높고 낮음도 없다. 오직 환호성을 지르는 '머드 족' 만 있을 뿐이다.

위의 묘사는 매년 7월 충남 보령시 대천해수욕장을 달구는 보령머드축제의 광경이다. 보기만 해도 신바람이 절로 나는 이 축제 열기는 2009년 여름부터 중국 해안도 뜨겁게 달군다. 보령시는 7월 하순부터 50일간 중국 랴오닝(邈寧)성 대롄 시의 진트단 해수욕장에서 '국제머드축제(중국머드축제)' 를 열기로 했다고 밝혔다. 축제조차 수출하는 시대가 온 것이다.

1998년 처음 시작된 머드 축제는 충남 보령시 신흑동 대천해수욕장에서 매년 7월 머드 마사지, 머드 슬라이딩 등 모두 58개 프로그램을 구성해서 진행된다. 2008년에는 외국인 10만 명을 포함해 200만 명이 찾아와 540억원의 지역경제 효과를 기록했다.

이렇게 축제는 이제 대단히 중요한 대중문화의 일부가 되었고, 공연예술의 범주에 틈입하게 되었다. 출연자·공연기획자들은 이 부문에 깊은 관심을 기울일 필요가 있음을 강조하지 않을 수 없다. 다만 이런 축제들이 난립함으로써 질 저하를 불러오고, 모든 국민이 놀기만 한다는 비난을 면하기 어렵다. 그래서 축제 통폐합이 논의되기도 한다. 외국의 유명 사례를 참고하고자 한다.

12. 외국의 유명 축제

1) 일본의 마쓰리

일본이 '마쓰리'는 원래 신에게 제시를 드리는 행사였지만, 현재는 축하할 계기가 있을 때 지역 주민 모두가 참여하는 행사로 등장했다. 모심기, 추수, 명절을 맞아 축하하는 지역 페스티벌인 셈이다. 종교의식이라는 의미보다 일본의 대표적인 볼거리로 변화되었다. 일본의 3대 마쓰리는 다음과 같다.

① 도쿄 간다 마쓰리 : 도쿄의 간다 지역은 헌 책방 거리로 유명하다. 매년 5월 14일에서 15일 사이에 간다신사에서 거행되는 200여 개의 '가마'가 행진하는 행사이다. 이 때 지역 주민들이 모두 참가한다.

② 오사카 덴진 사이 : 매년 7월 24에서 25일에 열리는데, '여름 대축제'와 100여 척의 배들이 토지마 강과 오가와라 강을 거슬러 올라가는 내용인데, 그 화려함과 장려함은 대단하다.

③ 교토 기온 마쓰리 : 이것은 일본 중요 무형민속문화재로서 1,000년 전 전염병을 퇴치하기 위한 기원에서 생겼다고 한다. 매년 7월 1일부터 31일까지 열리며, 등에 불을 켠 대 위에 산 모양을 만드는 것으로 이때 피리, 징, 북 등이 연주된다.

2) 에든버러 음악연극제

에든버러 음악연극제(Edinburgh Festival of Music and Drama)는 영국 스코틀랜드 에든버러에서 매년 8월에서 9월 사이 3주 동안 열리는 행사로 1947년부터 개최되어 왔다. 스코틀랜드 지방 연극단체 외에도 로열셰익스피어 극단, 코미디 프랑세즈 등 국내외 극단이 참가하고, 공식 프로그램 외에도 아마추어 극단이나 소극단의 공연도 있다.

3) 리우 카니발

리우 카니발(Rio Carnival)은 매년 2월 말에서 3월 초에 걸쳐 브라질의 리우데자네이루에서 열리는 삼바 퍼레이드를 지칭한다. 이 기간에는 토요일 밤부터 수요일 새벽까지 밤낮 축제가 계속된다. 포르투갈에서 브라질로 이주한 사람들의 축제와 아프리카 노예 출신의 전통 악기 연주가 혼합돼 리우 카니발이 생겨났다. 1930년대 삼바 학교가 다수 설립된 이후 현재와 같이 대규모 축제로 변화되었다. '삼바드로모' 는 삼바 무용수들이 퍼레이드를 할 수 있도록 설계된 거리를 말하는데, 6만 명이 들어갈 수 있는 면적이다. 축제 기간에 전 세계에서 6만 명의 관광객과 국내 구경꾼 25만 명이 참가한다.

일본의 마쓰리와 영국의 에든버러 축제, 브라질의 리우 카니발은 모두 국제성을 구현하고 완성 단계에 이른 축제들이다. 우리의 지역 축제에도 브라질의 무용단이 출연하는 것을 보면 우리도 축제의 글로벌한 면모에 대해 많은 연구가 있어야 할 것으로 생각된다. 축제는 대중문화의 이벤트이기는 하지만 최종적으로 평가하면 축제는 결국 돈이다. 시민들의 흥을 살려 정서에 도움을 주고, 돈도 벌 수 있다면 일석이조가 아니겠는가.

13. 연예인·유명인사의 자선과 기부

탤런트, 가수, 영화배우, 연극, 뮤지컬 등에서 활약하는 스타라는 개념을 종합적으로 접근하고 있는 항목이 '공연예술 이야기' 이기 때문에, 자선과 기부 등 긍정적인 측면과 이혼, 자살 등 부정적인 내용들을 여기서 거론하게 되었다.

자선의 뜻은 '불행·재해 등으로 자활할 수 없는 사람을 구조함'이고, 기부는 '어떠한 일에 보조의 목적으로 재물을 내어줌'이다. 우리의 연예계도 이제 상당히 서구화되어 자선과 기부도 분명 그들의 영역이다. 물론 성공해서 재력을 갖춘 연예인에 해당되는 이야기지만 연예인의 구성 요소에서 이 부분이 결코 빠질 수 없는 시대가 되었다.

세상에는 부자보다는 가난한 사람들이 다수이다. 물론 중산층이 가장 두텁지만 자본주의 경제 시스템 아래에서는 빈곤층도 적지 않다. 그래서 정부가 구분한 내용은 국민기초생활수급권자, 그리고 여기에 포함되지 않는 가구로서 최저생계비의 120%가 못되는 차상위 계층도 있고, 저소득층, 노인, 어린이, 장애인, 보훈대상자 등 소위 사회적 약자 그룹이 대단히 많다. 전체 1%의 부자들이 이들에게 관심을 돌려야 자본주의의 그늘에 햇빛이 비칠 수 있다.

이런 사회적 소외계층을 대상으로 마르크스(및 엥겔스)가 '공산당 선언'을 발표한 것은 1848년 2월 24일 망명지 영국 런던에서였다. 이후 세계는 자유 진영과 공산주의 국가로 이분화되었고, 지금도 좌파와 우파로 나뉘어 세계를 투쟁과 갈등의 구렁텅이로 몰아넣고 있다. 23페이지의 정치 팸플릿인 '공산당 선언'은 "한 유령이 유럽을 배회하고 있다. 공산주의자라는 유령이…, 프롤레타리아가 잃을 것은 쇠사슬이요, 얻을 것은 전 세계이다. 만국의 노동자들이여, 단결하라!"를 외쳐댔다.

여기서의 주장은 봉건시대부터 19세기 자본주의 역사를 연구하고, 자본주의는 결국 몰락하고 노동자 사회로 대치된다는 달콤한 이론을 쏟아냈다. 그러나 유일한 공산국가였던 소련은 겨우 73년을 독재국가로 버티다가 소멸되었다.[39] 그러나 그 공산주의의 앙금이 세계 도처와 우리나라에도 깔려 있다. 이 점에 대해 정부와 사회, 종교단체들이 나서고 있고, 일부 부자와 연예인들이 동참

---

39) 1917년 10월 혁명으로 볼셰비키가 정권을 잡고, 1918년 러시아 소비에트연방사회주의 국가(蘇聯-USSR)가 탄생한다. 그러나 1980년대 후반 고르바초프의 등장으로 개혁과 개방이 추진돼 1991년 12월 8일 소련은 정식으로 해체된다.

하지 않으면 안 되는 상황에 이른 것이다. 우리 연예계의 선행과 기부는 그들의 사회적 존재를 심사숙고하게 하는 대단히 중요한 덕목이다.

1) 우리나라 사례

① 신영균

원로배우 신영균이 2010년 10월 5일 500억 상당의 재산을 기부했다. 신영균은 서울 중구 초동의 명보아트홀과 국내 최초 영화박물관인 제주 신영박물관을 영화계 공유 재산으로 기부한다고 발표했다. 500억원이 넘는 기부 금액은 영화계 사상 최대 규모다.

치과의사에서 영화배우로 변신한 그는 1928년 11월 6일 황해도 평산에서 태어났다. 1960년 조긍하 감독의 〈과부〉로 영화에 데뷔했고, 모두 299편의 영화에 출연했다. 〈마부〉(1961), 〈연산군〉(1962), 〈로맨스 그래이〉(1963), 〈빨간 마후라〉(1964), 〈잉여인간〉(1964), 〈남과 북〉(1965), 〈태조 왕건〉(1970) 등 주로 선이 굵은 작품에서 좋은 연기를 보였다. 특히 〈미워도 다시 한 번〉은 1968, 1969, 1970, 1971년 동명의 영화에 4회에 걸쳐 출연하는 기록도 세웠다. 1962년 아시아영화제 남우주연상과 대종상 남우주연상, 1973년 청룡영화상 남우주연상 등 많은 영화제에서 수상했다. 제15, 16대 국회의원을 지냈고, 현재 한국지역민영방송협회 회장으로 있다. 영화인으로서 기부문화의 진정 훌륭한 모범을 보여주었기 때문에 뒤따르는 후배들이 더 많이 나왔으면 하는 마음이다.

② 김장훈

가수 김장훈은 마포구 현석동의 한 아파트에서 보증금 5,000만원에 월세 8만원짜리 집에 살면서(2007년 상황) 10년간 45억원을 기부했다고 한다. 그는 자동차도, 통장도, 신용카드도 없이 산다. 기부할 계획을 먼저 세운 뒤, 거기에 맞게 공연 스케줄을 잡는다. 하루도 쉬는 날 없이 일정이 꽉 차 있는데, 이를 소화하고 나면 기부금을 낼 수 있어 기쁘다고 말한다. 이런 결과로 경기도 부천시 '새소망의 집', 서울 강서구 '효주 아네스의 집', 서울 은평구 '데레사의 집' 등 3개 보육원과 후원 대상 학생들에게 매달 1,500만원을 보낸다. 하루 50만원씩을 기부하는 셈이다. 태안 원유 유출 피해지역에 5억원, KAIST에 발전기금으로 5,000만원을 기부했다.

그는 "기부는 내가 하는 것이 아니고 공연을 보러온 팬들이 나를 통해 기부하는 것이다. 나는 그저 인터넷 뱅킹처럼 '휴먼 뱅킹'에 불과할 뿐이다", "한때는 가수는 수명도 짧은데 돈을 모아야 한다는 생각도 했지만, 수명이 끝나면 포장마차를 해서라도 먹고 살면 된다는 각오로 기부를 계속하게 됐다"고 말했다. 정말 대단한 신념이고 용기이다. 상을 받는 것이 꼭 의미 있는 것은 아닐지 몰라도 이런 계속되는 선행으로 그는 2007년 국회 대상, 대중문화&미디어 대상 특별상 및 2007년 제19회 아산상 사회봉사상을 수상했다. 최근 미국에서 "독도는 한국 영토다"라는 광고를 내는 데도 앞장서고 있다.

김장훈은 2010년 12월 14일, 또 10억 원을 기부하기로 했다. 이 돈은 장애아동병원 건립, 소외계층의 무료 수술, 반크와 카이스트, 세종대 독도종합연구소, 경희대 고지도박물관 등 7곳에 나누어 쓰여지게 된다. 13년 동안 그가 기부한 액수는 110억 원 규모이다. 가수 혼자의 몸으로 이룩한 실로 대단한 업적이다. 어느 예능 프로에 출연한 김장훈에 대해 동료 연예인들은 기부에 강박관념이 있는 것이 아니냐고 비아냥거리는 것인지 꼬집는 것인지 하는 발언을 했다. 초지일관 남을 돕겠다는 것인데 그것이 무엇이 못마땅한지 알 길이 없다. TV에 나와 잡담수준의 이야기를 막 떠들어 대는 그 어떤 사람들보다 훌륭하고 자랑스러운 일을 한 사람이 바로 김장훈이다.

③ 배용준
배우 배용준은 지난 2004년 남아시아 지진해일 피해 지역에 3억원을 기부함으로써 국제적 스타의 면모를 보였다. 또 2006년 태풍 피해 지역에 2억원, 태안의 자원봉사자들을 위해 3억원을 기부하는 등 신인시절부터 지금까지 20억원이 넘는 금액을 기부해오고 있다.

④ 박찬호

야구 선수 박찬호는 지난 1998년 수재의연금으로 당시 개인으로는 최대 금액인 1억원을 기부했다. 그는 평소에도 꾸준히 결식아동 돕기, 실직자 자녀 돕기 등에 참여해오고 있다. 또 미국 한인사회에도 기부를 주도하고 있으며, 1승을 올릴 때마다 100만원을 루게릭병 환자들에게 기부하고 있다.

⑤ 최경주

프로 골퍼 최경주 선수가 지난 해 11월, 각종 상금으로 모은 100억원으로 '최경주 재단'을 출범시키면서 기부에 앞장서고 있다. 그는 1997년 결손가정 어린이에게 장학금을 준 것을 시작으로 지금까지 약 3억원에 가까운 금액을 기부했으며, 또 경기도 이천 냉동 창고 화재 피해 가족들에게 3억원을 전달했다.

⑥ 신지애

여성 골퍼 신지애 선수는 2010년 9월 19일 용인 88골프장에서 열린 메트라이프–한국경제 제32회 KLPGA 챔피언쉽에서 우승함으로써 한국여자프로골프 명예의 전당 가입 자격을 얻었다. 기부천사로 알려진 그녀는 이런 기쁨과 함께 저소득장애인 및 소아난치병 어린이들을 위해 대회 우승상금 1억4천만원 전액을 기부하겠다고 말했다. 20대 초반의 나이로 세계 여성 골프계에 우뚝 선 기량 못지않게 아름다운 마음도 칭찬받아 마땅하다.

⑦ 박명수, 박상민, 현숙, 장나라

지난 2008년 12월 개그맨 박명수가 5년간 남몰래 '아름다운 재단'에 매월

300만원씩을 기부해 그동안 억대의 기부금을 납부해온 것으로 알려졌다.

가수 박상민도 2010년 9월 17일 열린 '2010 나눔문화대축제'에서 홍보대사로 임명되었는데, 그간 가수 생활을 하면서 남모르게 기부한 금액이 40억원 넘는 것으로 알려지고 있다. 검은 안경에 중절모를 쓰고 〈청바지 아가씨〉 등 흥겹고 신나는 노래를 불러주지만, 늘 외모가 감추어진 박상민에게 이런 선행이 있다는 사실은 놀랄 만하다.

효녀로 이름난 가수 현숙도 2004년부터 매년 5월, 고향인 전북 김제를 시작으로 울릉도, 경남 하동, 충남 청양에 이동목욕차량을 기증했다. 이 사업을 위해 그는 한국사회복지재단에 4,200만원을 기탁했으며, 세 지역의 이동목욕차량 구입비 각 4,500만원을 합하면 모두 2억원이 지원됐다. 청양에서는 직접 독거노인을 위한 목욕봉사활동에도 참가했다.

장나라도 국내는 물론 중국에서 선행을 베풀어 찬사를 받고 있다. 그는 지난 해 중국 첫 단독 콘서트를 열어 얻은 수익금을 중국의 백혈병을 앓고 있는 한 소녀에게 4,000여 만원을 기부한 바 있다.

⑧ 김혜자와 차인표·신애라 부부

탤런트 김혜자 씨는 아프리카에서 자주 봉사활동을 펼친다. 공익광고로도 소개되었지만 정말 대단한 헌신이 아닐 수 없다. 탤런트 차인표, 신애라 부부도 그 동안 여러 차례 선행을 한 바 있는데, 세계 10대 구호기구인 컴패션에 1억원을 기부해 관계자들을 놀라게 했다는 소식도 있다. 또한 한국인 어머니에게서 태어난 미식 축구스타 하인스 워드 선수도 재단 설립을 위해 1억원을 전달한 바 있다.

⑨ 김연아

피겨 선수 김연아는 제86회 어린이날을 맞아 소아암 환자들을 위문하고 이들의 치료에 써 달라고 1억4천만원을 쾌척했다. 그녀의 피겨 연기가 더욱 아름 다워 보인다.

2) 해외 사례

기부와 관련해 노블레스 오블리주(noblesse oblige)의 개념은 가장 중심에 위 치해 있다. 노블레스 오블리주는 높은 사회적 신분에 상응하는 도덕적 의무를 뜻하는 말이다.[40] 초기 로마시대에 왕과 귀족들이 보여준 투철한 도덕의식과 솔 선수범하는 공공정신에서 비롯되었다. 초기 로마 사회에서는 사회 고위층의 공 공봉사와 기부·헌납 등의 전통이 강하였고, 이러한 행위는 의무인 동시에 명예 로 인식되면서 자발적이고 경쟁적으로 이루어졌다. 특히 귀족 등의 고위층이 전 쟁에 참여하는 전통은 더욱 확고했다.

로마 건국 이후 500년 동안 원로원에서 귀족이 차지하는 비중이 15분의 1 로 급격히 줄어든 것도 계속되는 전투 속에서 귀족들이 많이 희생되었기 때문 인 것으로 알려져 있다. 이러한 귀족층의 솔선수범과 희생에 힘입어 로마는 고 대 세계의 맹주로 자리할 수 있었다.

근대와 현대에 이르러서도 이러한 도덕의식은 계층 간 대립을 해결할 수 있는 최고의 수단으로 여겨져 왔다. 특히 전쟁과 같은 총체적 국난을 맞이하여 국민을 통합하고 역량을 극대화하기 위해서는 무엇보다 기득권층의 솔선하는 자세가 필요하다. 실제로 제1차 세계대전과 제2차 세계대전에서는 영국의 고위 층 자제가 다니던 이튼칼리지 출신 중 2,000여 명이 전사했고, 포클랜드 전쟁 때 는 영국 여왕의 둘째아들 앤드류가 전투 헬기 조종사로 참전하였다. 6·25전쟁 때에도 미군 장성의 아들이 142명이나 참전해 35명이 목숨을 잃거나 부상을 입 었다. 당시 미8군 사령관 밴플리트의 아들은 야간 폭격 임무수행 중 전사했으 며, 대통령 드와이트 아이젠하워의 아들도 육군 소령으로 참전했다.

---

40) 「두산백과사전」.

탤런트, 영화배우나 가수 또는 스포츠 스타로 훌륭한 업적을 쌓는 것은 대단히 어려운 일이다. 상당한 기간 동안 인기를 최고로 유지해야 돈을 벌 수 있다. 그들의 노력과 역할은 정신적·육체적 노동으로 평가하더라도 평범한 수준이 아니다. 그러나 그들에게는 자기 성취도 있고, 자본주의 사회의 경쟁력 때문에 거액의 개런티도 받는다. 건설 근로자가 벽돌을 쌓거나 부두에서 일하는 사람들의 노동 강도와는 아주 다르다. 그래서 미국 등 서구사회에서는 그런 스타가 자신이 사는 동네를 지날 때 주민과도 마주치게 될 텐데, 그 때 기부를 잘한 스타들에게는 지역 주민들이 반갑게 인사를 건네며, 그 반대의 경우는 그냥 외면해 버린다는 것이다. 소외 계층에 대해 너무 인색하다는 이유에서 일 것이다. 그 외면은 당사자에게 아주 무서운 형벌이 될 수도 있다. 인간적 존엄성을 무시당할 수 있기 때문이다. 그런 관점에서 외국 사례들은 우리 연예계에도 많은 참고가 될 것으로 생각된다.

① 빌 게이츠

"혁신에 필요한 지식과 기술을 가진 고급 인력이 부족하면 미국은 세계 경제에서 지도력을 유지할 수 없습니다. 학생과 교사들에게 더 많은 것을 요구하려 한다면 그들의 도전에 필요한 지원을 하는 것은 바로 우리의 책임입니다."

빌 게이츠(Bill Gates) 마이크로소프트(MS) 회장이 2009년 미 상원 보건·교육·노동·연금위원회 청문회에서 밝힌 내용이다.41) 빌 게이츠가 교육 발전을 위해 내놓은 돈을 보면 교육문제에 대해 이처럼 신랄한 비판을 할 자격이 충분하다.

빌 게이츠가 부인 멜린다와 함께 2000년 설립한 '빌 앤드 멜린다 게이츠 재단'은 2006년 말까지 교육 분야에만 26억 달러 이상의 천문학적인 돈을 쏟아 부었다. 미국 전역의 1,800개 고등학교 환경 개선사업에 15억 달러를 투입했고, 저소득층 학생 등을 위한 장학 프로그램에 10억 달러 이상을 내놓았다.

---

41) 《조선일보》, 2007년 3월 26일. 참조.

미 전역에 200개 대안학교를 신설하는데 3,000만 달러를, 워싱턴 주 지역의 유치원 아이들을 지원하는 사업에 향후 10년간 9,000만 달러를 각각 지원하기로 했다.

빌 게이츠는 자녀들에게 자기 재산의 5,000분의 1도 안 되는 1,000만 달러만을 남기겠다고 공언해왔다. 그는 사전 약속대로 2008년 6월 27일 자선사업에 전념하기 위해 경영 일선에서 공식 은퇴했다. 한국의 재벌들이 본받아야 할 대목이다. 그리고 2009년 1월 21일 소아마비 퇴치 약품 개발에 사용해 달라며 세계보건기구(WHO)에 2억5,500만 달러를 기부했다. 또한 빌 앤드 멜린다재단을 통해 2007년 11월에도 로터리국제재단과 함께 2억 달러를 소아마비 퇴치를 위해 기부했고, 2008년 7월에도 국제 금연운동에 1억2,500만 달러를 내놓았다.

② 워런 버핏

워런 버핏(Warren Buffett) 버크셔 해서웨이 회장은 세계 부자 랭킹 2위이다. 1위는 빌 게이츠 회장. 만약 버핏의 재산 300억 달러를 약속대로 빌 앤드 멜린다 게이츠재단에 기부가 완료되면 게이츠 재단은 그 규모가 600억 달러에 달해 유네스코 연간 예산의 200배에 달하는 대형 재단이 된다.

워런 버핏의 기부 방법도 아주 재미있다. 그는 버크셔 해서웨이의 지분 31%를 가지고 있다. 이 회사는 방직업, 보험업, 에너지, 철도, 가구, 보석, 제화 등 다양한 사업을 하고 있다. 심지어 우리나라 포스코 주식 4.5%를 소유하고 있다. 그러나 그의 게이츠 재단 등 5개 재단에 대한 기부는 지분이 5%로 줄어들 때까지 매년 계속된다. 따라서 2009년에는 게이츠 재단에 모두 50만 주를 기부하지만 2010년에는 주식수가 5% 적은 47만5,000주가 기부되는 방식이다. 기부되는 주식 수는 매년 5%씩 줄어들게 된다.

워런 버핏은 2010년 7월 1일 시가 16억 달러(1조9,500억원)에 달하는 버크셔 해서웨이 주식 2,036만 주를 '빌 앤드 멜린다 게이츠 재단' 에 기부했다고 〈월스트리트저널〉 등은 보도했다. 지난 2006년부터 2010년까지 게이츠 재단에 기부한 액수는 모두 79억5,000만 달러(약 9조7,000억원)에 이른다. 총 470억 달러(2009년 말 기준)의 재산을 갖고 있는 워런 버핏은 앞으로 30년간 300억 달러를 추가 기부하겠다고 공언한 바 있다.

또 게이츠와 버핏 회장은 "미국의 억만장자들에게 생전 또는 사망 시 개인 재산의 절반을 자선단체에 '기부하는 선언(giving pledge)'을 독려하고 있다"고 〈포천〉·AP는 전했다. 이들이 설득하고자 하는 대상은 〈포브스〉지가 선정한 미국 400대 부자들이다. 이들의 재산은 2009년 말 기준으로 1조2,000억 달러로 추성된다. 실제로 '내 재산의 반 이상을 기부한다'는 운동이 시작된 지 6주 만에 미국의 갑부 40명이 동참했다. 이들 재산의 절반만 합쳐도 최소 1천500억 달러(한화 약 175조원)를 기부하기로 약속했다. 이 액수는 2010년 한국 정부 예산의 60%에 해당되는 막대한 액수이다. 자산을 기부하게 되는 인사들은[42] 빌 게이츠=535억 달러, 워런 버핏=470억 달러, 래리 엘리슨(오라클 창업자)=280억 달러, 마이클 블룸버그(뉴욕 시장)=180억 달러, 폴 앨런(마이크로소프트 공동 창업자)=135억 달러, 엘리 브로드(선 아메리카 창업자)=57억 달러, 조지 루카스(영화감독)=30억 달러, 배런 힐턴(힐튼호텔 전 회장)=25억 달러 등이다. 미국의 부자들은 정말 대단하다. 존경스럽다.

하지만 미국의 상술은 한마디로 지독하다. 1953년 종전된 6.25전쟁으로 서울은 폐허 그 자체였다. 그러나 RCA는 TV를 팔고자 1956년 화신 건너편에 TV 방송국을 세웠다. 1987년에는 죽의 장막이 채 걷히지 않은 '베이징 덕'의 본산 북경에 KFC 지점을 세웠고, 1990년 철의 장막의 중심이었던 모스크바에 맥도널드 지점을 개설해 대박을 터트린다. 만약 평양이 공개된다면 제일 먼저 코카콜라가 들어갈 것이라는 얘기도 설득력이 있다. 이렇게 미국의 기업은 장사하기에 치열하지만 위와 같이 과감히 '기부 선언'을 하고 실천하는 부자들이 있어 미국은 세계 최고의 국가인 것을 부인할 수 없는 것이다.

42) 출처: 로이터 통신.

③ 리카싱

미국 경제전문지 〈포브스〉 선정 2010년 억만장자 14위(재산 210억 달러)에 오른 리카싱(李嘉誠) 홍콩 허치슨 왐포아·청쿵실업 회장이 2010년 9월 또다시 3억 홍콩달러(약 450억원)를 기부한 것으로 알려졌다. 이번 기부는 시민들로부터 공익사업 아이디어를 공모해 우수한 개인에게는 2만5,000홍콩달러(약 375만원), 단체에게는 30만 홍콩달러(약 4500만원)를 지원하는 형식이다. 그는 2008년부터 지금까지 52억 홍콩달러(약 7,800억원)을 각종 공익사업에 낸 바 있다.

④ 미하엘 슈마허

자동차 경주 F1(포뮬러1)의 황제 미하엘 슈마허(Michael Schumacher)가 남아시아 지진해일 피해자들을 돕기 위해 1,000만 달러를 쾌척했다.43) 개인 기부로는 최다 금액으로 핀란드(612만 달러), 오스트리아(272만 달러), 슬로베니아(110만 달러) 등의 국가 지원금보다 많은 액수다. 그는 "희생자 가족과 슬픔을 같이하고 싶다" 고 말했다. 1995년부터 유네스코를 지원했고, 2002년 동유럽 물난리 때도 100만 유로(약 14억원)를 내놓았다. 그리고 프랑스 뇌·척추장애연구소 설립 후원행사도 벌였다.

미국 경제전문지 〈포브스〉 자료에 따르면 슈마허의 1년 수익은 소속팀 페라리로부터 받는 연봉 약 400억원을 포함해 약 8,000만 달러이다. 수입도 대단하지만 연 수입의 8분의 1을 자선기금으로 쓰는 정말 통 큰 기부자이다. 그는 10월 22일 전남 영암군에서 개최된 포뮬러1(F1) 2010 시즌 17번째 대회 'F1 코리아 그랑프리' 에 참가한 바 있다.

⑤ 오프라 윈프리

2006년 10월 30일 방송된 〈오프라 윈프리 쇼〉에서 토크 쇼의 여왕 오프라 윈프리(Oprah Gail Winfrey)는 "자선을 위해 써 달라" 며 방청객 300명에게 1,000달러

---

43) 〈조선일보〉, 2005년 1월 6일. 참조.

짜리 현금카드를 선물했다.44)윈프리는 방청객 모두에게 '뱅크 오브 아메리카' 가 협찬한 현금카드를 나눠줬다. 그는 돈을 어떻게 사용해도 되지만 자신의 친척에게는 쓰지 말라고 부탁했다. 미리 방청객들의 연락처를 받아둔 제작진은 방청객에게 일일이 캠코더를 빌려준 뒤 앞으로 현금카드를 쓰는 과정을 화면에 담은 뒤 나중에 쇼에서 소개해줄 것을 당부했다.

오프라 윈프리는 연말 쇼에서 그간 다이아몬드가 박힌 시계, 노트북, LCD-TV(삼성 제품), 냉장고(LG 제품) 등을 선물로 주었다. 가장 규모가 컸던 것은 '꿈은 이루어진다' 가 주제였던 2004년 9월 방송분에서 방청객 276명 모두에게 2만 8,000달러에 이르는 GM사의 스포츠세단 '폰티악 G6' 를 선물로 준 것이었다. 당시 초대된 방청객들은 새 차를 받을 만한 사연을 보냈던 주인공들이 선정됐고, GM이 자동차 선물을 협찬했다. 2010년 9월 13일 오프라 쇼 25번째 시즌 첫 방송에서 약 300명의 방청객 전원에게 호주 여행권을 선물했다고 한다. 윈프리는 방청객과 방송제작진 등 모두 450명과 함께 8일간 호주 시드니에 머물 예정이라는 것이다. 윈프리가 직접 자신의 돈을 낸 것은 아니지만 사람들에게 기쁨과 희망을 주는 얼마나 갸륵한 마음씨인가.

⑥ 샌드라 블럭

영화 〈미스 에이전트〉와 〈크래쉬〉에 출연했던 할리우드 1급 여배우 샌드라 블럭(Sandra Bullock)이 지진해일 피해를 입은 남아시아 구호 활동을 위해 미국 국제적십자사에 100만 달러를 내놓았다. 또 작고한 명배우 폴 뉴먼이 자신의 모교인 오하이오 주 캐니언 대학교에 1,000만 달러를 기부한 바 있다. 그가 유기농 식품회사를 운영해 자선단체에 기부한 돈도 1억5000만 달러에 이른다.

2002년 조지 W 부시 대통령이 상속세와 증여세 폐지를 추진하자 뜻밖에

---

44) 〈동아일보〉, 2006년 11월 1일. 참조.

부호들이 반대하고 나섰다. 조지 소로스, 테드 터너 등이 회원인 '책임 있는 부자' 라는 단체는 〈뉴욕 타임스〉에 반대 광고까지 냈다. 여기에서 우리는 '재산은 신이 잠시 맡긴 것' 이라는 기독교의 전통과 '서구사회에서 노블레스 오블리주에 대한 의식은 기업도 예외가 아니다' 와 '이윤만 추구하는 기업은 사회로부터 존경받을 수 없다' 는 교훈을 얻게 된다.

⑦ 샤론 스톤과 안젤리나 졸리

2005년 1월 30일 폐막한 다보스 포럼의 핵심 주제는 '빈곤' 이었다. 여배우 샤론 스톤은 28일 개최된 한 토론회에서 탄자니아의 말라리아 퇴치 기금으로 1만 달러를 내놓았다. 샤론 스톤이 거금을 쾌척하자 즉석에서 30여 명이 기부를 약속, 5분 만에 100만 달러가 모였다. 다음날인 29일에는 배우 안젤리나 졸리가 전쟁 난민 구호를, 리처드 기어는 인도 에이즈 퇴치 문제를 호소했다. 록밴드 U2의 리더인 보노와 함께 에이즈 백신 개발기금으로 7억5,000만 달러를 내놓은 빌 게이츠는 아프리카 질병 대책 마련을 호소했다.

⑧ 저우룬파

중년의 독자들은 홍콩 배우 저우룬파(周潤發)를 모두 기억할 것이다. 〈영웅본색(1984)〉, 〈영웅본색2(1987)〉, 〈영웅본색3(1989)〉 시리즈는 당시 혈기 방장한 청춘들에게 남자의 로망이 무엇인가를 제시했고, 많은 젊은이들이 그의 스타일을 모방하기도 했다. 또 2000년에 나온 〈와호장룡〉은 인간의 의(義)와 애끓는 사랑을 현대무용 같은 검무(劍舞)의 판타지에 실어 와이드 스크린에 아로새겼다.

미남이고 연기가 출중한 저우룬파는 부인 천후이렌(陳薈蓮)과 함께 오래 전부터 빌 게이츠와 워런 버핏이 벌이고 있는 기부운동에 동참해 2010년 9월, 자신의 사후에 재산의 99%를 사회에 환원하겠다고 발표했다. 그의 재산은 약 8억5,600만 홍콩달러(약 1,280억원) 정도로 알려져 있다. 그러니까 단순계산으로도 한화 약 1,267억원을 기부하겠다는 것인데, 현재 55세인 그는 앞으로도 영화출연 등으로 많은 돈을 벌 수 있고, 예금 이자도 대단할 것이므로 기부액수는 더욱 늘어날 것이다. 그는 지하철과 버스를 자주 이용하고, 서민 식당도 찾는다고 한다. 벼는 익을수록 고개를 숙인다고 했던가, 선행을 몸소 실천하는 저우룬파를 배워야 할 것이다.

14. 이혼과 자살

　　앞에서는 연예인들, 또 유명인들의 선행과 기부에 대한 여러 가지 사례들을 살펴봤다. 이들의 이야기를 통해서 우리는 서로 나누고 따뜻한 사회를 만들지 않으면 안 된다는 교훈을 얻고, 각 분야 사람들에게 어떤 깨달음을 주게 된다. 그러나 우리 연예계에는 일종의 사건에 가까운, 아니면 스캔들이 일어나는 경우가 자주 생긴다. 연예인과 국민들 사이에는 두터운 친밀성이 존재한다. 즉 대중들은 스타를 집단적으로 사랑하는 것이다. 그러나 그들이 상처를 받게 되면 국민들의 정서에도 아픔을 안겨주게 된다. 연예인은 한 개인만의 존재가 아니다. 따라서 세상을 살면서 겪게 되는 온갖 고초를 감정적인 차원이 아닌 이성적 판단에 따라 결정했으면 하는 필요성은 대단히 큰 의미와 가치를 지닌다. 앞으로 더 이상은 가슴 아픈 사건이 발생하지 않을 것을 염원해본다.

1) 이혼

　　현대생활에 있어서 결혼은 핵심적인 사안이다. 훌륭하게 결혼생활을 유지할 수 있으면 성공한 인생이라고 사람들은 말한다. 그러나 시대적인 흐름에 따라 도시화, 산업화, 핵가족화, 여성의 사회진출 증가와 권리의식 향상 등 여러 가지 요인으로 결혼은 성공 빈도보다 실패의 사례가 증폭하고 있는 것이 현실이다. 근래에 우리나라는 매일 840쌍이 결혼을 하며, 반대로 398쌍이 이혼을 한다는 통계가 나온 바 있다. 이혼율은 미국이 51%, 스웨덴이 48%, 한국은 47.7%로 세계 3위에 올라 있다. 특히 미국이나 유럽의 경우, 이혼은 매우 일반적인 사회현상으로 보여진다. 마치 결혼이 이혼의 전제 조건처럼 생각된다. 결혼 건수의 절반이 이혼을 감행하니 그렇게 표현해도 무리는 아니다. 그래서 아동의 학적부난에 '첫 번째 아버지', '두 번째 아버지', '세 번째 아버지' 이름을 적는 난이 있다고 하니 우리나라의 상황에서는 놀라지 않을 수 없는 상황이다.

결혼식을 나흘 앞두고 돌연 결혼을 연기했던 미국의 할리우드 스타 커플 벤 애플렉과 제니퍼 로페즈가 결국 갈라섰다고 한다(2003년 9월). 로페즈가 요구한 결혼 서약이 너무 부담스러워 애플렉이 결별을 선언하기에 이르렀다는 분석도 있다. 로페즈는 애플렉에게 ▷바람피우다 걸리면 벌금 500만 달러 ▷매주 최소 4번 이상 부부관계 ▷아이는 로페즈가 원하는 만큼 낳을 것 ▷로페즈 출연 영화의 섹스 신이 아무리 길어도 간섭하지 말 것 ▷수시로 비싼 선물을 해 놀라게 해줄 것 등의 서약을 요구했다고 한다.

일본의 탤런트 겸 가수인 사와지리 에리카도 제니퍼 로페즈 못지않다. 2009년 1월 DJ 다카시로 쓰요시와 결혼한 그녀는 현재 별거 중인데, 두 사람의 혼전계약서는 더욱 해괴하다. ▷한 달에 부부관계는 5회로 제한하고, 그 이상을 원할 경우 남편은 부인에게 회당 50만 엔을 지불한다. ▷이혼 시 남편의 재산 90%를 아내가 차지한다. ▷남편이 다른 여성과 밀회를 했다가 들킬 경우, 1,000만 엔의 벌금을 부과하고 성 관계까지 갔으면 여기에 2,000만 엔을 추징한다 등으로 되어 있다. 이것은 매우 극단적인 예의 하나겠지만, 전통적 결혼이라는 관점에서 생각하면 입이 딱 벌어질 내용이다. 현대사회에서 결혼은 적나라한 흥정이고 비즈니스로 퇴락하고 있는 현실이 혼란스럽다.

우리 연예계에서도 이혼은 있어 왔다. 일반인들도 이혼을 하는데, 연예인은 이혼을 해서는 안 된다는 얘기가 절대 아니다. 연예인들은 대중의 관심을 한 몸에 받고 있기 때문에 이혼에 대한 부담이 보통 사람들보다 몇 배 높다는 점을 지적하고 싶기 때문이다.

이들의 이혼에 대한 원인은 두 가지로 파악된다.

첫째는, 상대가 함께 연예인일 경우, 그들의 감성과 열정의 강도가 높아 즉시 가열되고 발화가 된다는 점을 전문가들은 꼽고 있다. 연예인으로 입문한 처지니까 용모 등이 모두 출중하고, 한 마디로 멋이 있어 서로 끌리고 다가가는 통로가 매우 유리하다는 점도 지적된다. 그들이 말하는 대화도 일종의 연기가 배어 있으니 얼마나 근사할 것인가. 그래서 거칠 것 없이 결혼하지만, 상대방에 대한 개성, 인간적인 면모, 마음씨, 교육적 배경, 경제적인 사정, 가족 관계, 버릇 등은 깊이 따져보지 못할 수가 있다. 이 부분이 가장 위험스러운 이혼의 조건들이다.

둘째는, 한국 사회에서 연예인은 존중받는 풍토이다. 어디 가나 지갑을 꺼낼 필요가 없고, 다른 사람들이 다 돈을 내준다. 어느 모임에서나 맨 처음 소개해서 환대 받는다. 인기가 높을수록 이런 상황은 점점 도를 더한다. 이렇게 지내다 보면 자신도 모르는 사이에 공주가 되고 왕자가 되며, 다른 사람들은 모두 하인이나 시녀로 착각할 수 있게 된다. 부부관계는 독립적이면서도 상호보완적이고 의존적이다. 남편이 하인이고, 아내가 시녀일 수는 절대 없는 것이다. 이런 부위가 치료되고 교정되어야 하는데, 이것이 자존심 차원으로 변하면 이혼은 피할 수 없이 파경에 이른다.

한국 사회는 할리우드도 아니고, 이런 상황을 수용하는데 익숙해 있지 않다. 또 인터넷에 글을 올리는 시스템이 활발해 이런 경우 대단한 고통을 받게 된다. 악플은 인간의 가장 사악한 발명품이다. 어떻게 그렇게 유용한 인터넷 속에 소름 끼치는 괴물이 들어 있는지 도저히 이해가 안 된다. 따라서 연예인과 연예인, 일반인과 연예인의 결혼에 있어서 서로의 개성이 다르기 때문에 서로를 존중하는 배려는 그 어느 것보다 중요하다. 나는 공주와 왕자가 아니라는 것을 다짐하면서, 옛날 말로 검은 머리 파뿌리 될 때까지 해로할 결의를 가지고 결혼에 임해야 한다. 그러면 일반적인 가정생활과 함께 연예인으로서의 업적과 존경도 자연히 따라온다는 점을 기억했으면 한다. 결혼 생활이 평탄해야 연예활동의 폭과 질이 넓어진다는 점에 대해 성공적인 결혼 생활을 영위하는 주변의 선배들을 잘 연구할 필요가 있다.

2) 자살

최근 인터넷 자살 사이트에서 만난 남녀가 집단 자살하는 사건이 자주 발생했다. 원인이야 여러 가지겠지만 사회적으로 대단히 우려스러운 일이다. 현대 사회에 있어서 생명에 대한 통제 권한이 각 개인에게 있는 것인지 아니면 신의 영역인지는 논란도 많고 견해도 다양하다. 특히 경제적인 불황기에는 보통 평범한 사람들에게 산다는 것 자체가 무거운 짐이고, 부담일 수 있다.

공자는 이렇게 말하였다.

"우리의 몸은 부모에게서 받은 것이니 다치지 않는 것이 효도의 시작이며, 출세하여 후세에 이름을 날려 부모를 드러내는 것이 효의 끝이다."

만약 한 가정에서 자녀가 사망한다면 가장 큰 상처를 받는 사람은 그의 부모이다. 산고(産苦)를 겪으면서 아기를 낳고 성인이 될 때까지 힘든 뒷바라지를 하면서 금지옥엽으로 키웠는데, 그가 생명을 잃었다면 정말 절통할 노릇이다. 그래서 일찍이 공자는 자녀가 손상을 입거나 생명을 잃는 것을 불효의 시작으로 보았던 것이다. 자살은 자신만 죽는 것이 아니며, 그 부모도 살해하고 동기간과 주변 동료들도 모두 목숨을 뺏는 것과 다름없다.

2003년 4월 1일 만우절에 홍콩의 유명한 영화배우 장국영이 홍콩의 중심가에 있는 만다린 호텔 24층에서 뛰어내려 자살했다. 그는 영화 〈영웅본색〉, 〈천녀유혼〉, 〈금지옥엽〉, 〈야반가성〉, 〈패왕별희〉 등으로 한국에서도 인기가 높았다. 〈패왕별희〉에는 우미인(장국영)이 고난에 빠진 항우 앞에서 칼춤을 추다가 자살하는 장면이 있다. 이 내용이 자살과 관련이 있지 않나 하는 추측도 있다. 홍콩 현지 언론에 등장하는 이유는 세 가지이다.

① 동성애자와의 불화설. 그는 1995년부터 탕허더(唐鶴德)라는 남자와 동성애 관계로 2000년 이후 동거해 왔다. 자살 당일 오후 4시쯤 장국영이 먼저 호텔 4층 레스토랑에 도착했으며, 곧 탕허더가 남자 1명과 함께 나타났다. 탕허더는 장국영에게 "이 사람이 새 남자 친구"라며 "새 친구를 위해 이제 헤어지자"고 말했다. 장국영은 화를 내며 식당을 나갔다. 1시간 정도 지난 후 그는 유서를 남겨놓고 24층 헬스센터 창문 밖으로 투신했다.

② 출연작 〈이도공간(異度空間)〉의 영향설도 있다. 여자 귀신 스토리인데, 장국영은 이 영화촬영 후 우울증에 걸렸고, 주위 사람들에게 "실제 영화 속의 귀신에 빠져 자살하는 게 아니냐"고 호소하기도 했다.

③ 과중한 스트레스 설은 '최근 그의 정서가 불안했다. 돈은 아니다'라는 말도 나왔다. 그의 재산은 1억 홍콩달러(약 160억원)가 넘는다니 스트레스 얘기도 설득력이 있다. 장국영은 이성 간이 아닌 동성 간의 애정 배신이 문제가 되어 목숨을 끊은 상당한 원인이 된 것으로 파악된다.

연예인의 자살은 '이성 간의 문제', '스트레스', '금전문제'가 원인이 될 수 있다. 우리나라 연예인들 중에도 스스로 목숨을 버린 사례가 여럿 있다. 2005년 2월 배우 이은주, 2007년 1월에 가수 유니, 같은 해 2월에 탤런트 정다빈, 2008년 9월에 탤런트 안재환, 10월에 탤런트 최진실, 2009년 3월에 탤런트 장자연, 4월에는 신인 탤런트 우승연, 11월 세계적인 패션모델 김다울, 2010년 3월에는 최진실 동생인 탤런트 최진영, 5월 25일에는 영화감독 곽지균, 6월 30일에는 한류배우 박용하가 생을 마감했다. 또 '행복전도사'로 이름을 날린 최윤희가 10월 7일 남편과 동반 자살을 택한 바 있다. 레이싱 모델과 댄스 가수로 활동했던 이혜린도 10월 22일 서울의 자택에서 스스로 목숨을 끊었다. 이렇게 연예인의 자살은 점차 늘어나는 추세이다. 대단히 안타까운 일이다. 가족들은 물론이고 그들을 사랑했던 팬들도 슬픔에 잠기고 애통함을 토로한다.

연예인의 세계가 화려하고 찬란하지만 그 막 뒤에 가려진 상황은 그 반대 경우가 많다. 만약 한 드라마나 영화에서 좋은 역으로 출연해 호평을 받았다가 무슨 이유에서인지 다음 후속 배역이 6개월 또는 1년 가까이 없다면 얼마나 절망할 것인가. 또 절친한 관계의 동료에게 역을 빼앗긴다면 그것도 참기 어려운 노릇이고, 지독한 스트레스에 빠지게 된다.

뿐만 아니라 연예인은 유혹의 대상이다. 유혹자가 남자일 수도 있고, 반대로 여성일 수도 있다. 이 경우는 거의 쾌락이 목적이라고 본다. 최근에 불거진 문제들 중 하나는 배역과 돈을 대상으로 육체적 관계를 맞바꾸는 형태이다. 연예인에게는 참을 수 없는 모욕이다.

이런 경우에 빠져들게 되는 것은 결국 연예인이라는 끈을 놓지 못하고 붙잡고 있어서 발생하게 된다. 유명인이 되어야 한다는 욕심 때문이다. 연예인이 되는 과정에서 어떤 태클이 발생하면, 그것을 극복하지 못할 때는 게임을 포기해야 한다. 인생에 있어 연예인이라는 가치는 상대적이다. 결코 절대적은 아니다. 이 점을 항상 기억했으면 하고 당부한다. 세상을 살아가는 방법은 여러 가지이고 "예쁜 자신의 아기를 품에 안는다" 든가, 또는 "4월이면 돋아나는 감나무의 작은 잎을 볼 수 있는 것" 은 인생 최대의 환희이다. "박수를 받지 못할 때는 관객이 되어 박수를 치는 방법" 을 선택하는 것이 오히려 덕이 된다. 무릇 세상의 모든 일이 성급할 때 일어난다. 조급증을 떨어 버리고 편안한 마음으로 살아가는 길이 승리하는 것이고, 연예인도 이 오솔길을 따라 가야 할 것으로 생각된다.

3) 베르테르 효과

연예인의 자살은 일반 국민들에게도 자살 충동을 전염시킬 수 있다는 점이 중요하다. 나 하나 목숨을 버리는 것뿐만 아니라 다른 여러 사람까지 죽음에 이르게 한다면 이는 대단히 심각한 사회문제가 될 수 있다는 사실을 깊이 생각하지 않으면 안 될 것이다.

2009년 8월 30일 통계청이 발표한 '2008년 사망원인 통계결과' 에 따르면, 2008년 자살에 의한 사망자는 1만2,858명으로 2007년보다 684명(5.6%) 늘었다. 이것을 365일로 나누면 1일 35.2명이 자살한 것이다. 통계청 관계자는 "2008년 하반기 경기가 급격히 나빠지고 유명 연예인이 잇달아 자살하면서 젊은층에 '베르테르 효과'가 나타나 자살이 급증했다"고 말했다.

또 2010년 10월 3일 나온 한나라당 이애주 의원의 '2009년 사망원인 통계'와 통계청 자료의 분석에 따르면, 최진실의 자살(2008년 10월 2일) 이후 2개월간 1,008건(명)의 추정치가 나왔고, 유명 연예인 자살 이후 두 달 평균 606명이 추가로 자살한 것으로 나타났다. 베르테르 효과는 독일의 문호인 괴테의 소설 〈젊은 베르테르의 슬픔(Die Leiden des Junger Werthers)〉에서 유래한 용어로, 유명인이 자살하면 그 유명인과 자신을 동일시해 자살을 시도하는 현상을 뜻한다. 이렇게 연예인의 자살은 그 파장이 매우 크다는 것이 특징이다.

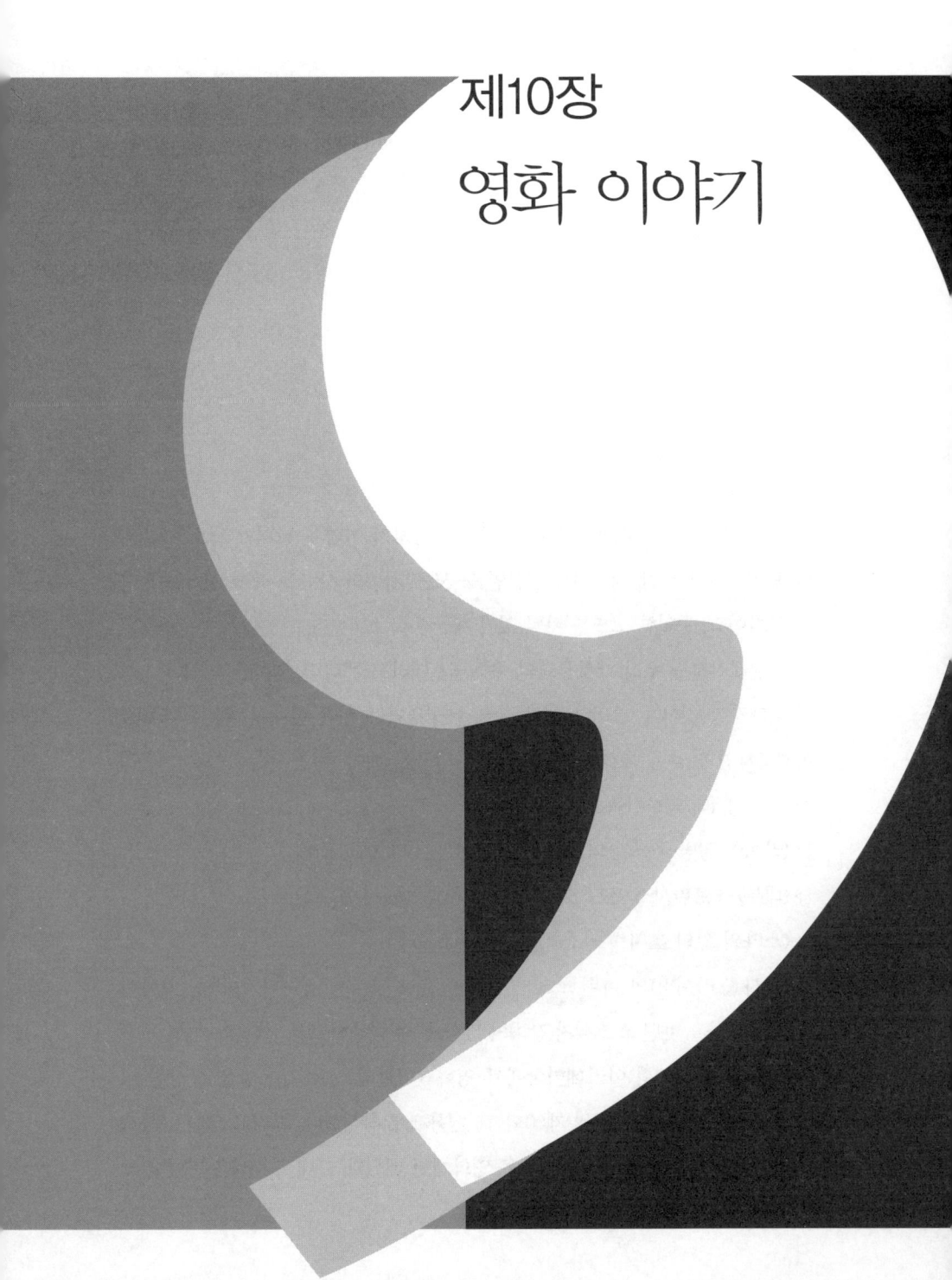

제10장

영화 이야기

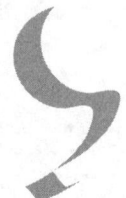

　　오늘날 영화를 배제한 우리의 삶은 상상하기 어렵다. 남녀와 노소, 부자와 빈자, 권력자와 서민, 지식인과 일반인 등 모든 계층의 사람들 간에 영화는 공유의 문화이고, 동일한 코드를 차별 없이 제공받고 소비한다.

　　텔레비전을 우리 생활문화의 주식(主食)이라고 한다면, 영화는 외식이나 특식에 해당할 것이다. 그러나 영화는 한낱 '구경거리'만은 아니기 때문에 제대로 이해하자면 다양한 특성에 관해 상당한 연구를 해야 한다. 전문가들은 현존하는 미국의 4대 영화감독으로

▷〈라이언 일병 구하기〉의 스티븐 스필버그(Steven Allan Spielberg)

▷〈대부〉의 프란시스 포드 코폴라(Francis Ford Coppola)

▷〈스타워즈〉의 조지 루카스(George Walton Lucas Jr.)

▷〈택시 드라이버〉의 마틴 스코세지(Martin C. Scorsese)를 꼽는다. 영화를 보아야 하는 당위성을 마틴 스코세지 감독의 말을 통해 이해하고자 한다.

　　2007년 제79회 아카데미상에서 영화 〈디파티드〉로 감독상을 수상한 마틴 스코세지는 같은 해 5월 제60회 칸 영화제에 참석했다. 그리고 연설을 통해 "내가 알아야 할 모든 것, 좋은 것은 영화에서 배웠다." "내 부모님은 가난한 노

동자였습니다. 책이라곤 읽어본 적이 없죠. 덕분에 난 어렸을 때 TV나 영화만 봐야 했습니다. 그리고 좋은 영화로부터 내가 알아야 할 모든 것을 배웠습니다. 영화는 오락이지만, 동시에 교육입니다. 그게 우리가 훌륭한 고전영화를 지켜야 하는 이유입니다" 라고 강조했다고 외신은 전했다.

영화는 어떤 대중문화 장르보다 강한 색깔을 지니고 있고, 또한 향기가 짙으며 자극적 요소로 우리를 순화시키는 매체이다. 따라서 영화를 이해하는 데에는 다음과 같은 몇 가지 특징을 보이고 있다.

1. 영화는 공부하기 어려운 예술이다

우리는 한 달에 몇 편씩 영화를 감상한다. 그리고 지금까지 보아온 영화들의 수를 모두 합친다면 상당한 숫자가 될 터이다. 따라서 보통의 사람들은 자신들이 영화에 대해서 잘 알고 있다고 생각하고 있고, 그렇게 이해하는 것도 전혀 무리가 아니다. 왜냐하면 영화는 그 만큼 우리에게 일반화되어 있기 때문이다. 그러나 영화는 그 자체의 범위가 매우 넓고 또 심도가 깊어 천착하자면 노력을 많이 해야 하는 예술이다. 대학교에 영화학과가 있고, 거기에서는 4년 동안 영화만을 공부시키는 것을 봐도 영화가 얼마나 어려운 학문인지 알 수 있을 것이다.

영화 공부는 영화의 역사, 구조, 미학, 영화산업, 영화제작, 현대 영화의 경향, 비평 등 다각적인 접근이 가능하다. 가장 짧은 시간 동안에 영화라는 넓은 바다를 탐험하기 위해서는 '영화의 역사' 를 일별함으로써, 영화가 우리에게 주는 메시지를 간파하는 것이 유효적절하다고 판단되었다. 그러나 1895년 12월 28일 프랑스의 뤼미에르 형제에 의해서 영화가 이 세상에 탄생하게 된 이래 거의 115년이라는 세월이 흘러갔다. 따라서 그간 수백만 또는 수천만 편인지 도저히 헤아리기 어려운 많은 수의 영화들이 제작되고 상영되었다. 그것들을 모두 파악하고 이해하는 것은 불가능하다. 또한 이런 영화적 배경에서 영화를 연구한 서적들도 서가 여러 층을 메울 만큼 많다. 필자가 소유한 것들만 해도 책의 수가 적지 않다. 그 중 중요한 것만 나열한다.

▷〈옥스포드 세계영화사〉, 제프리 노웰-스미스 책임편집, 이순호 옮김, 열린책들, 996페이지

▷〈죽기 전에 꼭 봐야 할 영화 1001〉, 스티븐 제이 슈나이더 책임편집, 정지인 옮김, 마로니에북스, 960페이지

▷〈히치콕, 서스펜스의 거장〉, 패트릭 맥걸리건 지음, 윤철희 옮김, 을유문화사, 1,376페이지

▷〈위대한 영화〉, 로저 에버트 지음, 최보은·윤철희 옮김, 을유문화사, 1권=616페이지, 2권=695페이지

▷〈영화 클라시커 50〉, 니콜라우스 슈뢰더 지음, 남현석 옮김, 해냄, 290페이지

▷〈영화감독 클라시커 50〉, 298페이지

▷〈세계영화사(1880~1929)〉, 크리스틴 톰슨, 데이비드 보드웰 지음, 주진숙, 이용관, 변재란 옮김, 시각과 언어, 334페이지

▷〈세계영화사 제2권(1926~1960)〉, 572페이지

▷〈영화예술〉, 데이비드 보드웰, 크리스트 톰슨 지음, 주진숙·이용관 옮김, 이론과 실천, 628페이지

▷〈영화의 이해〉, 루이스자네티 지음, 김진해 옮김, 현암사, 544페이지

▷〈영화란 무엇인가〉, 토마스 소벅·비비안 C. 소벅 지음, 주창규 외 옮김, 거름, 480페이지

▷〈세계 다큐멘터리 영화사〉, 에릭 바누 지음, 이상모 옮김, 다락방, 441페이지

▷〈다큐멘터리〉, 마이클 래비거 지음, 조재홍·홍형숙 옮김, 지호, 496페이지

▷〈한국영화사〉, 김미현 책임편집, 커뮤니케이션북스, 447페이지

▷〈한국영화 100년〉, 호현찬 지음, 문학사상사, 423페이지

　이밖에도 〈예술로서의 영화(열화당)〉, 〈영화란 무엇인가(집문당)〉, 〈영화, 그리고 사랑(정우사)〉, 〈세계명작영화 100년(블루북스)〉, 〈정보화시대의 영화산업(나남출판)〉, 〈할리우드의 영화전략(을유문화사)〉, 〈할리우드 거대미디어의 세계전략(중심)〉, 〈구로사와 아키라의 영화세계(지인)〉, 〈영화미학과 비평입문(한양대 출판부)〉, 〈영화란 무엇인가(집문당)〉, 〈세계영화사(연세대 출판부)〉 등이 있다.

　페이지 수를 표시한 것은 영화가 이해하기에 너무 방대한 영토를 갖고 있다는 사실과 일반 독자들이 이런 서적을 통해 영화에 접근하기에는 결코 쉽지

않다는 점을 설명하기 위해서이다. 이런 관점에서 볼 때, 우리가 빠른 시간 내에 영화를 공부한다는 것은 지난한 작업이 아닐 수 없다. 그리고 영화는 배우의 예술인지, 아니면 감독의 총체적 작품인지도 결정해야 한다. 전문 학자들의 여러 논의도 있지만, 필자는 여기서 편의상 영화감독의 예술로 간주하기로 한다.

영화라는 양적으로 또 질적으로 거대한 산과 숲과 강과 바다를 비록 주마간산 격으로 파악하더라도 무엇인가 텍스트가 있어야 효율적일 것이다. 그래서 심사숙고 끝에 선택한 책이 〈세계영화사(잭 씨 엘리스 지음, 변재란 번역)〉이다. 이 책을 참고로 큰 줄거리를 잡고 순서를 따라가고, 세부는 필자가 재구성해서 영화감독을 중심으로 한 영화의 이해를 시도하고자 한다. 그러나 독자들이 거의 최근의 영화들만을 본 것으로 추측되어 이 방법마저도 결코 유용성이 있을지에 대해 의문이 제기되고 있다는 사실도 우려되는 부분이다.

2. 영화의 효용성

① 우리가 영화를 좋아하고 자주 보는 것은 '재미' 라는 소구(訴求)를 충족시키는 데 있다. 우리는 다른 사람들의 연애 이야기, 슬픈 이야기, 실패한 이야기들에 관심이 많고, 인간들이 소외당하는 이야기들도 많은 영화들이 주제로 삼고 있다. 그러나 대부분의 영화들은 폭력과 섹스를 중요한 테마로 삼고 있다. 현대인들은 폭압과 선정성 같은 자극이 강한 내용에 보다 깊이 빠져드는 것이 최근의 상황이다.

② 관객들은 영화 자체가 지닌 예술성, 작품성 등 예술적 측면도 선호한다.

③ 중년 이상의 관객들은 영화를 대리경험을 통한 하나의 인생교과서로 아직도 간주한다.

▷ 영화구성의 요소는 ① 기획, ② 제작(자본), ③ 시나리오, ④ 감독, ⑤ 배우(연기),

⑥ 기술, ⑦ 극장, ⑧ 관객, ⑨ 비평 등이다.

▷순환과정은 생산→분배→소비, 또는 제작→유통→수용(관람)의 순서로 일반
상품의 생산과정과 크게 다르지 않다.

3. 영화의 기원

▷일시 : 1895년 12월 28일 밤 9시

▷장소 : 프랑스 파리 카퓌신 가(街) 14번지 그랑 카페 지하 '인디언 살롱'

▷주최자 : 뤼미에르 형제(Auguste and Louis Lumiere)와 흥행사 클레망 모리스

▷내용 :

① 시네마토그라프(뤼미에르 형제가 발명한 최초의 촬영 및 영사기) 1대

② 스크린에 해당하는 천 조각 하나

③ 의자 100개(관객용)

④ 입장료 1프랑(현재 '프랑'은 사용하지 않고, 1유로는 현재 1,500원 정도)

⑤ 입장객 33명

⑥ 상영영화는 〈시오스타 역에 도착하는 기차〉 등. 열차가 관객들을 향해 달려
오는 줄 알고 비명을 지르며 밖으로 뛰쳐나가는 사람도 있었다.

⑦ 그들은 20여 분 동안에 10여 편 정도의 초(超)단편 영화들을 보았다.

⑧ 입소문으로 며칠 후 관객은 2,000명을 넘어섰고 질서정리를 위해 기마경찰이
동원되었다.

⑨ 이 영화들은 미국에 수출되어 1896년 6월 29일 뉴욕에서 상영되었고, 뒤이
어 러시아, 중국, 일본 등지에 진출했다.

원래 영화를 처음 만든 사람은 에디슨이었다. 그러나 에디슨의 영사기는

한 사람씩만 구멍 속을 들여다봐야 하고, 천문학적인 가격에다 크기가 방 한 칸 정도로 장소를 크게 차지하는 치명적인 약점이 있었다.

1894년 파리에 출장 갔던 뤼미에르 형제의 아버지 앙트완이 에디슨이 발명한 동영상 기계인 '키네토스코프'를 구경하고 그 내용을 아들들에게 설명했다. 아버지가 사진사였던 뤼미에르 형제는 실험을 거듭한 끝에 재봉틀의 원리를 이용해 필름에 구멍을 뚫은 후, 그 구멍에 톱니바퀴 같은 기계를 장착했다. 이것을 일정한 속도로 돌아가게 하면 1초에 16장의 사진을 찍을 수 있는 세계 최초의 촬영과 영사 겸용 카메라인 시네마토그라프(Cinematographe)를 발명했다. 시네마토그라프는 '움직임을 기록한다'는 뜻이다. 뤼미에르 형제는 이후에 약 400여 편의 단편영화를 만들었다. 퇴근하는 노동자, 대장장이, 아기에게 젖먹이는 엄마의 모습 등. 그러나 그들은 "영화는 참 미래가 암담한 발명품이다"라는 말을 남기고 영화제작을 중단했다. 영화를 창안한 사람의 전망치고는 한 치 앞도 내다보지 못한 어이없는 생각이 아닐까 한다.

4. 관심을 끄는 일본 영화

중년 이상의 사람들 중에는 '영화 보러 간다'고 말하면 귀찮고 피곤하게 왜 극장에 가느냐는 얘기를 하는 경우가 있다. 또 젊은 층은 영화를 감상한다기보다 그냥 심심해서 시간 때우러 간다는 친구들도 꽤 많다. 이는 영화에 대한 충성도가 매우 낮고, 영화보기의 가치를 별로 높게 치부하지 않기 때문일 것이다. 뿐만 아니라 오래 전에 보았던 영화를 기억한다든가 하는 경우도 드물어 보이고, 그 때 영화에 등장했던 배우, 감독의 이름조차도 낯설어 한다. 이런 점들이 영화의 역사에서 명멸했던 소위 '고전영화'를 소개하는데 애로점이 되고 있다. 따라서 혹시라도 TV 영화나 비디오로 보았던지, 아니면 부모님으로부터 전해들을 수도 있다는 가능성을 전제로 비교적 가까운 시기에 상영되었던 일본 영화로부터 이야기를 꺼내고자 한다. 우리가 지하철을 탈 때 가까운 입구로 내려가는 것이나 마찬가지 이유이다. 접근성을 고려해서 그래도 혹시 일본 영화를 보지 않았을까 하는 가능성에서 출발하고자 하는 생각이다. 아래는 일본으로부터 정식 수입돼 국내 상영된 영화들인데, 처음에는 정부가 수입을 결정한 기준은 해외영화제에서 수상한 영화들로 한정했다.

▷〈원령공주〉(1997)=미야자키 하야오 감독, 관객 1,300만명, 흥행수입 180억 엔(한화 1,800억원 내외)
▷〈실낙원〉=모리타 요시미츠 감독, 흥행 면에서 크게 성공
▷〈Shall We Dance?〉=수오마사 유키 감독, 미국에서 개봉되어 히트했고 1,000만 달러의 수익을 올렸다.
▷〈우나기〉=이마무라 쇼헤이 감독
▷〈하나비〉=기타노 다케시 감독
▷〈신세기 에반게리온〉=안노 히데아키 감독, 흥행수입 20억 엔(한화 200억원 내외)
▷〈러브레터〉(1995)=이와이 순지 감독, 영화 작가적 자질과 상업적 가능성 겸비, 마치 순정만화의 세계를 옮겨 놓은 것 같다.

일본 영화들은 전통의 창조적 특성을 가지고 있는데, 그것들은 사무라이 문화의 시대극, 야쿠자 영화, 찬바라(검객), 유랑영화, 저패니메이션, 청춘 아이돌 영화, 희극영화, 전통 시리즈 등이다. 이런 전통들이 근래 무너져가고 있는 경향을 보이고 있다고 한다. 1970년대 한 해의 경우, 개봉한 영화 278편 중 소위 로망 포르노(성인용 에로 영화와 유사)는 103편에 이른다는 보도도 있었다. 이 점도 우리가 매우 주목하게 되는 부분이다.

또 핑크 영화(fink movie)라는 개념도 있는데[45] 에로비디오 영화를 지칭하는

---

45) cafe.naver.com

용어이다. 1960년대 이전 일본 영화계는 쇼치쿠, 도에이, 신도호, 다이에이, 도호 등의 스튜디오들이 주도하는 시스템으로 유지되었다. 그러나 TV가 급속히 보급되면서 스튜디오 시스템은 급속히 붕괴되기 시작했고, '니카츠'라는 스튜디오는 주로 핑크 영화를 만들었는데, 이들에게도 예외 없이 경영 악화는 찾아왔다. 1969년 촬영소의 매각을 시작으로 1971년 마침내 모든 영화제작을 중단한 니카츠는 같은 해 11월부터 스튜디오에 남아있던 사람을 주축으로 저예산의 포르노 영화를 제작하기 시작했는데, 이것을 종래의 핑크 영화들과 구별해서 '로망 포르노'라고 지칭했다. 이 영화들은 이전의 핑크 영화에 비해 더 많은 제작비에 우수한 인력, 제대로 된 시설에서 만들어져 영화의 질이 높은 편이었다. 로망 포르노 영화는 1970년대에 제작된 일본 영화의 70% 이상을 차지한 바 있다.

　　이 같은 상황은 아마도 비록 불황이 오래 계속되었다고는 하지만 줄곧 미국에 이은 세계 제2위의 경제대국으로 자본주의가 극도로 발달돼 있고, 반면 물질적 풍요 속에서 싹튼 인간의 성애(性愛)가 보통의 시민들 사이에서 만연되고 탐닉하게 된 것이 아닌가 하는 추측을 낳게 한다. 이 때 영화제작자들은 보다 손쉽게 돈을 벌게 되는 것은 자연스러운 일 아니겠는가? 뤼미에르 형제가 1895년 초 단편영화를 만들어 그 다음해에 미국에 수출해 뉴욕에서 상영된 사실을 상기하면 영화는 애초부터 예술품이기에 앞서 아주 예민한 수익창출 지상주의 상품임에 틀림없다.

5. 국제영화제에서 수상한 일본 영화

▷〈라쇼몽(羅生門)〉(1950)=구로자와 아키라 감독, 1951년 베니스 국제영화제 그랑프리 수상, 한국 개봉

▷〈가게무샤〉(1980)=구로자와 아키라 감독, 1981년 칸 국제영화제 그랑프리 수상, 한국 개봉

▷〈나라야마 부시코〉(1983)=이마무라 쇼헤이 감독, 1983년 칸 국제영화제 그랑프리 수상, 한국 개봉

▷〈우나기〉(1997)=이마무라 쇼헤이 감독, 제50회 칸 국제영화제 그랑프리 수상, 한국 개봉

▷〈하나비〉(1997)=기타노 다케시 감독, 제54회 베니스영화제 황금사자상 수상

6. 구로자와 아키라 감독과 〈라쇼몽〉

한 프랑스 학자가 "일본에는 두 명의 왕이 있다.46) 왕궁에 살고 있는 일왕과 일본인들의 정신세계의 왕인 구로자와 아키라가 있다" 고 평가했을 만큼 구로자와 아키라(黑澤明)는 전 세계 영화계에 큰 영향을 미쳤다. 구로자와의 영화세계는 뛰어난 미학적 완성도, 대중성과 예술성의 절묘한 조화로 요약된다. 진한 휴머니즘과 인간 본성에 대한 진지한 고찰을 탁월한 테크닉의 영상미학에 담아낸 거장이었다.

그가 세계적으로 유명해진 계기는 1950년에 만든 〈라쇼몽〉에서 진실과 사실과의 차이, 인간 본성의 불가해성을 이야기한 이 작품으로 1951년 베니스영화제 대상을 받았다. 이어 1954년엔 '세계 최고의 전쟁 서사시' 라는 격찬을 받은 〈7인의 사무라이〉로 베니스영화제 은사자상을 받아 영상미학의 절정기를 구가하였다.

1910년 도쿄에서 체육교사의 아들로 태어나 화가를 꿈꾸었던 그는 26세 때 영화계에 입문했고, 도스토예프스키의 영향을 받아 피폐한 시대상과 그 속에서 살아남은 인간들의 삶을 탐구하는 영화를 주로 만들었다. 탁월한 형식미, 정적인 이미지와 동적인 액션의 조화, 몽타주와 롱 테이크47)의 적절한 구사를 통해 극적 긴장감을 고조시키는 편집. 스티븐 스필버그는 그를 "영상의 셰익스피어"

---

46) 〈동아일보〉, 1998년 9월 7일. 참조.
47) 'long take' 는 카메라의 셔터를 작동시켜 정지될 때까지 하나의 화면을 찍는 것을 말한다. 따라서 롱 테이크는 1~2분 이상 한 번에 길게 촬영된다.

라고 칭송했고, 마틴 스코세지, 조지 루카스 등 유명 감독들이 지금도 구로자와를 자신들의 스승이라고 말할 정도이다. 그는 1990년 아카데미 특별공로상을 받았다. "나는 아직 영화의 본질을 파악하지 못했고, 본질에 대한 이해에 도달하고 싶다"고 겸손한 수상소감을 밝혔다. 1998년 9월 6일 88세를 일기로 별세했다. 사망 소식에 NHK는 정규방송을 중단하고 조가(弔歌)를 틀었다는 이야기도 있다. 그는 일본의 국보급 인사일 뿐만 아니라, 비록 아시아 감독이지만 일찍이 세계 영화계에서 바윗돌 같은 무거운 존재였다는 점을 시사한다.

〈리쇼몽〉[48]은 남편 앞에서 강산낭한 아내를 그린 충격적인 장면과, 하나의 사건을 4명의 다른 인물의 시점에서 표현한 난해한 구성 때문에 전위영화로 평가되어 당시 일본 내에서는 흥행에 크게 성공하지 못했다. 베니스 영화제 수상 이후 '빛과 그림자'의 강한 대비를 통한 시각적 연출, 특히 나뭇가지 사이로 비치는 태양을 찍은 역광선 촬영과 다이내믹한 카메라의 움직임, 그리고 모던한 음악의 사용 등은 구로자와 특유의 미학으로 국내외적으로 크게 평가되었다.

〈라쇼몽〉은 프랑스 작곡가 모리스 라벨(Maurice Ravel)이 1928년 작곡한 〈볼레로(Bolero)〉가 주제음악 겸 배경음악으로 사용되어 영화의 스토리 전개와 더불어 매우 개성적인 분위기를 조성하였다. 〈볼레로〉는 스페인의 환당고(Fandango)와 유사한 춤을 말한다. 전체 연주시간이 약 13분대에서 17분대로(토스카니니 지휘, 뉴욕 필) 관현악단마다 조금씩 차이가 있고, 제1부에서 8부까지 하나의 멜로디가 점점 변주되어 가는 형식이다. 약한 음에서 출발해 결말에 가서는 폭발적인 총주(總奏)에 도달하기까지 점증하는 크레센도는 강력한 카타르시스를 제공한다. 이 작품에서는 두 개의 주제와 볼레로 리듬이 169회 반복된다. 댈러스 심포니의 상임지휘자였던 얍 밴 츠웨던은 13분에 연주를 마쳤는데, 감상하는 청중들은 터질 듯한 긴장감에 휩싸였다는 후문이다. 지금부터 60년 전에 〈라쇼몽〉에 삽입된 라벨의 음악을 우리는 지금도 FM 방송을 통해 자주 들을 수 있는데, 그때마

48) 『아시안 필름페스티발 해설집』, 1998년. p82.

다 현대성에 대한 구로자와 아키라의 혜안과 선경지명을 확인하고 놀라게 된다.

2010년은 구로자와 아키라 감독 탄생 100주년이 되는 해인데, 재미있는 이야기도 전해진다. 1951년 베니스 국제영화제에서 〈라쇼몽〉으로 대상인 금사자상을 수상했을 때 '현장에 참석한 사진'은 대역이었다는 보도가 나왔다.[49] 당시 구로자와 감독 및 〈라쇼몽〉 관계자 누구도 영화제에 참석하지 않았다. 영화제 주최 측은 임시방편으로 베네치아 시내를 뒤져 동양인을 찾아내 대역을 시켰다는 내용이다. 59년 전 상황임을 감안하면 베네치아에 동양인이 드물어 고생했을 것으로도 추측된다. 이유는 〈라쇼몽〉이 국내 흥행에서 실패해서 경제적 어려움도 있었을 것이고, 국제영화제에 대한 인식이 매우 부족했다는 점도 꼽힌다. 낚시에서 돌아온 구로자와는 아내로부터 수상소식을 전해 들었다고 한다.

7. 감독을 중심으로 한 영화의 이해

▷텍스트: 〈세계영화사(A History of Film)〉— 잭 씨 엘리스 지음, 변재란 번역

영화를 어떻게 접근하고 이해해야 하느냐는 문제는 매우 복잡한 과제이다. 거의 100년, 한 세기가 넘는 영화의 탄생과 진보, 발전은 다양하기 그지없다. 기재의 발명과 개발, 예술로의 정착, 감독들의 창조활동, 영화이론의 성립 등 고찰해야 할 부분이 한두 가지가 아니다. 오늘날 우리 생활에서 없어서는 안 될 밀착된 미디어를 들여다보기 위해 영화라는 큰 나무 중에서 감독이라는 굵은 기둥을 통해 영화를 공부하고자 한다.

1) 미국 영화의 기원(1914~1919)

▷에드윈 포터(Edwin Porter) 감독

---

49) 〈아사히 신문〉, 2010년 6월 16일.

그는 1896년에 영화작업을 시작한 미국인 감독으로 이중행동성을 채택하여 하나의 배경 세팅에서 다른 배경으로 잘라내는 것을 창안해냈다. 전혀 다른 시간과 장소에서 촬영된 포터의 장면들에서는 무대장치된 것과 실제의 것이 혼합되어 현실의 공간과 시간에는 결코 존재하지 않던 통합적인 전체를 연속장면으로 만들었다. 포터의 영화들 속에서 처음으로 기본적인 편집형태를 보였다. 이런 편집은 약 20년 후 소련의 몽타주 고안자들을 흥분시킬 잠재력을 갖고 있다. ●〈미국인 소방수의 생활〉(1903), 〈대열차 강도〉(1903)

▷데이비드 워크 그리피스(David Walk Griffith) 감독

역시 미국인 감독으로 그리피스가 가장 중요하게 통찰해낸 것은 신(scene)보다는 쇼트(shot)가 영화 언어의 기본단위가 되어야 한다는 것이었다. 롱 쇼트, 미디엄 쇼트, 클로즈업은 각각의 심리적, 미적 기능을 이해하고 이를 일관되게 이용했다. 디졸브, 페이드 인·아웃, 아이리스(전체 영상 중 작은 원 부분만큼만 보여지는 것을 포함한 검은 화면으로 시작한다), 매스킹, 분할 화면 등 다양한 영화기술을 최초로 개발해 작품을 만들었다. ●〈국가의 탄생〉(1915)

▷찰리 채플린(Charles Chaplin) 감독

그는 영국에서 뮤직홀 연예인의 부모에게서 태어났다. 이들의 이혼으로 어머니를 따라 5세에 첫무대에 섰고, 10세에 희극단에 입단했으며, 1912년 미국에 초청을 받는 기회를 잡았다. 대본, 연기, 연출 등 여러 작업을 거쳐 〈소나기 사이에서〉(1914), 〈황금광 시대(Gold Rush)〉(1925), 〈도시의 불빛(City Light)〉(1931), 〈모던 타임스(Modern Times)〉(1936), 〈위대한 독재자(The Great Dictator)〉(1940), 〈살인광 시대(Monsieur Verdoux)〉(1947), 〈라임라이트(Limelight)〉(1952) 등 주옥같은 작품들을 쏟아냈다.

그는 콧수염, 실크해트, 모닝코트, 지팡이 등을 이용한 '거지 신사'의 성격과 의상을 구현해냈는데, 이것은 데뷔 초기부터 1910년대 말까지 진화되어온 것이다. 그는 역경 속에서도 명랑함과 위엄을 잃지 않고 순진하고 교묘하게 승리를 이루어 모든 관객들의 마음을 사로잡게 되었다. 이러한 페이소스적 요소를 담기에 충분한 입체적, 복합적 인물의 창조를 덧붙여 채플린은 그의 독특한 무언극의 품위를 개발시켜 나갔다.

그는 잘난체하는 사람, 난폭한 자들을 극중에서 때려 눕혀 관객의 열등의식을 해소시켰다. 왜소한 체구의 찰리는 매를 맞고 쓰러지지만, 용수철처럼 발딱 일어나는 모습에서 관객들은 웃음을 자아냈다. 다른 배우들이 관객을 웃기기 위해 부딪칠 때, 그는 모자를 들어 나무에 사과하는 식으로 웃음을 유발했다. 그는 인류에게 '코미디' 라는 장르를 선물한 최초의 영화인이다. 그의 트레이드마크는 눈물과 웃음, 유머와 페이소스였는데 후반기에는 '사회적 풍자' 와 '비판적 내용' 을 다루었다. 〈살인광 시대〉에서 제국주의 전쟁의 범죄설을 파헤쳤기 때문에 1950~1954년 미국을 휩쓴 '매카시 선풍' 은 그를 공산주의자로 몰았고, 〈라임라이트〉 시사를 위해 영국으로 건너간 것을 계기로 유럽에서 활동하며 스위스에 정착해 생을 마쳤다. 1972년 아카데미 특별상을 수상했다.

2) 소련 영화의 예술성과 변증법(1925~1929)

▷세르게이 에이젠슈타인(Sergei Eisenstein) 감독

에이젠슈타인에게 있어 두 개의 서로 다른 화면을 서로 부딪치게 함으로써 관객들을 그 두 쇼트의 총합보다 더 크고, 각 부분들의 어떤 결과도 다른 개념으로 이끌어간다. 그의 견해는 '몽타주' 는 독립된 쇼트들, 즉 서로 반대되는 쇼트일지라도 두 쇼트의 충돌로부터 야기되는 사상이다. 즉 극적인 원리이다. 이런 원리에 입각해 만든 영화가 유명한 〈전함 포템킨(The Battleship Potemkin, 1925)〉이다.

몽타주는 영화에 있어 중요한 개념이기 때문에 좀 더 상술한다.50) 몽타주

---

50) 『방송대사전』, p.248.

는 '구성한다, 쌓아올린다, 조립한다' 등의 뜻으로 '편집' 이라는 의미와 '화면구성의 사상성(思想性)' 을 뜻하는 용어로 사용된다. 원래는 여러 가지 영상을 한 화면 내에 짜 넣는다는 사진 용어였으나, 러시아의 에이젠슈타인 등 이론가들에 의해 영화에 도입되면서 '샷들의 연결에 의하여 새로운 의미를 창조한다' 는 뜻으로 쓰이게 되었다. 하나의 화면구성뿐만 아니라 감정이나 의지, 사상의 흐름을 몇 개 장면의 연속(좌와 우로 화면을 연결하는 방법)으로 표현하는 것도 몽타주라고 한다. 몽타주는 구성적으로 이루어진 영화편집이다. 영화에서는 하나의 신(scene) 그 자체로서는 무의미하다. 신이 겹쳐 쌓이고, 다른 장면과 서로 결합되어서 비로소 의미를 가진다. 이것이 몽타주이다. 프랑스는 감각적으로, 러시아는 심리적으로 몽타주를 설명하는 경향이 있다.

사상성을 표현하는 몽타주의 예를 살펴보자. '남루한 차림의 노인 모습' 의 한 장면과 '김을 내면서 맛있게 끓고 있는 수프' 의 또 한 장면의 두 장면을 좌우로 합치면, 배고픈 노인의 가난한 원인은 러시아 황제가 백성들을 수탈해 노인이 기아의 고통을 받고 있다. 따라서 황제는 제거해야 할 인물이다.

다른 예는, 왼쪽 신에는 '침대에 여인이 힘없이 앉아 있고 그 옆에 몇 장의 지폐가 놓여 있다.' 바른쪽 화면은 '남자가 등을 보이면서 윗옷을 입고 있는 장면' 인데, 이것을 좌우로 붙이면 '부자와 자본가들이 노동자를 착취해 여인이 창녀가 될 수밖에 없다' 는 논리를 지어내게 된다. 즉 '자본가를 죽여야 한다' 는 이데올로기(공산주의)를 용솟음치게 만드는 기술이다.

그의 작품인 〈전함 포템킨〉과 〈파업〉이라는 두 개의 영화는 근본적으로 똑같은 이데올로기를 견지한다. 영화 〈전함 포템킨〉이, 실패한 1905년의 혁명에서 무장 순양함 선원들의 폭동을 다루었지만, 거기에 등장한 장교들은 영화 〈파업〉의 자본가들과 같은 성격의 인물들이다. 〈전함 포템킨〉에서 '오데사 계단' 의 인민을 총으로 쏴 쓰러뜨리는 백군 기병대와 코사크 군대는 〈파업〉에서의 군대, 경찰과 같다. 두 편의 영화에서 지배계급을 다루는 방식들은 기만적이며, 그들은 학살을 자행한다. 권력자들에게 기만당하지 않는다면 죄를 범하지 않을 그들은 오직 참을 수 없는 압제에 대항하기 위해 폭력에 의지한다. 노동계급은 국가의 가장 생산적인 자원이며, 유일한 민주세력으로 그려진다. 이 두 편의 영화에서 장차 기대되는 프롤레타리아 독재에 대한 모습이 그려진다. 되풀이 최초 영상은 선원들이나 노동자들에게 열변을 토하는 혁명지도자들을 보여준다. 이것은 공산주의 독재 전체주의를 사전에 보여주는 의미심장한 장면이다. 부르주아 독재를 타도하면서 미리 공산독재를 준비하고 있는 중조가 보여지기 때문이다.

오데사 계단은 영화 역사에 있어서 매우 유명한 장면과 표징을 제공하고 있다. 오데사(Odessa)는 현재 우크라이나의 항구도시이다. 과거 러시아 당시 혁명운동의 중심지였다. 에이젠슈타인이 주장한 5가지 몽타주가 모두 들어있는 영화 〈전함 포템킨〉 중 오데사 계단에서의 학살 장면은 매우 치밀하다. 만약 독자 중에 〈전함 포템킨〉의 오데사 계단에 관심이 있다면 74분짜리 DVD를 통해 세부 사항을 접할 수 있을 것이다. 영화 안에서 진행되는 5개의 몽타주 기법은 다음과 같다.

① 오데사 계단에서 학살이 진행될수록 화면 길이를 가속도가 붙는 리듬으로 점점 짧게 편집한 것은 '운율(韻律)의 몽타주'이다.

② 차르 군대의 점진적인 행진과 공포 속에서 흩어지는 군중의 무질서를 대비한 것은 '율동(律動)의 몽타주'이다.

③ 빛과 그림자, 밋밋한 평면과 입체감 나는 화면의 대비 등을 보여주는 '음조(陰助)의 몽타주'는 계단에 비친 차르 군대의 그림자와 그 그림자에 묻혀 아들을 안고 절규하는 어머니의 모습을 보여주는 장면이 그 예이다.

④ '배음의 몽타주'는 운율·율동·음조 몽타주가 합해져 나타나는 효과를 가리킨다.

⑤ '지적 몽타주'는 잠자고 있다가 포효하며 일어나는 사자상(獅子像)을 연속해

서 세 화면으로 편집하여 억압에 항거하는 민중을 비유한 것을 말한다.

위의 장면들은 이후 여러 영화에서 패러디 되었다. 그 중 하나가 할리우드 영화 〈언터처블(The Untouchables, 1987)〉이다. 브라이언 드 팔머 감독이 연출한 이 영화에는 케빈 코스트너, 앤디 가르시아, 로버트 드니로가 출연했는데, 언터처블은 알 카포네가 돈으로도 매수할 수 없는 사람을 뜻한다.

3) 1940년대 할리우드(1940~1942) 시대의 영화를 반영한 키워드와 대표 감독

▷ 필름 누아르

이 용어는 프랑스 비평가들이 '필름 누아르(Film noir)' 라고 이름붙인 양식으로, 1920년대 독일 표현주의와 1930년대 프랑스 시적(詩的) 리얼리즘의 영향을 받았다. 범죄와 타락, 심리적 이탈과 정신이상에 관한 어두운 멜로드라마이다. 필름 누아르가 제공하는 환상들은 지성과 냉소주의, 그리고 당당한 기교에 의해 꾸며진다. 그 환상들은 해독할 수 없는 복잡함으로 가득한 악몽 같은 환각이며, 위협과 불가사의한 인간의 악(惡) 앞에 직면하여 공포와 무기력함이 만연되어 있는 상태이다. 주인공들은 전형적으로 그들의 은밀한 세계 속에 존재하는 이해할 수 없는 동기들을 이해하고자 노력한다. 그들은 함정에 빠지게 되고, 불쾌한 경험과 폭력과 악으로 범벅된 고통의 미로에서 헤어나고자 길을 찾는다.

독일 표현주의의 개념은51) 일관적인 스토리의 전개보다는 극단적인 카메라 앵글과 짧은 숏의 연속으로 된 커팅 등으로 조형성 내지는 인위성을 전면에 부각시켜 심리적 리얼리티를 추구한 영화를 말한다. 표현주의는 뭉크, 칸딘스키 등의 화가로 대표되는 20세기 초의 미술운동이었다. 이들의 작품은 모든 면에서 과격하여 사물과 인간의 신체가 훼손, 변형, 왜곡되었다. 영화가 이 미술 사조와 조우하게 되는 것은 악몽 같은 제1차 세계대전의 쇼크가 독일을 지배할 때다. 당시 독일인들의 정신세계는 표현주의 화가가 묘사했던 불안, 회의, 공포(뭉크의 작

---

51) 『방송문화사전』, 방송문화진흥회 엮음, 한울아카데미, 1997. p.558. 및 p.277.

품 〈절규〉), 파괴, 신경질적인 것 등으로 가득 차 있었고, 이는 표현주의 미술을 통한 저예산 영화 탄생의 동기가 된다.

시적 리얼리즘은 1930년대 프랑스 주류 영화의 미적 경향을 가리키는 용어로 쓰이고 있다. 프랑스 영화가 할리우드 영화 및 여타 유럽 국가와의 영화적 변별성을 갖게 해주는 특성을 말하기도 한다. 즉 예술적 감각을 강조하고, 일상적인 삶의 진실한 가치를 추구하는 것 등이 있다. 딥 포커스, 소리와 시각을 일체시키면서 영상의 풍부함을 확대시키는 기법 등이 쓰인다. 예컨대, 잘 포장된 넓은 광장이 있고 우연히 웅덩이처럼 파인 곳이 있는데, 내리는 봄비는 그 작은 연못에 물방울무늬를 일으키며 톡! 톡! 소리를 내게 된다. 이 장면을 롱 샷의 빈 광장과 클로즈업으로 연못을 잡으면 우리는 어떤 시상(詩想)에 도달할 수 있다는 이야기이다.

누아르는 '검다(noir)'는 뜻의 프랑스어로 미국 범죄소설을 번역한 '누아르 시리즈'에서 따왔다.52) 프랑스 평론가들이 제2차 세계대전 전후에 할리우드에서 한 경향을 이루었던 어둡고 냉소적인 범죄영화에 대해 '필름 누아르'라고 이름붙인 것이 시초이다. 1940년대 초에 시작해 1950년대 중반에 끝난 '고전적인 누아르 영화'는 하드보일드 추리소설에서 이야기의 재료를 얻고, 독일의 표현주의에서 시각적 스타일을 빌어 왔다. 하드보일드 소설은 주로 사랑-배신-살인의 삼각관계를 통한 범죄를 다루면서 사건의 해결사로 사립탐정을 등장시킨다. 유혹에 흔들리지 않고 고독한 도시 속의 카우보이인 사립탐정은 빈민가에서 부유층까지 사회의 구석구석으로 관객을 인도한다. 이를 통해 도시의 이면에 감춰진 추악한 세계가 들춰진다. 확실히 컬러로 찍은 누아르 영화는 흑백영화가 가진 도식적이고 추상적인 특성들을 보완해 보다 현실감을 부여해 주었다. 게다가 검열의 완화로 폭력과 성(性)에 대한 묘사가 더욱 생생해졌다.

고전 누아르를 본디 모습에 가장 가깝게 되살려낸 네오 누아르의 대표작은 로만 폴란스키 감독의 〈차이나 타운〉(1974)이다. 1937년도의 로스앤젤레스가 무대

---

52) 〈중앙일보〉, 1997년 12월 10일. 참조.

인 이 영화는 사립탐정인 잭 니콜슨이 물 사용권을 둘러싼 '가진 자' 들의 음모와 거기에 얽힌 부도덕한 근친상간의 문제까지 파헤친다. 로버트 타운의 극본은 레이먼드 챈들러의 소설에서 볼 수 있는 분위기를 끌어내면서도 복잡하게 얽힌 내러티브를 정교하게 풀어나감으로써 '시나리오의 교과서' 로 통한다. 로만 폴란스키 감독의 엄격한 연출과 페이 더너웨이와 존 휴스턴의 뛰어난 연기, 흑백영화의 분위기를 느끼게 하는 밀도 높은 색감 등 거의 모든 면에서 고전 누아르를 재생시키고 있다. 1997년에 발표된 〈LA 컨피덴셜(L.A. Confidential)〉에서는 사립탐정 대신 경찰이 등장한다. 〈살인자들〉, 〈죽음의 키스〉, 〈선셋대로〉, 〈밀타의 매〉, 〈나크 패시지〉, 〈상하이에서 온 여인〉 등이 있으며, 최근 영화로는 〈차이나 타운〉, 〈LA 컨피덴셜〉 등이 있다.

▷리얼리즘(Realism)

리얼리즘 영화는 현실을 가감 없이 보여주는 카메라와 조작적이지 않은 편집으로 관객에게 좀 더 사실적인 세상을 보여주려는 영화의 경향을 말한다. 리얼리즘은 주로 사회적 문제를 다루는 영화들인데, 영국인들이 기록영화적 측면을 그들의 형식에 담고자 선호했다면, 미국인들은 현실에 접근한 채로 있는 일종의 극영화 제작을 위해 특별히 필요한 '폭로' 의 전통에 이끌리고 있다. 즉 폭로를 중시했다는 것이다. 〈우래 생애 최고의 해〉(제2차 세계대전 종전 후 재향군인이 도시 생활에 재적응하면서 생기는 갈등과 화해의 내용), 〈세일즈맨의 죽음〉(국민의 삶을 억압하는 미국 경제 체제와 가치의 행사 방법을 고발한다)

▷6명의 감독들
● 알프레드 히치콕=〈레베카〉, 〈이창〉, 〈싸이코〉, 〈새〉, 〈해외특파원〉, 〈오명〉
● 윌리엄 와일러=〈서부의 사나이〉, 〈편지〉, 〈상속녀〉, 〈우리 생애 최고의 해〉
● 프레스톤 스타지스=〈숙녀 이브〉, 〈팜비치 이야기〉, 〈정복자 만세〉

●오손 웰스=〈시민 케인〉

●마이클 커티스=〈카사블랑카〉

●존 휴스턴=〈산피에트로의 전투〉, 〈아스팔트 정글〉, 〈아프리카의 여왕〉

4) 이탈리아 네오리얼리즘(1945~1952)

▷네오리얼리즘(Neo Realism)

　　네오리얼리즘은 제2차 세계대전의 종결과 거의 동시에 이탈리아에서 일어난 새로운 사실주의 영화운동으로, 이탈리언 리얼리즘으로도 부른다. 파시스트 정권 아래의 예술적인 억압에 대항하면서 형성된 영화운동이었고, 세계대전 이후에는 이탈리아 사회 상황에 대한 영화적인 대응이기도 했다. 루치노 비스콘티(Luchino Visconti) 감독의 〈강박관념(Ossessione)〉(1943)은 당시 사회의 환경을 사실적으로 그려내 네오리얼리즘적인 영화의 선두에 섰다. 〈강박관념〉의 시나리오를 쓴 안토니오 피에트란젤리(Antonio Pietrangeli)는 1943년 이탈리아 영화잡지 〈치네마(Cinema)〉에서 처음으로 네오리얼리즘이란 용어를 사용했다. 그러나 이 운동이 실질적으로 전개된 것은 독일군이 로마에서 철수한 직후인 1945년 로베르토 로셀리니(Roberto Rossellini)가 〈무방비 도시(Open City)〉를 발표하면서부터이다. 이 영화는 네오리얼리즘의 핵심적 구성 요소들을 잘 보여준다. 사실을 토대로 한 일상적인 세팅, 전문 배우와 아울러 비전문 배우들이 연기하는 보통 사람들, 일상적인 사회 문제와 에피소드, 담담한 카메라와 편집 등이 그것이다. 기록에 의하면 로셀리니는 나치가 도시를 철수하는 동안 몇 개의 장면을 촬영하였고, 좋은 필름을 구하는 것이 불가능했기 때문에 뉴스 영화용 필름을 사용해야 했다. 이 영화의 거친 입자와 기술적인 결함은 오히려 사실성을 높이는 구실을 하였고, 거칠고 꾸미지 않는 다큐멘터리적 진실을 획득하는데 도움을 줬다. 실제로 모든 장면을 실제 장소에서 촬영했고, 야외 장면은 자연광만으로 촬영했다.[53]

---

53) 네이버 용어사전. 참조.

다음의 설명은 다소 난해하다. 이 경향 영화의 가장 중요한 특징이며 독창성이라면 '이야기의 필연성'이 인간의 좌절을 감추는 유일한 무의식적 방법이었다는 것이다. 이제 현실이 굉장히 풍부하다는 것, 그것을 직접적으로 바로 볼 수 있는 것으로 충분하다는 것, 그리고 예술가의 과업이 은유적 상황들 속에서 사람들을 감동시키거나 화나게 하는 것이 아니라, 그들과 다른 사람들이 하고 있는 것, 실제 하는 것들을 정확히 그들이 있는 그대로 숙고하게 만드는 것이라는 사실을 인식시키는 것이라고 시나리오 작가 세자르 자바티니(Cesare Zavattini)는 주장한다. 네오리얼리즘 운동의 비공식 대변인이었던 자바티니는, 평범한 사람들이 체험하는 일상적인 삶이 극적인 우위에 있다고 생각했고, 특히 장대한 사건과 비일상적 등장인물은 어떤 경우에도 피해야 한다고 믿었다. 당연히 그는 관습적인 플롯을 죽은 공식으로 간주하였다. 그에게 진실한 영화는 현실 세계의 그럴 듯한 재현이 아니라 현실 세계를 직접적으로 표현하는 것이었다.

▷4명의 감독들
● 로베르토 로셀리니=〈무방비 도시〉, 〈전화의 저편〉, 〈독일 0년〉
● 비토리오 데시카=〈자전거 도둑〉, 〈구두닦이〉, 〈움베르토 D〉, 〈밀라노의 기적〉
● 루치노 비스콘티=〈강박관념〉, 〈흔들리는 대지〉
● 주세페 데 산티스=〈쓰디쓴 쌀〉(한국명: 애정의 쌀)

5) 할리우드의 변모(1952~1962)

당시의 경향은 종전과 다른 특성이 있다. 텔레비전은 1948년 최초의 대규모 흥행의 해를 맞게 됨으로써 영화산업에 있어 최대의 라이벌이 등장했다. 영화계는 사운드, 컬러, 와이드 스크린의 개발을 통해 이에 대응하는 새로운 화면 처리 기법들을 사용하게 되었다. 또한 대형 스튜디오들이 몰락한 반면 독립 제작사들이 부상하고, 미국의 영화제작은 국제화의 길을 걷게 되고 내부적으로는 내용에 대한 통제(심의)도 완화되기 시작했다. '국제화' 라는 의미는 영화 제작에 새로운 기술을 개발·도입하고, 종전까지 청교도 국가로서 영화 안에서 금기로 삼았던 베드신 등 에로틱한 관능적 장면에 대한 검열을 느슨하게 해주었다는 뜻이다. 따라서 영화계는 TV의 공격에도 대항할 수 있고, 영화제작의 활성화를 기할 수 있게 된다.

▷6명의 감독들

● 조지 쿠커=〈스타 탄생〉, 〈가스등〉, 〈필라델피아 이야기〉
● 조지 스티븐스=〈셰인〉, 〈자이안트〉, 〈젊은이의 양지〉
● 빌리 와일더=〈제17 포로수용소〉, 〈사브리나〉, 〈뜨거운 것이 좋아〉, 〈아파트먼트〉
● 프레드 진네만=〈하이눈〉, 〈지상에서 영원으로〉
● 빈센트 미넬리=〈파리의 아메리카인〉, 〈삶에 대한 욕망〉, 〈지지〉
● 엘리아 카잔=〈혁명아 자파타〉, 〈워터프론트〉, 〈에덴의 동쪽〉

▷엘리아 카잔(Elia Kazan) 감독

엘리아 카잔은 〈욕망이라는 이름의 전차〉, 〈혁명아 자파타〉, 〈워터프론트〉, 〈에덴의 동쪽〉, 〈초원의 빛〉 등 명작을 연출한 리얼리즘 영화의 대부였다. 그러나 이 영화 천재에게는 '배신자' 라는 낙인이 따라다녔다. 제2차 세계대전 후 공산당원을 색출하기 위한 '매카시 광풍' 이 불던 1952년, 미국 하원 반미(反美)활동위원회에 출석해, 그는 1930년대 공산당원으로 활동했음을 고백하고, 함께 활동한 공산당원인 동료 8명을 고발한다. 그는 이때 절친한 친구 극작가 아서 밀러를 공산주의자로 거명하기도 했다. 〈뉴욕 타임스〉에는 "할리우드에서 공산주의자를 색출하라" 는 글을 실었다. 카잔의 증언이 있던 바로 그 해에 '20세기 영화를 예술의 반열에 올려놓은' 찰리 채플린이 미국에서 추방된다. '어린이의 눈을 가진 거인' 오손 웰스, 버나드 고든, 에이브 폴론스키 등도 이때 희생되었다. 이렇게 그는 배신자가 되었다. 1999년 아카데미 시상식에서 엘리아 카잔 감독은 평생공로상을 수상했는데, 식장 밖에서 그의 수상을 반대하는 사람들이 시위를 벌이고 있었다. 참석자들의 반 정도는 기립 박수를 보내지 않은 채, 에드 해리스 등 일부 배우는 끝까지 앉아서 카잔에게 냉소와 함께 침묵의 야유를 보냈다.

6) 작가 영화와 프랑스의 누벨바그(1954~)

▷작가주의

작가주의의 개념은 "영화에서 중심적 역할은 감독이 담당하는 것으로 마치 문학에서 작가와 같은 위치에 있다"는 내용이다. 1954년 프랑스의 젊은 비평가 프랑수아 트뤼포(Fancois Truffaut)의 논문 '프랑스 영화의 어떤 경향'을 통해서 전조가 나타났다. 프랑스 영화는 가식적이고, 독창성이 부족하며, 영화적 미적 요소가 부족하다는 비판이었다. 이 단어는 같은 해 그가 영화비평잡지 〈카이에 뒤 시네마(Cahiers du Cinema)〉에서 'politique des auteurs'라는 용어를 처음 사용함으로써 등장했다. 즉, 전문가에 의해 완성돼 잘 만들어진 '문학적 시나리오', 즉 작가의 영화를 반대한다는 것이다. 그 이유는 프랑스 영화가 누구나 긴급하게 보는 개인적으로 말할 무엇인가를 갖고 있기 때문에 만들어진 것이라기보다는 영화제에서 상을 타기 위해 만들어진 영화로 변질되었다고 주장한다.

이러한 배경에는 1948년 "작가가 펜으로 작품을 쓰듯 영화감독은 카메라로 작품을 쓴다"는 '카메라 만년필'설의 알렉상드르 아스트뤽의 개념까지 거슬러 올라간다. 그는 완전히 현실화된 고정관념에 단지 영상과 소리를 공급한다기보다는 오히려 영상과 소리를 만들어가는 가운데 영화를 창조해야 한다고 주장했다. '작가(auteur)'라는 표현은 시나리오나 촬영대본을 집필하는 작가(writer)가 아니라 창의적인 영화감독을 지칭하는 비평용어이다. 영화사의 초기에는 영화를 독자적인 예술양식으로 인정하는 사람이 드물었다. 단지 과학기술이 결합된 신기한 장난감, 문학과 연극의 압도적인 영향 아래 놓여있는 하위 예술, 혹은 대규모의 스튜디오 시스템 속에서 집단적으로 만들어내는 조립물 등으로 보는 시각이 두드러졌기 때문이다. 그러나 1950년대 프랑스에서 작가라는 개념이 등장한 이후, 영화는 감독의 예술이라는 생각이 보편화되었다.

●로베르 브레송=〈타락한 천사들〉, 〈볼로뉴 숲의 여인들〉, 〈도주한 사나이〉, 〈소매치기〉(《죄와 벌》의 현대적 해석)

●잉마르 베리만(스웨덴)=〈처녀의 샘〉, 〈제7의 봉인〉, 〈산딸기〉, 〈여름밤의 미소〉, 〈화니와 알렉산더〉

●루이 브뉘엘=〈비리디아나〉, 〈사라져 가는 천사〉, 〈호텔 하녀의 일기〉

▷ 누벨바그(nouvelle vague)

이 용어를 처음 쓴 것은 1957년 10월 3일자 〈렉스프레스〉 지였다. 프랑수아즈 지루는 '젊은이들에 관한 보고서' 라는 기사에서 누벨바그라는 말을 처음 사용했다. 그 특징들을 보면

① 샤르트르나 카뮈 같은 실존주의 철학에 기초를 두고 있다.

② 이야기 구조의 느슨함과 개방성이다. 극적이라기보다는 서술적이며, 상승하는 클라이맥스를 가지고 있는 전통적인 드라마 트루기(극작술, 연극이론, 연출법)는 파기되고, 엔딩은 더 이상 산뜻하게 마무리되지 않았다.

③ 누벨바그 영화들은 과거에 비평가로 일한 경험이 있는 사람들이 감독이나 제작자로 참가해 자신들이 추구하는 것을 자유자재로 다룰 수 있었다.

④ 젊은 배우를 기용해 동시대의 스토리를 주로 다루었다.

⑤ 신속한 촬영을 도모했으며, 스튜디오보다 자연광을 이용한 야외촬영을 선호했다.

⑥ 저예산, 소수인원의 제작방식을 추구했다.

●로제 바딤=〈그리고 신은 여자를 창조했다〉

●마르셀 카뮈=〈흑인 오르페〉('오르페와 유리디체' 의 그리스 전설을 현대적 해석)

●프랑수아 트뤼포＝〈400번의 구타〉, 〈피아니스트를 쏴라〉, 〈마지막 지하철〉, 〈아메리카의 밤〉

●알랭 레네＝〈히로시마 내 사랑〉, 〈뮤리엘〉, 〈미국에 계신 나의 아저씨〉

●장뤽 고다르＝〈네멋대로 해라〉, 〈국외자〉, 〈여자는 여자다〉

▷로제 바딤(Roger Vadim) 감독

로제 바딤 감독이 사망했을 때, 그의 약력에는 그의 작품보다 당대의 가장 아름다운 여배우들과의 관계가 더 많이 소개되었다. 그는 브리지트 바르도가 15세 되던 해 그녀를 만나 패션모델로 활약하도록 후원했으며, 이어 영화에 등장시켰다. 두 사람은 바르도가 18세, 바딤이 24세 되던 1952년에 결혼했다. 젊은 기혼녀의 성적 모험을 그린 1956년 작 〈그리고 신은 여자를 창조했다〉로 바르도를 일약 세계적인 섹스 심볼로 탄생시켰다. 이 제목은 영화사상 가장 멋있는 제목이 아닌가 생각된다.

1968년 전위적인 공상과학영화 〈바르바렐라〉로 당시 부인이었던 제인 폰다를 스타로 만들었다. 그의 영화에는 주로 금발에 파란 눈, 긴 다리를 가진 여배우들이 등장했다. 총 26편의 영화를 남겼는데, 결혼생활을 한 ① 브르지트 바르도 ② 제인 폰다 ③ 아네트 스트루아베르 ④ 카드린 슈네데르와, 한때 동거한 ⑤ 카트린느 드뇌브 외에 ⑥ 앤지 디킨슨 ⑦ 잔느 모로 ⑧ 수잔 서랜든 등 유명 여배우들과의 염문이 전해지고 있다. 유족으로는 부인으로 여배우인 ⑨ 마리-크리스틴 바로와 4자녀, 폰다의 바네사, 드뇌브의 크리스티앵, 스트루아베르의 나탈리, 슈네데르의 바니아에 이르는 8명의 자녀가 있다. 로제 바딤의 영화는 여배우들의 뇌쇄적인 경향이 강조되고 있다.

제인 폰다, 카트린느 드뇌브, 앤지 디킨슨 등은 미국과 유럽에서 정말 둘째 가라면 서러워할 톱스타들이다. 특히 프랑스 영화계의 대모로 불리는 잔느 모로는 〈쥴 앤 짐〉(1962), 〈하녀 이야기〉(1964), 〈대열차 작전〉(1964), 〈사형대의 엘리베이터〉(1968), 〈구름 저편에〉(1995), 〈로미오와 줄리엣〉(2006), 〈타임 투 리브〉(2006)에 출연한 바 있는 대배우이다. 이들이 모두 로제 바딤과 사랑을 맺었다니 참으로 신기하지 않을 수 없다. 그리고 자녀도 많이 두었고, 또 전처와 전 연인들이 헤어지고 나서도 로제 바딤을 비난하지 않았다는 글도 읽은 적이 있다. 매우 흥미로운 로제 바딤이다.

7) 새로운 이탈리아 감독들(1960~)

이 시기의 이탈리아 영화를 지배하고 때때론 누벨바그의 영향으로 야기되었던 극도의 별스러움을 탈피할 수 있었던 것은 바로 물질적인 동시에 정신적인 의미의 리얼리티였다. 이것은 대체로 바로 전에 있었던 리얼리즘의 전통 때문인 듯하다.
- 루치노 비스콘티=〈베니스에서 죽다〉, 〈로코와 그의 형제들〉, 〈이방인〉
- 페데리코 펠리니=〈길〉, 〈카비리아의 밤〉, 〈8과 1/2〉, 〈복카치오70〉
- 미켈란젤로 안토니오니=〈정사〉, 〈일식〉, 〈밤〉

8) 동유럽 영화(1954~)

동유럽의 경향은 러시아에 새로운 혁명정부가 세워지고 스탈린의 권력강화와 더불어 예술적인 관용과 다양성은 거대하고 완전한 통일체적 통제에 종속되었다. 1920년대 초에 이르러서는 사회주의 리얼리즘만이 공식적으로 인정되는 유일한 미학이었다. 규정된 내용은 직접적이고 명확한 서술구조로 한정되었다.

▷사회주의 리얼리즘은 "현실을 그 혁명적 발전에 있어서 역사적, 구체적으로 묘사하는 리얼리즘으로" 1924년 제1회 소비에트 작가대회에서 채택된 문학이론이다. 1918년 소비에트 정권 수립 이후 1991년 소멸될 때까지 소련과 동유럽 국가들이 포함된 소비에트 연방에서는 소설, 시, 시나리오, 수필, 미술, 음악 등 모든 예술 분야에서 사회주의 리얼리즘에 입각해 작품을 제작하지 않으면 많은 탄압과 심각한 위험에 처해져 왔다. 사회주의 리얼리즘에 입각한 지금 북한의

여러 문예물, 심지어 스포츠 경기조차도 이 이데올로기를 중심으로 조작된다는 사실은 2010년 남아공 월드컵을 통해서도 경험한 바 있다.

동유럽 영화는 그 간 정치체제로 인해 폐쇄상태였기 때문에 우리나라에 수입된 경우는 드물고, 정보도 부족했다. 그러나 한 편의 걸작이 1996년경에 수입된 사례가 있어 소개하고자 한다(2010년 4월 DVD로 국내 출시).

▷〈붉은 시편(Red Psalm)〉은 헝가리 출신의 영상 시인이라고 불리는 미클로시 얀초(Miklos Jancso)가 만든 영화이다. 〈붉은 시편〉은 19세기 말의 헝가리 농민 봉기를 소재로 '자유라는 영원한 이상에 대한 사색', '롱 테이크의 고전' 중 대표작으로 꼽히는데, 단 28개의 쇼트로만 이루어진 발레를 연상시키는 움직임과 역동적 카메라 워크, 강렬한 상징의 체계를 갖고 있는 진정 탁월한 영화이다. 러닝타임은 1시간 23분이다.

1972년 제25회 칸 영화제 최우수 감독상, 산티아고 영화제 최우수 외국영화상, 밀라노 영화제 골든글로브, 파리 영화제 파트릭 푸제상(촬영상) 등을 수상하는 영광을 안았다. 조지 루카스(George Lukacs)는 "Jancso is a great artist who asking the right questions in their films like Ibsen or Chekhov, the idols of his young age." 라고 그의 영화 업적을 찬양했다.

9) 영국 영화(1956~)

영국 영화는 프랑스와 이탈리아 영화들과 같은 특색 있는 전통이 부족하여 미국 영화에 의해 지배되고 그 영역이 포함되고 있다고 영국 비평가들은 불평한다. 이 이야기는 재능 있는 영국의 영화감독들이 언어가 같고 자본이 넘치는 할리우드로 건너갔기 때문에 어쩔 수 없이 영국은 영화에서 특별한 전통을 세우지 못했다는 것을 의미한다.

●데이비드 린=〈위대한 유산〉, 〈올리버 트위스트〉, 〈콰이 강의 다리〉, 〈아라비아의 로렌스〉, 〈닥터 지바고〉

●캐롤 리드=〈제3의 사나이〉, 〈The Key〉

●토니 리차드슨=〈성난 얼굴로 돌아보라〉

●테렌스 피셔=〈프랑켄쉬타인의 저주〉, 〈드라큘라〉

　　이 영화들도 대부분 미국 자본과 시스템에 의해 제작되었기 때문에 순수한 영국 영화라고 보기는 무리가 있다.

10) 미국 영화의 재평가와 재등장(1963~1977)

●G.W. 그리피스

●찰리 채플린

●존 포드=〈추적자〉, 〈기병대〉, 〈미상의 두 사람〉, 〈리버티 밸런스를 쏜 사나이〉, 〈샤이안 족의 가을〉

●장 르누아르=〈프랑스 캉캉〉, 〈풀밭 위의 식사〉

●하워드 혹스=〈리오 브라보〉, 〈하타리〉, 〈엘도라도〉

●알프레드 히치콕=〈이창〉, 〈북북서로 진로를 돌려라〉, 〈싸이코〉, 〈새〉

●조지 쿠커=〈마이 페어 레이디〉

●세실 B 데밀=〈지상 최대의 쇼〉, 〈십계〉

●니콜라스 레이=〈이유 없는 반항〉, 〈상처뿐인 영광〉, 〈북경에서의 55일〉

●오토 프레밍거=〈머나먼 대지〉, 〈로마 제국의 멸망〉, 〈슬픔이여 안녕〉

●아서 펜=〈보니와 클라이드〉, 〈작은 거인〉

●샘 퍼킨파=〈용서받지 못할 자〉, 〈던디 소령〉, 〈와일드 번치(Wild Bunch)〉

●프란시스 포드 코폴라=〈대부〉, 〈지옥의 묵시록 리덕스〉

●마틴 스코세지=〈택시 운전수〉, 〈컬러 오브 머니〉, 〈좋은 친구들〉, 〈비열한 거리〉, 〈카지노〉, 〈갱스 오브 뉴욕(Gangs of New York)〉

　　위의 작품들은 1963년에서 1977년까지 약 14년에 걸쳐서 생산된 다양한 장르의 영화들이다. 아마도 그래서 미국 영화에 대한 재평가라는 소제목을 붙인 것으로 생각된다. 거론된 감독들 중에서 찰리 채플린, 알프레드 히치콕, 프란시스 포드 코폴라, 마틴 스코세지, 아서 팬, 샘 퍼킨파 등은 미국 영화사에서 실로 금자탑을 세운 감독들이다. 이와 관련해 몇 가지 내용을 첨가하고자 한다.

▷데이비드 워크 그리피스 감독

데이비드 워크 그리피스(David Wark Griffith) 감독은 영화학도들이라면 몰라도 일반인들에게는 생소한 이름이다. 그러나 당시 영화의 상황에서 여러 가지 면에서 너무 앞서 나갔고, 또 상영시간이 길다던가 하는 문제 때문에 관객들이 오랫동안 추억하지 않는 인물로 남아 있다. 그러나 영화기술의 개발이라는 측면에서는 그 누구도 이룰 수 없는 금자탑을 쌓은 장본인이다. 미국 영화의 아버지라 일컬어지며 영화의 표현 영역을 확장시켰던 그리피스의 〈국가의 탄생(The Birth of a Nation, 1914)〉은 세계 영화사상 가장 기념비적인 작품이다.[54] 클로즈업, 롱 쇼트, 카메라 이동, 플래시백, 병렬 몽타주 등 여러 촬영기법들과 편집기술은 세계 영화의 기술적 진보에 크게 기여했다. 그것은 그가 연극배우, 영화배우, 시나리오 작가, 영화 스태프 등 연출력과 표현력을 다질 수 있는 다양하고 풍부한 경험을 토대로 얻어진 것이었다. 이 무성흑백영화 발표 후, 남부군 대령의 아들인 그리피스의 인종차별적인 시각이 영화 속의 KKK단[55]의 활동을 긍정적인 것으로 묘사했다는 이유로 역사의식의 빈곤, 가치관의 전도 등을 비판받고 있다. 총 상영시간이 159분이나 되고, 현재의 관점에서 흥미요소가 미흡해 보기도 쉽지 않다.

▷오손 웰스 감독

오손 웰스(Orson Welles) 감독의 〈시민 케인(Citizen Kane, 1941)〉은 그가 제작, 각

---

54) 네이버 지식인. 참조.
55) 위키 백과- 미국의 백인우월주의, 반유대주의, 인종차별, 반가톨릭, 기독교근본주의, 동성애를 반대하는 극우 비밀결사 단체.

본, 감독, 주연까지 1인 4역을 한 작품이다. 아카데미상 각본상을 수상했으며, AFI(미국영화연구소)가 선정한 위대한 미국 영화 목록에서 1위를 할 정도로 비평가들은 20세기 최고의 영화 중 하나라고 평가한다.

극중 주인공으로 되어 있는 실제 인물 찰스 포스터 케인은 1860년 콜로라도 주 뉴 살렘에서 태어났다. 우연히 얻은 광산이 노다지가 되어 그의 집은 벼락부자가 되었다. 케인은 25세 때 뉴욕의 한 신문사인 〈인콰이어〉 지를 인수하여 성공하는 듯 했으나 사업도 결혼도 모두 실패한다.

오손 웰스는 당시 언론 재벌 윌리엄 랜돌프 허스트(William Randolph Hearst)의 삶을 풍자하는 영화를 만들기로 하면서 허스트 측으로부터 많은 방해공작을 받는다. 그러나 그의 뛰어난 능력을 인정한 RKO는 웰스에게 막대한 예산을 지원해준다. 그러나 오손 웰스가 직접 세운 영화사 머큐리 프로덕션(Mercury Productions)과 RKO 라디오 픽처스(RKO Radio Pictures)의 합작으로 완성은 했으나 흥행에는 성공하지 못한다.

〈시민 케인〉은 한 언론재벌의 타락한 인생을 조명함으로써 아메리칸 드림, 미국 자본주의를 비판했다. 내용 중 로즈 버드(Rosebud)는 '순수함', '진정한 행복'을 상징한다. 기술적으로는 앙각(low angle), 딥 포커스(deep focus) 등을 사용하는 성과를 올렸다.

그는 초년에는 재기가 반짝여서 라디오에서도 활동했는데, 1938년 10월 30일 CBS 방송에서 〈우주 전쟁(The War of the World)〉을 연출하면서 실제상황인 것처럼 "화성인 군대가 뉴저지의 한 농장에 착륙해 지구를 침공하고 있다" 고 긴급뉴스 형식으로 방송해 시민들을 놀라게 했다. 그러나 그의 활동은 조로한 편인데, 그래도 1959년 칸 영화제 남우주연상과 1970년 베니스 영화제 황금사자상을 수상하기도 했다.

▷존 포드 감독

존 포드(John Ford)는 진정 서부극의 거장이다. 쭈글쭈글한 야구 모자를 눌러쓰고 촬영을 지휘하는 사진은 매우 인상적이다. 그의 영화에서는 '서부 개척 정신'이 핵심이다. 많은 나쁜 총잡이들과 한 사람의 정의한(正義漢)이고 명사수가 대결을 벌여 통쾌하게 승리를 거두는 스토리가 많았다. 여기서 지금 생각하면 그 넓은 미국에서 왜 서부 개척이 생겨났을까 하는 의문이 생긴다. 영국과 유럽 지역에서 생활고 등으로 많은 사람들이 '메이플라워 호'를 타고 대서양을 건너오는 모험에 참가했다. 그들은 대체로 뉴욕 부근에 정착하려 했고, 보스턴, 필라델피아로 퍼져 살게 되었다. 그러나 유럽에서 유입되는 인구는 점차 늘게 되어 뉴욕 등 동부지역은 포화상태가 된다. 앞서 소개한 마틴 스코세지 감독의 〈갱스 오브 뉴욕〉은 그런 역사적 배경을 잘 나타내고 있다.

동부에서의 삶에서 실패한 이들은 말등에 가재도구들을 싣고, 가족과 함께 서쪽을 향해 기약 없는 고단한 여행에 나선다. 그러다가 임자가 없어 보이는 땅이 있는 곳에 도달한다. 그러면 나무를 베어 말뚝을 박고 울타리를 만들어 목장을 세워서 소도 키우고 농사를 지으면서 안정된 삶을 찾는다. 일요일에는 마차를 타고 먼 곳에 위치한 교회를 찾아가 기도드린다. 이것이 바로 개척정신의 과정이며, 하나의 모델이다.

그러나 개척의 길은 절대 안전하지 않았다. 거친 자연환경과 인디언과의 갈등, 서부 악한 총잡이들로 목숨을 잃는 사람이 부지기수였다. 이런 필사의 서부 행은 결국 지금의 캘리포니아 주까지 이르렀고, 또 남쪽으로는 멕시코까지 확장된다. 말 모는 소리로 표현된 '웨스트 워드 호!', 개척 정신은 미국인들에게 있어 하나의 기본 가치에 해당될 것이다. 이런 단순한 서부 영화를 수없이 만들어 미국인들의 정신적 지주를 만들어낸 존 포드 감독은 영화사가(史家)들이 매우 각별하게 대우하지는 않는 것으로 보이지만 진정 대단한 정신을 소유한 감독이 아닐 수 없다.

▷서부극의 뿌리는 총

서부극을 보면 강력한 총싸움을 하기 위해 기승전결이 만들어지고 긴박한 대결 구도가 몇 차례씩 반복된다. 총쏘기가 없으면 서부극이 아닌 셈이다. 몇 년 전, 한국인 조승희가 벌인 버지니아 공대 대량 살상극으로 미국에서는 또 다시 '총기 규제안(Gun Control Law)'에 대한 찬반 논란이 뜨거웠던 적이 있다. 미국에는 왜 그렇게 총기가 많고, 이것을 정부가 규제할 수 없는 것인지 의문이 생길 때가 있다. 자료를 보니 찬성에 대한 논리는 미국의 건국이념에 "국민은 무장할 권리(Right to bear arms)가 있다"는 제2 수정헌법에 근거를 두고 있다. 제2 수정헌법은 여간해서는 법 개정이 어렵다고 한다. 또한 '총은 부엌의 식칼과 같다'는 생각도 한 몫을 하는 것으로 되어 있다. 얼마 전에 작고한 가장 미국적인 남자 배우 찰톤 헤스톤이 회장으로 있었던(1988~2003) NRA(National Rifle Association)가 수많은 지부를 두고 강력하게 로비를 계속한 것도 중요한 요인이라는 얘기다.

여기서 서부극 시대의 총의 필요성에 관한 하나의 스토리를 제시한다. 겨우 서부로 가서 조그만 목장을 세우고 살고 있는 샘의 집은 외딴 곳에 있는데 가재도구들이 매우 후락했다. 특히 부엌에서 쓰는 커피포트는 밑에 작은 구멍이 생겨 쓰기에 힘들었다. 설탕도 떨어지고. 그는 어느 날 말안장에 간단한 침구와 음식물을 싣고 왕복 3일이 걸리는 먼 도시로 장을 보러 떠난다. 그는 아내 메리에게 마당 앞 나무담장의 대문을 가리키며 '누구든지 들어오지 말라는 경고를 하고 대문을 넘어오면 무조건 발포하라'며 장전된 샷건(장총) 2자루를 건네주며 길을 재촉한다. 하루가 지난 저녁 무렵, 샘의 예측대로 불량하게 생긴 녀석이 '물 좀 달라'며 접근한다. '그 문을 넘으면 발포한다'고 외친 메리는 장전한 총을 겨눈다. 불리한 건달은 결국 물러난다. 만약 이 때 총을 겨누지 않았다면 메리는 목숨을 잃었을 것이다. 제임스 스튜어드가 주연한 〈쉐난도〉에는 바로 이런 나쁜 놈들의 악행 장면이 나온다. 남북전쟁 중이었는데, 착한 부부가 친절을 베풀다가 무참히 살해당하고 만다.

앞에서 나온 아서 펜 감독의 〈보니와 클라이드〉, 샘 퍼킨파 감독의 〈와일드 번치〉와 함께 조지 로이 힐 감독의 〈내일을 향해 쏴라〉의 주인공들은 〈하이 눈〉의 게리 쿠퍼 같은 정직하고 용감한 사람들이 아니다. 이 영화들은 서부에서 창궐했던 좋지 않은 인간들의 모습이 숙명적이었음을 그려내고 있다. 〈내일을 향해 쏴라〉는 1970년 아카데미에서 각본상, 주제가상, 작곡상, 촬영상 등 4개 부문에서 수상했다. 샘 퍼킨파 감독은 많은 영화를 연출하지는 않았지만 〈와일드 번치〉에서 폭력의 미학, 또는 폭력의 피카소라는 개념을 창출해 놓았다.

▷샘 퍼킨파 감독

샘 퍼킨파(Sam Peckinpah) 감독은 1969년 〈와일드 번치(Wild Bunch)〉를 만들었다. 여기서 번치(Bunch)의 뜻은 한 패거리를 말한다. 이 영화에서 종전에는 좀처럼 볼 수 없었던 잔인하고 폭력적인 영상을 선보였다. 당시로서는 그 자극의 강도는 실로 대단한 것이었다. 그의 연출기법은 다음과 같다.

① 사람이 총에 맞아 죽는 장면을 슬로모션으로 처리하여 매우 처절하게 보여줌으로써 유혈이 낭자한 모습에서 극도의 공포를 느끼게 했다.

② 이전 서부영화에서는 전체 스토리가 대체로 권선징악적인 구조로, 주연 배우인 존 웨인이나 게리 쿠퍼 같은 히어로가 존재하고, 상대역들은 악당이나 인디언들이었다. 와일드 번치는 서부영화에서 특별한 선인도 악당도 없다고 기존 구조를 해체하며 수정주의 서부극을 제시했다.

③ 수정주의(Revisionist) 서부극은 존 포드의 〈수색자〉에 이어 1969년에 나온 〈내일을 향해 쏴라〉, 〈와일드 번치〉에서 절정에 도달했고, 1990년대 〈늑대와 춤을〉, 〈용서받지 못한 자〉로 이어졌다.

④ 이러한 폭력에 대한 적나라한 묘사는 시기로 보아 미국의 베트남전 참전에 대한 고발과 거부감을 드러낸 것이라는 견해도 있다.

⑤ 오우삼의 〈영웅본색〉과 쿠엔틴 타란티노의 〈킬빌 1&2〉가 특히 샘 퍼

킨파의 영향을 많이 받았다는 주장도 있다.

⑥ 스필버그의 〈라이언 일병 구하기〉 첫머리 노르망디 상륙작전에서 독일군의 포화에 희생된 미군의 시체가 붉은 바닷물 속에 몸체와 다리가 분리된 상태에서 떠다니는 장면 등도 이러한 폭력 성향의 노출이라고 보아도 무방할 것이다.

위에서 거론된 수정주의 서부극은 1950년대에 탄생했다. 그 개념은 서부개척은 인디언들(야만인)에 대한 문명인들(백인)의 위대한 승리라기보다 영토 확장을 위한 침탈이었다는 점을 폭로하게 된다. 즉 서부에서 일어난 전설과 같은 이야기들과 실제 그곳에서 발생한 사건 사이의 괴리를 그대로 밝혀내는 것이다. 〈늑대와 춤을〉, 〈포카혼타스〉, 〈아바타〉도 수정주의 서부극 내러티브 전형을 따르고 있다고도 볼 수 있다. 서부극의 핵심 장르가 가지는 의미론적 원형들은 그대로 둔 채 구문론적 일관성에 의문을 던지는 방법이다. 서부영화에 내재된 의미론적 특징, 즉 황야, 총, 말, 무법자 등 일련의 구성요소를 그대로 둔 채 이러한 요소를 결합하여 만들었던 기존 서부극에 반기를 드는 영화들을 수정주의 서부극이라고 제한해서 말하고 있다.

고도로 발달된 과학문명 속에서 다종다기한 문화를 먹고 사는 현대인들은 더욱 더 강한 자극을 요구한다. 마약에 한번 중독되면 더 강력한 마약을 원하는 것과 같다. 프로레슬링의 폭력성이 약해 이종격투기로 발전하지 않았는가? 샘 퍼킨파의 〈와일드 번치〉, 즉 폭력의 미학은 많은 액션물에서 폭력을 극대화하는 시발점이 되었고, 이것은 광고 등 여러 문화 장르에 상당한 영향을 끼친 것으로 추정된다.

▷ **영화 007 시리즈**

007 시리즈는 1950년대 팽팽하게 대립했던 동서 냉전의 결과로 탄생되었다. 007을 처음 창안해낸 사람은 영국의 소설가 이안 플레밍(Ian Lancaster Fleming)

이었다. 그는 1952년 최초로 스파이의 영웅격인 제임스 본드를 소설 속에 처음 등장시킨 후 교통사고로 사망할 때까지 모두 14권의 007 소설을 저술했다. 이 소설은 자신이 실제로 영국 정보부에서 근무하면서 스파이 파견업무를 담당한 경험을 바탕으로 썼고, 1962년 007 시리즈 제1탄 〈살인번호〉를 시작으로 최근에 개봉된 〈퀀텀 오브 솔러스〉까지 47년 동안 무려 22편이 만들어졌다.

순서	제 목	연 도
1탄	살인번호(Dr. No)	1962
2탄	위기일발	1963
3탄	골드 핑거	1964
4탄	썬더볼 작전	1965
5탄	두 번 산다	1967
6탄	여왕 폐하 대작전	1969
7탄	다이아몬드는 영원히	1971
8탄	죽느냐 사느냐	1973
9탄	황금총을 가진 사나이	1974
10탄	나를 사랑한 스파이	1977
11탄	문레이커	1979
12탄	유어 아이스 온리	1981
13탄	옥토퍼시	1983
(외전)	네버 세이 네버 어게인	1983
14탄	뷰 투 어 킬	1985
15탄	리빙 데이라이트	1987
16탄	살인 면허(Licence to Kill)	1989
17탄	골든 아이	1995
18탄	네버 다이	1997
19탄	언리미티드	1999
20탄	어나더 데이	2002
21탄	카지노 로얄	2006
22탄	퀀텀 오브 솔라스	2008

제임스 본드 역을 맡은 배우는 1대 숀 코너리, 2대 조지 레젠비(단 1편만 출연), 3대 로저 무어(7편), 4대 티모시 달튼, 5대 피어스 브로스넌(21편), 다니엘 크레이크 (22편) 등 모두 6명이다. 007 시리즈는 지금 중장년의 영화 팬들이 당시 냉전 상태에서 소련의 스파이들을 1인승 전투헬기, 원격조정 자동차, 새처럼 나는 제트팩 등 첨단무기와 호쾌한 액션으로 물리치는 장면에서 박수를 쳤던 기억이 새로울 것이다. 이 시리즈의 특수 무기 사용은 앨프레드 히치콕 감독의 〈북북서로 진로를 돌려라(North by North west)〉에서 비료를 살포하는 경비행기가 저공비행을 하면서 케리 그란드를 밀어 죽이려는 시도에서 힌트를 얻었다는 이야기도 있다. 냉전 시대가 막을 내리면서 제임스 본드는 멋지게 싸울 상대도 없어졌다. 그래서 20탄 〈어나더 데이〉의 경우처럼 소련보다 아주 작은 북한을 상대로 싸우지 않으면 안 되는 본드의 신세가 된 것이다. 본드 걸에 둘러싸인 모습이 부러워서인지 존 F 케네디도 이 소설과 영화를 매우 좋아했다고 한다.

영국 연예통신 〈피메일 퍼스트〉 자료에 따르면 '007 시리즈' 총 22편은 43억6,000만 달러(약 4조1,000억원)를 전 세계에서 극장수입으로 올린 것으로 나타나고 있다. 〈해리포터〉 시리즈(1~5)는 44억7천만 달러(약 4조1,900억원)의 수입을 올려 수위를 차지했다. 한편 1977년 5월 25일에 첫 개봉한 〈스타워즈〉(6부작)는 전 세계에서 43억2,350만 달러의 수입을 올렸고, 캐릭터 등 관련 상품까지 합치면 135억 달러에 달한다.

▷개성적인 감독들

① 스탠리 큐브릭

'냉정한 탐구자'로 불리는 스탠리 큐브릭(Stanley Kubrick)은 뉴욕시 브롱크스에서 의사의 아들로 태어났다. 잡지사의 사진기자를 거쳐 1956년 〈살인〉을 감독하면서 영화를 시작했다. 그는 영화의 아름다운 미학을 추구했고, 여러 가지 다양한 제작 기법을 시도하는 테크니션이었으며, 완벽주의자로 정평이 나 있다. 그가 만든 영화들은 각 장르의 기준이 될 정도였다. 그의 작품들은 〈아이즈 와이드 셧〉(1999), 〈메탈 자켓〉(1987), 〈샤이닝〉(1980), 〈배리 빈튼〉(1975), 〈시계태엽장치의 오렌지〉(1971), 〈2001: 스페이스 오디세이〉(1968), 〈닥터 스트레인지 러브〉(1964), 〈로리타〉(1962), 〈스팔터커스〉(1960), 〈영광의 길〉(1957), 〈살인〉(1956) 등이다. 모두 현대영화의 중요한 테마와 기술을 담고 있다.

〈배리 빈튼〉에서는 촛불 조명을 사용했고, 〈샤이닝〉 촬영에서는 스테디 캠을 최초로 구사했다. 〈2001: 스페이스 오디세이〉의 장면에는 최고의 과학적 상상력을 발휘했다. 우주선의 조정실을 창안해 실제 우주신 내부 묘사도 이 영화에서 힌트를 얻은 것이 아니냐는 얘기가 있을 정도로 SF의 최고봉을 만들어냈다.

그의 촬영 작업은 여러 스타들을 괴롭히는 것으로 유명하다.[57] 자신의 배우들은 때로는 프로이드 강독에 초대하고 또 체스를 함께 두기도 하며 한 쇼트를 찍기 위해서 필요하다면 만족한 결과가 나올 때까지 하루 종일 촬영을 반복했다. 이를 언론에 알리지 말 것을 요구하면서 촬영 일정을 끝도 없이 끌고 가 스타와 스태프들에게 일종의 고문을 가했다. 그의 마지막 영화인 〈아이즈 와이드 셧〉은 '결코 문란하지 않은 성적 욕망을 담아낸 한편의 냉정한 춤'이라는 평가를 받았고, 그 자신은 '통제할 수 없는 욕망을 컨트롤하고 사는 인간에 대한 영화'라고 술회했다. 여기서도 베일에 싸인 촬영 작업, 기한을 훨씬 넘긴 일정, 그래서 니콜 키드먼, 톰 크루즈 등 배우들은 신경 쇠약 직전이라는 소문도 돌았다고 한다. 그는 이 영화의 음향작업을 끝내고 사망해 초연을 보지 못했다.

② 잉마르 베리만

베리만(Ernst Ingmar Bergman-잉그마르 베르히만으로 표기되기도 한다)은 스웨덴 웁살라에서 태어났다. 스톡홀름 대학교를 졸업하고 1946년 〈위기〉라는 영화로 감독에 데뷔했다. 그는 평생 62편의 영화와 170여 편의 연극을 연출했다. 평론가들로부터 현

---

57) 니콜라스 슈뢰더 지음, 남완석 옮김, 『클래시커 50 영화감독』, pp.168~169.

대 영화 최고의 감독으로 꼽히는 거장이며 '영화의 철학자'로 불리기도 한다.

그의 주제들은 삶, 죽음, 신, 인간, 성 등 형이상학적인 것들이 대부분이다. 목사의 아들로 태어나 권위적이고 종교적 훈육을 받으며 엄격한 규율을 강요당하면서 성장했다. 따라서 그의 영화 속에서는 인간 상호간의 교류가 불가능한 상황이 자주 표출된다. 한국 관객에게 잘 알려진 〈제7의 봉인〉은 페스트가 창궐한 14세기를 배경으로 죽음의 사자와 체스 게임을 벌이는 과정에서 신의 존재와 인간의 무력함, 즉 종교와 신에 대한 이야기를 펼친다. 〈처녀의 샘〉은 믿음이 깊은 한 가정에서 사랑하는 딸이 강간당하고 죽임을 당한다. 아버지는 신이 배신했다고 원망하며 살인자를 잔인하게 살해한다. 그러나 복수에도 불구하고 인간은 무력하다는 메시지를 표현한다. 신을 주제로 영화를 만든다는 사실은 대단히 어려운 작업일 것이다. 이 영화는 1960년 아카데미 최우수외국어영화상을 받은 바 있다.

〈화니와 알렉산더〉(1982), 〈가을 소나타〉(1978), 〈외침과 속삭임〉(1973), 〈페르소나〉(1966), 〈침묵〉(1963), 〈어두운 유리를 통해〉(1961), 〈처녀의 샘〉(1960), 〈제7의 봉인〉(1957), 〈산딸기〉(1957 – 베를린영화제 황금곰상 수상), 〈한여름 밤의 미소〉(1955) 등이 있다.

③ 테오 앙겔로플로스

테오 앙겔로플로스(Theodoros Angelopoulos)는 그리스 아테네에서 태어나 아테네대학에서 법학을 전공하고 파리로 건너가 소르본대학에서 문학을 공부한다. 그후 파리국립영화학교에 수학한다. 1964년 그리스로 돌아와 좌익신문에서 평론가로 일하지만 〈시테라 섬으로의 여행〉(1984), 〈비키퍼〉(1986), 〈안개 속의 풍경〉(1988) 등을 거치면서 탈정치화되는 경향을 보였다. 〈안개 속의 풍경〉은 아름다운 화면으로 그의 미학을 특징적으로 보여주고 있다. 롱테이크 기법과 이동 촬영 등으로 서정적인 모습을 생생히 묘사했고, 그리스의 사회현실에 대한 자신의 생각을 여행을 통해 반영했다.

〈영원과 하루〉(1998 - 제51회 칸 영화제 황금종려상 수상)는 불멸의 시어(詩語)를 찾아 평생을 헤매는 노 시인의 마지막 여행을 묘사한다. 안개 낀 도시 테살로니키 거리는 온통 소음으로 시끄럽고, 해변공원은 검은 옷을 입은 노인들로 가득하다. 이 황량하고 쓸쓸한 도시의 낡은 집에서 초로의 알렉산더는 외롭게 죽어가고 있다. 그리스의 유명한 시인으로 존경받는 처지이지만, 죽음 앞에서 세월은 무상함뿐이다. 병원에 들어가야 하지만 마지막 생의 순간을 병원에서 보내고 싶지 않은 알렉산더는 그에게 남겨진 하루를 평생의 숙원인 19세기 시인 솔로모스의 흩어진 시어(詩語)들을 찾아 여행으로 보내고자 한다.

〈안개 속의 풍경〉은 엄마와 함께 살고 있는 불라와 알렉산더 남매가 얼굴을 본 적 없는 아빠를 찾아 무작정 북쪽으로 가는 기차에 승차한다. 그들은 기차에서 내려 정처 없이 여행하다가 어린 소녀 불라는 트럭 운전사에게 강간당한다. 유랑극단에서 일하는 청년 오레스테스를 향한 첫 사랑의 벅찬 감정을 경험한 불라는 강간의 상처와 첫사랑 사이에서 고통스러워한다. 이 영화에 대해 〈뉴욕 포스트〉는 "좋아하려 해도 잘 안 되는 영화가 있는가 하면, 싫어하고 싶어도 도저히 싫어할 수 없는 영화가 있다. 안개 속의 풍경이 바로 후자에 속한다"고 칭송했다. 또한 "이 영화로 세계적인 인정을 받은 앙겔로플로스는 지금까지는 영화가 도저히 성공하지 못한 영혼의 영상을 만들어냄으로써 최고의 위업을 이룩했다"는 평가를 달았다.

〈비키퍼〉는 주인공 스피로가 봄날의 꽃향기를 따라 떠도는 꿀벌치기의 마지막 여행을 그리고 있다. 이른 봄, 사랑하는 딸을 시집보내고 아내마저 아들의 공부를 돕기 위해 도시로 떠나자 그는 가업을 이어 꿀벌치기의 길을 떠나고 만다. 꿀벌치기들의 출발은 언제나 축제 같지만 이제는 겨우 몇이 남았을 뿐이다. 쓸쓸한 추억만 반추하던 어느 날 히치 하이커 소녀를 트럭에 태우면서 그의 고독과 절망은 극에 다다른다. 그의 영화들은 우리가 쉽게 만날 수 있는 것이 아니라는 점을 강조하고 싶다.

④ 페드로 알모도바르

할리우드 영화와 프랑스 영화는 다르고, 이탈리아 영화와도 차별된다. 물론 스페인 영화와도 다를 것이다. 근래 영화의 강국으로 비쳐지지 못했던 스페인 영화를 세계에 알린 사람이 페드로 알모도바르(Pedro Almodovar) 감독이다. 그는 스페인의 칼자다 드 칼리트라바에서 태어나 어린 시절 수도원의 억압된 분위기에서 소년기를 보낸다. 성인이 되어 8mm 카메라로 단편영화를 찍고, 1980년 감독으로 데뷔했다. 〈키카〉(1993)에서 웃음을 유발하기 위해 쓸데없이 길게 묘사된 강간 장면 등으로 스페인 영화계의 악동으로 불리게 된다. 그 후 도발적일 정도로 뛰어난 상상력과 감수성으로 버무린 성공작으로 해서 그는 세계적인 감독의 반열에 오른다. 그가 영화 속에서 다룬 테마들은 사랑(양성애와 동성애가 뒤섞인), 쾌락, 진실, 자유, 고통, 죽음(자살), 포르노 등 일반적인 것들인데, 이것을 탁월한 색채를 통해 직조해냈다.

〈내 어머니의 모든 것〉(1999)은 외아들을 잃은 어머니의 아픔을 진솔하게 묘사한 모성의 탐구로 평자들로부터 최고의 작품으로 평가받고 제52회 칸 영화제 감독상과 아카데미 외국어영화상을 수상했다. 라 카스틸라 라 만차 대학의 명예박사 학위까지 받는 영예를 누린다.

〈그녀에게〉(2002)는 식물인간이 된 발레리나와 여자 투우사를 돌보는 두 남자의 가슴 아픈 사랑이야기가 줄거리이다. 식물인간이 된 여자 곁에 머물면서 헌신적으로 보살피는 두 남자의 조건 없는 희생을 통해 사랑이란 무엇인가를 제시한다. 그녀가 말하지 않아도, 눈을 뜨지 않아도 매일같이 책을 읽어주고, 이야기를 들려주는 남자의 사랑은 오늘날 세상의 메마른 정서를 녹여낼 만큼 따뜻한 감동을 전한다. 이 영화는 2002년 〈타임〉 지가 선정한 '올해 최고의 영화' 1위에 선정됐고, 2003년에는 골든글로브 외국어영화상을 수상했고, 아카데미 감독상, 각본상에 노미네이트되는 등 작품성과 대중성을 겸비한 영화가 되었다.

⑤ 베르나르도 베르톨루치

베르나르도 베르톨루치(Bernardo Bertolucci)는 이탈리아 파르마에서 태어났다. 아버지는 영화평론가 겸 작가였다. 그는 로마대학을 중퇴하고 시집도 출판해 문학상을 받는다. 1961년 피에르 파올로 파졸리니 감독의 조감독으로 일하다가 1962년 〈즉사〉로 감독에 입문힌다. 성에 대한 광직인 집착을 나툰 〈파리에서의 마지막 탱고〉(1972)에서 말론 브란도와 마리아 슈나이더의 정사 장면은 격렬한 외설시비를 일으켜 화제가 되었다. 1987년 〈마지막 황제〉는 제60회 아카데미에서 작품상, 감독상 등 9개 부문에서 수상함으로 기염을 토한다. 이 영화는 엑스트라 1만9천 명이 출연했고, 이탈리아, 영국, 중국 등 다국적 스태프가 동원되었다.

〈파리에서의 마지막 탱고〉보다 한층 수위가 높아진 〈몽상가〉(2003)도 적나라한 섹스 장면으로 미국에서는 NC-17(청소년 입장 불가) 판정을 받아 논란을 일으킨다. '아름답고 신선한 에로티시즘, 그리고 로맨티시즘' 이라는 광고 문구가 있기는 하지만, 포르노그래피를 제외하고 우리나라에서 상영된 영화 중에서 가장 과도한 정면 누드신과 섹스 장면이 스크린을 메운다. 감독의 독특한 개성으로 인해 만들어진 영화이다. 이외에 〈텐 미니츠—첼로〉(2002), 〈리틀 부다〉(1993), 〈마지막 사랑〉(1990) 등이 있다.

▷중국계 감독들

① 첸 카이거

첸 카이거(陳凱歌)는 1952년 8월 12일 영화감독인 아버지와 시나리오 작가인 어머니 사이에서 태어났다. 1966년 베이징 4중학교 1학년을 마치고 문화혁명이 일어나 홍위병이 되었다. 1978년 베이징영화학교 감독과에 들어갔고, 거기서

장이머우 등과 같이 영화를 배웠다. 1984년 광시촬영소에서 장이머우가 촬영을 맡고 자신이 감독한 첫 작품 〈황토지〉를 완성해 호평을 받는다. 이로 인해 중국 제5세대가 시작됐다는 평가가 있다. 제5세대 감독은 문화혁명 당시에 아이였거나 청소년이었던 감독들이다. 그는 영화에서 중국 현대의 여러 가지 혼돈과 모순을 정확히 비판해 중국 당국과 심한 갈등을 겪는다. 그리고 작품의 원숙기를 맞이하게 되는데, 1993년 칸 영화제에서 〈패왕별희(覇王別姬)〉로 황금종려상을 수상하게 된다. 그의 작품들은 독특한 색채와 회화적인 구도로 표현된다는 호감을 나타내는 비평이 많다. 1996년 시대극 〈풍월〉 등을 내놓았다. 청출어람이라는 말이 있듯이 아버지 감독보다 더 뛰어난 걸출한 아들 감독이 나와 중국 영화를 세상에 빛낸 자랑스러운 사례가 아닌가 한다.

〈패왕별희〉의 배경 중에는 문화혁명이 나온다. 문화혁명은 1966년부터 1976년까지 10년간 중국의 최고지도자 마오쩌둥(毛澤東)에 의해 주도된 극좌 사회주의운동을 말한다.[58] 즉 마오쩌둥이 사회주의에서 계급투쟁을 강조하는 대중운동이었으며, 그 힘을 빌어 중국공산당 내부의 반대파들을 제거하기 위한 권력투쟁이었다. 농업국가인 중국에서 과도한 중공업 정책을 펼쳐 국민경제가 좌초되는 실패를 가져왔고, 민생경제를 회복하기 위해 자본주의 정책의 일부를 채용한 정책이 실효를 거두면서 류사오치(劉少奇)와 덩샤오핑(鄧小平)이 새로운 권력의 실세로 떠오르기 시작했다. 권력의 위기를 느낀 마오쩌둥은 부르주아 세력 타파와 자본주의 타도를 외치면서 이를 위해 청소년이 나서야 한다고 주장했다. 전국 각지마다 청소년으로 구성된 홍위병이 조직되었고, 마오쩌둥의 지시에 따라 전국을 휩쓸어 중국은 일시에 경직된 사회로 전락하게 되었다. 마오쩌둥에 반대되는 세력은 모두 실각되거나 숙청되었다.

당시 북경 부시장이었고 역사학자였던 오함(吳晗)은 〈해서파관(海瑞罷官)〉이라는 연극의 대본을 썼다. 그 내용은 명나라 때 충직한 재상의 이야기를 다루었는

---

58) 네이버 백과사전. 참조.

데, 이에 대해 4인방의 한 사람인 요문원(姚文元)이 비판하고 나섰다. 대약진기간 중 마오쩌둥이 국방상 팽덕회(彭德懷)를 해임한 것을 우회적으로 비방했다는 반격 이었다. 이를 계기로 문화혁명은 촉발되었다.

마오쩌둥이 사망한 지 5년 후인 1981년 중국공산당 제11기 6차 중앙위원회 에서는 문화혁명에 대해 "당, 국가, 인민에게 건국 이래 가장 심한 좌절과 손실을 가져다준 마오쩌둥의 극좌적 오류이며 그의 책임이다" 라고 비판했다. 문화혁명 의 광기는 급속히 소멸되었지만 아직도 천안문 광장에는 마오쩌둥의 거대 초상 회가 걸려 있는 것을 보면 중국의 속모습을 짐작할 수 있는 부분이 있다. 그래 서 〈패왕별희〉는 동성애라는 일반적 관점 외에 문화혁명이라는 권력투쟁의 독 재정치를 영화 속에 녹여 넣었다는데, 이것이 영화 속에서 더 큰 의의와 가치가 있다는 평가이다.

② 장이머우

장이머우(張藝謨)는 문화혁명 때 아버지가 국민당원이라는 이유에서 베이징 에서 쫓겨났다. 1977년 베이징영화학교에 수학한 후, 1988년 〈붉은 수수밭〉으로 제38회 베를린 국제영화제에서 금곰상, 1991년 〈홍등〉으로 베니스영화제 은사자 상, 1992년 〈귀주 이야기〉로 베니스영화제 황금사자상, 1994년 〈인생〉으로 칸 영 화제 심사위원 대상을 수상하는 등 세계적인 거장 반열에 올랐다. 가장 중국적 이며 아름다운 화면으로 중국 영화의 세계화를 이룩하는데 기여했다는 찬사를 받기도 했다. 특히 〈영웅〉(2002)이나 〈연인〉(2004)에서 중국식 칼싸움(劍舞)을 마치 현대무용처럼 표현해 관객들의 상당한 호응을 얻었다. 그러나 〈영웅〉에서는 중화 (中華), '즉 세계의 중심이 중국이다' 라는 메시지를 삽입해 중국인 감독이라는 점 을 강조했고, 화면이 붉은 색, 청색, 흰색 등 강렬한 색감의 변화를 통해 시각적 이미지로 이야기를 끌어간다. 그래서 환상의 무협 액션으로도 불린다. 〈연인〉은 개봉 6개월 만에 중국에서 약 390억원의 흥행수입을 기록한 것으로 추산된다.

〈그들 각자의 영화관〉(2008), 〈황후화〉(2006), 〈천리주단기〉(2006), 〈연인〉, 〈영웅〉, 〈책상 서랍 속의 동화〉(1999), 〈집으로 가는 길〉(1999), 〈인생〉(1994), 〈귀주 이야기〉(1992), 〈홍등〉(1991), 〈국두〉(1990), 〈붉은 수수밭〉 등이 있다.

③ 이안

대만에서 태어나 뉴욕대학교에서 예술학 석사 학위를 받은 이안(Lee Ang) 감독은 우리나라에서는 〈색, 계〉로 화제를 불러일으켰고, 무엇보다도 상복이 많은 사람이다. 2007년 〈색, 계〉로 제64회 베니스 영화제 황금사자상을 수상했다. 2006년 제78회 미국 아카데미 시상식에서 〈브로크백 마운틴〉으로 동양인 최초로 감독상을 수상한 바 있다. 역시 같은 작품으로 2006년 영국 아카데미 시상식 감독상, 제6회 골든글로브 최우수감독상, 최고작품상, 제11회 영화비평가협회 최우수작품상, 감독상, 2005년 제62회 베니스 영화제 황금사자상 등 주요 영화제에서 5개의 상을 받았다.

〈와호장룡(臥虎藏龍)〉으로 2001년 미국 아카데미 시상식에서 외국어 영화상, 촬영상, 미술감독상, 작곡상 등 4개 부문 수상, 골든글로브 감독상, 홍콩 금상장 감독상, 2000년 대만 금마장 작품상 4개의 상을 수상했다. 〈센스 앤 센서빌리티〉로 1996년 베를린 국제영화제 금곰상, 1995년 뉴욕비평가협회 감독상 등 2개의 상을 받았고, 1993년에는 〈결혼 피로연〉으로 대만 금마장 감독상, 작품상, 각본상, 1993년에 베를린 국제영화제 금곰상 등 2개의 상을 수상한 바 있다. 한마디로 그는 수상 제조기인 셈이다.

〈와호장룡〉으로 미국에서 대단한 인기를 끌었는데, 그 요인은 미국 관객이 좋아하는 신화적 스토리, 남성을 모방하지 않은 새로운 여성 영웅, 그리고 동양적인 우아한 액션 등으로 분석되고 있다. 이 영화로 미국에서만 2001년 1억 달러 이상의 흥행 수입을 올린 것으로 알려지고 있다.

④ 오우삼

오우삼(吳宇森)은 중국 광저우에서 출생했고, 홍콩의 마테오리치 대학교를 졸업했다. 미국 영화광이었던 어머니의 영향을 받아 그는 어려서부터 누벨바그 영화와 할리우드 뮤지컬을 좋아했다고 한다. 1969년 케세이 스튜디오에 입사한 후 쇼 브라더스와 골든 하베스트를 거쳐 1975년 〈철한유정〉으로 감독 데뷔했다. 그는 1986년 서극(徐克) 감독의 지원으로 느와르 영화 〈영웅본색(英雄本色)〉을 감독해 대성공을 거둠으로써 흥행감독으로 유명해졌다. 당시 〈영웅본색〉은 젊은이들의 아이콘으로 많은 사랑을 받았다.

그의 작품에는 우리에게 잘 알려진 것들이 많다. 〈적벽대전2〉(2009), 〈적벽대전〉(2008), 〈페이첵〉(2003), 〈방탄승〉(2003), 〈윈드토커〉(2002), 〈미션 임파서블2〉(2000), 〈빅 히트〉(1998), 〈페이스 오프〉(1997), 〈브로큰 애로우〉(1996), 〈종횡사해2〉(1996), 〈종횡사해〉(1991),〈영웅본색3〉(1989), 〈영웅본색2〉(1987), 〈영웅본색〉, 〈첩혈쌍웅〉(1989) 등이다. 소개된 영화 중에는 홍콩 영화가 대부분이고 흥행적 요소가 많은 작품들이다.

▷레드퍼드가 키운 선댄스 영화제

세계 최고의 독립 영화제인 '선댄스 영화제'는 원래 1978년 US 필름 페스티벌로 시작됐다. 지금의 모양새가 갖춰진 것은 1985년 로버트 레드퍼드가 독립영화를 지원할 목적으로 '선댄스 인스티튜트'를 창립하면서부터이다. 영화제 명칭도 레드퍼드가 폴 뉴먼과 함께 출연한 영화 〈내일을 향해 쏴라〉에서 레드퍼드의 배역인 '선댄스 키드'에서 따왔다.

이 영화제는 1989년 스티븐 소더버그 감독의 〈섹스, 거짓말 그리고 비디오테이프〉가 선댄스에서 상영된 뒤 1989년 제42회 칸 국제영화제에서 황금종려상을 타면서 국제적 명성을 얻었다. 그 후 1992년에는 쿠엔틴 타란티노가 〈저수지의 개들〉로 주목받았으며, 로베르트 로드리게즈, 리차드 링클레이터, 브라이언싱어 등이 선댄스를 통해 빛을 본 감독들이다.

11) 그 밖의 키워드

▷ 카 체이스

카 체이스(Car Chase)는 차를 타고 도망치는 주인공을 악당들이 역시 차로 추격하는 신을 말한다. 특히 액션 영화에서는 카 체이스가 빠지면 재미가 없다. 관객의 눈앞에서 자동차가 맹렬한 속도로 달리고, 그 뒤를 또 다른 차가 아슬아슬하게 쫓아갈 때 우리는 고도의 극적 긴장감을 느끼지 않을 수 없다. 그 효시는 에드윈 포터 감독의 〈대열차 강도〉, 그리피스 감독의 〈국가의 탄생〉 등 영화 발생 초창기부터 사용되어 왔다. 영화 내용 자체가 카 체이스의 상당 부분을 점하는 영화는 뤽 베송 감독이 연출한 프랑스 영화 〈택시〉(1998)이다. 운전 솜씨와 속도 경쟁에서 프랑스의 '푸조 4060'이 독일의 벤츠를 이긴다는 내용이다.

▷ 컬트 영화

컬트(Cult)는 사전적으로 종교적 숭배나 열광을 일컫는다. 컬트 영화란 소수의 관객이 열광적으로 떠받드는 작품을 의미한다. 창작자의 의도와 관계없이 관객 관람 형태가 자리매김한다. 컬트 영화는 일반적으로 반 주류적 특성을 지닌다. 예컨대 짐 샤먼 감독의 〈록키 호러 픽처쇼〉 등이 컬트 영화로 분류된다.

▷ 팜므 파탈

팜므 파탈(Femme Fatale)이란 범죄와 암흑가의 이야기를 통해 인간의 어두운 본성과 사회문제를 조명하는 필름 누아르에서 필수로 등장하는 위험한 미인(美人), 또는 숙명의 여인, 요부(妖婦)를 뜻한다.

▷ 오마주

오마주(Hommage)는 '경의(敬意)'라는 뜻으로 뛰어난 작품을 만든 사람에게 바치는 찬사와 존경심을 의미한다.

▷미장센

미장센(mise-en-scene)이란 '장면화'라는 뜻의 프랑스어에서 나온 연극 용어로, 〈카이에 뒤 시네마〉에서 프랑수아 트뤼포와 평론가 앙드레 바쟁(Andre Bazin)이 몽타주 이론(어떤 장면을 감독의 시선으로 재현하는 것)에 반하는 미학적 개념으로 사용한 후, 영화의 공간적 측면과 이에 따른 리얼리즘의 미학으로 정착되었다. 바쟁은 특정한 장면을 촬영해 자신의 관점을 제시하기보다는 여러 사물을 배치해 그 안에 감독의 의도가 녹아 있기를 바랐다. 즉, 관객이 보는 스크린 속에 내재된 공간 구성이 바로 미장센이다. 감독은 미장센을 통해 자신의 감각과 사유를 반영하고자 애쓰지만 미장센을 강조하다보면 서사(스토리)보다는 이미지에 치중하게 되는 결과가 나올 수도 있는 약점도 있다.

카메라 앞에 있는 모든 영화적인 요소들, 즉 연기, 분장, 무대장치, 의상, 조명(음악까지도), 영화나 텔레비전에 삽입되는 자막까지도(완제품 단계에서이지만) 장면화(場面化 또는 場面畵)하여 적절한 미학적 결과를 낳았는지를 검토하는 것으로 '화면 내의 모든 것이 연기 한다'는 관점을 말한다. 영화를 만들거나 비평, 또는 관람하는 데 있어 대단히 중요한 평가항목으로 생각된다.

▷내러티브

내러티브(narrative)란 이야기의 구조, 즉 스토리를 말한다. 이야기가 벌어지는 상황, 주요 등장인물, 사건의 원인, 전개과정, 결말이 종합된 내용을 지칭한다. '서사 구조'로도 불린다.

12) 할리우드는 어떻게 탄생했나?

1909년 시카고의 악천후로 〈몬테 크리스토 백작〉의 촬영지를 찾아 헤매던

셀리그 영화사가 캘리포니아의 '날씨' 를 발견했다. 청명한 날씨는 제작기간의 단축은 물론 제작비용까지 엄청나게 줄여 주었다. 1913년 할리우드에 첫발을 디딘 '네스토르 영화사' 도 대부분 야외촬영에 의존해, 1주일 동안 무려 3편의 영화를 제작했다. 동부 영화사들의 서부행 '스튜디오 러시' 는 하나의 비밀이 숨겨져 있었다. 발명왕 토머스 에디슨의 감시를 피해 해적영화를 만들기 위해서였다. 에디슨은 미국 영화산업에 빛을 던져준 '창조주' 였지만, 동시에 암흑기를 몰고 온 '마왕(魔王)' 이기도 했다.[59]

에디슨은 1909년, 당대 대형 영화사들을 끌어들여 '영화특허권회사' 라는 일종의 신디케이트를 결성했다. 그리고 이 신디케이트의 허락 없이 영화를 촬영하거나 복사할 수 없다고 선언하고, 모든 영화촬영기 사용에 철저한 로열티를 요구했다. 또 에디슨은 영화 상영시간이 길어지면 관객들이 무료해 한다는 이유로 한 편당 상영시간을 20분 이하로 제한했다. 또 영화배우들의 인기상승에 따른 출연료 인상을 막기 위해 자막에서 배우들의 이름을 지우도록 강요했다.

1913년 영화사를 세운 유태인 '제시 래스키' 도 게릴라 촬영자의 한 명이었다. 당시 영화 게릴라들이 특허권회사의 눈을 피해 영화를 찍은 곳은 플로리다 주나 캘리포니아 주 같은 국경지대였다. 에디슨의 부하들이 추적해오면 영화장비를 챙겨 국경을 넘어 도망가기 쉬웠기 때문이다. 1916년 래스키는 몇 개의 영화사와 힘을 합쳐 '파라마운트' 를 설립함으로써 할리우드가 시작된 것이다.

▷볼리우드

볼리우드(Bollywood=Bombay+Hollywood)는 인도 뭄바이(Mumbai)의 옛 이름인 봄베이와 할리우드가 합성된 고유명사이다. 영화의 본고장 할리우드(600편, 15억 명)보다 더 많은 연간 1,200편의 영화가 제작돼 40억 명이 관람한다는 볼리우드지만, 그 동안 할리우드처럼 각광을 받지 못했다. 천편일률적 사랑이야기에 배우

---

59) 《동아일보》, 1988년 9월 30일. 참조.

들의 연기가 너무 과장돼 있어 '맛살라(인도 향료) 영화' 로도 불렸다. 인도 영화는 2006년 해외에서 상영된 영화가 800편에 달했고, 미국에서만 1억 달러(약 920억원) 이상을 벌었다.

인도 영화의 혁신도 진행되고 있다. 그 동안 인도 영화는 19개의 방언을 사용하는 10억 명의 국민 누구나 보기 쉽도록 음악과 춤을 많이 활용했고, 해피엔딩의 전통적 서사 구조를 주로 채택했다. 하지만 최근에는 종전에 금기시되었던 키스 장면, 정사 장면도 과감하게 삽입하고 있다.

2009년 9월 인도 영화 한 편이 서울에서 개봉되었다. 〈블랙(Black)〉(2005)이다. '불가능을 가능으로 바꾼 희망의 언어' 라는 광고 문안이 붙어 있다. 산제이 릴라 반살리 감독, 아미타브 밧찬, 라니 무커르지가 출연한 이 영화는 〈타임〉 지 선정 '최고의 영화 Top10' 에 올랐고, 제51회 필름페어 어워드 11개 부문에서 수상했다(최우수작품상, 최우수감독상, 남우주연상, 여우주연상 등). 좋은 영화들이 보여주는 감동을 뛰어넘는 수준 높은 걸작이다. 앞의 일반적인 인도 영화의 평가와는 매우 다른 작품이다.

▷로만 폴란스키

로만 폴란스키(Roman Polanski)는 파리 태생의 유태계 폴란드인으로 프랑스와 폴란드의 이중 국적을 갖고 있다. 그는 각본 작가, 영화배우, 감독으로 활약한 인물이다. 어머니를 독일 강제수용소에서 잃고, 두 번째 아내인 여배우 샤론 테이트조차도 집단 살인극으로 피살되는 등 개인적으로 불행한 과거를 지닌 감독이다. 그러나 1977년 발생한 성폭행 사건으로 1978년 이래 도망자 신세로 살아왔다. 그것도 가족들을 잃은 아픔 못지않게 그를 괴롭혀왔다. 그 약사를 순서대로 정리해본다.

① 폴란스키 감독의 미성년자 성추행 사건은 1977년 3월 영화배우 잭 니컬슨의 빈 집에서 발생했다. 그는 당시 13세 소녀 사만타 게이머를 "프랑스판 보그의 사진모델로 쓰고 싶다" 며 그녀의 어머니를 설득해 자신과 친한 잭 니컬슨의

집으로 데려갔다. 당시 폴란스키는 〈차이나 타운〉에 출연했던 잭 니컬슨과 가깝게 지내고 있었다. 외부와 차단된 공간을 확보한 그는 사만타의 상반신 누드 사진을 찍다가 신경안정제를 먹인 후 강간하고 말았다.

② 이 사실은 사만타가 어머니에게 털어놓음으로써 알려졌고, LA 경찰에 체포됐다. 그해 8월부터 불구속 상태에서 폴란스키에 대한 법원의 심리가 시작됐다. 이때 그의 불안정한 정신상태가 문제되어 법원은 약 90일 간의 정신 감정 기간을 갖도록 했다. 어린 시절 나치수용소에 갇혔고, 1969년 아내 샤론 테이트가 임신한 상태에서 사이비 종교집단에 의해 살해되었던 사실이 폴란스키의 정신 상태를 불안정하게 만들었다는 변호인단의 주장이 받아들여진 것이다.

③ 미성년자와의 성관계에 대한 법정 최고형은 20년이었는데, 불구속 상태에서 수사를 받던 중 형사 처벌을 피하기 위해 선거 공판 직전 1978년 프랑스로 도피, 사실상 망명을 하게 된다. 그 후 해외 범죄인 인도에 소극적인 프랑스와 폴란드에서 활동해왔다.

④ 피해자인 게이머 측은 성폭행과 불법 감금 혐의 등을 적용해 1988년 민사 피해배상 소송을 제기했다. 1997년 합의했다고 되어 있으나 소송기록에는 60만 달러의 합의금을 실제 지불했는지에 대한 언급은 없었다.

⑤ 영화 〈피아니스트〉는 폴란드 피아니스트 블라디슬로프 스필만의 제2차 세계대전 생존기를 영화화한 작품으로, 제75회 아카데미상에서 감독상 등 7개 부문 후보에 오르고 감독상 수상자로 선정되었다. 그러나 미국에서는 형사상의 문제로 인해 입국과 동시에 체포되기에 그는 끝내 나타나지 않았다.

⑥ 현재 세 아이의 어머니로 하와이에 거주하는 피해자 게이머는 미국 CNN의 '래리 킹 라이브'에 출연해서 "그와 그의 영화는 작품의 질로 가치평가를 받아야 한다고 생각한다. 그의 작품세계와 내게 저질렀던 일은 별개의 것"이라고 말했다. 그녀는 같은 맥락의 글을 〈LA 타임스〉에 쓰기도 했다. 폴란스키에게 일종의 면죄부를 준 것이다.

264

⑦ 2009년 9월 26일 폴란스키는 취리히 국제영화제에서 수여하는 공로상을 받으러 갔다가 미국에서 발부한 체포영장에 따라 취리히 공항에서 스위스 경찰에 체포된다. 프랑스와 폴란드 정부는 스위스를 비난하고 미국에 특별사면을 요청했다

⑧ 스위스 법무장관은 미국 송환 요청의 근거가 불충분하다는 이유로 송환을 거부했다.

⑨ 4주간의 수감생활 후 450만 달러의 보석금을 내고 석방된 뒤, 스위스에 있는 자신의 사유지 내로 이동범위가 제한된 가운데 전자 팔찌를 찬 채 가택연금 상태에서 지내왔다.

⑩ 폴란스키는 2010년 7월 12일 풀려나 10개월 만에 자유의 몸이 되었다. 가택연금 중 2010년 2월 20일 폐막된 제60회 베를린 영화제에서 〈유령 작가(ghost writer)〉로 감독상을 받기도 했다.

77세인 로만스키의 인생은 굴곡이 심한 것으로 생각된다. 그렇게 훌륭하고 우수한 영화를 연출할 수 있는 사람이 그런 몹쓸 악행을 저질렀다는 것은 이해하기 어렵다. 따라서 감독의 작품과 그의 인생은 정비례하는 것은 아니라는 사실을 확인할 수 있다. 그의 작품들은 살펴보고자 한다.

●〈유령 작가〉, 〈그들 각자의 영화관〉(2008), 〈올리버 트위스트〉(2005), 〈피아니스트〉(2003), 〈나인스 게이트〉(2000), 〈진실〉(1995), 〈비터문〉(1993), 〈테스〉(1979), 〈테넌트〉(1977), 〈차이나 타운〉(1974), 〈맥베드〉(1971), 〈악마의 씨〉(1968) 등이다

▷알프레드 히치콕

알프레드 히치콕(Alfred Hitchcock)은 1899년 영국 런던 동부에서 태어났다. 무성영화 자막 담당으로 영화계에 입문한 그는 1925년 데뷔했고, 1939년 도미(渡美)했다. 그의 영화들은 소비에트 몽타주와 박력 있는 할리우드식 편집, 그리고 독일 표현주의의 그림자로 빚어졌다.(김혜리, 1999)

히치콕은 서스펜스 스릴러 장르를 발명하고 혁신했다. 설정은 언제나 단순했다. 선량한 자가 누명을 썼다, 어떻게 벗어날 것인가? 누군가 사람을 죽였다, 어떻게 벌 받을 것인가? 하지만 그 '어떻게'를 풀어가는 히치콕의 연출은 수학적 정밀함으로 조바심과 쾌감을 유도했다. 교묘한 시점 샷들은 관객을 희생자와 악인, 그리고 훔쳐보는 자의 위치로 쉴 새 없이 몰고 다니며 도덕적 혼란에 빠뜨렸다.

히치콕은 영화란 대사 도움 없이 이미지의 힘으로 승부한다고 믿는 순수주의자였다. 철저히 계산된 촬영으로 제작사의 가위질을 원천봉쇄했다. 영화 보는 행위에 숨긴 은밀한 관음증을 고백한 〈이창〉(1954)과 존재론적 공포를 다룬 〈현기증〉(1958), 서스펜스 편집의 교과서 〈싸이코〉(1960)는 관음증(voyeurism)의 3부작이라고 불린다. 그는 데뷔한 이래 52년간 53편의 장편 극영화를 남겼다. 카메오(cameo role)와 맥거핀(Macguffin) 기법, 그리고 미남 배우와 금발의 여배우가 주연을 맡고 흑인이 등장하지 않는다면 그야말로 100% 히치콕 작품이다.

그는 줄거리를 좇는 관객들이 헛다리 짚도록 속임수를 쓰는 맥거핀 기법을 보편화시켰다. 스릴러 치고 히치콕을 안 베낀 작품이 있을까 하는 의문을 갖게 하는데, 실제로 많은 감독들이 그의 작품 스타일을 모방 또는 카피했을 것이라 추측하게 된다. 프랑스 영화 〈살인 혐의〉(1989), 노르웨이 작품 〈정크 메일〉(1997), 폴란드 출신 키에슬로프스키 감독의 〈사랑에 관한 짧은 필름〉(1988)은 '인간의 훔쳐보는 본능'을 자극하는 수작들이다.

8. 스타 시스템

영화, 텔레비전, 광고는 스타 시스템(star system)을 십분 활용한다. 이것은 '스타'에 대한 소비자의 정서적 연결고리를 만들어 줌으로써 소비자들을 특정 상품 범주에 묶어두는 방법이다. 미국 할리우드가 이 제도를 잘 발전시켜 왔다. 즉 영화나 TV는 유명한 배우, 탤런트, 가수를 만들어내고 그 사람을 스타로 키워서 그 사람이 출연하는 영화, 드라마, 노래를 히트시킨다. 공급자들은 소비자의 취향이나 기호를 모르기 때문에 새로 내놓는 상품이 성공할지 잘 알 수 없다. 그러나 소비자들은 특정 연기자들에 대해서 모종의 감정적 애착을 갖고 있다면 그 수요를 예측하기가 한결 수월해진다. 이 경우 수요는 훨씬 안정되어 있기 때문이다.

스타라는 개념은60) 우상 숭배와 유사한 방식으로, 숭배의 대상이 되는 특정 개인의 가공적 인물상(personality image)과 그 인물상을 구현하는 것으로 간주되는 인물을 가리키는 용어이다. 스타 시스템은 스타를 만들어내는 체계적이고 조직적인 작업을 의미한다. 스타가 처음 등장한 것은 영화에서이지만 스타는 이제 영화, TV, 가요, 스포츠 등 대중사회의 보편적 현상으로 인식될 만큼 사회 여러 분야에서 찾아볼 수 있게 되었다.

스타의 기준은 극장의 관례에 따르면 영화 제목과 거의 같은 크기로, 또는 제목보다 더 우선하여 배우의 이름이 등장하는 사람을 이른바 '스타'라고 간주한다. 그 외의 경우는 보통 주연급 배우를 가리키고, 사실상 단순히 경의를 표하는 이상의 말로서 굉장한 지위에 오른 연예인을 지칭하거나, 그 이름 하나로 극장 앞에서 영화표를 살 정도로 대중적인 소구력이 증명된 사람에게만 부여되는 명칭이다. 일반적으로 스타 현상이 발생하기 위한 조건들은 다음과 같다.

① 스타는 치밀하게 구조화되고 효율적인 관료주의가 발달된 사회에서 나타난다.

② 스타는 경제력이 발달하여 생존 문제가 해결되고 잉여생산이 가능해진 사회에서 발생한다. 이런 사회에서는 노동과 여가가 구분되고, 여가 생활이 보편화되어 일반 대중이 단순히 실용적인 것 이외의 행위, 자기표현의 욕구를 지니게 되며, 스타는 이러한 욕구의 매개체로서 기능한다.

③ 스타는 아직 사회적 유동성이 있어서 누구나 원칙적으로 스타가 될 수 있다고 믿어지는 사회에서 나오게 된다.

---

60) 《방송대사전》, pp.475-476. 참조.

④ 스타는 지역문화가 쇠퇴하고 취향의 보편화가 이루어지는 대중문화의 발달과 함께 나타난다.

영화에서 태동된 스타 시스템이 형성된 동기는 다음과 같은 여러 가지 배경이 있다.

① 스타는 영화시장 형성을 위해 대규모 영화사에 의해 제조된 영화사의 고정 자본으로서 실패를 방지하는 이윤 보장 역할을 수행했다.

② 스타는 영화산업 측의 일방적인 경제적 동기에서 비롯된 것만이 아니라, 수많은 수용자의 공통된 욕망과 꿈, 취향, 집단 무의식에서 비롯된 관객의 수요에 기초한 산물이다.

③ 스타는 카메라 작업, 특히 인간의 가장 주관적인 표현 방식인 얼굴 표정을 포착할 수 있는 '클로즈업'이라는 특수한 기술로 인해 특정배우에게 고유한 이미지와 개성이 형성되고 부각될 수 있었기 때문에 출현이 가능했다는 것이다.

스타 시스템은 할리우드 영화산업이 대외적으로 팽창하기 시작한 1920년대에 불확실한 영화시장의 안정된 수익 확보를 위해 고안되었다. 관객들이 무성영화의 배우들을 기억하기 시작하자 영화사들은 영화 개봉에 앞서 여러 매체, 즉 신문·라디오·잡지·사진·팬클럽 등을 동원하여 배우의 사생활과 개성(personality)에 대한 이미지를 매력적인 것으로 만들었으며, 장편영화의 발달과 영화의 클로즈업 기법 또한 관객의 기대를 충족시키는 숭배의 대상인 스타를 탄생시키는 데 일익을 담당했다.

스타 시스템은 일반적으로 후기산업사회의 과잉생산 해소를 위한 새로운 소비 창출 욕구에 부응한다고 지적되고 있다. 스타 시스템은 영화의 안과 밖에서 스타의 지극히 화려하고 소비적인 생활 패턴을 통해 스타들이 관련된 소비를 자극하며, 스타들을 영화 관련 상품의 생산과 판매를 위한 재료로 사용하고, 오락과 소비 영역을 확장시켜 거기서 이윤을 창출한다. 또한 스타는 동시대인들에게 삶을 구현하는 방식을 제시해주며, 종종 청소년들의 행동 패턴, 의상, 연애, 문화 등 삶의 양식에 대한 모델이 되기도 한다.

위에서 말한 후기산업사회라는 개념의 핵심은 다니엘 벨에 따르면 '정보 요인' 이다. 그것은 상품생산에서 정보 중심 서비스로의 경제 이동을 의미한다. 더불어 사회 중심 계층으로 과거 기업인들이 차지했던 자리를 이제 전문가나 기술자들이 대체하게 되었음을 뜻한다. 벨의 분석은 프린스턴 대학 경제학자인 매크럽에 의한 연구에 기초하고 있는데, 매크럽은 새로운 산업을 '지식산업' 이라고 명명했다. 지식산업은 과거 서비스 부문의 일종으로 알려져 왔던 교육 체계, 미디어, 도서관, 연구기관, 기타 정보 집약적 활동을 의미하는 총체적 개념이다.

9. 영화 음악

영화 〈닥터 지바고(Doctor Zhivago)〉는 소련의 문호 보리스 파스테르나크(Boris Pasternak)의 원작소설을 영화화한 것이다. 감독은 〈아라비아의 로렌스〉와 〈콰이 강의 다리〉 등으로 세계적 명성이 높은 데이비드 린(David Lean)이 담당했다. 닥터 지바고 역은 오마 사리프(Omar Sharif), 라라 역에는 줄리 크리스티(Julie Christie), 토냐 역은 제랄딘 채플린(Geraldine Chaplin-찰리 채플린의 딸) 등 당대 최고의 캐스팅과 스태프가 동원되어 만든 영화사상 손꼽히는 걸작 중의 하나이다. 그러나 〈닥터 지바고〉의 영화 음악을 만든 모리스 자르(Maurice Jarre)가 없었다면 이 영화의 감동은 반감됐을지도 모른다. 라라의 테마 'Some where my love' 의 가사는 시처럼 달콤하지만 애절하다.

그대여 어딘가에 노래가 있을 거예요
비록 눈이 봄의 희망을 덮고 있더라도 말이에요

언덕 너머 어딘가에 푸르고 금빛 나는 꽃들이 피어나고 있지요
당신의 마음을 지탱시켜 줄 꿈들이 있답니다

언젠가 우린 다시 만나게 될 거에요, 내 사랑
언젠가 겨울을 이기고 따뜻한 봄이 올 때, 당신은 내게 올 거예요
바람처럼 따뜻하고 눈의 입맞춤처럼 부드럽게 긴 시간이 흐른 후에

'라라' … 내 사랑 이따금씩 절 생각해 주세요
신이여, 내 사랑의 성공을 빌어주세요
당신이 다시 내 사람이 될 때까지

눈의 입맞춤처럼 부드럽게 긴 시간이 흐른 후에

신이여, 내 사랑의 성공을 빌어주세요
당신이 다시 내 사람이 될 때까지

또 하나, '2001 섹스 오디세이'로 운위(云謂)되는 스탠리 큐브릭(Stanley Kubrick) 감독의 최후의 걸작 〈아이즈 와이드 셧(Eyes wide shut)〉은 '질끈 감은 눈'을 뜻하는 말로 뉴욕 상류층 부부가 빠져드는 성적 일탈과 환상을 통해서 그들을 둘러싸고 있던 가식과 욕망, 인간의 본질을 집요하게 추구한 작품이라는 평가를 받고 있다. 즉, '우리 모두의 마음속에 있으면서도 좀처럼 드러낼 수 없는 은밀하면서도 강력한 어떤 것'을 표현하고자 한 매우 난해한 영화이다.

영화 첫머리에 단절음의 강력하고 치열한 '탕! 탕!' 두드려대는 피아노 음악은 현대인에게 있어 '섹스'가 최고의 순위에 놓여 있어야 한다는 것을 갈파하는 것 같은 느낌이 든다. 인간들이 통제할 수 없고 뒤틀린 욕망을 분출하는 장면을 묘사한 대저택의 집단 혼음 파티에서 힌두교 경전인 '바가바드 기타'의 일부 경구를 삽입한 음악은 그로테스크한 섹스를 극단적으로 고조시킨 바 있다.

오리지널 뮤직은 조슬린 푹(Jocelyn Pook)에 의해 만들어졌다. 또 쇼스타코비치의 재즈 모음곡 2번 중에서 '왈츠'도 삽입되었다. 이 음악은 어떤 아련한 꿈같은 멜랑콜리, 아니면 강렬하고 뜨거운 불덩이 같기도 하고, 차가운 북극의 얼음 같기도 한, 잡혔다가도 곧 놓치고 마는, 또 다시 손에 넣고자 사생결단하는 '섹스', 그것을 목마르게 읊조리는 느낌을 준다.

이탈리아 출신의 영화음악가 니노 로타(Nino Rota)는 페데리코 펠리니 감독의 영화 〈길(La Strada)〉(1954)에서 '젤소미나의 테마'로 이 영화를 영화사상 불후의 명작으로 만든 장본인이다. 〈길〉은 스토리 구성의 단단함과 함께 차력사 억할의 잠파노와 젤소미나의 연기력이 돋보이는 작품이다. 그런데 이들 연기를 심화시키고 (물론 음악은 나중에 삽입됐지만) 관객의 감동을 자아내도록 한 음악의 역할은 매우 높은 비중을 차지한다. 젤소미나가 서툰 동작으로 부는 트럼펫에서 흘러나오는 멜로디는 우리 가슴을 애상에 젖게 한다.

니노 로타는 이탈리아 밀라노에서 태어나 로마 산타체칠리아음악원, 필라델피아 커티스음악원을 거쳐 밀라노대학에서 박사학위를 받았다. 20세 되던 1931년에는 미국의 커티스음악원에서 세계적인 지휘자 토스카니니(Arturo Toscanini)로부터 작곡과 지휘법을 배우기도 했다. 〈길〉이후에 페데리코 펠리니의 〈달콤한 인생〉(1960), 〈8과 1/2〉(1963), 〈영혼의 줄리에타〉(1965), 〈카사노바〉(1976)의 음악도 담당했다. 〈전쟁과 평화〉(1955), 〈백야〉(1957), 〈태양은 가득히〉(1960), 〈로미오와 줄리엣〉(1968), 〈대부2〉(1974)로 아카데미 영화음악상을 수상했다. 1979년부터 파리음악원 교장을 맡기도 했다.

또 한 사람의 영화음악 거장은 엔니오 모리코네(Ennio Morricone)이다. 그 역시 이탈리아 출신의 작곡가 겸 지휘자이다. 그는 산타체칠리아 국립음악원에서 여러 장르의 음악을 공부했고, 1961년부터 영화음악을 작곡하기 시작했다. 〈황야의 무법자〉(1964), 〈석양의 무법자〉(1966), 〈시실리안〉(1969), 〈천국의 나날들〉(1978),

〈원스 어폰 어 타임 인 아메리카〉(1984), 〈미션〉(1986), 〈언터처블〉(1987), 〈시네마 천국〉(1988) 등 우리가 알 만한 음악들이다. 특히 〈황야의 무법자〉에서의 음악적 임팩트는 매우 강렬했다. 또 〈시네마 천국〉의 음악들도 TV 영화 프로의 테마 음악으로도 자주 쓰인다. 그러나 그는 상복이 없었는데, 2007년 2월 25일 LA에서 열린 제79회 아카데미 시상식에서 평생 공로상을 수상해 그간 쌓였던 한을 풀었다. 수상 헌정 앨범도 나왔다. 여기에서 성악가 안드레아 보첼리, 첼리스트 요요마, 헤비메탈 밴드 메탈리카, 재즈 피아니스트 허비 핸콕, 팝가수 셀린 디옹, 퀸시 존스, 브루스 스프링스틴, 로저 워터스 등이 참가했다. 영화음악의 중요성이 얼마나 대단하면 이런 최고의 아티스트들이 헌정 앨범에 그들의 음악과 작품을 넣었을까를 생각해본다.

이 엔니오 모리코네가 작곡한 음악이 2010년 하반기 한국 엔터테인먼트계에 대 유행을 일으켰다. 즉 KBS-2TV 해피선데이 〈남자의 자격〉에서 합창곡으로 연주되었던 'Nella Fantasia'가 바로 그 곡이다. 박칼린이 합창을 지휘하면서 선택된 레퍼토리 중의 하나인데, 배다혜와 선우가 노래를 불렀고 제7회 거제전국합창경연대회에서 장려상을 수상함으로써 시청자에게 큰 감동을 안겨준 바 있다. 이 결과 여러 방송의 프로그램에서 이 노래가 흘러나오게 되었고, 발칼린은 커머셜에까지 출연해 더욱 노출 빈도가 높아지게 되었다.

엔니오 모리코네의 이 곡은 원래 영화 〈미션〉(롤랑 조페 감독, 1986년 제39회 칸 영화제 황금종려상 수상)의 삽입곡 중 하나로, 원제목은 'Gabriel Oboe'이다. 팝페라 가수 사라 브라이트만이 이 곡을 노래로 만들고자 모리코네에게 부탁했고, 어렵게 승낙을 받아 작사가 키아라 페르라우가 노랫말을 붙여 불러서 유행하게 되었다.

영화음악(노래)이 적극적으로 영화의 스토리를 끌어감으로써 성공작을 만들어낸 경우 중의 하나가 〈카사블랑카〉(1943)이다. 할리우드의 황금기에는 다른 영화사도 비슷했지만 워너브라더스는 마치 공장에서 제품을 찍어내듯 일 년에

272

약 50편 정도를 양산했다. 그 중 반 정도만 성공하면 되는 것이 관행이었다. 이 〈카사블랑카〉도 저예산에다 이런 시스템으로 만들어진 영화이다. 워너브러더스는 진주만 폭격 바로 다음날인 1941년 12월 8일 부부교사인 메리이 버넷과 조안 앨리슨이 쓴 희곡으로 1930년대 뉴욕에서 공연되었던 〈모든 사람은 릭의 카페를 찾는다(Everybody Comes To Rick's)〉라는 연극 판권을 2만 달러라는 비싼 값에 매입했다고 한다.

로맨틱 코미디 작가인 엡스타인 형제에게 각색을 맡겼으나, 1942년 5월 25일 첫 촬영이 진행 중인데도 대본이 다 만들어지지 않았고, 세트장도 미완성 상태였다. 감독도 애초에는 윌리엄 와일러(《로마의 휴일》 감독)로 되어 있었는데, 그가 군 입대를 하게 됨으로써 마이클 커티스(Michael Curtiz)로 변경되었다. 또 원래 캐스팅을 조른 배우가 로널드 레이건(전 미국 대통령)과 미셸 모르강이었다는 이야기도 유명하다. 곡절 끝에 험프리 보가트와 잉그리드 버그만으로 바뀌고 '세월이 흘러도(As Time Goes By)' 라는 피아노 음악과 노래가 이 '뒤죽박죽 출발'의 영화를 영화평가 순위에서 늘 랭킹 5위 이내에 들어가는 걸작으로 탄생시킨 것이다. H. Hupfeld가 작곡하고 Dooley Wilson이 부른 이 노래의 가사는 다음과 같다.

이것은 기억해야 해요
키스는 단지 키스일 뿐
후회는 그저 후회일 뿐
근본적인 마음은 그대로죠

두 연인이 아직도
사랑한다며 속삭이네
미련은 남아 여전히 사랑 고백을 하네
미래가 어떻게 되든지 말이에요
세월이 흘러도…

달빛과 사랑의 노래는
절대 시들지 않아요
가슴 가득한 열정
부러움과 시기
여자는 남자를 원하고
남자는 자신의 짝을 가져야 한다는 건
아무도 부인할 순 없죠
여전히 똑같은 해묵은 이야기죠
영광스런 사랑을 얻으려는 싸움은
승리 아니면 죽음이에요
세상은 언제나 연인들의 편이죠
세월이 흘러도…

어느 해나 9월 1일 또는 9월에 수없이 FM에서 흘러나오는 노래는 〈고엽(Les Feuilles Mortes)〉이다. 마치 가을이 '고엽' 노래를 위해서 오는 형국이다. 이 〈고엽〉은 프랑스의 가수이자 배우인 이브 몽탕이 배우로 처음 출연한 영화 〈밤의 문(Les Portes de la Nuit)〉(1946)에서 불러 히트한 곡이다. 노랫말은 프랑스 시인 자크 프레베르(Jacques Prevert)가 썼고, 헝가리 출신 작곡가 조셉 코스마(Joseph Kosma)가 곡을 만들었다. 이 노래는 이브 몽탕의 라이브로 들어야 가장 맛이 나지만 줄리에트 그레코, 빙 크로스비, 에디트 피아프 등도 불렀고, 피아니스트 로저 윌리엄스와 폴 모리아 악단도 레코드를 내서 1950년대에는 최고의 인기곡이 되었다. 프랑스어 가사의 번역도 정말 가을스럽다.

아, 회상해 주기 바란다오.
두 사람이 서로 사랑했던 행복한 날들을….
그 무렵에 인생은 덧없이 아름답고,
태양도 지금보다 뜨겁게 타오르고 있었다오.

고엽은 삽으로 퍼서 모아진다네.

알다시피 나는 잊을 수가 없다오.

추억과 회한도 또한 그 고엽과 같다는 것을….

그리고 북풍은 그것을 차가운 망각의 밤 속으로 실어 간다오.

당신이 내게 불러준 그 노래가 나에겐 잊혀지지 않는다오.

그것은 우리들과도 닮은 하나의 노래.

나를 사랑하고 있었던 당신. 당신을 사랑하고 있었던 나.

두 사람은 함께 살고 있었다오.

그러나 인생은 조금씩 소리도 없이

서로 사랑하는 사람을 떼어 놓았고

그리고 바다는 맺어지지 않은 모래 위의

연인들의 발자국을 지워 버린다오.

이미 오래 전에 발표된 노래를 영화에 삽입해 영화의 서정성을 살리고 관객의 가슴을 아리게 한 노래도 있다. 원래도 히트했지만 영화가 노래의 격조를 더욱 상승시켰다. 바로 페드로 알모도바르 감독이 2002년에 내놓은 〈그녀에게 (Talk to Her)〉 장면 중, 산속 야외 카페에서 브라질의 대표적 뮤지션인 카에타노 벨로소가 자신의 기타 반주로 노래했던 〈쿠쿠루쿠쿠 팔로마〉이다. 우리 6.25전쟁 관련 가요 가운데 〈단장(斷腸)의 미아리 고개〉(1956 – 반야월 작사, 이재호 작곡, 이해연 노래)와 유사한 느낌인데, 사랑을 잃은 비둘기는(한 남자) 글자 그대로 창자를 끊어내는 아픔으로 연가를 절창해 사람들의 심장을 헤집었다. 가사를 모르고 오디오만 들었을 때는 그리 절절하지 않았지만 영화의 자막을 보며 들으니 그 감동은 두 배도 넘으리라.

사람들은 말 하네 밤이 되면, 그는 단지 울기만 한다고

먹지도 않는다고 말하네. 그저 잔을 들이키기만 한다고.

사람들은 맹세해서 말하네. 하늘까지도, 그의 곡을 들으면 전율한다고

그녀 때문에 얼마나 괴로워했는지. 왜냐하면

그는 죽으면서도 그녀를 불렀다네

아이 아이 아이 칸타바

노래하네, 신음하네, 노래하네, 치명적인 열병에 걸려 죽어가네

어느 슬픈 비둘기 한 마리가 이른 아침이면 와서 노래하네.

외로운 작은 집 앞에서. 수시로, 작은 문이 있는 그 집 앞에서

사람들은 맹세해서 말하네. 그 비둘기가 바로 그의 영혼이라고

아직도 그녀를 기다리는. 그 불쌍한 여인이 돌아오기만을

쿠쿠루쿠쿠 팔로마…

비둘기야. 울지 말아라

돌멩이들은 절대로, 사랑에 대해 알지 못한단다! 쿠쿠루쿠쿠….

비둘기야, 울지 말아라

1895년 뤼미에르 형제가 영화를 창안한 이래 명멸했던 영화들은 결코 그 숫자를 헤아릴 수가 없다. 거의 모든 작품에 영화음악이 존재했고, 그 중에는 수많은 훌륭한 작품들이 있다. 〈오즈의 마법사〉=무지개 너머로(H.Arlen), 〈바람과 함께 사라지다〉=Tara's Theme(M. Steiner), 〈사랑은 비를 타고〉=Singin' in the Rain(N.H. Brown), 〈모정〉=사랑은 아름다워라(S. Fain), 〈에덴의 동쪽〉=동명의 음악(L. Rosenman), 〈티파니에서 아침을〉=문 리버(H.Mancini) 등 많은 곡들이 아직도 시내 카페에서 흘러나온다. 영화도 생명이 길지만 영화음악은 언제 어디서나 존재하며 거의 영원하다는 점이 특이하다.

10. 영화의 관음증

영화에 나오는 페미니즘을 연구한 로라 멀비(Laura Mulvey)[61]는 엄청난 반향을 일으킨 논문 〈시각적 쾌락과 서술적 영화(Visual pleasure and narrative cinema, 1975)〉

에서 영화에는

① 어두운 객석에서 영화를 보는 관객들의 시선

② 영화 스토리 내에서 진행되는 배역들 간의 시선

③ 영화를 찍는 카메라(카메라맨)의 시선이 존재한다고 기술했다.

　그는 논문에서 영화는 "근본적으로 남성적 응시나 남성의 시선을 생각하며 제작되고, 반대로 여성은 언제나 이러한 응시의 대상이 된다"고 주장했다. 영화는 수많은 쾌락을 제공할 수 있는데, 그 중의 하나가 관음증(voyeurism)이다. 보는 것 자체가 쾌락의 목적이 될 수 있듯이, 반대로 보여지는 것에도 쾌락이 존재한다고 한다. 따라서 현대영화에서 벗은 몸을 보는 행위와 벗고 보여주는 행위의 이해관계가 맞아 떨어지는 상황이 된다.

　이때 카메라의 시선은 물론 남성을 위한 것이고, 이것이 관음증을 유발한다. 영화 화면은 창문에 비유되고, 영화 감상은 어두운 객석에서 몸을 숨기고 밝은 방을 들여다보는(peeping) 정황이다. 즉 숨어서 여성 등장인물의 몸을 훑어봄으로써 지배적인 위치에 서게 되는 쾌락을 얻게 된다. 그 과정에서 여성은 항상 쾌락의 객체, 관음증의 대상으로 존재한다. 즉, 남성의 관음은 여성을 성적 대상으로 사물화시킨다는 것이다. 이 논문이 1975년에 나온 점을 감안하면 당시의 영화적 상황으로는 상당한 설득력이 있었을 것으로 판단된다.

　그러나 이런 여성의 관음증에 관한 이론도 시대의 흐름에 따라 변화를 보이고 있다. 21세기 이전의 영화들은 대체로 여성의 옷을 벗겨서 남성 관객들의 관음증을 유발시킨 것은 분명한 사실이었다. 그러나 여성들의 경제적·사회적 지위가 점증되고 확고해짐으로서 영화를 선택하는 취향에서도 여성을 고려할 수밖에 없는 시점에 도달했다. 따라서 여성의 나신(裸身)도 필요하지만, 남성의 벗은 몸도 여성을 위해서는 존재해야 하는 영화적 당위성이 생겼다. 그래서 우리나라

---

61) 로라 멀비는 옥스퍼드대학에서 역사를 전공하고, 1970년대 초 영화감독과 영화이론가가 되었다. 2007년 현재 런던대학 버크백 칼리지 교수로 재직하고 있고, 저서로 『1초에 24번의 죽음』, 『시각과 그 밖의 쾌락들』(1989), 『시민 케인』(1992), 『페티시즘과 호기심』(1996) 등이 있다.

에서도 상영된 〈몽상가〉들에는 남녀 주인공들이 모두 완벽하게 옷을 벗은 모습을 보여주고, 섹스의 장면도 구체적으로 강렬하게 묘사했다. 이 영화의 감독은 베르나르도 베르톨루치로, 세계적으로 저명 감독의 반열에 올라있는 인물이다. 또 미켈란젤로 안토니오니 감독이 만든 〈에로스〉의 마지막 에피소드에서도 남녀의 그런 장면들은 거침없이 스크린을 압도한다.

우리나라 영화들도 이런 유행에서는 절대 뒤지지 않는다. 얼마 전 개봉되었던 유하 감독의 〈쌍화점〉도 정도가 과하다는 지적이 있었고, 그의 종전 작 〈결혼은 미친 짓이다〉도 남녀 주인공의 옷벗기에서 별로 빠지지 않았다. 또 최근 개봉된 〈방자전〉도 세 번 정도 나오는 섹스신은 도발적이며, 앞의 작품들에 절대 빠지지 않는다. 법원 제소 등 많은 논란을 일으키고 우리나라에서 개봉된 존 캐머런 미첼 감독의 〈숏 버스〉에는 다소 역겹게 느껴지는 남자의 자위행위 등 적나라한 장면들이 연속된다. 관객의 입장에서는 포르노그래피로 받아들일 사람들도 많다. 이렇게 로라 멀비의 세 가지 시선 중 촬영 카메라의 시선은 남성을 위한 것이라고 규정한 연구도 수정되어야 한다. 오늘날의 카메라는 남녀 공용의 시선으로 전환되었다는 사실은 분명하다.

▷미국 할리우드 영화 제작 10계명 중 9계명

아홉 번째 계명은 '영화산업은 TV를 비롯한 레저산업과 경쟁관계에 있기 때문에 TV에서 못하는 것(예-폭력, 섹스, 동성애 등)을 다루어야 한다' 는 내용이 있다. 위의 '제작 9계명' 에 입각해 만들어진 영화가 남남의 동성애를 다룬 왕가위 감독의 〈부에노스아이레스-해피 투게더〉(1997)이다. 이 작품은 소수자의 문화인 동성애의 가치를 존중해서인지 심사위원들의 진보적 성향 때문인지 제50회 칸 영화제에서 최우수감독상을 수상하는 기염을 토했다.

2005년에 개봉된 우리 영화 〈왕의 남자〉도 남성 대 남성의 동성애를 소재로 해서 1,230만 명이라는 관객을 동원했다. 어떤 여성은 이 영화를 47번 관람해 영화의 신을 모두 외운다는 이야기도 있었다. 동성애 영화는 '된다' 는 것이다. 이처럼 할리우드 영화 제작의 9계명은 예측이 정확하다. 공연히 할리우드가 아닌 것이다. 반대로 이것을 사용할 수 없는 TV는 오히려 채널 간의 경쟁에서 우위를 점하기 위해 특히 섹스를 활용할 찬스를 호시탐탐 노리고 있다. 이 부분이 바로 'TV 선정성' 의 정체이다.

TV 드라마에서도 동성애 소재는 드물기는 하지만 발견하기 어렵지는 않다. 1999년 KBS-2TV 세기말 특집극 〈슬픈 유혹〉은 "지난 천 년이 다수가 소수를 지배하는 사회였다면, 나가오는 세기는 다수가 소수를 이해하고 서로 소통할 수 있는 세기가 되었으면 한다" 가 기획의도라고 한다. 공영방송이라는 채널에서 김갑수와 주진모의 키스 장면까지 버젓이 화면에 나왔으니 이것을 어찌 이해하고 해석해야 될지 당황스러울 뿐이다.

10년이 지난 지금, 최고의 텔레비전 드라마 대본을 써온 김수현 작가의 작품 〈인생은 아름다워〉에도 남 대 남 동성애가 나오는데, 이제는 동성애를 수용할 시대적인 상황이 됐다는 것인지, 동성애도 인간의 보편적인 가치의 한 가지라는 것인지 핵심을 정확히 알기 어렵다. 김수현은 인터뷰에서62) "내 자식이 동성애자라면?" 이라는 질문에 "당연히 받아들이죠" 라고 말했다고 한다. 한국 사회가 매우 서구화되어 있기는 하지만 유교적인 전통과 가부장적 분위기가 완전히 가시지 않은 상황에서 그런 스토리를 수용하기에는 아직 보편성 측면에서 미흡하고 미성숙된 부분이 있지 않을까 생각하게 된다.

반면 영화는 이런 TV의 약점을 역이용해 선정성을 더욱 극대화시킨다. 미국의 C급 이하 영화제작에는 '30초와 3분의 법칙' 이 존재한다는 속설이 있다. 즉 영화 시작과 함께 30초 이내에 강력한 섹스신이나 폭력이 튀어나와야만 관객(오디언스)을 붙잡아맬 수 있고, 이것을 스토리의 진행과 별개로 3분마다 반복해서 영화가 종료될 때까지 계속해야 최소의 흥행성적을 기대할 수 있다는 내용이

---

62) 〈조선일보〉, 2010년 10월 29일. 참조.

다. 좀 과장된 듯싶기도 하지만 아주 허황된 이야기가 아니라는 사실을 우리는 여러 영화를 관람하는 중 자연히 알게 된다.

11. 섹슈얼리티와 에로티시즘

우리가 사는 오늘은 분명 21세기이지만 사실은 20세기 끝과 맞닿아 있고, 20세기 후반의 유산들이 지금도 도처에서 꿈틀거리고 있다. 섹슈얼리티(sexuality)가 횡행하는 곳은 룸살롱만이 아니다. 영화의 스크린 속에서 가장 치열하게 전투를 벌인다. 이 싸움에서 거의 모든 관객들은 KO패를 당하는 정황이다. 다음은 20세기와 21세기의 경계 시점에서 회고한 이문재 시인의 '마릴린 먼로에 대한 핵심 메시지'이다.

'내 몸은 호텔!' 지난 해 독일 프랑크푸르트 도서전에서 눈에 띠었던 대형 포스터 문안이다. 그 포스터는 유럽에서 활동하는 한 젊은 여가수가 쓴 책을 광고하고 있었는데, 마침 그 백인 여가수가 전시장 한 구석에 작은 무대를 만들어 놓고 독자들과 대화를 나누고 있었다. 치렁치렁한 갈색머리에 우물처럼 깊은 눈, 늘씬한 팔등신. 독자들에게 그윽한 미소를 보내던 그녀는 무궁화 다섯 개짜리 호텔처럼 보였다. 그는 섹시함을 무기로 세상과 교섭하고 있었다. 20세기의 키워드 '섹시(sexy)'가 가진 파워를 나는 보았다.[63]

세기의 그믐에 새삼 마릴린 먼로를 떠올린다. 그가 가진 이미지는 바로 저 '호텔'로서의 육체다. 누구나 머물 수 있는, 대중에게 공개된, 반짝거리고 찬란하고 안락하며 돈만 내면 누구나 이용할 수 있는 공공장소. 먼로의 섹시함은 특정인이 독점할 수 없는 것이었다. 공식적으로만도 세 차례 결혼했고, 많은 사람들과 무수한 염문을 뿌렸지만, 그는 스크린을 통해 만인에게 공개된 연인이었고 '억눌린 섹스를 해방시키는 열쇠'였다. 먼로 이후 섹시는 금기의 울타리를 벗어나, 귀족 계

---

63) 〈조선일보〉, 1999년 12월 10일. 참조.

급의 밀실을 뛰쳐나와, 거리에서, 대중들 사이에서 소비되기 시작했다.

'37-24-37' 신체 사이즈와 백치미로 압축된 이미지. 이젠 전설이 된 그 모습으로 마릴린 먼로는 살아 있다. 먼로의 섹시함은 화면 속 그의 시선에 의해 완결되었다. 모두를 쳐다보고 있지만 결국 아무도 쳐다보지 않는 '텅 빈 시선.' 이 비현실적인 시선은 저 지하철 통풍구 위에서 날아올라가는 치마를 내리누르는 포즈와 겹쳐진다. 19세기적 '정신' 숭배를 몰아낸 20세기 섹시함의 신화는 텅 빈 시선과 텅 빈 정신을 정당화한다. 먼로 이후, 텅 빈 시선은 섹시 스타의 전형적 시선이 되었다.

먼로의 육체는 강렬한 성적 에너지로 카메라를 매혹했고, 카메라로 인해 영생을 얻었다. 그가 20세기 한가운데로 출현할 때, 그러니까 10대 후반 핀 업 걸로 카메라 앞에 섰을 때, 고아 소녀 노마 진이 마릴린 먼로로 다시 태어날 때 새 생명을 준 것은 카메라였다. 영화와 매스컴, 전기 작가들에 의해 고착된 이미지, 즉 초점 잃은 눈에 봉긋한 미소, 그것은 카메라가 만들어내고 할리우드를 통해 전 세계 대중을 흡인한 이미지다. 그 말고 누가 이처럼 오래 우리 곁에 섹시 우상으로 머무는가. 그가 가진 생명력은 어디서 오는 건지 나는 머리를 갸웃거려본다.

먼로와 카메라의 '결혼'은 섹시라는 손에 잡히지 않는 환상, 그래서 더욱 갈증을 일으키는 욕망을 유포시켰다. 먼로는 분명 분기점이었다. 아이 같고 천연스런 먼로의 섹시함은 여성의 섹시함과 성욕을 죄악시하던 이전 세기 윤리관을 녹여버렸다. 지하철 바람에 열 오른 몸을 식히는 〈7년 만의 외출〉은 '성욕이 삶의 가장 근본적인 에너지'라는 1950년대 미국 사회의 인식을 천진난만하게 형상화한 것이었다.

프랑스 사회학자 에드가 모랭이 지적했듯 대중은 새로운 신으로서의 스타, 상품으로서의 스타를 동시에 요구한다. 우리는 어두운 극장에서 현대의 신을 만났고 숭배했다. 신의 광휘는 섹시로 더욱 빛났고, 섹시는 20세기 사람들의 주제어가 되었다. 극장이라는 신전은 곧이어 텔레비전이라는 좀 더 일상적인 신전으로 확장되었고, 여기에 광고가 가세하면서 섹시는 20세기 후반의 일상적 삶으로, 우리 현대인의 자아 속으로 스며들었다. 20세기에서 섹스어필이란 성의 상품화로 귀결지어진다. 이미지를 통해 공공연하게 상품화한 성 산업의 첨병은 역시 할리우드다.

그러나 우리가 알고 있는 먼로는 카메라와 영화 홍보팀이 만든 이미지일 뿐이다. 시각 이미지가 소비자 시선을 장악한 이 세기에 먼로를 통해 대중화된 섹시 이미지는 거의 모든 광고에 내장되어 있다. 영화 잡지에 등장한 전도연은 먼로를 패러디한 우마 서먼의 재생이다. 상품 생산과 유통, 소비 전 과정에서 먼로는 수시로 '호출' 되고 있는 것이다.

12. 포르노그래피

문학과 미술, 특히 영화에 있어서 '포르노' 는 정치나 이데올로기 문제 못지 않게 지속적으로 법적규제의 대상이 되어왔다(최민, 2002). 포르노는 원래 '매춘에 관한 이야기' 를 뜻하는 '포르노그래피(pornography)' 를 줄인 말로, 그 정의를 내리기는 어렵다. 시대에 따라 기준이 달라지기 때문이다. 보통 성기와 성 행위를 노골적으로 묘사한 글이나 이미지를 가리키지만 구체적으로 들어가면 복잡하기 짝이 없다.

포르노에 해당하는 우리말은 '외설(猥褻)' , '음란(淫亂)' 정도인데 외설이 일본식 표현이라 해서 현행법에서는 '음란' 으로 표기한다. 음란은 성욕을 자극하거나 흥분 또는 만족하게 하는 내용 가운데 일반인의 성적 수치심을 해치고 선량한 성적 도덕관념에 반하는 것으로 정의된다. 좀 더 구체적으로 예를 들면 성기의 노출, 적나라한 성 행위, 강간, 변태적 성 행위, 아동 추행 등을 가리킨다. 그러나 여기서도 '변태적 성 행위' 같은 표현은 매우 포괄적이고 뜻이 지극히 애매하다.

그럼에도 불구하고 여기에는 어떤 암묵적 기준이 작용하고 있다고 생각한다. 그 하나는 '수치심의 유발'이라는 기준이다. 성 행위는 숨겨져야 하지 노골적으로 드러내서는 안 된다. 섹스는 그 자체로 부끄러운 것은 아니지만 노출되면 부끄럽다. '성적 선택의 자유' 혹은 '표현의 자유'와 '수치심'이 정면으로 부닥치는 대목이다. 그러나 수치심이란 주관적으로 느끼는 정서적 반응이기 때문에 이것이 과연 합리적인 것일까 하는 의문도 생긴다. 다른 기준은 나이와의 관계로 포르노 또는 음란물이 '성인들의 문화'라는 제한이다.

위에서 지적된 여러 가지 조건과 제한들이 우리 사회에서 제대로 지켜지는가 하는 의문이 생길 수 있다. 최근 조사에 따르면 초등학교 때 음란물을 접한다는 리포트도 있다. 한국에서 개봉된 영화 중에 성기의 노출, 적나라한 성 행위가 마음껏 묘사된 영화는 베르나르도 베르톨루치 감독의 〈몽상가들〉, 존 캐머런 미첼 감독의 〈숏 버스〉가 최고 수위에 올라 있고, 세드릭 칸 감독의 〈권태〉, 미켈란젤로 안토니오니 감독의 〈에로스〉, 카트린느 브레이야 감독의 〈팻걸〉, 폴 버호벤 감독의 〈쇼걸〉, 이안 감독의 〈색, 계〉, 차이밍량 감독의 〈흔들리는 구름〉 등도 위험수위를 한참 넘은 영화들이다. 〈몽상가들〉의 경우 음란한 장면들이 영화예술의 차원에서 승화되었다는 것이 심의통과의 주요 이유이다. 이 포르노그래피의 문제는 코에 걸면 코걸이 귀에 걸면 귀걸이이다.

"영화를 볼 때 특정 부분만을 반복해서 보고 싶다면 외설이요, 처음부터 끝까지 다시 보고 싶다면 예술영화이다. 몸이 먼저 반응하면 외설이고, 마음이 먼저 반응하면 예술이다." 또 "만드는 사람이 성적 욕망의 배출을 위한 단순 자극제로 작품을 만들었다면 외설이요, 앞뒤 문맥에 반드시 필요한 장면이기 때문에 그 장면을 통해 새로운 비판의식을 끌어내기 위한 것이었다면 예술 장르로 분류될 수 있다"는 젊은 층의 주장도 있다(김지은, 2007).

성 문제에 대해 예술이라는 표현이 자주 등장한다. 옷을 벗은 나체에 대해서도 대상자가 'Naked' 라면 ' 주체적으로 벗은 몸 '이란 뜻으로 쓰이고 'Nudity' 는 '바라보는 사람을 위해서 옷이 벗겨진 몸' 이라는 암시가 강하다. 과도한 성적 표현은 'Stopping' 이라는 상업적·광고적 의도가 개입된 것으로 볼 수 있다. 이 런 여러 가지 복합적 이유 때문에 미국과 우리나라에서도 영화에 등급을 부여해 영화 관람에 대해 규제를 실시하고 있다.

미국의 경우, 대부분의 영화에 대해 MPAA(미국영화협회)가 등급을 매긴다. G= 미성년자 관람가, PG=부모동반 필요, PG-13=13세 이하로 부모동반 필요, R=미성년자 관람불가 등 4개 등급으로 나뉜다. X등급 영화는 오직 성인용 영화만을 가리켰는데, X등급은 포르노 영화를 지칭하는 것으로 의미가 변질되었고, X등급에 농담 의미가 더해져 XXX등급이라는 말이 나왔다.

13. 마릴린 먼로

마릴린 먼로가 스크린에서 사라진 지 어느새 48년이 흘러갔다. 아무리 유명인사라고 해도 보통 몇 년이 지나면 대중의 뇌리에서 지워진다. 그러나 그녀는 50년이 다 되어가는 지금도 '섹스 이미지의 총체' 로, 또 비극적인 생을 마친 여배우로 줄곧 우리들의 기억 속을 맴돌면서 현존하고 있다. 1926년 먼로는 '노마 진 모텐슨' 이라는 이름으로 로스앤젤레스에서 태어났다. 복잡한 남자관계로 어머니는 가장 마지막에 사귄 남자의 성을 따 '노마 진 베이커' 로 출생신고를 했다고 한다. 아버지는 가출해 버렸고, 어머니는 정신병 증세가 있었다. 글자 그대로 결손가정의 아이였다. 아홉 살에 고아원에 보내진 그녀는 16세 때 '고아원에 돌아가지 않기 위해' 21세의 제임스 도허티와 결혼하지만 4년 후 이혼한다. 수영복 모델 일을 하던 그녀는 원래 갈색(브루넷)이었던 머리를 금발(블론드)로 염색해서 바꾼다.

주로 단역을 맡다가 존 휴스턴 감독의 〈아스팔트 정글〉(1950)에서 주목을 받았고, 〈신사는 금발을 좋아한다〉(1953), 〈나이아가라〉(1953)로 스타덤에 오른 후, 〈백만장자와 결혼하는 법〉(1953)의 히트로 가장 사랑받는 할리우드 여배우가 된다. 특히 출세작인 〈나이아가라〉에서 연기한 '먼로 워크(Monroe Walk)'는 독특하게 엉덩이를 흔드는 육감적인 몸짓으로 하나의 성적 코드가 되었다.

1950년대 할리우드는 '스타 메이킹 팩토리'였다. 좀 가능성이 보이는 신인이 나타나면 홍보전문가들은 예명으로 새 이름 짓기, 과거사 날조, 성형수술 등으로 개성적 이미지 창출 작업에 매달렸다. 미국 사회는 스타 소비를 갈망했고, 할리우드는 신성(新星)을 공급해야만 했다. 그녀도 이런 관행적 과정을 통해 제소된 당시 최첨단 상품이었다.

1946년 스무 살의 노마 진 베이커는 20세기 폭스 사장 대릴 자눅(Darryl F. Zanuck)과 계약을 맺고 '마릴린 먼로'로 변신했다. 'MM'으로 불리는 마릴린 먼로라는 이름은 뽀뽀를 두 번 하는 입 모양에서 따와 만들어진 것이다. 대릴 자눅은 여배우를 보는 눈은 날카로웠지만 미래를 보는 눈은 어두웠던 모양이다. 그는 '역사상 가장 바보 같은 발언록10'에서 7위를 차지한 인물인데, 그 내용은 "텔레비전은 처음 6개월이 지나면 시장에 살아있지 않을 것이다. 사람들은 매일 밤 합판으로 만든 상자를 보는데 지겨움을 느낄 것이다(1946년)"였다. 당시 할리우드가 TV 방송의 맹폭을 당한 초기일 것이다. TV에 대해 적개심을 표시한 것이지만 한심한 전망이었다.

할리우드에서 화제작 30여 편에 출연하면서 공장근로자 도허티, 프로야구 선수 출신 조 디마지오, 그리고 극작가 아서 밀러에 이르는 3번의 정식 결혼을 한다. 모두 잘못된 만남이었고, 실패한 결혼이었다. 16세에 처음 결혼한 도허티는 부인인 노마 진 베이커가 성인잡지 〈블루 북〉에 스카우트 돼 누드 모델로 활동하지만, 도대체 모델작업이 무엇인지 이해하지 못한 갈등 끝에 갈라서게 된다.

그녀가 28살, 그녀보다 12년 연상으로 메이저 리그에서 은퇴한 조 디마지오와 두 번째로 결혼식을 올린다. 그는 56경기 연속 안타에 통산타율 0.325, 홈런 361개를 날린 불멸의 기록을 세운 전설의 사나이다. 이 결혼은 디마지오의 소위 '대시' 로 성사되었는데, 짧은 연애기간 중에도 먼로는 지성인을 존경했지만 디마지오는 오히려 그들을 경멸하는 등 성격적 갈등을 겪었다. 특히 디마지오는 할리우드의 성적 문란과 타락에 대해 분개했다. 실제로 〈신사는 금발을 좋아한다〉 촬영 시 "대중 앞에서 좀 더 젖가슴을 가려줄 것" 을 요구한 바도 있다. 그러나 먼로는 신비한 힘으로 상대방을 굴복시키는 프로야구 영웅 특유의 카리스마에 끌려 1954년 1월 14일 샌프란시스코 지방법원에서 결혼한다. 먼로는 디마지오를 '나의 강타자' 라고 자랑했다. 하지만 먼로의 마음은 할리우드에 가 있었다. 그러나 이탈리아인의 보수적 기질을 타고난 디마지오는 먼로를 현모양처에 가두어 두기만을 바랐다. 이것은 불행의 시작이다. 4월에 접어들면서 결혼생활에 위기가 생기자 디마지오는 일본의 요미우리 자이언츠 구단의 초대를 받고 일본으로 지각 신혼여행을 떠난다. 일본에서 먼로는 주한 미군을 위문해 달라는 의뢰를 받고 디마지오와 다투면서까지 우리나라를 방문한다.

당시 한국전쟁이 끝난 지 얼마 되지 않은 상황이었는데, 미군 장병을 위로하기 위해 1954년 2월 16일 대구 동촌비행장에 내린 그녀는 영화배우 최은희와 연극배우 백성희를 비롯해 수많은 인파의 환영을 받는다. 그녀는 4일간 머무르며 10번의 공연을 펼쳐 행사장을 열광의 도가니로 만들었다. 엄동설한인데도 몸에 꼭 끼는 드레스 차림으로 무대에 올라 노래를 부른 그녀를 병사들은 환호했다. 당시 주한 미군들의 철모나 주둔지의 천막에 붙어 있는 사진은 대부분 마릴린 먼로였다. 그녀는 공군 점퍼를 입고 비행기와 탱크에 올라가기도 했으며, 병사들을 위해 비를 맞으며 노래하고 춤을 추었다. 병사들은 평생 잊지 못할 감동에 빠졌다. 그녀도 "한국 방문은 내게 일어난 최고의 사건" 이라며 "그때처럼 내가 스타임을 가슴으로 느낀 적은 없다" 고 술회했다.

꼴 탈이 난 결정적 계기는 〈7년만의 외출〉(1955) 촬영 때 발생했다. 빌리 와일더 감독은 먼로가 맨해턴 거리 지하철 환풍구에 서 있다가 열차가 지나가면서 일으키는 바람에 허벅지까지 훤히 드러나 치맛자락이 휘날리는 장면의 연기를 지시했다. 지하철이 지나가자 거의 아래 속옷이 보일 정도로 치마가 휘말려 올라가자 황급히 두 손으로 바람에 춤추는 치맛자락을 내리누르는 장면은 영화 사상 가장 매혹적인 신(scene)이다. 빌리 와일더는 이 장면을 찍고 또 찍고 하는 데 촬영장은 인산인해였다. 현장에 동행했다가 제 마누라의 은밀한 곳을 구경거리로 만드는 것을 본 디마지오는 수치심을 느끼고 대노했다. 또 디마지오는 욱하는 성질에 종종 폭행도 가했던 모양이다. 결혼식 후 꼭 274일 만에 이들은 이혼한다. 미친 듯 신문들은 대서특필했다. 이후 먼로가 사망하자 그는 장례식 행사를 자신이 도맡고, 영화계 인사들이 식장에 들어오지 못하도록 막기도 했다. 그는 "할리우드 영화계가 먼로를 꼬드기지 않았더라면 결코 죽지 않았을 것"이라고 애통해 했다. 그 후 그는 독신으로 살면서 1주일에 세 번씩 그녀의 무덤에 장미꽃을 바쳤다. 순진한 스포츠 스타의 사랑은 길고 깊고 질겼다.

마지막 결혼은 그녀 나이 30살인 1956년 6월 29일 극작가 아서 밀러(Arthur Miller)와 시작된다. 언론들은 이들의 관계에 대해 '머리와 육체의 만남'이니 '지성과 글래머의 조우'니 하는 표현을 썼다. 먼로는 가족 없는 세상을 정처 없이 살아왔다. 태어났을 때 아버지는 아예 없었고, 어머니도 떠나 고아원을 전전했다. 그래서 마릴린 먼로가 남자들에게 원했던 것은 부성애(父性愛)였다. 즉 아버지 같은 남자, 자신을 보호해줄 남자, 또 지성적인 남자가 필요했다. 그 대상은 미국을 대표하는 유명한 극작가 아서 밀러가 바로 딱이었다.

마릴린 먼로는 아서 밀러에 대한 존경심을 표시했고, 아서 밀러도 먼로의 미모에 도취되어 그녀로부터 작품의 영감을 얻는다고 격찬을 아끼지 않았다. '섹스 심볼'에서 '지성적 스타'로 변신을 꾀하던 그녀에게는 적임 남편감이 나타난 것이다. 그녀는 아이를 간절히 원하지만 밀러와의 사이에서 임신한 아이를 자궁 외 임신으로 사산하고 난 후 마릴린 먼로는 깊은 좌절에 빠진다. 그녀는 매스컴의 집요한 추적, 아서 밀러에 대한 열등감, 우수한 연기자가 되려는 강박관념 등으로 인해 심리적으로 불안 상태에 빠진다.

또 하나의 악재는 1960년 작 〈사랑합시다〉에서 함께 공연한 이브 몽탕과 염문을 일으킨 것이다. 1961년에는 밀러가 그녀를 위해서 대본을 써준 〈어울리지 않는 사람들(Misfit)〉에 출연했지만 팬들의 호응은 미지근했다. 영화 개봉을 1주일 앞두고 그녀의 남자 배우들과의 연애소문을 참지 못한 아서 밀러는 먼로와의 이혼을 발표해 버린다. 그들은 1961년 11월 11일 이혼한다.

마릴린 먼로는 피가 뜨거웠던지 프랑크 시나트라, 엘리아 카잔, 말론 브란도, 존F. 케네디, 로버트 케네디 등 거물들과의 염문을 쏟아냈다. 마릴린 먼로는 영화에서 그 어느 여배우도 구현하지 못한 강력한 섹스어필을 내뿜었다. 그래서 남자들은 환호작약하면서 그녀 주변으로 달려왔다. 심지어 어떤 파티에서 아내를 동반한 남자들조차 마릴린 먼로가 나타나자 휘파람을 불어대며 반겼다는 이야기도 있다. 불우한 어린 시절부터 마주친 고독, 부성애에 대한 기대, 지성의 갈증을 구하고자 했던 그녀의 열망은 여러 남자들의 배신으로 고통을 받게 된다.

세 번째 남편 아서 밀러와 5년 만에 이혼했는데, 케네디 형제와 염문을 뿌린 것도 이 무렵이다. 1962년 5월 19일 뉴욕 메디슨 스퀘어 가든에서 열린 케네디 대통령 생일축하 행사 때 속삭이는 목소리로 그녀가 대통령을 위해 부른 〈해피 버스데이 투 유〉는 가장 섹시한 생일 축하곡이 됐다. 'Haaappy Biiirthday to youuuu…', 케네디를 향한 세레나데는 요염과 관능의 덩어리였다.

1960년 가수이며 영화배우인 이브 몽탕은, 로스앤젤레스 베벌리힐스에서 영화 〈사랑합시다〉를 찍다가 상대역인 마릴린 먼로와 깊은 관계에 빠져 들었다. 그는 나중에 "마릴린 먼로의 웃음은 그야말로 뇌쇄적이었다"고 회고했다. 이 사실을 알게 된 프랑스 국민배우인 부인 시몬 시뇨레는 "마릴린 먼로가 품에 안겨 있는데 무감각할 남자가 어디 그리 많겠어요?" 라고 기자들에게 반문했다. 그만큼 마릴린 먼로는 어떤 여성이든 추종을 불허하는 성적 매력을 지녔다는 것이다.

생전 30편의 영화에 출연했던 먼로는 〈버스 정류장〉에서 가장 연기력을 인정받았다. 먼로는 숨지기 전 녹취록에 "나는 아카데미상을 받고 싶은 열망과 셰익스피어 연극에 출연해 배우로 인정받고 싶다"는 내용이 있다고 한다. 그녀는 연기력을 인정받기 위해 다각적인 노력을 했는데, 엘리아 카잔 감독이 〈혁명아 자파타〉를 찍을 당시 마릴린 먼로는 카잔의 역량을 직접 확인하기 위해 촬영장을 자주 드나들었다. 배우로서 야망에 불탔던 먼로는 어떻게 해서든 카잔의 눈에 들고 싶어 했다. 아마도 은밀하게 먼로와 관계를 맺었을 카잔은 자기 영화에 출언시키지 않고 그녀를 말론 브란도에게 소개했다는 이야기도 전해진다. 세 번의 결혼 외에 먼로와 관계를 맺었던 사람들은 모두 그녀의 육체를 원했던 사람들이다.

최후의 스캔들에는 미국 대통령이었던 존 F. 케네디와 법무장관이었던 동생 로버트 케네디와의 삼각관계의 처리과정에서 마릴린 먼로는 희생되었다는 소위 '음모론'이 존재한다. 대통령은 먼로가 집요하게 연락해오자 로버트에게 먼로를 좀 말려달라고 부탁했는데, 먼로가 로버트를 만나보니 대통령은 좀 차가운데 비해 로버트는 매우 친절한 사람이라 끌렸다는 이야기다. 로버트도 그녀에게 푹 빠졌고, 그래서 정보 당국은 골치가 아팠을 것이다. 대통령과 관계가 끊긴 후, 먼로가 "자신들의 관계를 세상에 알리겠다고 협박했다"는 것이다. 1962년 8월 5일(36세) 생을 마감한다. 침대 위에 발가벗은 채였고, 싸늘한 시신 위에는 누구에게인가 걸다만 전화기가 놓인 채 새벽 이른 시간에 가정부에 의해 숨진 채 발견된다. 공식 사망원인은 약물과다 복용으로 되어 있다.

미인은 박명이라고 했던가. "밤에 무엇을 입고 자느냐"라는 기자의 질문에 먼로는 '샤넬 No5'라고 대답했다. 한 시대를 풍미하며 전 지구인에게 섹시 심벌로 섹슈얼리티를 광파(廣播)한 마릴린 먼로의 생애는 21세기 오늘날도 앤디 워홀의 그림에서, 비욘세의 노래와 춤, 그리고 소녀시대의 율동 등 대중문화의 현장에서 넓고 깊게 살아 숨쉬고 있다. 또 하나, 할리우드를 위한 그녀의 공헌은

1950년대 TV 공격으로 인해 수렁에 빠진 미국 영화계를 그녀의 '섹시 방어 작전'으로 구출해낸 사실이다. 그녀는 TV 화면으로는 절대로 포착될 수 없는, 오직 스크린에서만 존재하는 육체의 향연을 제공함으로써 미국 영화의 위기를 극복한 것이다. 이런 이유로 먼로 스토리는 짧을 수가 없었다. 그녀의 이야기는 살아 있는 전설이다.[64]

14. 오드리 헵번

오드리 헵번(Audrey Hepburn) 스토리는 앞의 마릴린 먼로와 견주어보면 캐릭터 면에서는 정반대이지만, 개인사에 있어서는 유사점도 있다. '섹시의 화신' 대 '청순·천사'의 대칭 구도이다. 헵번 이야기는 영화의 성공, 결혼과 실패, 유니세프 친선 대사, 패션 스타일의 개성, 이렇게 네 가지로 요약된다.

오드리 헵번은 1929년 벨기에 브뤼셀에서 태어났다. 아버지는 영국계 은행가였으며, 어머니는 네덜란드 남작 가문의 딸이었다. 부모는 우익 파시즘에 탐닉했는데 어머니는 곧 파시즘과 손을 끊었지만, 아버지는 깊이 관여하다가 오드리 헵번이 6살 때 가출한다. 그 후 나치에 적극 동조했고, 영국에서 수용소 생활을 거쳐 아일랜드에 정착하여 과거와 가족을 숨기고 살았다. 그녀에게 아버지는 아킬레스건(치명적 약점)이었다. 1953년 〈로마의 휴일〉로 스타덤에 오른 후 헵번과 어머니는 아버지 전력 문제가 세상에 알려져 스캔들이 될 것을 전전긍긍했다고 한다.

6살 이후 아버지 없이 어머니와 함께 네덜란드와 영국을 오가며 살았다. 어린 시절은 외가의 재력과 어머니의 능력으로 버틸 수 있었으나 나치 점령으로 생활은 어려워졌다. 모녀의 가난은 제2차 세계대전 중에 극에 달해 오드리 헵번

---

64) 마릴린 먼로 지음, 이현정 옮김, 『마릴린 먼로, 마이 스토리』, 해냄. 및 영화 〈The Complete Marilyn Monroe〉, 〈The Legend of Marilyn Monroe〉, 〈Marilyn Monroe Memories & Mysteries〉, 〈노마진 앤 마릴린〉 등 참조.

은 거의 굶어 죽을 지경에 처했다. 이때 그녀를 구해준 것이 유니세프의 전신인 '국제구호기금'이었다. 그 시절의 고통이 훗날 그녀가 유니세프 활동에 적극적으로 뛰어들게 된 동기일 것이다.

발레리나가 꿈이었지만 키가 170cm나 돼서 좌절했다. 토슈즈를 신으면 20cm나 더 커져 남자 상대역 찾기가 어려웠던 그녀는 런던에서 나이트클럽 댄서, 모델 등으로 활동했다. 그러나 발레로 다져진 우아한 몸매와 귀엽고 발랄한 외모를 가졌던 오드리 헵번은 영국에서 연극과 영화에 단역배우로 출연한다. 그녀의 진가를 알아본 소설가 콜레트(Coette)가 자신의 작품을 각색한 브로드웨이 뮤지컬 〈지지(Gigi)〉에 오드리 헵번을 전격 캐스팅했고, 할리우드에서는 유럽풍 숙녀의 이미지를 가진 여배우를 찾고 있었다.

윌리엄 와일러 감독의 1953년 작 〈로마의 휴일〉에서 오드리 헵번은 앤 공주 역할로 일약 세계적인 스타가 된다. 영화 속 그녀의 의상과 헤어스타일은 선풍적인 인기를 끌었다. 글자 그대로 "자고나니 스타가 돼있었다"였다. 우리나라에서조차 그녀의 숏 컷 머리와 플레어스커트는 폭발적으로 유행했을 정도다. 이 작품으로 오드리 헵번은 1954년 제26회 아카데미 여우주연상을 수상했다. 그러나 이 영화 한 편으로 가장 큰 혜택을 본 것은 로마 시(市)였다.

제2차 세계대전이 발발하면서 이탈리아의 무솔리니는 1939년 5월 독일과 군사동맹을 체결하고 국제 파시즘 진영을 구축했다. 1940년 무솔리니는 제2차 세계대전에 참전, 영국과 프랑스에 대항하였으나 각지의 전투에서 패전하고 1943년 7월 연합군의 시칠리아 섬 상륙과 함께 실각하여 체포, 감금되었다가 1945년 4월 25일 이탈리아의 반(反) 파쇼 의용군에게 사살된다. 국력도 갖추지 못한 처지에 로마제국의 영광만을 꿈꾸면서 독일 편에 가담했던 이탈리아는 미국과 연합군의 독일 진공 루트가 되어 전국이 파괴되는 전화를 입고, 종전 후 이탈리아 경제는 도탄에 빠져 말이 아니었다. 이런 상황은 〈자전거 도둑〉(1948)과 〈애정의 쌀〉(1949) 등 영화의 배경이 되고 있다. 〈로마의 휴일〉에서 그레고리 펙이 오드리 헵번을 데리고 구경한 스페인 계단, 진실의 입, 콜로세움 등과 트레비 분수의 모습들은 영화 관객들에게 큰 감동과 호기심을 불러일으켰다. 따라서 엄청난 관광객이 로마로 모여들었고, 이탈리아 경제는 부흥했다는 것이다. 〈로마의 휴일〉로 촉발된 이탈리아의 관광산업은 2006년 현재 세계 4위이며 연간 4,100만 명 내외의 사람들이 이탈리아로 여행을 온다. 말 그대로 영화 한 편의 대박이다.

1961년 나온 블레이크 에드워즈(Blake McEdwards–줄리 앤드류스의 남편) 감독의 〈티파니에서 아침을(Breakfast at Tiffany' s)〉은 오드리 헵번의 또 다른 기념비적 작품이다. 고급 콜걸 역으로 출연한 오드리 헵번은 삽입곡 '문 리버'를 직접 불러 그 매력을 발산했으며, 문 리버는 이후 그녀의 주제곡이 되었다. 보석상 티파니 상점 앞에서 초라한 아침을 먹으며 화려한 보석을 감상하는 그녀의 모습은 또 하나의 세계적 연인을 탄생시켰다. 버나드 쇼의 원작 〈피그말리온〉을 뮤지컬 영화로 만든 조지 큐커(George Cukor) 감독의 1964년 작 〈마이 페어 레이디〉에서 오드리 헵번은 무식한 거리의 꽃 파는 아가씨에서 우아한 숙녀로 변모하면서 그녀의 매력을 다시 한 번 확인시켰다. 스티븐 스필버그의 1989년 작 〈영혼은 그대 곁에(Always)〉에서 오드리 헵번은 주인공을 돕는 천사 역할로 출연한다. 이 작품은 오드리 헵번의 마지막 출연작이다. 비록 조연이지만 말년의 오드리 헵번의 성숙하고 단아한 모습을 볼 수 있다. 오드리 헵번은 이 작품의 출연료 대부분을 유니세프의 기금으로 기부했다. 그 밖의 작품으로 〈사브리나〉(1954), 〈전쟁과 평화〉(1956), 〈하오의 연정〉(1957), 〈파계〉(1959), 〈아이의 시간〉(1961), 〈샤레이드〉(1963), 〈뜨거운 포옹〉(1964), 〈어두워질 때까지〉(1967), 〈언제나 둘이서〉(1967) 등이 있다.

어릴 때 아버지를 잃어버린 충격으로 오드리 헵번은 늘 안정적인 가정을 원했다. 그녀는 배우로서의 명성보다는 한 남자의 아내로 헌신하는 삶을 희구했다. 그녀는 1954년 브로드웨이 연극 〈온다인〉에서 함께 공연한 영화배우 멜 페러(Mel Ferrer)와 전격적으로 결혼식을 올렸다. 결혼 당시 오드리 헵번은 25세였으며, 멜 페러는 이 결혼이 세 번째였고 오드리 헵번보다 12살 위였다. 오드리 헵번은 멜 페러와의 사이에 아들 '숀'을 얻었고 멜 페러가 제작하거나 연출하는 작품에 출연하기도 하였다. 그러나 그들의 14년 결혼생활은 그다지 행복하지는 않았다. 같은 분야에서 일하는 부부에게서 종종 발생하는 피차간의 열등감이 그들을 힘들게 했다. 멜 페러 자신도 유명한 영화 배우였지만, 오드리 헵번의 눈부신 명성 앞에서는 늘 기가 죽었다. 여기에다 매력적인 남자였던 멜 페러가 외도의 유혹을 뿌리치지 못한 것도 장애물이었다.

어린 아들 숀을 위해서라도 이혼만은 피해보려 했던 오드리 헵번이었지만 결국 그들은 1968년 이혼한다. 이런 충격을 달래준 것은 우정관계였던 이탈리아의 정신과의사 안드레아 도티였다. 그녀보다 9살 연하였던 도티는 멜 페러와 이혼 후 혼란스러운 오드리 헵번과 그녀의 아들 숀을 헌신적으로 돌보았다. 어머니와 단 둘이 살아온 헵번에게 도티의 따뜻한 가족애는 그녀를 행복하게 했다. 이듬해 두 사람은 스위스에서 결혼식을 올리고 로마에서 신혼생활을 시작했다. 그와 동시에 그녀는 배우로서의 삶을 접고 평범한 가정주부로 돌아가려고 했다. 멜 페러와의 결혼기간 동안 유명 여배우였기 때문에 발생한 가정생활의 갈등을 사전 차단하려는 배려였다.

그러나 이것은 오드리 헵번의 오산이었다. 청소년 시절 〈로마의 휴일〉에서 아름답게 빛나던 오드리 헵번을 사랑했던 도티는 그녀가 그저 평범한 아내로 머무는 것을 바라지 않았다. 도티는 평범한 여인 오드리가 아니라 배우 오드리 헵번을 사랑했던 것이다. 도티와의 사이에 아들 '루카'가 태어났다. 또 도티의 외도가 번번이 가십기사로 다루어졌다. 결국 도티와의 결혼생활도 1979년 이혼으로 막을 내린다. 도티와 이혼 후 오드리 헵번은 진정한 '소울 메이트'인 로버트 월더스를 만나지만 다시는 결혼하지 않는다. 오드리 헵번은 월더스와의 사이를 "결혼이 서로에게 얻고 있는 그 어떤 것도 추가하지 못할 만큼 사랑으로 충만하다"고 말했다. 로버트 월더스는 오드리 헵번을 만난 이후 그녀의 구호활동을 도왔으며, 그녀가 죽는 순간까지 곁을 지켰다.

1988년 오드리 헵번은 특별 초대된 마카오의 음악 콘서트에서 자신의 명성이 자선기금 모집에 커다란 도움이 된다는 사실을 알고 놀랐다.65) 유니세프 쪽이 아니라 오드리 헵번 측에서 먼저 의사를 타진했다. 기금 모집이 절실했던 유니세프는 그녀를 즉시 유니세프 친선대사로 임명한다. 오드리 헵번의 참가는 폭발적인 반응을 얻었다. 오드리 헵번은 60세를 바라보는 나이에 유니세프가 원하는 곳이면 고통 받는 사람들을 위해 오지든, 전장이든, 전염병 지역이든 어디든지 달려갔다. 에티오피아, 수단, 방글라데시, 베트남, 멕시코, 엘살바도르 등 1988년 이래 5년 동안 봉사와 희생을 위해 찾아갔던 나라는 무려 50여 개국이나 된다. 1년에 보수가 단지 1달러이며, 출장지로 가는 경비와 숙박비 외에는 아무것도 제공하지 않고 사무실조차 내주지 않는 유니세프 친선대사 활동에 오드리 헵번은 열성적으로 매달렸다.

그녀의 유니세프 활동은 구호지역의 많은 생명들을 살리고 있었지만, 정작 그녀는 나날이 쇠잔해지고 있었다. 고령을 고려하지 않은 무리한 일정과 현장에서 받는 슬픔과 정신적 충격은 오드리 헵번의 건강을 악화시켰다. 1992년 9월 소말리아를 방문하기 직전부터 오드리 헵번의 건강은 적신호를 보내고 있었다. 그러나 그녀는 한 곳이라도 더 방문해야 한다는 의무감에 시달리며 건강 때문에 소말리아 방문이 취소될까봐 노심초사했다. 그리고 무리해서 방문한 소말리아에서 아랫배에 강렬한 통증을 느끼고 진통제로 고통을 참으며 일정을 소화해냈다.

소말리아에서 돌아온 후에도 구호기금을 마련하기 위한 각종 인터뷰와 행사에 쫓기며 그녀는 진통제를 달고 지냈다. 마침내 어느 정도 일정이 마무리된 1992년 11월, 오드리 헵번은 로스앤젤레스의 병원에서 직장암 진단을 받았다. 수술을 했지만 경과는 좋지 않았다. 그녀에게 앞으로의 시간은 단지 3달만이 허락되었다. 병원 치료가 무의미해진 오드리 헵번은 은퇴 후 오랫동안 살았던 스위스의 집으로 돌아와 가족들과 함께 생의 마지막을 고요하게 보냈다. 그녀가 죽기 직전

---

65) 네이버 캐스트- 세계의 인물. 참조.

맞은 크리스마스에는 자식들에게 자신이 좋아하는 시를 유언처럼 읽어주었다.

'사람들은 상처로부터 복구되어야 하며, 낡은 것으로부터 새로워져야 하고, 병으로부터 회복되어야 하고, 무지함으로부터 교화되어야 하며, 고통으로부터 구원받고 또 구원받아야 한다.', '…기억하라. 만약 네가 도움을 주는 손이 필요하다면 너의 팔 끝에 있는 손을 이용하면 된다는 것을, 네가 더 나이가 들면 두 번째 손이 있다는 사실을 발견하게 될 것이다. 한 손은 너 자신을 돕는 것이고, 다른 한 손은 다른 사람들을 돕기 위한 것이다.'

오드리 헵번은 사랑하는 가족과 소울 메이트 로비트 윌디스가 지켜보는 가운데 1993년 1월 20일 63세를 일기로 조용히 숨을 거두었다. 그녀는 사랑했던 스위스의 집이 바라다 보이는 동산에 동료와 전 세계인들의 애도 속에서 묻혔다. 그녀를 조문한 엘리자베스 테일러는 "하늘이 가장 아름다운 새 천사를 얻었다"고 안타까워했다. 오드리 헵번 생전의 정열적이고 진심 어린 구호활동은 이후 유니세프와 민간 구호 단체가 함께 제정한 '오드리 헵번 평화상'을 통해 그 뜻이 이어지게 된다.

이탈리아에 있는 살바토레 페라가모(Salvatore Ferragamo) 박물관이 1999년 오드리 헵번 탄생 70주년 기념 전시회를 위해 펴낸 〈오드리 헵번—스타일과 인생〉이 국내에 출간(푸른솔, 2004년)된 바 있다.

프랑스 디자이너 지방시와의 만남으로 그녀는 '오드리 헵번 스타일'이라는 자신만의 패션 세계도 구축해 나갔다. 평범한 검은색 바지에 같은 색 셔츠를 입고 굽 낮은 검은색 신발을 신어도, 또는 흰색 반소매 티셔츠에 커다란 단추를 단 바지를 입고 맨발로 다녀도 그녀가 하면 '스타일'이 된다. 오드리 헵번의 스타일은 그 누구도 따라할 수 없다. 왜냐하면 그녀의 스타일은 곧 그녀의 삶이기 때문이다. 조화롭고 자연스러우며 편안한 그의 삶의 방식은 곧 옷차림에 드러났다. 그래서 지극히 평범한 옷도 그가 입으면 하나의 고유한 스타일이 된다. 스타일이 시간을 초월하는 호소력을 갖게 되는 것은 특정한 의상이나 디자이너에게 달린 문제가 아니라 옷을 입은 사람의 인간적인 면과 깊이 연결된 문제이다.

이 책은 헵번이 만들어낸 패션에 대해서도 잘 설명하고 있다. 이탈리아의 구두 명인(名人) 살바토레 페라가모가 헵번만을 위해 만든 얇은 끈과 조가비 모양의 밑창이 있는 발레리나 구두, 둥근 굽의 검은색 스웨이드 가죽 구두는 지금도 여전히 많은 여성들이 애용하고 있다. 헵번이 수많은 영화에서 보여준 스타일도 사진과 함께 잘 나와 있다. 〈로마의 휴일〉에서 입고 나온 흰 블라우스와 플레어 스커트, 커다란 벨트와 목에 두른 스카프는 오드리 헵번만의 스타일을 잘 보여준다. 벨트와 스카프는 헵번의 아이디어였다고 한다. 〈티파니에서 아침을〉의 리틀 블랙드레스, 〈마이 페어 레이디〉의 챙 넓은 모자와 화려한 블랙 앤 화이트 드레스, 〈사브리나〉의 흰색 실크 드레스, 〈화니 페이스〉의 검은색 바지와 모카 신은 그 당시의 유행에 그치지 않고 지금까지 다양한 스타일을 만들어냈다.

헵번과 많은 영화에서 호흡을 맞추며 그만의 옷을 만들었던 디자이너 지방시는 이렇게 썼다. "그녀는 어떻게 하면 자신을 강하게 단련시키고, 자립적인 이미지를 형성할 수 있는가를 명확하게 알고 있었다. 이것은 그녀가 옷을 입는 방법에도 자연스럽게 연결되었다. 그녀를 위한 옷이 만들어지면, 거기서 한 발 더 나아가 자신만의 어떤 것, 즉 전체적인 이미지를 살릴 수 있는 작은 디테일 하나를 추가했다."

작은 가슴에 심플한 헤어스타일, 약간 끝이 올라간 검은 선글라스가 트레이드마크인 그녀는 살아있는 동안, 또 사후에까지 많은 유행을 남겼다. 당시 패션에만 전념하던 지방시는 1953년 헵번이 출연한 영화 〈사브리나〉의 의상을 전담하게 된다. 이후 〈티파니에서 아침을〉, 〈마이 페어 레이디〉 등 그녀의 모든 의상을 맡았다. 한때 전 세계적으로 유행했던 '헵번 룩'을 만든 주인공이 바로 지방시이다. 그는 1957년 헵번만을 위한 향수 '랑떼르디'를 만든다. 그녀만을 위해 만들고 다른 사람의 사용을 금지했다. 그래서 향수 이름이 랑떼르디(금지)이다.

살바토레 페라가모 역시 할리우드 영화의 소품으로 쓰일 수제화에 주력하면서 오드리 헵번을 사로잡았다. 1999년 5월 1일 뉴욕에서는 1957년 살바토레 페라가모가 디자인한 헵번의 구두가 재발매되기도 했다. 패션 리더였던 오드리 헵번은 샐러드 다이어트로도 유명하다. 식사 전에 야채를 먼저 많이 섭취하는 방법인데, 헵번이 평생 동안 살이 찌지 않고 날씬한 몸매를 유지할 수 있었던 비결이 샐러드 다이어트라는 것이다.

21세기인 오늘에도 마릴린 먼로와 오드리 헵번은 우리에게 매우 상징적인 기호를 제시하고 있다. 기호학자 프랑스의 롤랑 바르트에 따르면 "마릴린 먼로의 사진을 예로 들어서, 이연적 수준에서 이것은 '마릴린 민로' 라는 한 여배우의 사진이다. 내포적 층위에서 한 여배우가 표상하는 '글래머', '섹슈얼리티', '아름다움' 을 뜻한다. 세 번째 단계에서 '할리우드적 신화', 글래머 배우가 만들어내는 '아메리칸 드림' 을 뜻한다. 이것이 신화의 단계이다" 라고 분석한다. 이렇게 마릴린 먼로는 현대 사회의 신화적인 여성이다. 그녀를 통해 오늘날의 사람들은 마음 놓고 성(性)을 구가하게 되었다고 주장해도 지나친 말은 아니다.

그러나 장 보드리야르의 '시뮬라시옹' 이론은 "실제로 존재하지 않는 것을 실제로 존재하는 것처럼 만들어 놓는 것, 실제와 가상이 혼란스러워진 상태" 를 말한다. 마릴린 먼로와는 달리 오드리 헵번은 청순, 청결, 심플, 조화를 상징하는 시뮬라시옹이다. 실제 '자선 활동' 등의 생활도 그렇고, 섹슈얼리티의 마릴린 먼로와 오드리 헵번은 현대사회에서 정확히 대칭되는 구도와 개념이 되고 있다. 오드리 헵번은 영화에서도 '청순함' 을 각인시킨 배우였고, 그녀의 자선은 '천사' 그 자체였다. 이것이 오드리 헵번이 우리들에게 전하는 철학이고, 메시지이다.

15. 〈킨제이 보고서〉 이야기

1945년 제2차 세계대전이 종료됨으로써 미국인들은 삶의 평정을 찾은 한편, 앨프레드 킨제이(Alfred Kinsey)가 〈남성의 성적 행동(Sexual Behavior in the Human

Male)〉(1948), 〈여성의 성적 행동(Sexual Behavior in the Human Female)〉(1953)이라는 책을 통해서 인간의 성적 욕망을 공론화했다. 1950년대 스크린에 등장한 마릴린 먼로는 그녀의 뇌쇄적인 몸과 연기로 성욕을 마음대로 내뿜었다. 또 휴 헤프너는 〈플레이보이〉 지를 창간해 여성의 매력을 매달 적나라하게 공개하는데 주저하지 않았고, 록 가수 엘비스 프레슬리와 영화배우 제임스 딘의 인기가 하늘을 치솟아 남성의 성적 매력도 여성의 호기심과 표적이 됨으로써 미국뿐만 아니라 전 세계가 성의 천국으로 치닫게 되는 양상에 진입했다.

이 문제에 대해 논리적·과학적 증거를 제시한 사람은 앨프레드 킨제이였다. 그는 〈남성의 성적 행동〉, 〈여성의 성적 행동〉이라는 두 권의 책을 출판해서 미국 사회에 핵폭탄과 같은 충격을 주었다. ① 결혼한 남성의 약 50%는 혼외정사 경험이 있다. ② 결혼한 여성의 약 절반은 혼전 경험도 있다. ③ 주부의 25%는 남편 아닌 다른 남자와 잠잔 적이 있다. ④ 남자의 92%가 자위행위를 해봤다. ⑤ 37%의 남성(여성은 19%)은 동성연애의 경험이 있다. ⑥ 여성들 중 오르가슴을 경험해보지 못한 사람은 9% 정도다.

보수적이었던 1940년대 미국 사회는 여성이 성에 대해 흥미를 느낀다고 생각하지 않았다. 성은 단지 생식을 목적으로 이루어지는 것이었지 즐거움이나 기쁨의 대상은 아닌 것으로 인식되었다. 사회적 억압과 종교적 금기로 인해 성은 늘 장롱 속 깊이 감추어져 있었다. 그러나 서랍을 열고 보니 놀랍게도 '킨제이 보고서' 의 내용은 여성들이 성에 대해서 관심이 많다는 것이었다. 이것은 하버드대학에서 생물학을 전공했던 킨제이가 연구원들과 함께 일 대 일 인터뷰를 통해 무려 1만8,000건의 성 생활 사례를 분석해서 얻은 자료이다. "미국의 성적 타락은 로마 시대 최악 시기와 같다", "우리 어머니·아내·딸들에 대한 모욕이다", "좋은 남편을 종마 취급한다" 등의 분노와 비난이 하늘을 찔렀다. 남녀 모두 놀라면서 말세라고 생각했을 것이다. 결국 연구에 재정지원을 한 록펠러 재단은 지원을 중단했다. 킨제이의 '10만 명 성 생활 조사' 프로젝트는 중단되었다. 이 책들은 난해함에도 불구하고 50만권이나 팔려 〈뉴욕 타임스〉 베스트셀러 2, 3위에 올랐다. 언론과 싸우면서 연구비를 다시 받아내려 노력하던 킨제이는 1956년 과로로 사망하였다. '킨제이 보고서' 는 영화로도 제작되어 국내 개봉된 바 있다.

1919년 하버드대에서 생물학 박사학위를 취득하고, 1929년 동 대학 동물학·식물학 교수로 재임했다.[66] 원래 킨제이는 '어리상수리혹벌' 250만 마리를 수집해 연구하던 동물학자였다. 1930년대 말 인디애나대학의 여학생회에서 제안한 기혼인 여학생과 결혼을 앞둔 여대생을 대상으로 하는 강의를 킨제이가 맡게 되면서 대규모 집단의 직접 인터뷰를 통해 성 관련 연구를 시각하게 되었다. 1938년~1956년까지 1만1,240명(남성 5,300명, 여성 5,940명)과의 개인적인 인터뷰를 바탕으로 한 2권의 자료에서 미국 사회의 성 행위에 대한 다양한 형태를 제시하였다. 킨제이는 일요일이면 교회에 가 하느님께 기도하는 국민들이 모두 성 생활을 과도할 정도로 선호한다는 점을 공식적으로 증명한 공로가 있는 사람으로 기억된다. 또한 모든 세계인들이 킨제이의 연구에 상당한 영향을 받았고, 섹스가 현대인의 삶을 영위하는데 매우 중요한 가치로 등장했다는 사실도 상당한 의미가 있다. 1948년 그가 설립한 성 연구소는 '킨제이 성·생식 연구소'로 개칭돼 운영되고 있으며, 1998년 연구소 설립 50주년 기념으로 '킨제이 보고서 개정판' 을 내기도 했다.

16. 〈플레이보이〉 이야기

위에서와 같은 사회적인 경향에 편승한 또 한 명의 인물은 바로 휴 헤프너 (Hugh Hefner)였다. 엄격한 청교도 집안에서 태어난 휴 헤프너는 1953년 주머니 돈을 털어 〈플레이보이(Playboy)〉지를 창간한다. 창업자금 600달러 가운데 500달러는 창간호 표지 모델 마릴린 먼로에게 지급됐고, 남은 100달러로 겨우 인쇄

---

66) 네이버 캐스트- 세계의 인물. 참조.

를 마칠 수 있었다. 1950년대 냉전의 긴장 속에서 벌거벗은 여자 사진으로 채워진(centerfold-잡지 한가운데 누드 사진을 접어 넣는 방법) 잡지가 대대적인 선풍을 일으키리라는 것을 헤프너 자신조차 예측하지 못했다. 창간호에서 발행인 이름이나 발행 월수를 표기하지 않은 것만 봐도 짐작이 간다. 그러나 당시 미국의 사회 상황은 기다렸다는 듯이 〈플레이보이〉에 열광했다. 매카시즘에 따른 냉전구도의 확립과 청교도적인 윤리의식의 재무장이 오히려 젊은이들에게 일탈의 조건을 성숙시켜 주었고, 마릴린 먼로·엘비스 프레슬리·제임스 딘·〈플레이보이〉는 단번에 1950년대 미국 문화의 키워드가 되었다.

더욱이 미국의 중산층 문화가 돈·명예·여자를 쟁취하는 경쟁으로 치닫기 시작한 이후 〈플레이보이〉는 바로 그 같은 아메리칸 드림의 촉매제로 기능하면서 더욱 확고한 상업적·대중적 기반을 구축할 수 있게 된다.67) 헤프너는 매혹적인 글래머 걸들의 사진 사이에 사르트르나 카스트로, 키신저 같은 거물 인사에 대한 도전적 인터뷰나 정부 정책에 대한 비판적 칼럼을 싣고 그 앞뒤로 최고급 자동차와 오디오, 패션 광고를 넣어 돈·명예·여자를 함께 소유하고자 하는 욕망을 채워주었다.

저질 포르노로 매도되는 〈허슬러(Hustler)〉의 발행인 래리 플린트(Larry Flynt)는 "섹스는 넘치면 외설이고 모자라면 위선이다. 살인은 불법이다. 그러나 살인 장면을 찍어 〈뉴스위크〉에 실으면 퓰리처 상을 받는다. 섹스는 합법이다. 그러나 섹스 장면을 찍어 잡지에 실으면 감옥 간다" 는 독설을 날렸다. 또 그는 허슬러 사건의 주인공으로도 유명하다. 이 재판은 표현의 자유에 관한 미국 대법원의 유명한 판결이다.68)

래리 플린트는 스트립 바를 시작으로 〈허슬러〉라는 도색잡지로 큰 성공을 거두고, 이를 적대시한 기독교 단체에 반감을 품고 있었다. 유명한 복음전도

---

67) 〈시네 21〉,1999년 3월 2일, 제190호. 참조.
68) 위키 백과. 참조.

사이자 기독교 원리주의자의 리더인 제리 폴웰 목사를 자신의 잡지 〈허슬러〉를 통해 공격하기 시작하였다. 내용은 종교에 대한 험담과 욕설, 그리고 점점 수위를 높여 폴웰이 레이건 대통령과 함께 남자들끼리의 난교 파티에 참가하는 것, 워렌 버거 대법원장이 폴웰에게 오럴 섹스를 해달라고 애원했다는 등 매우 심한 내용이었다. 그리고 1983년 11월 판에서 폴웰 목사가 술에 취해 파리가 들끓는 재래식 화장실에서 성적으로 문란한 어머니와 첫 경험을 한 내용을 인터뷰한 것을 패러디로 게재하였다. 그리고 맨 아래에 광고 패러디이니 심각하게 받아들이지 말라고 써놓았다. 폴웰 목사는 이에 대해 손해배상 소송을 제기한다. 이 사건은 미국의 주요 언론사가 표현의 자유를 위해 〈허슬러〉를 지지하였다. 판결은 '공중의 이해와 관심이 집중된 사안에 대해 사상과 의견의 자유로운 소통을 보장하기 위해 수정헌법 제1조와 제14조는 공무원과 공적 인물이 자신을 풍자하는 만화 광고를 이유로 고의의 불법 행위의 책임을 부과하는 것을 인정하지 아니한다' 였다. 이는 공인의 경우 명예훼손으로부터 보호를 받는 범위가 좁아진다는 것을 의미한다는 조건도 붙어 있다. 래리 플린트가 이긴 것이다. 나중에 〈래리 플린트〉라는 영화로도 제작되었다. 대중문화에 있어 섹스는 참으로 골치 아픈 테마임이 분명하고, 이런 섹스의 가치에 대한 세기적 논란이 모두 미국에서 일어났다는 점도 특기할 만하다.

17. 〈아바타〉 이야기

우리나라의 경우 영화를 만들어 돈을 번다는 것은 매우 어려운 일이다. 물론 다른 나라들도 마찬가지이다. 그간 일반적인 자료에는 〈해운대〉가 810억원의 수익을 올린 것으로 되어 있다. 그러나 미국 영화는 좀 다르다. 2009년 12월 17일에 개봉한 〈아바타〉는 2010년 1월 현재 〈해운대〉의 종전 기록을 훌쩍 뛰어넘었다고 한다. 그리고 추가 수익도 진행형이라는 것이다.

▷ 물가를 고려한 미국 역대 최고 흥행작

순위	제목	제작년도	흥행수입(달러)
1	〈바람과 함께 사라지다〉	1939	13억2900만
2	〈스타워즈: 새로운 희망〉	1977	11억7200만
3	〈사운드 오브 뮤직〉	1965	9억3700만
4	〈ET〉	1982	9억3300만
5	〈십계〉	1956	8억6200만
6	〈타이타닉〉	1997	8억4500만
7	〈조스〉	1975	8억4300만
8	〈닥터 지바고〉	1965	8억1700만
9	〈엑소시스트〉	1973	7억2800만
10	〈백설공주와 일곱 난쟁이〉	1937	7억1700만

*〈슈렉2〉 29위, 〈스파이더맨1〉 33위, 〈캐리비안의 해적〉 87위

▷ 미국의 역대 최고 흥행작

순위	제목	제작년도	흥행수입(달러)
S	〈아바타〉	2009	27억
1	〈타이타닉〉	1997	6억79만
2	〈스타워즈: 새로운 희망〉	1977	4억6100만
3	〈슈렉2〉	2004	4억4123만
4	〈ET〉	1982	4억3511만
5	〈스타워즈: 보이지 않는 위험〉	1999	4억3109만
6	〈캐리비안의 해적: 망자의 함〉	2006	4억2332만
7	〈스파이더맨〉	2002	4억371만
8	〈스타워즈: 시스의 복수〉	2005	3억8027만
9	〈반지의 제왕: 왕의 귀환〉	2003	3억7703만
10	〈스파이더맨2〉	2004	3억7359만

*출처: boxofficemojo.com

2010년 1월 〈아바타〉의 국내 극장 입장권 매출은 최고 기록 854억1,729만 원을 세운 바 있다. 〈아바타〉의 전 세계 극장 매출을 19억 달러로 잡고, 부가 판권(DVD, VOD, 비디오테이프, 인터넷 TV, 캐릭터 게임 등)을 총매출의 30%로 계산하면, 최소

27억 달러(3조1,050억원)의 수입이 예상된다. 이 액수는 2009년 문화체육관광부 예산=3조1,747억원, 2008년 CJ 매출=3조4,949억원, 현대자동차의 YF쏘나타 12만 9,375대 판매액과 유사하다는 것이다.[69] 〈아바타〉의 최근 정확한 수익 상황 자료는 찾기가 어렵다. 그러나 앞에서 제시된 액수는 충분히 달성될 것이라는 긍정적 전망이 우세하다. 다만 우리나라에서 1,326만 명의 관객이 들었다는 사실은 분명하다. 따라서 영화는 이제 예술영역을 뛰어 넘어 완전한 경제·경영학의 반열에 올랐다. 영화제작자와 감독, 관계기관과 관람객들도 변화된 영화의 위상에 대한 이해와 인식이 필요한 시점이다.

18. 한국 영화 약사(略史)

한국 영화의 역사를 많은 전문가들은 대체로 10단계로 나누고 있다. 100년이 넘는 우리의 영화 이야기는 범위가 매우 넓고, 장르도 다양하기 때문에 평론적 코멘트를 시도하는 것은 전문성·시간상의 한계가 있어 생략하기로 한다. 각 시기별 상황을 영화 제목, 감독, 제작연도만의 제시를 통해 요점 정리하고자 한다(아래의 내용은 이효인의 〈영화미학과 비평입문〉과 김미현의 〈한국영화사〉를 참고로 재구성했다).

① 활동사진의 상영과 한국 영화의 등장(1897-1925) −초창기 영화 환경의 형성
   ● 윤백남 〈월하의 맹서〉(1923 - 극영화 제1호)
② 식민시대, 무성영화의 전성기(1926-1934) −서사의 개발과 민중성
   ● 나운규 〈아리랑〉(1926)
③ 발성영화, 군국주의(1935-1944) −기술적 발전과 강제된 문화
   ● 이명우 〈춘향전〉(1935 - 최초의 발성영화)
④ 해방과 한국전쟁(1945-1953) −카오스 상태의 저개발
   ● 최인규 〈자유만세〉(1946)
⑤ 영화산업의 중흥기(1954-1962) −재출발을 위한 준비

---

69) 〈동아일보〉, 2010년 1월 23일. 참조.

▷1959년에 연간 100편 이상의 한국 영화를 제작할 정도로 외형적인 규모가 확대되었다. 관객들의 폭발적인 호응을 불러일으킨 초기의 작품들은 다음과 같다.

- ●이강천 〈피아골〉(1955)
- ●이규환 〈춘향전〉(1955)
- ●신상옥 〈꿈〉(1955)
- ●한형모 〈자유부인〉(1956)
- ●김기영 〈초설〉(1958) 등이 주목을 받았다.

▷1961년 한 해 동안 한국 영화는

- ●유현목 〈오발탄〉(1961)
- ●이봉래 〈삼등과장〉(1961)
- ●강대진 〈마부〉(1961)
- ●신상옥 〈사랑방 손님과 어머니〉(1961)
- ●김기영 〈하녀〉(1960) 등 우수작품을 탄생시켰다.

⑥ 한국영화의 르네상스, 장르영화(1963-1971) - 정체성 모색과 산업발달

1964년 정부는 한국 영화를 제작한 회사에 외화 수입 쿼터를 주었다. '외화수입 쿼터제'란 일정 편수 이상의 영화를 만들고, 영화제에서 상을 탄 영화를 만든 제작자에게 돈이 되는 외국 영화를 수입할 수 있는 쿼터를 할당해줬던 것을 말한다. 이 때문에 일부 제작자들은 우리 영화로 돈을 벌기 위해서가 아니라 단지 외화를 수입할 수 있는 권리를 얻기 위해 일명 '날림'으로 영화를 '많이' 만들었던 것이다. 곧이어 연간 제작 편수가 200편 이상으로 늘어나자 제작 쿼터를 줘서 편수를 제한했다. 외화 수입은 한국 영화의 3분의 1로 제한하는 것과 극장의 의무제작일수를 정한 '스크린쿼터제'를 실시했다.

- ●신상옥 〈로맨스 빠빠〉(1960)

●김기덕 〈남과 북〉(1965)

●정소영 〈미워도 다시 한 번〉(1968)

⑦ 통제와 불황의 시대(1972-1979) ―산업 퇴조와 억압으로 인한 기형적 정체

●이장호 〈별들의 고향〉(1974)

●유현목 〈장마〉(1979)

⑧ 신군부의 문화통치와 새로운 영화 문화의 출현(1980-1987) ―세내교체와 새로운 경향 또는 재출발

●이장호 〈바람 불어 좋은 날〉(1980)

●임권택 〈짝코〉(1980), 〈만다라〉(1981)

●김수용 〈만추〉(1981)

●이장호〈어둠의 자식들〉(1981), 〈과부춤〉(1983), 〈바보선언〉(1983)

●이원세 〈난장이가 쏘아올린 작은 공〉(1981)

●정인엽 〈애마부인〉(1982)

●배창호 〈적도의 꽃〉(1983), 〈고래사냥〉(1984), 〈깊고 푸른 밤〉(1984), 〈기쁜 우리 젊은 날〉(1987)

●임권택 〈길소뜸〉(1985), 〈티켓〉(1986)

●곽지균 〈겨울 나그네〉(1986)

⑨ 새로운 한국 영화의 움직임(1988-1995) ―자본논리의 문화상품으로 정착

●박광수 〈칠수와 만수〉(1988), 〈그 섬에 가고 싶다〉(1993), 〈아름다운 청년 전 태일〉(1995)

●박종원 〈구로 아리랑〉(1989), 〈우리들의 일그러진 영웅〉(1992)

●장선우 〈우묵배미의 사랑〉(1990), 〈경마장 가는 길〉(1991), 〈꽃잎〉(1996)

●김의석 〈결혼 이야기〉(1992)

●임권택 〈서편제〉(1993), 〈태백산맥〉(1994)

●정지영 〈할리우드 키드의 생애〉(1994)

●강우석 〈투 캅스〉(1995)

⑩ 한국 영화의 성장과 전망(1996-현재)

●김성수 〈비트〉(1997)

●이정국 〈편지〉(1997)

●박철수 〈산부인과〉(1997)

●허진호 〈8월의 크리스마스〉(1998)

●강제규 〈쉬리〉(1998)

●임상수 〈처녀들의 저녁 식사〉(1998), 〈바람난 가족〉(2003)

●이정향 〈미술관 옆 동물원〉(1998)

●이창동 〈박하사탕〉(1999)

●박찬욱 〈공동경비구역〉(2000), 〈올드 보이〉(2003)

●곽경택 〈친구〉(2001)

●유 하 〈결혼은 미친 짓이다〉(2002)

●강우석 〈실미도〉(2003)

●봉준호 〈살인의 추억〉(2003)

●강제규 〈태극기 휘날리며〉(2004)

●정윤철 〈말아톤〉(2005)

●박광현 〈웰컴 투 동막골〉(2005)

●이준익 〈왕의 남자〉(2005), 〈라디오 스타〉(2006)

●봉준호 〈괴물〉(2006)

●심형래 〈디 워〉(2007)

● 김지훈 〈화려한 휴가〉(2007) 등 많은 영화들이 생산되었다.

▷영화 〈자유부인〉

한국 영화라는 큰 흐름 속에 스캔들도 있고, 화제도 많다. 현재의 영화 수준과 비교하면 촌스럽고 초라하기조차 한 스토리와 구성을 통해서 에로티시즘, 관능적 면모를 보인 초기의 영화가 바로 〈자유부인〉이다. 얼마나 부인에게 자유가 없었으면 앞에 '자유' 라는 표현을 붙였을까 하는 생각을 해본다. 최근 영화로 〈아내가 결혼했다〉라는 영화도 나왔다. 여기서는 부인이 두 남편을 거느린다는 얘기고, TV 일일드라마에는 〈두 아내〉라는 것도 있다. 이것은 남편이 두 아내를 둔 사이에서 노정되는 갈등이 주된 내용이다. "영화든 드라마든 참으로 요지경 속이다" 하면서 사람들은 놀라게 되는데, 이런 일이 55년 전 신문소설을 통해 발생해 영화로까지 제작되면서 소위 장안의 화제를 몰고 온 사건이다. 이 전말을 소개한다.

"쌘데리아 밑에서 육십여 명의 남녀들이 아름다운 고기떼처럼 춤을 추며 돌아가고 있었다. … 인생의 향락과 정열의 발산 … 관능적인 체취에 정신이 현혹해오도록 대담무쌍한 애욕의 분방…", "나 같은 늙은이도 춤을 배울 수 있을까?", "왜 늙은이, 늙은이 하십니까. 아주머니는 젊고 아름답고 양장이라도 하시면 아주 스타일이 베리 굿일 겁니다." (…) "글쎄." (…) "언제든지 기다리겠습니다. 오늘은 참 감격의 밤이었습니다. 굿나잇! 마담." (소설의 일부이다)

영화 〈자유부인〉(1956)에서 대학교수 부인 오선영이 남편의 제자 신춘호와 헤어지며 나누는 대화다. '아주머니' 에서 '마담' 으로의 급격한 호칭 변화가 인상적이고 희화적이다. 아주머니가 가부장제 아래 놓인 '집 안의 노라' (입센의 희곡 〈인형의 집〉의 주인공)를 가리킨다면, 마담은 미국 문화가 물결치는 바깥세상을 향해 발을 내딛는 '집 밖의 노라' 가 아니었을지 하는 생각을 해본다.

정비석의 소설 〈자유부인〉은 1954년 1월 1일부터 8월 29일까지 서울신문에 연재됐다. 대학교수 장태연과 그의 아내 오선영이 벌이는 엇갈린 로맨스가 작품의 골격이다. 가정주부 오선영은 춤바람이 나더니 불륜 직전에까지 이르고, 근엄한 학자 장태연은 미군 부대 타이피스트 박은미와 야릇한 관계에 빠져든다. 독자들은 오선영의 춤바람이 과연 불륜으로 치닫고 말 것인지 꽤나 궁금했을 것이다.

〈자유부인〉의 인기는 대단해서 연재 기간 서울신문은 가두에서만 5만 부가 더 팔렸고, 단행본 상편(上篇)을 서둘러 출판한 정음사는 10만 부 이상을 팔았다. 〈자유부인〉이 화제가 된 데에는 소설을 둘러싼 논쟁과 논란도 큰 역할을 했다. 연재 시작 3개월 뒤 서울대 법대 교수 황산덕은 1954년 3월 1일 대학신문에 "교수를 모독하고 성욕을 부추기는 작품으로 지목이며, 중공군 50만 명보다 더 무서운 적이다" 라고 정비석을 비난하는 글을 실었다. 정비석도 3월 11일 서울신문에 문학에 대한 무지를 지적하며 창작의 자유를 내세워 반론을 펼쳤다.

논란은 여기서 그치지 않았다. 다음은 정비석의 회고다. "어떤 여성단체에서는 여성 모독죄로 시경(현 서울시 경찰청)에 고소장을 내는 바람에 시경에도 불려다녀야 했고, 치안국(현 경찰청)에서는 남한의 부패상을 소설로 폭로하여 공산도배들에게 이적행위를 한다는 이유로 나를 치안국에 연행해다가 취조까지 했다. 또한 타락한 정치인과 부패한 공무원에 대한 묘사가 문제가 되자, 작가가 나서 공무원의 위신을 손상하는 의외의 결과를 가져왔다는 석명서(釋明書)를 발표했다." 참으로 말도 많고, 탈도 많은 〈자유부인〉이었던 셈이다.

황산덕은 사뭇 흥미로운 후일담을 남겼다. "그간 우리 사회는 정비석 씨가 예측했던 것보다 빨리 부패하고 말았으므로, 닭 쫓던 개 모양으로 정 씨와 나는 아연실색하지 않을 수 없다((신동아) 1965년 8월)." 소설〈자유부인〉이 1956년부터 1990년까지 6차례나 영화로 만들어졌던 이유도 어쩌면 여기에서 찾을 수 있지 않을까 생각한다.

이런 춤바람은 한국전쟁 이후 우리나라에 주둔한 미군들로부터 전파되었다. 그들은 댄스를 즐겼고, 팝송을 늘 들었다. 이렇게 미국 문화가 서서히 한국 사회에 깊이 파고들었고, 〈자유부인〉의 사회상을 시발로 해서 오늘까지 끝이 과연 어디일까를 예측할 수 없는 상승 추세를 보이고 있다. 이 영화는 최근 DVD로 출시되어 당시의 생활 모습, 댄스홀 풍경, 시가지의 화면 등과 매우 단순하게 엮어진 편집술 등을 구경할 수 있다. 감독 한형모, 출연 박암, 김정림, 노경희, 주선태, 김동원, 양미희, 이민, 최남현 등이다. 지금 시각에서 보면 '쌴데리아 밑에서…' 하는 표현이 오늘날의 나이트클럽과 비교하면 절로 웃음을 참을 수 없다. 격세지감을 느끼게 된다.

▷역대 한국 흥행 영화 관객 수

관객 수 500만 명 이상을 동원한 영화들은 다음과 같다.[70]

▷〈아바타〉=1,326만 명 (2010년 8월 현재)   ▷〈괴물〉=1,301만9,740명   ▷〈왕의 남자〉=1,230만2,831명   ▷〈태극기 휘날리며〉=1,174만6,135명   ▷〈해운대〉=1,139만 명 ▷〈실미도〉=1,108만1,000명 ▷〈디 워〉=842면6,973명 ▷〈과속 스캔들〉=821만4,651명 ▷〈친구〉=818만1,377명 ▷〈웰컴 투 동막골〉=800만8,622명 ▷〈화려한 휴가〉=730만7,993명 ▷〈국가대표〉=730만 명 ▷〈좋은 놈, 나쁜 놈, 이상한 놈〉=685만9,550명 ▷〈타짜〉=684만7,777명 ▷〈미녀는 괴로워〉=661만9,498명 ▷〈쉬리〉=620만9,893명 ▷〈투사부일체〉, 〈투사부일체2〉=610만5,431명 ▷〈전우치〉=600만 명 ▷〈공동경비구역 JSA〉=583만228명 ▷〈가문의 위기〉, 〈가문의 영광2〉=563만5,266명 ▷〈의형제〉=542만 명 ▷〈조폭 마누라〉=526만451명 ▷〈살인의 추억〉=525만5,376명 ▷〈말아톤〉=518만8,191명 ▷〈추격자〉=513만1,129명 ▷〈가문의 영광〉=508만9,966명

---

70) blog.naver.com 참조.

19. 영화 기획

영화의 기획은 여러 가지 특성을 갖고 있다. 영화는 연극이나 뮤지컬, 오페라나 콘서트보다도 관객 수가 월등히 많다. 2009년 2월 2일 현재 우리나라의 영화관 수는 322개이고, 이 극장들이 보유하고 있는 스크린 수는 모두 2,081개에 이르며, 총 좌석 수는 38만3,471개이다. 따라서 영화는 다른 장르의 공연에 비해 수용자에 대한 공급량이 대단히 클 수밖에 없다. 이렇게 대량의 관객을 유치하기 위해서는 제작비도 많이 소요되고, 기간도 오래 걸린다.

최근의 예를 소개하면, 미국 영화 〈10,000 BC〉는 무려 1억 달러(약 1,000억원 이상)를 들인 대작이다. 우리나라 영화도 많이 고급화되어 최저 30억원에서 보통 50억원까지를 제작비로 간주하고 있다. 물론 그 이상도 많다. 따라서 영화를 성공시키기 위해서는

① 흥행의 전망이 '좋은 작품(시나리오 또는 원작)'을 찾아내는 일이다.

② '시대의 흐름(시대적 코드)'을 잘 읽어낼 수 있는 지혜로운 안목을 발휘하지 않으면 안 된다. 관객들이 영화를 통해 얻고자 하는 내용들이 시대적으로 볼 때 여성 의상의 유행처럼 변하고 달라지기 때문에 이것이 무엇인지를 정확히 판별해내는 것이 중요하다.

③ 영화의 내용 및 구성 형식 등으로 종합되는 다른 영화와는 확연한 '차별성'을 찾을 필요가 있다. 즉 색다른 매력이 요구되는 것이다. 이것은 멜로드라마, 액션, 스릴러, 전쟁 등 장르일 수도 있고, 촬영장소(로케이션), 또는 유명 주연배우 등 다양한 방법으로 구현하게 된다. 비유해서 설명하면, 만약 우리가 매일같이 집에서 식사를 한다면 '그 밥에 그 나물'이 되어 왕성한 식욕이 일어나지 않는다. 그럴 때 우리는 외식에서 별미를 찾게 되고 입맛을 회복하는 경우와 유사하다. 그러나 수많은 영화제작자, 기획자, TV 드라마 기획자들이 좋은 작품을 찾기 위해 혈안이 되고 있는데, 그 작업이 어디 그리 쉽겠는가? 그래서 제작자들은 〈아바타〉나 〈드래곤 길들이기〉와 같은 작품을 찾아내 성공을 거둔다.

④ 제작비를 제공하는 제작사(자본주)의 존재가 필수이다. 돈 없다면 아무리 탁월한 작품을 확보했더라도 영화를 만들 수 없다.

⑤ 주연 배우 및 우수한 스태프의 섭외가 가능한 영화계의 네트워크를 구축할 수 있는 기반이 마련되지 않으면 곤란하다.

⑥ 그 과정은 영화의 소재 확정→자료조사 후 시나리오 작가 선정, 집필의뢰→감독, 배우, 스태프 선발→제작사 찾기→촬영 완성→홍보 후 개봉 등의 순서이다. 물론 이 순서는 서로 앞뒤가 뒤바뀔 수 있다.

한국 영화계에서 베스드 기획자로 평가되는 인사는 신씨네, 이춘연, 차승재, 심재명, 오정환, 정진, 석명홍 등이 꼽힌다. 또 충무로에는 여성 기획 및 제작자들도 맹활약을 하는 것으로 알려지고 있다. 여성영화모임의 회원은 모두 446명으로, 그 중 기획 마케팅 분야가 82명, 감독이 49명, 프로듀서는 44명이다. 여기에는 심재명(MK픽처스), 오정완(영화사 봄), 김미희(싸이더스 FNH), 정승혜(영화사 아침), 이유진(영화사 집), 김무령(반짝반짝 영화사), 심보경(보경사), 안수현, 노은희 등이 포진해 있다. 또 홍보 마케팅 인력의 99%는 모두 여성들이라는 점도 이색적이다.

결론적으로 말하면, 이런 몇 가지 기본적인 환경이 만들어진 후에 영화기획에 참여하는 것이 정도이다. 미국의 사례는 대형 영화사의 노련한 기획자들이 영화를 10편 만들 경우 8편이 실패하고 2편이 성공하는 것이 보통이라고 한다. 2편의 대박으로 8편의 실패를 만회한다는 것이다. 소위 순수제작비 대(對) 'P&A(printing & advertising-필름 복사비 및 홍보비)' 의 비용이 50 : 50까지 올라가고, 심한 경우는 40 : 60으로 홍보비용이 늘어나 작품성의 부실을 미디어를 통한 영화 선전으로 커버하려는 기현상까지 일어나고 있는 것이 현실이다.

이렇게 볼 때 영화의 기획은 일종의 투기라고 말하는 전문가들도 적지 않다. 충분한 경험이 필요하고, 폭넓은 자료조사와 정보가 선행되어야 한다. 그리고 만약 영화 기획에 참여하고자 한다면 무엇보다도 많은 영화를 감상하는 것이 필수이다. 그 영화들을 본 자신의 감상과 분석을 통해서 영화가 무엇인지를 알아내는 것이 중요하다. 즉 사람들(관객)은 영화를 관람함으로써 무엇을 얻고자 하는가를 정확히 판단해 영화 기획의 정곡을 찌를 준비를 해야 한다는 이야기다. 그러나 영화 관객들은 대단히 변덕스러우며 입맛이 까다롭다는 것을 항상 기억해야 한다.

참고로 미국 할리우드에서 중점을 두고 고려하는 내용을 소개하고자 한다.

▷할리우드 블록버스터 10계명[71]

1. 크기와 기세로 제압하라.

2. 마케팅비를 아끼지 마라.

3. 개봉 전 일주일 동안의 홍보에 진력하라.

4. 예고편에서 보여줄 건 다 보여줘라.

5. 연관 상품을 개발하라.

6. 가능한 한 많은 개봉관을 점령하라.

7. 관객의 눈과 귀를 쉬게 하지 마라.

8. 스타는 없어도 된다.

9. 드라마의 완성도는 무시하라.

10. 기회 있을 때마다 재탕하라.

▷할리우드 영화 제작의 10계명[72]

1. 영화는 상업적 기업이며, 산업의 여러 부분은 그 시스템을 존속시키기 위한 투자와 그에 합당한 이윤이 되돌아와야 한다.

2. 영화는 국제적 산업이 되어야 하며, 국제성을 갖는 보편적인 관심사를 주제로 해야 성공한다. '자국의 고유한 것'을 표현하는 형태의 영화는 이윤의 폭

---

71) 〈시네 21〉, 1998년. 참조.
72) www.blogin.com/blog/?datx

이 그리 넓지 못하다.

3. 관객을 끌어들이기 위해 영화는 대중의 관심을 반영해야 하며, 대중의 요구에 맞춰져야 한다.

4. 영화의 이윤을 추구하려는 제작자들은 반드시 '오락'으로만 관객을 끌어야 한다. 오락이란 현실의 문제를 비껴나가고 도피적이어야 성취될 수 있다. 대단히 심각한 문제의식 또는 현실 상황과 거의 흡사한 영화는 피해야 한다.

5. 보통의 관객들은 그 욕구가 청소년 취향과 흡사하다. 이러한 욕구와 흥미를 충족시키기 위해선 훔쳐보기·사디즘·마조히즘·센티멘털·경박함·흥분 등을 넣어야 한다. 이러한 내용에 적합한 영화적 방식은 섹스, 폭력, 로맨스, 코미디, 모험 등이 각각 부합된다.

6. 영화가 천박하다는 느낌을 주어서는 안 된다. 성공적인 영화란 그 흥미와 창조성이 잘 배합된 느낌을 줘야 한다. 영화 보는 경험은 처음부터 끝까지 '즐거운 기분'을 갖게 해야 한다.

7. 스타라는 것은 관객이 여러 환상적 욕구를 충족시키는 데 중요한 역할을 한다. 스타 시스템은 할리우드가 갖고 있는 유일한 무기다.

8. 주제나 스타일이 어떻든 간에 그것이 관객에게 어떤 영향을 줘선 안 된다. 오락이란 그저 순수하며 사회적으로 가치중립적이고 무해하며, 무가치하고 영향력이 전혀 없는 경험이어야 하기 때문이다.

9. 영화는 소비자의 시간과 돈을 투자하는 다른 형태의 여가 활동과 경쟁 관계에 놓여 있다(특히 TV와 더불어). 따라서 영화는 다른 형태가 주지 못하는 것을 줘야 한다. 이러한 독창적인 영역을 추구하기 위해선 집에서 보기에 가능한 것보다도 금기로 다루어진 감각적인 주제(섹스, 폭력, 동성애 등)를 다뤄야 한다. 또 TV에 출연하지 않는 대중스타를 기용하고, 영화만이 갖고 있는 특수한 기술적 개혁(스크린 사이즈, 입체영화, 특수효과 등)을 통해 달성해야 한다.

10. 주제를 다루는 주요한 형식은 닫힌 구조와 허구적인 이야기 구조를 갖

는다. 그럼으로써 모든 이야기 요소는 잘 짜여지고, 영화 속에서 제기된 문제는 영화 안에서 해결되며, 영화에 제시된 모든 상황은 영화가 끝날 무렵에는 꼭 풀리게 되어 있다.

20. 할리우드 영화사(社) 이야기

요즈음은 우리가 극장에서 영화를 볼 때 영화를 제작한 영화사의 로고를 거의 신경 쓰지 않는다. 그러나 중년 이상의 관객들은 영화 시작과 함께 사자가 목을 뒤틀고 거친 '어흥' 소리를 내며 포효하는 MGM이라든가 20세기 폭스, 실제 스위스의 체르마트 지역 마테호른 산(4478m)을 묘사한 파라마운트 등의 영화사 마크를 보면서 영화에 대한 기대에 들뜨곤 했던 기억이 있으리라. 할리우드 영화가 세계적으로 유명하게 된 것은 대자본을 통한 다양한 제작과 국제적인 영화 배급망을 구축·확보했기 때문이다.

할리우드 영화사들을 이야기 할 때, 미국 영화의 골든 에이지(1920~1940년대)의 유명한 8대 영화사를 거론하는 경우가 많으나, 그 영화사들이 계속 이어져 오고 또 인수 합병 등으로 회사 이름이 변경되어 오늘에 이른 회사들도 많다. 이 8대 영화사에는 메이저급과 미니 메이저 등이 모두 포함된다. 뿐만 아니라 창업의 시기도 군소 영화사 및 제작자들의 연합으로 이루어져 정확하게 확정하기 어려운 점도 있다는 점에 대해 독자들의 이해가 있었으면 한다. 여러 자료들을 통해 8대 영화사를 설명하고자 한다.

① 20세기 폭스(20th Century Fox) : 폭스 필름은 1915년 윌리엄 폭스(William Fox)가 설립한 회사였다. 1935년 폭스 필름과 20세기영화사가 합병하여 '20세기 폭스' 사가 되었다. 즉 조지프 솅크(Joseph Schenck)가 당시 워너브라더스 픽처스의 제작 책임자였던 대릴 자눅(Darryl F. Zanuck)을 부사장으로 영입해 함께 만든 회사

이다. 앞의 '마릴린 먼로 이야기'에서도 잠시 거론했지만 자눅은 TV에 대해 반감을 많이 가진 인물이었지만 마릴린 먼로 등을 내세워 기울어가던 할리우드 영화를 TV를 밀어내고 구해낸 귀재 제작자이기도 하다. 20세기 폭스는 감독으로 존 포드, 조셉 L. 맨키비츠, 엘리아 카잔 등과 헨리 폰다, 그레고리 펙, 마릴린 먼로 등 유명 배우들을 소속하고 있었다.

그간 생산한 영화들은 〈분노의 포도〉(존 포드, 1940), 〈신사 협정〉(엘리아 카잔, 1947), 〈왕과 나〉(1956), 〈남태평양〉(1958), 세계 각국의 스타 48명을 캐스팅한 〈지상 최대의 작전〉(1962), 〈사운드 오브 뮤직〉(로버트 와이즈, 1965), 〈패튼 대전차 군단〉(프랭클린 샤프너, 1970), 〈도라 도라 도라〉(1970), 〈타워링〉(존 길러만, 1974), 〈스타워즈 에피소드4〉(1977) 등 수없이 많다. 세월이 흘러 1985년 루퍼트 머독에게 팔려 현재 News Corp.의 소유이다. 이후 〈다이하드2〉(1990), 〈나 홀로 집에〉(1990), 〈미세스 다웃파이어〉(1993), 〈트루 라이즈〉(제임스 카메론, 1994), 〈스피드〉(얀 드봉, 1994), 〈타이타닉〉(제임스 카메론, 1997), 〈위대한 유산〉(1998), 〈스타워즈 에피소드1〉(조지 루카스 1999) 등 대작들이 즐비하게 줄을 잇는다. 여기 소개되지 않은 더 많은 작품들을 생각할 때 메이저 영화사의 존재감이 진정 묵직하다.

② 파라마운트(Paramount Picures Corporation) : 1914년 W.W. 호드킨슨이 세운 회사를 모태로 하고 있다. 1916년 아돌프 주커와 제시 래스키(Jesse L. Lasky)가 몇 개의 군소 회사를 통합해 파라마운트를 자신들의 통제 하에 넣었다. 무성영화 시대에 파라마운트는 세실 B. 드밀, D.W. 그리피스 등 유명 감독을 보유하면서 상당한 실적을 쌓았다. 1933년 파라마운트는 파산 등의 위기를 겪었지만 재기해 〈십계〉(세실 B. 드밀, 1923), 〈지상 최대의 쇼〉(1952) 등을 만든다. 1966년 파라마운트는 거대 금융회사 걸프 앤드 웨스턴의 소유로 넘어간다. 〈대부〉(프란시스 포드 코폴라, 1972), 〈토요일 밤의 열기〉(존 배덤, 1977), 〈레이더스〉(스티븐 스필버그, 1981), 〈탑건〉(토니 스콧, 1986)을 내놓았다. 다시 1993년 미국 최대의 케이블 네트워크 소유자인 비

아콤에 인수되어 현재에 이르렀다. 파라마운트는 〈포레스트 검프〉(로버트 제메키스, 1994)로 최대의 수익을 올린다.

③ 워너브라더스(Warner Bros. Pictures) : 워너브라더스는 폴란드에서 미국으로 이민 온 14형제나 되는 대가족이었다. 이 회사는 1923년 해리 워너, 새뮤엘 워너, 앨버트 워너, 잭 워너의 4명이 설립한 회사이다. 〈돈 후안〉(1926)은 사운드트랙에 음악만 사용했고, 무성영화에 대칭되는 개념은 Talkie, 즉 발성영화(talking picture) 이다. 토키는 1927년 워너브라더스의 〈재즈 싱어〉라는 영화가 나오면서부터 시작되었다. 이 영화에 출연한 알 졸슨(Al Jolson)은 "여러분들은 지금까지 아무 것도 들을 수 없었습니다" 라는 대사를 읊었다. 그러나 이 영화는 실제로는 소리가 나온 장면이 일부분만 삽입된 무성영화였다. 그 후 점진적으로 발성영화가 도입되었다. 〈뉴욕의 블빛〉(1928)은 완전한 발성영화였다. 〈온 위드 더 쇼〉(1929)는 총천연색이었다.

작품들은 〈말타의 매〉(1941), 〈카사블랑카〉(1942), 〈욕망이라는 이름의 전차〉(1951), 〈마이 페어 레이디〉(1964), 〈우리에게 내일은 없다〉(보니 앤 클라이드, 1967), 〈엑소시스트〉(1973), 〈컬러 퍼플〉(1985), 〈도망자〉(1993) 등 명화가 다수이다. 1989년 워너커뮤니케이션스는 타임과 합병하고, 2000년 1월 AOL과 합병하여 현재 AOL타임워너 소속이다.

④ MGM(Metro-Goldwyn-Mayer's Inc) : MGM은 1920년 마커스 로가 메트로 픽처스를 인수하고, 1924년 골드윈 프로덕션과 합병했다. 다시 1925년 루이스 B. 메이어 픽처스가 참여해 회사가 완성된다. 작품들은 〈그랜드 호텔〉(1932), 〈대지〉(1937), 〈바람과 함께 사라지다〉(1939) 〈미니버 부인〉(1942), 〈가스등〉(1944), 〈아스팔트 정글〉(1950), 〈바운티호의 반란〉(1935, 1962), 〈벤허〉(1925, 1959) 등이다. 또 뮤지컬 영화도 많이 제작했는데 〈오즈의 마법사〉(1939), 〈쇼보트〉(1951), 〈파리의 아메리카인〉(1951), 〈사랑은 비

를 타고〉(1952), 〈지지〉(1958) 등이 그것들이다. 〈닥터 지바고〉(1965), 〈스페이스 오디세이 2001〉(1968)을 내놓았으나 1950년대를 거쳐 1960년대에 들어와 경영진이 바뀌는 등 침체를 맞았다. 그러다가 2004년 9월 4,000여 편의 영화를 제작한 MGM을 소니가 인수해 현재 소니가 주인이다.

⑤ RKO (Radio-Keith-Orpheum) Pictures : 이 회사는 1928년 Keith-Albee-Ortheum(KAO)과 Joseph P. Kennedy's Film Booking Office of America(FBO)의 합병으로 설립된 회사이다. 1928년 주셉 케네디(존 F. 케네디 미국 전 대통령의 아버지)는 할리우드로 진출해 증권가에서 갈고 닦은 사업기술을 발휘한다. 당시의 할리우드는 MGM, 워너 같은 메이저와 소규모의 스튜디오가 공존하는 환경이었는데 그의 전략은 중소 규모의 영화 제작사를 사들인 후 합병을 통해 큰 조직으로 키워낸 후 이를 되팔아 이익을 챙기는 것이었다. 이런 과정을 거쳐 그가 세운 영화사가 바로 RKO 영화사이다. 1930년 프레드 아스테어, 진저 로저스 등이 출연하는 뮤지컬로 인기를 모았고, 배우로는 케서린 헵번, 로버트 미첨, 케리 그란드 등이 활약했다. 저예산의 호러 영화와 누아르 영화에 치중했다. 〈킹콩〉(1933), 〈시민 케인〉(1941), 〈캣피플〉(1942) 등이 이 회사의 유명한 작품들이다. 하워드 휴스는 1948년 RKO를 인수했으나 1955년 제너럴 타이어&고무에 다시 판다. 그러나 1957년 RKO는 제작을 중단한다. 이렇게 빅5 중 RKO는 몇 차례 소유권이 변경되는 과정에서 영화제작 중단까지 하게 되어 가장 빨리 소멸되는 영화사가 되었다.

⑥ 유니버설 스튜디오스(Universal Studios) : 1912년 영화제작자 칼 레믈(Carl Laemmle)이 군소 영화사를 통합해 시카고에서 설립했고, 1915년 LA로 회사를 이전했다. 작품들은 〈서부전선에 이상 없다〉(1930), 〈프랑켄슈타인〉(1931), 〈드라큘라〉(1931) 등 공포 영화를 많이 제작했다. 또 〈바람과 함께 사라지다〉(1957), 〈슬픔은 그대 가슴에〉(1959), 〈스팅〉(1973), 〈죠스〉(1975), 〈쥬라기 공원〉(1993), 〈미이라〉(1999), 〈피터

팬〉(2003) 등 다수이다. 유니버설은 1952년 데카 레코드에 인수되었으나 1959년 다시 음향복합기업인 MCA로 재인수되었다. 또 프랑스의 세계적 미디어 그룹인 비방디가 2000년 10월, 캐나다의 음료·엔터테인먼트 그룹인 시그램과의 합병이 이루어지고, 12월에는 시그램의 유니버설 스튜디오·유니버설 뮤직 등과 합쳐졌다. 따라서 GE-Vivendi 소속이다. 2009년 12월 3일, 미국 최대의 케이블방송인 컴케스트는 NBC유니버설을 인수하기로 결정했다는 보도가 나온 바 있다. 최종 결과는 1년 이상 걸릴 것으로 예상되는데, 미국 규제 당국의 승인 절차가 남아 있기 때문이다.

⑦ 컬럼비아 픽처스(Columbia Pictures Industries Inc.) : 1920년 해리 콘, 조 브랜트, 잭 콘 등에 의해 창립된 C.B.C. Film Sales가 모체이며, 1924년 컬럼비아 픽처스로 개명하였다. 〈어느 날 밤에 생긴 일〉(프랭크 캐프라, 1934), 〈디즈씨 뉴욕으로 가다〉(1936), 〈스미스씨 워싱턴에 가다〉(1939) 등이 성공을 거두었다. 〈길다〉(1946), 〈지상에서 영원으로〉(1953), 〈워터프론트〉(1954), 〈케인호의 반란〉(1954), 〈콰이 강의 다리〉(1957), 〈아라비아의 로렌스〉((1962), 〈투시〉(1982), 〈간디〉(1982), 〈마지막 황제〉(1987), 〈이지라이더〉(1969) 등 골든 앨범들이 속속 제작되었다. 1982년 코카콜라에 팔렸다가 1989년 소니에 다시 매각되어 현재 소니 소속이다.

⑧ 유나이티드 아티스츠(United Artists Corporation) : 1919년 당대 할리우드의 거물 예술가들이 모여 영화사를 세웠다. 그리피스 감독, 배우 채플린, 페어뱅크스, 픽퍼드에 의해 설립되었다. 이름 그대로 '연합예술가'였다. UA는 사업가가 아니라 영화인들이 경영하는 최초의 영화사인 셈이다. UA는 워너, 폭스, 파라마운트, MGM, RKO, 즉 '빅5'에는 들지 못하는 컬럼비아, 유니버설과 함께 '스몰3'에 속하는 회사였다. 그간 경영에 어려움을 겪는 등 문제가 있었으나 〈하이 눈〉(1952), 〈뜨거운 것이 좋아〉(1959), 〈뻐꾸기 둥지 위로 날아간 새〉(1975), 〈록키〉(1976), 〈애니 홀〉(1977) 등

을 내놓았다. 1981년 UA는 MGM에 인수되어 MGM/UA 체제로 들어갔다. MGM이 소니가 되었으니까 UA도 결국 소니가 되었다.

이렇게 할리우드 100년 영화 역사에서 영화를 제작하고 배급을 도맡았던 회사들의 부침도 대단히 심각했다는 사실을 알게 되었다. 8대 메이저 회사들도 모두 여러 가지 난관을 겪으면서 오늘에 이르렀고 심지어 자취를 감춘 회사도 있으니 영화 만드는 것은 참으로 고난의 작업임을 강조한다고 할 수 있겠다.

21. 스티븐 스필버그

미국의 영화감독이며 제작자인 스필버그(Steven Spielberg)는 우리나라 중고등학생들도 대부분 알 정도로 지명도가 높다. 세계 대중문화계의 진정한 스타 중의 최고 스타이다. 그 이유는 그가 만든 영화들이 매우 재미있고 쇼킹하며 스케일도 컸고 수입도 많이 올렸기 때문일 것이다. 영화관 입장료를 낸 것이 절대 아깝지 않으니 '스필버그 표' 영화는 좋아하지 않을 수가 없다. 그는 〈쉰들러 리스트〉로 1994년 제66회 아카데미 감독상을 받기는 했지만 '상업감독' 또는 '흥행감독'이라는 꼬리표가 붙어 있다. 어쨌든 현역 최고의 감독이고, 영화에 대한 열정과 독창성, 제작 방법과 시스템을 본받기에 부족함이 없다. 에피소드와 업적의 양이 대단히 많아 연대기 식으로 정리하고자 한다.

▷1947년 12월 18일 미국 오하이오주 신시내티에서 출생했다. 밑으로 여동생을 셋 두었다. 아버지는 컴퓨터 전문가였고, 어머니는 전직 콘서트 피아니스트였다.

▷12살 때부터 아버지의 8mm 카메라를 이용해 가족 소풍과 캠프 여행을 촬영하기 시작했으며, 곧 다양한 앵글을 실험해 보았다. 그는 자신이 직접 스토리를 만들어 세 명의 여동생들을 주연으로 한 짧은 공포 영화를 만들었다. 이 영화를 이웃에게 상영하고, 여동생은 팝콘을 판 에피소드는 유명하다.

▷영화교육의 명문인 남가주대학에 진학하고 싶었지만, 성적 불량으로 캘리포니아 주립대학에 영어 전공으로 진학해 1970년에 학사학위를 받았다. 그는 대학시절에도 계속 영화에 미쳐 있었다. 그는 학교 수업을 2일간 몰아서 듣고 3일간은 유니버설 스튜디오에 가서 구경했다.

▷빈 사무실을 찾아내 '스티븐 스필버그' 라는 명패까지 붙여놓곤 하루 종일 촬영장에서 죽치는 일을 한동안 계속했다. 그런 식으로 여러 감독들이 일하는 걸 직접 보면서 꿈을 키웠다.

▷1978년에 35mm 영화 〈앰블린(Amblin)〉을 만들었다. 이 영화가 베니스 영화제와 애틀랜타 영화제에서 수상했으며, 당시 유니버설 사의 텔레비전 부문 책임자인 시드니 샤인버그는 그 영화에 감명을 받아 스필버그와 7년 계약을 체결했다. 계약 당시 스필버그의 나이는 20살이었다.

▷1974년 〈슈가랜드 익스프레스〉로 역량을 인정받아 〈죠스(Jaws)〉 감독을 맡게 된다. 1975년 개봉된 〈죠스〉의 제작비는 700만 달러 정도였는데, 세계적으로 4억 달러 이상의 수익을 올렸다. 이로써 28세의 나이에 명감독의 반열에 오른다.

▷스필버그는 유니버설과 계속 관계를 유지하는 조건으로 유니버설 내에 스튜디오 앰블린을 갖고 독립했다.

▷앰블린 엔터테인먼트는 조금이라도 '제작 공정' 에 하자가 발생할 경우 가차 없이 스태프를 바꾸는 것으로도 유명하다. 1985년 〈백 투 더 퓨처〉에서 '마티' 역으로 캐스팅됐던 에릭 스톨츠(Eric Stoltz)가 분위기에 잘 맞지 않는다는 이유로 TV 홈 코미디 스타인 마이클 폭스로 교체해버린다. 이미 촬영을 시작한 지 5주나 지났고, 400만 달러나 투자했음에도 불구하고 용단을 내려버린다.

▷1993년 개봉된 마이클 클라이튼의 베스트셀러 소설을 영화화한 〈쥬라기 공원〉은 세계에서 8억5천만 달러의 흥행수입을 기록했다. 1994년 아카데미 시상식에서 시각효과상, 음향효과상, 음향상 등 3개 부문 상을 수상했다. 〈쥬라기 공원〉에서 그가 개인적으로 차지한 몫이 2억9,400만 달러이다

▷1994년 3월 제66회 아카데미 시상식에서 〈쉰들러 리스트〉는 작품, 감독, 촬영, 음악, 미술, 각색, 편집 등 7개 부문을 휩쓸었다. 이 영화는 흑백이 대부분이었는데, "우리는 영화를 만드는 것이 아니라 다큐멘터리를 만드는 것이다"라고 표현했다. 2,200만 달러를 투입해서 3억2,100만 달러를 벌어들였다.

▷로스앤젤레스 소재 유니버설 스튜디오 테마공원도 스필버그로부터 비롯되었다. 〈죠스〉의 상어는 기념 촬영용이고, 탈 것은 〈백 투더 퓨처〉와 〈ET〉(자전거 여행), 〈쥬라기 공원〉(통나무 배)이니 그럴 만하지 않은가.

▷〈인디아니 죤스〉에서 보듯이 그의 영화는 '사석이며 미국 중심적이다, 즉 제국주의적이다'라는 비판이 있다. 미국 속의 유태인인 그는 영화 속에 자주 '외로운 소년'을 등장시켰다. 〈ET〉, 〈태양의 제국〉 등이 그랬다.

▷비흥행적 심각한 영화들은 비평이나 흥행에서 모두 실패했다. 〈칼라 퍼플〉, 〈아미스타드〉 등도 마찬가지다.

▷영화 후배에 대한 배려가 매우 자상하고 날카로웠다. 잘 지도한다는 것은 정평이 나 있다. 속말로 '한 수 지도'에 능한 것이다. 로마제국 활극 수준을 흥행에 성공시킨 리들리 스콧의 〈글래디에이터〉가 좋은 예다. 〈블레이드 러너〉, 〈에일리언〉의 실력을 인정받은 스콧 감독에게 스필버그는 〈라이언 일병 구하기〉 모니터를 권했고, 그 결과 영화 첫 장면은 〈라이언 일병 구하기〉의 첫 장면과 유사한 대규모 전투 신을 삽입해 성공했다.

▷2000년 아카데미 작품상과 남우주연상을 휩쓴 〈아메리칸 뷰티〉 감독에 영화 경험이 전무한 영국 국립극장 연극연출가 샘 멘데스를 기용한 것도 스필버그의 통찰력과 혜안이었다. 그의 영화적 적자라고 할 로버트 저메키스(〈캐스트 어웨이〉 등) 감독은 "스필버그는 할리우드에서 가장 친절하고 유력한 조언자"라고 말한다.

▷"영화의 미래는 무엇인가"라는 질문에 "영화는 스토리텔링이다." "기술과 매체의 변화는 궁극적으로 스토리텔링을 이루기 위해서다. 기술 변화는 단

지 우리가 어떻게 소비자와 스토리를 소통하느냐를 위한 것이다. 배급방식은 변하지만 스토리텔링은 변하지 않는다." 또 "내 영화는 사람을 즐겁게 하는 것이 목표다" 라고 말했다

▷기타 작품들로는 〈레이더스〉(1981), 〈ET〉(1982), 〈인디아나 존스〉(1984), 〈칼라 퍼플〉(1985), 〈태양의 제국〉(1987), 〈맨 인 블랙〉(1997), 〈딥 임팩트〉(1998) 등이 있다.

▷사람들은 "실력이 운(運)인가, 아니면 운이 실력인가?" 토론하길 좋아하는데, 스필버그는 양자 모두이거나 또는 후자 쪽이 강하다는 사람들이 많다.

길게 살펴봤지만, 할리우드 영화사상 가장 큰 히트작 25편 중 6편(〈ET〉, 〈쥬라기 공원〉, 〈죠스〉, 〈레이더스〉, 〈잃어버린 세계〉, 〈라이언 일병 구하기〉)을 폭발시킨 스필버그 파워의 핵심은 '스토리텔링' 한 단어로 귀결된다. 연출 못잖게 제작에도 힘이 강한 스필버그는 할리우드의 메이저급 스튜디오 드림웍스의 영화 담당 최고 파트너이다. 그간 드림웍스 최고 수익을 올린 작품이 모두 그의 손에서 나왔다.

22. 드림웍스 이야기

스필버그와 함께 우리는 'Dream Works(꿈 만드는 공장)' 를 이야기해야 한다. 1994년 10월 12일, 미국 로스앤젤레스 베벌리힐스 호텔에서 영화감독 스필버그, 만화영화 전문가 제프리 카젠버그(Jeffrey Katzenberg), 대중음악 전문가 데이비드 게펜(David Geffen), 이렇게 세 사람이 모여 영화회사 '드림웍스' 설립을 발표했다. 각자가 벤처 비슷한 입장으로 작품 활동을 하다가 합작을 함으로써 메이저로 등장했고, 하나의 시한폭탄으로 여겨졌다. 이 때 3명이 내놓은 돈은 자본금의 5%인 1억 달러였고, 나머지는 아이디어 하나를 무기로 자본금을 끌어들인 것이었다. 정말 대단한 솜씨였다. 그 저변에는 이들 영화가 '작품' 이지만, 그 이전에 '상품' 으로 규정하고 있는 점이 작용했다.

알려진 대로 스필버그는 1964년 유니버설 영화사에서 계약직 사원으로 할리우드에 들어왔고, 캘리포니아 주립대학 영어과를 졸업한 후 단편영화 〈앰블린〉을 1969년 애틀랜타 영화제에 출품, 이를 계기로 유니버설 스튜디오에 입사하여 메가폰을 잡게 된다. 카젠버그도 파라마운트 영화사에서 처음에는 우편물 발송을 담당하다 27세의 나이에 이사로 승진했다. 그리고 1984년 '월트 디즈니 스튜디오' 사장에 오른다. 대학을 중퇴한 게펜이 처음 한 일은 CBS 방송의 안내원과 TV 프로덕션의 접수원, 연예 매니지먼트 회사의 우편물 담당을 하다 음반업계에 들어왔다. 그리고 1975년 '게펜 레코드'를 창립한다. 이런 선력이 있는 전문가들이 모였기 때문에 그들은 영화 외에도 음반, TV 영화, 테마파크, 디지털 영상 등 모든 엔터테인먼트 부분으로 사업 영역을 넓힐 것을 목표로 삼고 있다.

▶드림웍스가 1997년 이래 만든 작품(우리가 잘 아는 것만 골랐다)

● 1997=〈피스 메이커〉

● 1998=〈개미〉, 〈딥 임팩트〉, 〈라이언 일병 구하기〉(2개 모두 파라마운트 픽처스와 합작), 〈이집트 왕자〉

● 1999=〈러브 레터〉, 〈아메리칸 뷰티〉

● 2000=〈글래디에이터〉(유니버설 공동제작), 〈미트 페어런츠〉(유니버설 공동제작), 〈올모스트 페이머스〉(콜럼비아 픽처스 합작), 〈베가 번스의 전설〉(20세기 폭스 공동제작)

● 2001=〈AI〉(워너브라더스 합작), 〈슈렉〉, 〈에볼루션〉(콜럼비아 픽처스 합작)

● 2002=〈로드 투 퍼디션〉(20세기 폭스 합작), 〈링〉, 〈마이너리티 리포트〉(20세기 폭스 합작), 〈캐치 미 이프 유 캔〉, 〈타임머신〉(워너브라더스 합작)

● 2003=〈모래와 안개의 집〉, 〈신밧드-7대양의 전설〉, 〈에니씽 엘스〉

● 2004=〈슈렉2〉, 〈콜래트럴〉(파라마운트 픽처스 합작)

● 2005=〈게이샤의 추억〉, 〈레드 아이〉, 〈마다가스카〉, 〈매치 포인트〉, 〈뮨헨〉(유니버설 픽처스 공동제작), 〈아일랜드〉(워너브라더스 합작), 〈우주전쟁〉(파라마운트 픽처스, 앰블린 엔터

테인먼트 공동제작), 〈월레스와 그로밋-거대 토끼의 저주〉(어맨다 애니메이션 공동제작)

●2006=〈드림걸즈〉, 〈아버지의 깃발 및 이오지마에서 온 편지〉(워너브라더스 합작), 〈향수〉(배급 담당, 컨스탄틴 필름 제작)

●2007=〈슈렉3〉, 〈트랜스포머〉

●2008=〈마다가스카2〉, 〈쿵푸 판다〉 등이 있다.

우리나라에서 상영된 것이 대부분이기 때문에 드림웍스의 작품이 얼마나 많은가도 놀라게 된다. 그러면 드림웍스는 왜 이렇게 양으로도 많고, 수준이 높은 작품을 만드는가 의문이 간다. 한마디로 말하면 드림웍스, 또는 스필버그에 의해 캐스팅된 배우거나 또는 스태프에게 스필버그의 명성으로 돈을 벌어주기 때문이라는 것이다. 스필버그와 드림웍스의 대박 성공률이 하도 높아 스필버그가 부르면 딴 회사와 계약이 되어 있더라도 파기하고 스필버그에게 온다는 얘기도 있다. 여기서 히트하면 다른 회사와 일할 때도 더 높은 몸값이나 개런티를 받을 수 있게 되니 누군들 스필버그를 외면할 수 있겠는가? 따라서 스필버그는 영화를 만드는 데 있어 가장 전문성과 창의성이 탁월한 사람과 일할 수 있고, 그래서 흥행성과 작품성을 공유한 영화를 만들 수 있다는 얘기가 된다. 스필버그는 지금까지 흥행의 보증 수표라고 해도 과언이 아니다. 진정 마이더스의 손이다.

1975년 6월 20일 미국에서 〈죠스〉가 개봉되었다. 피터 벤츨리의 원작소설을 영화로 만든 것인데, 해변 휴양지에 식인 상어가 나타나 소동에 휩싸이는 이야기로 대단히 쇼킹했다. 개봉 당일에는 409개의 극장에 영화가 걸렸는데, 5일 뒤에는 625개 극장으로 늘어나 전 세계적으로 〈죠스〉는 4억7,000만 달러의 수익을 올렸다. 즉 '블록버스터(blockbuster)'가 탄생한 것이다. 이 단어는 제2차 세계대전 당시 영국 공군이 사용한 4.5톤짜리 폭탄을 말하는 것으로, 한 구역을 몽땅 파괴할 위력을 지녔다고 해서 붙여진 이름이다. 특징은 북미 지역(미국, 캐나다)

의 경우, 연 1억 달러 이상의 매표 매출을 올린 영화를 말하며, 전 세계적으로 4억 달러 이상의 수익을 올린 영화를 지칭할 때 쓰인다. 블록버스터 영화는 SF 영화, 특수효과가 많이 들어간 액션 영화로 한정될 때가 많고, 여름방학 등 하절기에 개봉되며, 성과가 좋으면 제2탄이 제작되는 것이 관행이다.

스필버그를 '마이더스의 손'이라 표현하는데, 그 뜻은 다음과 같다. 마이더스(Midas)는 그리스 신화에 나오는 부자(富者)로 프리지아 왕의 이름이다. 디오니소스를 길러 주었다는 실레노스가 길을 잃었을 때, 그를 후대했다고 하여 주신(酒神) 디오니소스가 무슨 소망이든 한 가지만 말하면 들어주겠다고 하자, 미이더스는 자기의 손이 닿는 모든 것을 황금으로 만들어 달라고 말했다. 그 소망이 이루어졌으나 먹는 음식까지도 황금으로 변해버렸다. 난처해진 마이더스는 다시 디오니소스에게 자기 청을 철회해 달라고 말했다. 그는 파크톨로스 강에서 목욕을 하고 원상으로 돌아가게 되었다. 따라서 '마이더스의 손'은 손만 대면 황금으로 변하게 만드는 사람을 뜻한다. 흥행, 증권, 특정 배우나 선수의 개입으로 대박을 터트릴 때 흔히 사용하는 말이다.

23. 2000년 이후 타계한 영화인 및 관련 인사

영화배우라든지 감독 등 영화인들은 50~60년 동안 한 시대를 지배해온 아이콘이고, 당시 시대상의 대변자들이었다. 그러나 그들도 세월의 무게를 견디지 못하고 관객에게서 떠나게 되고, 우리는 그들을 추억하게 된다. 이렇게 보면 영화는 현실 속에 존재하지만 사실은 과거에 있으면서 여러 가지 스토리들을 쉬지 않고 전해주는 것이다. 그래서 그들의 가치는 더욱 귀중하고, 그 존재는 늘 우리 곁에 있게 된다. 한 세기를 십분의 일로 나누면 10년이다. 강산도 변한다는 10년 세월에 많은 유명 영화인과 인사들이 별세했다. 그들의 모습을 일별하는 것도 의미가 있지 않겠는가? 특히 과거 영화에 대해 알지 못하는 세대에는 참고가 될 수 있을 것으로 생각된다.

1) 앤서니 퀸(1915. 4. 2~2001. 6. 3)

앤서니 퀸(Anthony Quinn)은 한마디로 연기력이 뛰어난 명배우였다. 1915년 멕시코에서 태어나 미국에 귀화해 활동했다. 많은 영화에 출연했지만, 소위 고전영화에 속하는 작품들에서 명연기를 보여주었다. 〈혁명아 자바타〉(1951), 〈길〉(1954), 〈율리시즈〉(1955), 〈노트르담의 곱추〉(1956), 〈나바론의 요새〉(1961), 〈아라비아의 로렌스〉(1962), 〈희랍인 조르바〉(1964), 〈25시〉(1967), 〈산타 비토라아의 비밀〉(1969), 〈비련의 10번가〉(1972), 〈산체스의 아이들〉(1978), 〈사막의 라이온〉(1980), 〈노인과 바다〉(1990), 〈리벤지〉(1990), 〈헤라클레스〉(1994) 등 그가 출연한 작품들은 모두 작품성이 돋보이는 것들이었다. 특히 그는 1954년 페데리코 펠리니 감독이 만든 〈길〉에서 차력사 잠파노 역으로 배우로서의 국제적 명성을 얻게 됐고, 1956년 지나 롤로브리지다(Gina Lollobrigida)와 공연한 〈노트르담의 곱추〉에서 곱추 콰지모도 역으로 연기력을 인정받았다. 1962년 데이비드 린 감독이 연출한 〈아라비아의 로렌스〉, 1964년 니코스 카잔차키스의 소설을 영화로 만든 마이클 카코야니스 감독의 〈희랍인 조르바〉, 1967년에 개봉된 앙리 베르뇌유 감독의 〈25시〉에서 절정의 연기력을 선보였다.

그는 평생 3번의 결혼과 여러 여배우들과 밀애를 나눴다고 한다. 그리고 1993년 47세 연하의 여비서 벤빈과 사랑에 빠져 81세에 아기를 낳기도 했다. 이런 절륜 탓인지 5명의 여성으로부터 13명의 자녀를 두었다. 2001년 6월 3일 보스턴에 있는 브링햄 앤드 우먼 병원에서 86세로 사망함으로써 '천의 얼굴' 연기 65년을 마감하게 되었다.

2) 빌리 와일더(1906. 6. 22~2002. 3. 27)

할리우드의 거장 빌리 와일더(Billy Wilder)가 2002년 3월 27일 향년 96세로 로스앤젤레스 베벌리힐스 자택에서 별세했다. 빌리 와일더의 영화들은 중장년 관객들에게는 낯익은 것들이 많다. 〈잃어버린 주말〉(1945), 〈선셋 대로〉(1950), 〈제17 포로수용소〉(1953), 〈사브리나〉(1954), 〈7년만의 외출〉(1955), 〈뜨거운 것이 좋아〉(1959), 〈아파트 열쇠를 빌려 드립니다〉(1960), 〈오션스11〉(1960), 〈카지노 로얄〉(1967), 〈버디 버디〉(1981) 등 필모그래피가 화려하다.

유태인인 그는 1906년 오스트리아에서 태어나 독일에서 시나리오 작가로 활동하다가 히틀러가 집권하자 나치를 피해 1934년 할리우드로 건너왔다. 미국에서는 원래 이름 새뮤얼 와일더(Samuel Wilder) 대신 빌리 와일더(Billy Wilder)로 바꾸었다. 그는 미국 사회의 어두운 면에 대해 풍자, 비유, 비웃음으로 냉소적 시각에서 접근했다. 1945년 〈잃어버린 주말〉로 아카데미 감독상, 각색상을 수상했고, 모두 21번 후보에 올랐으며, 1986년 공로상을 포함해 7개의 오스카상을 받았다. 1960년 〈아파트 열쇠를 빌려 드립니다〉로 또다시 아카데미 작품상, 감독상, 각본상을 수상함으로써 한 해에 3개의 오스카를 받는 기록도 세웠다. 그는 〈뜨거운 것이 좋아〉, 〈7년 만의 외출〉로 마릴린 먼로를 대스타로 키웠고, 〈사브리나〉의 오드리 헵번, 〈아파트 열쇠를 빌려 드립니다〉의 잭 레몬과 작업한 바 있다.

3) 캐서린 헵번(1907. 5. 12~2003. 6. 29)

아카데미 여우주연상을 4회나 수상해서 '할리우드의 전설' 로 불렸던 캐서린 헵번(Katharine Hepburn)이 96세를 일기로 출생지인 미국 코네티컷 주 올드 세이브룩 자택에서 사망했다. 1907년 코네티컷 하트퍼드에서 의사인 아버지와 여성 운동가인 어머니 사이에서 태어났다. 그녀는 또렷한 광대뼈, 블론드 머리, 상류층 억양 등이 특징으로 강한 캐릭터 역을 주로 맡았다. 심리학 박사학위의 소유자이기도 한 헵번은 〈모닝 글로리〉(1934), 〈초대받지 않은 손님〉(1968), 〈겨울의 사자〉(1969), 〈황금 연못〉(1982)으로 4차례나 아카데미 여우주연상을 받고, 12차례나 후보로 지명돼 '연기파 여배우' 의 대명사로 통했다.

1928년 사교계 인사였던 러들로 오그덴과 결혼해서 6년 만에 이혼했다. "결혼은 사랑과 명예를 갉아먹는 끔찍한 일이고, 결혼을 믿지 않는다" 고 말했다. 그녀는 다시 결혼하지 않고 9편의 영화에 함께 출연했던 스펜서 트레이시(헤밍웨이 원작의 〈노인과 바다〉, 〈산〉의 주연)와 26년간 연인 관계를 유지했다. 특히 1951년 험프리 보가트와 공연한 〈아프리카의 여왕〉이 우리에게 많이 알려져 있고, 〈황금 연못〉 DVD도 국내 출시된 바 있다. 그녀의 전기 작가는 "헵번은 미국 여성들에게 최초로 바지를 입힌 여배우" 라고 칭송했고, 1999년 미국영화연구소(AFI)는 그녀를 "영화사상 가장 위대한 여배우" 로 선정하기도 했다.

4) 엘리아 카잔(1909. 9. 7~2003. 9. 28)

〈에덴의 동쪽〉 등 수많은 명화를 감독했던 엘리아 카잔(Elia Kazan) 감독이 94세를 일기로 세상을 떠났다. 그에게는 명감독이라는 칭호와 '배신자' 라는 낙인이 함께 따라 다녔다는 이야기는 이미 서술한 바 있다. 한국의 올드팬들이 젊은 시절에 감동 깊게 본 영화들 중에는 그의 작품이 많다. 〈신사 협정〉(1947), 〈욕망이라는 이름의 전차〉(1951), 〈혁명아 자파타〉(1952), 〈워터프론트〉(1954), 〈에덴의 동쪽〉(1955), 〈초원의 빛〉(1961), 〈아메리카 아메리카〉(1963), 〈라스트 타이쿤〉(1976) 등 정말 보석처럼 빛나는 영화들이다.

그는 1909년 터키에서 태어나 4살 때 그리스인 양친을 따라 미국으로 왔다. 그래서 그의 원래의 이름은 Elias Kazanjoglou이다. 예일대에서 연극을 공부하고 1947년 동료들과 함께 뉴욕에서 '액터스 스튜디오' 를 설립한다. 연기교사로 이름을 날린 그는 정신과 육체를 배역에 완벽히 몰입시키는 스타니슬라브스키의 '메소드 연기법' 을 활용해 그것을 한층 발전시켰고, 그의 새로운 기법을 말론 브란도와 제임스 딘 등에게 전수했다.

메소드 연기법은 배우 자신이 그 상황이라면 어떻게 행동(연기)했을 것인가에 대해 연구하는 것으로, 자신의 경험, 과거의 회상을 통해 그 배역에 깊이 몰입하는 것이다. 이 연기법은 후에 폴 뉴먼, 캐서린 헵번, 마릴린 먼로, 로버트 레드포드, 페이 더나웨이, 더스틴 호프만, 로버트 드니로, 알파치노 등으로 이어져

오고 있다. 이렇게 영화적 업적은 그 누구와도 비교할 수 없을 만큼 정말 위대하다.

그러나 1952년 미국 의회의 반민활동위원회에 소환되어 자신이 1930년대 공산당원이었음을 밝히고, 당시 자기가 알고 있던 동료 영화인 8명을 공산주의자로 밀고한 것이다. 대부분 할리우드에서 활동하던 작가, 배우, 감독들이었다. 이후 그는 주변에서 친구를 잃게 되었고, 1950년대 극작가 아서 밀러의 부인이었던 마릴린 먼로와도 관계가 생겨 그와도 소원해졌다. 1999년 제71회 아카데미상에서 공로상을 받을 때도 "과거 자신의 행동이 옳았고 죄의식을 느끼지 않는다"고 강변했다. 당시 엘리아 카잔이 고발했던 사람들 중에는 찰리 채플린, 오손 웰스, 아서 밀러, 버나드 고든, 에이브 폴론스키, 숀 펜의 아버지 레오 펜 등으로 알려지고 있다. 이제 생을 마감한 엘리아 카잔은 명감독과 배신자라는 상치(相馳)되는 평판을 소유한 매우 특이한 인물로 남게 되었다.

이런 사건의 동기가 된 '매카시즘'은 1950년대 조지프 매카시(Joseph McCarthy) 위스콘신 주 상원의원이 국무부에 57명의 공산당원이 있다고 주장해 파문을 일으킨 데서 나온 용어이다. 매카시의 주장으로 상원은 이를 조사하기 위한 청문회를 열었다. 이런 상황은 당시 중국은 공산화되었으며, 한국에서는 6.25전쟁이 발발한 즈음이기 때문에 충격은 더욱 컸다. 고위 관료와 저명인사들이 청문회에 줄줄이 소환되었다. 그러나 분명한 증거가 드러나지 않자 1954년 12월 2일 미 상원은 매카시를 견책하는 결의를 통과시키면서 이 문제는 종결되었고, 매카시는 1957년 5월 48세로 사망했다. 이후 정치적 또는 어떤 이념 등을 이유로 상대방을 마녀 사냥 식으로 몰아붙이는 방법을 매카시즘으로 지칭한다.

카잔의 대표작은 〈워터프론트〉와 〈에덴의 동쪽〉이다. 〈에덴의 동쪽〉은 존 스타인벡의 소설을 원작으로 하고 있는데, 에덴의 동쪽은 창세기 4장 15절에 그 내용이 나온다. 즉 아담과 이브가 선악과를 따먹고 낙원에서 에덴의 동쪽으로 추방되고, 또한 카인도 동생을 죽인 죄로 에덴의 동쪽으로 쫓겨난다. 이렇게 볼 때 에덴의 동쪽은 원죄를 저지른 인간이 가는 저주의 땅이라는 의미와 상징이 강하다. 따라서 언론에서 그의 죽음에 대해 '에덴의 동쪽으로 떠난 감독' 이라는 제목을 단 것은 깊은 뜻이 있는 표현이 아닌가 한다.

5) 말론 브란도(1924. 4. 3~2004. 7. 1)

큰 별이 떨어졌다. 연기가 무겁고 깊이가 있는 배우였다. 현대 미국 영화의 기둥이 하나 빠진 셈이다. 말론 브란도(Marlon brando)는 네브래스카에서 1924년 술주정뱅이에 난봉꾼이요, 아내와 아들을 자주 구타하는 아버지 밑에서 태어났다. 그런 아버지는 브란도 생애에 있어 멍에가 되었고, 영화 연기에서도 반항기로 분노하고 때로는 곰삭아 녹아내렸다.

주요 작품 연보는 엘리아 카잔 연출의 연극 〈욕망이라는 이름의 전차 (A Streetcar Named Desire)〉(1947), 역시 카잔의 동명 영화 〈욕망이라는 이름의 전차〉(1951), 멕시코 혁명 이야기 〈혁명아 자파타(ViVa Zapata)〉(1952), 셰익스피어 원작 〈줄리어스 시저(Julius Caesar)〉(1953), 그의 반항 이미지가 태동한 〈워터프론트 (Waterfront)〉(1954), 나폴레옹을 다룬 〈데지레(Desiree)〉(1954), 한국전쟁 당시 파일럿의 일본 여자와의 연애담 〈사요나라(Sayonara)〉(1957), 〈대부(The Godfather)〉(1972), 파격적 섹스 신으로 충격을 터트린 베르나르도 베르톨루치의 〈파리에서의 마지막 탱고(Last Tango In Paris)〉(1973)도 있다. 이후 가장 주목할 만한 작품으로 지목되는 프란시스 포드 코폴라 감독의 〈지옥의 묵시록(Apocalypse Now)〉(1979)으로 이어진다. 이 작품에 캐스팅된 것은 누구도 따라할 수 없는 카리스마와 광기 때문이었다고 한다. 브란도는 커츠 대령 연기로 몸무게를 130킬로그램으로 만들었고, 커츠의 죽음을 소가 도살되는 것으로 전치(轉置)시켜 신화적으로 만들어낸 것으로 유명하다. 그의 인생역정을 따라가다 보면 엘리아 카잔, 프란시스 포드 코폴라와 만나지 못했다면 '카리스마' 고 '광기' 고 하는 소위 내면연기는 창출되지 못했을 것이라는 생각을 하게 된다. 그는 실제로 반항적인 인물이라 말도 많고 탈도 많았다.

1973년 제45회 아카데미 시상식은 브란도를 남우주연상으로 결정했다. 그러나 아메리카 원주민 사친 리틀페더 공주를 단상에 대신 보내 자신의 수상거부 의사를 밝혔다. 할리우드가 미국 원주민(인디언)을 묘사한 방식에 반대하며 남우주연상을 수상할 수 없다는 것이었다. 또 아버지에 대한 원망 영향인지 늘 불안정했고 정신과 치료를 받았다. 잘못된 것은 모두 남의 탓으로 돌리기 일쑤였다. 〈대부〉 캐스팅도 파라마운트가 말론 브란도를 반대해 구두약을 머리에 바르고 휴지를 양쪽 볼에 넣어 촬영한 데모 필름을 보냈다는 이야기도 전한다. 턱걸이한 것이다.

아버지의 방종에도 불구하고 그의 여자관계도 말할 수 없이 복잡해 자녀가 12명(9명설도 있다)이나 된다고 한다. 맏아들은 1991년 누이동생의 약혼자를 살해한 혐의로 10년형을 선고받았으며, 그 누이동생은 자살했다. 맏아들은 1996년 석방됐다. 어린 시절 불우했던 환경이 그에게도 불행으로 유전되었다. 그의 그런 성향이 연기의 핵심 요소였다. 알콜 중독자였던 어머니에게만 집착했다. 전쟁터에서 총 맞아 죽을 때에도 모든 병사들은 '어머니'를 부른다. 말론 브란도의 영원한 애인은 어머니였다.

6) 아서 밀러(1915. 10. 17~2005. 2. 10)

유진 오닐, 테네시 윌리엄스와 함께 미국의 3대 극작가로 불리는 아서 밀러(Arthur Miller)가 10일 밤 코네티컷 주의 자택에서 지병으로 세상을 떠났다. 향년 89세. 〈세일즈맨의 죽음(Death of a Salesman)〉으로 우리에게도 잘 알려진 그는 1915년 의류업자인 유태계 아버지와 교사 출신인 어머니 사이에서 태어났다. 어린 시절 미국의 대공황으로 접시 닦기, 부두노동자, 운전사로 일하면서 고학으로 미시간대학 연극과를 졸업한다.

군납업자의 이야기 〈모두 다 내 아들들(All my sons)〉(1947)에 이어 33세에 발표한 〈세일즈맨의 죽음〉(1949)으로 대성공을 거두며 그에게 퓰리처상과 토니상을 안겼다. 뉴욕의 모로스코 극장에서 1949년 2월부터 1950년 11월까지 742회의 장기 공연을 기록한다. 같은 작품이 영화로도 제작되었는데(1985년), 더스틴 호프만·게이트 레이드·존 말코비치 등이 출연했다. 감독은 폴커 슐렌도르프이다. 〈시련〉(1953)은 당시 미국을 휩쓸었던 반공산주의 '매카시 선풍'의 광기를 비판한 작품으로, 실제로 '반미활동조사위원회'에 불려가 "할리우드의 공산주의자들을 지목하라"고 강요받았던 경험이 투영되었다.

〈세일즈맨의 죽음〉 스토리는 주인공 윌리 로만은 30년간 오직 세일즈맨으로 살아오면서 반드시 성공한다고 생각했다. 그러나 두 아들은 타락해버렸고, 자신도 회사에서 해고당한다. 위기에 처하자 아들에게 보험금을 남겨주기 위해 자동차를 과속으로 달려 자살한다. 그러나 아내는 집 할부금도 해결됐는데 정작 살아갈 사람이 없다고 절규한다. 거대한 미국 자본주의 시스템에 짓눌리는 인간을 그리스 비극의 이념으로 변형해 비판하는 내용인데, 퓰리처상과 토니상을 수상하게 된다. 유족으로 배우 겸 작가인 딸 레베카가 있으며, 그녀는 영화배우 대니얼 데이 루이스의 아내다. '마릴린 먼로와의 결혼'은 생략한다.

7) 로버트 와이즈(1914. 9. 10~2005. 9. 14)

음악 영화의 거장 로버트 와이즈(Robert E. Wise) 감독이 14일 별세했다. 그는 안무가 제롬 로빈스와 함께 브로드웨이 뮤지컬 〈웨스트사이드 스토리(1961)〉를 영화로 만들어 아카데미 감독상과 최우수영화상을 수상해 성가를 올렸다. 또 1965년 〈사운드 오브 뮤직〉을 영화화해 또 한 번 아카데미 감독상과 최우수영화상을 받게 된다. 〈웨스트사이드 스토리〉는 모두 10개 부문, 〈사운드 오브 뮤직〉은 5개의 아카데미상을 받은 것으로 유명하다.

그는 오손 웰스 감독의 영화 〈시민 케인〉의 편집자 등으로 일하면서 할리우드 전성기에 주로 RKO 스튜디오에서 일했다. 그의 작품들로는 〈트로이의 헬렌〉(1956), 〈상처뿐인 영광〉(1956), 〈나는 살고 싶다〉(1958), 〈웨스트사이드 스토리〉(1961), 〈사운드 오브 뮤직〉(1965), 〈산파블로〉(1966), 〈스타 트렉〉(1966) 등이 있다. 뮤지컬 영화의 고전으로 불리는 〈웨스트사이드 스토리〉에서 미남 배우 조지 차키리스(George Charkiris)를 조연으로 발탁해 제34회 아카데미에서 남우조연상을 받게 했다. 차키리스는 후에 〈부베의 연인(La Ragazza Di Bube)〉 등에서 두각을 나타냈다. 마틴 스코세지 감독은 〈시민 케인〉에서 보여준 그의 탁월한 편집 능력에 대해 찬사를 표했고, 그는 미국연출가협회장을 지낸 바도 있다.

8) 앤 밴크로프트(1931. 9. 17~2006. 6. 6)

1967에 나온 마이크 니컬스 감독의 〈졸업(The Graduate)〉에서 딸의 애인을 유혹하는 로빈슨 부인 역으로 깊은 인상을 남겼던 앤 밴크로프트(Anne Bancroft)가 6일 뉴욕 마운트 시나이 병원에서 자궁암으로 숨졌다.

그녀는 이탈리아 이민 부모에게서 태어나 연기학교 졸업 후, 영화계에 들어왔는데 출연작을 연대순으로 보면 〈사랑은 기적과 함께〉(1962), 〈힌덴버그〉(1975), 〈터닝 포인트〉(1977), 〈엘리펀트 맨〉(1980), 〈사느냐 죽느냐〉(1983), 〈신의 아그네스〉(1985) 등이 있다. 아서 펜 감독의 〈사랑은 기적과 함께〉에서 헬렌 켈러의 스승인 설리번 선생 역으로 아카데미 여우주연상, 뮤지컬 〈사랑은 기적과 함께〉로 토니상을 수상했다. 이후 여러 작품으로 아카데미 후보에 4번이나 올랐지만, 사람들이 자신을 기억해주는 작품은 〈졸업〉뿐이었다고 아쉬움을 나타내곤 했다.

9) 신상옥 감독(1926. 10. 18~2006. 4. 11)

신상옥 감독의 죽음에 대해 언론들은 '그는 한국 영화를 꽃 피웠다' 와 '그의 삶은 영화보다 더 영화 같았다' 는 제목을 달았다. 함경북도 청진에서 태어난 신상옥은 1945년 동경제대 미술전문학교를 졸업하고, 1952년 〈악녀〉로 감독 데뷔한 후, 1953년 여배우 최은희와 결혼한다. 1966년 가장 활발한 작업을 펼치는

데, 한국 최초의 투자·제작·배급 총괄회사인 '신필름'을 설립하고 〈성춘향〉, 〈사랑방 손님과 어머니〉, 〈빨간 마후라〉, 〈상록수〉, 〈연산군〉 등을 제작·연출한다.

그는 "여러 가지 시스템을 갖춰 충무로를 현대화한 탁월한 제작자" 라는 점과 신성일 등 수많은 배우를 양성하고 안양예고를 세운 공로가 크다는 평가를 받고 있다. 그러나 1978년 최은희가 먼저, 그리고 6개월 후 신상옥이 북한에 의해 납치된다. 이들 부부는 북한에서 〈불가사리〉 등 영화 7편을 만들고, 1986년 오스트리아에서 서방으로 탈출한다.

올드 팬들은 〈사랑방 손님과 어머니〉를 기억할 것이고, 미학적으로 정확하게 계산된 구도와 전통미에 대해 아련한 향수를 느낄 것이다. 그는 모두 149편의 영화를 제작했고, 그중 68편을 직접 연출을 맡았다. 그리고 63편에 부인 최은희를 주연으로 기용했다. 그는 한국 영화계의 진정한 거목이었다. 2007년 부인 최은희가 정말 영화 같았던 그들의 삶을 〈최은희의 고백〉이라는 제목으로 출간한 바 있다.

10) 이마무라 쇼헤이 감독(1926. 9. 15~2006. 5. 30)

이마무라 쇼헤이(今村昌平)는 영화 〈나라야마 부시코〉(1983)와 〈우나기〉(1997)로 두 번이나 칸 영화제에서 그랑프리를 수상한 거장이었다. 오시마 나기사(大島渚) 감독과 함께 일본 누벨바그의 주역으로 활동했다. 1926년 도쿄에서 태어나 와세다 대학 서양사학과를 졸업하고 오즈 야스지로(小津安次郎) 감독의 조감독으로 기량을 닦았다. 인간의 밑바닥 삶과 거기서 풍겨져 나오는 에너지를 표현하는 리얼리즘 경향을 많이 나타냈다. 우리나라 DVD 상점에서 쉽게 구해볼 수 있는 〈간장선생〉(1998), 〈다리 아래 따뜻한 물〉(2001) 등을 연출했다.

59회를 맞은 칸 영화제에서 두 차례 황금종려상을 받은 감독은 4명뿐이었다고 한다. 그 가운데 아시아인인 그가 있다는 것은 대단한 성과이다. 〈나라야마 부시코〉에서 '나라야마' 는 산 이름이고, '부시코' 는 노래이다. 주인공 다츠헤이의 어머니 오린이 69세가 되어 산에 버려져야 하는 과정에서 생기는 갈등과 비애를 그린 작품으로, 우리의 '고려장' 과 같은 내용이다. 또한 〈우나기〉는 우리가 구워 먹는 장어를 뜻한다. 불륜을 저지르는 아내를 살해한 남자가 종교인의 도움으로 형무소에서 출소한 후, 우연히 한 여자를 만나 소통하면서 소외를 화해로 이끌어가는 과정을 그리고 있다. 이 탁월한 감독은 30일 오후 도쿄의 한 병원에서 간암으로 세상을 떠난 것이다. 우리나라 감독들도 칸 영화제에서 상을 받기는 했지만 황금종려상은 아닌 것이었다. 두 영화는 모두 수입되어 개봉관에서 상영되었고, DVD도 판매되고 있다.

11) 장 보드리야르(1927. 7. 29~2007. 3. 6)

프랑스의 저명한 철학자인 장 보드리야르(Jean Baudrillard)가 6일 파리의 자택에서 향년 77세로 별세했다. '시뮬라시옹(simulation)' 이론으로 유명한 고인은 1929년 프랑스 랭스에서 태어나 고등학교 교사, 파리 10대학 교수 등을 지내며 50권 이상의 저서를 남겼다.

현대사회의 본질을 파헤친 시뮬라시옹 이론은 현대사회에서 원본과 복사본, 현실과 가상현실의 경계와 구분이 모호해지며 차이가 없어진다고 해석한 이론이다. 존재하지는 않지만 실제로 존재하는 것처럼, 또는 존재하는 것보다 더욱 생생하게 인식되는 것을 의미한다. 현대사회를 모사된 이미지가 지배하는 '복제의 시대' 로 설명하고 있다.

그는 우리가 살고 있는 사회는 실재물(實在物)에서 비롯된 시뮬라크르(simulacre)들이 실재를 대체하고 있는 곳이라고 해석했다. 이 이론에 따르면, 현대사회에선 생산물이 소비되는 것이 아니라 기호(記號)가 소비된다. 현대인이 물건의 기능을 따지는 것이 아니라, 상품을 통해 얻을 수 있는 '권위' 를 따져 상품을 구입하는 것도 같은 맥락으로 설명된다.

1991년 〈걸프 전쟁은 일어나지 않았다〉는 책을 썼는데, 이 책에서 "걸프 전쟁 때 세상에 알려진 모든 것이 실재와 달랐다. 대중이 전쟁에 관해 가진 시각의 상당 부분은 TV를 통해 전해진 이미지에 의존한 것이며, 사실상 후세인은 패하지 않았다"고 주장했다. 그는 2005년 서울국제문학포럼 참석차 내한한 바 있고, 주요 저서로는 〈소비사회〉(1970), 〈생산의 거울〉(1973), 〈시뮬라크르와 시뮬라시옹〉(1981) 등이 있다.

12) 미켈란젤로 안토니오니(1912. 9. 29~2007. 7. 30)

이탈리아 영화계의 거장 미켈란젤로 안토니오니(Michelangelo Antonioni) 감독이 7월 30일 로마에서 세상을 떠났다. 향년 94세. 이탈리아의 '소외된 시인'으로 불리는 그는 1912년 페라라에서 태어나 중산층 가정에서 성장했다. 경영경제학을 배우러 볼로냐대학에 들어갔으나 예술에 대한 관심 때문에 1939년 로마의 고등영화센터로 옮겨 영화연출을 전공했다.

1942년부터 시나리오 작가로 활동하면서 로베르토 로셀리니, 엔리코 풀치노니 감독과 함께 작업하는 등 이탈리아 네오리얼리즘의 영향을 많이 받았다. 1950년 첫 장편영화 〈어느 사랑의 연대기〉를 시작으로 영화감독으로 변신한 그는 1960년대 전반 세계 영화계를 이끌었다는 평을 받고 있다.

안토니오니 감독은 생전에 1950년대 3부작 〈동백꽃 없는 여인〉, 〈여자 친구들〉, 〈외침〉과 1960년대 3부작인 〈정사〉(1960), 〈밤〉(1960), 〈일식〉(1962) 등을 남겼다. 그 밖에 우리에게 알려진 작품들은 〈외침2〉(1957), 〈붉은 사막〉(1964), 〈구름 저편에〉(1995), 〈에로스〉(2004) 등이 있다. 1995년 제67회 미국 아카데미 시상식에서 공로상을 수상했다.

13) 찰턴 헤스턴(1924. 10. 4~2008. 4. 5)

찰턴 헤스턴(Charton Heston)은 한마디로 미국을 대표하는 명배우 중 한 사람이었다. 191cm의 키에 건장한 체구, 굵은 목소리, 뚜렷한 윤곽의 남성적 풍모로 대형 영화에서 주연을 맡고 인기를 끌었다. 그렇게 강인한 연기를 보였던 그가 5일 밤 64년을 해로한 아내 리디아 마리 클라크(Lydia Marie Clark)가 임종을 지켜보는 가운데 베벌리힐스 자택에서 향년 84세로 숨졌다.

그의 출연 작품들을 일별하면 〈줄리어스 시저〉(1950), 〈지상 최대의 쇼〉(1952), 〈십계〉(1956), 〈벤허〉(1959), 〈엘시드〉(1961), 〈북경의 55일〉(1963), 〈혹성탈출〉(1968), 〈안토니와 클레오파트라〉(1972) 등 영화에서 주로 선이 굵은 역으로 출연했다. 특히 〈벤허(Benhur)〉는 1959년 아카데미에서 남우주연상 등 11개 부문에서 석권했다. 1925년 판 〈벤허〉의 리메이크로 제작된 것인데, 애초에 주인 후보는 복 허드슨과 버트 랭커스터, 폴 뉴먼 등이 물망에 올랐었지만, 최종적으로 찰턴 헤스턴이 낙점되었다고 한다. 유태인 귀족에서 노예로 추락한 뒤 온갖 고난을 참으며 재기하는 극중 주인공 '유다 벤허' 역을 찰턴 헤스턴은 탁월한 연기력으로 구현해냈다. 올드팬 모두가 기억하는 전차 경주의 역동적인 장면은 지금도 뇌리에 남아있다.

사회활동도 왕성하게 했는데, 미국배우조합(SAG) 회장과 미국영화연구소(AFI) 회장, 그리고 미국총기협회(NRA) 회장도 지냈다. 그러나 총기협회 회장으로서 미국에서 발생한 총기난사 사건 때문에 상당한 고충을 당하기도 했다.

14) 시드니 폴락(1934. 7. 1~2008. 5. 26)

〈아웃 오브 아프리카〉로 유명한 시드니 폴락(Sydney Pollack) 감독이 향년 73세로 사망했다. 러시아 이민 2세대인 폴락은 뉴욕 연기학교에서 연기를 배우고 1965년 감독 일을 시작했다. 1985년 작품인 〈투씨(Tootsie)〉로 골든글로브 작품상과 남우주연상 등 4개 부문에서 수상했고, 1985년 〈아웃 오브 아프리카〉로 아카데미 작품상과 감독상 등 7개 부문을 휩쓸었다. 〈인터프리터〉(2005), 〈랜덤하트〉(1999), 〈사브리나〉(1995), 〈고성을 사수하라〉(1969), 〈도망자〉(1969) 등 다수이다.

그는 연기자 출신이었기 때문에 연기에도 애정이 깊어 배우로도 활동했는데, 우디 앨런 감독의 〈부부일기〉(1992), 로버트 알트만의 〈더 플레이어〉(1992), 스탠리 큐브릭 감독의 〈아이즈 와이드 셧〉(1999) 등 30여 편의 영화에서 조연으로 출연했다. 제작자로도 활동해 〈리플리〉, 〈콜드 마운틴〉 등을 제작했다. 그는 9개월 동안 암으로 투병했고, LA 인근 자택에서 가족들이 지켜보는 가운데 숨졌다.

15) 이브 생 로랑(1936. 8. 1~2008. 6. 1)

이브 생 로랑(Yves Saint Laurent)이 6월 1일, 프랑스 파리 자택에서 지병으로 별세했다. 그는 1936년 알제리의 오랑에서 태어나 17살 어린 나이에 국제양모사무국에서 개최한 콘테스트에서 1등을 했다. 천재적 데생 실력을 발휘하면서 패션의 탁월한 재능을 인정받아 당시 패션계의 대부로 칭송되던 크리스티앙 디오르가 사망한 1957년 21세의 나이로 디오르의 수석 디자이너에 오른다.

1958년 컬렉션에서 어깨 폭이 좁고 A자 형으로 자락이 넓은 '트라페즈 라인(trapeze line)' 으로 대호평을 받았다. 1966년 최초로 여성에게 바지 정장을 도입하고, 여성용 턱시도 재킷을 만들어 남녀 의상의 경계를 허물었다. 그는 피카소, 후안 미로 같은 화가로부터 색채와 이미지에 힌트를 얻었다. 1970년대 중반부터는 영화 의상에도 관심을 가져 카트린느 드뇌브의 의상도 제작했다. 1962년 디오르 사에서 독립하여 YSL을 운영하다가 1999년 7,000만 달러에 구찌 그룹에 매각했다. 그는 "샤넬이 여성에게 자유를 주었다면 이브 생 로랑은 여성에게 힘을 주었다" 는 평가를 받는다.

16) 멜 페러(1917. 8. 25~2008. 6. 2)

큰 키와 호리호리한 몸매의 매력남이었던 영화배우 멜 페러(Mel Ferrer)가 미국의 산타바바라 자택에서 죽음을 맞았다. 멜 페러 하면 두 가지가 생각난다. 오드리 헵번의 전 남편이었다는 사실과, 1956년에 나온 톨스토이 원작 〈전쟁과 평화〉에서 헵번은 '나타샤 로스토프' 로, 페러는 '안드레이 볼콘스키' 왕자 역으로 공연하면서 춤추었던 나타샤 왈츠(Natacha Waltz)에 대한 기억이다. 행복하며 즐거운 듯하면서도 우수와 연민의 느낌이 교차되었던 음악과 장면을 우리는 가끔 추억하게 된다. 이 음악의 작곡가는 세계적으로 유명한 니노 로타였다.

그가 주연 또는 조연으로 출연한 작품들은 〈스카라뮤스〉(1952), 〈원탁의 기사〉(1953), 뮤지컬 영화 〈릴리〉, 〈전쟁과 평화〉(1956), 〈지상 최대의 작전〉(1962), 〈어두워질 때까지〉(1967 – 제작), 〈파리의 야화〉(1973), 〈방문객〉(1979), 〈릴리 마를렌〉(1981), 〈SAS 미망인의 눈〉(1989) 등이 있다. 1953년 〈로마의 휴일〉로 대성공한 오드리 헵번과 둘은 연극 〈온다인〉에 함께 출연하게 되고, 1954년 결혼했지만 후에 이혼한다. 이들에게 난 '션 헵번'이 제작자로 활동하고 있다. 멜 페러는 오드리 헵번을 주연으로 해서 1967년 스릴러 영화 〈어두워질 때까지〉를 제작해 강한 인상을 남겼다. 오드리 헵번은 1993년 암으로 먼저 세상을 떠났다.

17) 폴 뉴먼(1925. 1. 26-2008. 9. 26)

폴 뉴먼(Paul Newman)은 한마디로 거인 배우였다. '거인'이라는 호칭은 뛰어난 연기와 모범적인 사생활, 그리고 꾸준한 기부와 자선활동을 통해서 얻어졌다. 그는 오하이오 주 클리블랜드에서 출생했고, 예일대 드라마 스쿨과 액터스 스튜디오에서 연기수업을 받았다. 1958년 〈길고 긴 여름날〉로 칸 영화제 남우주연상을 수상했고, 1969년 첫 연출한 〈레이철 레이철〉로 골든글러브 감독상까지 받았다. 그러나 아카데미와는 인연이 없었는데, 1985년 마틴 스코세지 감독의 〈컬러 오브 머니〉로 아카데미 남우주연상을 받게 된다.

그가 출연한 작품들은 〈상처뿐인 영광〉(1956), 〈왼손잡이 건맨〉(1958), 〈길고 긴 여름날〉, 〈뜨거운 양철지붕 위의 고양이〉(1958), 〈영광의 탈출〉(1961), 〈허슬러〉(1961), 〈허드〉(1963), 〈찢어진 커튼〉(1966), 〈내일을 향해 쏴라〉(1969), 〈폴 뉴먼의 법과 질서〉(1972), 〈스팅〉(1973), 〈타워링〉(1974), 〈판결〉(1982), 〈컬러 오브 머니〉(1986), 〈부리지 부부〉(1990), 〈트와이라잇〉(1998), 〈병 속에 담긴 편지〉(1999), 〈로드 투 퍼디션〉(2003), 〈루크〉(2004), 애니메이션 〈카〉(2006 – 목소리 출연) 등 화려하기 그지없다. 그는 모두 57편의 영화에 출연했고, 6편의 영화를 제작했다. 그는 영화 외에도 카레이서에 깊이 탐닉해 1977년 프로 레이서로 데뷔해 몇 개의 메이저 대회에서 상위 랭킹에 오르기도 했다.

또한 자선사업에도 열정을 보였다. 1982년 설립한 식품회사 '뉴먼스 오운(Newman's own)'은 지금까지 2억5,000만 달러를 자선단체에 기부한 바 있다. 또한 1988년 시작한 소아암 환자 돕기 운동은 현재 전 유럽에 지부를 두었고, 테드 터너 등과 뜻을 같이해 '책임 있는 부자(Responsible Wealth)'라는 단체를 운영하면서 부자들의 사회적 책임을 실천에 옮겼다.

할리우드는 이혼의 천국이다. 감성이 넘쳐흘러서인지 거기서 활동하는 배우들은 이혼의 전문가들이다. 뉴먼은 한 인터뷰에서 외도의 유혹을 느껴본 일이 없느냐는 질문에 대해 집에 최고급 스테이크가 있는데 왜 밖에서 정크 푸드를 먹느냐고 응수했다고 한다.

여기서 폴 뉴먼 최고의 작품으로 운위되는 〈내일을 향해 쏴라〉의 줄거리를 소개하고자 한다. 부치 캐시디(Butch Cassidy)와 선댄스 키드(Sundance Kid)가 이끌던 산골짜기 갱단(The Hole In The Wall Gang)은 지금은 모두 저 세상 사람이 됐지만 한때는 서부를 주름잡았다. 이 영화는 대부분 실화이다. 1890년대 미국 서부. 부치 캐시디와 선댄스 키드는 갱단을 이끌고 은행만 전문적으로 터는 은행 강도들이다. 그러나 사람들을 해치는 것을 최대한으로 피하는 양심적인 강도들이다. 보스인 부치(폴 뉴먼 분)는 머리 회전이 빠르고 입심은 좋지만 총 솜씨는 별로 없는 반면, 선댄스(로버트 레드퍼드 분)는 부치와는 반대로 구변은 별로지만 총 솜씨는 당해낼 사람이 없다. 미래에 대한 희망도 없이 돈이 생기면 써버리고 없으면 은행을 터는 그들이지만 세상을 바라보는 눈은 매우 낙천적이며 낭만적이기도 하다.

선댄스에게는 애인 에타(캐더린 로스 분)가 있다. 그런데 어느 날 부하들이 부치를 몰아내려고 반기를 드는데 부치는 특유의 구술과 임기응변으로 잘 무마한다. 그러다 모처럼 몇 차례 열차를 턴 것이 화근이 되어 부치와 선댄스는 추적의 표적이 되어 할 수 없이 볼리비아로 간다. 이때 선댄스의 애인 에타도 함께 동행을 하여 볼리비아로 온다. 하지만 그들이 생각했던 것보다 가난한 나라로 영어가 통하지 않아 부치와 선댄스는 에타에게서 스페인어를 배운다. 털고 도망치고를 반복하는 은행털이가 순조롭게 이어진다. 하지만 이곳까지 이들을 체포하러 온 와이오밍의 보안관 조 러포얼즈에게 잡혀갈 빌미를 주지 않기 위해 강도질을 그만 두고 정당한 직업을 찾아 주석 광산의 노동자에게 지급할 봉급을 호송하는 일을 맡게 된다. 하지만 은행에 돈을 찾아 돌아오는 길에 이곳 산적들에게 습격을 받아 두 사람이 이들을 모두 소탕하나 막나른 골목에 몰려 비극의 종말을 맞게 되는 그런 스토리이다.

폴 뉴먼이 수학한 액터스 스튜디오를 설명해 보자. 액터스 스튜디오는 1947년 미국 뉴욕에 설립된 연기자 양성기관을 말한다.[73] 스타니슬랍스키(Stanislavsky) 식의 연극 훈련 방식이 도입된 대표적인 곳 가운데 하나로서, 제2차 세계대전 후 미국의 연극과 영화계를 주름잡은 연기자들을 배출하여 널리 알려진 단체이다. 1947년 체릴 크로퍼드(Cheryl Crawford), 엘리아 카잔, 로버트 루이스(Robert Lewis) 등의 감독에 의해 설립된 이 스튜디오에서는 배우들이 상업적 흥행의 부담 없이 함께 연기를 공부할 수 있었다.

회원은 종신제였으며, 회원이 되기 위해서는 초청을 받아야만 했지만, 한편으로는 해마다 1,000회의 오디션을 거쳐 6, 7명의 신규 회원이 선발되기도 했다. 1948년부터 1982년까지 리 스트라스버그(Lee Strasberg)가 소장을 지냈다. 스트라스버그는 스타니슬랍스키 교육방식을 확대시켰고, 극적 동기의 의도를 살리기 위해 배우들이 자신의 정서적 기억을 활용하는 방법적 연기를 개발했다. 몽고매리 클리프트(Montgomery Clift), 말론 브란도, 제임스 딘, 마릴린 먼로, 스잔 스트라스버그, 제럴딘 패이지 등 유명한 배우들도 이곳에서 훈련을 받았다.

---

73) 네이버 백과사전.

18) 모리스 자르(1924. 9. 13~2009. 3. 29)

모리스 자르(Maurice Jarre)는 1924년 프랑스 리옹에서 출생해서 소르본대학에 입학했으나 음악가로 변신하게 했다. 1960년대 할리우드로 건너가 프로듀서 샘 스피겔로부터 〈아라비아의 로렌스〉 주제곡을 제의받으면서 본격적으로 영화음악을 만들기 시작했다. 데이비드 린 감독과 찰떡궁합이었고, 존 프랑켄하이머, 알프레드 히치콕, 존 휴스턴 등 거장 감독들과도 작업했다. TV 영화를 포함해 모두 164편의 영화음악을 작곡했고, 그중 〈닥터 지바고〉, 〈아라비아의 로렌스〉, 〈인도로 가는 길〉 등으로 아카데미 음악상을 수상한 바 있다. 위의 세 작품은 모두 데이비드 린이 감독한 영화이다. 그는 3월 29일 미국 LA 자택에서 향년 85세로 별세했다.

그가 만든 작품들을 보면 수적으로나 양적으로나 뜨거운 열정을 가지고 왕성하게 음악에 접근한 사실을 알게 된다. 〈시벨의 일요일〉(1962), 〈지상 최대의 작전〉(1962), 〈아라비아의 로렌스〉(1962)로 아카데미에서 작품상, 감독상, 미술상, 촬영상, 편집상, 녹음상, 작곡상 7개를 받았다. 〈대열차 작전〉(1964), 〈닥터 지바고〉(1965)로 두 번째 아카데미 음악상을 수상하게 된다. 〈맨발의 이사도라〉(1968), 〈라이언의 딸〉(1970), 〈파이어 폭스〉(1982), 〈인도로 가는 길〉(1984), 〈위트니스〉(1985), 〈노웨이 아웃〉(1987), 〈위험한 정사〉(1987), 〈칵테일〉(1988), 〈죽은 시인의 사회〉(1989), 〈야곱의 사다리〉(1990), 〈사랑과 영혼〉(1990), 〈구름 속의 산책〉(1995) 등이 그가 음악을 맡은 작품들이다.

모리스 자르는 인터뷰에 "내 인생은 그 자체가 하나의 사운드 트랙이었다고 할 수 있다", "내가 죽을 때는 내 머리 속에는 최후의 왈츠곡이 연주될 것이고, 그것은 오직 나만이 들을 수 있을 것이다" 라는 말을 남겼다.

19) 유현목 감독(1925. 7. 2~2009. 6. 28)

유현목 감독은 황해도 사리원에서 태어났다. 유년기에는 병약했고 내성적이었으나 영화에 취미가 있어 피에르 셰날 감독의 〈죄와 벌〉(1935)을 14번 보았다는 이야기도 있다. 1947년 동국대 국문과에 입학하고, 졸업하던 해인 1950년 6.25전쟁이 일어난다. 전쟁 중 아버지와 4명의 형을 잃는다. 전쟁에서 가족에게 닥친 비극과 절망 때문에 감독이 된 후 어둡고 심각한 영화를 만들게 된 동기가 되었다. 종전 후 정창화 감독의 〈최후의 유혹〉(1953), 이규환 감독의 〈춘향전〉(1955) 등의 조감독을 거친 후 1956년 〈교차로〉로 데뷔한다.

1961년 걸작으로 꼽히는 〈오발탄〉을 내놓는다. 그러나 박정희 정권에 의해 상영금지를 겪는다. 이유는 끝부분에 노모가 '가자! 가자!' 를 외쳤고(북한으로 가자로 해석된 점), 영화가 너무 어둡다는 것이었다. 또 김은국의 소설 〈순교자〉(1965)도 "신은 없다" 는 대사 때문에 종교단체의 시위 등으로 상영 저지를 당했다. 〈잉여인간〉(1964), 〈막차로 온 손님들〉, 〈카인의 후예〉(1968) 등의 작품이 이 시기의 걸작들이다. 또 1970년대엔 프로덕션을 설립했는데, 〈로보트 태권V〉(1976)의 제작자가 바로 유현목 감독이었다. 1976년엔 동국대학교 연극영화과 교수로 부임했고, 〈분례기〉(1971), 〈불꽃〉(1975), 〈문〉(1977), 〈장마〉(1979), 〈사람의 아들〉(1980) 등이 대종상 시상식에서 작품상과 감독상을 수상했다. 〈상한 갈대〉(1984), 〈말미잘〉(1995) 등 그는 총 43편의 영화를 남겼다.

〈오발탄〉으로 한국 영화의 기치를 높이 올리면서 삶과 죽음, 남북 분단 등에 대한 깊은 사유를 영화 속에 아로 새기면서 시대와 불화했던 노감독은 84세를 일기로 영면에 들어갔다.

20) 월터 크롱카이트(1916. 11. 4~2009. 7. 17)

세기의 앵커 월터 크롱카이트(Walter Cronkite)가 뇌혈관 질환으로 사망했다. 향년 92세. 1916년 미주리주 세인트조지프에서 태어났고, 성장해서 텍사스대학 오스틴 캠퍼스에 입학한다. 고등학생 때부터 교내신문을 편집하였으며, 1939년 UP(UPI의 전신) 통신사 기자가 되어 제2차 세계대전 당시 유럽·북아프리카 전선에 종군했다. 1962년 CBS의 간판 뉴스 프로그램인 'CBS 이브닝 뉴스'의 앵커로 데뷔하여 객관적인 보도로 주목을 끌었다. 1963년 케네디 대통령과 단독 인터뷰로 시청자들을 사로잡는다.

이후 1963년 케네디 대통령 암살사건 긴급 속보, 1969년 닐 암스트롱(Neil Armstrong)의 달 착륙 순간, 베트남 전쟁, 킹 목사 암살사건, 워터게이트 사건 등 미국 현대사의 굵직한 사건들을 국민들에 전달했다. 이 앵커의 전설은 정직·성실·믿음·프로정신을 실천에 옮기면서 뉴스를 쉽게 풀어 시청자들에게 전달했다. 그는 미국의 베트남 참전에 대해 "미국은 베트남에서 수렁에 빠졌다"고 비판함으로써 미군이 철수하는 계기를 만들어내기도 했다. 베트남 전쟁으로 불안했던 국민들이 그의 나이트 뉴스를 시청하고 편안히 잠들었다는 이야기도 있었고, 클로징 멘트에서 "세상일은 다 그런 겁니다"라고 마무리 한 것으로도 유명하다. 그는 "앵커는 뉴스를 전달하는 사람이지 논평하는 사람은 아니다"라는 지론을 폈다.

우리나라 지상파 중 한 곳의 투 앵커는 클로징 멘트에서 뉴스에서 다 보았기 때문에 시청자들도 모두 자신의 판단을 갖고 있는 사안에 대해 꼭 사족을 다는 언사를 계속하고 있다. 시청자들을 무식쟁이나 바보로 보는 교만한 작태이다. 저널리스트라고 몇 마디 말로 우쭐거릴 때가 아니라 오히려 겸손을 통해서 권위가 생긴다는 교훈을 크롱카이트를 통해 배웠으면 하는 바람이다.

월터 크롱카이트 스토리와 관련해 덧붙이고 싶은 이야기가 있다. 그의 개성과 인품, 저널리즘 철학과 겸손함이 한국 방송계에 시사하는 바가 대단히 크다는 점을 재삼 강조하고 싶다. 2010년 11월 MBC는 주말 뉴스데스크를 밤 9시에서 8시로 옮겼다. 그러면서 앵커도 "할 말 다하는 앵커"라는 별칭이 붙은 기자를 앵커로 지명하고 기획보도, 현장 뉴스, 중계차 사용 등을 늘려 신선한 변화를 꾀했다. 이 과정에서 새로 맡은 앵커가 목포에서 낙지잡이 현장에 가는 등 흥미 소재들을 즐겨 다루었고, 애드리브도 많았다. 홍보를 위해서인지 그는 자사 예능 프로에도 2회에 걸쳐 출연했다. 결과적으로 11월 6일(토)의 시청률은 8.1%(AGB닐슨)로 7.9%인 SBS 8시 뉴스를 0.2% 추월했고, 7일(일)은 MBC 9.2% : SBS 7.9%로 MBC가 1.3% 앞섰다. 오차 범위 안이지만 절반의 성공이라는 평가들이 나왔다.

여기서 야기되는 문제들은 다른 지상파의 주말 뉴스들이 모두 MBC처럼 '소프트뉴스 구성'을 따라할 가능성에 대한 우려이다. 또 종합 뉴스는 주중이든 주말이든 팩트(Fact)를 다루어야지 비(非) 팩트를 많이 다루면 연성화의 위험이 도사리게 된다. 그러면 주말 종합 뉴스가 '주말의 저널(잡지)' 정도로 평가절하 될 수 있다. 따라서 이런 경향은 뉴스의 연성화가 만연하고, 뉴스에서조차 상업성이 창궐하며(특히 개봉 전 영화들을 많이 다루면 커머셜은 잘 붙을지 모른다), 저널리즘적 원칙을 파괴하는 것이며, 요새 유행하는 '버라이어티쇼적 뉴스'로 전락할 수밖에 없다. 앵커맨의 역할은 기사, 리포트, 진행에 대한 통제(control)를 주요 임무로 해야지 드라마나 예능 프로의 주인공 역할은 정통 저널리즘 이론에서 이단으로 평가받을 수 있다. 또 앵커맨이 팩트에 대한 비판 등 뒷말을 많이 붙이는 것이 바람직한지도 재고해보아야 한다. 이런 취지로 앵커맨의 본질과 특성을 살펴보고자 한다.

▷앵커맨(anchorman) : 앵커는 원래 배의 '닻'을 뜻하는 말이다. 앵커맨은 갖가지 뉴스 소재에 대한 기자들의 심층취재, 현장 리포팅을 매끄럽게 끌어들이고, 인터뷰나 해설 및 자신의 논평도 곁들이는가 하면, 때로는 자신이 현장에 직접 뛰어듦으로써 보도에 다양성과 깊이, 신뢰를 주는 역할을 담당한다.

▷앵커맨은 단순한 진행자의 차원을 뛰어넘어 해설자, 비평가, 인터뷰어에다 리포터까지 겸하게 된다. 이런 역할을 제대로 해내기 위해서는 뉴스의 기획에서부터 취재, 편집, 아이템 배열, 송출에 이르기까지 모든 뉴스 제작과정에 참여할 수 있어야 하고, 그에 따른 권한이 주어져야 한다.

▷미켈슨(Sig Mickelson)과 월터 크롱카이트(Walt Clonkite) : 1951년 미국 CBS는 보도국을 라디오와 TV 뉴스국으로 각기 독립시키고, 미국 전역에 TV 뉴스 동시

방송이 가능한 케이블공사를 완료했다. CBS 보도국장 미켈슨은 1952년 여름, 대통령선거를 위한 전당대회를 앞에 놓고 TV 뉴스 역사에 길이 남을 용단을 내렸다. ① 뉴스 진행의 전담자로서 '앵커맨'이란 신조어를 만들어 냈고, ② 1952년 전당대회의 앵커맨으로 풋내기 월터 크롱카이트를 과감히 발탁했다.

미켈슨은 전당대회를 전국에 생중계 하자면 뉴스 현장의 조직과 취재를 지휘할 중심인물이 한가운데 장시간 버티고 있어야 한다고 생각했고, 그 역할을 담당할 뉴스 캐스터를 가리켜 배의 동요를 잡아매는 닻(anchor)을 비유하여 앵커맨이라 작명하였다. 물론 이 전략은 적중하여 TV 뉴스의 새로운 장을 열게 됐고, 앵커맨의 탄생을 가져왔다. 우리나라의 경우는 1970년 MBC 뉴스데스크를 시작으로 각 방송사가 앵커 제도를 도입하였다.

▷앵커맨이 갖추어야 할 자질 : 1978년 헌터와 그로스의 조사에 따르면 ① 용모 ② 신뢰성 ③ 화술 ④ 뉴스에 대한 이해 ⑤ 매력 ⑥ 위트 ⑦ 임기응변 ⑧ 말쑥한 인상 ⑨ 젊음 ⑩ 퍼스낼리티(personality) ⑪ 똑똑한 발음 ⑫ 겸손 등이다. 이상 12가지는 뒤로 갈수록 중요성이 크고 마지막의 '겸손'이 앵커맨 최대의 덕목이다. 그리고 천박하게 보이지 않아야 좋다.

21) 제니퍼 존스(1919. 3. 2~2009. 12. 17)

60대 이상의 영화팬들은 '~ Love is a many Splendored thing, It's the April rose That only grows in the early Spring Love is natures way of Giving A reason to be living ~'로 이어지는 〈모정(慕情)〉의 주제가와 제니퍼 존스(Jennifer Jones)를 기억할 것이다. 영화 〈모정〉의 스토리는 영국인과 중국인의 혼혈아인 여의사 한 스인(제니퍼 존스)과 미국인 신문기자 마크(윌리암 홀덴)가 사랑에 빠지지만, 한국전쟁의 발발로 마크는 한국에서 목숨을 잃는다. 사망 신문기사를 본 한 스인은 슬픔에 잠겨 홍콩만이 보이는 언덕을 오르며 마크를 추억하는 내용이다. 이 때 'Love is a many Splendored thing~'이 애절하게 흐른다. 클로징이 압권이다.

제니퍼 존스가 향년 90세로 미국 캘리포니아주 말리부 자택에서 별세했다. 1940~1970년대까지 모두 24편의 영화에 출연했고, 1943년 〈베르나데트의 노래 (성 처녀)〉로 데뷔했다. 이 작품으로 1944년 아카데미와 골든글로브 여우주연상을 받으면서 스타덤에 오른다. 모두 세 번 결혼했는데 로버트 워커, 유명한 영화제작 자인 데이비드 셀즈닉, 그리고 노턴 사이먼과 세 번째로 결혼한다. 그녀는 노턴 사이먼이 1993년 사망한 뒤 남편이 세운 노턴 사이먼 박물관 이사회 의장으로 활동했다.

그녀의 출연작은 〈러브 레터〉(1945), 〈백주의 결투〉(1946), 〈제니의 초상〉(1948), 〈마담 보봐리〉(1949), 〈와일드 하트〉(1952), 〈종착역〉(1953), 〈회색 양복을 입은 사나 이〉(1956), 〈무기여 잘 있거라〉(1957), 〈타워링〉(1997) 등이다. 올드팬들의 추억의 창고 에서 귀중한 보물 하나가 사라져 없어졌다.

22) 데니스 호퍼(1936. 5. 17~2010. 5. 29)

영화에 충성도가 높은 관객이라면 '뉴아메리칸 시네마'의 결정판이라고 불 리는 〈이지 라이더(Easy Rider)〉(1969)를 기억할 것이다. 이 영화에서 각본·감독·주 연을 맡았던 데니스 호퍼(Dennis Hopper)가 LA 인근 베니스 자택에서 74세를 일기 로 사망했다. 고등학교 시절부터 연극에 심취했지만, 고집불통이어서 할리우드 의 기피 인물이 되었다. 1955년 니콜러스 레이 감독의 〈이유 없는 반항〉에 출연 하게 되었고, 이를 계기로 제임스 딘을 멘토로 삼게 된다. 이어 〈자이언트〉(1956) 에도 함께 출연하나 딘은 자동차 사고로 사망한다. 그 후 뉴욕 액터스 스튜디오 에서 연기수업을 받고 〈서부의 4형제〉(1965) 등에 출연하다가 1969년 〈이지 라이 더〉로 메가폰을 잡고 출연해 성공을 거둔다. 이 영화는 피터 폰다, 잭 니컬슨이 함께 출연한다.

진정한 미국이 무엇인가를 찾아 서부 대자연을 따라 오토바이 여행을 하며 성찰하는 대표적 로드 무비이다. 〈이지 라이더〉는 미국 남부의 속어로 '창녀의 늙은 기둥서방'을 뜻한다. 공동 주연인 피터 폰다는 "자유는 창녀가 됐고, 우리는 그 창녀의 기둥서방이 됐다"고 자조한다. 당시 할리우드는 메이저 스튜디오 시스템으로 매우 상업적 일변도였다. 〈이지 라이더〉를 통해 유럽의 작가주의적 특성이 접목된 소위 '뉴아메리칸 시네마'를 실현함으로써 할리우드 영화계의 트렌드를 변경시킨 공로가 높이 평가되고 있다. 젊은이들의 유토피아에 대한 갈망이 영화 근저에 깔려 있었다. 즉 영원한 자유를 추구하며, 전쟁도 지도자도 필요 없다는 무정부주의적 이데올로기가 핵심인 것이다.

36만 달러의 제작비를 들여 4,000만 달러를 벌어들이는 큰 성공을 거둔다. 그러나 그 밖의 영화적 업적은 모두 〈이지 라이더〉에 한참 못 미쳤다. 조연·단역으로 출연한 작품으로는 〈OK 목장의 결투〉(1957), 〈진정한 용기〉(1969), 〈집행자〉(1968), 〈프롬 헬 투 텍사스(From Hell to Texas)〉(1958), 〈환각특급〉(1967), 〈지옥의 묵시록〉(1979), 〈블루 벨벳〉(1986), 〈범죄와의 전쟁〉(1988 - 감독), 〈뒤로 가는 남과 여〉(1990), 〈스피드〉(1994) 등이 있다. 그는 청춘시절 할리우드에 입성했으나 옹고집과 괴팍함, 술과 마약에 찌들어 우수 작품을 남기지 못했다. 오직 〈이지 라이더〉로 승기를 뒤집는 만루 홈런을 날리고 사라졌을 뿐이다.

23) 파트리샤 닐(1926. 1. 20~2010. 8. 8)

미국의 원로 여배우 파트리샤 닐(Particia Neal)이 매사추세츠주 에드거타운 자택에서 향년 84세로 별세했다. 본명은 패치 루이스 닐. 그녀는 〈허드(Hud)〉(1963)에 앨머 브라운 역으로 출연해 1964년 제36회 아카데미상 여우주연상을 수상했다.[74] 〈허드〉의 닐은 당당한 텍사스의 목장주(멜빈 더글러스), 방종한 그의 아들(폴 뉴먼), 순수한 손자(브랜던 드 와일드)를 돌보면서 외롭고 힘들지만 힘과 위엄을 잃지 않는 가정부의 모습을 보여주었다. 앨머는 작은 역할

---

74) 다음 백과사전 및 〈연합뉴스〉. 참조.

을 맡았지만 도덕적으로 부패한 이 이야기에서 유일하게 의미 있는 여성이었으며, 닐의 연기 역시 매우 인상적이었다. 닐은 브로드웨이에서 연기를 시작했고, 〈숲 저편(Another Part of the Forest)〉(1946)으로 토니상을 받았다. 닐은 〈원천(The Fountainhead)〉(1949)에서는 게리 쿠퍼의 상대역 도미니크로 나와 지적인 모습을 보여줌으로써 영화 관객들의 눈길을 끌었다. 그러나 불행히도 그 이후의 영화들은 실망스러웠다. 그녀의 지성과 재능을 이해하고 활용하는 영화사가 나타나는 데 시간이 걸렸기 때문이다.

닐은 1953년 〈찰리와 초콜릿 공장〉의 작가 로알드 달(Roald Dahl)과 결혼하면서 잠시 할리우드를 떠났다. 1957년에 엘리아 카잔 감독의 〈군중 속의 한 얼굴(A Face in the Crowd)〉로 영화에 복귀했을 때 닐은 강력한 성격배우로 발전해 있었다. 1962년 7살 난 딸이 홍역으로 죽었고, 1965년에는 39살의 나이에 뇌졸중으로 쓰러져 걷는 법과 말을 다시 배워야 했다. 장애를 딛고 영화계에 복귀한 닐은 1968년 〈주제는 장미(The Subject Was Roses)〉로 두 번째 아카데미상 후보에 올랐다. 닐은 자신이 자란 녹스빌에 '파트리샤 닐 재활센터' 를 설립해 뇌 손상으로 거동이 불편한 이들의 재활을 후원했다. 〈존은 메리를 사랑해〉(1949), 〈마천루〉(1949), 〈지구 최후의 날〉(1950), 〈티파니에서 아침을〉(1961) 등에 출연한 바 있다.

24) 토니 커티스(1925. 6. 3~2010. 9. 29)

1950년대 할리우드 꽃미남 배우 토니 커티스(Tony Curtis)가 9월 29일 급성심정지로 사망했다고 유족들이 밝혔다. 향년 85세. 헝가리계 유태인이었던 그는 1958년 〈반항하는 사람(The Defiant Ones)〉(한국명: 〈흑과 백〉)으로 아카데미 남우주연상에 지명되고, 1958년과 1961년 골든글로브 영화상을 수상하는 등 외모와 연기력에서 뛰어난 배우였다.

출세작은 〈뜨거운 것이 좋아(Some Like It Hot)〉(1959)이다. 감독은 빌리 와일더(Billy Wilder)이며, 잭 레먼(Jack Lemmon), 토니 커티스(Tony Curtis), 마릴린 먼로(Marilyn

Monroe)가 출연했다. 1929년 금주령 시대 시카고의 한 술집에서 연주자로 일하다가 직장을 잃은 조(토니 커티스)와 제리(잭 레먼)는 주차장에서 살인사건을 목격하면서 갱단에게 쫓기던 두 남자가 여장(女裝)을 하고 벌이는 소동을 코믹하게 그렸다. 이 영화를 통해 출세한 배우는 토니 커티스였고, 마릴린 먼로도 연기력을 인정받았다. 2000년 미국영화연구소(AFL; American Film Institue)가 영화배우·감독·비평가 등 1,800여 명에게 의뢰해 선정한 '최고의 코미디 100편' 중 1위에 오르기도 했다.

출연작은 〈휴 헤프너〉(2010), 〈보스턴 교살자〉(2006), 〈마릴린의 남자〉(2004), 〈불사조〉(1995), 〈영혼의 사랑〉(1993), 〈살인표적〉(1991), 〈카사노바〉(1976), 〈라스트 타이쿤〉(1976), 〈대장 부리바(Taras Bulba)〉(1962), 〈뜨거운 것이 좋아〉(1959), 〈흑과 백〉(1958), 〈바이킹〉(1958), 〈트래피즈〉(1956) 등 120여 편이다.

그는 미남이어서인지 화려한 여성편력으로 여섯 번 결혼한 것으로도 유명하다. 첫 결혼은 알프레드 히치콕 감독의 〈싸이코〉에서 살인당하는 역으로 출연한 자넷 리였고, 아놀드 슈왈제네거 주연 〈트루라이즈〉 등에 출연한 여배우 제이미 리 커티스가 바로 두 사람 사이에서 태어난 딸이다. 〈대장 부리바〉에 함께 출연한 당대 미녀로 이름을 떨쳤던 크리스티네 카우프만과도 결혼한 바 있다. 또 〈뜨거운 것이 좋아〉에서 함께 공연한 마릴린 먼로와의 연애사건도 사람들의 입에 오르내렸다.

24. 엔터테이너 지망생에게 유익한 영화 70선(무순)

	영화명	감독	제작년도	러닝타임
1	〈카사블랑카〉	마이클 커티스	1943	102분
2	〈대부1〉	프란시스 포드 코폴라	1972	175분
3	〈바람과 함께 사라지다〉	빅터 플레밍	1939	222분
4	〈아라비아의 로렌스〉	데이비드 린	1962	187분
	※1989년 Fine Cutting Director' Cut 216분			
5	〈워터프론트〉	엘리아 카잔	1954	107분
6	〈쉰들러 리스트〉	스티븐 스필버그	1993	284분
7	〈스타워즈〉	조지 루카스	1977	125분
8	〈아프리카의 여왕〉	존 휴스턴	1951	105분
9	〈싸이코〉	알프레드 히치콕	1960	108분
10	〈차이나 타운〉	로만 폴란스키	1974	130분
11	〈2001 스페이스 오딧세이〉	스탠리 큐브릭	2001	148분
12	〈지옥의 묵시록〉	프란시스 포드 코폴라	1979	2시간 27분
	※〈지옥의 묵시록 리덕스〉 2001-3시간 16분			
13	〈우리 생애 최고의 해〉	윌리엄 와일러	1946	172분
14	〈닥터 지바고〉	데이비드 린	1965	201분
15	〈북북서로 진로를 돌려라〉	알프레드 히치콕	1959	135분
16	〈웨스트 사이드 스토리〉	로버트 와이즈&제롬 로빈스	1961	152분
17	〈이창〉	알프레드 히치콕	1954	114분
18	〈택시 드라이버〉	마틴 스코세지	1976	112분
19	〈내일을 향해 쏴라〉	조지 로이 힐	1969	110분
20	〈지상에서 영원으로〉	프레드 진네만	1953	118분
21	〈아마데우스〉	밀로스 포만	1984	158분
22	〈사운드 오브 뮤직〉	로버트 와이즈	1965	174분
23	〈이유없는 반항〉	니콜라스 레이	1955	111분
24	〈양들의 침묵〉	조너선 드미	1991	118분
25	〈벤허〉	윌리엄 와일러	1959	212분
26	〈황금광 시대〉	찰리 채플린	1925	69분
27	〈와일드 번치〉	샘 퍼킨파	1969	142분
28	〈모던 타임스〉	찰리 채플린	1936	87분

29	〈자이언트〉	조지 스티븐스	1956	202분
30	〈우리에게 내일은 없다〉	아서 펜	1967	111분
31	〈베를린 천사의 시〉	빔 벤더스	1987	130분
32	〈십계〉	크시슈토프 키에슬로프스키	1988	
33	〈패왕별희〉	첸 카이거	1993	171분
34	〈펄프 픽션〉	구엔틴 타란티노	1994	154분
35	〈율리시즈의 시선〉	테오 앙겔로플로스	1995	179분
36	〈그녀에게〉	페드로 알모도바르	2002	113분
37	〈저수지의 개들〉	구엔틴 타란티노	1992	99분
38	〈정사〉	미켈란젤로 안토니오니	1960	143분
39	〈화양연화〉	왕자웨이	2000	98분
40	〈더 피아니스트〉	로만 폴란스키	2002	148분
41	〈제3의 사나이〉	캐롤 리드	1949	93분
42	〈특전 U보트〉	볼프강 피터슨	1981	209분
43	〈라쇼몽〉	구로자와 아키라	1950	87분
44	〈LA컨피덴셜〉	커티스 핸슨	1997	138분
45	〈콰이강의 다리〉	데이비드 린	1957	162분
46	〈라이언 일병 구하기〉	스티븐 스필버그	1998	169분
47	〈란〉	구로자와 아키라	1985	160분
48	〈처녀의 샘〉	잉마르 베리만	1960	86분
49	〈시네마 천국〉	살바토레 카시오	1989	173분
50	〈자전거 도둑〉	빅토리아 데 시카	1948	90분
51	〈와호장룡〉	이안	2000	119분
52	〈영웅〉	장이머우	2002	99분
53	〈로마의 휴일〉	윌리엄 와일러	1953	120분
54	〈전함 포템킨〉	세르게이 에이젠슈타인	1925	74분
55	〈길〉	페데리코 펠리니	1954	108분
56	〈연인〉	장이머우	2003	119분
57	〈아이즈 와이드 샷〉	스탠리 큐브릭	1999	159분
58	〈바베트의 만찬〉	가브리엘 악셀	1987	108분
59	〈애수〉	마빈 르로이	1940	108분
60	〈러브 스토리〉	아서 힐러	1970	100분

61	〈북극의 나누크〉	로버트 플레허티	1922	78분
62	〈나라야마 부시코〉	이마무라 쇼헤이	1982	122분
63	〈아타나주아〉	제카리아스 크넉	2001	161분
64	〈델마와 루이스〉	리들리 스콧	1991	129분
65	〈매트릭스〉	워쇼스키 형제	1999	136분
66	〈그리고 신은 여자를 창조했다〉	로제 바딤	1956	92분
67	〈타이타닉〉	제임스 카메론	1997	193분
68	〈빠삐용〉	프랭클린 J. 샤프너	1973	151분
69	〈트루먼 쇼〉	피터 위어	1998	103분
70	〈이웃집 토토로〉	미야자키 하야오	1988	86분

※위 영화의 선정은

① 1998년 6월 발표된 영화탄생 100주년 기념 The American Film Institute가 발표한 〈The top of 100 American films〉

② 〈Top 250 Movies〉 as voted by IMDB usera

③ 2005년 미국의 시사주간지 〈타임〉이 선정한 〈역대 최고의 영화〉

④ 한국예술종합학교 영상원 추천 〈외화 40선〉

⑤ 그간 필자가 극장에서 관람한 경험과 보유하고 있는 DVD(약 1,300개)를 통해 재확인한 결과를 토대로 엔터테인먼트 지망생들이 작품성과 인문학적 메시지, 미학적 관점, 그리고 흥미의 측면에서 접근하기 용이한 것을 파악해 주관적으로 선정했음을 밝혀둔다. 그러나 영화사적으로는 최고의 가치가 있다고 평가되는 〈국가의 탄생〉, 〈시민 케인〉 등은 제외했다.

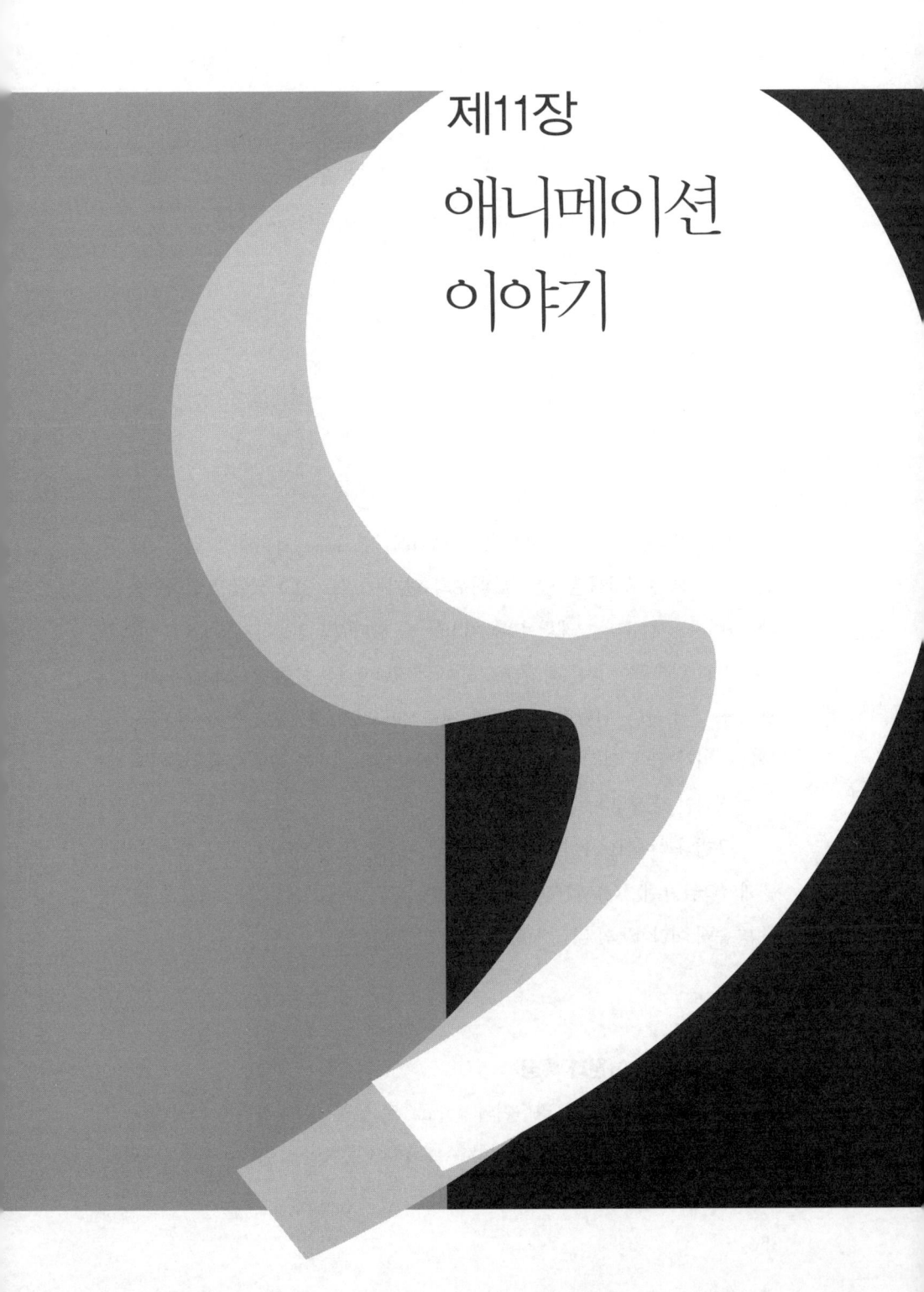

제11장

애니메이션
이야기

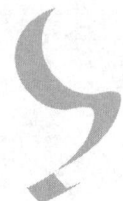

많은 나라들이 부가가치가 높은 애니메이션(Animation) 육성에 열을 올리고 있고, 성급한 전문가들은 "앞으로 배우의 연기는 필요 없고 얼굴만 빌려주면 된다. 나머지는 컴퓨터 그래픽이 다 처리할 수 있다"고 전망하기도 한다. 이러한 여러 가지 현상들이 젊은 학생들로 하여금 애니메이션 분야에 대해 깊은 애착과 관심을 갖게 한다. 담당하는 업무가 전문직이고 또 성취감도 높아 여성들에게 특히 인기가 있다. 관심을 갖는다면 애니메이션의 세계는 실로 무궁무진하며 매우 매력적인 장르이다.

우리나라에서도 1967년 신동헌의 만화영화 〈홍길동〉이 나왔고, 텔레비전을 통해 〈황금박쥐〉, 〈요괴인간〉, 〈타이거 마스크〉, 〈우주소년 아톰〉, 〈태권 V〉 등이 방송돼 어린이들의 많은 사랑을 받은 바 있다.

1. 애니메이션의 어원과 특징

애니메이션의 어원은 라틴어의 'anima'로 생명, 영혼, 정신을 가리킨다. 다시 말해 움직이지 않는 사물에 생명을 불어넣어 움직임을 준다는 뜻이다. 회화나 조각이 움직임이 없는 정적인 예술이라고 한다면 연극, 영화, 무용 등은 움직임이 많은 동적인 예술이다. 애니메이션은 물론 후자에 속하지만, 스스로 움직이는 피사체를 촬영하지 않는다는 점에서 영화와는 구별된다. 두 분야의 공통점은 모두 카메라를 사용해 그림이나 사물을 촬영한다는 점이다. 연극이나 영화, TV보다 더 무한의 표현세계를 갖고 있고, 표현 수단이 무궁무진하다. 종류로는 셀, 인형, 컴퓨터 애니메이션 등이 있다. 그 특징은

　① 시간을 압축하고, 팽창도 하며, 가속도 하고, 지연도 할 수 있다.

　② 시간을 현재에 머물게 하고, 과거나 미래로 옮길 수도 있다.

　③ 현실을 어떤 가상을 바탕으로 한 허구의 시간으로 바꾸기도 한다.

　④ 공간을 축소, 확대하기도 하며, 가깝게 또는 멀리 이동하기도 한다.

　⑤ 무생물에 생명을 불어넣어 움직이게 하며, 말을 하며, 감정의 표현, 분위기 조성도 해낸다.

2. 화면의 수

영화에서는 필름에 찍히는 사진 하나하나를 프레임(frame)이라고 한다. 1초에 18프레임의 사진을 움직이는 순서대로 보여주면 실제 사물이 움직이는 것과 같이 보이게 된다. 영화는 1초에 24프레임을 비추고, TV에서는 30장의 그림을 송출한다. 다시 말하면, 1초라는 시간과 동작을 연결하여 1초 동안 이루어지는 동작을 나누어서 24장의 필름 속에 그려넣어 주는 것이다. 뺨을 때리는 장면의 경우, 전체 걸리는 시간 1초 속에 손이 바른쪽 어깨에서 상대방 뺨에 닿는 최초의 동작부터 완결까지를 24매로 나누어 그려주면 된다. 그럴 경우 그림 수가 많아 엄청난 제작비가 소요되게 된다. 돈 많은 디즈니는 그런 방법을 주로 쓴다.

그러나 애니메이션은 12장으로 2콤마(Comma, 촬영시 카메라 셔터의 최소 단위)로 촬영을 할 수도 있고, 8장으로 3콤마 촬영을 하기도 한다. 12매의 그림을 그려 1

매를 2콤마씩 촬영하면 도합 24프레임이 되는데, 12장의 그림으로 24매의 그림을 그려 영사한 만큼의 효과를 거둘 수 있다는 이야기다. 또 24매의 1/3. 즉, 8매의 그림을 그려 1매를 3콤마씩 촬영해서 24프레임을 채워 넣어도 웬만한 동작을 나타낼 수 있다. 풀 애니메이션은 셀 한 장을 한 프레임, 또는 두 프레임으로 촬영하는데 한 프레임은 24장, 두 프레임은 12장이 필요하다. 이 방법은 중간 셀을 많이 사용하기 때문에 동작이 유연하다.

리미티드 애니메이션은 한 장을 3프레임 이상으로 촬영하는데, 이것은 동작이 완전한 것이 아닌 생략된 움직임에서 유머러스한 효과를 거두기 위해 중간 셀을 축소하는 방법이다. 재패니메이션은 이 방법을 많이 쓴다. 풀 애니메이션은 보통 1초에 22장 내외로, 리미티드는 1초에 10~12장 내외로 한다. 30분용 시리즈 한 편에 풀은 12,000~13,000장, 리미티드는 6,000~8,000장이 사용된다. 90분용 장편은 풀이 5~6만 장, 리미티드는 35,000~45,000장 정도가 소요된다.

3. 화면 구성의 차이

극장용은 발단→갈등→절정→해결 식으로 아래에서 위로 계단을 올라가는 것과 유사하다. 이유는 극장에는 돈을 내고 들어오기 때문에 한 번 들어온 사람은 여간해서 나가지 않는다. 반면 TV용은 절정→갈등→발단→갈등→절정→해결의 형태로 위에서 아래로 내려온다. 이런 구성의 이유는 특히 아이들은 TV를 보면서도 물마시고 오고 장난감 만지고 잘 집중하지 못한다. 그래서 텔레비전 앞에 꼭 붙잡아 놓아야 한다. 그러자면 화면의 긴장감이 필요하다. TV는 재미없으면 즉시 채널이 돌아간다. 따라서 내용이 느슨할 수가 없기 때문이다. 모든 TV 프로는 최초의 10초가 매우 중요하다는 말이 있다. 시청자에게 어필하지 못하면 사정없이 채널이 돌아간다. 극장용에서는 갈등, 절정이 뒷부분에 나오지만 TV에서는 앞부분에 나올 수밖에 없는 이유이다.

4. 작품 선택의 요소

① 무엇보다도 재미있어야 한다. 교과서처럼 교훈적인 것도 사랑의 감정보다도 재미가 중요하다. 즉 비극일지라도 재미있어야 한다.

② 애니메이션도 직접, 간접으로 '시대'를 반영한다. 즉 시대와 아무런 연관이 없으면 그 시대 사람들에게 호응을 받기 어렵다. 그 시대의 모습을 스토리, 캐릭터, 대사, 배경을 통해 보여주는 것이 필요하다.

③ 아름다운 환상의 세계를 마음대로 펼치며 어린이들에게 꿈과 낭만을 심어준다. 이 점은 아주 중요하디.

④ 작품의 스토리 전개는 반드시 매우 빨라야 하며, 또 국제성을 띠도록 해야 한다. 애니메이션의 부가가치는 많은 부분 수출을 통해 발생되기 때문이다.

각 캐릭터의 성격은 외모, 의상, 컬러, 동작과 대사, 진행되는 극적 상황과 분위기로 명확해진다. 캐릭터의 동작은 연기이고, 연기에서 성격이 창조된다. 연기에는 반드시 일관성이 있어야 한다.

5. 애니메이션의 주요 연대표

▷1877 에밀 레이노(프랑스), 레이노의 시각극장 시사회

▷1908 〈판타스마고리(Fantasmagorie)〉, 에밀 콜(프랑스), 세계 최초의 애니메이션

▷1928 〈증기선 윌리(Steamboat Willie)〉, 월터 디즈니, 미키 마우스 캐릭터 탄생, 세계 최초의 토키(발성) 작품

▷1932 〈꽃과 나무(Flower and Trees)〉, 월터 디즈니, 최초의 3원색 컬러 작품, 1회 아카데미 애니메이션 부분 수상

▷1937 〈백설공주와 일곱 난쟁이(Snow White and the Seven Dwarfs)〉, 월터 디즈니, 미국 최초의 장편 애니메이션(비극)

▷1954 〈동물농장(Animal farm)〉, 존 헤일리스(영국), 애니메이션에서 최초로 사회비평, 사회성을 다루었다

▷1967 〈홍길동〉, 신동헌(한국), 한국 최초의 애니메이션

▷1991 〈미녀와 야수(Beauty and the Beast)〉, 디즈니, 애니메이션으로서 〈양들의 침묵〉과 함께 1992년 제64회 아카데미상 작품상 후보로 최종심까지 올라갔다

▷1995 〈토이 스토리(Toy Story)〉, 디즈니, 최초의 100% 컴퓨터로 만든 장편 애니메이션

6. 월터 디즈니 애니메이션의 특색

디즈니의 모든 작품들은 신화, 동화, 민담 등을 그 바탕으로 하고 있다. 프랑스의 문화인류학자 클로드 레비 스트라우스는 신화에는 작자도 기원도 중심점도 없다고 했다. 즉 신화는 다양한 예술형식에서 자유로이 활용될 수 있다는 것이다. 디즈니는 어느 작가의 창작보다 이러한 소재를 즐겨 선택했다.

▷1990년 〈올리버〉는 총 72분 중 11분을 컴퓨터 그래픽으로 제작했다. 이야기는 거대한 맨하탄을 무대로 벌어지는 고양이의 모험이다.

▷1992년 〈알라딘〉은 담요가 하늘로 나는 장면을 컴퓨터로 제작해 2억1,700만 달러를 벌어들였다

▷1994년 원작이 우화나 문학작품이 아닌 창작물 〈라이언 킹〉을 제작했다. 악랄한 숙부 무파사에게 아버지도 살해당하고 왕국도 빼앗긴 어린사자 심바의 이야기인데, 인간은 한 명도 등장하지 않으면서 아프리카 평원을 배경으로 대담하고 화려한 색채로 묘사하여 아름다운 영상의 극치를 보여주었다. 이 작품은 600명의 인원이 3년에 걸쳐 셀 11만9,058장, 배경 1,197장으로 완성했는데, 들소가 몰려가는 장면 3분은 컴퓨터 팀 5명이 2년간 제작했다고 한다. 이 작품은 3억4,100만 달러를 벌어들였다.

▷〈인어공주〉는 밝고 현란한 색채로, 〈미녀와 야수〉는 로맨틱한 분위기로, 〈알라딘〉은 아랍의 이색적인 문양과 음악, 〈라이언 킹〉은 동물들의 액션을 특징으로 해서 돋보인 작품들이다.

▷1995년 〈포카혼타스〉는 실제 실화의 인물을 모델로 한 디즈니 최초의 작품으로, 미국의 개척시대 1607년경에 있었던 백인 청년과 인디언 처녀의 전설적인 사랑 이야기를 삽화체로 제작한 작품이다.

▷1995년 디즈니는 컴퓨터 그래픽 전문회사인 픽사(Pixar)와 공동으로 100% 컴퓨터 인형 애니메이션 〈토이 스토리〉를 제작했다.

위에서 본 바와 같이 디즈니의 작품들은 그때그때의 모티베이션과 주제, 소재에 따라 다양한 내용과 특색을 가진 작품들을 발굴해냄으로써 계속적인 성공을 거두고 있는 것으로 분석된다.75)

7. 픽사 이야기

디즈니 못지않은 미국 애니메이션계의 새로운 강자 픽사(Pixar)의 연혁과 주요 작품을 살펴보는 것도 흥미 있는 일일 것이다. 애니메이션 감독 존 래스터(John Lasseter)는 1984년 디즈니 애니메이션을 떠나 조지 루카스 컴퓨터 특수효과 팀에 합류한다. 1986년 스티브 잡스는 루카스 필름의 컴퓨터 그래픽 부서를 인수하여 '픽사'를 설립한다. 픽사는 현재 최강의 애니메이션 회사이다.76)

▷1991년 월터 디즈니 스튜디오와 향후 3편의 장편 애니메이션 작품의 제작·배급 계약 체결.

---

75) 애니메이션 전문가 황선길 교수 글 참조.
76) 『20 Years of Animation PIXAR in Seoul』 팸플릿. 참조.

▷1995년 역사상 첫 100% 컴퓨터 장편영화로 기록된 〈토이 스토리〉가 전 세계에 개봉된다. 미국 내에서만 1억9천만 달러, 전 세계적으로 3억6천만 달러라는 흥행성적을 기록하여 그 해 가장 성공을 거둔 영화가 되었다. 1996년 아카데미 특별공헌 부문을 수상했다.

▷1997년 디즈니와 원래 계약보다 많은 5편의 작품을 제작·배급키로 계약 갱신.

▷1998년 〈벅스 라이프〉 개봉.

▷1999년 〈토이 스토리2〉 개봉. 미국 내 2억4천만 달러, 전 세계 4억8천만 달러 흥행수입을 올렸다. 〈토이 스토리2〉는 역사상 최초로 제작·마스터링·상영까지 100% 디지털로 이루어진 작품이며, 전편의 흥행성적을 뛰어넘은 최초의 작품이다.

▷2001년 〈몬스터 주식회사〉 개봉, 9일 만에 미국 내 1억 달러 이상 흥행성적 돌파. 존 래스터는 향후 10년간 픽사와 독점적으로 작업한다는 계약 체결. 직원 600명으로 증원됨.

▷2003년 〈니모를 찾아서〉 개봉. 첫 번째 주말 박스오피스에서 7천만 달러 기록.

▷2004년 〈인크레더블〉 개봉.

▷2006년 〈카〉 개봉.

▷2007년 〈라따뚜이〉 개봉.

▷2008년 〈월-E〉 개봉.

〈몬스터 주식회사〉에서 설 리가 움직일 때마다 휘날리던 300만 가닥의 털, 〈니모를 찾아서〉에서 빛의 굴절에 따라 천차만별로 변하는 심해의 풍경은 사소한 것도 절대 그냥 넘어가지 않는 픽사의 집념을 보여준다. 존 래스터 감독은 프로젝트를 개발할 때마다 8명 안팎의 스토리 작가를 격리시킨 뒤 이야기를 표현할 기술에 대한 부담은 잊어버리라고 독려한다. 대개의 영화사들이 시나리오를 영화로 옮기려고 서두르는 반면, 픽사는 이야기를 제대로 쓰는 데에만 평균 2년을 투자한다.

1988~2001년 픽사의 직원들은 컴퓨터 그래픽에 대한 논문을 50편 이상 발표하고, 18개의 특허를 땄으며, 16개의 아카데미상을 수상했다. 이는 고독한 작업이 아니라 긴밀한 협력의 결과다. 픽사에서 직원들이 롤러스케이트를 타고 사내를 돌아다니는 것은 예사다. 종이비행기 날리기 대회나 파자마 데이 등 엉뚱한 사내행사들도 잇따른다. "영화에서의 유머와 활기는 조작할 수 없다. 실제로도 일을 즐기는 사람들이 영화를 만들 때 유머와 활기가 감출 수 없이 영화 속에 스며든다"고 존 래스터는 강조했다.

픽사의 업무 수칙은 5가지이다.

① 디테일에 대해 광적으로 집착하라.

② 이야기(스토리)를 찾아낸다. 교훈은 집어치워라.

③ 흥행은 배급사에 맡겨라.

④ 사람이 최선이다. 팀워크를 중시하라.

⑤ 회사를 놀이터로 만들어 사원들이 잘 쉬고 창의성을 얻어 낸다.

▷흥행수입으로 본 10대 애니메이션

순위	영화명	제작사	제작년도	액수(달러)
1	라이온 킹	디즈니	1994	3억1300만
2	슈렉	드림웍스	2001	2억6800만
3	몬스터 주식회사	픽사	2001	2억5600만
4	토이 스토리2	픽사	1999	2억4600만
5	알라딘	디즈니	1992	2억1700만
6	토이 스토리	픽사	1995	1억9200만
7	아이스 에이지	폭스	2002	1억7600만
8	타잔	디즈니	1999	1억7100만
9	벅스 라이프	픽사	1998	1억6300만
10	미녀와 야수	디즈니	1991	1억4600만

(출처 : 닐슨EDI, 뉴욕타임스)

8. 월터 디즈니

'애니메이션의 선구자'로 표현되는 월터 디즈니(Walter Disney)는 현대 대중 문화에 있어서 가장 강력한 영향을 미친 인물 중의 한 사람이다. 어린이와 어른 모두에게 만화영화가 매우 재미있다는 사실을 학습하고 일깨워준 사람이며, 만화영화의 주인공을 캐릭터로 만들어 판매해 많은 돈을 벌었다. 또 생산→소비→휴식으로 이어지는 현대인들의 생활 리듬에서 디즈니랜드라는 테마파크(놀이동산)를 창안해 사람들에게 소위 '오락의 슈퍼마켓(또는 종합선물세트)'을 제공한 주인공이다. 풍부한 상상력과 유머 감각, 탁월한 사업수완으로 디즈니 왕국을 건설함으로써 CNN, 맥도널드 햄버거와 함께 미국을 상징하는 3대 아이콘을 완성했다.

그는 시카고에서 목수 아버지와 교사 어머니 사이에서 넷째 아들로 태어났다. 아버지와 다른 형제들과 신문배달을 하는 등 불우한 어린 시절을 보내고 고교시절부터 신문 만화가가 되는 것이 꿈이었다. 형인 로이와 함께 만든 '디즈니 브라더스'는 만화영화계 주변에서 많은 고초를 겪었다. 그러던 중 디즈니는 드디어 1928년 '미키 마우스'를 주인공으로 한 〈증기선 윌리〉를 성공시켜 승기를 잡는다. 1935년 장편 만화영화 〈백설공주와 일곱 난쟁이〉를 내놓았는데, 당시로서는 상상하기 어려운 무려 2,000만 명의 관객이 들었다고 한다. 〈피노키오(Pinocchio)〉(1940), 〈신데렐라〉(1950), 〈이상한 나라의 앨리스〉(1951), 〈피터팬〉(1953), 다큐멘터리 〈사막은 살아 있다〉(1953) 등 디즈니 황금시대가 계속된다. 1955년 캘리포니아주 남서부 애너하임에 '꿈과 환상의 나라' 디즈니랜드를 개장한다. 그러나 1966년 디즈니는 폐암 말기로 사망한다. 그의 형 로이는 애초부터 테마파크 사업에 대해 '완전히 미친 짓'이라고 반대했지만, 1971년 플로리다주 올랜도에 디즈니랜드의 100배가 넘는 '월터디즈니 월드'를 개장하기에 이른다. 2억 명이 넘는 관람객이 줄을 잇고 있다.

9. 미야자키 하야오

　　1941년 일본 도쿄에서 태어난 미야자키 하야오(宮崎駿)는 1963년 가쿠슈인 대학을 졸업하고 도에이 애니메이션(東映動畵)에 입사해 각본, 동화 담당 등을 거쳐 1984년 환경문제를 주제로 한 〈바람 계곡의 나우시카〉를 감독하게 된다. 이때 선배 타카하타 이사오 감독을 만난다. 이 두 사람의 관계는 우정 그 이상이었다. 미야자키 하야오 감독에 대성공을 안겨준 〈바람 계곡의 나우시카〉(1984)의 프로듀서가 타카하타 이사오였으며, 반대로 미야자키 하야오는 타카하타가 감독을 맡은 〈추억은 방울방울〉(1991년 일본영화 흥행 1위)에선 프로듀서로, 〈헤이세이 너구리전쟁〉(1994년 일본영화 흥행 1위)에선 기획으로 참여하며 도제관계·동료관계로 상부상조한다. 미야자키 하야오의 애니메이션 인생에 있어 얼마나 큰 행운인가! 또 하나의 천운은 일본 최대출판사 토쿠마쇼텐(德間書店)의 출자로 다카하타 이사오와 함께 '스튜디오 지부리'를 설립할 수 있었던 것이다. 작화, 미술, 촬영, CG, 연출, 제작 등의 총괄센터인 스튜디오 지부리는 도쿄 신주쿠에서 전철로 30분쯤 걸리는 코가네이 시(市)에 자리잡고 있다. 지금 이곳은 애니메이션 전문가와 지망생들의 필수 탐방 코스가 되고 있다.

　　〈천공의 성 라퓨타〉(1986), 〈이웃집 토토로〉(1988), 〈마녀 배달부 키키〉(2007)에는 모두 '하늘을 날아가는 장면'이 나오는데 사람들은 미야자키 하야오 감독이 '비행하는 것'을 좋아하는 모양이라고 입을 모은다. 〈붉은 돼지〉(1992)의 주인공은 남성이라 예외적이다. 〈원령공주〉(1997)는 숲의 보존과 개발의 갈등을 다룬 작품인데, 제작비 20억 엔을 들여 1,400만 명 이상의 관객을 모았다. 〈원령공주〉는 일본 영화·애니메이션을 통틀어 사상 최고기록인 1,353만 명의 관객을 동원했다. 흥행수익은 113억 엔(약 1,200억원 정도)을 기록했다. 이로 인해 미야자키는 '애니메이션의 신'으로 등극한다. 〈센과 치히로의 행방불명〉(2001)은 2002년 베를린 국제영화제 금곰상, 아카데미 최우수 장편 애니메이션상을 수상했다. 그리고 〈하울의 움직이는 성〉(2004), 〈마녀 배달부 키키〉(2007), 〈벼랑 위의 포뇨〉(2008), 〈마루 밑 아리에티〉(2010 – 각본, 기획)가 나왔다.

그의 제작 특징을 개념·철학적 측면에서 접근하면 소수 정예주의 또는 완벽주의 그 자체이다. "일주일에 5초를 OK 시켜라. 이것이 안 되면 나를 떠나라"고 그는 애니메이터들에게 무자비한 퍼펙트 제작을 요구하고 있다. 자신도 여기서 예외가 아닌데, 그래서 자신을 영화의 노예라고 자조한다. 즉, 애니메이션을 만들면 만들수록 영화의 부하와 노예가 된다는 것이다. 우리로서는 상상이 안 되는 풍자이다.

10. 디즈니메이션과 재패니메이션의 차이

미국을 넘어 세계적 성공을 거둔 소위 디즈니메이션(Disneymation)의 특징은

① 할리우드 영화처럼 해피 앤딩이다.

② 권선징악의 주제가 많다.

③ 만화영화지만 아메리칸 드림을 구현한다.

④ 왕비와 공주로 연상되는 '신데렐라 콤플렉스'는 여성 관객을 대상으로 꾸며진다. 이것은 왕자님을 구할 수도 있다는 대칭 개념이다.

⑤ 남성 관객에게는 '피터팬 신드롬'도 작용한다.

제작 기술적 면에서는

① 특정 캐릭터가 등장하여 한 에피소드 단위의 작품을 구성한다.

② 1초에 24~28프레임 정도의 풀 애니메이션 방법을 사용함으로써 부드러운 움직임의 화면을 만들어낸다.

③ 디즈니 캐릭터는 대체로 6등신이다.

④ 감독 개인보다도 '디즈니 브랜드'가 중시된다.

반면 재패니메이션의 대표격인 미야자키 하야오의 특성은

주제 면에서

① 선과 악, ② 친환경적, ③ 전쟁에 대한 회의(懷疑), ④ 하늘을 나는 비행 선호, ⑤ 숲과 나무에 대한 애정, ⑥ 신화와 페미니즘, ⑦ 어린이 등장과 어린 시절 추억 등 휴머니즘과 이데올로기 추구 등이다.

제작 면은

① 출판된 만화 원자을 자주 시용한다.

② 1초에 8~12장으로 프레임을 줄이는 리미티드 기법을 사용해 제작비를 절감한다.

③ 정지 화면이 많고 화려한 컬러를 구사한다.

④ 스펙터클한 장면도 자주 삽입된다.

⑤ 속도감이 있고, 화면 전환이 빠르다.

⑥ 캐릭터는 귀엽고 유아적인 3등신이 많다.

⑦ 도제 시스템을 통한 감독 개인이 강조된다.

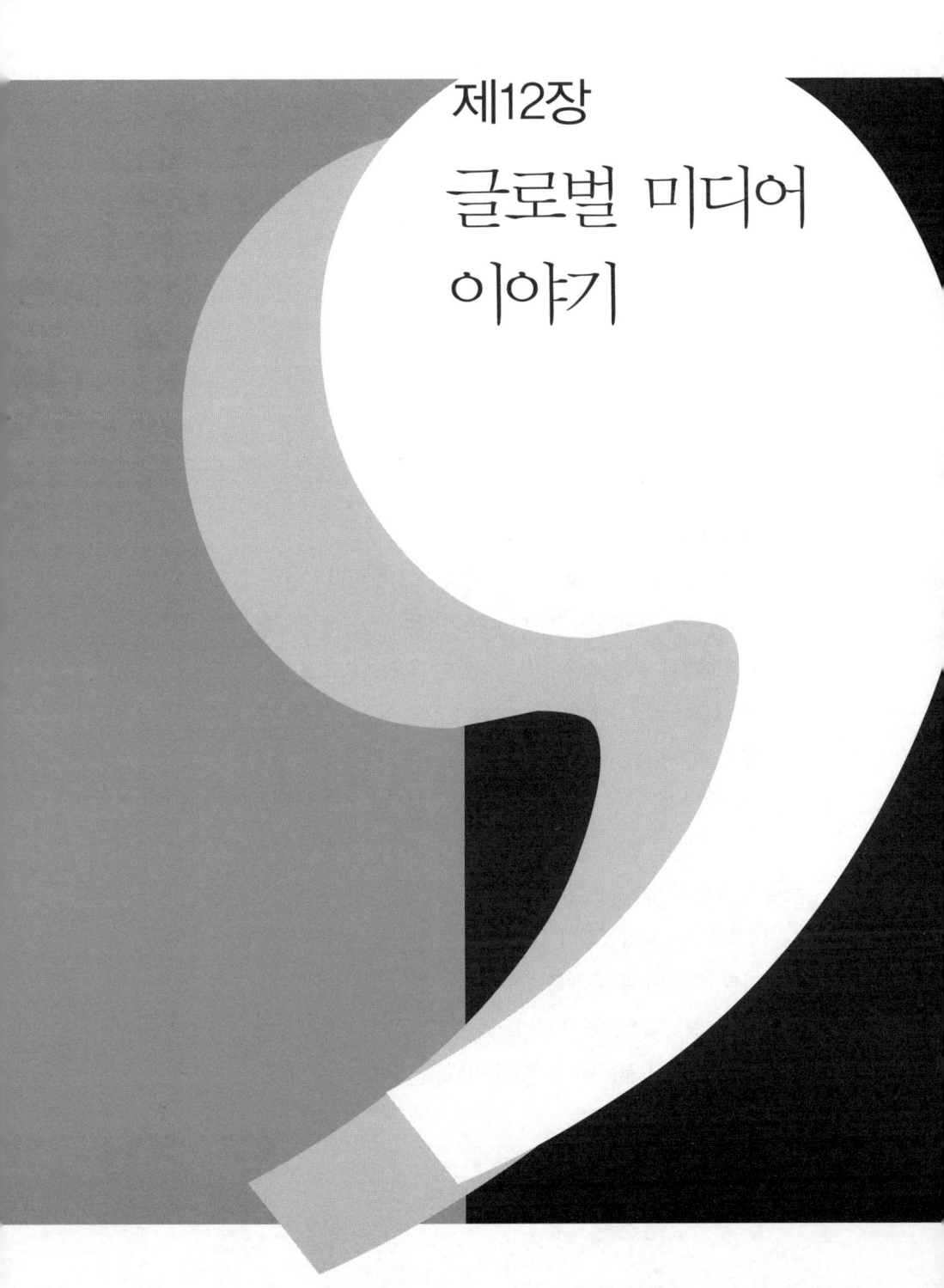

제12장
글로벌 미디어
이야기

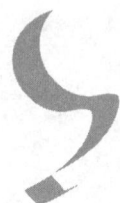

1. 글로벌 미디어 그룹의 융합 지형도

소위 글로벌 미디어들의 인수·합병 식욕은 마치 아프리카 밀림의 맹수들이 약한 동물을 포획하는 양태와 다르지 않다. 신문이나 만들고 TV 방송을 운영하면서 한가한 날을 보낸다면 그 기업의 미래는 결코 보장되지 않는다. 중요한 특징은 그들이 국경이나 인종을 가리지 않고 있으며, 무슨 시스템을 갖추고 어떤 콘텐츠를 차지하는가가 오직 유일한 관심사일 뿐이다.

아래의 예를 보면 글로벌 미디어들이 얼마나 치열하게 쟁투에 나서고 있는 가를 알 수 있다. 킬러 콘텐츠(Killer Contents)를 발견하면 시스템이든 사람이든 거액을 투자해 사버리고 만다. 그들의 시장은 정말 무시무시한 공룡들의 싸움터이다. 여기서 모든 대중문화가 창출되고, 수출되고, 수입된다. 글로벌 미디어는 대중문화의 대형은행과 같은 존재이다. 글로벌 미디어의 세상에는 어떤 공룡급 맹수들이 활개를 치고 있는지 살펴보는 것도 대중문화 이해의 지름길이 될 수 있다.[77] 2009년 현재 '문어발의 뒤엉킨 지도'를 살펴보고자 한다.

---

77) 〈동아일보〉, 2009.1~3. 〈글로벌 미디어 그룹을 가다〉. 참조.

① **뉴스코퍼레이션**(신문, TV, 영화… 52개국 780개 미디어 기업, 루퍼트 머독 소유)

▷텔레비전= 폭스 브로드캐스팅, 마이네트워크 TV, 폭스 TV 스테이션(35개), 스타 TV(스타 플러스, 스타 원, 스타 차이니스 채널, 스타 월드, 홍콩 TV, 스타 차이니스 무비, 스타 골드, 채널 V, 피닉스 TV, ESPN 스타 스포츠 등)

▷케이블 네트워크= 폭스 뉴스 채널, 폭스 비즈니스 네트워크, 폭스 케이블 네트워크, 폭스 인터내셔널 채널

▷위성방송= 스카이 이탈리아, 영국 BskyB(39%), 미국 디렉 TV(39%), 인도 타타 스카이(20%)

▷영화= 20세기 폭스, 폭스 2000픽처스, 폭스 뮤직, 20세기 폭스 홈 엔터테인먼트, 폭스 텔레비전 스튜디오

▷신문= 미국; 〈뉴욕 포스트〉, 〈월스트리트 저널〉, 〈다우존스 인덱스〉. 영국; 〈더 타임스〉, 〈더 선데이 타임스〉, 〈더 선〉, 〈뉴스 오브 더 월드〉. 호주; 〈더 오스트레일리언〉, 〈더 위크엔드 오스트레일리언〉, 〈더 데일리 텔레그래프〉, 〈헤럴드 선〉 등 150개 신문. 〈아시안 월스트리트 저널〉, 〈더 파 이스턴 이코노믹 리뷰〉

▷잡지= 뉴스 아메리카 마케팅 그룹, 더 위클리 스탠다드

▷출판= 하퍼 콜린스

▷기타= 폭스 인터렉티브 미디어(마이스페이스닷컴, IGN엔터테인먼트, 폭스 스포츠닷컴, 아메리칸 아이돌닷컴 등) 훌루(45%), 잠바(51%)

(뉴스코퍼레이션은 2008년 329억9,600만 달러의 매출액(영업이익 54억 달러)을 기록해 전년보다 15% 성장했다.)

② **월트 디즈니**(미국)

▷엔터테인먼트 스튜디오= 부에나비스타 픽처스, 월트 디즈니 픽처스, 터치스톤 픽처스, 미라맥스 필름스(부에나비스타가 시나리오를 개발하고 제작된 영화를 배급하며 월트 디즈니와 터치스톤 등이 영화를 만든다)

▷미디어 네트워크 그룹= ABC 텔레비전 그룹, ESPN 채널스, 월터 디즈니 인터

넷 그룹(전체 그룹 수익의 43%를 차지한다. ABC 텔레비전 그룹에는 지상파 방송인 ABC 를 비롯해 디즈니 채널(어린이), 소파넷(드라마)이 속해 있다. 인터넷 그룹은 클럽 펭귄, 웹킨즈 등 온라인 가상공간을 운영 중이다.

▷테마파크 리조트 캐릭터 사업= 테마파크는 디즈니랜드(로스앤젤레스, 올랜도, 도쿄, 파리, 홍콩) 등 유럽, 아시아에 11개를 운영하고 있고, 35개 리조트 호텔을 거느리고 있다. 캐릭터 사업은 미키마우스, 도널드 덕 등을 이용해 문구, 옷, 장난감, 책, 잡지, 전자제품 등을 만들고 있다.

(2008년 7월 상반기 순이익이 12억8,000만 달러를 기록하며 지난해 동기의 11억8,000만 달러에 비해 9% 늘었다.)

③ 바이어컴(Viacom, 미국)

▷내셔널 어뮤즈먼트(지주회사)-CBS

▷케이블 네트워크 & 디지털 미디어= MTV 네트워크(세계 최대 음악 채널)-MTV, MTV2, MTV 인터내셔널, 내오페츠, 니켈로디언(어린이 애니메이션 채널), NickJr, Noggin, 랩소디, 스파이크 TV, TV Land, VH1, VH1 클래식, 아톰 필름스, CMT, 코미디 센트럴, 하모니스. 세계 137개 채널 사업 BET 네트워크(흑인 대상 케이블 네트워크)

▷영화 & 음반 사업= 파라마운트 픽처스(파라마운트 VANTAGE, MTV 필름스, 니켈로디언 무비스), 파라마운트 홈 엔터테인먼트, 드림웍스 SKG, Famous Music

④ 비방디(Vivendi, 프랑스)

▷유니버설 뮤직 그룹= 앨범 판매와 디지털 음악시장에서 세계 최고의 음아 콘텐츠 기업

▷카날플뤼스 그룹= 프랑스를 포함한 유럽 지역에 방송을 송출. 영화 기획 및 유통사업도 벌임. 카날플뤼스는 유로 TV로 프랑스에서 1,050만 명, 프랑스 이외 지역에서 200만 명의 가입자 보유

▷SFR= 프랑스 제2의 통신사업자로 1,930만 명의 이동통신 가입자와 380만 명의 초고속인터넷 가입자를 보유

▷마로크 텔레콤= 모로코의 모바일, 유선전화, 인터넷 사업자로 1억3,000만 회선을 보유

▷액티비전 블리자드= '비방디 게임스'의 자회사인 블리자드와 미국의 게임 개발업체인 액티비전의 합작 법인으로 매출이 3조7,000억원에 이름

⑤ 베텔스만(Bertelsmann, 독일)

▷RTL 그룹= 유럽 최대의 민영방송 그룹. 45개 TV 채널과 33개 라디오 스테이션을 보유해 1억7,000만 명의 시청자 및 청취자를 확보

▷그루너+야르 그룹= 유럽 최대의 잡지 발행사. 500여 개의 잡지와 신문 발행

▷랜덤하우스 그룹= 세계 최대의 출판회사. 연간 1만1,000권의 신간 출간

▷다이렉트 그룹= 2,000만 명의 회원을 가진 북클럽으로 22개국에서 운영. DVD 등 제작

▷아로바토 그룹= 인쇄업을 위주로 B2B 미디어 서비스 제공.

(2007년 기준 연 매출액 188억 유로, 순수익 18억 유로. 전 세계 50여 개국 진출. 직원 10만여 명)

⑥ 타임 워너(Time Warner, 미국)

▷터너 브로드캐스팅= CNN, HBO, TNT 카툰 네트워크 등을 보유한 방송 그룹. CNN은 7개 언어로 방영되며, 세계 10억 명의 시청자를 지니고 있음. 2007년 매출 102억7,000만 달러

▷타임 출판사= 주간지 〈타임〉 〈포천〉 〈스포츠 일러스트레이티드〉 등 38종의 잡지 발행. 매출 49억5,500만 달러

▷AOL(인터넷)= 맵퀘스트, 컴퓨서브, 넷스케이프. 디지털시트 등을 보유한 세계 최대 인터넷 서비스 공급업체. 매출 51억8,100만 달러

▷워너 브러더스=영화제작사인 워너 브러더스, 뉴라인 시네마 등을 보유. 워너 브러더스는 〈다크나이트〉 〈예스맨〉 등을 출시. 매출 116억8,200만 달러

▷타임 워너 케이블= 1,100만 가입자를 확보한 미국 제2위의 케이블 사업자. 초고속 인터넷과 전화 서비스도 동시 제공. 매출 159억5,500만 달러

(매출 합계 464억8,200만 달러)

⑦ 상하이 미디어 그룹(SMG, 중국)

▷TV= 둥팡위성 TV. 디이차이징 채널. 드라마 채널 등 13개

▷라디오= 상하이 런민라디오. 둥팡라디오 뉴스 11개

▷뉴미디어= 둥팡룽(모바일 TV). 바이스퉁(IPTV) 등 5개

▷인쇄매체= 디이차이징일보. 하하화보 등 8개

▷스포츠 구단= 상하이둥팡 농구 클럽 등 3개

▷자회사= 둥팡CJ홈쇼핑. 상하이 비디오 등 9개

(2007년 매출액 1조여 원)

⑧ BBC(영국)

▷TV= BBC1-4. CBeebies. CBBC. BBCHD

▷라디오= BBC 라디오1 등 10개 채널

▷인터넷= bbc.co.uk BBC iplayer

▷저널리즘 & 지역= BBC 뉴스. BBC 월드 서비스. BBC 월드 뉴스. BBC 국회. BBC 스포츠 등

▷채널= BBC 프라임. BBC 엔터테인먼트. BBC 지식. BBC 라이프 스타일

▷콘텐츠 & 프로덕션= 자체 프로그램 제작

▷디지털 미디어= bbc.com 등

▷글로벌 브랜드= 론리플래닛 등

▷판매 및 배급= 프로그램 수출

▷잡지= 톱기어, 히스토리, 라디오 타임스 등

▷홈 엔터테인먼트= DVD 음반 제작 등

(2007년 매출 1억1,770만 파운드)

⑨ 글로벌 미디어를 꿈꾸는 일본 방송들

▷아사히신문→ TV 아사히 주식 26.85% 소유, 매출액 5,729억 엔, 영업이익 185억 엔

↕

▷TV 아사히→ 아사히신문 주식 11.88% 소유, 매출액 2,527억 엔, 영업이익 99억 엔

▷후지 TV→ 산케이신문 주식 39.99% 소유, 매출액 5,754억 엔, 영업이익 243억 엔

↕

▷산케이신문→ 매출액 1996억 엔, 영업이익 99억 엔

▷마이니치신문→ TBS 방송 주식 0.58% 소유, 매출액 2,926억 엔, 영업이익 68억 엔

↕

▷TBS→ 마이니치신문 주식 2.04% 소유, 매출액 3,151억 엔, 영업이익 206억 엔

▷니혼게이자이신문→ TV 도쿄 주식 33.34% 소유, 매출액 3,849억 엔, 영업이익 395억 엔

↕

▷TV 도쿄→매출액 1,216억 엔, 영업이익 30억 엔

▷요미우리신문 그룹 본사→ 요미우리신문 그룹 본사가 니혼 TV 방송망 주식 22.64% 소유, 매출액 4,763억 엔, 영업이익 211억 엔

↕

▷니혼 TV 방송망→매출액 3,421억 엔, 영업이익 230억 엔

(매출액, 영업이익은 니혼게이자이신문 2007년 12월, 나머지는 2008년 3월 결산에 따름, ↕표시는 상호 간 출자 상황을 나타냄.)

하나 더 첨가할 것은 2009년 11월 미국에서 1위의 케이블 TV 회사이며 2위의 인터넷 서비스 회사인 컴캐스트(Comcast Corporation)가 미국 3대 지상파 네트워크이며 메이저 영화 배급사인 NBC 유니버설 인수를 확정하고 마지막 절차를 진행 중이라고 한다. 컴캐스트의 NBC 유니버설 인수가 마무리되면 총 367억200만 유로의 매출을 기록해 세계 최대의 미디어 그룹으로 탄생된다는 소식이다.

2. 루퍼트 머독

글로벌 미디어를 파악하면서 루퍼트 머독(Rupert Murdoch)의 스토리를 빼놓을 수 없다. 그를 사람들은 '언론의 황제', '미디어의 포식자'라고 부르는데, 이점에 관해서는 이의를 제기하기 어렵다. 다만 머독은 돈만 된다면 뭐든지 인수·합병 등을 통해 거머쥐고야마는 상업성에 대해 부정적인 견해를 나타내는 세력들도 많다는 점은 이해할 만하다. 한마디로 '미디어 장사꾼'으로 폄하를 당하는 것이다. 왜냐하면 그가 회장인 뉴스코퍼레이션에서 경영하는 사업은 세계 52개 국가에서 모두 780여 종에 달하기 때문이다.

대표적인 미디어들을 열거하면, 영국에서만 〈더 선〉, 〈투데이〉, 〈더 타임스〉, 〈더 뉴스 오브 더 월드〉, 〈더 선데이 타임스〉 등 신문들이 그의 소유이다. 또 1988년 룩셈부르크의 아스트라 위성을 이용하여 '스카이 TV'를 개국하고, 1990년 경 쟁사인 BSB를 인수하여 'BskyB' 위성방송을 출범시켰다.

1993년에는 아시아지역을 대상으로 '스타 TV'를 인수했고, 유럽의 'Premiere World', 'Sream', 중남미의 'Sky 라틴아메리카', 인도의 'ISky', 일본의 '스카이 퍼펙TV', 중국의 '피닉스 채널', 인도네시아의 '인도 비전' 등 글로벌 위성방송 네트워크를 구축했다.

그는 1985년 미국 국적을 취득하고 6개 도시에 방송국을 가진 '메트로 방송사'를 인수했다. '20세기 폭스 영화사', '델파이 인터넷 서비스', '디렉 TV',

'폭스 TV', '내셔날지오그래픽 TV', 〈뉴욕 포스트〉, '하퍼 콜린스 출판사', 'LA다저스 야구단', 그리고 2007년 말도 많았고 가장 힘들었던 경제신문인 〈월스트리트 저널〉까지 인수한다. 글자 그대로 닥치는 대로 집어삼킨 셈이다. 전체 회사의 매출은 2006년 6월 말 현재 253억 달러이고, 종업원 수는 4만7,300명이다.

그는 1931년 오스트레일리아 멜버른에서 태어났다. 종군기자 출신으로 신문발행인이었던 아버지 키스 머독 경은 아들 머독을 옥스퍼드대학으로 유학보냈다. 1953년 졸업 후 런던의 〈데일리 익스프레스〉 지에서 수습 편집기자로 2년 동안 근무한다. 이 때 머독은 신문의 선성주의에 대해 경험하게 된다. 계속 신문들을 인수하면서 그의 정책은 스캔들·섹스·스포츠·범죄에 초점을 맞추는 방법을 사용했다. 그래서 '황색언론'을 이용해 돈을 번다는 오명을 안게 된 것이다. 머독이 어렵게 인수한 유서 깊은 전통을 가진 〈월스트리트 저널〉에 관해서도 "경제 기사의 길이를 줄이고 문화·스포츠 뉴스를 강화하라"고 주문했다고 한다. 아마도 경제신문을 '연예신문'으로 만들고 싶은 모양이라고 비아냥거리는 사람들도 많다.

전문가들은 이런 언론제국의 건설을 자신이 보유한 언론매체의 브랜드 가치를 확보하고, 디지털 미디어 시대를 주도하며, 전 세계에 걸친 정치적 영향력을 행사하려는 목적 아래 수행되고 있는 것으로 진단하고 있다.

그는 1999년 홍콩의 '스타 TV' 부사장이었던 웬디 덩(Wendy Deng)과 세 번째 결혼해서 2명의 아이를 낳았다. 첫 번째 부인에게서 딸 프루던스, 두 번째 부인에게서 딸 엘리자베스와 아들 리클란, 제임스의 3명의 자녀를 두었다. 모두 자녀가 6명이다. 세 번째 결혼은 가정불화의 시작이라 후계문제와 재산 상속에 있어 주변의 관심이 쏠리고 있다.

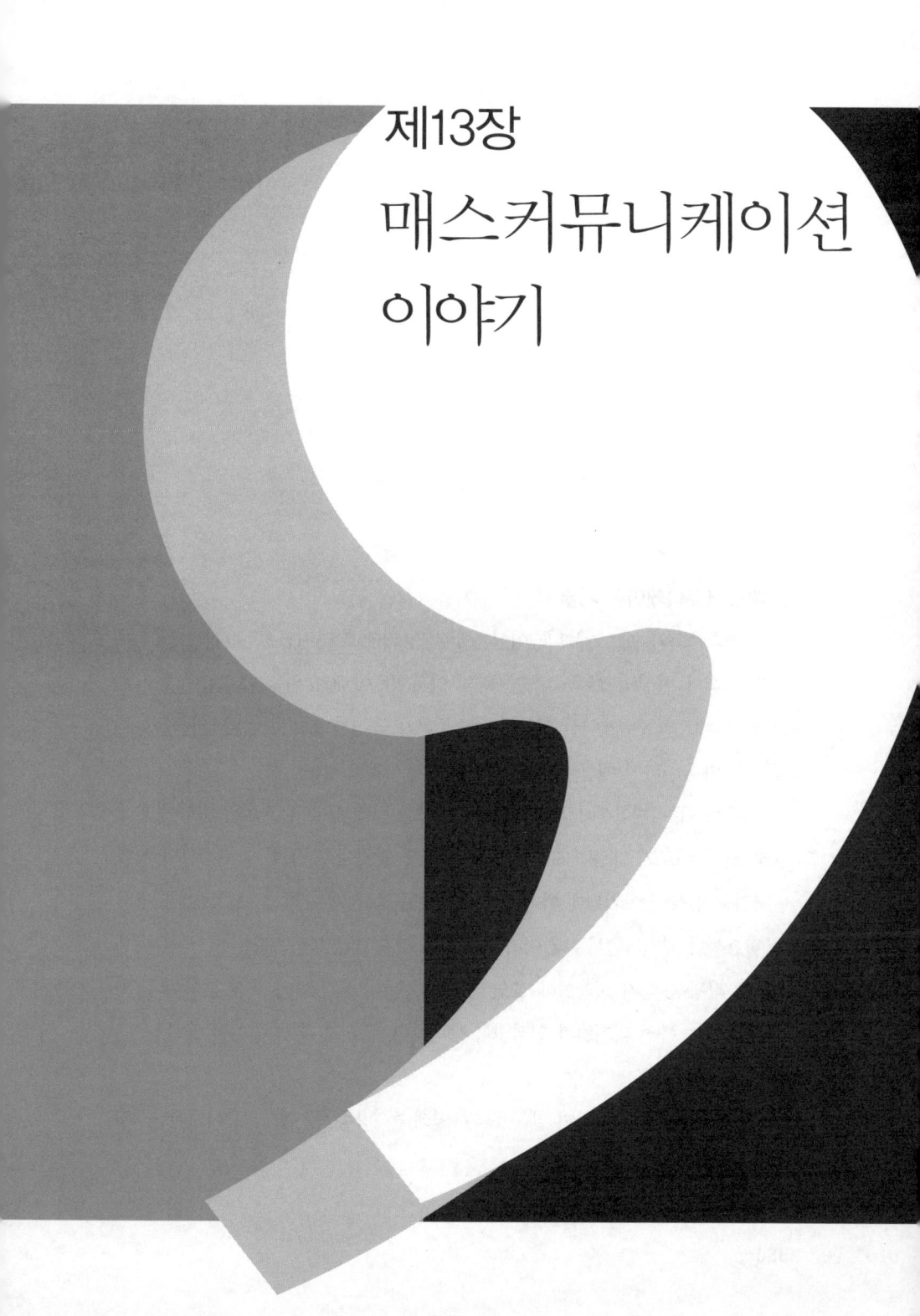

제13장
매스커뮤니케이션
이야기

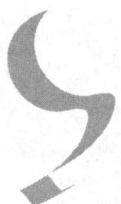

1. 매스커뮤니케이션 개괄

    대중문화와 매스커뮤니케이션은 글자만 가지고 따지면 별 관련이 없어 보인다. 그러나 현실적으로는 대중문화의 안과 밖, 아래와 위를 매스컴이 둘러싸고 있고, 매스커뮤니케이션 영역에 대중문화가 들어가 있기도 하다. 대중문화가 몇 개의 마을이라면 매스커뮤니케이션은 대도시와도 같다.

    매스커뮤니케이션이란78) 신문, 방송, 영화, 서적 등과 같은 매스미디어를 매체로 하여 정보가 대중에게 전달되는 과정을 말한다. 산업화와 도시화의 결과 인구집중 현상이 야기됨에 따라 동일한 정보를 동시에 수많은 사람들에게 전달할 필요성이 제기되면서부터 이러한 조건을 만족시키기에 충분한 매스커뮤니케이션은 각광을 받기 시작했다. 오늘날은 TV, 영화, 광고 등이 핵심 분야이다. 최근에 와서는 특히 디지털과 인터넷이 강력하다. 우리가 흔히 줄여서 말하는 '매스컴'의 영향력은 절대적이다.

    미디어의 역사를 보면 말→문자→인쇄술→방송 등 텔레커뮤니케이션→컴

---

78) 최정호·강현두·오택섭 공저, 『매스미디어와 사회』, 나남출판, 1995. pp.31~32.

퓨터 등 사이버 커뮤니케이션의 순서로 발전해왔다. 프리드리히 엥겔스는 〈원숭이가 인간으로 진화하는 과정에서 노동이 한 역할〉이라는 논문에서 말의 기원과 발전을 생존을 위한 노동 과정의 발전에서 찾고 있다. 즉 유인원으로부터 인간으로 진화하는 과정에서 인간의 선조는 서로 간의 협조를 바탕으로 한 공동노동이 개별노동보다는 더욱 유리하다는 생각을 하게 되었고, 그런 과정에서 "무엇인가를 서로 말할 필요가 있는 그런 단계에 도달하였다" 는 것이다.

루소는, 말은 약자의 강자에 대한 의존의 필요성 때문에 생겨났고, 인간이 공동생활을 하는 과정에서 점차 말을 잘하는 것이 비교와 손셈의 한 가치 척도가 됨으로써 '불평등과 악덕의 제1보' 가 되었다고 말하고 있다.

문자의 등장과 함께 커뮤니케이션 혁명이 시작되었는데, 1456년 독일 구텐베르크가 금속활자를 발명하면서 이루어졌다. 우리도 고려시대인 1234년 〈고금상정예문〉, 1377년 세계 최초의 금속활자 〈직지심경〉을 제작한 바 있고, 세계에서 가장 오래된 목판 인쇄 〈무구정광대다라니경〉이(신라시대 704~751) 불국사 석탑에서 발견되었다.

영국의 학자 앤소니 스미스(Anthony Smith)는 인간이 이룩한 3대 혁명을 활자혁명, 인쇄혁명, 전자혁명으로 보고 Writing Revolution→Publishing Revolution→Electronizing Revolution의 순서로 발전해왔다고 진단한다. 산업혁명의 주 발명은 1769년 제임스 와트의 증기기관이었다. 그 이전에 인간이 사용할 수 있는 힘은 손과 발, 그리고 말과 소의 힘을 빌리는 것이었다. 이제 엔진의 힘으로 비로소 사람들은 무엇인가를 만들어 생산을 하게 되었다. 이로 인해 산업혁명이 진행되고 공장들이 건설되면서 '도시화→학교 설립→민주 정치→신문' 등 미디어의 도입이 이루어졌다. 매스커뮤니케이션은 초기 신문의 등장으로부터 시작되었다. 학자들은 매스컴의 각 영역에서 여러 가지 국면들을 연구함으로써 신문, 텔레비전, 광고 등의 정확한 모습과 그와 관련된 이론들을 도출해냈다. 여기서는 앞서 상술한 텔레비전 드라마와 영화 부문은 제외하고 다른 장르들을 접근하는 한편, 그 범위들이 넓어 중요 사항만 요점정리 식으로 소개한다.

2. 매스커뮤니케이션 중요 이론

1) 매스커뮤니케이션 과정의 5개 요소

　　매스커뮤니케이션을 구성하는 5개의 요소가 있는데, 이것들이 상호관계를 가지면서 커뮤니케이션이 이루어진다. 그 요소들은 다음과 같다.

① 정보를 작성하고 전달하려는 의도를 지닌 전달자(communicator)

② 정보를 전달받는 수용자(audience)

③ 정보의 구체적 내용(message)

④ 정보가 담겨있는 매체(channel)

⑤ 수용자에게 전달된 정보가 초래하는 효과(effect)

　　이러한 요소들이 종합되는 매스미디어의 보급은 사회구성원들 간의 이질성을 줄여주고 사회적 규범을 도출해내기 위한 필요조건이 되었다. 또한 엘리트 계층들만의 관심거리였던 정치가 매스미디어의 보도활동으로 일반대중에게 공개되고, 민주주의 선거 정착으로 정치의 대중화가 이루어졌다. 뿐만 아니라 매스미디어를 통한 광고활동은 경제의 대중화에 공헌하였다. 따라서 대량생산과 대량소비의 시대가 개막되었다.

　　커뮤니케이션(communication)은 '공통의 것'을 가리키는 라틴어 'communis'에서 비롯되었다. 커뮤니케이션은 소통이 되는 것이고, 그 반대는 소외(alienation)이다. 소외는 마르크스의 저작에서 설명된 것으로 "각 개인이 사회적 실존의 중심 국면으로부터 점차적으로 유리되어 가는 과정이다." 소외의 근본 원인은 사회적 관계가 경제적 요소에 의해 결정되고, 임금, 수익, 공급 등과 같은 요인들은 독립적인 존재로서 개인들을 억압하고 통제하는 작용을 하는 것으로 보는 견해이다. 특히 현대 자본주의 사회는 개인 간의 심각한 경쟁이 쉬지 않고 유발되는 구조이기 때문에 소통은 매우 중요한 요인이 되고 있다. 소통이 되지 않으면 '소외', '왕따'가 되는 것이다.

2) 과거 매스커뮤니케이션 모델

① SMCRE 모델

누구(source)→무엇(message)→channel(매체)→누구에게(receiver)→효과(effect)의 공식으로 정치학자 라스웰(Harold Lasswell, 1948)은 커뮤니케이션을 '누가, 무엇을, 어떤 채널을 통해서, 누구에게 전달하며, 어떤 효과를 가져 오는가'의 과정으로 파악하였다.

영화와 라디오가 대중화하기 시작한 1920년대부터 1940년대에 이르기까지 많은 매스커뮤니케이션 연구들은 매스미디어가 사람들의 태도나 의견을 쉽게 변화시킬 정도로 그 힘이 막강하다고 주장하였다. 그 당시 영국, 미국, 그리고 독일에서 개발되었던 매스미디어와 이를 이용한 선전술은 1차 세계대전과 2차 세계대전의 정당성을 설득하거나 전쟁수행에 필요한 인력을 동원하는 데 결정적 역할을 했다.

수용자들은 영화나 라디오가 전하는 선전 및 설득 메시지에 획일적으로 반응하여 매스미디어가 의도한 대로 기존의 태도나 의견을 쉽게 바꾸었다는 것이다. 이렇듯 매스미디어의 효과가 매우 크다고 보는 대(大)효과 이론은 수용자가 매스미디어라는 메시지에서 '자극-반응이론', 매스미디어의 메시지가 수용자를 변화시키는 신통력을 갖춘 탄환에 비유된다는 뜻에서 '마법의 탄환이론', 매스미디어의 효과는 마치 피하(皮下) 주사와 같이 즉각적이라는 점에서 '피하주사형' 이론으로도 불린다.

② 이용과 충족 모델(the uses and gratifications model)

카츠(Elihu Katz)에 의해 제안되었다. 매스미디어가 사람들에게 무엇을 하느냐의 시각에서, 반대로 사람들이 매스미디어를 가지고 무엇을 하느냐의 관점이다. 사람들은 매스미디어를 이용함으로써 의도하거나 혹은 의도하지 않았던 결과로 욕구를 충족시킨다는 것이다.

③ 문화적 승인 모델(the cultural ratification model)

매스미디어는 사회의 권력구조와 연결되어 있기 때문에 불가피하게 권력구조와 지배적인 이데올로기를 지지하는데 기여하게 된다. 이 모델은 매스미디어가 사람들의 태도나 가치, 신념, 인지(認知)상의 급격한 변화를 막는 효과가 있다고 주장한다.

④ 정보시대의 커뮤니케이션 모델: P–I–C

헌트(Todd Hunt)와 루벤(Brent D. Ruben)은 정보시대의 쌍방향 커뮤니케이션 모델로서 P-I-C 모델을 제시하고 있다. P(productions)는 정보 생산자, I(information products or services)는 정보·상품 및 서비스, C(consumers)는 소비자를 가리킨다. 즉 매스커뮤니케이션을 정보 상품 및 서비스가 수용자에 의한 소비조직에 의해 생산·분배되는 과정이라고 정의한다.

3) 매스커뮤니케이션 기능

① 환경감시기능(surveillance function): 위급상황에 대한 경각심을 불러일으키는 경고적 기능과 일상적인 정보를 제공해주는 일상적 감시기능이 있다.
② 해설기능(interpretation function): 환경감시기능을 통해 전달한 정보에 담긴 의미나 연관성 등을 자세히 설명해준다. 사설, 시사만평, 논설 등.
'상관조정기능'은 해설기능과 유사한데, 사실보도의 차원을 넘어서 정보의

의미를 해석하고 대응책을 처방해 사람들의 태도에 영향을 주어 설득하는 기능
이다.

③ 연결기능(linkage function): 사회의 다양한 요소들을 함께 묶어서 연결해
주는 기능을 말한다.

④ 가치전달기능: 사회적으로 어떤 가치나 행동이 지지를 받을 수 있는 것
인지 알려주는 기능으로서 사회화(socialization) 기능이라고도 한다.

⑤ 오락기능: 생산과 휴식이라는 관점에서 오락기능은 매우 중요하다. 오락
부분을 자주 기사화힘으로써 사회적으로 매스컴에 대한 비판이 자주 운위되는
경우가 많다. 이것은 광고가 언론을 상업화시키고, 언론의 공익성과 공공성을
저하시킨다는 이유에서이다. 매스미디어 내용은 일반 광고주를 유치하는데 편
리하도록 저질, 섹스, 폭력을 포함하기 때문이다.

⑥ 논제설정기능(agenda setting): 매스미디어가 특정한 이슈들을 중요한 것으
로 강조하여 부각시킬 경우, 수용자들로 하여금 그러한 이슈들을 중요한 것으
로 인식하도록 만드는 효과이다(McCombs and Shaw, 1972). 미국의 언론학자 리프만
(Walter Lippman)이 사람들은 매스미디어의 보도활동에 의존해 현실세계를 인식한
다는 의미에서 언급된 '미디어가 우리들 머릿속의 상(picture in our heads)을 구축한
다' 는 견해에 바탕을 두고 있다.

⑦ 침묵의 나선이론(spiral of silence): 독일의 학자인 노엘레 노이만(Elizabeth
Noelle Neumann, 1973)은 매스미디어가 여론형성에 강력한 영향을 미친다고 증명하
고, 이 영향력을 '침묵의 나선효과' 라고 불렀다. 사람들은 자신이 고립되는 것을
두려워하고 꺼려하는 속성을 지니고 있다는 가정 아래 노이만은 사람들이 자신
들의 의견이 소수의견이라고 느낄 때에는 그 의견을 표출하여 고립되기보다는
침묵을 지킨다고 보았다. 선거 결과가 매스미디어의 예측에 어긋날 경우, 비로소
그 존재를 인정하게 되는 침묵하는 다수(silent majority)의 개념도 이런 맥락에서
나온다.

사람들이 매스미디어의 의견을 다수 의견으로 간주하는 매스미디어의 특성에는

① 편재성(Ubiquity)-누구나 매스미디어를 소유할 수 있다.

② 협화성(Consonance)-모든 매스미디어들이 특정문제에 공통된 견해를 표방한다.

③ 누적성(cumalation)-계속적으로 메시지를 전달해 '침묵의 나선' 현상이 생긴다. 등의 내용이 있다.

라스웰(Harold Dwight Lasswelll)의 〈나치 선전기법 연구〉를 보면 라스웰은 강(强)효과이론의 대표적 정치 분석가로 나치의 선전기법을 1927년 7가지로 분석했다. 그간 80여 년이라는 세월이 흘러갔지만, 지금도 여의도 정가와 광고업계에서는 이런 기법이 자주 쓰이고 있는 점이 매우 흥미롭다.

① Name calling-악명 높이기. 부정적인 이미지 고착시킴. 예)차떼기 당

② Glittering Generality-화려한 좋은 이름붙이기. 예)민족의 날개 대한항공

③ Transfer-전이효과. 특정 사람과의 이미지를 강화하기 위한 선전수단. 예)오바마 대통령과 사진 찍고 악수하기. 씨름선수의 영양제 복용.

④ Testmonial-실효성 있음을 실제로 보여주는 광고. 유명인사의 입증을 통해 일반인에게 효과를 확인시켜줌.

⑤ Plain Folks-서민처럼 소박하게 행동함으로써 친근감을 주는 선거기법. 예)노태우= '보통사람'

⑥ Card Stacking-카드의 양면처럼 자신에게 유리한 카드만 뽑아서 강조하고, 반대로 상대에게는 부정적인 면만 부각시키는 기법.

⑦ Band Wagon-특정사안에 대해 다수가 그렇게 하고 있다는 것을 보여줌으로써 침묵하는 다수를 따라오도록 한다. 예)침묵의 나선이론

3. 텔레커뮤니케이션과 사이버 커뮤니케이션

사진은 판화가 니엡스(Niepce)에 의해 1839년에 발명되었다(8월 19일 프랑스 과학아카데미에서 정식 발명품으로 인정 공포). 1844년 모스(Samuel Morse)가 최초로 전신 메시지를 송신했고, 1876년 벨(A.G. Bell)이 전화통화를 성공시켰고, 1885년 프랑스의 뤼미에르 형제가 영화를 발명하고, 1920년 라디오 방송(미국 피츠버그 KDKA 방송), 1936년 영국 BBC가 TV 방송을 실시함으로써 텔레커뮤니케이션 시대가 개막되었다.

1) 미디어의 발전과 수용자 개념의 변화

```
구두com          문자com      인쇄com       텔레com          사이버com
(연설)           ↓(출판신문    ↓잡지)        (영화·R·TV)      (다채널디지털미디어)
군중(群衆crowd) ——————————↓——————————————————↓——————————————————→
＼무리진다수+      ＼단순한 의미의+
(mob)+폭력적      공중(公衆readingpublic)+ ————————————————————————————→
일수 있음         이성을 가진·판별력이 있는 개념      ↓
                 대중(大衆 mass), 대중매체의 등장이후+——————————→
                 ＼이질적·익명적·다수의 개념+
                 산재·고립된 원자화된 군중
```

분중(分衆):
＼NewMedia등장이후
+분화된 수용자
+취향공중tastepublic
연중(連衆 netizen):
＼결합·유기적 연결
+고립·지극히개인적
개중(個衆):
＼개별 수용자 중심

구두 커뮤니케이션 시대에는 군중(群衆)을 앞에 놓고 연설을 함으로써 어떤 내용을 전달하는 형태였다. 이 때 군중은 무리지은 다수이며, 때로는 폭력적일 수도 있다. 오늘날에도 군중은 가끔 폭력적인 태도를 보이고 있는 점에서 군중의 의미를 파악할 수 있다.

문자 및 인쇄 커뮤니케이션의 시기는 신문, 잡지, 서적을 통해서 공중(公衆)에게 메시지를 전하게 되는데, 이 경우의 공중은 단순한 의미이지만 이성을 가진, 판별력이 있는 개념이며, 대체로 신문 등 글을 읽을 수 있는 사람들을 의미한다. 신문, 출판, 잡지의 시대와 중복되기도 하지만 영화, 라디오, 텔레비전 등 대중매체가 등장한 텔레커뮤니케이션 시대에는 주로 대중(大衆)을 상대로 콘텐츠를 전달하게 된다. 대중은 서로 이질적이며, 각자의 이름을 알 수 없는 익명적이고, 여러 곳에 흩어져서 산재되어 있으며, 고립되고 원자화된 사람들의 집단을 말하는 개념이다.

우리나라의 경우 케이블 텔레비전이 생긴 이후를 특히 '다매체 다채널 시대'라고 부르는데, 이 사이버 커뮤니케이션 시대의 손님은 분중(分衆)으로부터 시작한다. 분중(fragmented audience)은 사람들이 작게 쪼개졌다는 의미이다. 종전에는 지상파TV의 5개 채널밖에 시청할 수 없었지만, 케이블 TV들이 개국하고 70여 개 이상의 각기 다른 채널을 선택할 수 있어 수용자는 분화되고 각자의 취향에 따라 프로그램을 선택하는 취향공중(taste public)으로 변화되었다.

인터넷이 확산되고부터는 앞서 설명한 군중, 공중, 대중, 분중이 더욱 깨져 버렸다. 그러나 그들은 인터넷에 글을 올리고, 또 댓글을 다는 등의 연결을 시도한다. 즉 네티즌끼리 유대를 갖게 되는 연중(連衆)이 탄생되었다. 이들은 결합하기도 잘하고 유기적 연결 상태를 유지하지만, 고립적이고 지극히 개인적인 성향을 보인다. 인터넷 방송 등의 출현으로 이 연중은 다시 모래알처럼 흩어지는데 이때 개중(個衆)으로 변모한다. 따라서 방송기술의 발전은 전통적인 방송(broadcasting-지상파)에서 협송(narrow casting-케이블 방송) 단계를 거쳐 개송(personal casting 또는 point casting—인터넷 방송)의 단계로 진화하고 있다.

2) 핫 미디어와 쿨 미디어

캐나다의 문명 비평가인 마셜 맥루한(Marshall McLuhan)은 〈미디어의 이해: 인간의 확장〉, 〈미디어가 곧 메시지이다〉 등을 저술했다. 그는 핫 미디어(Hot Media)와 쿨 미디어(Cool Media)의 개념을 창안해냈다.

핫 미디어는 "라디오처럼 많은 양의 메시지가 연속적으로 제공됨으로써 청취자가 스스로 생각하고 판단할 여유가 부족하다." 즉, "정세도(definition)가 높고 참여도(participation)가 낮다"는 것이다. 예컨대, MBC 라디오에서 오후 4시부터 6시까지 방송되는 '조영남·최유라의 지금은 라디오 시대' 프로그램을 듣다보면 최유라가 계속 말을 하고 또 크게 웃어대고 하는 바람에 청취자는 내용에 대해 무엇을 생각하고 따져볼 기회가 거의 나지 않는다. 청취자가 생각으로나마 끼어들어 참여해볼 수가 없는 것이다.

그에 비해 텔레비전은 제공되는 메시지가 정밀하지(많지) 않다. 시청자가 여유 있게 화면을 보면서 생각할 여지가 넉넉하다. 이 경우가 쿨 미디어이다. 핫 미디어와 반대로 쿨 미디어는 참여도가 높고, 정세도가 낮다. 우리는 KBS—1TV가 방송한 〈차마고도〉 첫 편에서 깊은 강이 있는 계곡에 매달아 놓은 줄을 타고 사람과 말(馬)이 차례차례 강을 건너는 장면을 보면서 "그 옛날에 사람들은 어떻게 저렇게 강을 건너는 방법을 고안했나"를 생각하면서 놀라게 된다. 화면은 정밀하지만 메시지는 그리 정밀하지 않다. 우리는 그 걸작의 화면을 보면서 이것저것을 생각하는 참여도가 높아진다는 이론이다.

3) 맥루한 이야기

마셜 맥루한만큼 평이 엇갈리는 사람도 흔치 않을 것이다. '금세기 최고의 미디어 이론가'라는 찬사에서부터 '바보상자(TV)의 도사'라는 평가에 이르기까지 다양하다. 그러나 비평가 톰 울프의 말처럼 "만약에 그가 옳다면 어쩔 것인가?" 프로이드나 아인슈타인에 버금가는 우리 시대 최고의 사상가로 대접해야 한다는 것이다.

현란한 은유에도 불구하고 맥루한의 이론을 요약하면 이렇다.[79] 먼저, "그는 모든 매체가 인간 능력의 확장이라고 본다. 책은 눈의 확장이고, 바퀴는 다리의 확장이며, 옷은 피부의 확장이고, 전자회로는 중추신경계통의 확장이다." 감각기관의 확장으로서 모든 매체는 그 메시지와 상관없이 우리가 세상을 인식하는 방식에 영향을 준다. 말하자면 '매체가 곧 메시지' 이다. 같은 메시지라고 하더라도 얼굴을 맞대고 직접 말하는 것과 신문에 나오는 것, 그리고 TV로 방송되는 것은 큰 차이가 있다. 결국 매체가 다르면 메시지도 달라지고, 수용자가 세계를 인식하는 방식도 달라진다.

여기서 맥루한은 모든 매체를 그것이 전달하는 정보의 정세도(精細度)와 수용자의 참여도에 따라 쿨 미디어와 핫 미디어로 구분한다. 맥루한에 의하면 신문과 영화, 라디오는 핫 미디어이다. 반면 텔레비전, 전화, 만화 등은 쿨 미디어이다. 쿨 미디어는 핫 미디어보다 정보의 정세도가 낮아서 수용자의 높은 참여, 즉더 많은 상상력이 요구되는 매체이다. 맥루한은 그 시대의 지배적인 매체가 무엇이냐에 따라 문명의 성격도 달라진다고 보았다.

맥루한에 의하면 원시부족시대에 인간은 청각, 시각, 촉각 등 오감이 조화를 이뤄 감각의 균형을 유지하고 있었다. 그러나 기술혁신으로 감각이 확장되면서 감각의 균형은 무너지고, 그것은 다시 기술을 낳은 그 사회를 재구성하게 된다. 즉 알파벳처럼 시각적으로 고도로 추상화된 인쇄문자의 발명은 원시인들의 감각균형을 무너뜨려 시각중심형 인간을 만들기 시작했고, 16세기 인쇄술의 발명은 이런 시각중심현상을 가속화시켰다. 그러나 19세기 중반에 전신의 발명으로 전자매체시대가 열렸고, 특히 복수의 감각을 요구하는 텔레비전의 발명과 보

---

79) 허버트 알철, 양승목 번역, 『현대언론사상사』, 나남출판, 1993. pp.212~215.

급은 인간의 감각균형을 복구시켜 궁극적으로 인류를 다시 부족화시킬 것이라고 보았다. 재부족화를 통해서 새로운 사회, 즉 지구촌(global village)을 예고하고 있다. 이것은 말하자면 선형적 (線形的) 논리에 매몰되었던 인쇄시대의 시각중심형 인간이 감각의 균형을 되찾는 것이며, 오래 전에 추방되었던 낙원으로 복귀함을 의미한다. 즉 인쇄시대를 벗어나 전자기술이 세계를 하나의 지구촌으로 만든다는 이론이다. 현재 그 예측의 정황성은 S+급이다.

여기서 '선형적인 논리' 라는 개념은 쉽지 않다. A가 있으면 B가 일어나고, B는 다시 C를 만들어내는 원인과 결과로 구분되며, 반복이 가능한 원칙들이다.[80] 선형적인 세계에서는 사건 A는 사건 B를 유발한다. 따라서 만약에 B가 일어났다면 반드시 A가 있었음을 추측할 수 있다. 아침에 일어나서 땅이 젖어 있으면 (사건 B) 밤새 비가 내렸음(사건 A)을 추측할 수 있다. 하지만 세상일은 꼭 그렇게 선형적인 것만은 아니다. 땅이 젖는 것은 비뿐만 아니라 이슬이 맺히거나, 수도관이 터졌거나, 아침 물청소를 했거나, 생수배달원이 물을 쏟았거나, 혹은 원래부터 진흙바닥인 곳일 수도 있다. 심지어 밤새 비가 내렸는데 아침에 싹 말라버리는 수도 있다. 이런 사건들은 우연히 일어나는 것들이다. 따라서 꼭 앞으로도 반복되리란 법도 없다.

그의 낙관적 기술결정론에 대해선 논란이 많지만, 어쨌든 맥루한은 자신의 생각을 재치 있는 문장이나 극적인 은유로 표현하는데 능란했다. '미디어는 마사지' 라는 표현이나 '쿨 미디어와 핫 미디어' 같은 용어는 그의 독특한 언어감각을 잘 보여주고 있다. 그는 이런 재치 있는 언어로 대중의 주목을 받는 대담한 가설을 제시했다.

그러나 폭넓은 인기에도 불구하고 그의 이론에 대한 비판은 끊이지 않았다. 논리적 설명이 부족하고 통찰력과 직관에 의존함으로써 비과학적이라는 것이다. 그러나 이에 대해 맥루한 자신은 "나는 설명하지 않는다, 탐구할 뿐이다" 라고 말

---

80) 〈무비 위크〉, 2008년 11월 4일. 참조.

한다. 그러면서 미디어에 대한 그의 진지한 탐구를 인쇄시대의 선형적 방식으로 이해하려 하지 말고 TV 시대에 걸맞게 온 몸으로 받아들일 것을 요구한다.

그를 옹호하는 사람이건 반대하는 사람이건 모두가 인정하는 사실은 미디어에 대한 그의 견해가 대단히 독창적이라는 것이다. 역사학자 코스텔라네츠에 의하면 맥루한의 탁월함은 다른 사람들이 데이터만 보거나 아무것도 보지 못하는 곳에서 중요한 의미를 찾아내는데 있다고 얘기한다. 사이버 공간이 창출하는 가상현실의 세계가 급속히 확장되는 것을 지켜보면서 우리는 맥루한이 30년 전에 간파한 것을 이제야 깨닫는 기분이다. 전자 네트워크의 신기술로 페르소나(가상공간의 정체성)의 신세계가 창조되면서 우리의 삶이 근본부터 변하고 있지 않은가.

캐나다에서 교편을 잡으면서 미국 3대 네트워크 TV에 단골출연하고, 학자로선 드물게 시사전문지 〈뉴스위크〉 표지인물로까지 등장한 사람이다. 허버트 마셜 맥루한은 캐나다인이면서 미국 미디어 팝 문화의 고승(高僧)처럼 대우받는 인물이다. 그는 사회과학자라기보다는 예언자로 평가받는다. 현대 매스커뮤니케이션 이론에서 사용하는 '미디어' 란 단어와 가장 근접한 개념을 그는 46년 전 이미 제시했다.

그는 1911년 7월 캐나다 서부 앨버타주 애드먼턴에서 스코티쉬, 아이리쉬계 양친 사이에서 태어났다. 1928년 캐나다 마니토바대학에 입학, 기계공학을 전공했으나 영문학으로 전공을 바꿨다. 영국 케임브리지대학에서 '영국 엘리자베스1세 시대의 시인 토마스 내시의 수사법에 대한 연구' 로 박사학위를 받았다.

1939년 미국 텍사스 출신 여배우 코린 루이스와 결혼한 그는 영화에도 애정이 깊어 나이 66세인 1977년 우디 앨런 감독의 〈애니 홀〉에 단역배우로 출연하기도 했다. 한때 엔지니어를 지망했던 맥루한은 1971년 그의 조카와 함께 속옷에서 오줌 냄새를 제거하는 물질을 개발하여 사람들을 어리둥절하게 만든 발명가이기도 했다.

1964년 〈미디어의 이해〉 출간 이후 '텔레페서(TV에 잘 출연하는 교수)' 가 됐고,

각종 강연, 인터뷰에 불려다닌 '스타 교수' 였다. 1960년 인류학자 에드먼드 카펜터와 공저한 〈커뮤니케이션의 탐구〉 이후, 〈구텐베르크 은하〉(1962), 〈미디어의 이해〉(1964)로 '맥루한 시대' 를 활짝 열었고, '맥루한적인' , '맥루한주의' 등의 단어가 국제 미디어학계에 전파돼갔다.

4. 영상 커뮤니케이션

영상물을 통한 커뮤니케이션은 영상물 자체가 관객 또는 시청자에게 어떤 '의미' 나 '이미지' 를 전달하게 되는데, 구두·문자·인쇄 커뮤니케이션과 구분해서 이러한 관계를 영상 커뮤니케이션(visual communication)으로 지칭한다.

1) 영상의 개념

① 사전적 의미로는 실제의 정경을 광학적 또는 전기적으로 닮은꼴로 재현한 것으로 영화 또는 텔레비전의 화상으로 표현된 것

② 광선의 굴절이나 반사에 의하여 물체의 상이 비추어진 것

③ 방송 용어로는 어떤 기술 수단을 이용하여 2차원 또는 3차원의 화면으로 재생·표시된 시각 정보로 정의하고 있다

④ 좁은 의미의 범위는 영화, 텔레비전, CF(commercial film), 비디오, 애니메이션, 컴퓨터의 동화상 등이고, 넓은 의미의 범위는 앞의 내용 외에 회화, 사진, 만화 등이 모두 포함될 수 있다.

2) 영상 언어의 특징

제주도 들판에 핀 유채꽃, 바람결에 춤추는 억새의 율동, 핏빛의 광채를 토하며 수평선에 걸린 석양…. 이런 것들은 아무리 아름다운 언어로 표현한다고 해도 실제 느낌을 전달받을 수 없다. 영상 언어는 전달 방법이 일반적인 언어와

달리 직접적이다. 음성과 문자는 개념적이고 간접적이다. 영상 언어는 구체적이다. 영상의 특징은 다음과 같다.

① 영상은 기계에 의해 탄생된다(camera 기타).

② 영상은 카메라의 눈에 의해 결정된다(camera eye).

③ 영상은 프레임에 의해 메시지화된다(editing 해체·분해·통합).

④ 영상은 움직임에 의해 가치화된다(moving-pan right & left, tilt up & down, zoom in & out…).

⑤ 영상은 재생 단계에서 완성된다(정보의 수집·가공·압축·전송·복조).

⑥ 영상은 빛에 의해 생명을 갖는다(light).

⑦ 영상은 복제가 가능하다.

⑧ 영상은 판매, 보급, 저작권을 갖고 배급, 유통될 수 있다.

3) 영상의 구성 요소

우리가 집에서 사용하는 카메라로 '찰칵' 하고 셔터를 눌러 한 장의 사진을 찍었을 때, 이것을 한 개의 프레임(frame)이라고 말한다. 즉 프레임은 필름 속의 사진 하나의 의미이다. 1초에 18프레임을 연속적으로 보여주면 '움직이는 그림' 이 된다. 영화는 1초에 24프레임을 영사하고, 텔레비전은 1초에 30프레임을 송출해 영상을 발생시킨다.

시각을 구성하는 기본 요소는 점·선·면이다. 선은 점이, 면은 선이 이동한 자취라고 볼 수 있다. 좀 다른 시각에서 보면 선이 끝나는 지점 또는 교차 지점에 점이 있고, 면의 한계 지점이나 교차 시점에는 선, 입체의 한계 또는 교차 지점에는 면이 있다.

한마디로 그림 또는 영상은 점이 모여서 형성된다. 이 때 영상은 화소(picture element, 줄여서 pixel)와 관련이 있다. 화소는 TV나 전송사진에서 화면을 구성하고 있는 최소 단위의 명암(明暗)의 점을 말한다. 신문이나 잡지의 망판(網版)을 루페(Lupe)

394

로 보면 일정 간격으로 나란히 서있는 많은 점으로 구성되어 있고, 그 점의 대소 (大小)에 따라 그림의 윤곽이나 농담(濃淡)이 표현되어 있음을 알 수 있다.

화면 전체의 화소 수가 많으면 정교하고 세밀한 재현 화면을 얻을 수 있다. 화소 수는 16mm 필름 25만, 35mm 필름 116만, 주사선 525방식 TV는 15만, 디지털 카메라와 HDTV는 1화면당 200만 화소 이상을 구현한다. 디지털 기술이 끝없이 개발되고 있어 프로들이 쓰고 있는 디지털 카메라는 1,000만 화소를 훨씬 넘고 있다.

영상을 통해 메시지가 전달되면 인간의 두뇌는 이미지를 색(color), 형태 (form), 깊이(depth), 움직임(movement)의 4가지 기본적인 영상 인시 요소로 분별해서 처리한다.

5. 디지털의 세계

1) 디지털이란 무엇인가?

아날로그는 '아날로기아(analogia, 닮음)' 라는 그리스어에서 유래된 말이다. 수치나 물리적인 양을 자의 길이, 바늘의 회전각 등 연속적인 수치로 나타낸 것을 말한다. 디지털(digital)은 손가락, 발가락 또는 아라비아 숫자를 의미하는 '디지트 (digit)' 에서 기원한 말이다. 컴퓨터나 데이터 통신에서 소리나 빛·진동 등의 정보를 '없으면, 0=No' 와 '있으면, 1=Yes' 의 방식으로 전환·전달·저장한다.

시계바늘이 있고, 이것의 연속적인 움직임으로 시간을 나타내는 시계는 아날로그 시계다. 숫자판의 숫자가 불연속적으로 바뀌면서 시간의 변화를 나타내는 것은 디지털 시계다. 아날로그는 호수에서 물수제비를 뜰 때처럼 전파의 파장을 이용한다. 디지털은 공사장 주변에 행인이 빠지지 않게 방어용 울타리를 설치하고 붉은 전구가 달린 줄을 매달아 놓는데, 이때 그냥 붉은 전구에 불만 켜놓는 것이 아니라 등불을 점멸하게 함으로써 위험을 보다 정확하게 보행자에게 고지하는 것과 같다. 디지털 방식이 매우 중요한 이유는 정보의 수집, 처리,

가공, 전송(또는 유통), 복원하는데 있어서 많은 양의 정보를 압축함으로써 다량의
정보를 보낼 수 있고, 그 속도를 높일 수 있다는 데 있다.

디지털 압축의 경우를 예시하면 [나는=0,0], [너를=0,1], [사랑한다=1,0]으로
표시한다고 가정하면, 이것을 전송로에 실어 보낼 때는 [0^3 1^2 0]으로 압축되어 전
송됨으로써 그 용량이 감소될 수 있다.

멀티미디어(multi media) 시대의 뜻은[81] "멀티미디어는 영상, 음성, 데이터 등
이질적인 형태의 정보를 디지털 신호라고 하는 단일한 신호처리 방식에 따라 통
합적으로 처리하고 전송하고 표시하는 미디어"로 정의되고 있다.

멀티미디어의 특성은

① 정보의 디지털화(digitalization)

② 하나의 단말기를 통한 다양한 정보 형태의 통합적 처리(integration)

③ 정보 이용의 상호작용성(interactivity)이다.

2) 디지털화에 따른 미디어의 변화

Media → Contents	Telecom → Network	Display TV or Computer
① 신문 →	우편 →	독자(讀者)
② 잡지 출판	전신	청취자ㅣ
③ 라디오	전화	시청자ㅣ → USER
④ TV	전파	관람자ㅣ (사용자)
⑤ 영화	케이블	
⑥ 음반	위성	
⑦ 애니메이션		
⑧ 만화		
⑨ 게임		
⑩ 광고		

---

81) 김영석, 1997.

아날로그 시대에는 각각의 매체들이 그들이 생산한 콘텐츠를 소비자에게 전달하는 방법이 매우 다양했다. 신문은 각 가정에 배달해야 했으며(지금도 방법은 같다), 잡지와 서적, 만화는 서점에 가야 살 수 있었고, 음반 등은 레코드 가게에 가야 구매가 가능했다. 또한 TV나 라디오도 수신기를 보유하고 있어야 시청 및 청취가 이루어진다. 그러나 디지털이 우리 실제 생활에 깊숙이 개입하게 됨에 따라 각각의 미디어가 보내는 콘텐츠의 통로는 하나로 통합되는 경향이 생겼다. 즉 인터넷을 통해 거의 모든 콘텐츠의 공급과 소비가 가능하게 된 것이다.

인터넷을 클릭해서 각종 신문을 볼 수 있고, 음악과 영화도 내려받아 들을 수 있고 감상할 수 있다. 만화도 즐기고, 화투나 바둑, 게임, 'Wii Fit' 라는 게임형 운동도 가능하다. 우편, 전신, 전화, 케이블, 위성들을 통해 내용물을 보내던 것을 대신 초고속 인터넷망을 통해 전달하게 된 것이다. 이런 과정에서 독자나 청취자, 시청자, 관람자 등의 개념이 하나로 통합되고 만다. 사용자, 즉 유저(User)가 탄생하게 된다.

소위 텔레콤 회사들은 광범위한 지역에 선을 깔아 놓고, 거기에 다양한 콘텐츠를 실어 보냄으로써 수익을 올린다. 이들은 한마디로 '선(線) 장사' 이다. 브리티시 텔레콤, 도이치 텔레콤, AT&T, 우리나라의 KT나 SK도 그런 사업을 하는 기업이다. 이 회사들은 대체로 그 나라에서 양적으로 가장 많은 매출을 올린다.

이 내용을 보다 압축해서 요약하면 각 미디어가 콘텐츠를 텔레비전 화면을 통해 시청하느냐, 아니면 컴퓨터의 모니터에서 보느냐의 문제로 귀결된다. 이것이 더 나가 휴대폰이나 스마트폰, 태블릿 PC로도 볼 수 있는 시대가 되었다. 텔레비전 회사들은 TV에 컴퓨터의 기능을 내장해 큰 화면으로 디지털 내용을 보도록 하자는 것이고, 그러면 TV 조작에 익숙한 사용자들에게 편리성을 줄 수 있다고 주장한다. 반대로 컴퓨터 회사들은 컴퓨터의 모니터를 더욱 확장해 TV의 기능을 수용해 버리자는 의도이다. 이동 등 편의성의 장점을 강조한다. 이 결투는 어떻게 승부가 결정날지 아무도 예측할 수 없다. IT 기술과 전자제품의 연구가 끝이 없기 때문에 무승부일 수도 있다. 그리고 그 선택은 사용자의 취향도 있고, 비용(가격)의 문제도 있기 때문에 섣불리 예측하는 것은 바람직하지 않다.

3) 몇 가지 개념들

▷ 담론(Discourse)이라는 의미는 푸코(Foucault)에 의하면, 지식은 그것을 생산해 내는 사람들의 이익을 대변하는 것일 뿐 어떤 객관적이거나 절대적 진리를 내포하고 있는 것이 아니라는 입장이다. 지식이 만들어내는 것은 진리가 아니라 진리로 가장된 힘이다. 힘쓰는 사람의 말이 힘없는 사람의 말보다 무게가 있고, 힘을 실은 사람의 말이 담론이다. 이와 관련해 '이야기 구성체'도 있다.

▷ 이야기 구성체(discursive formation)는 한 가지 주제를 어느 무명의 논객이 인기 없는 잡지에 기고하는 것보다 말이 안 되는 내용이라도 각 신문사와 방송국이 간헐적으로 보도해주고, 대학교수들이 논문화 하고, 정치가들이 뒤늦게 그 주제를 정책으로 채택할 것처럼 소리를 요란하게 내면 그 얘기가 힘을 쓸 수 있고, 모든 사람이 반드시 알아야 할 필수지식이 된다는 논리이다. 신문이나 방송, 토론회에 '담론'이라는 단어가 난무하는데 푸코는 이 담론을 그리 좋은 시선으로 보고 있지 않다. 유식한 척 담론이라는 단어를 마구 사용하는 것은 바람직하지 못하고, 오히려 천박해보일 때가 있으니 주의가 요망된다 하겠다.

▷ 비트의 세계는 디지털 문명 전도사라로 불리는 니콜라스 네그로폰테(Nicholas Negroponte)가 '아톰(atom)에서 비트(bits)로'라는 정보화·디지털 시대의 화두를 전 지구적 스케일로 선언하고 확장해냈다. '아톰은 과거의 것이고, 비트는 미래의 것이다.' '아톰에서 비트로 변하는 것은 막을 수도 돌이킬 수도 없다.'82)

비트란 무엇인가? 네그로폰테는 말한다. "비트는 색깔도 무게도 없다. 그러나 빛의 속도로 여행한다. 그것은 정보의 DNA를 구성하는 최소 단위다." 아톰의 원리가 실제로 만지고 경험하는 '아날로그'의 세계를 창출했다면, 비트의 원

---

82) 정진홍, 1999.

리는 실제 이상의 '하이퍼 리얼' 한(초월적 현실) 것으로 다가오는 디지털의 세계를 창조한다. 비트가 소용돌이치게 만든 세계의 변화상을 소묘하면 이렇다. PC 통신과 인터넷, PCS(개인휴대통신) 등 컴퓨터를 매개로 한 '사이버 커뮤니케이션' 이 일상화되었다. 물리적인 육체노동에서 컴퓨터를 이용한 사이버 워크로 작업 양태가 급속히 바뀌고 있다. 그런 의미에서 인간, 즉 휴먼 비잉(human being)은 비잉 디지털(being digital)로 되어가고 있다는 것이다.

▷ 유비쿼터스(Ubiquitous)라는 용어는 원래 라틴어에서 유래된 것으로 "신(神)은 언제니, 어디에나 존재한다" 는 뜻이다. IT 용어로 사용되기 시삭한 것은 1991년 미국의 마크 와이저 박사가 "기술이 배경으로 사라진다" 고 주장하며, 유비쿼터스 컴퓨팅(Ubiquitous Computing)이란 말을 사용하면서부터이다. 즉 전기 코드가 있거나 아니면 충분히 충전된 컴퓨터만 소지하고 있다면 장소와 시간을 가리지 않고 인터넷 등에 접속해 정보의 사냥을 하고, 이메일을 보낼 수 있다는 의미이다.

▷ 얼리 어답터(early adopter)는 첨단기술을 다른 사람보다 빨리 받아들이는 사람들이다. '채용하다' , '받아들이다' 는 뜻의 adopt에 사람이라는 접미사(-er)를 붙였다. 미국의 에비릿 로저스가 1957년 〈Diffusion of Innovation〉에서 처음 사용한 말이다.

▷ 무어의 법칙(Moore' s Law)은 1965년 4월 19일자 〈Electronics Magazine〉에 실린 논문에서 무어 박사는 "해마다 반도체 회로의 집적도는 2배씩 높아지고, 그 대신 값은 내려갈 것" 이라고 세계 반도체 산업의 고속성장을 예측했었다. 그러나 세월이 흐름에 따라 '황의 법칙' 이 나왔다. 2002년 샌프란시스코에서 열렸던 반도체 학술행사인 ISSCC에서 황창규 당시 삼성전자 사장이 처음으로 발표한 메모리 신성장론의 별명이 바로 '황의 법칙' 이다. 휴대전화 등 모바일 기기와 디지털 가전의 보급 확산으로 메모리 반도체의 용량이 매년 갑절로 커진다는 내용이다. PC 시장의 성장으로 반도체의 집적도가 1년 6개월마다 2배로 커진

다는 '무어의 법칙' 과 대비되는 이론이다.

▷ DMB(Digital Multimedia Broadcasting)는 이동 중에도 전용 단말기를 통해 고화질 고음질의 TV, 라디오 방송 수신이 가능한 방송 서비스인데, 위성을 이용해 전송하는 위성 DMB와 지상 송신소를 통해 전송하는 지상파 DMB가 있다.

▷ 폐인(廢人)이라는 말은 인터넷에 깊이 탐닉된 사람을 말한다. 그는 '주침야활', 즉 낮에는 자고 밤에만 활동하며, '면식수행' 즉 라면 등 면 종류를 끼니로 때운다. 현실세계의 폐인은 게으르고 무능하고 불규칙한 특징을 보이지만, 사이버 폐인은 현실세계에서도 부지런하고 유능하다. 낮에는 학교와 직장 등에서 활동하다가 밤이 되어 인터넷에 접속하게 되면 폐인의 모습이 된다. 자는 것 먹는 것은 거지나 다름없지만, 컴퓨터 시스템만은 최고급을 사용하는 것이 특징이다. 이런 부류의 사람들을 인터넷 폐인으로 지칭한다.

▷ 세컨드 라이프는 2003년 미국 린든랩에서 만든 3차원 가상현실 서비스를 말한다. 프로그램을 내려 받으면 뉴욕의 40배에 이르는 넓은 가상공간을 갖게 된다. 여기서 집, 자동차, 부동산도 살 수 있고, 쇼핑몰 운영도 가능하다. 그래서 도요타, 소니, IBM, 삼성 등 세계적 기업들이 이 서비스에 눈독을 들이고 있다.

▷ 트위터(twitter)는83) 블로그의 인터페이스와 미니 홈페이지의 친구 맺기 기능, 메신저 기능을 한데 모아놓은 '소셜 네트워크 서비스(Social Network Service; SNS)' 로서 2006년 3월 개설되었다. 2006년 미국의 잭 도시(Jack Dorsey)·에번 윌리엄스(Evan Williams)·비즈 스톤(Biz Stone) 등이 공동 개발한 마이크로 블로그 또는 미니 블로그인데, 샌프란시스코의 벤처기업 오비어스(Obvious Corp.)가 처음 개설하였다. 트위터란 '지저귀다' 라는 뜻으로, 재잘거리듯 하고 싶은 말을 그때그때 짧게 올릴 수 있는 공간이다. 한 번에 쓸 수 있는 글자 수도 최대 140자로 제한되어 있다. 이 때 관심 있는 상대방을 뒤따르는 '팔로우(follow)' 라는 독특한 기능

---

83) 네이버 백과사전. 참조.

을 중심으로 소통한다. 상대방이 허락하지 않아도 일방적으로 '뒤따르는 사람' 곧 '팔로어(follower)' 로 등록할 수 있다. 휴대전화의 문자 메시지(SMS)나 스마트폰 같은 휴대기기 등 다양한 방법을 통하여 글을 올리거나 받아볼 수 있으며, 댓글을 달거나 특정 글을 다른 사용자들에게 퍼트릴 수도 있다. 언제 어디서나 정보를 실시간으로 교류하는 빠른 소통이 가장 큰 특징이다.

▷ 태블릿(Tablet) PC는 키보드 없이 터치스크린을 이용해 화면에 직접 입력·조작하는 방식의 판자형 소형 컴퓨터를 말한다. 개인용 컴퓨터보다 휴대성이 좋은 것이 특징이다. 2010년 1월 애플이 아이패드를 발표하면서 주목받게 되었다.

6. 신문 이야기

1) 신문 역사와 특성

신문은 1660~1777년 사이에 등장했다. 1660년 세계 최초의 일간지가 독일에서 발간되었고, 1690년 미국 최초의 주간신문이 보스턴에서 발행되었다. 1702년 영국 최초의 일간지가 창간됐고, 1777년 프랑스에서도 최초의 일간지가 나왔다. 신문의 역사에 있어 중요한 내용들을 간추려 본다.

'젱거 사건' 은 1734년 〈뉴욕 위클리 저널(New York Weekly Journal)〉의 발행인이었던 젱거(John Peter Zenger)가 영국인 통치자를 비난하는 기사를 실어 투옥되었다. 그러나 젱거는 곧 그가 쓴 기사가 사실에 입각한 것이라는 판결에 따라 풀려났고, 젱거 사건은 신문이 무엇이든지 게재할 수 있다는 법적 해석을 가져오는 계기가 되었다.[84]

'페니 신문(penny press)' 의 등장도 대단한 의미가 있다. 미국에서 나온 1센트짜리 신문 페니 페이퍼(penny paper)를 말한다. 1833년 벤자민 데이(Benjamin Day)가 발간한 〈뉴욕 선(New York Sun)〉과 1835년 베네트(James Gordon Bennett)가 발간한 〈뉴

---

84) 김우룡·정인숙 공저, 『현대 매스미디어의 이해』, 나남출판, 2004. pp.103~104.

욕 헤럴드(New York Herald)〉가 대표적인 페니 신문이다. 데이는 신문 값을 6센트에서 1센트로 가격 파괴했다. 네 쪽짜리 이 신문은 이제 더 이상 중산층과 지식층의 전유물이 아니었다. 동전 한 닢만 내면 서민들도 신문을 볼 수 있었다. 오보와 조작기사가 난무했다. 데이의 신문은 창간 5개월 만에 5,000부, 3년 뒤에 1만 9천부를 발행했다. 이것은 당시 세계 최대의 신문이었던 런던의 〈더 타임스〉를 능가하는 발행부수였다.

　　1833~1860년 사이에 대중지의 성공에 따라 ① 신문의 경제적 토대, ② 신문 배포 방식, ③ 뉴스 구성에 대한 정의, ④ 뉴스 수집의 기술 등에서 저널리즘 역사에 변화가 왔다. 대중지 이전에는 대부분 신문들이 구독료가 주 수입원이었으나, 대중지 이후에는 광고수입이 구독료를 앞서고, 우편발송 외에 가판(street sales)도 등장했다. 1844년 전신술(telegraph)이 발명되어 뉴스의 속보성이 극대화되었고, 신문이 기업화되었다. 원래 초창기 신문은 논문처럼 재미없는 내용이 대부분이었으나, 점차 딱딱한 정치기사 위주에서 벗어나 생활 주변에서 일어나는 가볍고 흥미로운 기사를 주로 다루게 되었다.[85]

　　'황색언론(Yellow Journalism)'은 19세기 말부터 미국의 대표적 신문발행인이었던 퓰리처와 허스트 사이의 치열한 판매경쟁으로 황색언론이라는 부정적 현상이 나타났다. 1889년 퓰리처가 〈뉴욕 월드(New York World)〉 일요판에 정기적으로 'The Yellow Kid'라는 인기 만화를 연재하면서 선정적인 신문 형태를 취하게 되자 이를 황색언론으로 칭했다. 범죄, 스캔들, 가십, 이혼, 섹스, 재난, 스포츠 등 선정적 보도 행위를 말한다. 황색언론의 특징은 비정상적인 헤드라인, 센세이셔널한 그림과 사진, 이상한 사건, 일요일 보충기사, 연속만화의 과다한 게재이다. 황색언론은 폭로 저널리즘(muckraking journalism)도 탄생시켰다.

　　폭로 저널리즘의 'Muckraking'에서 muck란 '오물'을 말하며, rake는 '샅샅이 뒤지다', '끝까지 찾다'는 뜻이다. 이 말은 미국의 제26대 대통령(1901-1909) 시어

---

85) 앞의 책, pp.104·107.

도어 루즈벨트(Theodore Roosevelt)가 처음 사용했다. 존 번연의 〈천로역정(天路歷程)〉에 나오는 말이다. 〈천로역정〉에는 "The man with muck-rake" 즉, "천국의 왕관을 주어도 마다하고 오물만 들추는 자" 라는 뜻으로 사용했다. 이를 인용해 루즈벨트 대통령이 무엇인가 폭로를 위해 몰두하는 언론을 빗대어 처음 사용했다. 그리고 폭로기자를 메크레이커(Muckraker)라고 불렀다.

황색언론이 처음 세상에 나온 지 120년이나 지났다. 그러나 이런 황색기사들은 오늘의 우리나라 신문에도 홍수 때 탁류처럼 넘쳐흐르고, 이것이 텔레비전까지 전이되어 미디어들은 온통 황색의 선정주의에 물들어 있는 것이 현실이다.

선정주의는 특정 의미를 극도로 강조하고 독자, 시청자, 청취자의 도덕적·심미적 감성을 자극하여 사건기사를 실제보다 흥미롭고 중대한 것처럼 윤색해 보도하는 경향을 말한다. 예컨대 2007년 1월 미국 연방하원 의장에 여성의원인 낸시 펠로시(Nancy Pelosi)가 선출되었다. 이때(2007년 1월 18일) 〈뉴욕 타임스〉는 펠로시의 패션에 관해 보도했다. 펠로시의 의상(특히 붉은색 자켓)과 보석들은 대중들도 부담 없이 구입할 수 있는 가격대라는 기사에 그녀가 착용했던 타히탄 진주의 매출이 급상승했다고 한다. 이것도 넓은 의미의 선정주의 범주라 하겠다.

치정살인 사건의 경우도 선정주의가 과도하게 작용할 수 있다. 원래 철학과 문학에서 유래되었으나, 언론에서는 대중염가신문이 탄생되면서부터 사용되기 시작했다. 일반적으로 선정주의는 과도한 에로티시즘과 혼합되어 사용되는 경향이 있다. 따라서 선정주의를 성적인 쪽으로만 한정하는 것은 오해의 소지가 생길 수 있다.

이 황색언론을 처음 개발한 퓰리처는 1903년 컬럼비아 대학에 2만2천 달러를 기증하여 '신문학부' 를 만드는데 기여했고, 1917년 그의 사후 유언에 따라 200만 달러의 유산으로 '퓰리처상' 을 제정했다. 언론계의 노벨상으로 불리는 퓰리처상은 1917년 이후 22개 부문에서 수상자를 선정한다. 옐로우 저널리즘의 창안과 퓰리처상의 제정(정론신문의 표상)이 한 사람의 두뇌에서 나왔고, 또 그의 노력으로 완성되었다는 사실에서 우리는 세상일들은 참으로 알 수 없는 면이 있다는 생각을 하게 된다.

신문이 이데올로기 도구로서의 언론이라는 비판이 있다. 기능주의 패러다임으로 접근한다면 매스미디어는 사회체계의 하부체계로서, 커뮤니케이션 체계와 문화체계의 기능수행을 통하여 상위체계와의 조정, 통합, 지배적인 가치체계, 규범의 유지·전승을 보장하는 것이 된다.

그러나 이데올로기적 방법을 택한다면 그 의미는 아주 달라진다. 마르크스주의 이론은 "미디어를 자본 계급이 독점소유하고 국가적·국제적으로 조직되어, 자본가계급의 관심사를 반영한다. 미디어는 문화 종사자들의 잉여노동 가치를 착취하고, 또한 초과이윤 창출을 위해 소비자들을 적극 이용하고 있다" 고 주장한다. 마르크스는 세상사 무엇이든 간에 순기능보다는 역기능을 찾아내고 만족을 건다. 프랑크푸르트 학파는, 대중문화는 매스미디어에 의해 조정되는 자본가계급 이데올로기의 한 형태로, 마르크스 사회변혁이 실패한 것은 지배 계급 이데올로기가 매스미디어 수단을 통해 노동계급 이데올로기를 파괴했다고 설명한다.

1920년대에는 타블로이드판 신문에 사진을 크게 싣고, 한두 개의 주요 뉴스 헤드라인이 지면을 차지하도록 만든 재즈 언론(jazz journalism 또는 tabloidism)이 나타났다. 1921년에 나온 〈뉴욕 데일리 뉴스(New York Daily News)〉가 대표적이다.

2) 우리나라의 신문

1883년 최초의 근대신문 〈한성순보〉, 1886년 한글 도입 〈한성주보〉, 1896년 〈독립신문〉(4월 7일), 1898년 최초의 일간지 〈매일신문〉 및 〈황성신문〉이 탄생했다. 1905년 을사보호조약 체결에 〈황성신문〉은 장지연의 '시일야방성대곡(侍日也放聲大哭)' 이라는 논설을 발표했다. 1920년 〈조선일보〉(3월 5일), 〈동아일보〉(4월 1일), 1946년 〈경향신문〉, 1954년 〈한국일보〉, 1965년 〈중앙일보〉, 1988년 〈국민일보〉, 〈한겨레신문〉, 〈세계일보〉, 1991년 〈문화일보〉, 2003년 무료일간지 〈메트로〉 등이 창간된 바 있다.

그간 신문의 주요 이슈로는, 1974년 정부는 언론탄압으로 〈동아일보〉에 광고주에 압력을 행사해 광고를 게재하지 못하게 하였다. 또한 석간신문의 쇠퇴 경향에 따라 1991년 4월 이래 〈조선일보〉, 〈한국일보〉, 〈서울신문〉, 〈경향신문〉, 〈한겨레신문〉, 〈세계일보〉, 〈동아일보〉, 〈중앙일보〉, 〈국민일보〉가 조간으로 변경해 발행했다. 석간은 〈문화일보〉뿐이다. 김대중 정부와 노무현 정부 10년을 거치면서 신문들의 이념대립이 심화돼 조선, 동아, 중앙 '일보'는 보수로, 한겨레, 경향, 서울 '신문'은 진보 경향으로 굳어지는 갈등을 낳고 있다. ABC(audit bureau of circulation) 제도는 신문 잡지 웹사이트 등 언론매체가 보고한 무수한 접촉자 수를 일정 기준에 따라 평가·조사해 공개하는 인증제도이다. 한국 ABC 협회는 1989년 5월에 창립되었다. 그리고 1980년대 중반부터 컴퓨터로 기사작성, 편집, 인쇄하는 방식인 CTS(computerized typesetting system)가 도입되었다.

엠바고(embargo)는 '보도제한 시각'이며, 발표 날짜 이전에 기사를 쓰지 않는다는 기자들 간의 신사협정을 말한다. 오프 더 레코드(off-the record)는 기사화하지 않기로 한 약속이다.

3) 게이트 키핑

게이트 키핑(Gate Keeping) 또는 키퍼의 개념은[86] 미국의 사회심리학 및 사회학에서 유래한 것으로 뉴스 미디어 조작에서 전략적인 의사결정자의 위치에 있는 편집자 등과 같은 사람들을 지칭하는데 사용된다. 이는 생정보(raw information)가 뉴스 기관의 선택적인 여과자(濾過者) 또는 관문(gate)을 통과하게 되는 채널 또는 흐름의 산출물이 뉴스라고 보는 본질적으로 기계적인 모델의 일부이다. 이 모델에서 직업적인 커뮤니케이터들은 그들의 뉴스 생산과정을 관여하는 단계에 따라 '뉴스 수집자' 또는 '뉴스 처리자'로 구분된다. 첫째 단계에서

---

86) 『방송대사전』, p.15.

리포터와 저널리스트들은 '있는 그대로의' 뉴스를 수집하고, 둘째 단계에서 이 뉴스 자료들은 선택적인 통제를 통해 문자 그대로 뉴스를 만드는 사람들인 게이트 키퍼들에 의해 선택되고 압축된다. 그들은 그들이 뉴스 가치가 있다고 생각하는 일부의 정보에 대해서는 관문(대문)을 열어주고, 그렇지 않은 다른 정보에 대해서는 관문을 닫아버린다는 것이다. 그들의 가장 중요한 직업적 기능은 최종적인 뉴스 생산물에서 객관적이고 공정한 결정을 내리는 일이다. 게이트 키퍼는 뉴스 출시의 문고리를 잡고 있는 사람들이다.

7. 방송 이야기

1) 방송의 역사

텔레커뮤니케이션이 시작된 것은 라디오로부터이다. 라디오의 탄생은 무선통신 기술의 발전을 통해서였다. 1844년 미국의 모스(Samuel Morse)가 유선으로 전기 메시지 전송기술을 발명했다. 그는 영국에서 조각가로 활동했고, 미국에서는 초상화를 그리기도 했다. 1825년 코네티컷주 뉴 헤이븐에 있던 아내가 사망했는데, 워싱턴으로부터 약 500km 떨어진 곳에 있던 모스가 이 소식을 우편으로 받는 데는 일주일 이상 걸렸다. 이런 여러 가지 이유로 모스는 전기를 통신에 이용할 생각을 하게 되었고, 1832년 유럽에서 뉴욕으로 돌아오는 증기선 슈리 호에서 우연히 만난 대학교수와 전시기에 관한 대화를 나누었고, 전류의 단속(斷續)을 통해 알파벳과 숫자를 표시할 수 없을까를 생각하다가 단선회로의 전시기 개념을 창안했다. 그 후 5년간의 연구를 통해 알파벳 문자에 대해 점과 대시를 사용했는데, 이것이 '모스 부호' 의 탄생이었다. 1844년 5월 24일, 모스는 워싱턴 국회의사당에서 64km 떨어진 볼티모어까지 전선을 설치하고 역사적인 시연도 가졌다. 그때의 전문은 "하느님께서 행하신 일이 어찌 이리 크뇨!" (구약성경 민수기)였다고 한다.

1876년 벨(Alexsnder Graham Bell)이 전화 메시지 송신에 성공했다. 1888년 독일인 헤르츠(Heinrich Hertz)의 전파 발견, 1895년 이탈리아의 마르코니(Guglielmo Marconi)는 무선통신을 발명했다. 이런 여러 가지 발명들은 라디오가 나오게 되는 전사(前史)에 해당된다.

1912년 4월 15일, 뉴욕 해안방송국에서 사환으로 일하던 데이비드 사르노프(David Sarnoff)는 타이타닉 호의 침몰[87] 무전통신을 받고 사방에 소식을 전해 구조작업을 벌이도록 한다. 그는 9살 때 러시아에서 이민 와서 RCA(Radio Corporation of America)의 회장이 된 입지전적 인물이다.

1920년 11월 2일, 미국 피츠버그 라디오방송국 KDKA가 세계 최초로 정규방송을 실시했다. 오후 6시부터 하딩(Warren G. Harding) 대통령 후보와 콕스(James M. Cox) 후보 간의 표 대결을 리얼타임으로 보도했다. 그날 밤 유난히 폭풍우가 거셌다. 시민들은 비를 맞으며 속보판을 통해 개표의 추이를 보고 있었다. 그러나 웨스팅하우스가 판매한 라디오를 가진 소수의 사람들은 벽난로가 있는 따뜻한 실내에서 개표상황을 확인할 수 있었다. 당시 라디오는 1천 대 미만이었다고 한다. 1922년까지 미국 499개 지역에 방송국이 개국했고, 라디오 10만 대가 판매되었다.

텔레비전(Television)은 그리스어 'tele(멀리)' 와 라틴어 'videre(본다)' 의 합성어이다. 1924년 영국인 존 로기 베어드가 TV 기술의 핵심 요체인 '무선화면전송' 실험(기계식 TV)에 최초로 성공함으로써 'TV의 아버지' 로 기록된다. 미국인 판스워스는 1927년 화면전송에 성공하면서 전자식 TV 특허를 취득했다. 이어서 즈보리킨은 1933년 사람들이 볼 수 있는 TV를 개발하게 되었다. 두 사람 간에 특허분쟁이 벌어졌는데 판스워스가 승리했지만 결국 즈보리킨이 미국 내 TV 발명자 위치를 차지하게 된다. 이유는 그가 미국 최대의 가전제품 회사인 RCA 소속

---

87) 1912년 4월 10일 대서양을 향해 중이던 초호화여객선 타이타닉 호가 빙산에 부딪쳐 침몰한 사건을 말한다. 승객 승무원 2,208명 중 1,513명이 사망하고 695명이 구조되었다.

으로 조직적 파워에서 유리했기 때문이라는 것이다.

텔레비전 방송은 1936년 8월 영국 BBC에 의해 런던 북쪽에 있는 알렉산드라 궁의 실험 스튜디오에서 시작되었다. 이후 1일 2시간씩 세계 최초의 정규 텔레비전 방송이 실시되었다. 미국은 1939년 4월 30일 뉴욕 퀸스 지역 세계박람회장에서 실시된 개막식 중계가 최초의 TV 방송이다.

이날 낮 12시 30분, NBC가 박람회장 전경을 보여주면서 시작됐다. 오후 3시 공식 개막행사 종료로 2시간 30분 동안 중계했다. 현장 화면은 엠파이어 스테이트 빌딩 상층부에 설치된 NBC의 송신기에 유선으로 전달됐다. 이렇게 시작된 TV 방송은 제2차 세계대전으로 양국에서 제작과 방송이 모두 중단되었다. 종전 후 1946년부터 방송은 재개된다. 미국의 경우, 1949년 100만 대였던 텔레비전 수상기는 1958년 가정용 수상기만 4,700만대로 늘고, 523개의 방송국이 세워졌다. 1962년 인공위성을 이용한 송신의 성공으로 텔레비전은 전 세계를 연결하는 매체로 등장하게 되었다.

1946년 미국의 CBS와 NBC는 컬러텔레비전을 시연했다. 그리고 1956년 미국 텔레비전에서 대통령선거 보도를 했다.

1956년 RCA의 자회사인 NBC의 시카고 방송국이 세계 최초로 전 프로그램을 컬러로 방송했고, 1989년 영국의 BskyB가 비국내 위성인 룩셈부르크의 ASTRA를 이용하여 영국으로 위성방송 서비스를 하는 SkyTV를 시작했고, 미국은 1994년 6월 16일 세계 최초로 디지털 위성방송인 DirecTV의 전파를 발사하기에 이르렀다. 1998년에 지상파 TV들의 디지털 방송이 실시되었다. 영국의 지상파 TV 방송은 9월, 미국은 11월, 일본은 12월에 각각 디지털방송을 실시했다.

2) 한국 방송사

1926년 11월 30일 JODK 경성방송국이 설립되었다. 일본인들은 라디오 방송을 통해서 "반도 민중(한국인)의 문화를 개발하여 복리를 증진시킨다" 는 명분을 내세웠다. 일본은 임진왜란 이래 중국 침략을 위해 한반도의 점령이 필요했고, 또 보급의 목적으로 우리나라를 강제로 뺏은 바 있다. 그 다음해인 1927년 2월 16일에는 경성방송국이 최초로 정규방송을 실시했다. 일본어 70%, 한국어 30%의 비율로 일본어 위주로 방송했다. 출력은 1kw로, 전체 라디오 수신기 가구는 1,500세대로 그중 한국인 소유 수신기는 300세대 정도였다고 한다. 라디오 수신기의 값이 쌀 50가마니가 될 정도로 고가였고, 한 달 수신료도 쌀 두말 값이었다고 한다. 당시 한국인 직원은 3명으로 시작했는데, 당시 유명한 무용가 최승희의 오빠 최승일이 프로듀서 1호, 그의 부인 마현경이 아나운서 1호로 근무했다는 기록이 있다.

1942년 태평양전쟁이 진행되던 중 총독부는 시민들의 단파수신기를 모두 몰수하였다. 일본의 불리한 전쟁 상황을 알지 못하게 하기 위해서였다. 그러나 경성방송국의 일부 한국인 직원들이 단파수신기를 통해 '미국의 소리', '중경방송'을 듣고 일본 패망 소식을 알게 되었고, 이런 사실을 독립 운동가들에게 전했다. 그 후 이것이 일본 관리에게 발각되어 방송 관련자들이 옥고를 치르게 되었다. 이것이 '단파방송수신 사건'의 전말이다.

1945년 정오, 일본 천황의 항복 선언을 생중계한 다음, 경성방송은 미국 군정에 접수됐다. 1945년 9월 9일 오후 5시, 조선총독부의 관영방송 노릇을 하던 경성방송국의 한국인 직원들이 방송국을 접수, 우리말 방송을 본격적으로 시작하게 되었다. 9월 15일 직원 총회를 열어 초대방송협회장에 이정섭, 초대 중앙방송국장에 이혜구를 선출함으로써 한국인에 의한 방송체제가 출범되고 KBS가 탄생하게 된다.

1954년 12월 5일 최초의 민간방송인 '기독교 중앙방송 HLKY'가 개국하게 된다. 그리고 1956년 5월 12일 오후 7시 30분, 우리나라 최초의 TV 방송 전파가 발사됐다.[88] 이로써 우리나라는 세계에서 15번째, 아시아에서는 필리핀·일본·

---

88) 『방송대사전』, p.589.

태국에 이어 4번째로 TV 방송국 보유국이 됐다. 방송국 이름은 코캐드(KORCAD)였고, 미국 RCA사의 한국 대리점 사장이었던 황태영이 설립했다. 호출부호는 HLKZ였고, 출력은 0.1KW로 아주 미약했다.

이날 서울 종각 건너편의 RCA 빌딩 3층 스튜디오에서 선보인 첫 시험방송은 성경린이 지휘하는 국악원의 연주 '만파정식지곡(萬波停息之曲)' 과 국악합주곡 '수제천(壽齊天)' 이었다. 민속무용단의 승무, 박시춘이 지휘하는 경음악 연주, 백설희·현인·장세정 등 인기가수가 대거 출연한 쇼 프로도 2시간 동안 방송됐다. 화신백화점 앞과 서울역 등에 설치된 TV를 처음 본 시민들은 한결같이 신기하다는 반응이었다. 쌀 한 가마니가 1만8천환[89]이던 시절에 14인치 TV 수상기 한 대 값이 34만환이나 됐으니 TV 수상기 보급도 기대에 못 미쳤다. 300대뿐이었다고 한다. 결국 재정난으로 1년 만에 소유권이 한국일보 계열의 대한방송(DBC)으로 넘어갔지만, 이마저도 1959년에 원인 모를 화재로 방송국이 잿더미가 되고 말았다. 한 달 뒤, AFKN-TV의 채널을 빌려 저녁 7시부터 30분 동안 프로그램을 내보내기도 했지만 결국 문을 닫게 됐다.

이렇게 한국의 첫 TV 방송은 비극적으로 막을 내렸다. 필자가 초등학교 6학년 시절, 저녁 먹고 화신 앞에 구경 가던 기억이 난다. 1956년은 한국전쟁이 휴전하고 겨우 3년이 지난 시기였다. 종로통은 온통 부서진 건물들이 즐비했는데, 미국의 RCA는 배고프고 가난한 서울에서 TV를 팔겠다고 생각한 것이다. 지금 생각해도 그들의 상혼(商魂)에 놀라지 않을 수가 없다.

3) KBS-TV의 개국

KBS-TV는 1961년 12월 31일에 개국되었다. KBS-TV는 5.16쿠데타의 산물로 볼 수 있다. 1960년 5월 16일 박정희 육군 소장에 의한 군사 쿠데타는 성공한다. 이후 19개월 14일 만에 KBS-TV는 성공적으로 개국하게 된다. 아마도 세계 방송

---

89) 1953년 '환' 단위로 화폐개혁, 1962년 '원' 으로 바뀌어 현재에 이름.

사상 초유의 사례가 아닌가 하는 생각이다. 어떻게 텔레비전 방송국을 이렇게 1년 반이 조금 넘는 기간에 건설할 수 있는가? 텔레비전 방송국을 만드는 것은 백화점에서 물건을 사오듯 만들 수 있는 일이 아니다. 방송국의 건물도 설계해야 하고, 각종 설비와 기재도 외국에 발주해서 수입해야 한다. 그 기간은 결코 짧을 수가 없다. 또한 운영과 제작 요원도 양성해야 한다. 일반적 관점에서는 대단히 기이한 일에 속한다.

상명하복(上命下服)에 익숙한 군사정권이 아니라면 불가능한 일이었을 것이다. 1961년 12월 31에 개국하게 된 것도 하루를 넘기면 한 헤가 디 플러스될 것이라는 당시 서릿발 같은 군부의 위세에 눌려 목숨 걸고 서둘렀으리라는 추측이 가능하다.

그런데 박정희 장군은 왜 텔레비전 방송국을 건설하라고 명령했을까? 그 해답을 쉽게 알 수는 없다. 다만 거사가 성공한 후, 정치 지도자로 변신하려는 의도가 있지 않았나 하는 추단이 가능할 뿐이다. 그 당시 발표되었던 '혁명공약'을 참고로 살펴보자.

『친애하는 애국동포 여러분!

은인자중(隱忍自重)하던 군부는 드디어 금조미명(今朝未明)을 기해서 일제히 행동을 개시하여 국가의 행정, 입법, 사법의 3권을 완전히 장악하고 이어 군사혁명위원회를 조직하였습니다.

군부가 궐기한 것은 부패하고 무능한 정권과 기성 정치인들에게 이 이상 더 국가와 민족의 운명을 맡겨둘 수 없다고 단정하고 백척간두(百尺竿頭)에서 방황하는 조국의 위기를 극복하기 위한 것입니다.

군사혁명위원회는

첫째, 반공을 국시의 제1의로 삼고 지금까지 형식적이고 구호에만 그친 반공 태세를 재정비 강화할 것입니다.

둘째, 유엔 헌장을 준수하고 국제협약을 충실히 이행할 것이며, 미국을 위시한 자유우방과의 유대를 더욱 공고히 할 것입니다.

셋째, 이 나라 사회의 모든 부패와 구악을 일소하고 퇴폐한 국민도의와 민족정기를 다시 바로잡기 위하여 청신한 기풍을 진작할 것입니다.

넷째, 절망과 기아선상에서 허덕이는 민생고를 시급히 해결하고 국가자주 경제 재건에 총력을 경주할 것입니다.

다섯째, 민족적 숙원인 국토통일을 위하여 공산주의와 대결할 수 있는 실력의 배양에 전력을 집중할 것입니다.

여섯째, 이와 같은 우리의 과업이 성취되면 참신하고도 양심적인 정치인들에게 언제든지 정권을 이양하고 우리들 본연의 임무에 복귀할 준비를 갖추겠습니다.』

제6항의 내용이 아주 중요하다. 과업을 마치고 원대복귀(原隊復歸) 하겠다는 선언이 분명한데, 그는 결국 군으로 돌아가지 않고 대통령이 되었고, 독재자라는 오명도 얻은 바 있다. 이런 저간의 사정을 따져볼 때, 정치가로의 꿈은 사전부터 있었던 것으로 생각해볼 수 있다. 그렇다면 박정희 장군은 텔레비전에 대한 정말 탁월한 혜안을 갖고 있었다고 평가할 수 있다. 왜냐하면 현대사회에 있어서 텔레비전은 정치와 불가분의 역학관계에 있고, 텔레비전이 없다면 결코 정치가 성립되지 않는다는 점을 애초에 간파한 우리나라 최초의 '텔레비전주의자' 라는 사실 때문이다.

그러나 이에 대한 반론도 있다. 당시 '서울 텔레비전 방송국(현재의 KBS-TV)' 의 개국 요원이었던 강현두90) 교수는 "지금의 방송학자들은 대부분 군사정부가 대중을 동원하기 위해서 텔레비전 방송 개국을 추진하고 있는 것으로 보고 있는데, 그때 상황을 돌이켜 보면 그런 주장은 좀 무리이다. 당시 군사정부는 그런

---

90) 『한국의 방송인』, 커뮤니케이션북스, 2002. p.17.

거창한 의도는 아예 없었고, 쿠데타로 정권을 잡은 후 국민을 달래기 위한 '선물을 준다' 는 생각이 있었다" 는 견해를 표명했다. 정론(正論)이 어떤 것인지는 현재로선 단정하기 어렵다. 다만 KBS-TV의 개국이 정치적인 행위가 아니냐 하는 의문은 박정희 대통령의 그 후 정치 역정과 연관을 지어 판단하는 전문가들이 많다는 사실이다. 어쨌든 KBS-TV는 이런 우리 현대사의 격랑 속에서 태어났다.

1964년 12월 7일 최초의 민간 텔레비전 방송국인 동양 TV가 개국했고, 1969년 8월 8일 MBC-TV가 개국하게 되었다. MBC-TV 개국은 1959년 4월 15일에 전파를 발사한 부산 MBC(라디오)와 1961년 12월 2일에 개국한 한국문화방송(서울 MBC 라디오)과 연계선상에 있는데, 그 과정이 다소 복잡해 그 부분은 생략하기로 한다. KBS는 1980년 12월 1일부터, MBC도 같은 해 12월 20일부터 컬러 TV 방송을 실시했다. 1990년 12월 27일에는 EBS 교육방송도 KBS에서 독립해 개국했다. 1991년 12월 9일에는 SBS 서울방송이 전파를 발사했다. 1995년 3월 1일, 케이블 TV 방송이 실시되어 우리나라에도 명실 공히 다매체 다채널 시대를 맞이하게 되었다. 또한 2001년 10월 지상파 디지털 TV가 수도권에서 본방송을 실시하게 되었다. 2002년 3월 1일부터 위성방송 Sky Life가 방송을 시작했다.

4) 테드 터너와 CNN 이야기

텔레비전의 가장 원초적인 개념은 '멀리 있는 것을 본다' 이다. 그런데 '멀리 있는 것' 이라는 상황이 상식적으로는 세종문화회관이나 예술의전당에서 벌어지는 연주를 보는 것이 해당되지만, 남아공에서 벌어진 2010 월드컵 중계도 멀리 있는 것을 보는 것이기는 마찬가지이다. TV가 이와는 아주 다른 성격인 '전쟁터' 를 본격적으로 중계하기 시작한 것은 1991년 1월 16일 밤이다. 걸프 전쟁에서 미국의 토마호크 미사일이 밤하늘을 수놓으며 바그다드를 불바다로 만드는 장면을 본 전 세계의 시청자들은 자신들이 현장에 있는 것 같은 착각에 빠졌다. 이것은 CNN이 이룩한 신화였다. 그 주인공은 당시 이라크에 특파된 피터 아넷(Peter Arnett) 기자였다. 그는 바그다드에 혼자 남아 SNG(Satellite News Gathering-휴대용 위성송신기)를 이용해 전쟁 화면과 리포트를 위성으로 쏘아 전 세계를 놀라게 했다. SNG를 설명하고자 한다.

SNG의 개념은 사건 현장 취재에서 휴대용 송신기를 이용해 영상과 음향을 통신위성에 쏘면 지상기지에 설치된 장치에서 받아 수신하는 방식이다. 1985년 JAL기 추락사고 때 후지 TV가 SNG로 산악지방인 사고현장에서 영상을 보낸 바 있다. SNG 이전에는 ENG(Electronic News Gathering)가 이미 개발되었다. ENG는 1971년경 개발되어 미국 CBS가 뉴스 프로그램 제작에 사용하였다. 이 시스템은 카메라와 VTR로 구성되어 가동성(可動性)이 좋고, 경비 절감에도 도움이 되었다. 이런 이점으로 해서 보도 이외에 드라마, 다큐멘터리, 커머셜 제작 등 다양한 목적으로 사용되고 있다. SNG 이후에 개발된 소형 송신 장비는 MNG(Mobile News Gathering)이다. MNG는 현장 접근성을 더욱 높이는 장점이 있는 휴대용 이동중계 장비이다. 우리나라에서는 엑스앤지(주)가 개발에 성공해서 2007년 12월 9일에 실시된 제17대 대선 개표 때 SBS가 사용했고, 최근에는 2010년 11월 24일 KBS 뉴스9에서 연평도 사건 현장 리포트를 MNG를 투입함으로써 현장감을 높인 사례가 있다.

그러나 CNN, FOX, MSNBC 등 채널의 전쟁 뉴스는 정보전 차원에서 왜곡 보도도 생산해낸다. 하나의 예는, 걸프 전쟁은 월남전과 달리 강력하게 미디어들을 통제하는 한편, 이라크는 CNN 등을 그대로 주재시켜 조작된 정보를 TV 뉴스에 실어 전 세계를 대상으로 내보냈다. 폭격으로 아이를 잃고 울부짖는 어머니가 실은 후세인의 정보장교였다는 등이다. 1991년 CNN 종군기자로 특파되어 스타 기자가 됐던 피터 아넷이 2003년 2차 이라크 전쟁 때에는 NBC 방송 소속으로 전황을 취재하던 중, 3월 31일 NBC는 아넷 기자를 해고했다. 이유는 "아넷이 국가의 통제를 받는 이라크 TV와 그것도 전쟁 중에 인터뷰를 한 것은 잘못됐다, 부적절한 행동이었다"고 밝혔다. 아넷은 이라크 TV와의 인터뷰에서

"미국의 전쟁 계획이 이라크의 저항으로 실패했다. 미국 내에서 반전 목소리가 커지고 있다"고 말해버렸다. 해고 후 다시 소속사를 옮겼지만 근래에 와서는 그의 활동을 목격하기 어렵다.

앞서 언급된 MSNBC는 미국과 캐나다에서 24시간 케이블 뉴스를 방송하는 회사이다. 1996년 7월 15일 첫 전파를 냈는데, Microsoft사와 General Electric의 방송 부문이 합쳐 출범했다. 또 경제전문 채널인 CNBC도 소속이 같다.

우리가 자주 보고 있는 CNN(Cable News Network)은 맥도널드 햄버거, 디즈니랜드와 함께 미국의 3대 상징이 되었지만, 창업자 테드 터너(Ted Turner)는 파격적인 사고의 전환으로 유례없는 24시간 뉴스 채널을 고안해낸 미디어계의 기린아였다. CNN 이전에는 미국인들은 뉴욕에 있는 3대 방송사(NBC, ABC, CBS)의 정시 뉴스만 시청할 수 있었다. 터너는 '모든 사람이 각자가 원하는 시간에 뉴스를 볼 수 있도록 해보자'는 기획개념에서 시작해 1980년 세계 최초로 24시간 오직 뉴스만이 방송되는 채널을 만들었다.

1980년 6월 1일, 조지아주 애틀랜타에서 CNN이 개국했을 때 '싸구려'라는 의미의 '치킨 누들 네트워크(Chicken Noodle Network)'라고 조롱당했다. 비판자들의 예측대로 CNN은 첫 해 2억5,000만 달러의 적자를 냈다. 그러나 11년이 지나 터진 바그다드 전쟁 중계는 터너에게 큰돈을 벌게 해주었다. 1980년 개국 당시 직원은 225명, 시청 가구는 170만 정도였다. 2005년 현재는 직원이 4,000명 정도로 18배 가까이 증가했고, 미국 8,900만 가구, 세계 각국 1억6,000만 가구, 총 2억5,000만 가구가 시청할 만큼 사세(社勢)가 확장되었다.

걸프 전(戰)부터 'CNN 효과'라는 말이 나왔는데 "CNN은 미국의 입장과 시각을 일방적으로 주입한다"는 뜻이 된다. 그러니까 미국 정부가 운영하는 관영 방송 비슷하다는 비아냥이 깔려 있다. 터너는 애초에 저널리즘에 이해가 부족해서인지 "뉴스는 악(惡)이다"라고 말했다. 어찌 생각하면 정곡을 찌른 표현일 수도 있다. 세상사 모든 갈등과 분란이 뉴스로부터 생산되니까 말이다. 하지만 터너(CNN)는 전쟁이 터질 때마다 큰돈을 벌어들이고 있고, 보수(우익) 노릇을 하면서도 반전파 여배우 제인 폰다와 결혼해 잘 살고 있다. CNN은 1996년 테드 터너가 타임워너 그룹에 지분을 팔아 현재 타임워너의 자회사이다. 그는 'AOL & 타임워너' 부회장이고, 미국에서 가장 땅을 많이 소유한 것으로도 유명하다. 1997년에는 유엔 난민구제, 질병 퇴치를 위한 재단 설립을 위해 10억 달러(약 1조2천억원)를 기부했다. 또 프로 야구팀 애틀랜타 브레이브스와 농구팀 애틀랜타 호크스의 구단주이기도 하다.

5) 알 자지라 방송과 글로벌 뉴스 전쟁

CNN으로부터 뉴스 이데올로기 전쟁이 시작되자 제일 먼저 반기를 들고 나온 회사가 알 자지라(Al Jazeera) 방송이다. 이 방송은 위성을 통해 24시간 아랍어 뉴스를 내보내는 뉴스 채널이다. 1996년 11월 카타르의 셰이크 하마드 빈 칼리파 알타니 국왕이 재정지원을 함으로써 설립되었다. 알 자지라 방송은 2001년 9·11 테러 당시 오사마 빈 라덴의 육성 녹음 테이프를 독점 방송함으로써 유명해졌다. 알 자지라의 뜻은 '반도' 또는 '섬'을 뜻한다. 알 자지라가 아랍 세계에 편향되어 있다는 사실은 그간의 여러 사례를 통해 볼 때 부인하기는 어려운 면이 있다. 전 세계 35개 주요도시에 55명의 특파원을 두고 있고, 미국 내에서도 15만 명 정도의 시청자를 확보하고 있다고 한다. 직원은 기자 250명을 포함해 모두 1,000명 정도이고, 그들은 55개의 서로 다른 국적을 갖고 있다. 이들은 유럽 방송 출신의 아랍계 기자도 많다. 또 그 절반은 여성이라고 한다. 2009년 들어 북한이 로켓 발사 예정으로 서해안 긴장이 고조되자, 알 자지라는 백령도에 특파원을 파견한 예도 있다.

CNN과 알 자지라에 이어 세계 여러 나라들이 위성방송(뉴스 채널) 전쟁에 뛰어든 바 있다.

① BBC 월드: 1991년 개국했고, 영어 방송으로 200여개 국가에서 2억8,100

만 가구가 시청한다.

② 아리랑 TV: 우리나라의 아리랑 TV는 1997년 2월 3일 국제방송교류재단에 의해서 개국했다. 케이블 채널로 국내에서는 영어 방송이 나가고, 해외 188개 국가에 영어, 중국어, 스페인어, 러시아어, 아랍어, 베트남어, 인도네시아어 등으로 해당 국가에 방송된다.

③ CCTV-9: 중국 국영방송인 CCTV의 채널로 2000년 9월에 개국했고, 영어로 방송하며, 시청자는 1,400만 가구이다.

④ 텔레수르(teleS Ur): 2005년 7월 24일 아르헨티나, 볼리비아, 쿠바, 우루과이, 베네수엘라가 합작해서 만든 남미 뉴스 방송이다. 베네수엘라의 우고 차베스 대통령의 지원을 받았다고 한다. 본부는 베네수엘라 카라카스에 두고 있고, 스페인어로 방송하며, 중남미 15개국이 가(可)시청권이다.

⑤ 러시아 투데이 TV: 2005년 12월 10일에 개국했는데, 약 100개 나라에서 시청이 가능하고, 영어 뉴스 채널이다. 당시 대통령이던 푸틴이 지원했다고 한다.

⑥ 알 자지라 잉글리시: 24시간 영어 뉴스 채널로 카타르 도하에 본부를 두고 있고, 유럽·아프리카·동남아·미국 등 약 8,000만 가구 시청이 가능하다. 2006년 11월 15일에 출범했다.

⑦ 프랑스 24: 프랑스판 CNN인 '프랑스 24'는 2006년 12월 6일에 개국되었다. 프랑스 24는 영미가 주도하는 세계 TV 뉴스 시장에서 프랑스의 시각을 대변할 채널이 필요하다고 판단한 자크 시라크 당시 대통령의 직접 지시로 탄생했다. 프랑스 24 사장은 영국의 BBC나 미국의 CNN 같은 앵글로색슨의 시각에 대응하겠다는 견해를 나타냈다. 국제 뉴스를 프랑스적 시각에서 보도하고, 프랑스의 가치를 전 세계에 전달하는 것을 목표하고 있다. 프랑스어와 영어, 또는 프랑스어와 아랍어를 구사할 수 있는 32개국의 기자 200명을 포함해 430명의 직원이 이런 임무를 수행하겠다는 서약서를 쓰고 채용됐다. 아랍어 방송도 매일 4시간씩 나간다.

6) 텔레비전이란 무엇인가?

TV는 역기능보다 많은 순기능을 갖고 있고, 따라서 세상을 파악하는 눈(眼)이며, 국가적 관점에서 가장 중요한 신경망(網)이고, 개인에게 있어서도 살아 숨 쉬게 하는 공기와 같다. 영화에 비해 TV는 수용자가 비교할 수 없을 만큼 많다. 우리나라의 영화관 수는 322개, 스크린 수 2,081개, 관객 수 1억5,879만 명으로 많다고 해도 TV 수상기 대수와 시청자 수에는 절대 미치지 못한다. 한마디로 "TV는 그림이다" 라고 정의된다. 그림을 통해 사건·내용에 대한 이해와 인식, 사고와 판단·행동, 비판과 지향, 정서와 위안 등 국민생활 전부가 교감되며, 문제·쟁점들이 걸러지고 많은 정보가 제공된다.

7) 편성의 개념

넓은 의미의 편성은 '프로그램, 방송활동, 조직의 의사결정 과정, 방송사의 정책이다.' 좁은 의미는 '프로그램 제작, 프로그램 운행의 기획, 방송시간을 메우는 작업' 이다. 프로그램을 질서 있게 넣고 빼고, 사전에 방송계획을 확정, 적합한 프로를 제작하는 기획단계, 시청자 반응을 예측하는 등의 일련의 작업을 말한다. '방송 순서' 란 "방송되는 사항의 종류, 내용, 분량과 그 배열을 말한다" 라고 방송법에 명시되어 있다.

방송편성에도 분명한 원칙이 있다. 편성원칙은 방송의 공공성을 구현하도록 해야 하며, 국민의 윤리적·정치적 감정을 존중해야 하고, 지리적·사회적으로 각 계층의 시청자가 생활환경과 형태에 따라 다양한 프로그램 내용을 접할 수 있도록 해야 한다. 이런 원칙과 목표를 요약하면

    ① 공공의 구현

    ② 다양한 프로그램 제공

    ③ 시청자 이익과 편의에 부응(副應)

    ④ 국민 통합

⑤ 시청자 확보

⑥ 스테이션 이미지 구축 등 6가지이다.

공공의 구현에 배치되는 개념은 '방송의 상업성'이다. "거대한 황무지(vast wasteland)"는 1961년 미국 FCC(방송통신위원회) 위원장이었던 미노우(Newton N. Minow)가 처음 사용한 말로, TV의 상업성을 비난하는 용어로 사용되고 있다. 미노우는 전미방송협회(NAB) 연설에서 "만약 방송인들이 하루 종일 TV 프로그램을 시청하게 된다면 아마도 거대한 황무지를 발견하게 될 것"이라고 말했다. 일련의 게임 쇼, 폭력, 시청자 참여 프로그램, 전적으로 믿기 어려운 가족에 대한 틀에 박힌 코미디, 저질 드라마, 신체상해, 폭력, 새디즘, 살인, 서부 악한, 사설탐정, 깡패, 더 많은 폭력, 만화 따위를 보게 될 것입니다. 그리고 아우성치고 감언이설로 속이는 불쾌한 광고들…. 그 이후 FCC는 "공공의 이익이 방송의 이익에 우선한다"는 원칙과 접근법으로 5개 방송사의 면허가 취소되었고, 8개의 면허 갱신이 거부된 바 있다.

상업성과 선정성이 쓰나미처럼 밀려드는 우리나라의 현실은 미노우 위원장의 방송 철학과는 너무도 동떨어져 있는 현실이다. 어떤 이유에서든지 방송은 정치에 유착되어서는 안 되고, 그 대가로 상업성을 용인 받는 것을 시청자들이 결단코 저지해야만 된다. 그러나 우리의 상황은 그저 꿈같은 남의 나라 이야기일 뿐이다.

대응편성(counter programing)은 같은 시청자를 두고 같은 유형의 프로그램을 내지 않고 전혀 다른 별개의 프로그램을 편성하는 것이다. 폴(Pole) 효과는 앞 프로그램의 시청률이 높으면, 바로 다음 프로에 영향을 미친다는 이론이다. 텐트폴링(Tent-poling)도 같은 뜻인데, 하나의 인기 프로그램 앞뒤에 새 프로그램을 각각 배치하는 편성 전략이다. 카우치 포테이토(couch potato)라는 개념도 있는데, 이는 하루 종일 편한 의자에 기대어 감자 칩을 먹으며 텔레비전을 보기만 하는 중

(重)시청자를 뜻한다. 실제로 그런 '신드롬'의 사람들도 많이 있다. TV의 실무적 구조는 편성, 제작, 보도, 기술, 경영, 정책, 뉴미디어 등이다.

8) 프로그램의 분류와 기능

우리나라의 TV 프로그램은 1961년 12월 31일 KBS-TV가 개국한 이래 아래의 양태로 발전·진화되어 오고 있다.

▷드라마→ 쇼→ 코미디→ TV 영화('주말명화' 및 TBC '뿌리' 등)→ 보도→ 스포츠→ 패밀리 프로→ 개그 쇼→ 일반교양(1983년 KBS 및 MBC 교양국 신설)→ 모닝 쇼→ 다큐멘터리→ 다큐드라마→ 토론(1987년 이후)→ 토크 쇼→ 보도 다큐멘터리→ 시트콤→ Big Shot→ 이벤트 쇼→ 연예인 밀착취재 장르 파괴→ 리얼리티 쇼→ 퀴즈+코미디→ 버라이어티 쇼(예능)→ 리얼+버라이어티 쇼 등으로 변천을 거듭하고 있다.

위의 프로그램들의 변화를 보면 여기에서도 당시의 사회적 또는 정치적 환경에 따라 많은 영향을 받게 된다. 1960년 5월 16일 군사혁명이 일어나자 부패에 연루된 다수의 사람들과 폭력배들이 속속 구속된다. 각각의 시민들은 어떤 사정이 자기에게 돌아올지에 대해 마음을 졸일 수밖에 없었다. 방송 뉴스에 민감하지 않을 수가 없는 정황이었다. 따라서 보도 프로그램의 무게가 커졌고 강력하게 되었다.

그 전의 뉴스들은 주로 어느 동네의 와가(瓦家-기와집)에 화재가 발생했다던가, 조금 크면 팔월 한가위에 은행에 강도가 침입했다는 식의 뉴스들이 고작이었다. 그러나 정치가 각자 개인에게도 영향을 미칠 수 있다는 가능성 때문에 5.16 이후 보도 프로그램들은 큰 변화를 맞게 된다.

이런 정치적 소용돌이 속에서 국민들은 사회생활과 그들의 삶에 활력을 잃고 무기력하게 된다. 위정자들은 이에 대한 타개책으로 스포츠를 이용하기로 마음먹는다. 태평양전쟁 패전 후 일본 자민당이 활용했던 '프로 레슬링'을 벤치마 킹한 것이다. 박정희 대통령 시절 프로 레슬링 경기가 창설되고, 장충체육관에 서 경기를 직접 텔레비전으로 중계하기 시작했다. 프로 레슬링은 무력을 과시하 는 스포츠다. 상대 선수를 가격하고 매트 위에 던지고 팔·다리를 꺾고 판타지적 폭력이 난무한다. 심리학자들은 이때 인간에게는 동물적인 에너지가 발생한다 는 견해를 피력한다. 그래서 자연스럽게 스포츠 프로그램이 활성화되었다. TV 가 없었으면 불가능한 일이다. 이런 전술은 전두환 대통령 재임시 프로 야구, 노 태우 대통령 때의 프로 축구 창설과도 매을 같이 한다.

1970년대만 해도 한국의 어머니들은 아기를 여러 명 낳았다. 지금은 출산 율이 1.19명으로 사회적인 우려가 크지만, 당시는 5~12명의 아이를 출산하는 것 은 드문 일이 아니었다. 이때 가사 돌보기는 대단한 노동을 요구했을 것이다. 박 정희 대통령의 산아제한운동, 그리고 1969년 금성사(현재 LG)에서 출시한 2조 수 동식 세탁기로 인해 한국 여성들은 가사노동에서 적잖이 벗어나게 된다. 이 시 기에 주부들은 아침에 남편과 아이들을 내보낸 후 차 한 잔을 하는 여유를 갖 게 되었고, 이 때 등장한 것이 패밀리 프로와 요리 등 여성 대상 프로들이었다.

1980년 전두환 정권이 들어서면서 방송 통폐합이 시행돼 TBC-TV, 동아방 송, 기독교방송 등은 문을 닫게 된다. 정부가 사유재산을 무단 점유한 것이다. 그 명분으로 소위 '공영방송' 원칙을 내세웠는데, 그러자면 국민들의 '교양' 함양 이 꼭 필요했다. 따라서 1983년 봄에 KBS가, 같은 해 가을에 MBC가 교양국을 신설하고 관련 프로그램들과 모닝 쇼, 다큐멘터리들을 제작하기 시작했다.

1987년 노태우 대통령이 민주화를 선언한 이후 겉으로는 드러나지 않았던 실제적인 규제 등이 철폐되어 오늘날 흔한 토론 프로들도 나오게 된 것이다. 이 렇게 프로그램이 출현하는 데는 시대적인 배경과 함께 정치적인 상황이 매우 큰 영향을 미치게 된다는 점을 이해할 수 있다.

▷이 프로그램들의 기능을 나누면

① 오락 기능(정서순화, 위무)

② 보도 기능(이해, 인식, 비판, 지향)

③ 정보전달 기능(삶의 질 향상)

④ 문화전달 기능(역사, 문명, 문화, 예술, 의식 고취)

⑤ 광고 기능(건전한 소비와 생산증진) 등 사회적으로 다양한 역할을 수행한다.

▷드라마는 '사랑과 이별, 갈등과 눈물'이다.

▷쇼는 '즐거움과 흥겨움, 때로는 애절함과 슬픔'이다.

▷생활정보는 '새로운, 특이한, 신속한 인간과 생활에 대한 모든 정보'이다.

▷다큐멘터리는 '역사와 문명, 사건과 인간에 대한 진실과 판단을 추구하는 작업'
이다.

▷보도는 '빠르고, 깊이 있고, 다양한 국내외 각 분야 정보'이다.

9) 텔레비전은 어떻게 방송되나?

텔레비전을 시청하는 데는 그림을 보내는 원리와 받는 원리가 작용한다. 피
사체로부터 발생한 광(光)의 강약을 TV 카메라를 통해 전기적 신호로 변환시키
고, 이것을 다시 영상신호로 만든 다음, 전파에 실어 송출하고, 받는 쪽은 날아온
전파를 다시 영상신호로 재생시켜 수상관에 쏘아 영상을 만들어내게 된다.

TV 카메라 렌즈 뒤에는 감광판이라는 얇은 막이 있는데, 이 막은 세륨 원
소로 된 수많은 작은 점으로 되어 있다. 카메라 렌즈가 어떤 물체를 포착하면
렌즈를 통해 감광판 위에 초점이 맞추어지고 센 빛이 와 닿으면 많은 전자를, 약
한 빛이 와 닿으면 적은 전자를 발생시킨다. 카메라에 내장된 전자총은 전자빔
을 쏘아 감광판 위에 발생된 전자를 맞추어나가는 것을 주사(Scanning)한다고 하
고, 점으로 이루어진 하나의 선을 주사선이라고 한다. 한국의 TV 주사선은 미국

표준방식인 NTSC(National Television System Committee) 525이다. 일본과 캐나다도 같다. 영국·독일·네덜란드는 PAL(Phase Alternate Line) 방식인데, 주사선은 625다. 프랑스, 러시아는 SECAM 방식으로 주사선은 625다. 이런 이유로 해외에서 산 비디오테이프(Pal이나 Secam 방식)는 우리의 비디오로는 재생이 불가능하다.

컬러 TV는 피사체의 색깔을 적·녹·청의 삼원색으로 분해해서 송신하고, 이것을 수신해서 재구성하는 구조이다. 생방송일 때 스튜디오나 중계현장에서 받은 영상과 음성 등 각종자료는 부조정실에서 일단 합류하고, 하나의 프로그램 형태로 만들어져 주조정실에 보내진다. 여기서 송신소를 거쳐 방송선파로 바뀐 것이 송신 안테나에서 발사된다. 이것이 각 가정의 수상기를 통해 우리가 시청하는 화면과 음성을 완성시킨다. 다른 하나는 마이크로웨이브로 지방 등으로 송출된다.

10) TV 비(非)드라마 제작과정

방송사에서 프로그램을 구분할 때 흔히 비(非)드라마와 드라마로 가른다. 우리가 생각할 때 드라마가 매우 많은 것으로 인식되지만, 그것은 드라마의 임팩트가 크기 때문이고, 실제로는 드라마를 제외한 프로그램 숫자가 더 많다. 일반적인 프로그램의 제작과정도 비드라마와 드라마는 다소 차이가 있다. 드라마의 제작과정은 앞서 소개한 바 있으므로 여기서는 비드라마의 제작과정만 다루기로 한다.

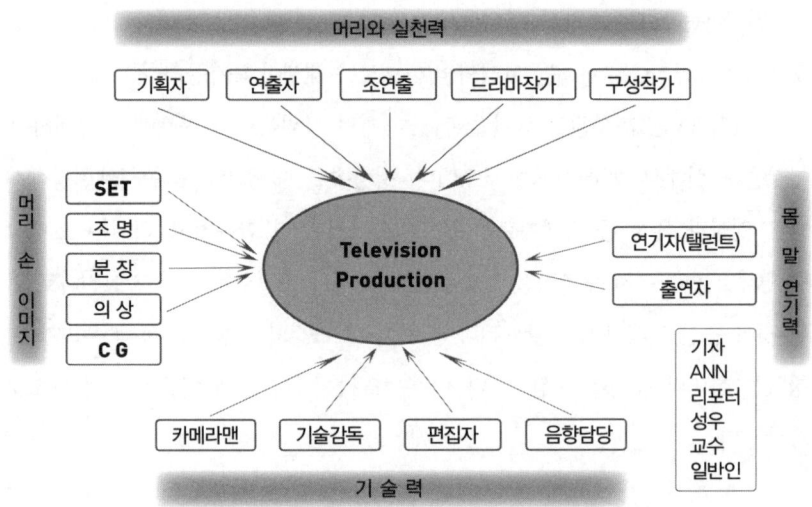

▷ **프로그램 제작 진행 단계 구분**

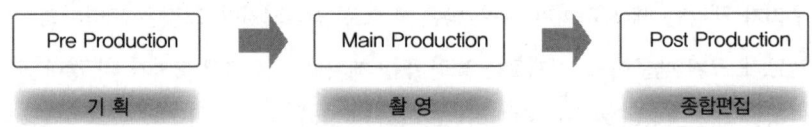

① 기획=큰 주제를 정하고 이 주제를 뒷받침할 중소 아이템들을 결정한다.

② 자료조사=세부 아이템들을 실제 촬영할 수 있는지에 대한 각종 자료조사

③ 현지답사=자료조사를 통해 나타난 내용들이 확실한 것인지, 조건 등의 현장

조사

④ 기획안 작성=제작의 중요 내용들을 서류로 작성하는 프로그램 기본설계도

⑤ 촬영 콘티뉴이티(continuity)=드라마 촬영 콘티와 약간 다른 '촬영순서'를 말

한다.

⑥ 출장 촬영=ENG 카메라 등 촬영 장비를 갖추고 촬영 팀이 실제 촬영에 들어간다.

⑦ 프리뷰(Preview)=찍어온 테이프를 자세히 검색한다(모니터).

⑧ 구성안 작성=찍어온 그림 중 기획의도에 맞게 순서를 정해 '그림붙이는 설계도'

⑨ 편집=구성안대로 그림을 잘라내 배열하고 순서에 따라 붙이고 인서트도 삽입한다.

⑩ 원고작성=그림 내용(앞그림과 뒷그림 사이)에 들어갈 원고를 작가가 쓴다. 인서트 길이보다 약간 적게 쓴다.

⑪ 더빙(Dubbing, Voice over)=작가가 완성한 해설을 화면 속에 삽입한다.

⑫ 완제품 제작=더빙된 테이프에 타이틀, CM, 음악, 음향효과, 자막, CG 등 삽입

⑬ 프로그램 시사 후 평가회의

⑭ 제작비용 정산

11) 예능 프로 제작과정

　　일반적으로 예능 프로는 쇼 프로그램, 코미디, 가족 프로그램, 게임 프로그램, 퀴즈 프로그램 등을 모두 포괄한다. 이 프로그램들은 각각의 포맷(format)에 따라 다르기 때문에 '쇼 프로그램'을 중심으로 한 제작과정을 살펴본다. 이 내용은 현재 인기를 얻고 있는 '예능' 프로와는 다소 다르다.

① 주제 결정=국민적 합의, 지역집단 위안 캠페인, 이벤트 등의 목적 결정

② 장소 선정=공개홀, 극장, 체육관, 공원, 경기장, 야외 특설무대 등

③ 출연자 결정 및 섭외=가수, MC, 기타

④ 곡목 선정=가요, 가곡, 팝송, 국악, 기타

⑤ 반주=오케스트라 및 밴드 구성, 편곡 의뢰

⑥ 미술=세트 의뢰

⑦ 조명=일반조명 및 특수조명 의뢰

⑧ 대본 완성=쇼의 줄거리와 진행 내역, 순서 등 원고화(化)

⑨ 큐시트 작성=진행 순서, 출연자 등장과 퇴장, 대본과 큐시트를 종합해 책으로 만든다

⑩ 무대 연습=가수, 출연자, 카메라, 조명, 분장, 의상 등을 갖추고 연습

⑪ 공연 및 생방송(또는 녹화)

▷ 코미디의 어원은 '축제(comus)의 노래(ode)'에서 비롯되었다. 즉 술 마시고 춤추며 노래 불렀다는 그리스 신화에서 유래되었다. 코미디의 생명은 '풍자(satire)'가 탁월해야 하며, 아이디어(내용·동작·대사)도 중요하다. 콩트 나열식, 시추에이션, 시트콤, 어릿광대, 집단출연 등의 방법이 활용된다.

▷ 프로덕션 시스템(Production System)=지상파 TV의 자체 제작 대신 외부 프로덕션이 제작하는 제도이다. 지상파의 조직 비대, 창의성·전문성 부족을 줄일 수 있고, 효율성을 제고하며, 예산절감 효과를 가져온다. 장르별 전문 프로덕션도 있다. 이런 조직에서는 EP(executive producer)도 활동하는데, 이때 'executive'는 집행력을 말하는데, 즉 예산권이 있는 PD를 뜻한다. 방송사와 10편의 프로그램을 납품하기로 계약했을 경우, A작품 3억원, B작품은 2억원, C작품 1억원, 그 외 5천만원 소요 프로그램 4개, 자신의 수입 2억원 식으로 운영되는 경우이다. 프로덕션들은 자료 화면을 많이 사용하는데, '아카이브스(Archives)'는 영상물 등을 대량으로 확보하고 있는 기록보관소를 말한다.

12) 프로그램에 대한 평가 척도

비평에 대한 사전적 의미는 "가치평가 작업, 작품에 대한 가치부여, 인간의 본능적 지적 작업"이라고 되어 있다.

▷ 그 기능들을 요약하면 다음과 같다.

① 가치발견 기능(대상평가 후 부여)

② 비판 기능(문제점 추출 등)

③ 재창조 기능(긴 문학평론의 경우)

④ 상호작용 기능(송수신자 간)

⑤ 해석 기능(안내, 해설, 정보전달)

⑥ 감시 기능 등이 비평의 기능이다.

▷척도는 진(眞)=진리의 가치, 선(善)=윤리 도덕적 가치(그 해이에 대한 고발), 미(美)=미적 가치로의 평가가 가능하다.

▷영상작품(영화, TV 프로, 애니메이션)에서는 공히

① 스토리 전개에 무리가 없어야 한다.

② 배우의 연기가 포괄적이고, 심금을 울려야 한다.

③ 미술적 요소가 탁월해야 한다.

④ 구성에 있어 전체적으로 훌륭한 짜임새를 지녀야 한다.

▷공영성 지수(PSI-Public Service Index)의 개념은 시청률이 프로그램의 완성도를 측정하지 못하는 한계가 있고, 수용자 반응조사는 실제 인기와는 상관없이 '재미'와 '유익' 등 2개 항목의 질적 평가만을 내리는 단점이 있다.

공영성 지수는 "뭔가 얻는 것이 있다(인지적 차원)", "정이 간다(정서적 차원)", "다른 사람도 보았으면 좋겠다(총체적 차원)"에 대한 반응을 집계하는 것이기 때문에 '좋은 프로그램'과 '나쁜 프로그램'을 구별하는데 유용하다. 그러나 이 공영성 지수를 이용해서 시청률을 조사하지는 않는다. 왜냐하면 비용이 많이 들고, 기간도 오래 걸리고 기술적 문제도 복잡하기 때문이다. 따라서 프로그램을 시청한 후에 시청자가 "뭔가 얻는 것이 있다", "정이 간다"와 함께 "다른 사람도 보았으면 좋겠다"의 총체적 개념은 좋은 프로그램을 나타내는 정확하고 귀중한 잣대 중의 하나가 될 수 있다.

13) TV 프로그램 비평의 조건

● 드라마=선정성, 폭력성, 가족윤리

● 쇼 프로 및 시사 프로=선정성, 관음적 요소, 과도한 이데올로기, 지방색

● 생활정보=직·간접 PR 사례, 미풍양속 저해, 인간의 존엄성, 초상권

● 보도·시사=공정성, 형평성, 균형 감각, 정확성 여부에 대한 판단이 중요하다.

▷ 평가 분석의 요체(要諦)

① 기획=주제가 한 알의 사과처럼 손 안에 꽉 잡히는 것이 좋다.

② 취재=자료조사가 철저히 이루어졌는지를 살펴야 한다.

③ 구성=기승전결(起承轉結)에 따라 논리적 설득이 가능한가 판단.

④ 원고=군더더기 없는 메시지의 삽입과 연결고리 확보 여부.

⑤ 출연자=MC·ANN·해설자·기자·리포터·전문가 등은 톱클래스인가를 신중히 따져야 한다.

⑥ 보조제작물=음악·효과·그래픽·CG·세트는 프로 전체를 아우르도록 정교한가를 본다.

⑦ 완제품 제작=제작요소가 기술적 믹싱의 완급·장단고저·유연성·부드러움을 표현하고 있는가의 여부 등

　　▷텔레비전은 시청자에게 감동·흥미·재미·교양·정보·오락 등 우수한 요소를 제공해야 한다. 감동은 희(喜)·노(怒)·애(哀)·락(樂)을 통한 최고의 느낌을 화면을 통해 공급해야 한다.

▷Video Value=Fact+Insert이다. 이때 Insert는 Fact에 대한 배경, 숨겨진 부분, 속의 이야기(그림) 등 매우 중요한 요소이다. 인서트가 훌륭해야 팩트에 대한 그림은 가치가 살아난다.

▷캐스트(Cast)는 캐스팅을 당하는 사람, 즉 연기자이다. 탤런트, 영화배우, 아나운서, 앵커맨, 방송기자, MC, DJ, VJ(Video jockey), 개그맨, 가수, 성우, 뮤지컬 배우, 연주가, 일반 출연자 등이다.

▷스태프(Staff)는 출연하지 않고 프로그램을 기획, 제작, 추진, 보조하는 전문가들을 말한다. 기획자, 프로듀서, 연출자, 뉴스 연출자, VJ(Video Journalist), 구성작가, TV 카메라맨, 분장, 조명, 미용, 의상, 편집, CG 요원 등이다.

▷ TV의 핵심 인원은 프로듀서, 방송기자, 카메라맨, 구성작가이다. 특히 구성작가는 대졸 여성이 99%이며, 일정한 능력만 갖추면 접근성이 좋아 유망직종으로 인기가 높다.

8. 인터뷰 이야기
1) 인터뷰

인터뷰에 관해서 찰스 스테와트(Charles Stewart)와 윌리엄 캐시(William B. Cash)는 "인터뷰는 행태의 교호작용을 위해서 사전에 계획되고 진지한 목적을 지닌 질문과 응답을 내포한 쌍방커뮤니케이션 과정이다" 라고 정의하고 있다. '인터뷰(interview)' 는 글자 그대로 상대방의 마음속을 들여다보는 것이다. 질문자는 인터뷰어(interviewer), 질문 당하는 사람은 인터뷰이(interviewee)이다. 방송에서 행해지는 인터뷰의 특성은 다음과 같다.[91]

① 은밀하지 않다. 공개적이기 때문에 인터뷰 대상자로부터 환영받을 수도 있고, 거부될 수도 있다.

② 대상자와 합의에 의해서 이루어져야 한다.

③ 특정한 목적 아래 수행된다. 청취자(시청자)가 알고 싶어 하는 내용을 물어본다.

④ 사전 준비가 필요하다. 질문지(질문항목, 내용)가 정확히 마련되면 좋다.

⑤ 반드시 방송되지 않을 수도 있다. 합의에 의해 인터뷰가 이루어졌더라도 방송에 적합하지 않을 경우, 방송되지 않을 수도 있다는 점을 사전에 알려주고 양해를 얻도록 해야 한다(인터뷰가 끝나면 알 수 있다).

⑥ 연출이 필요하다. 작가나 연출자는 청취자가 궁금해 하는 내용을 인터뷰 대상자가 말할 수 있도록 사전에 알리고 유도해야 의도된 대답이 나올 수 있을 것이다.

2) 인터뷰의 유형

인터뷰 목적에 따른 분류는 정보의 제공, 오락의 제공, 정보와 오락의 혼합물 등이고, 포맷에 의한 분류로는 뉴스, 게임 쇼, 버라이어티 쇼, 토크 쇼, 피처 인터뷰, 다큐멘터리, 시사 문제로 구분될 수 있다. 출연자 형태에 의한 분류는 퍼스낼리티 인터뷰(Personality Interview)의 경우는 저명인사나 인기연예인을 대상으로 진행된다. 내용 인터뷰는 전문가로부터 정보 획득을 목적으로 진행하는 형식이다. 그룹 인터뷰는 단체로 질의응답을 하는 형식으로 기자회견이나 이와 유사한 성격을 가진 집단과의 대담이 여기에 속한다.

3) 효과적인 인터뷰를 위한 조건

인터뷰도 한 개의 소형 프로그램이기 때문에 연출이 필요하다. 효과적인 인터뷰를 수행하기 위해서는 방송시작과 함께 몇 가지 조건과 분위기가 조성되어야 성공을 거둘 수 있다. 다음을 유의했으면 한다.

---

91) 문화방송 라디오제작국 편, 『라디오방송 제작론』, , 나남출판, pp.119~131. 발췌 요약.

① 출연자의 긴장을 빨리 풀어준다. 진행자는 인터뷰 대상자에게 관심과 호의를 보인다.

② 시동(始動)을 빨리 걸어야 한다.

③ 대답을 주의 깊게 듣고, 적절한 흥미를 보인다.

④ 대답하는 사람의 말을 차단하지 않도록 한다. 진행자가 물어보고 대답이 빨리 나오지 않으니까, 진행자가 자기의 견해로 대답을 대신하는 것은 최악의 인터뷰이다.

⑤ 인터뷰의 흐름이 통제되어야 한다. 자기 합리화니 PR의 의도를 막도록 한다.

⑥ 인터뷰 중간에 출연자의 성명과 직위, 소속 등을 소개한다.

⑦ 답이 뻔한 질문은 피한다. 장애자의 무등산 등반행사 과정에서 "힘드십니까?" 하는 식의 질문은 매우 부적절하다.

⑧ 가끔 대답이 난처한 질문도 한다.

⑨ 인터뷰 내용과 관련이 없는 사적(私的) 질문은 자제한다. 이혼문제를 상담하는 변호사에게 당신도 이혼했느냐?(실제로 이혼한 경우)는 질문은 곤란하다.

⑩ 수동적이고 소극적인 인터뷰 대상자에게는 여러 각도에서 말을 유도해 원하는 답변을 얻도록 시도한다.

⑪ 막다른(dead-end) 질문은 피해야 한다. 예스/노 둘 중의 한마디로만 답변하지 않으면 안 되는 질문을 계속 던진다면, 그 인터뷰는 너무 재미없게 된다. 이런 때는 질문의 형태를 바꾸는 것이 필요하다.

⑫ 자신만의 개성 있는 인터뷰 스타일을 가져야 한다.

소위 인터뷰 달인들의 몇 가지 에피소드를 소개한다.

▷이탈리아 출신 미국의 전설적인 여기자 오리아나 팔라치(Oriana Fallacci)는 1979년 이란 최고지도자 호메이니와 인터뷰를 가졌다. 차도르(chador)는 이란 여성들이 입는 검은색 망토형 외투인데 가장 억압적 의상으로 평가된다.[92] 그녀는

이란 여성에 대한 성차별 문제를 따지면서 강펀치를 날린다.

● 팔라치=차도르를 입고 어떻게 수영을 합니까?

● 호메이니=당신이 상관할 바 아니다. 이슬람 옷이 마음에 들지 않으면 입지 않으면 된다.

● 팔라치=그렇다면 이 시시하고 고리타분한 걸레조각을 당장 벗겠다며 입었던 차도르를 벗어 던졌다. 격분한 호메이니는 자리를 박차고 나가버렸다.

팔라치에게 유명한 헨리 키신저도 당한 바 있다.

▷2004년, 40년 만에 은퇴한 미국 ABC의 여성 앵커 바바라 월터스(Barbara Walters)의 인터뷰는 아무도 감히 물어보지 못하는 것을 공격적으로 질문하는 스타일로 유명하다.

● 보리스 옐친 전 러시아 대통령에게 "당신은 술을 얼마나 많이 마시는가?"

● 옛 소련 비밀경찰 KGB 출신인 블라디미르 푸틴 러시아 대통령(현 총리)에게 "살인한 일이 있느냐?"

● 무아마르 카다피 리비아 국가 원수에게 "사람들은 당신을 미쳤다고 생각하는데 어떤가?" 등 예의고 뭐고 없다. 단칼로 심장에 비수를 꽂는 스타일이다. 물론 인터뷰 대상 누구에게나 그런 것은 아니고 들이댈 만한 요소가 있는 인사들에게 한정된 방법일 것이다. 인터뷰 내용보다 그 말의 타격(打擊) 방법과 감(感)이 흥미를 유발한다. 독특한 개성이다.

▷2010년 6월 29일, CNN의 '래리 킹 라이브(Larry KIng Live)'를 진행해온 래리 킹이 CNN 홈페이지를 통해 이번 가을(2010년) 그의 토크 프로에서 25년 만에 물러나겠다고 밝혔다. 2007년 4월 방송 데뷔 50주년을 맞은 자신만의 인터뷰 기법

---

92) 부르카는 얼굴과 목 전체를 가리고 손도 장갑 비슷한 것을 끼어 노출을 막는다. 눈 주위도 가리개로 덮는다. 히잡(hijab)은 흰색이나 다양한 색으로 만든 일종의 두건이다. 사막의 모래바람과 열기를 막기 위한 목적으로 고안되었다고 한다.

을 소개했다.

① 나는 짧은 질문을 던진다.

② 절대로 똑똑한 체 하지 않는다.

③ 다 아는 것처럼 꾸미지도 않는다.

④ 모르는 얘기가 나오면 '무슨 말이죠?' 라고 묻는다.

⑤ 인터뷰 준비도 많이 하지 않는다.

⑥ 그래야 게스트가 하는 말에 집중할 수 있다.

⑦ 초청 손님이 토크 쇼의 중심이 돼야 한다.

⑧ 카메라는 방영시간의 95% 이상을 초청 손님에게 할애해야 한다. 그렇지 않으면 뭔가 잘못된 것이다.

진정 겸손한 태도이다. 그는 저널리스트보다 '인터뷰 진행자' 로 불리길 좋아했다.

국내 진행자 중에는 팔라치나 바바라 월터스처럼 공격적인 기법들을 오용(誤用)해 예의 없는 질문을 하는 경우를 자주 경험할 수 있다. 그래서는 절대 안된다. 앞에서 소개한 사례들은 인터뷰에 통달한 소위 고수(高手)들이 전후좌우의 정황과 사리를 판단해 과감하게 시도한 것이기 때문에 아무나 따라할 수는 없는 일이다. 또 인터뷰어(질문자)가 인터뷰이(대답하는 출연자)에게 눈을 내리깔면서 야단치고 다그치는 것을 인터뷰로 생각하는 사람도 있다. 훌륭한 인터뷰는 인터뷰어의 교양과 인품, 경륜과 도야(陶冶)에서 나온다는 것이 결론이다. 방송과 신문은 인터뷰어 개인의 소유가 아니기 때문에 이데올로기, 정치적 파당, 향토색, 종교 등을 완전히 배제한 토대 위에서 공정하게 진행되어야 마땅하다.

4) 리포팅과 리포터

리포팅의 핵심은 현장감이다. 현장에서의 생생한 이야기가 청취자나 시청자에게 공감과 흥미를 충족시켜 주게 된다. 따라서 리포터가 현장감에 충실하지 못한 리포팅을 한다면 그날 방송은 실패한 것이라고 할 수 있다. 리포팅의 특성은 다음과 같다

① 리포팅은 현장이다.

② 리포팅은 살아있는(곧 지금의 상황) 느낌을 주도록 한다.

③ 리포팅은 작은 프로그램이다. 따라서 6하 원칙이 준수되는 small, full story가 되어야 한다.

④ 리포팅은 작은 프로그램이더라도 연출이 필요하다. 경우에 따라서는 리포터가 연출자가 될 수도 있다.

⑤ 리포팅은 퍼스낼리티(personality)이다. 리포터의 개성이 살아야 성공할 수 있다.

5) 리포팅 기법 요약

① 리포팅의 주제가 무엇인지 분명히 파악해야 한다. 기획의도를 충분히 숙지하는 것이 가장 중요하다. 즉 '내가 여기에 왜 왔는가' 를 생각해야 한다.

② 리포팅의 유형을 설정한다(mode 설정). 단순한 행사 스케치인지, 현장에서 꼭 필요한 어떤 내용을 담을 것인지를 결정한다. 총 리포트 시간이 3~7분 정도일 경우도 opening, body(본 내용), closing의 순서로 진행한다.

③ 현장 연출은 현장 책임자를 사로잡는 것이 급선무하다. 현장 상황에 관해 그는 누구보다 많은 정보를 가지고 있을 것이다.

④ 다소의 쇼맨쉽도 가미되어야 리포팅은 흥미가 있다. 다만 너무 지나치면 곤란하다. 그러나 최근의 행태는 인터뷰가 아니라 쇼맨쉽 그 자체다.

⑤ 위기대처 능력이 요망된다. 현장은 스튜디오처럼 시스템이 완비되어 있지 않고 복잡할 수도 있다. 따라서 기재 등 관련 돌발사고가 발생할 가능성도 있다. 이때 리포터는 임기응변을 발휘할 수 있는 준비가 되어 있어야 한다.

리포팅과 리포터는 순발력과 유연성이 함께 필요하다. 어느 면에서 리포팅은 인터뷰의 전 단계에 해당할 수도 있다. 이러한 여러 가지 원칙이 있는데도 불구하고 우리나라 TV와 라디오의 리포팅은 상당히 왜곡돼 있는 상태이다. 리포터는 일단 방방 뛰면서 까불어야 하고, 어떤 친구는 분장과 변장을 하고 재롱까지 피운다. 리포팅의 본령과는 아주 동떨어진 행위이다. 이런 사태가 생긴 것은 과거 〈TV는 사랑을 싣고〉라는 프로그램에서 남성 연예인이 리포팅을 하게 되었는데, 그는 분위기를 띄우기 위해 과장된 말투와 몸짓을 하게 되었고 이것이 모범답아이 돼 것이다. 또 여성 연예인도 거의 같은 방법을 사용해 인기를 끌게 되었는데, 이로써 우리나라에서는 정통 리포팅은 거의 소멸되는 위기를 맞고 있다.

9. 비디오 저널리스트 이야기

1) 개괄(概括)

요즘 우리가 텔레비전 프로그램이 다 끝나고 화면에 표시되는 크래딧(credit)에는 기획자, PD, 촬영, 기술진 등 스태프와 함께 "VJ" ○○○라는 자막이 나오는 것을 자주 목격할 수 있다. 그러면 VJ는 PD인가, 기자인가? 아니면 카메라맨인가? 하는 의문이 생긴다. 도대체 VJ는 누구이고, 그 정체는 무엇인가?

우리가 텔레비전 제작 관련 부문을 이해하면서 이러한 물음에 대해 해답을 구하고, 그 특성을 생각해보고, VJ 제작 기술에 대해 자세히 알아보는 것도 결코 나쁘지 않다. 왜냐하면 PD가 되겠다는 사람들이 많지만 진입이 너무 어려워 오히려 VJ로 입신하겠다는 젊은이들이 늘어나기 때문이다.

비디오 저널리스트(Video Journalist) 제작은 TV 부문에서, 특히 한국적 현실에서 아직 완성된 장르라고 보기는 어려운 점이 있다. 긍정적인 관점에서 볼 때 진화적인 국면에 있다고 평가할 수 있고, 부정적인 시각으로 보면 정체에 빠져 있다고 진단할 수도 있다. 그러나 VJ는 상당한 가능성을 내포하고 있다는 전망이 가능하다. 그렇게 말할 수 있는 이유는

첫째, 텔레비전 매체가 격렬한 경쟁에 처해 있고, 따라서 수익구조가 점차 악화되고 있는 반면, 제작비는 계속 상승하고 있는 추세로 인해 경영 압박이 큰 부담이 되고 있다. 이런 상황에서 VJ는 유리한 점이 있다.

둘째, 시청자들의 TV 선호도가 전체적으로 저하돼 광고 수주가 감소되고 있는 점도 지적된다.

셋째, DVC(Digital Video Cassette)의 기능과 질은 계속 개선되고 있어 지상파TV의 주 공격무기인 ENG 수준을 따라가는데 더욱 속도를 내고 있는 상황도 꼽을 수 있다.

이런 배경이 VJ 또는 VJ 제작 시스템에 대한 가능성을 높이 인식하게 한다. 즉 수천만원을 호가하는 ENG 대신 경량화, 고 효율성, 우수한 접근성, 저가의 특성이 있는 DVC와 그 사용 주체인 VJ에 대한 관심이 높게 유지되고 있는 것이다. 뿐만 아니라 최근 방송과 통신의 융합, 그리고 컴퓨터 기능의 심화와 다변화로 인해 개인 미디어, 1인 미디어 시대가 근접해 있기 때문에 VJ와 VJ 시스템의 의미는 적지 않다고 할 수 있다.

그러나 TV 방송계의 현실은 그리 밝은 것만은 아니다. 현재 활동 중인 VJ들 가운데서 정규직 PD나 기자 성격의 대우를 받는 사람은 극소수일 것이고, 소수가 계약직, 나머지는 카메라맨 또는 보조적인 역할을 수행하는 것으로 알려지고 있다. 즉 상위(上位) 업무를 담당하는 것은 아니다. 따라서 정상적인 보수를 받기가 쉽지 않을 것이고, 정체성 자체도 미흡하다고밖에 할 수 없다. 작업조건이 고될 텐데도 불구하고 특히 예능 프로에서 여성 VJ들이 많은 것도 청년실업을 극복하려는 시도의 하나가 아닌가로 추측된다.

이런 상황을 야기한 데는 우선 지상파 등 방송사의 책임이 크다고 볼 수 있다. ENG 카메라맨의 작업 양과 비용을 줄이기 위해 편법으로 VJ를 보조원화(化)

한 것이다. 이런 현상은 1998년 시작된 IMF를 극복하기 위한 특단의 조치에서 출발되었다는 견해가 지배적이다. 또한 이들에 대한 방송사의 전문교육도 전무하다고 보아야 한다. VJ 교육기관들도 기능에만 치중했지 철저한 PD·기자 정신, 기획력, 원고를 쓰는 구성작가의 능력을 연마하는 데에는 여력이 미치지 못했을 것이다.

뿐만 아니라 VJ 지망생 본인에게도 문제가 있다. 캠코더를 다룰 수 있다고 다 제작을 완성하고 PD가 될 수 없다는 점을 이해하지 못하고 있는 것이다. 캠코더만 들고 나가 찍으면 비디오 저널리스트가 될 수 있다는 그릇된 믿음 때문에 애초부터 오해를 불러일으킨 것이다. 따라서 VJ는 현재 상태에서 볼 때 'TV 제작의 미완성 병기' 인 셈이다.

그러면 지상파 TV 제작 시스템과 VJ 제작 시스템은 무엇이 다른가? 한마디로 요약하면 지상파는 '집단 제작(분업제작)' 이고, VJ는 '007 제작' 이다. 집단 제작은 제작비와 자사 채널에 편성을 제공하는 방송사가 존재하고, 여기에 기획자, 기자, PD, AD, 카메라맨, 오디오, 조명, 구성작가, 편집실, 엔지니어들이 팀을 이루어 작업이 진행된다.

VJ 제작은 왜 007 제작인가? VJ 자신이 007의 제임스 본드처럼 혼자서의 작전(작업)을 통해서 목적을 달성하는 것이 특성이다. 즉 북치고 장고치고 다 해야 한다. 야전비용(초기 제작비)도 VJ 스스로 마련할 수밖에 없다. 수행하기 매우 어려운 임무이다. 슈퍼맨인 007에는 MI6이라는 영국 정보부가 뒤에 있지만, VJ 배후에는 아무도 없다. 오직 자신의 머리와 열정뿐이다. 007은 국가에 대한 높은 애국심과 충성심이 있고, 정신적 무장과 함께 수많은 훈련과 작전에서 발군의 성과를 나타내 뽑힌 영웅이기 때문에 스토리가 가능하다.

그러면 VJ의 입장은 어떠한가? 방송사 입사시험 통과가 어렵다는 점과 방송사 일에 대한 뜨거운 열망을 모두 갖고 있는 상반된 상태이다. 또 여기에는 두 가지 입장이 있다. 우선 급한 대로 방송사 문턱을 넘어보자는 생각이다. 일단

VJ로 활동하게 되면 프로덕션 또는 지상파로의 전직이 가능하지 않을까 하는 희망에 근거를 둔다. 또한 여러 가지 제약이 존재하는 지상파 TV의 제작 관행 대신, 영화의 독립제작자 형태로 자유롭게 테마에 접근해 걸작을 만들겠다는 강한 욕심이 작용할 수 있다.

그러나 방송계 현실은 이런 이상론과는 매우 다르다. 왜냐하면 TV 방송은 프로그램을 만들어 시청자에게 파는 행위이고 조직이기 때문이다. 방송사의 스테이션 이미지가 공영방송이든 상업방송이든 현격한 차이는 없고 거의 같은 정황을 나타내는 것이 현실이다.

이 과정에 시청률이라는 절대적 가치가 개입하고, 이것은 광고 수주와 불가분의 관계를 맺고 있다. 시청률은 1961년 12월 31일 KBS-TV가 개국한 이래 MBC, SBS 등 소위 제도권 방송들이 추구해온 트렌드의 선상에 있다. 즉 이런 경향들도 정확하게 말하면 미국 TV를 일본이 모방했고, 일본 방송 유행들을 한국 방송이 벤치마킹한 결과이다.

작품은 재미있고 흥미로우며 정보가 듬뿍 담긴, 오락화된, 적잖이 보수적인 것이어야 한다. 왜냐하면 광고는 구매력이 있는 중산층 이상을 대상으로 하기 때문에 시청자들은 그런 프로그램을 원한다. 소외자, 마이너리티의 문제, 다소 어두운 소재 등의 아이템을 다룬다면 시청자의 환영을 받기는 어렵다. 물론 가치는 있을 것이다. 이런 오디언스의 속성 때문에 VJ는 외롭고 괴롭다.

결론은 실력을 완성해 "VJ를 뛰어 넘어 완벽한 VJ"가 되던지, 아니면 코피 흘리면서 준비에 박차를 가해 입사시험을 통해 방송사의 정규직으로 진입하는 것이다. 그러기 위해서는 007처럼 신출귀몰하는 재주와 일당백의 기량을 갖추는 것이 중요하다.

오늘날 신문방송학과의 교육은 신문과 방송, 그리고 커뮤니케이션의 안과 밖을 한 바퀴 도는 과정이다. 물론 이론과 실제에 대해 공부하지만, 방송사의 입사시험은 고시공부의 형태이다. 일부 졸업생들이 언론사에 취업하지만 그 수는 그리 많지 않다. 그런 결과는 사전 준비가 부족한 것이 원인일 것이다.

따라서 좀 과장된 표현일는지는 몰라도 목숨 걸고 TV 제작과정 전반을 이해하고, 특히 작가정신(기자와 PD처럼)과 기사(또는 구성작가의 내레이션) 작성, 글쓰기 훈련, 그리고 성우나 아나운서 같은 리포팅을 개인적으로 훈련함으로써 VJ의 종합적인 저널리스트적 모티브를 발견해야 한다.

그리고 차후 입사시험에 대비하는 것이 중요하다. 만약 필기시험에서 어느 정도의 성과에 도달했을 경우, VJ로서의 제작 능력은 상당한 가산점을 받게 될 것이다. 또 왜 이렇게 사생결단으로 덤벼야 하느냐 하면 TV 방송사의 연봉이 재벌 회사 못지않게 높고, 수행 작업의 성격이 상당히 흥미롭고 매력이 있으며, 방송인의 사회적 지위가 계속 상승되는가 하면, 해외출장, 회사 비용부담 연수 등 많은 경험을 쌓을 수 있고, 배우자 선택에서도 매우 호조건으로 작용하기 때문이다. 결단과 용기, 노력에 따라 인생의 방향이 결정된다. 초기의 투자 없이 수익이 발생하지 않는다. VJ 희망자는 "현재의 VJ를 뛰어 넘어 007 VJ"가 되기를 당부한다.

2) VJ의 역사

미국의 마이클 로젠블럼(Michael Rosenblum)에 의해 '비디오 저널리스트'란 이름이 만들어지고, 'VJ'라는 자의식(自意識) 아래 high 8mm 카메라를 이용한 작업이 본격적으로 이루어진 것은 1990년대 초였다. 1996년 6mm 디지털 비디오 카메라의 등장과 편집기의 기술적 발전과 함께 VJ는 방송계의 뉴스 제작에 획기적인 영향을 끼치기 시작했다.[93] 그는 1988년 CBS의 뉴스 프로듀서를 사직하고, 소형 카메라를 들고 가자(Gaza) 지구의 팔레스타인 난민촌에서 한 가족과 생활하면서 놀라운 화면을 카메라에 담았고, 그것을 PBS에 5만 달러에 팔 수 있었다. 그 후 3,000명 이상의 세계 각지의 리포터들에게 촬영과 편집 기법들을 훈련

---

93) 김수정, 『VJ는 누구인가』, 한국언론재단, 2004. 참조

시켰고, 타임워너의 '뉴욕1' 등 VJ가 주도하는 24시간 뉴스채널들을 직접 설립했다. VJ로의 전환 목표는 (지상파 TV에 비해) 높은 효율성이고, 제작비용을 20~70%까지 절감할 수 있다고 강조했다. 또한 비디오 뉴스의 문을 일반에게 열어놓게 한다는 점에서 뉴스 제작의 엘리트주의적 권위를 부정하는 의미도 지니게 된다. 이렇게 마이클 로젠블럼은 "저널리스트에게 카메라를 주어라, 그러면 세계 최고의 저널리즘을 얻을 것이다" 라는 명언의 주인공이기도 하다.

세계에서 VJ 시스템을 최초로 도입한 방송국으로는 미국의 '뉴욕1(New York One News)' 이 꼽힌다.94) 24시간 지역 뉴스 채널인 '뉴욕1' 은 1992년 9월 개국에 앞서 기자들에게 비디오카메라 사용법을 집중적으로 가르쳤다. 기존 뉴스 제작 시스템에 일대 도전으로 비추어진 '뉴욕1' 의 VJ 시스템은 초기의 냉랭한 반응과 시선에도 불구하고 예상 밖의 성과를 보여 설립 2년 만에 뉴욕 명물 중 하나가 되었다.

2001년 9월 11일 뉴욕 월드 트레이드 센터 폭탄 테러의 특종보도는 '뉴욕1' 의 최대 자랑거리이다.95) '뉴욕1' 은 CBS가 35만 달러를 들여 만든 1시간짜리 뉴스 프로그램을 단돈 1,400달러에 만들어 냈다. 또한 케이블 TV 채널인 MTV용으로 만들고 있는 '걸러내지 않은 뉴스(Unfiltered News)' 는 항상 시청자로부터 소재를 모집한다. 좋은 소재가 나오면 제보자에게 카메라를 빌려주고 직접 찍게 한다. "촬영하는 사람과 찍히는 사람을 같은 위치에 세운다" 는 일종의 쌍방향성 제작방식인 셈이다. 초창기에 큰 역할을 한 마이클 로젠블럼은 "아마추어가 찍은 비디오에는 프로가 찍은 영상에는 없는 친밀감이 있다" 고 비교한다.

비디오 저널리스트의 효시로서 1970년대 비디오카메라를 가지고 활동한 존 알퍼트(John Alpert)와 그의 아내 게이코 추노(Keiko Csuno)를 들 수 있다(주명진 1999). 1971년쯤 택시기사이던 존 알퍼트는 택시노조 파업 중인 동료들의 시위

---

94) 이수흥, 『텔레비전 VJ프로그램에 관한 연구』, 한국외국어대학원, 2002. 참조.
95) 강성모, 『텔레비전 VJ활성화 방안』, 동국대학교 언론홍보대학원, 2000. 참조

와 생활모습을 촬영해 보여주던 경험을 계기로 미국 뉴욕의 소수 인종들이 모여 살고 있는 다운타운 지역에서 미디어 운동단체인 DCTV(Downtown Community Television)를 결성하고 본격적인 미디어 영상운동가로 변신하게 된다. 미국에서 최초 비디오 저널리스트의 의미는 소형 카메라의 개발로 혼자서 작품을 만들 수 있는 사실 자체보다 커뮤니티의 현실과 밀접히 연관된 대안적 미디어 운동이라는 점도 지적된다.

1981년 최초로 보급된 전문가용 베타캠은 12.7mm 테이프를 사용하는 ENG로, 어깨에 걸고 사용해 야외촬영을 가능하게 했다. 1996년 보급되어 6.35mm 디지털 테이프를 사용하여 6mm라는 이름이 붙게 된 Mini DVC(Digital Video Cassette)는 베타캠 무게의 1/8 이하로 1킬로그램까지 경량화를 이루었다.

또한 베타캠의 수평해상도가 700라인인 것에 비해 6mm 디지털 카메라는 비록 500~530라인으로 좀 떨어지지만, Hi 8mm와 S-VHS가 400라인인 것을 감안하면 상당히 화질이 개선되어 방송용으로 별 손색이 없다. 6mm 카메라는 디지털 신호로 영상을 간직하기 때문에 복사의 경우에도 화질이 떨어지지 않을 뿐 아니라 고용량 개인용 컴퓨터에서도 디지털 파일로 손쉽게 변환되어 비선형(non-linear)을 가능케 한다.

비선형 편집 시스템은 영상 혹은 음성 소스를 일단 컴퓨터의 저장장치에 수록한 후, 기록된 순서에 관계없이 편집, 효과처리, 문자 발생, 그래픽 작업, 애니메이션, 다중그림의 합성작업 등을 한 대의 컴퓨터시스템에서 통합적으로 가능케 한다. 따라서 비디오 편집 시스템으로 작업시간 및 경제적인 비용과 제작 효율성을 증대시키고 있다.

한국의 비디오 저널리스트 역사에서 최초인 인물은 1988 〈상계동 올림픽〉(비디오 45분)을 제작한 김동원 감독을 꼽는다. 〈상계동 올림픽〉은 1988년을 전후한 시기에 개인작업의 대표적 작품으로서 비디오 저널리즘의 전설로 회자된다. 이 작품은 김동원 감독이 3년여 간 철거민들과 함께 생활하면서 그들의 애환과 투쟁, 그리고 희망을 꾸준히 기록한 것을 정리한 것으로, 다큐멘터리 작업 방식의 한 유형을 보여주고 있으며, 현지 주민을 내레이터로 기용한 점도 당시로서는 새로운 방식이었다.

1996년 가을에 6mm 디지털 비디오카메라가 시판되자마자, 이를 적극적으로 다큐멘터리 제작에 이용한 것은 바로 다큐멘터리 전문 케이블 방송인 'Q채널'이었다. VJ 방식을 이용해 기존 지상파 방송과의 차별화를 목적으로 1996년 9월 새롭게 신설한 프로그램이 〈아시아 리포트〉였다. 가장 VJ 제작 시스템과 유사한 방식으로 프로그램 전체를 제작해 나갔다는 점에서 한국 방송계에 VJ를 도입한 첫 사례로 기록될 수 있다.

이어서 1996년 개국한 경인방송에서, Q채널에서 〈아시아 리포트〉를 제작했던 PD들이 옮겨와 〈리얼 TV〉를 제작하기 시작했다. 이 프로는 당시에는 파격적인 밤 8시 30분 프라임타임 전체를 요일별 개별 프로그램인 6mm 다큐로 편성한 것이다.

지상파 및 케이블 등에서 현재 편성되어 있거나 또는 폐지된 VJ 시스템, 또는 VJ 유형이 가미된 프로들은 다음과 같다.

KBS의 〈세계는 지금〉, 〈영상기록 병원 24시〉, 〈현장르포 제3지대〉, 〈VJ 특공대〉, 〈인간극장〉, 〈도전, 나도 VJ〉, MBC의 〈생방송 화제집중〉, 〈현장 카메라 르포〉, 〈출동 6mm 현장 속으로〉, SBS의 〈출발 모닝 와이드〉, 〈리얼 코리아〉, 〈휴먼 TV 아름다운 세상〉, 〈그것이 알고 싶다〉, EBS의 〈10대 리포트〉, 〈다큐 매거진 현장〉, 〈PD 리포트〉, iTV의 〈리얼TV-경찰 24시〉, 〈리얼 스토리―실제상황〉, 〈르포 시대공감〉, 〈리얼 드라마―파랑새는 있다〉, Q채널의 〈아시아 리포트〉, 〈뷰 파인더〉 등 많은 프로그램들이 존재했었다.

프로그램의 포맷도 시류를 타는 경향이 있는데, 한동안 활발하던 VJ 프로들은 몇 프로를 제외하고 거의 폐지된 상태이다. 그 이유는 유행을 따르기는 했지만 작품성에서 미흡함이 노정됐기 때문으로 볼 수 있다. 다만 VJ 프로라는 총체적인 프로에서 분화되어 뉴스를 비롯한 많은 프로그램의 작은 아이템(꼭지)으로 분산 이동된 상황이다.

VJ 프로의 활성화로 다큐멘터리의 대중화, 저비용 고효율의 제작환경, 민주적인 언론 형태의 가능성이 긍정적인 면으로 부각되는 반면, 흥미위주와 볼거리 중심의 프로그램이 유발하는 소재의 편중화, 교양프로그램의 연성화, 인권침해의 우려 등이 문제점으로 지적되고 있다.96)

3) VJ의 개념

지금 방송가에서 VJ라고 하면 "고비용이 들지 않는, 나이도 어리고 아무거나 할 수 있는 사람, 카메라맨 안 붙여도 되는 편한 사람" 으로 인식되는 경우도 있다. VJ의 장점은 6mm 디지털카메라는 단지 도구이고, 촬영대상에 대한 접근성과 밀착성, 신속한 기동성, 효율성, 대상이 느끼는 친밀성, 장기 취재의 용이성 등이다.

6mm 카메라를 다룬다고 다 VJ가 되는 것은 아니며, 6mm 카메라로 만들어졌다고 VJ 프로그램이 되는 것도 아니다. VJ의 정의에서 그 핵심은 '저널리스트' 라는 점이고, 다큐멘터리 영역까지 넓힌다면 그러한 저널리스트 정신은 하나의 '작가정신' 으로 파악될 수 있다.

'VJ 제작 시스템' 은 전 제작과정에서 1인 제작은 적어도 모든 과정에서 VJ가 주도적인 역할로 참여함을 뜻하며, 그 중에서도 특히 중요한 것은 바로 자신이 직접 글(기사)을 쓰는 것이다. 현장에 간 저널리스트가 구성, 취재, 촬영하고 나서 글은 현장에 가지 않은 구성작가가 쓴다면 그것은 분명 작가정신의 관철로서 VJ의 1인 제작 취지를 잃는 것이다.

보도국 기자들이 6mm 카메라를 사용하여 취재하는 최근의 현상을 정보원과 취재원의 거리를 좁힌 '근거리 저널리즘' 으로 특성화하고 '현장 저널리즘'

---

96) 미디어환경운동센터 모니터연구팀, 『VJ 프로그램』, 2002. 참조.

이라는 용어를 제안한다(임종수 2004).

소속 여부는 중요한 기준으로, 방송제작의 현장에서 'VJ'란 어디에도 소속되지 않고, 대체로 프로그램 일부분(코너, 또는 꼭지)의 6mm 촬영 및 편집을 주로 담당하는 보조연출자를 뜻한다. 또 1인 제작 시스템과는 달리 6mm 카메라로 촬영하면서 PD를 보조하거나, 제작의 전 과정에서 부분적인 역할을 하고 있는 VJ가 참여하는 제작방식을 의미하는 것으로 현재 사용되고 있다.

4) 한국 VJ의 정체성(正體性)

VJ의 정체성에 관한 논의는 제작 전 과정의 참여 여부와 저널리즘의 유무로 나누어 정리해볼 수 있다.

첫째, 제작 공정의 처음부터 마지막까지를 VJ 책임 하에 작품을 완성하는 사람만을 VJ로 호칭해야 한다는 주장이다(안해룡). 이런 관점에서 보면 현재 VJ라는 이름하에 소형 비디오카메라로 취재해 제작하는 PD를 VJ라고 호칭하는 것은 잘못된 것이다. 일부 시사, 고발 프로그램에서 AD 역할을 하면서 소형 카메라로 보조 취재를 하는 사람 역시 VJ라고 할 수 없다. 원론적 의미에서 VJ 시스템은 1인 제작을 의미하는 것이 관행이었기 때문에, 현재 지상파에서 여러 스태프의 협조를 얻어 제작하는 PD도 사실상 VJ로 보기는 어렵다. 1인 제작 시스템이 많은 장점을 가지고 있지만, 작품의 완성도 측면에서 볼 때 단점을 노출시키기 때문에 방송을 하기 위해서는 VJ 개인의 역량이나 작품의 성격에 따라 두 명 또는 그 이상이 함께 작업을 하는 것이 때로는 효율적이라는 주장도 있다(최병화, 1999).

둘째, 저널리즘 유무에 관한 것이다. 비디오 저널리스트가 되려면 무엇보다 6mm 카메라가 지닌 배타적 장점을 연구하고, 자기(작가) 나름대로의 사회적, 철학적 사고가 형성되고 존재해야 한다. 단순한 프로그램 디렉터로서의 업무수행만으로는 곤란하다는 것이다. 즉 저널리즘의 사명과 기능에 입각해서 찍고자 하는 프로그램이 무엇이든 간에 카메라를 이용해서 글을 쓴다는 점이 전제되어야 한다(정태일, 1999). 일본의 VJ 노나카(Nonaka Akihiro)는 VJ들의 작품을 '서명(署名)을 넣은 다큐멘터리'로 표현하기도 한다.

1980년대부터의 대안적인 영상운동의 성과를 기반으로 마침내 2000년 통합방송법 통과와 함께 한국 방송에 퍼블릭 액세스(public access-시청자가 직접 TV 프로그램을 기획·제작하는 형태)의 개념이 도입되었다. 1970년 미국과 캐나다를 효시로 30년이 넘는 세계 퍼블릭 액세스 역사 속에서 지상파 방송사와 위성 및 케이블 방송을 아우르는 법 조항을 한국이 제정한 것은 세계에서 그 유래가 없다(박채은, 2004). 방송법 제69조와 제70조에 따라 KBS는 '열린 채널' 등을 운영하고 있다.

경인방송의 〈게릴라 리포트〉는 사회문제에 대한 국민들의 참여 요구가 높은 때에, 시청자들이 직접 제작하는 새로운 뉴스 형식의 시사 프로그램을 통해 경인방송의 공적 이미지를 확대하고 방송의 공익성을 확보하는 것이 기획의도였다. 2003년 7월 처음 시작되어 일요일 저녁 8시 15분에 방영되다가 2004년 12월 31일 경인방송 폐쇄로 중단되었다.

5) 〈VJ 특공대〉식 영상 기법

KBS의 〈VJ 특공대〉는 2000년 5월 5일에 시작된 것으로 추정된다. "묻혀진 이야기를 찾아내는 섹션 다큐이며, 다큐멘터리는 느리고 지루하고 어렵다는 고정관념은 깨어져야 한다"고 프로그램 홈페이지는 기획의도를 설명하고 있다. 〈VJ 특공대〉는 카메라 워킹과 편집이 눈에 띄게 급박하게 이루어지는 특성을 보인다. 약 3개의 외주 제작사들이 프로그램을 담당한다. 이들의 제작 가이드라인은 다음과 같다.

① 촬영을 어떻게 할 것이냐?= "촬영은 좀 흔들어라. 정지된 화면은 피하자. 포커스가 좀 나가기도 하고, 퀵 줌도 들어가고, 그렇게 가자."

② 편집은 어떻게 할 것이냐?= "다큐멘터리 편집은 너무 느리다. 우리는 좀 빠르게 가자. 좀 정지됐다 싶으면 바로 커트를 넘기자."

③ 내레이션은 어떻게 할 것이냐?= "목에 힘주는 내레이션을 뒤집자. 빠르고 재미있게 가자. 거칠고 야하게 가자."

④ 인터뷰 어떻게 할 것이냐?= "앉혀 놓고 안정된 상태에서 하지 말라. 현장의 상황이 벌어질 때 바로 그때 들어가라."

〈VJ 특공대〉의 장점은 VJ가 구석구석 들어간다는 것, 사람들이 친근하게 얘기해준다는 것이다. 단점은 VJ가 카메라를 마구 흔들어댄다는 것이다. '구성' 및 '기본적인 연출법'을 파괴했다. 구성없이 병렬적으로 찍어서 죽 붙여버리는 경우가 많았다. 도대체 이 그림 다음에 이 화면이 왜 나오는지 이해되지 않는다. 카메라를 일단 흔들고, 급격한 줌인과 줌아웃을 해서 무조건 흔들어 5초 정도를 못 참는다. 위의 내용들은 대부분 이 프로그램의 초창기에 해당하고, 현재는 다소 변화된 측면을 보이기도 한다.

6) VJ 시스템의 경제적 측면

VJ 제작 시스템은 우선 VJ들의 필수장비인 소형 카메라의 가격이 300만원 정도로 일반 방송용 카메라의 1/20 수준이고, 방송용 카메라로 촬영할 경우 꼭 필요한 카메라맨과 그 보조의 임금보다 낮은 수준일 뿐만 아니라 조명, 연출, 심지어 리포터 비용까지 절약할 수 있다는 점에서 매우 경제적이다.

실제로 PD 1명과 AD 2명, VJ 6명이 제작하고 있는 〈순간포착, 세상에 이런 일이-SBS〉의 경우, 임금을 포함한 야외촬영 경비(전문촬영인+조명+출장비)가 총 3,618,000원으로 책정되어 있다.[97]

그러나 만약 VJ를 활용하지 않을 경우 추정되는 경비는 카메라 1일 55만원X3일(평균촬영기간)X3코너+조명 1일 10만원X3일X3코너+출장비 1,078,000원X4명(카메라맨, 보조. PD, 조명)=9,162,000+PD 급여로 최소 3배 이상이 소요된다.

---

97) 이 내용은 방송사의 제작비 조정 등으로 현재와 다를 수 있음.

▷SBS의 VJ 시스템 운용의 구체적 사례

① 셀프 카메라식의 기법활용 프로그램(〈십대들의 반란〉, 개인여행프로)

② 촬영 기피 인물들의 밀착 프로그램(노숙자, 기인, 동성애자 등)

③ 기동성이 요구되는 프로(교통사고, 마약단속, 경찰 24시, 화재, 인명구조, 소매치기 현장 등)

④ 장기간 추적, 탐사 프로(동물, 병원, 체험여행 등)

⑤ 위험지역 취재 프로(분쟁지역, 동남아 해적, 중국 내 탈북자 등)

셀프카메라 기법은 촬영자와 시청자 사이에 직접적인 시선교류(directcyc-contact)가 유지되어 그들 사이에 만들어지는 공간은 더욱 현장감과 친밀감이 생성된다. 특히 촬영자가 스타일 경우, 이러한 기법을 통해 스타들은 자신의 육체와 생활에 관한 모든 것을 상품화 또는 물신화하는 한편, 시청자들은 순간적으로 그들의 관음주의적 즐거움을 얻는 기회를 부여받게 된다. 6mm 디지털카메라 사용에 있어서 특히 중요한 점은 6mm 카메라를 효과적으로 다루기 위한 기본적인 사용방법을 숙지해야 하고, 촬영 연습은 카메라의 화이트 밸런스, 색온도 보정, 내장 필터의 사용 방법, 카메라 마이크의 사용, 노출의 조절 방법, 자동 및 수동 동작방법을 익히는 기본적인 촬영 연습이 필요하다. 화면구성, fix 촬영, 단일 카메라 동작, 복합 카메라 동작 등의 기술도 연마해야 한다(김홍식, 2001).

앞서 지상파 TV 및 케이블 TV 등에서의 6mm 카메라를 사용하고 있는 프로그램들을 살펴보았지만, 6mm 프로는 확연하지는 않지만 조금씩 계속 늘어나고 있는 추세이다. 그 이유는 비용문제와 함께 제작자, PD 자신이 DVC에 익숙해지고 자신이 생길수록 카메라맨과의 관계에서 발생할 수 있는 불편함 또는 갈등들을 덜 수 있기 때문이다.

TV 드라마와는 달리 교양 프로들은 대본이 없어 취재, 촬영 내용의 대부분을 카메라맨과 PD와의 의견 교환을 통해 화면이 완성된다. 이상적이 커플일 때는 문제가 없이 화면의 완성도가 높아지지만, 그 반대의 경우는 트러블이 발생하고 책임 소재까지 따지게 된다. 그런 면에서 PD의 6mm 독자 촬영은 장점이 있다고 볼 수 있다. 대신 물론 카메라맨과 보조가 없기 때문에 PD의 판단과 시야가 좁아질 수 있고, 육체적인 피로도 발생할 수 있는 것은 단점이다.

6mm DVC로 찍기에 적합한 프로그램들은 스튜디오에서 진행하는 교양, 구성 프로, 르포 프로그램, 시사 및 고발 프로, 다큐멘터리 등이다. 다만 이런 유형 프로들의 의상을 걸치고 '카메라를 휘둘러대는' 심각하게 오락화된 변종 프로들이 양산되는 것이 큰 문제이다.

7) 6mm 카메라 사용상의 주의점

디지털 카메라, 즉 캠코더로 어떤 장면을 찍는 것은 아주 일반적인 것이다. 주부가 집에서 아기의 예쁜 모습을 촬영할 수도 있고, 또 중학생들이 방송반에서 실습작품을 만들 때도 사용한다. 그러나 사용 방법을 숙지하고 기술을 익히게 되면 화면과 오디오 등이 아주 좋아진다. 좀 개략적인 내용이지만 중요 항목에 대한 주의 사항을 상술한 것이기 때문에 그대로만 몇 번 실습해보면 적지 않은 성과가 있을 것으로 기대한다.[98]

① 디지털 줌에 신중하라

캠코더와 친해지는 것이다. 종류가 무엇이든 캠코더는 대부분 비슷한 모양과 구조로 되어 있다. 먼저 영상을 받아들이는 렌즈가 있고, 테이프가 들어가는 데크 부위가 있다. 여기에 뷰 파인더와 액정 모니터, 메뉴 조작을 위한 각종 스위치들이 있는 몸체 부위도 있다.

캠코더에 광학 줌이니 디지털 줌이니 하는 표기가 되어 있는데, 광학 줌은 우리가 돋보기로 사물을 볼 때처럼 볼록렌즈 등을 사용해 피사체를 확대해 보

---

98) 조수환, 『VJ 되기 6개월 작전』, 2002. 참조.

여주는 것이라 화질이 크게 나빠지지 않는다. 디지털 줌은 전기신호를 처리해 피사체를 확대하는 방식이어서 아무리 훌륭한 기술을 쓴다 해도 화질 저하를 막을 수 없다. 확대하면 할수록 화질은 떨어진다. 따라서 깨끗한 영상을 위해 디지털 줌에 신중해야 한다.

② 수동 초점, 연습과 감각으로!

대부분의 캠코더에는 수동 초점 기능이 있다. 자동으로 할 것인가, 그때그때 수동으로 할 것인가? 프로 카메라맨이 아닌 이상 내가 원하는 피사체의 초점을 맞추기란 쉽지 않다. 내 앞에 각기 다른 거리에 여러 가지 피사체가 있다면 자동 초점의 경우, 초점이 이곳저곳으로 바뀌며 사람을 정신없게 만든다. 집안에서라도 수동 초점으로 초점을 맞추는 연습을 한다면 이런 상황에 대처할 수 있다. 어느 정도의 거리에서 포커스 링을 어느 정도 움직이면 초점이 맞고 벗어나는지 오직 연습과 자신의 감각에 의해서만 알 수 있다.

③ 데크의 소거 방지 탭을 체크하라

테이프가 들어가는 데크 부위를 살펴보자. 테이프를 넣고 닫으면 되는데, 다만 6mm든 8mm든 테이프에 있는 소거방지 탭이 자신이 원하는 위치(녹화 혹은 보관)에 있는지를 확인하고 데크에 넣는 습관이 필요하다.

④ 액정화면, 시력에 맞게 조절되어 있나?

뷰 파인더의 경우 자신의 시력에 맞게 조절되어 있는지, 액정화면의 경우 지나치게 밝거나 어둡지 않은지 정도만 확인하면 된다. 뷰 파인더가 잘못 세팅되어 있으면 수동 초점 시 초점이 정확하지 않은 경우 확인이 어렵다. 액정화면이 지나치게 밝으면 역시 노출을 수동으로 놓았을 때 너무 밝거나 혹은 어두운 화면으로 촬영되기가 쉽다.

⑤ 화이트 밸런스

화이트 밸런스 스위치는 조명 상태에 따라 제대로 된 하얀색을 측정하여 정확한 색상을 표현하기 위한 장치인데 보통 자동, 태양광, 야간, 수동의 네 가지 모드가 있을 것이다.

'자동'으로 놓아도 무난하지만, 최소한 낮에 촬영할 때에는 '태양광'으로, 저녁에는 '야간'으로 놓으면 좋은 영상을 얻는데 도움이 될 것이다. 야간 도심 촬영은 여러 가지 종류의 빛이 섞여 있어 자동으로 놓고 찍을 경우, 푸른 톤 아니면 붉은 톤에 치우쳐서 촬영되는 경우가 많으니, 이런 경우 액정 모니터를 통해 실제 톤과 비슷한 톤의 그림이 나오도록 화이트 밸런스를 놓고 촬영하는 것이 좋다. 야간일지라도 화이트 밸런스를 태양광 모드에 놓고 촬영해야 하는 경우가 있는 만큼 화이트 밸런스를 어떻게 맞추는지 꼭 알고 촬영에 임해야 한다.

⑥ 카메라를 휘두르지 말고, 한 장면을 5초 이상 찍자

'카메라를 휘두르지 말자'는 것은 급한 마음에 피사체를 충분히 볼 수 있는 시간을 두지 않고 카메라를 이동하거나 줌인, 줌아웃으로 카메라 워킹을 하여 촬영이 끝난 후 도대체 무엇을 찍었는지 알 수 없을 경우를 방지하자는 것이다. 한 장면의 길이는 적어도 5초 이상을 유지하고, 길면 길수록 좋다.

⑦ 줌 사용은 일정 속도를 유지하라

줌 사용에 있어 항상 일정한 속도를 유지하는 것이 필요하다. 너무 급한 동작은 좋은 영상에 도움이 되지 않는다. 줌아웃의 전후에 정지된 그림을 충분히 찍어 놓아야 한다. 풀 샷에서 타이트 샷으로 줌인을 하거나, 그 반대의 경우 풀 샷을 적어도 몇 초는 찍고 줌인을 한 후, 역시 타이트 샷을 몇 초 찍어야 한다. Pan(카메라 좌우 이동) Tilt(상하 이동) 때에도 카메라 워킹 전후에 안정된 그림을 충분히 찍어야 한다.

⑧ 다양한 크기의 그림을 찍어라

항상 다양한 크기의 화면을 찍도록 노력해야 한다. 풀 샷만 있다면 심심해 보이고, 타이트 샷만 있으면 내용이 무엇인지 잘 알 수 없는 답답한 그림이 된다. 따라서 다양한 크기의 그림을 찍는 것은 안정된 영상을 얻는 것만큼 중요하다.

야외 촬영에서 밝은 날의 경우, 빛이 너무 강하면 ND 필터를 사용해야 한

다. ND 필터는 렌즈를 통과하는 빛의 양을 감소시키는 역할을 하는데, 카메라의 자동모드에서 광량 과다로 노출 오버가 되는 경우, 대부분의 캠코더는 뷰 파인더나 모니터 상에 ND 표시가 깜박거리게 된다. 이때에는 ND 필터 스위치를 올려주면 된다. ND 필터를 사용하고 실내로 들어오면 꼭 스위치를 OFF 상태로 돌려놓는 것을 잊지 말자.

⑨ 역광은 조리개 수동기능 전환

야외에서 인물을 촬영할 때 역광 즉, 인물이 태양을 등지고 있는 경우가 있다. 이때 자동 모드로 촬영하면 인물의 얼굴이 어두워져 알아보기 어렵게 된다. 이 경우 조리개의 수동기능을 이용하여 인물에 알맞은 노출을 설정하거나, 카메라에 내장되어 있는 역광 보정기능을 사용하면 된다.

⑩ 관성의 법칙을 이해하라

모든 경우 워킹 하는 속도는 천천히, 조금 빠르게, 점점 빠르게, 조금 느리게, 정지의 순서로 하는 것이 좋다. 모든 움직이는 물체가 속도를 내고 줄이는 데에 관성의 법칙이 작용돼, 이것을 무시하면 어색한 그림이 된다.

⑪ 이미지 라인을 지켜라

이미지 라인은 우리가 지켜보는 방향에서 좌우 180도의 반경을 말한다. 이미지 라인을 지킨다고 하는 것은 피사체의 앞쪽에서 촬영을 시작했을 경우, 180도의 반경 내에서 촬영에 임하는 것으로, 두 사람의 자리가 뒤바뀌어 보인다든지 하는 상황을 피하기 위한 것이다.

이상의 내용들은 매우 중요한 것이기 때문에 기법들은 대체로 유의해야 할 사항이지만, 최근 캠코더의 기능은 괄목한 발전이 있었기 때문에 현재 사용하는 것과는 다소 차이가 있을 수 있다는 점에 대해 이해가 있기를 바란다.

10. HDTV 이야기

1) HDTV의 개념

HDTV(High Definition Television)는 고화질, 고선명 텔레비전을 말한다. 현재 TV 전송방식보다 주사선(TV를 구성하는 가로선) 수를 늘리고, 전송 주파수 대역을 확대해서 더욱 섬세하고 선명한 화면과 질 좋은 음향을 제공하는 TV 방식을 의미한다.

한국 HDTV는 미국에서 개발한 전송=8-VSB의 포맷 방식을 사용하는데, 신호 라인이 1080(수직)×1920(수평)이고, 화소 수는 200만 개, 화면비율은 16 : 9이다. 이것은 기존 4 : 3 화면의 약 33% 만큼의 '좌우 추가 화면'이 발생한다. 종래 아날로그 TV에 비해 세로 폭은 줄어들지만, 좌우 양쪽에 각각 16.5%의 화면이 부가적으로 제공된다. 또한 HDTV는 기능적으로 35mm 영화 수준의 해상도를 유지하고, CD와 유사한 음향이 구사된다. 즉 장점은 ① HDTV는 1,125개의 수평 주사선 및 정세도 높은 픽셀로 선명한 화면과 색상을 구현한다. ② 화면비(aspect ratio)는 HDTV=16.32:9이고, 미국 영화=16.65:9이므로 영화처럼 현장에 있는 느낌을 주게 된다. ③ 색깔에서 윤기가 흐르고 밝기가 태양광이 비추는 자연 그대로를 보여준다.

회화에서 그림을 구성하는 사이즈는 '포트레이트(Portrait)' 와 '랜드스케이프(Landscape)' 형태 등으로 구분된다. 포트레이트는 위, 아래가 긴 초상화 형태를 말하며(portrait는 '끌어내다' , '노출시키다' 의 뜻을 가진 라틴어 'protraho' 에서 유래된 말이다), 랜드스케이프는 가로가 긴 넓은 사각형의 풍경화와 유사하다. 신문은 포트레이트에 가깝고, 영화와 HDTV는 완전한 랜드스케이프이고, 현재의 지상파는 준(準) 랜드스케이프 형태에 해당한다고 말할 수 있다. 이때 포트레이트는 옛날 영화에 나오듯 거실에 걸려 있는 선조의 초상화가 그 가계(家系)의 지체를 상징하듯 '권위적'인 것이며, 랜드스케이프는 아름다운 화면을 제공하는 '미학적 조치' 가 내재(內在)되는 것으로 본다.

이런 배경에서 HDTV는 '3S용' 이라는 속설이 있다. 즉 현대를 상징하는 아이콘인 'Screen' , 'Sport' , 'Sex(포르노그래피 DVD 등)' 화면을 보기에 최적이라는 주장이 그것이다. 따라서 HDTV로 영화를 보면 상당한 화질을 보장받을 수 있어 좋고, 그래서 사람들은 소위 고전영화 DVD를 많이 보게 된다. 스포츠도 마찬가지라는 것은 더 설명이 필요 없을 것이다. HDTV 프로그램에서는 〈차마고도〉 같은 다큐멘터리, 일본의 5인조 팝그룹 '아라시' 나 우리나라의 소녀시대, 원더걸스, 손담비의 춤이 곁들여진 화려한 쇼를 보면 느낌이 보다 강력해진다.

2) 개발의 역사

HDTV는 전자 및 IT 기술의 발달로 개발되었다. 빌딩과 사무실, 주택들이 과거에 비해 크기가 넓어지고, 그런 넓이를 충족시킬 텔레비전이 필요하게 된 것이다. HDTV의 연혁을 살펴보면, 애초에는 일본 NHK에서 개발하여 1981년 미국에서 첫 선을 보였다.[99] 기존 컬러 TV 방식의 3원화(NTSC, PAL, SECOM)로 인한 불편을 해소하고, 프로그램의 국제 교환을 위한 단일 국제 규격으로 차세대 TV인 HDTV 도입의 필요성이 절실하게 되었다.

하이비전, 즉 HDTV의 원조는 일본이었다. 1964년 도쿄 올림픽이 성공적으로 끝난 직후 NHK의 방송기술연구소는 현행 컬러 TV보다 세밀한 영상을 구현하며 현장감을 극대화시킬 수 있는 고화질 TV를 차세대 연구개발 주제로 선정했다. 이에 따라 컬러 TV의 2배가 넘는 1,125개의 주사선과 화면의 종횡 비율을 16:9로 하여 가로를 더욱 늘린 새로운 규격의 HDTV가 탄생하게 되었다. 그리고 1981년에는 HDTV용 카메라와 VTR이 개발됨으로써 프로그램도 활발히 제작되었다. 특히 1984년에는 일본 정부와 NHK 등 관련업계가 1,125주사선/ 60MHz의 전송표준에 합의했는데, 이것이 바로 현재 아날로그 전송방식으로 잘 알려져 있는 MUSE(Multiple Sub-Nyquist-Sampling Encoding)이다. MUSE는 27MHz 방송대역 내에

---

99) 『방송대사전』, pp.20~24.

서 HDTV 신호를 수용하기 위한 대역 압축 기술로서 일본 아날로그 HDTV 기술의 핵심을 이루고 있다. 1985년 츠쿠바 과학박람회에서 HDTV의 시험방송이 이루어졌고, 일본 HDTV에 대해 'Hi-Vision'이라는 명칭이 붙여졌다. 이때까지만 해도 HDTV의 주도권은 단연 일본이 쥐고 있었다.

그 이후의 자세한 내막은 참으로 흥미롭고 전쟁 못지않게 가열찼다.[100] HDTV의 실용화 전선에 먹구름이 뒤덮이기 시작했다. 세계 첨단산업을 이끌고 있는 미국, 유럽, 일본 등 3대 지역을 중심으로 아날로그와 디지털의 전송방식을 둘러싼 표준화 경쟁이 첨예하게 대립된 것이다. 전송방식의 결정은 국가적인 자존심은 물론 향후 세계 전자산업 주도권의 향방을 가늠하게 될 것이라는 점에서 한층 더 치열하게 전개되었다.

그러나 1986년에 개최된 CCIR(국제 무선통신자문위원회)에서 일본의 독주에 제동이 걸렸다. 일본의 NHK가 제출한 HDTV 통일규격 안에 대해 유럽이 강력하게 반대하고 나섰기 때문이다. 당시 유럽 측 대표들은 HDTV가 시기상조라는 이유를 들었지만, 실제로는 HDTV의 기술수준이 일본에게 크게 뒤져 있어 NHK의 규격 안이 통과될 경우 하드웨어는 일본이, 소프트웨어는 미국이 시장을 독점할 것이라는 우려가 높았기 때문이었다. 다급했던 유럽은 지역 내 주요 전자회사인 필립스, 톰슨, 보슈 등을 중심으로 'EC 95'라는 프로젝트를 계획, 자체적인 HDTV인 HD-MAC의 개발에 전력을 기울였다. 그 결과 2년 후인 1988년에 개최된 국제방송회의에서 HD-MAC의 전송실험을 성공적으로 마쳤고, 1990년의 '유레카 프로젝트'를 통해 기술적 문제를 해결함으로써 일본과 같은 아날로그 방식의 HDTV 규격을 확립했다. 1990년의 CCIR 총회에서는 일본과 유럽의 HDTV 모두가 국제 규격으로 인정받았다. HDTV의 중요성을 크게 인식하지 못하고 있던 미국은 1986년의 CCIR에서 일단 NHK의 규격 안에 동의했지만 유럽이 크게 반발하는 것을 보고 자체 개발의 필요성을 느끼게 되었다. 이에 따라

---

100) 박팔현·이장원, 『HDTV가 몰려 온다』, LG경제연구원, 1996. 참조.

제니스, AT&T를 중심으로 디지털 HDTV 개발을 위한 국가적인 프로젝트를 결성하였고, 이로써 HDTV 개발을 둘러싼 본격적인 3파전이 전개되기 시작했다. 1991년 12월 미국의 GI사와 MIT 대학이 공동으로 디지털 HDTV를 개발, 워싱턴 시의 공영방송국인 WETA 채널 26을 통해 약 11분간의 방송실험을 성공리에 마쳤다. 이것은 세계 최초의 디지털 HDTV 방송이었다.

3) 미국의 승리와 일본의 패배

1993년 FCC(미국 방송통신위원회)의 1차 테스트에서 4개의 HDTV 규격이 선정되었다. 이들 규격은 기술적 우위를 가리기 힘들 정도로 성능 면에서 대동소이하여 단일 규격 채택이 힘들게 되었다. 그래서 FCC는 2차 시험 이전까지 개발안 합의를 지시했고, 결국 1993년 7월 단일 규격 안인 'Grand Alliance' 가 결성되었다. 이후 디지털 HDTV의 연구개발이 본격적으로 전개되었고, 이에 따라 HDTV의 실용화를 위한 인프라가 전면적으로 정비되고 있다.

1996년 5월 WRC-TV가 미국 내 최초로 HDTV 장기 방송사업자로 선정되었다. HDTV 시대를 맞이하기 위한 전주곡인 셈이다. 또한 ABC가 1994년부터 방송장비를 HDTV용으로 전환하고 있으며, 그밖에 다수의 방송사업자들도 HDTV 시대를 준비하기 위해 부심하고 있다. HDTV를 둘러싼 규격 경쟁 1라운드는 바로 전송방식이 아날로그냐, 아니면 디지털이냐 하는 것이었다. 선두주자 일본과 유럽이 아날로그 방식에 주력했고, 여기에 미국이 디지털 방식으로 도전하는 양상이 전개되었다. 디지털 방식은 현재의 전자제품들이 디지털화 되는 추세에 부합되는 것이어서 앞으로의 전자산업구조에 쉽게 적응할 수 있는 장점을 갖고 있다. 반면 아날로그 방식은 현재 사용되고 있는 방송구조에 따른 것이므로 상대적으로 개발이 쉽다.

1993년 6월 미국, 일본, 유럽 3대 지역의 HDTV 규격을 둘러싼 자존심 경쟁은 그동안 막대한 재원을 투입하여 아날로그 방식을 고수해오던 유럽이 디지털로 전환한다고 발표함으로써 미국의 디지털 방식이 판정승하는 결과로 종결됐다. 일본은 한때 아날로그 방식을 포기한다고 발표했다가 기존 가전회사들의 반발로 취소하고 두 방식을 동시에 개발한다고 하는 어정쩡한 입장에 처해 있다. 3대 지역 중 가장 늦게 출발한 미국이 규격 경쟁에서 우위를 점할 수 있었던 것은 무엇보다도 기술발전 추세에 맞는 디지털 기술을 선택했다는 점이다. 멀티미디어 시대로의 이행은 디지털이 없으면 불가능하며, 이에 따라 차세대 HDTV의 규격도 디지털이 장악할 수밖에 없었던 것이다. 위성방송의 경우 디지털 방식은 채널 수, 확장성 등 여러 부문에서 아날로그 방식보다 우수한 것으로 나타나고 있다. 물론 HDTV를 둘러싼 규격경쟁이 여기에서 끝난 것은 아니다. 전송방식은 단지 1라운드에 불과한 것이다. 앞으로도 비디오 산업의 VHS 등과 같은 디지털 HDTV의 표준규격 개발이 남아 있기 때문이다.

거대 신시장 창출뿐만 아니라 민족 자긍심이 담겨 있던 프로젝트인 하이비전의 실패로 인해 그동안 가전 등을 통해 쌓아온 세계 첨단산업에서의 일본의 입지가 크게 위축되었으며, 일본 국민의 기술 자긍심 또한 실추되었다. 약 30년 동안 HDTV 개발 및 실용화에 전력을 기울였던 일본은 디지털로의 이행이 불가피하게 됨에 따라 규격 탈락의 아픔을 크게 느끼고 있다. 1996년 4월 일본 우정성은 차기 방송위성의 전송방식을 디지털로 고려하고 있음을 밝혔다. 이에 따라 그동안 폭발적이었던 하이비전의 열기가 급격히 냉각될 것으로 보인다. 일본 내에서는 현재 하루 11시간 이상의 하이비전 방송이 이루어지고 있고, 하이비전의 판매대수가 크게 증가하는 추세에 있어 당분간 아날로그 방식인 하이비전을 포기하지는 않을 것으로 보인다. 그러나 앞으로 디지털 HDTV 개발에 주력할 수밖에 없어 그동안 투자됐던 5천억 엔이 넘는 막대한 연구개발비와 전자회사들이 안고 있는 재고 등 일본의 피해는 상당히 클 것으로 보인다.

HDTV 부문에서 일본이 세계에서 단연 선두주자로 달릴 뿐 아니라 거의 개발을 완료하고 실용화 단계에 이르자, 여타 선진국에서는 HDTV의 개발이 전자산업은 물론 영화 등 여타 영상문화와 국방산업 등에 미칠 영향이 지대하다는 점을 고려하여 유럽과 미국은 독자적인 개발에 나서 유럽 형식과 미국식 HDTV가 출현하였다. 우리나라는 미국의 방법을 채택해 현재 방송이 되고 있는 것이다. 이 과정에서 미국 국방성과 상무부가 지원하여 제니스(Zenith), IBM, AT&T 등 17개 사가 공동으로 컨소시엄을 결성해 미국의 연구를 뒷받침해 주었다. 이렇게 전자산업의 경쟁은 실제 전쟁보다 더욱 치열하기 그지없다.

여기서 한 가지 첨가할 것이 있다. 일본의 개발비가 우리 돈으로 수조 원 이상이 들었을 것으로 추정되는데, 일본은 얼마나 억울할 것인가 하는 점이다. 확인하기 어려운 내용이지만, 초기에 미국은 일본이 HDTV를 개발하면 그 방식을 채택하겠다는 의사를 내비쳤다고 한다. 그러나 종국에는 일본이 완성한 방법을 외면하고 독자 개발에 성공한 것이다. 차후 미국의 시장(현재 인구 3억3천만 명)을 고려한다면 일본이 미국의 표준을 채택할 수밖에 없었던 어려운 고충이 있었던 것이다. 그런데 일본은 독자적으로 '하이비전'을 개발하면서 거기에 맞추어 촬영용 카메라 개발에도 박차를 가했다. 그것이 오늘날 일본의 디지털 카메라가 세계 시장에서 최고 수준에 오른 이유이다. 더욱이 그들은 스틸 카메라에서도 앞선 광학기술을 내세워 세계를 석권했기 때문에 그 장점을 십분 살린 것이다. 이 촬영용 디지털 카메라는 영화 촬영에도 사용되기 때문에 대단히 부가가치가 높은 품목이라는 점이 그들은 자랑스러울 것이다.

앞에 거론한 제니스는 과거 라디오로 유명한 회사였다. 필자가 중학생일 때만 해도 안방 문갑 위에 제니스 라디오가 놓여있는 집은 굉장한 부자였다. 그만큼 제니스 라디오는 부(富)의 상징이었다. 아마도 오늘날 60인치 이상의 LCD나 LED TV보다도 더 큰 위력이 있었을 것이다. 이런 장면은 1956년에 개봉되어 화제가 충천했던 정비석 원작, 한형모 감독의 영화 〈자유부인〉에도 나온다. 그런데 이 제니스가 LG전자의 자회사가 되어 돈을 벌어주고 있다.

제니스는 1995년 LG전자가 북미 시장 공략을 위해 당시 5억 달러를 주고

사들인 TV 제조회사이다. 하지만 TV 시장에서 일본 기업에 밀리며 매년 엄청난 적자만 반복해서 버리지도 못하는 신세를 면치 못했다. 그러나 2007년 하반기 골칫덩이가 복덩이로 변했다. 그 이유는 제니스가 북미식 디지털 TV를 만드는 데 꼭 필요한 'VSB'라는 원천 기술을 갖고 있어 TV 업체들이 디지털 TV를 생산할 때마다 기술사용대가로 1대 당 5달러씩을 제니스 측에 내야 하기 때문이다. 결국 이것은 LG 전자의 수익이다. 2006년 약 2,500만 달러, 2007년에 약 5,000만 달러의 매출을 올린 것으로 알려지고 있다. 상전벽해(桑田碧海)처럼 세상은 참으로 빠르게 변화하고 있다.

현재 우리나라는 아날로그 방송과 HDTV 방송을 동시에 실시하는 동시 방송(simulcast)이 진행되고, 오는 2012년 말에 아날로그 방송이 완전히 중단되고 디지털 방송으로 전환될 예정이다.

11. 케이블 TV와 위성방송 이야기

1) 케이블 TV

케이블 TV는 1949년 미국 오리건 주 아스토리아 지방에서 난시청 해소를 위해 공동수신 안테나를 설치, 유선 케이블을 연결해 공중파 방송을 가입자에게 전송한 것이 시초이다(Community Antenna TV).

일반적으로 미디어에서의 수신 형태는 One-to-many에서, Many-to-one, Many-to-many, One-to-one으로 수용자가 작게 분산되어 취향문화 단계에 이르렀고, 여기에서 케이블 TV가 중요한 역할을 담당했다. 케이블 TV 시스템은 TV 신호를 지상파 TV와 달리 동축 케이블을 이용하여 중앙송출지점으로부터 가입자 가정까지 전달한다. 그 구성요소는

① 헤드앤드(Headend)=전 프로그램 소스를 수신·조합·가공해 분배망을 통해 송신한다.

② 분배망=전신주·지하매설을 이용해 헤드앤드→가입자 집 근처까지 보내는 유선

③ 가입자 설비=집 근처 유선→가입자 집안까지 연결되는 인입선(drop line), 컨버터이다.

▷케이블 TV의 구조는

① PP=프로그램 공급자(Program Provider)

② SO=지역방송 운영자(System Operator)

③ NO=전송망 사업자(Network Operator)

④ 가입자(Subscriber)로 구성되어 있다

▷케이블 TV는 적게는 30개에서 많게는 100개 이상의 채널 사용이 가능하며, 디지털 방식을 채택할 경우 최대 500개의 채널을 사용할 수 있다. 지상파 TV는 광역성(Broadcasting)인 반면, CATV는 협소성(Narrowcasting)이다.

▷채널 형태는

① 기본 채널

② 유료 채널(영화)

③ 페이 퍼 뷰(Pay-per-view, 본 만큼 요금 지불)

④ 지역 채널 서비스(지역 뉴스, 공지사항)

⑤ 부가서비스(방범, 원격검침, 홈쇼핑, 홈뱅킹, 원격치료, 재택근무, VOD(※현재 부분적으로 시험방송 시행)

⑥ 티어링제(Tiering, 일부 채널만의 싼 가격 묶음)

●인포머셜(Information Commercial)=정보제공형 긴 광고.

●MSO(Multiple System Operator)=복수 사업자(여러 도시에 소유)

●MPP(Multiple Program Provider)=복수 프로그램 공급자

2) 위성방송

위성방송은 지상으로부터 송신한 방송전파를 지구정지위성(무궁화 3호)이 받고, 다시 자체 내에서 증폭시켜 지상으로 재송신하여, 소형 수신 안테나를 설치한 각 가정에서 개별적으로 수신하는 시스템이다(broadcasting Satellite & communication Satellite). 중계기(transponder)는 지구국에서 보낸 신호를 받아 약화된 신호를 증폭시키고, 위성방송용 초고주파로 변환해 지상에 재송출하는 핵심 기능을 한다.

위성방송을 위한 정지위성(geosychronous satellite)은 적도 상공 36,000km에 위치하며 같은 속도로 공전하는데, 이를 지상에서 보면 정지하고 있는 것처럼 보인다. 하나의 정지위성은 지구 표면의 42.4%를 커버할 수 있다.

영국의 아서 클라크(A.C. Clarke)가 1945년 10월 〈와이리스 월드〉라는 잡지에서 인공위성과 위성통신을 처음 제안한 데서 비롯되었다. 12년 뒤인 1957년 10월 4일, 구소련의 스푸트니크(Sputnik-러시아어로는 '지구의 길동무' 라는 뜻) 발사성공으로 현실화되었다. 1964년 미국도 인터세트 1호를 발사 성공시켰으며, 1975년 〈Time〉사의 HBO가 미국 전역의 케이블 TV 사에 위성을 이용하여 자사 프로그램을 전송했고, 1983년 UCI가 위성방송을 실시했다. 위성방송의 아버지라 할 수 있는 아서 클라크 경은 공상과학(SF) 소설가로도 활동했는데, 스탠리 큐브릭 감독의 SF 영화 〈2001: 스페이스 오딧세이〉도 그가 원작자이다. 2008년 3월 19일에 91세로 타계했다.

▷위성방송은 지상파 TV와 비교할 때
① 광역성과 동시성

② 고화질, 고음질 제공

③ 전량 편성(full text service)

④ 지상파 예비방송시설로 비상방송에 적합

⑤ 문자방송, 팩시밀리방송, 정지화방송, 음악방송 등이 가능하다.

▷매체적 특성으로는

① 다채널화 가능

② 광역 서비스 유리

③ 해외방송 유리

④ 전송 비용 저렴

⑤ 보편적 서비스 활성화 등을 꼽을 수 있다.

▷채널 패키징(Channel Packaging)은 다채널 위성방송에서 지상파 방송의 '편성 작업'에 해당된다. 지상파 방송, 케이블 방송, 위성방송이 경쟁하는 경우, 각 방송 사업자들은 채널 패키징을 통해 자사와 타사의 방송 서비스를 차별화한다.

▷전파월경(spillover)이란 방송위성의 전파가 방송 대상 국가를 넘어 주변 국 가까지 수신가능하게 되는 현상을 말한다. 경침(境侵) 현상은 상대국 TV 프로그램 이 수신될 경우, 인접 국가들로서는 자국의 정치, 문화 등에 일방적 침해를 받는다.

▷오픈 스카이 폴리시(open sky policy)는101) 미국의 국내 위성통신에 관한 자 유화정책을 말한다. 1972년 미국의 연방통신위원회가 채택했다. 오픈 스카이 폴 리시는 민간위성 시스템이 재정적·기술적 조건을 충족하고, 그 목적이 공공이익 에 합치하는 경우에는 모든 위성통신 시스템의 건설 및 이것을 이용하는 서비

---

101) 네이버 용어사전. 참조.

스의 제공을 인정하는 것을 내용으로 하고 있다.

▷무궁화 3호 위성은 1999년 9월 5일 프랑스령 기아나 발사대에서 성공리에 발사되어 궤도에 진입했다. 통신중계기 27기, 방송중계기 6기, 수명 13~15년, 방송 채널 168개, 서비스 지역은 한반도 및 동남아 지역이다.

▷우리나라가 설계·제작·시험 등 전 과정을 국산기술로 개발한 통신해양기상위성 '천리안 위성' 발사에 성공하면서 세계 10번째 정지궤도 통신위성 자체 개발 국가가 됐다.[102] 천리안 위성은 한국전자통신연구원(ETRI)과 6개의 산업체가 협력해 기술을 개발하고, 15개 업체에 기술을 이전해 통신 탑재체 부품의 80%가 국산 기술로 제작된 위성이다. 통신위성기술은 극저온·고온·고진공 등 극한 우주환경에서 안정적으로 운영돼야 하는 고난도 기술로, 거의 대부분의 국가들이 위성체를 수입에 의존하고 있어, 이번 통신위성 시스템의 성능 검증이 완료되면 국내 위성기술 관련 기업들은 앞으로 연간 1,300억원에 달하는 통신위성 시스템 기술의 수출을 기대할 수 있다. 교육과학기술부, 방송통신위원회, 국토해양부, 기상청 등 4개 부처는 27일 오전 6시 41분(현지시간 26일 오후 6시 41분) 남미 프랑스령 기아나 '꾸르 우주센터'에서 천리안 위성이 프랑스 아리안 스페이스의 아리안-5ECA 발사체에 실려 발사된 뒤, 당일 오전 7시 19분경에 호주 동가라 지상국과 첫 교신이 이뤄져 천리안 위성 발사 성공이 확인됐다고 밝혔다. 천리안 위성은 고도 36,000km 정지궤도에서 향후 7년간 위성통신, 해양 및 기상관측 임무를 수행하게 된다. 통신위성은 발사 뒤 1~2년가량 우주 공간에서의 성능 검증을 거친 뒤, 국내 최초 실험위성으로서 산·학·연의 위성통신 연구개발용으로 활용할 계획이다.

---

102) 〈파이낸셜 뉴스〉, 2010년 6월 27일. 참조.

▷영국의 BSkyB는 1989년 SkyTV를 시작으로 1990년 BSB를 흡수합병, 1998년 10월 디지털 방송으로 전환했고, 영국 최대의 위성방송사이자 프로그램 공급회사이다. 루퍼트 머독이 이끄는 뉴스코프(News Corp.)가 대주주이다.

▷미국의 DirecTV도 1994년 6월 16일 세계 최초로 디지털 다채널 위성방송을 시작한 미국의 대표적 위성방송사이다. 위성체 제조 및 운영회사인 휴즈 사가 대주주이고, 1998년에 USSB를, 1999년에는 PrimeStar를 인수했다. 그러나 현재는 루퍼트 머독의 뉴스코프가 주식의 39%를 소유한 회사기 되었다. DirecTV는 3개 위성을 통해 북미 전역에 걸쳐 Disney Channel, CNN, ESPN, The Golf Channel, Playboy TV, TNT, ABC, CBS, NBC, PSB&FOX 등 176개 채널과 55개의 NVOD(Near Video On Demand) PPV 채널을 방송한다.

▷일본의 SkyPerfect Communication은 1996년 10월 PerfecTV가 본방송을 시작했고, 1998년 5월 JSkyB를 합병 SkyPerfecTV로 출범, 2000년 2월 27일에 DirecTV Japan까지 합병해 SkyPerfect Communication이 되었다.

▷프랑스의 'Canal+'는 1984년 지상파 유료방송으로 출발하여 케이블 TV, 아날로그 위성방송, 디지털 위성방송으로 전송매체를 확장하고 스페인, 이탈리아, 동유럽, 아프리카로 서비스 지역을 확대하고 있다. 'One Source, Multi Use' 전략을 사용해 많은 수익을 올리고, 우리가 극장에서 보는 외국 영화들에 투자도 시행한다.

▷홍콩의 StarTV는 1990년 홍콩 재벌 리카싱의 차남 리처드 리가 설립했으나 1993년과 1995년 루퍼트 머독이 주식을 사들여 머독 소유가 되었다. StarTV는 현지화 전략에 따라 중국, 인도, 인도네시아, 대만, 일본, 필리핀, 태국, 말레이

시아에 초점을 맞춘 프로그램을 공급하고 있다.

3) 보편적 서비스

보편적 서비스(universal service)는 사회 전반에 걸쳐 광범위하게 보급되어 있고, 계층을 가리지 않고 국민 누구나 이용할 수 있는 저렴한 요금으로 제공되는 필수적 서비스를 의미한다(전기, 수도, 가스 등). 특히 케이블 텔레비전이나 전화의 독점적 운영과 관련해 매우 중요한 개념이기 때문에 상술하고자 한다.

보편적 서비스라는 용어가[103] 1991년 미국에서 발표된 것은 저렴한 요금으로 접속 가능할 것을 보편적 서비스의 기본 개념으로 제시하고 있다. 반면 같은 해에 OECD가 발표한 것은 위의 두 가지 전제 조건에 추가하여 양질의 서비스 제공과 요금에서의 무차별적 대우 등 네 가지를 보편적 서비스의 요건으로 들고 있다.

보편적 서비스는 국가의 미디어 정책상 미디어 통신망에 대한 독점적 운영이 불가피하게 인정되는 경우, 그 독점사업을 인정하면서 그에 대한 반대급부로 독점사업자로서의 특별한 공적인 책임을 부여하고자 한 데서 출발하였다. 그 대표적인 하나의 예가 전화이다.

전화사업과 같이 독점적 운영이 자원 활용의 경제적 효율성을 높일 경우, 그 독점사업권을 허용하는 대신 해당 서비스에 대해 누구든지 손쉽게 이용할 수 있도록 접근권을 보장해줌으로써 독점사업의 폐해를 최소화 하고, 그 편익을 사회 전체에 공평히 나누어주려는 것이 기본 취지이다.

보편적 서비스는 지상파 방송이나 케이블 TV 등 여타의 미디어 산업에도 유사한 형태로 적용된다. 대부분의 국가에서 자국의 지상파 방송에 대해 어린이, 노인, 장애자 등 사회적 소수계층을 위한 방송 프로그램을 일정 비율로 편성하고 있다. 또한 지역 케이블 TV로 하여금 해당지역에서 운영되는 지상파 TV

---

103) 김영석, 『멀티미디어와 사회』, 나남출판, 1997. pp.264~269. 참조.

를 반드시 재전송해주도록 함으로써 난시청 지역에 거주하는 지역 주민들이 지상파 방송의 프로그램에 손쉽게 접근할 수 있도록 하는 의무전송규칙(must-carry rule)을 채택해온 것도 독점운영 미디어에 대한 공중의 보편적 접근권을 보장하기 위한 조치의 하나이다.

12. 광고 이야기

1) 대중문화와 광고

대중문화와 광고는 불가분의 관계에 놓여 있다. 문화상품의 큰 특징 중의 하나는 대부분 광고수입에 의존한다는 것이다. 특히 신문과 방송, 인쇄 매체가 그러하다. 광고 증가와 함께 광고 게재 매체는 생산가 이하로 팔 수 있다. 생산가 이하로 판매할 수 있어야 이른바 대중매체가 된다. 광고매체 의존의 경우에는 광고가 문화상품의 존재 여부를 결정한다. 광고가 노리는 것은 사람들의 구매력, 광고상품을 구매하는 능력, 구매력이 큰 사람, 중·상류층 사람을 목표로 겨냥한다. 따라서 매체상품 자체가, 즉 신문 방송 내용 자체가 중·상류층에 호소할 수 있는 것 내지 중·상류층을 끌어들일 수 있는 것을 주로 한다. 자세히 보면 신문과 방송은 중·상류층 이상의 사고방식, 이해관계, 그리고 취향에 맞는 방향을 제시한다.

또한 수용자(시청자)는 매우 이중적이다. 공익적 프로그램을 선호하는 것처럼 주장하면서도 실제로는 오락적 프로그램을 시청한다. 그 이유는 방송들이 그런 프로그램들만을 제공하기 때문에 습관이 되어 있는 상황이다. 따라서 그런 자극에 늘 노출되어 있다. 상업적인 방송의 프로그램이나 신문기사는 시청자나 독자를 낚아서 광고주에게 팔기 위한 단지 미끼에 불과하다.

광고와 텔레비전의 관계를 보면 첫째, 프로그램은 많은 수(시청자)를 끌어들여야 한다. 수용자의 모든 부분이 네트워크 사에 똑같은 가치를 갖는 것은 아니다. 프로그램은 광고주가 도달하기를 원하는 그런 수용자의 부분을 끌어들여야 한다. 따라서 프로그램의 내용은 이러한 수용자의 표적을 반영해야 한다. 둘째, 프로그램은 적당한 유형의 수용자를 광고주에게 많이 제공해야 할 뿐만 아니라 그 수용자가 마음이 편안한 상태로(거부감 없는) 제공해야 한다. 프로그램은 그 안에 포함된 광고의 효과를 높이도록(시청률이 높음을 말함) 고안되어야 한다. 그래서 프로그램은 소비를 통한 미덕을 강조하고, 시청자들로 하여금 부자들의 생활양식을 모방하도록 고무해야 한다. 이러한 이유 때문에 모든 텔레비전들은 시청자의 대부분을 이루고 있는 근로자, 중하위 계층, 또는 중산층의 현실적인 문제나 문화보다는 부유계층의 사치와 호화생활을 다룬 이야기를 방송한다.

미국 방송의 예를 들면 〈Dallas〉나 〈Dynasty〉와 같은 프로그램들이 TV를 지배한다. 위의 글은 광고의 부정적 특성을 정확히 집어낸 면이 있다. 그러나 현대사회에서 광고의 역할은 또 다른 긍정적 측면이 없지 않다. 그래서 광고는 "공기와 같다"라는 말도 회자된다. 특히 대중문화는 만약 직접적인 것이든 간접적인 것이든, 또는 신문기사나 방송 프로그램에서 간접적으로 넌지시 삽입하는, 솔직히 표현하면 돈 내지 않는 광고가 있을 수 없다면 전혀 그 존재의 근거가 사라지는 측면이 분명히 있음을 부인할 수 없다.

2) 광고의 의미

광고는 제품의 생산과 소비를 결정적으로 촉진시킨다. 신문과 잡지 등 인쇄매체, 라디오와 텔레비전 등 전파매체, 옥외광고(건물 옥상, 전광판 광고), 인터넷 광고 등으로 구분된다. 직접광고(Direct Mail-조간신문 삽입 광고지)도 있다. 광고라는 말은 Advertising, Advertisement, Commercial Message와 Commercial Film을 줄인 CM, CF 등으로 사용되지만 Advertising, Commercial이 정확한 표현이다. 어원은 라틴어 'Adverter'에서 나온 것으로 '돌아보게 하다', '주의를 돌리다'의 뜻이다. 독일어는 Die Reklame, 프랑스어로는 Reclame로 쓰는데, 이것 역시 '부르짖다' 라는 의미를 지닌 라틴어 'Clamo' 에서 유래되었다. 따라서 광고는 '반복해서 부르짖음으로써 주의를 끌게 하는 것' 이라고 정의할 수 있다.

방송광고의 역사를 보면, 1922년 8월 28일 미국 WEAF 방송국은 뉴욕에 소재한 퀸스보로 부동산회사의 '잭슨 하이츠 아파트' 판매를 선전하는 광고를 세계 최초로 방송했다. 10분간 방송에 100달러를 받겠다는 계획이었으나 50달러밖에 받지 못했다. 우리나라 최초의 민간 상업방송은 1956년에 개국한 HLKZ-TV였고, 1959년 부산에서 문을 연 부산문화방송이었다. 1980년 11월 공영방송 체제로 전환됨에 따라 한국방송광고공사가 탄생되고, 여기서 각 방송의 모든 광고활동을 대행한다.

3) 전파광고 제작의 실제

시간의 제약에 따라 라디오와 TV 광고는 모두 15초에서 30초 정도의 길이로 제작된다. 라디오 = 말(word) + 소리(sound) + 음악(music) 형태가 많고, TV는 여기에 화면이 곁들여진다.

▷특징을 설명하면

① 메시지 구성이 간결하면서도 인상적이어야 하고, ② 기발한 아이디어, 함축적이고 강한 인상의 광고 문안(copy), 설득력 있는 구성과 연출이 요망된다.

▷형식으로는

① 노래(Singing) : 오리지널 멜로디, 유행 음악, 명곡을 차용하여 호소한다.

② 대화식(Narrative) : 이야기 식으로 진행하는 것을 말한다.

③ 직설적(Straight) : '무엇 무엇을 소개해드리겠어요' 로 시작해서 마지막에 '한번 써보세요' 로 끝나는 형식.

④ 인물(Personality) : 최불암, 김혜자 씨가 출연하는 식으로 성공한 퍼스낼리티를 활용한다.

▷접근 방법에 따른 분류

① 따뜻한 광고 : 글자 그대로 따뜻함을 유발케 하는 광고이다.

② 유머 광고 : 유머러스한 광고는 시청자의 주의를 끌기에 유리하다.

③ 공포·혐오 광고 : 두려움이나 혐오스러운 내용을 강조함으로써 시청자에 대한 긍정적 결과를 도출할 수 있다.

④ 성적(性的) 광고 : 성적 자극을 주요 표현수단으로 시청자에게 소구한다.

4) 광고제작 과정

아래의 내용들은 광고제작에 있어 일반적인 절차와 순서를 인식시키기 위해 하나의 모형을 소개하는 뜻이 강조된다. 최근의 광고제작 기술은 컴퓨터 그래픽 등 매우 다양하고 화려하게 제작되며, 기술적 완성도가 떨어지는 부분은 미국 등 해외에 보내 제작해온다. 뿐만 아니라 로케이션도 세계 어느 곳이라도 찾아가 모델을 통해 설득력 있는 화면을 채집해온다. 그 비용도 대단해서 억 단위를 한참 넘는 것으로 알려지고 있다. 기본적인 제작 모델을 요약 제시한다.104)

1〉 스태프 회의

① 기획제작부장

② 기획차장=이 사람은 AE(Account Executive)로서, 즉 광고주의 입장에서 자료를 수집, 연구, 분석하고 제작 전략을 총괄한다.

---

104) 김영석, 『멀티미디어와 사회』, 나남출판, 1997. pp.264~269. 참조.

③ 크리에이티브 디렉터=아이디어에서 제작까지 컨트롤하고 리드하는 제작 책임자

④ 카피라이터=헤드라인, 슬로건 등 광고 문안을 지어내는 광고 작가

⑤ 아트 디렉터=무궁무진한 아이디어로 영상 메시지를 창조한다.

⑥ CF 감독=모든 메시지를 30초 이내로 함축시키는 광고영화 감독

⑦ 오디오 연출가=관련 모든 오디오를 컨트롤한다.

⑧ 포토그래퍼=사진 한 장에 광고의 드라마를 담는 광고사진 전문가 등이 모여 회의를 한다.

2) 자료검토 : 광고주로부터 받은 각종 자료를 다각적으로 분석 검토한다.

3) 콘셉트(Concept) 토의 : 광고 아이디어를 얻기 위한 뼈대를 만드는 회의이다. 제품자료, 시장자료, 경영자료, 극비에 가까운 경쟁사의 자료, 복잡 다양한 소비자 심리까지 종합해 콘셉트를 만들어낸다.

4) 콘셉트 정리 : 콘셉트에 대한 토의자료를 종합 정리한다.

5) 아이디어 찾기 : 브레인스토밍(Brain Storming)이라는 자유분방한 스타일의 회의를 통해 온갖 지혜와 희한한 아이디어를 짜낸다.

6) 아이디어 꽃피우기 : CF의 대본인 스토리보드(Story Board)가 그려지고, 신문잡지 광고의 시안(draft)들이 제작된다.

7) 프리젠테이션(Presentation) : 심혈을 기울여 준비한 광고 전략과 광고 시안을 광고주에게 심판 평가받은 절차이다.

8) 스탠바이! 큐! : 감독, 조감독을 비롯해 촬영, 조명 팀, 분장사, 세트 담당자, 모델 등이 준비를 마치고 슈팅에 들어간다.

9) CF 탄생 : 촬영을 끝내고 세심하게 편집을 마침으로써 15-30초짜리 광고가 완성된다.

▷ 한국의 광고대행사 순위(2007년)

순위	광고대행사	소속 그룹
1	제일기획	삼성 그룹
2	LG애드(HS애드로 바뀜)	외국계
3	이노션월드와이드	현대기아차 그룹
4	TBWA코리아	외국계
5	대홍기획	롯데 그룹
6	휘닉스커뮤니케이션즈	보광 그룹
7	웰콤	외국계
8	오리콤	두산 그룹
9	한컴	한화 그룹
10	상암커뮤니케이션스	대상 그룹

(출처 : 광고단체협의회)

5) 제일기획 이야기

2005년 1월 19일에 연예인의 사생활이 담긴 이른바 '연예인 X파일'이라는 문건이 인터넷을 통해 흘러나왔다. 이 내용은 연예인 125명을 사진과 함께 5개 항목으로 분류했다. 현재 위치와 자기관리 등으로 등급을 매겼고, 소문난에는 연예가에서 떠도는 각종 내용을 그대로 실었다. 실물이 예쁘다, 이미지가 좋다, 연상의 남자들과 소문이 많다, 다리가 짧다, 사생활이 난잡하다, 이혼설이 있다 등으로 이어졌다. 물론 연예계는 발칵 뒤집힐 수밖에 없었다. 해당 연예인들이 강력하게 반발하며 대규모 명예훼손 논란이 일어났다. 연예인 59명은 제일기획과 동서리서치 대표를 명예훼손 혐의로 제소했다. 이후 적절한 후속 대책으로 이 소동은 매듭지어졌다.

여기서 흥미로운 사실은 일본 광고회사들이 제일기획의 능력을 높게 평가했다는 점이다. 그 이유는 제일기획이 자신들이 언제라도 기용해야 될 연예인들의 사적 상황까지도 세심한 관심을 쏟고 있다는 것이다. 이와 관련해 제일기획의 주가는 하락하리라는 전망이었지만, 예상 밖으로 상승을 이어갔다는 얘기다. 이렇게 광고의 세계는 숨쉬기 어려울 만큼 치열한 경쟁 속에서 진행된다는 점이다.

13. PR 이야기

1) PR이란 무엇인가?

흔히 우리가 PR이라는 말을 사주 사용하는데, 그것은 어떤 내용을 자랑·홍보·광고하는 보다 작은 의미로 쓰이는 경우가 대부분이다. 그러나 PR의 정의는 그와는 좀 다르다. PR이란 동향을 분석하고, 그 결과를 예측하며, 조직체의 지도자들에게 조언하여, 조직체와 공중의 이익 양쪽 모두에 이바지하는 계획된 활동 프로그램을 수행하는 기술(art) 및 사회과학이다. 이것은 1978년 멕시코시티에서 열렸던 국제 PR 회의에서 채택된 개념이다. 따라서 우리가 평소 사용하는 PR과는 상당히 다르고 공적이며 심도가 있는 의미가 내재된 개념임을 알 수 있다.[105] 그 기능은

① PR은 조직체와 공중 사이의 쌍방적 커뮤니케이션, 이해, 수용, 협력이 이루어지고 유지되도록 돕는 특수 관리기능이다.

② 문제나 이슈를 관리하고, 경영자로 하여금 여론을 알고 반응하도록 돕는다.

③ 공중의 이익에 기여하도록 경영자의 책임을 규정하고 강조한다.

④ 경영자가 변화에 뒤떨어지지 않도록 변화를 예견하는 조기경보 시스템 역할을 한다.

⑤ 주요 수단으로 조사와 건전하고 윤리적 커뮤니케이션을 사용한다 (Harlow).

---

105) 조계현 지음, 『PR 실전론』, 케뮤니케이션북스, 2005. 참조.

▷ PR의 4단계 순환과정(RACE)

조사(research, 문제 확인)→ 실행(action, 전략 수립)→ 커뮤니케이션(communication, 프로그램 실행)→ 평가(evaluation, PR 문제 해결 평가) 등이다

▷퍼블리시티(publicity)란 '장소, 사람, 주의 또는 기관의 이익을 촉진하기 위한 뉴스, 가치 있는 정보로써 보통 공적 인쇄물(대중매체)에 게재되는 것'이라고 정의하고 있다(웹스터 사전).

▷즉 PR 주체의 이익을 반영하는 PR 메시지가 신문, 잡지, 방송 등 매체의 게이트 키퍼를 거쳐 기사, 논설, 사진, 만평 등의 형식으로 편집 면에 게재되는 공적 정보이다. 방송의 경우 프로그램, 쇼, 뉴스 등에 방영되는 형식이다(김정기).

▷위기와 위기관리는 어떤 것인가? 위기(crisis)는 조직의 미래성장과 이익, 생존에 위협을 가할 가능성이 있는 사건이다. 이 정의는 조직의 명성, 이익, 성장 등을 위기와 관련하여 고려해야 할 중심 가치로 설정하고 있다.

▷핑크는 '위기는 위협을 내포하고 있는 어떠한 사전징후적인 상황'이라고 정의하고, 이 상황은 징후가 계속 뚜렷해지거나, 미디어나 정부의 감시를 받게 되고, 일상 업무에 방해를 받게 되는 것이라고 말한다.

2) 기자 접촉 방법의 요령

불가근불가원(不可近不可遠)이라는 말이 있다. 즉 '너무 가까이도 하지 말고, 너무 멀리도 하지 말라'는 뜻이다. 기자의 취재원일 경우도 이런 개념이 해당될 것이다. 기자의 취재에는 긍정적인 면과 부정적인 부분이 공존한다. 취재해보니 좋은 면이 있으면 칭찬 기사(홍보적 요소)를 쓸 것이고, 나쁜 요소가 발견되면 비판 기사(취재원이 손해 보는)가 실릴 것이다. 따라서 기사를 꿀로 보아서는 안 된다. 꿀로 생각했지만 즉시 독으로 변할 수도 있다는 점을 반드시 기억해야 한다. 기자와의 관계는 평소에는 태평성대이다가, 갈등 국면이 조성되면 즉시 전쟁 상황으

로 돌변한다.

기자와 그냥 한담 식으로 얘기해서는 곤란하다. 기자의 동의 후 녹음하는 것도 좋은 방법인데, 한국 사회에서 일반적인 관행은 아니다. 따라서 기자 접촉에도 노하우가 필요하다. 아래의 내용은 회사의 시니어보다 주니어에 해당되는 테크닉이다.

① 기자와 만날 때는 상대방이 누구인지 꼭 확인하는 것이 좋다. 기자의 신상, 경력, 학력, 인맥 등을 미리 파악하는 것이 필요하다.

② 기자 인터뷰 요청을 사부거나 적절한 보도자료를 제공할 수 없을 경우, 충분한 이유를 설명해야 한다.

③ 기자의 질문에 대한 답변은 하찮은 것이라도 성실히 답변해야 한다.

④ 답변의 요령은 결론부터 말해야 한다. '예', '아니오'로 분명하게 메시지를 전달한다.

⑤ 기자가 문제점을 지적할 경우, '아니다'라는 부인보다는 '그러한 문제점을 알고 있으며, 해결을 위해 이러한 조치를 취하고 있고, 앞으로의 계획이 무엇이다'라고 말하는 것이 좋다.

⑥ 전문적인 용어는 꼭 필요한 경우를 제외하고 피하는 것이 좋다.

⑦ 개인적인 입장이나 의견을 말하게 되면 그것이 회사의 의견인 것처럼 보도될 수 있어 주의해야 한다.

⑧ 어떻게 보도할 것인지를 물어보는 것은 피하고 '관심 가져 주어 고맙다'는 표현을 쓰는 것이 좋다.

14. 사진 이야기

오늘날 대중문화 현상 중에 가장 널리 공급된 것은 모바일 폰이다. 이것은 전화통화를 하는 것이 목적인데, 그런 용도보다 더 많이 사용되는 것은 카메라 촬영이다. 종전처럼 카메라를 따로 지참할 필요도 없고, 크기도 작고 가벼워서 지니기에 아주 편리하다. 최근 출시된 핸드폰들은 카메라 기능도 매우 우수해 촬영은 통화를 뛰어넘는 신종 대중문화의 핵심이다. 따라서 "사진은 권력이다" 라는 말도 생겨났다. 무심코 핸드폰으로 찍은 사진을 인터넷에 올려 지대한 국민의 관심사로 떠오를 수도, 찍힌 인물은 한 순간 악당으로 지탄을 받을 수도 있다. 예컨대 교사가 어린 초등학생을 체벌이라는 이유로 마구 때리고 발길질을 한 경우(오장풍 체벌)가 그에 해당된다. 또 사진을 블로그에 올려 정보와 취미를 동시에 만족시킨다. 포토그래피(photography)는 그리스어의 photos=빛과 grapho=그림이라는 두 단어가 합쳐져 만들어졌다. 사진 전공 교수의 중요 개념을 간추려 소개하는 것도 의미가 클 것이다.106)

사진의 학문적 정의는 "3차원의 공간 또는 4차원의 시간이 광학적 과정을 거쳐 2차원의 평면으로 전환되어 나타난 한 장 한 장의 독립적인 사물과 그것이 만들어진 전 과정" 이다. 사진영상(Photographic Image)이란 사진이 인화지 이외의 매체, 예컨대 종이 등에 인쇄된 것이나, 텔레비전이나 영화의 장면들처럼 사진은 아니지만 원래의 이미지가 카메라로 만들어져서 사진의 성격을 가지고 있는 것이다. 사진은 "어떤 대상을 왜, 그리고 어떻게 찍을 것인가" 가 가장 중요하다.

"사진은 환영(幻影)이다." 사진은 기본적으로 사실의 기계적 기록이지만, 극단적으로 나가면 사실을 왜곡 변형시킬 수 있다. 따라서 사진은 사실이 아니라고 주장하는 학자도 있다. 즉 일종의 일루전(illusion), 즉 환영이라는 것이다. 사진 발명의 의미는 우리 눈을 스치는 수많은 이미지들이 사진으로 자동적으로 고정될 수 있게 되었고, 인류문화와 의사소통 방식이 근본적인 개념변화를 겪게 된데 있다. 당시 "이미지 고정은 신에 대한 모독" 으로 생각했다.

1826년 니에프스(Joseph-Nicephore Niepce)라는 프랑스인이 찍은 〈르 그라의 집 창에서 내다본 풍경〉이 세계 최초의 사진이다. 자기 집 거실에서 카메라 옵스

---

106) 박주석 지음, 『박주석의 사진 이야기』, 눈빛, 1998. 참조.

쿠라를 가지고 8시간 노출을 해서 찍은 것이다. 다게르(Dagyerre)의 다게레오타입 (daguerreotype) 사진의 특징은 은판(銀板) 초상 사진이다. 당시 프랑스에선 대혁명 후 신흥 부르주아 계급이 지배 권력이 됐으며, 이들은 자신들의 초상화를 소유하고자 했다.

역사의 목격자 '저널리즘 사진'은 사진이 발명되고 사진을 이용한 저널리즘이 생겨나 시각적 증거의 중요성을 알게 됐다. 사람들은 어떤 상황을 판단하기에 앞서 시각적인 단서를 필요로 하게 되었다. 사건을 카메라로 기록하기 위해서는 사진기자가 현장에 있어야 하고, 어떤 사람이 그 현상을 지켜봤다는 점이 사진을 사실의 증거라고 믿게 되었다. 사진의 성격만 가지고 판단할 때, 가장 오래된 저널리즘 사진은 1842년 독일 함부르크 시에서 일어난 대화재를 다게레오타입으로 찍은 헤르만 비오브와 칼 슈텔츠너의 사진을 꼽을 수 있다. 저널리즘 사진이 확고하게 자리 잡은 것은 전쟁 사진을 통해서이다. 1851년 크리미아 전쟁의 야영 장면을 찍은 사진이 런던의 신문에 실렸다.

저널리즘 사진은 사건 전달효과를 위해 다소 선정적 혹은 자극적으로 사실을 다룬다. 인간에 대한 응시 '다큐멘터리 사진'은 인간의 삶과 조건을 따뜻한 시선으로, 서정적 느낌으로 그려낸다.

포르노그래피는 보는 사람으로 하여금 개인의 성적 호기심을 은밀하게 충족시키기만 하면 된다. 예술에 있어서 누드는 단순히 옷을 벗는 것이 아니라, 옷을 벗은 상태를 통해서 어떤 다른 분위기를 창출해내는 것을 의미한다. 누드는 모델이 다른 사람이 자신을 보고 있다는 사실을 의식하는 상태에서 이루어지는 표현양식이다. 나체를 찍기 위해 옷을 벗은 것이 아니라, 어떤 것을 표현하기 위해 옷을 벗은 것이다. 그러나 포르노그래피는 다른 사람이 보고 있지 않다는 전제 아래 모델이 은밀하게 성적 표현을 행한다. 결과적으로 보는 사람이 그것을 훔쳐보는 상태가 되며, 그래서 그 결과물은 더욱 자극적이다.

광고사진의 경우, 광고는 새로움을 추구함으로써 유행을 창조하고 항상 유행의 최첨단에 서있다. 과거·현재를 말하지 않고 소비자가 원하는 미래의 모습을 그린다. 광고가 궁극적으로 제시하는 가치는 선망·행복·여가로 요약된다. 광고사진에는 'AIDMA론'이라는 것이 있는데 A=Attention(소비자의 주목을 끌어야), I=Interest(광고상품에 흥미를 끌도록), D=Desire(사고 싶은 욕구를 가지도록), M=Memory(소비자 마음에 각인), A=Action(물건을 사도록 만들라) 등이다. 최근 사진예술은 과거에 비해 전시회도 많이 개최되고, 사진 값도 대단히 높다고 한다. 매우 활발한 장르이다. 엔터테이너들은 늘 카메라 앞에 서고, 거기서 성공해야 명성을 얻게 된다. 이런 이유로 여러 장르의 사진 중 핵심 개념만 짧게 소개하게 된 것이다.

15. 롤랑 바르트

롤랑 바르트 이야기의 키워드는 기호학, 의미작용, 그리고 신화이다. 1960년대 초 일단의 선도적 유럽 지성인들은 기호학을 많은 다른 기호 체계에 응용하였다.107) 롤랑 바르트(Roland Barthes)는 프랑스 대중문화, 의복, 발자크(balzac)의 단편소설을 주의 깊게 분석하였다. 기호이론은 스위스 언어학자 소쉬르가 선창했고, 다시 롤랑 바르트가 정교하게 분석해서 재창(再唱)한 셈이다. 상당히 이론이 난삽하지만, 대중문화와의 많은 연관성이 있기 때문에 주요 개념에만 접근해 보고자 한다.

예컨대 장미를 통해 기호학을 설명해보면, 장미는 기표(記表)를 의미하고 열정은 기의(記意)를 나타낸다. 한 청년이 장미 꽃다발을 어떤 아가씨에게 주었다고 가정하면 "나는 당신을 좋아 합니다"라는 기의가 발생하고, 아가씨에 대한 청년의 사랑과 정열의 기호(記號)가 형성된다. 이때 청년과 아가씨 간에 애정관계라는 커뮤니케이션이 이루어지게 된다. "기표+기의=기호"의 공식이 성립한다.

기호학에서 가장 작은 의미 단위를 기호(sign)라고 부른다. 모든 기호는 물

---

107) R.알렌 지음, 김훈순 번역, 『텔레비전과 현대비평』, 나남출판, 1994. p.36.

질적 형태를 갖는 기호의 부분으로, 그 자체가 소리이거나 이미지, 물체인 기표(signifier)와 그것이 표상하는 정신적 개념인 기의(signified)로 구성된다. rain(비)이란 기호는 이 지면 위의 4글자(기표)로 구성되고, rain의 기의는 하늘로부터 떨어지는 물방울이다.

기표=시니피앙(signifiant)과 기의=시니피에(signefie). 이것은 '의미하다' 라는 뜻의 프랑스어 동사 'signifier' 에서 파생된 것으로, 시니피앙= '의미하는 것' , 시니피에= '의미되어진 것' 이라는 뜻이 된다. 우리가 말하는 모든 단어들이 기표이고, 그 단어들의 의미가 기의이다.

모든 단어들이 기표와 기의라는 얇은 두 겹으로 분리되어 있다. 기표는 내용이 없는 껍데기이고, 그것이 어떤 기의와 결합되었을 때에만 의미가 발생한다. 하나의 기호에서 지각될 수 있는 부분이 기표이고, 부재하여 우리의 지각이 감지할 수 없는 숨겨진 부분이 기의이다.

기표와 기의를 결합시키는 작용을 의미작용(signification) 또는 의미화라고 한다. 의미작용은 기호를 만들어낼 때에만 일어나는 것이 아니고, 기호의 의미를 풀이할 때에도 일어난다. 아가씨가 장미꽃을 받았을 때, 그녀는 장미꽃(기표)에 어떤 의미(기의)가 결합되어 있나를 알아내야 한다. 아가씨가 장미를 받고 "청년이 날 좋아 하는구나" 하는 생각에 이르렀으면 의미작용은 아가씨 쪽에서 일어난 것이다.

청년이 장미를 사랑의 기호로 만들 때의 의미작용과 아가씨가 장미를 청년의 사랑이 담긴 기호로 받아들일 때의 의미작용이 같은 내용으로 되어 있을 때, 청년과 아가씨 사이에는 성공적인 커뮤니케이션이 일어난 것이다.

기의는 마음속에 일어나는 정신적, 추상적 개념이다. 기의는 '어떤 것에 대하여 언급된 말' , 즉 기표에 대응하는 말이라고 더 쉽게 이해할 수도 있다 (Barthes, 1967). 의미는 전달이나 소통되는 것이 아니고, 의미 재생산에 의해서 공유되는 것이다. '의사 공유' 또는 '의미 공유' 라는 말이 더 정확하다.

기표와 기의의 결합에서 의미작용이 생기는데, 이 때 두 개의 층위가 있다. 하나는 데노타시옹(denotation)으로, 이것은 단어의 '글자 그대로의 의미', '명백한 의미' 혹은 '상식적인 의미'이다. 우리말로는 외연(外延)이라고 한다. 사전에서 찾아보는 말들의 의미가 바로 그것이다.

또 하나는 코노타시옹(connotation)이다. 한 단어가 가진 사회·문화적 연관 혹은 이데올로기적 연관을 지시하는 개념이다. 니그로(negro)의 사전적 의미는 '피부가 검은 사람'이라는 뜻이지만, 사회·문화·이데올로기적 의미는 '백인사회에서 천대받는 유색인종'을 뜻한다. 이것이 코노타시옹이고, 우리말로는 내포(內包)라고 한다.

롤랑 바르트는 〈카메라 루시다 사진에 관한 노트〉라는 사진론에서 "외연은 필름에 나타난 사물의 기계적인 재생을 말하는 것이고, 내포는 인간의 주관적 개입과정을 통해 나타나는 의미인 것이다"라고 설명하고 있다. 주관적 요소는 프레임에 무슨 배경을 넣을 것인지의 결정, 포커스와 조리개의 선정, 카메라 앵글, 필름 종류 등 기술적 요소들이다. 외연은 '무엇이' 사진에 찍혔는지이고, 내포는 '어떻게' 그 사진이 찍혔는지이다.

시니피앙과 시니피에를 정하는 것은 전적으로 분석의 수준에 달려 있다. 한 쪽 층위에서 시니피앙인 것이, 다른 쪽 층위에서는 시니피에가 되기 때문이다. 롤랑 바르트는 이런 2차 의미작용을 넘어 세 번째 단계의 층위가 신화(Mythologies)의 층위라고 말한다.

마릴린 먼로의 사진을 예로 들어보자. 외연적 수준에서 이것은 '마릴린 먼로'라는 한 여배우의 사진이다. 내포적 층위에서는 한 여배우가 표상하는 '글래머', '섹슈얼리티', '아름다움'을 뜻한다. 그러나 세 번째 단계에서 '할리우드적 신화', 글래머 배우가 만들어내는 '아메리칸 드림'을 뜻한다. 이것이 신화의 단계이다.

신화(myth)는 글자 그대로 '신(God)'에 대해 말해질 수 있는 그 어떤 것'을 의미하는 그리스어 'mythos'에서 연유된 것이다. 선사 시기의 문화기에 여러 민족

들이 자연이나 사회에서 발생한 사안이나 사건에 경이를 품고, 그 어떤 초자연
적이거나 초인간적인 존재나 활동을 가상적으로 규정하고, 이것을 해석하고 서
술하는 데서 발생한 민간전승의 한 형태이다. 신화를 통해 그 집단의 경향, 본능,
희망 등을 구체적인 모습으로 구현하여 사회에 내재된 불안을 제거하기 위한 꿈
과 동경을 하나의 총체 속에 구체적으로 나타내는 것이다. 롤랑 바르트에게 있
어 신화란 "현대 물질문명의 온갖 현상들이 마치 고대 그리스나 로마의 신화와
같이 익숙해져서 너무나 당연하고 의심할 수 없는 것으로 착각하게끔 만드는 변
형된 개념"이라고 정의한다.

신화는 '역사적인 것'에 거짓동기를 부여함으로써 마치 '자연스러운 것'인
양 기만하는 가짜 자명성(自明性)인 것이다. 자본주의 사회에서 신화는 지배계급
의 이익에 봉사하거나 이를 촉진시켜 역사적 과정을 국가적 이익을 위해 구성함
으로써 국가의 이데올로기를 강화시킨다.

롤랑 바르트가 보다 전문화시켜 사용한 '신화'라는 용어는, 그러나 한 문
화권을 통해 폭넓게 받아들여지는 '개념의 연쇄(a chain of concepts)'를 가리킨다.
이에 의해 문화의 구성원들은 특정한 토픽이나 그들의 사회적 경험의 부분을 개
념화하거나 이해한다. 우리가 시골에 대해 가지고 있는 신화는 '좋다', '자연적이
다', '정신적으로 신선감을 준다', '평화롭다', '아름답다', '휴식과 요양의 장소이
다' 등의 개념의 연쇄로 이루어진다. 거꾸로 도시에 대한 신화는 '비자연적임',
'갑갑함', '노동', '긴장', '스트레스' 등의 개념을 포함한다.

신화들은 그들의 지시대상(referents)들에 대해 자의적이며, 문화에 따라 특
수하다. 18세기에는 도시는 '좋음', '문명화됨', '세련됨', '품위 있음' 등으로 신화
화되었었다. 신화라는 용어는 '잘못된 믿음'의 의미로 사용되는 것이 아니라, 인
류학적인 의미로 '추상적인 문제를 개념화하는 한 문화의 방식'이란 의미로 사
용되는 것이다. 신화는 개념적(conceptual)이며 기의의 차원에서 작용한다.

롤랑 바르트는 1915년 프랑스 북부 쉘부르에서 태어나 편모 아래서 자랐으

며, 청년시절 폐결핵으로 고등사범학교 진학을 포기, 후에 소르본대학에서 수학
하고 교수와 저술가로 활동한 바 있다. 평생 독신으로 지냈으며(동성애자), 1980년
미테랑 대통령과 회식 후 귀가 중 교통사고로 인한 후유증으로 3월 26일 사망하
였다.108)

---

108) 국내에서 출판된 그의 저서는 『텍스트의 즐거움』, 『카메라 루시다』, 『현대의 신화』, 『기호의 제국』, 『신화론』, 『사진론』, 『이미지와 글쓰기』, 『현대비평의 혁명』, 『롤랑 바르트가 쓴 롤랑바르트』 등 모두 13권에 이른다.

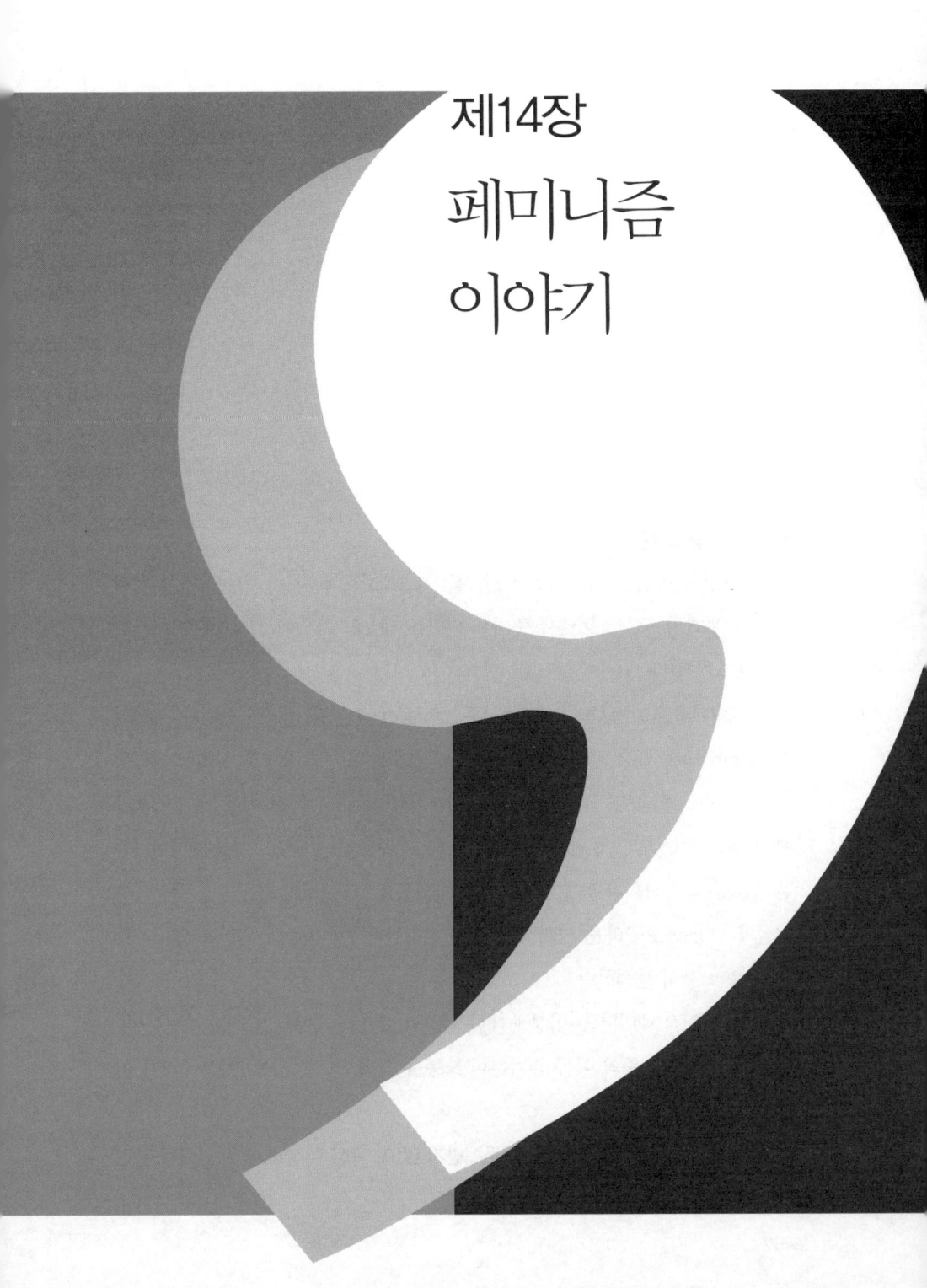

제14장

페미니즘
이야기

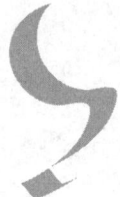

1. 페미니즘의 개념

페미니즘(feminism)은 여성의 권리를 업그레이드 하자는 의도를 갖고 있지만, 대중문화의 중심축으로서 중대한 의미를 내포하고 있어 그 내용을 자세히 살펴보고자 한다.

페미니즘은 여권주의, 여권확장론, 남녀동등권 등을 번역한 말이다. 라틴어의 'femina(여성)'에서 생긴 말이며, 여성도 남성과 평등한 경제적·사회적 권리를 가져야 하고, 책임 있는 시민으로서 정치에 참가할 권리, 특히 여성 자신의 생활에 영향을 주는 입법에 참가할 권리가 있다고 주장하는 것을 말한다. 페미니즘은 성(gender)이 사회과학의 연구문제로 대두됨에 따라 성의 불평등을 폭로하고 여성의 해방을 요구하는 사회적 운동을 지칭한다. 이 운동의 원인을 연구자들은 다음과 같이 분석한다.

① 급진적 페미니즘=여성에 대한 억압의 이유는 가부장적 태도 때문이다.

② 마르크스주의 여성학=자본이 노동을 착취, 경제 체제인 자본주의가 여성을 억압한다.

③ 자유주의 여성학=제도에 구애받지 않고, 대신 여성에 대한 사회적 편견

을 문제로 삼는다.

④ 사회주의 여성학=여성에 대한 사회적 억압이나 다른 제도가 유기적으로 연결되어 있는 이유 때문이다.

그러나 최근 이런 여성의 정치 참여 외에도 사회 전반에 걸쳐 여성의 진출이 확대됨에 따라 넓은 의미의 페미니즘은 넘쳐흐르는 상황이다. 특히 대중문화는 여성의 자아실현이라든지 취향, 새로운 삶의 방식, 열등한 남성의 성적 능력이나 여성화된 남성 등을 폄하하고 강조하지 않고는 흥행이 부진하기 일쑤이다.

영화나 텔레비전 드라마가 정도가 심한데 〈결혼은 미친 짓이다〉, 〈바람난 가족〉, 〈아내가 결혼했다〉, 〈델마와 루이스〉 등 많은 영화들이 페미니즘 소재 안에서 맴돌고 있다. 텔레비전 드라마는 일찍부터 젊은 여성작가들이 집필의 기회가 생기자 〈여자는 무엇으로 사는가〉, 〈고개 숙인 남자〉, 〈아줌마〉, 〈애인〉, 〈여인천하〉, 〈위기의 남자〉 등으로 여성 시청자들의 페미니즘적 욕망을 부추겨 시청률을 올리겠다는 시도가 빈번했다.

연극에서도 〈버자이너 모놀로그〉라는 작품이 서울에서만도 꽤 여러 차례 장기 공연되었고, 지방 순회공연까지 행해졌다. 원제 〈Vagina Monologues〉는 미국의 여성 극작가 이브 엔슬러의 작품을 번역한 것으로, 그동안 사적으로 수없이 노출되어 왔지만 공적으로 금기시되거나 감추어졌던 내밀한 성적 문제를 연극 무대에서 공개해 많은 관심과 센세이션을 일으킨 작품이다. '여성의 성기'를 주된 소재로 내세워 여성의 성적 억압과 고뇌, 그리고 그 해소와 해결 문제 등을 거론하는 내용이다.

이 연극의 토론회에 출연한 이름이 알려진 한 여성은 "남자는 디저트이다"라면서 "남자는 무가치한 존재"로 무시했다. 이렇게 페미니즘은 대중문화 여기저기에 침투해 있고, 긍정적 면과 부정적 면에서 영향을 미치고 있다. 또한 제품의 생산은 그것이 의상이든, 화장품이든, 가구든 간에 절대적인 여성적 사고와 선호도가 판매의 요인이 되고 있음은 우리가 자주 목격할 수 있는 일이다.

따라서 여권 확장론에는 기본적으로 여성 참정권 요구가 주된 테마였다. 여성은 너무나 오랜 세월 동안 남성의 부속물로 취급되어 왔는데, 그와 같은 여성에 대해 인간으로서의 지위와 권리를 주도록 요구하는 것이 페미니즘이다. 그러나 이러한 요구는 시대와 나라에 따라 여러 형태로 나타나는 것이며, 체계적인 이론이 있는 것은 아니다. 페미니즘은 오히려 다른 사상이나 이론에 의해 뒷받침되거나 다른 사상과 더불어 발전한다고 학자들은 주장한다.

인류 역사에 있어서 여성의 고난사는 참정권을 통해서도 쉽게 알 수 있다. 민주주의의 본고장인 영국은 1918년 30세 이상 여성들에게 참정권이 부여됐고, 미국은 1921년 21세 이상 여성들이 참정권을 획득했다. 독일 및 오스트리아 1918년, 뉴질랜드 1893년, 오스트레일리아 1902년, 핀란드 1906년, 노르웨이 1907년, 네덜란드 1917년 등 유럽 국가들도 거의 20세기 초반에 여성이 투표에 참가하게 되었다. 우리나라는 1948년 제정된 헌법에서 남녀의 평등한 참정권을 인정했다. 역사적으로 여성해방운동, 즉 남성 지배에 도전을 전개한 중요 사례는 다음과 같다.

2. 여성 운동의 선구자들

1) 고디바 부인

11세기 영국 코벤트리(Coventry) 지방의 영주 리어프릭(Leofric)에게는 17세 된 어여쁜 부인 고디바(Godiva)가 있었다. 주민들은 그녀에게 과중한 세금 감면을 간청한다. 남편은 아내에게 "알몸으로 말을 타고 마을의 시장을 지나가면 세금을 감면해 주겠다" 고 거절해버린다. 그녀는 시장을 지나가는 동안 자신을 보지 말아 달라고 마을 사람들에게 미리 부탁했다. 드디어 고디바가 벌거벗고 마을을 돌자 사람들은 커튼을 내리고 밖을 내다보지 않았다고 한다. 그녀는 발목까지 내려오는 긴 머리로 몸을 감싸고 있었기 때문에 나신은 아주 일부분뿐이었다. 이렇게 남편이지만 남성에 대항한 고다바를 최초의 여성 운동가로 보는 견해도 있다. 마을 사람 중 양복점을 하는 'Tom' 만이 창문으로 고다바 부인의 나신을 보았다. 그것이 빌미가 되어 맹인이 되었다는 속설도 있다. 그래서 관음증을 뜻하는 'peeping Tom' 이라는 표현은 엿보기를 일삼는 비겁한 얼간이를 말한다.

2) 에밀리 와일딩 데이비슨

1913년 6월 4일, 런던 남부 엡섬다운스 경마장에서 당시 133년 역사의 유서 깊은 더비 경주가 열리고 있었다. 7만5,000여 명의 관중이 운집한 경마장은 온통 함성과 흥분의 도가니였다. 15필의 말들이 말굽형 경마장 마지막 코너를 돌아 결승점을 향해 질주하던 도중 관중의 함성은 갑자기 '앗' 하는 비명으로 바뀌었다. 에밀리 와일딩 데이비슨(Emily Wilding Davison)이라는 여성이 국왕의 말 '앤머' 앞으로 몸을 던졌다. 옥스퍼드대학에서 영문학을 전공한 38세의 열렬한 여성 참정권 운동가였다. 그녀는 머리에 심한 부상을 입고 병원으로 옮겨졌지만, 사고 발생 4일 후 끝내 세상을 떠났다. 투표권을 쟁취하기 위한 여성들의 성난 외침은 그녀의 죽음으로 폭발했다. 마침내 영국 정부는 1918년 여성들에게 투표권을 부여하기에 이른다. 그녀는 현대여성의 진정한 순교자였다.

3) 시몬 드 보부아르

프랑스의 사상가이자 소설가인 보부아르(Simone de Beauvoir)는 1949년 여성주의의 초석이며 경전이 된 〈제2의 성〉을 출간했다. 여기서 '제2의 성' 은 여성을 가리키는 말이다. 모두 2권으로 되어 있는데, 제1부는 '사실과 신화' , 제2부는 '체험 편' 으로 1,000여 페이지에 달한다. 그는 서문에서 '오늘날 여자는 여성적인 것이라는 신화를 무너뜨리고 있다' 고 전제하고, 제1장 '여자는 이렇게 만들어진다' 의 첫머리에서 "사람은 여자로 태어나지 않는다. 여자로 만들어진다" 고 주장했다. 이 구절은 여성 운동의 가장 핵심적인 부분을 개념화한 키워드이다. 부모들이 딸을 예쁘게 키우고자 노력하고 힘든 일을 시키지 않으며 화초처럼 만드는 점을 지적한 것이다. "여성이 교육, 직업 선택, 배우자 선택에 있어서 완전히 자유로워야 하며, 출산의 자유도 가지고 있다"고 주장한 보부아르의 〈제2의 성〉은 전후 세계 페미니즘 운동의 새로운 출발점을 긋는 것이었다. 1971년 보부아르는 343선언에 서명하고 직접 여성해방운동에 참여해 활동했다. 343선언은 당시 프랑스 최고의 여성지식인 343명이 참여했다고 해서 붙여진 이름이다. 이 선언은 프랑스에서 불법이었던 낙태를 허용할 것을 촉구하는 운동이다.

〈제2의 성〉에는 보부아르의 남자에 대한 매우 신랄한 비판도 삽입되어 있다. "여자? 아주 단순한 거지. 여자는 자궁이며 난소야. 요컨대 암컷이지. (생략) 남자들이 암컷이라고 내뱉을 때 그 말은 경멸하는 것처럼 들린다. 남자들은 자신을 수컷이라고 하면 더욱 득의만만해진다. 왜 그럴까? 여자를 자연 속에 놓아주지 않고 그녀의 섹스 속에 감금시키기 때문이야." 또 "남자라고 하는 신(神)에 가까운 동물이 어찌하여 점액으로 더러워진 채 육체의 맨 아래 부분에 수치스럽게 자리 잡은 여자의 치부에 이끌릴 수 있느냐…"고 쏘아댔다. 이와 같은 구절들은 〈제2의 성〉 제2부 '체험'의 첫 부분에 나오는 글이다. 〈제2의 성〉은 출간한 주 만에 2만2,000부가 팔리며 베스트셀러가 됐고, 1953년에 나온 영역본은 200만 부 이상 팔렸다. 작가 알베르 카뮈는 "프랑스 남성들을 조롱했다"며 이 책을 비난했고, 교황청은 위험한 책으로 지목했다. "여자는 태어나는 것이 아니라 만들어지는 것"이라는 말은 사실상 〈제2의 성〉 전체를 요약하는 말이다.

보부아르는 19세 때 소르본대학에서 문학사 학위를 받고, 1929년 21세 때 철학교수 자격시험에 차석이자 최연소로 합격했다. 공식적인 수석은 사르트르였지만 당시 심사위원들은 실제로는 보부아르가 더 뛰어나다는데 동의했던 것으로 알려져 있다. 이후 마르세유, 루앙, 파리 등의 학교에서 가르쳤지만 1943년 여름 교직에서 해고당했다. 한 여학생의 부모가 보부아르가 문란한 생활로 제자들에게 나쁜 영향을 미친다며 학교 당국에 진정을 낸 것이 이유였다.

보부아르 하면 많은 사람들이 떠올리는 게 사르트르와의 계약 결혼이다. 그 계약 조건은

① 서로 사랑하는 관계지만 서로 다른 사람과 사랑에 빠지는 것에 동의한다.

② 상대방에게 거짓말을 하지 않으며, 어떠한 것도 숨기지 않는다.

③ 경제적으로 서로 독립한다.

이들은 1929년부터 반세기 동안 자유로운 연인 관계를 유지하면서 각자 많은 다른 애인들과 사귀었다. 서로를 속박하지 않으면서 연인이자 지적인 동반자로 오랜 세월을 보낸 것이다. 사르트르는 수많은 여성과 사귀었고, 보부아르도 1947년 미국 여행 중 작가 넬슨 올그렌과 열정적인 사랑에 빠지기도 했지만, 사르트르와의 작업 일정에 맞춰 귀국했다. 처음에는 2년 기간을 약정한 계약결혼이었지만 2년 뒤 30세까지로 기간을 연장했고, 이후로는 종신계약이나 마찬가지가 되었다.

사르트르는 계약 결혼으로도 유명하지만 상당 부분 공산주의 사상에 심취했던 인물이다. 그는 〈변증법적 이성비판〉이라는 책에서 마르크스주의에 입각한 혁명이 어떻게 가능할 것인가에 대한 견해를 피력하고 있다. 사르트르는 많은 글들을 통해 마르크스주의 사상을 비판하지만, 특히 혁명의 필요성에 대한 마르크스의 사상에 적극적으로 찬동한다. 1952년 빈에서 열린 공산주의자들을 위한 민중대회에 참석하고 소련에 대한 지지도 표명했다. 나중에는 여러 가지 사변적(思辨的) 이유를 들어 다른 논리를 폈다.

4) 베티 프리던

오늘날 남녀가 평등해서는 안 된다고 생각하는 남자는 없다(이병철). 그것은 인간이 그들의 역사책에 가장 최근에 적어 넣은 고귀한 성취이자, 가장 큰 변화이다. 그 출발점에 베티 프리던(Betty Friedan)이라는 50대 가정주부가 있었다. 미국,

영국, 프랑스의 여권신장(페미니즘) 운동가들은 각각 1920, 1918, 1945년에 참정권을 얻어냈다. 그러나 사회적, 문화적 성 차별은 깨뜨리지 못한 채 참정권을 얻자마자 여권운동은 소멸했다. 완전 평등을 바라는 여성들의 염원은 1966년이 돼서야 마침내 거센 불길로 타올랐다. 기폭제는 미국 여성 프리던이 1963년 쓴 한 권의 책 〈여성의 신비(The Feminine Mystique)〉였다.

대학원을 마치고도 사회 분위기 때문에 가정주부로 눌러앉은 것에 회의를 품고 살던 프리던은 겉보기에 풍요하고 행복한 중산층 주부들이 정서불안에 시달리거나 자살하는 사례가 빈번하자, 자신의 대학동창 200명을 인터뷰하고 여성잡지들과 온갖 자료를 수집해 원인을 분석했다. 결론은 "남성 지배 사회가 여성에게 '여성다움'이라는 이미지를 내세워 사회활동 영역을 극도로 제한하고 현모양처만을 강요했다"이다. 프리던은 "여성의 신비를 통해 여성을 가정에 속박시키는 남성 중심의 이데올로기 때문에 수많은 주부가 불행해진다"고 진단하고, 미국 중산층 가정을 '여성의 안락한 포로수용소'라고 고발했다.

〈여성의 신비〉가 내린 결론에 미국 여성들이 열광적으로 호응하자, 프리던은 '전국여성기구(NOW)'를 만들어 '1일 동일노동 동일임금', '남녀 구별 구인광고 철폐' '임신중절 금지법 철폐'와 '헌법수정운동(남녀평등 조항 넣기)'을 조직적으로 벌였다.

그리하여 한 권의 책이 촉발한 우먼리브(여성해방운동) 물결은 1970년대까지 전 세계를 휩쓸었다. 1979년 유엔에서 여성차별 철폐 협약이 통과되었고, 역사상 '최초의 노예'였던 여성이 거의 모든 분야에서 예전의 상전과 동등한 기회와 권리를 누리는 쪽으로 사회가 변했다.

이런 우먼리브 결과로 진짜 괄목할 변화는 가정에서 일어났다. 1970년대부터 남자들이 집안일을 돕기 시작한 것이다. 젊은 아빠들이 아기를 안고 거리에 나선 모습이 눈에 띄더니, 설거지를 하고 세탁기를 돌리고 아이를 학교에서 데리고 오는 일도 남자들이 하기 시작했다.

다양한 인종과 계층을 아우르지 못하고 백인 엘리트를 대상으로 여권운동을 펼쳤다는 점은 프리던의 한계이다. 또 결혼 22년 만에 "나는 자존심을 파괴당하고 살면서 다른 여성에게 자주적으로 살라고 말할 수는 없다" 면서 이혼했지만, 두 번째 저서 〈제2 단계〉에서 가족을 소중히 여기고 가정을 지키라고 주장해 급진적 여권 운동가들에게 배척당했다. 그러나 아무도 그녀가 인류의 역사에 한 획을 그은 것을 부인할 수 없을 것이다. 현대적 의미에서 페미니즘의 정신적 토대는 시몬 드 보부아르가 초석을 세우고, 실천적 방법들은 베티 프리던이 개척함으로써 현대 여성들의 자기실현을 이룩하는데 큰 기여를 했다.

1950년대는 1945년에 끝난 제2차 세계대전과 태평양전쟁의 상흔이 어느 정도 치유되고 미국 사회가 상당한 안정을 찾는 시기였다. 사람들은 전쟁의 공포를 잊고 남녀 간의 여러 문제들도 보다 적극적으로 변화하기 시작했다. 킨제이의 분석과 맥을 같이 해서 영화배우 '마릴린 먼로' 가 등장했고, 가수 '엘비스 프레슬리' 와 배우 '제임스 딘' 이 출현해 남성성을 강조하는 풍조가 나타났다. 정치 참여와는 매우 다른 여성의 성적 자유를 구가하게 되는 한편, 여성의 성적 상품화가 만연하게 되었다.

여성의 사회적 권익이 신장된 것은 제1차 세계대전과 제2차 세계대전을 겪으면서부터이다. 이 전쟁의 시기에는 여성들이 군수공장에 투입되어 가정생활 외에 실질적인 사회활동을 체험하게 된다. 앞에서 보았듯이 여성운동은 참정권 쟁취로 촉발되었지만, 여성 자신의 정체성 찾기, 남성의 영역에 대한 도전, 성(性)적인 면에서의 남성과의 동등성 주장, 확장된 여성의 섹스 권리 수호 등 여러 단계로 진화해 왔다.

사회적으로도 여성에 유리한 여러 문제들이 해결되었다. 1916년 10월 26일 미국의 간호사 출신 사회개혁 운동가인 마거릿 생거가 산아제한 클리닉을 개설했고, 투쟁을 거쳐 1936년 산아제한이 합법화되었다. 1946년 7월 5일 프랑스 파리 몰리토르 수영장에서 수영복 패션쇼가 열렸다. 디자이너 루이 레아르가 만든 비키니 수영복을 입은 모델이 등장하자 관객들은 모두 탄성을 삼켰다. 여성의 몸을 거의 모두 노출시킨 요즘과 유사한 수영복을 보았기 때문이다. 당시는 대부분 투피스형 수영복이었다. '비키니' 라는 이름은 7월 1일 태평양의 마샬 군도에 속한 비키니(bikini) 섬에서 미국이 공개 핵실험을 한 데서 따왔다. 여성의 몸을 노출시켜서는 안 된다는 금기가 깨진 것이다. 기원전 1400년경, 그리스 고분에서도 비키니와 비슷한 그림이 나온다. 이렇게 여성 노출 열망의 역사는 오래되었다. 1960년 5월 9일에는 그레고리 굿윈 핀커스 박사가 10년에 걸쳐 개발한 경구 피임약 '에노비드 10' 을 미국식품의약국(FDA)이 공식 승인했다. 이로써 여성의 생물학적, 육체적 자유가 어느 정도 보장되게 되었다. 또한 1998년 3월 27일 '마법의 푸른 약' 으로 불리는 남성 발기부전 치료제 비아그라가 FDA의 승인을 받아 세상에 나왔다. 그간 비아그라는 전 세계에서 약 20억 정 이상이 소비되었다. 곧 여성용 비아그라도 판매될 예정이라는 소식이다. 이렇게 성의 혁명은 거의 완성 단계에 도달했다.

5) 역(逆) 페미니즘 경향

페미니즘이 여성의 권리 증진을 추구하고 있다는 사실은 여러 부문의 내용을 통해 확인된 바 있다. 그러나 여성의 역할과 세력이 강화될수록 반대로 남성이 누려오던 이득과 혜택은 감소되고 있다는 점도 하나의 현상으로 나타나고 있다. '여강남약(女强男弱)' 즉, 남성이 갖고 있는 야성, 용맹, 관용, 신념, 과묵, 신사도… 등은 불현듯 사라지고 어느덧 여성화 일변도를 내닫고 있다는 이야기다. 소위 '사나이' 는 멸종되었다. 드라마 〈꽃보다 남자〉에서도 그렇지만 여성보다 더 예쁜 남자들이 거리에도 널려 있다. 그들은 엄밀하게 말하면 남자가 아니라는 어른들도 많다. 곳곳에 마마보이들이 득시글거리고, 결혼도 연상녀를 선택하는 것이 흉이 아닌 세상이다. 또 직장을 갖고 있는 여성을 배우자로 골라 무임승

차로 편안히 살아가겠다는 아들의 이기적 생각을 나무라는 부모도 없다.

한국적 상황에서 이상하게 생각되는 이런 유행에 대한 원인은 무엇일까? 간단히 생각해도 답은 어렵지 않다. 1970년대 고도경제성장 시대를 거치면서 적당한 가내 경제권을 부인이 갖게 됨으로써 엄부자모(嚴父慈母)가 엄모자부(嚴母慈父)로 변경되는 사태를 맞는다. 강력한 엄마 치마폭에서 계속 자라게 된다. 뿐만 아니라 초등학교부터 대부분의 여자 선생님으로부터 교육을 받게 되어 여성적 특성을 터득하는 것도 이상하지 않다. 고등학교와 대학교에서도 여성이 자주 상위 성적을 유지해 남학생의 열세가 보편화되고, 남성의 정체성은 계속 약화된다. 직장의 업무도 대부분 컴퓨터를 통한 작업이므로 깊은 사고와 완력의 힘으로 하는 것이 아니기 때문에 남녀의 능력 차이가 나타나지 않는다. 오히려 여성이 더 뛰어날 가능성도 높다. 여기에 남성 패션 디자이너들도 야성보다는 여성스러운 양복과 셔츠 등을 개발해 남자들을 여성 비슷한 꽃미남으로 만들어 놓는다. 젊은 남성의 머리 모양은 남녀를 분간하기 어려울 정도로 여성 모드이다. 정확하게 표현하면 오늘날 일부 한국 남성들은 남자라기보다는 '여성적 남자', 또는 중성적 인간이다. 이런 트렌드에 대한 반작용으로 초콜릿 복근이니 짐승남이 나오지만, 그것은 그냥 심심해서 해보는 소리이다.

생각과 태도, 생활방식 이외에 현대 남성들은 생리적으로도 상당한 위기에 처해 있다고 한다. 60년 전 유럽 남성의 경우, 정액 1$m\ell$ 당 정충이 평균 1억6,000만 마리였던 것이 최근에는 6,600만 마리로 급감했다는 것이다. 우리나라의 경우도 내무반 신병 500명을 조사한 결과 앞의 예와 거의 비슷하다. 2007년 연세대 의대 조사는 모 대학교 학생 102명을 상대로 정액 검사를 한 결과, 정자의 운동성 비율이 40% 후반으로 나타났다. WHO는 50% 이상이 되어야 정상으로 판단한다. 원인은 유독성 화학물질이나 환경 호르몬의 확산 때문으로 보고 있다. 남자들은 태어나면서부터 약체로 존재하게 되니 비극이 아닐 수 없다.

페미니즘 사고에 빠져 있는 여성들에게도 갈등의 소지가 있음을 인식해야 된다. 결혼해서 남편을 종 부리듯 하든 말든 남자아이를 낳고 길렀더니 그가 나중에 얼뜨기 남자로 성장한다면 어떻게 할 것인가 하는 문제이다. 즉 나이로는 어른인데 부모에게 무조건 기대 살려고 하는 캥거루형 남자들이 많다. 정신과 의사들은 이를 '의존장애'라고 진단한다. 아무리 페미니스트라 하더라도 자녀는 남자든 여자든 강하게 키우는 것이 좋지 않겠는가? 후에 장성해서 장가보냈을 때 며느리 꽁무니만 졸졸 따라다니는 아들 꼴 보는 것이 과연 즐겁겠는가를 미리 따져 보아야 할 것이다. 따라서 페미니즘은 반드시 필요하지만, 반대로 불안한 요소도 있다는 점에 대한 이해가 요망된다. "남자는 디저트에 불과하다"며 남자를 짓눌러버리자는 적대적 사고보다는 글자 그대로 남녀평등이 정답인 것이다. 페미니즘에 대한 평범한 결론이다.

그러나 아직도 한국 사회에서 여성의 사회적 입장은 좋지 않다. 하지만 못할 일도 없다. 2010년 제52회 사법시험 최종 합격자 814명 중 여성이 338명 (41.5%)을 차지해 처음으로 40%를 돌파했다. 더욱이 합격률 증가 추세는 계속될 전망이다. 또 버스나 대형 트럭도 여성이 운전하며, 조선소의 높은 벽에 매달려 용접공으로도 일한다. 여자축구팀이 FIFA 주관 국제대회에서 우승했고, 2010년 11월 하순에는 첫 여대생 ROTC 후보생을 선발했다. 물론 이미 여군이 다수 존재했지만 여대생 장교 진출의 길이 열린 것이다. 오직 총을 쏘고 칼로 찌르는 전쟁의 시대는 지났다. 미국의 경우 2003년 걸프 전쟁 때, 총 병력 140만 명 중 15%인 21만 명이 여군이었다고 한다. 미군 7명 중 1명이 여성이다. 이들은 보병, 단거리포 부대, 탱크 조종사를 제외한 토마호크 미사일 발사, F-18 전투기 조종, 전함 탑승 등 모든 전투업무를 수행했다. 페미니즘이 변화되고 있다는 상황에 대한 이해도 필요한 시점에 이르렀다고 본다.

3. 〈섹스 앤 더 시티〉 이야기

한국고용정보원이 '산업·직업별 고용구조' 를 조사한 결과(2008년 1월 20일), 대학이나 대학원을 졸업하고 연봉 4,000만원 이상인 30~45세의 미혼여성이 2001년 2,152명에서 2006년 2만7,233명으로 11.7배 증가했다고 발표했다. 고학력 고소득 미혼여성을 일컫는 '골드미스(Gold Miss)' 가 5년 동안 12배 급증한 것이다. 2000년 이후 이런 골드미스를 포함해서 20~30대 젊은 여성들에게 대중문화 차원에서, 또 섹스 콘셉트(개념)와 관련해서 가장 많은 영향을 미친 것은 미국의 TV 드라마 〈섹스 앤 디 시디(Sex and the City)〉가 아닐까 생각한다.

이야기 줄거리는 비교적 간단하다. 뉴욕에 사는 미혼 중년 여성 4명이 자유분방하게 성생활을 구가하면서 패션(구두와 핸드백)과 남자 이야기에 탐닉한다는 것으로 요약할 수 있다. 세계 최첨단 뉴욕 여성들의 삶을 페미니즘에 입각해 극대화한 판타지 극(劇)이라는 분석도 가능하다. 출연여성들의 모습이 너무 멋있고, 화면에 나오는 패션들은 더 이상 근사할 수가 없어 눈요깃감으로도 그만이다. 대사들은 세련 그 자체다. 남자들에 대한 갈등도 고급스럽다. 여성들의 꿈과 로망을109) 자극하는 한편, 각자 삶의 갈등과 피로를 해소해주는 아이스크림 또는 향 좋은 원두커피이다. 한국 상황으로 보면 파격 그 자체이다. 극중 주인공들은 '뉴욕 스타' 라는 가상의 신문에 '섹스 앤 더 시티' 라는 칼럼을 쓰는 캐리, PR회사 중역인 사만다, 변호사인 미란다, 화랑 매니저인 샬럿이다. 이들의 화끈한 데이트에 부럽지 않은 여성이 어디 있겠는가?

이 드라마 속에서 오가는 섹시 수다들은 글자 그대로 기상천외다. '여자도 남자처럼 섹스 할 수 있는가?' , '사정(射精) 바이브레이터' , '20대 남자는 값비싼 마약인가?' , '스리섬 섹스는 프론티어인가?' 등 퇴폐 일색의 내용들이다.

또 하나의 중요 축은 '다섯 번째 주인공' 인 구두이다. 캐리가 거의 미친 듯

---

109) 불어의 roman, 영어의 romance, 우리말 '낭만' , 일본어 발음 '로망' 에서 차용된 단어이다. 뜻은 공상·환상적인 것, 정열적인 것, 서정적인 것을 의미한다.

이 집착(숭배)하는 마놀로 블라닉(Manolo Blahnik)과 지미 추(Jimmy Choo) 구두는 그녀의 좌절이나 불만을 대리만족시켜 주는 특별한 장치이다. "남자보다는 구두가 더 좋다"는 공식이 만들어진다. 구두의 값은 약 500달러로 이해되는데, 남자보다 구두가 더 좋다면 남자 값은 500달러에도 못 미치는 셈이다. 우리나라 TV 광고에 소년이 아버지에게 "엄마가 무서워? 남자로 살기가 어렵지?" 하는 대사가 나오는데, 한국에서도 남자 가격이 떨어졌기 때문에 그런 카피가 나오지 않았나 생각된다.

마놀로 블라닉 구두는[110] 튼튼한 발목만 받쳐준다면 이 구두를 신는 순간 다리가 길어 보이게 한다. 엉덩이와 가슴을 내밀어서 제 아무리 얌전한 척하는 여자라도 섹시한 자신감을 드러내도록 힙 업 자세를 취하게 한다. 훨씬 젊고 유행에 민감한 구두인 지미 추 구두와 비교하면 블라닉 구두는 도시적 모더니티와 여성성을 의미하고, 따라서 패션을 웅장한 상징적 균형미의 수준까지 끌어올린다. 이 구두의 중요성이 얼마나 대단한가를 상징하는 에피소드도 있다. SATC 시즌 3의 에피소드 17에서 캐리가 구두 강도를 당하는 장면이다. 캐리가 걷다가 길을 잃어버려 마침 앞에서 다가오는 남자에게 길을 물으려 하는데, 그는 총을 꺼내 캐리를 위협하면서 캐리의 백과 마놀로 블라닉을 벗으라고 한다. 샘플세일 때 산 거라 안 된다고 하지만 총 앞에서 어쩔 수 없어 결국 그냥 백도 아니고 'FENDI' 바게트 백과 소중한 마놀로 슈즈를 주고 만다. 역시 백보다는 마놀로 블라닉 때문에 속상해 죽을 지경인 캐리 표정이 우리에게는 재미있다.

이 드라마에서 남자는 구두보다 더 자주 바뀐다. "한 자릿수로 잔 남자는 처음부터 기억을 안 한다"는 대사가 나올 만큼 남자를 '섹스용 소비재'로 간주한다. 이 시리즈를 기획한 총괄 프로듀서는 대런 스타(Darren Star)이다. 1988년 미국 케이블 HBO를 통해 처음 방송된 이 드라마는 미국뿐만 아니라 한국에서까지 자신의 성적 경험을 털어놓는 것이 '쿨'한 것이라는 '불손한 철학'과 '발칙한

---

110) 킴 아키스,재닛 맥커이브 지음, 홍정은 옮김, 『섹스 앤 더 시티 제대로 읽기』, EW, p.114.

사고'를 만들어낸 장본인이다. "상처를 어루만져 주는 것은 남자가 아닌 구두나 핸드백"이라는 대사가 나온다. 기가 막히다는 한국 남자들이 많다.

이 드라마는 1998년에서 2004년까지 6개 시즌을 종료했다. 위에서 본 대로 대중문화적 텍스트를 뛰어넘는 혁명적 섹스 스토리, 그리고 패션과 그 소비에 대한 물신적 숭배가 넘쳐흐른다. 그러나 이것들은 드라마가 제공하는 판타지일 뿐이다. 한국에서도 특히 20, 30대 여성들의 열광을 이끌어냈다. 여주인공이 섹스 칼럼니스트로 설정된 MBC-TV 수목 드라마 〈여우야 뭐하니〉(2006 - 김도우 극본, 권석장 연출, 고현정·천정명 주연)도 나왔다. 한국 사회도 어떤 변화를 향해 달려갈지 흥미로운 예측을 해볼 수 있다. 〈섹스 앤 더 시티〉는 1~6시즌 DVD가 18장으로 나와 있고, 종합판인 영화 DVD도 출시되었다.

이런 영향을 받아서일까, 2009년 상반기 여성 최대의 유행은 '스카이스크래퍼(Skyscraper)' 구두이다. 이 단어는 고층빌딩(摩天樓)을 뜻하는데, 여성들이 12cm 이상의 높은 하이힐(kill hill)을 신은 모습을 고층건물에 비유하고 있다. 그걸 신은 여성들은 "진짜 굽 높은 구두를 신고 아슬아슬 균형을 잡으며 걸어가면 짜릿한 흥분과 스릴이 느껴진다"고 고백한다. TV 드라마나 영화, 가요, 상품제조를 기획하는데 있어 페미니즘을 제외하면 그것은 속이 텅 빈 공갈빵에 불과하다. 대중문화를 논하는 것은 최종적으로는 페미니즘에 관한 궤적을 따라가는 것이 된다.

이렇게 볼 때 〈섹스 앤 더 시티〉의 여러 정황과 추구 내용들이 우리나라에도 이미 깊이 침투한 것으로 파악된다. 일일이 구체적 증거를 예시하기보다 백화점, 음식점, 상점, 극장, 콘서트 장, KBS 7080 녹화장, 야구장, 축구장에까지도 20~30대 후반, 또는 중년, 노년 여성들의 당당하고 활기찬 모습들은 공간을 꽉 메운다. 반면 남자들은 대학입학을 위해, 청년백수를 면하기 위해, 보다 연봉을 올리기 위해, 명예퇴직을 피하기 위해 안간힘을 쓰며 노심초사하고 있다. 그들은 오직 소주마시기에 목숨 걸고 있을 뿐이다. 특히 60세 이상 남성들은 외출한 부인 대신 가사 일을 돌보는 것도 일반화되고 있다. 현재 남성들은 연령층 불문하고 퇴화되고 있는 중이다.

이렇게 과도한 페미니즘은 처음에는 작은 불길이었으나 이제는 마치 캘리포니아 산불처럼 걷잡을 수 없는 큰불로 변하고, 지금 이 순간에도 쉬지 않고 화염이 사납게 번져가고 있다. 인간 세상에서 세계대전이 다시 일어나지 않는 한, 전 세계적으로 "권력의 중심은 남성에서 여성에게로 급격히 이동하고 있다"는 사실에 대해 대중문화를 통해 생산 활동을 하는 관계자들은 깊은 통찰이 있었으면 한다.

하이힐의 대명사인 마놀로 블라닉(Manolo Blahnik)은 본래 건축을 공부하던 사람이었다. 스페인 출신이지만 영국의 구두 장인이다. 1971년 〈보그〉지 편집장이던 다이애나를 만나 슈즈 디자이너의 길로 들어서게 된다. 그의 일러스트는 나무, 꽃, 잎이 많이 들어가 있는데 구두를 나무나 꽃처럼 아름답게 생각한 모양이다. 즉 친환경 신발이다. 마놀로 블라닉은 그의 구두가 유명해져 수요가 폭발함에도 불구하고 구두 디자인을 스케치 하고 틀을 만들며, 색상과 소재를 고르고, 굽을 깎아내는 과정을 직접 한다. 이와 같은 장인 정신은 "구두를 예술이라 말하지 말라. 구두는 구두이고, 예술은 예술이다. 다만 구두는 예술적으로 승화될 수 있을 뿐이다"라는 그의 신념에서도 나타난다. 원래도 최고였지만, SATC를 통해 더욱 세계적이 되었다. 우리 TV 드라마의 PPL(물건 광고)도 대상을 고르는데 참고해야 할 대목이다.

지미 추(Jimmy Choo)는 수제화를 만드는 아버지와 함께 말레이시아 페낭에 살다가 런던으로 제화공 대학에 유학을 왔고, 아름다운 구두를 단 시간에 만든다는 소문을 들은 '보그'의 눈에 띄어 성공가도를 달린다. 그의 명성은 고(故) 다이애나 왕세자비, 할리우드 스타들이 즐겨 신는다는 것으로도 증명된다. 자신은 영국에서 체계적인 실무교육을 통해 '과학적이고 아름다운 구두' 만드는 법을 배웠다고 말한다. 여기서 과학적이라는 표현은 신고 다녀도 발이 아프지 않고 편안하고 멋있다는 뜻일 것이다. 사실 디자인만 화려한 하이힐은 신발이 아닐 수도 있다. 어떤 분야에서든지 철학과 인문은 중요하다.

4. 뷰티 산업 이야기

　뷰티(Beauty) 산업의 개념은 범위가 넓다. 얼굴이나 가슴, 다리 등을 성형하는 경우와 운동 등을 통해 체중을 감량하고자 하는 시도, 성박, 보톡스 처치 등 피부 미용, 모발 이식 등의 신체에 대한 인위적 조정을 의미한다. 즉 타인에게 잘 보여야 할 부위를 환치하고 개변시키는 것이다. 이 적용 범위가 전통적으로 여성에 국한되다가 최근에 젊은 남성층으로까지 확대되고 있는 실정이다. 정글에서는 약육강식의 법칙에 따라 힘 있는 자가 승리자이지만, 오직 경쟁만을 추구하는 오늘의 사회에서는 큰 키와 날씬한 몸매, 작은 얼굴과 큰 눈, 가는 목, 흰 피부가 최고의 미덕이자 권력이다. 인간에 대한 평가는 다른 어떤 부문보다 신체와 관련된 이미지와 거기서 풍겨 나오는 감성에 의해 지배되기 때문이다. 이것은 모두 미디어들이 신체 대중문화를 과도하게 확산시킨 소산이다.

　TV 예능 프로에서는 출연 연예인들이 자신은 어디 어디를 고쳤다(리노베이션)고 자랑삼아 늘어놓는다. '칼은 대지 않았다' 느니, '자신은 성형 1세대' 니 하고 말해야 '쿨' 하다는 평가를 받는다. '제국의 아이들' 이라는 아이돌 그룹의 멤버인 황광희는 예능 프로에서 "자기 얼굴의 모든 부분을 성형으로 고쳐서 1년을 드러누워 살았다" 는 등의 이야기를 자랑스럽게 미주알고주알 떠벌였다. 이에 대해 MC들은 "올해 최고의 예능감을 뽑냈다" 고 칭찬했다. MC도 웃기기 위해 존재하지만, 아이돌이 아닌 성인이 너무하다는 느낌이 든다. 특히 성형외과를 거친 여성 연예인들은 서로 모습이 비슷하게 보여 누가 누구인지 혼동이 생기는 경우도 많다. 이제 성형은 흉이 아닌 만인의 공통적인 프로젝트가 되었다.

그러면 뼈를 깎아 내고 살을 발라내는 몸에 대한 학대를 왜 참아내야 하는가? 우선 다른 사람들에게 멋있게 보이기 위해서이고, 또는 TV에 출연하기 위해서이다. TV에 나가면 소위 지명도가 높아지고 '권력' 비슷한 전리품을 챙기게 된다. "너의 몸은 전쟁터다(바버러 크루거, 1989)" 라는 표현은 정확하다. 젊은이들은 마치 전쟁난 것 같은 느낌으로 넣고 깎고 저미고 뺀다. 살빼기 결과에 따른 방송·광고·상품 판매로 얻을 수 있는 수익이 1kg당 2,000만원이 넘을 것이란 기막힌 추정치까지 나왔고, 미스코리아대회 등 미인대회가 200여 개라니 아연실색할 노릇이다. 대회 출전자들은 거의 모두 성형외과에서 시술을 받고 나왔다고 가정하면 '미모(美貌) 산업' 은 양적으로도 거대산업인 셈이다.

미모의 기준은 무엇인가? 바로 TV와 영화에서 보여지는 얼굴과 몸이다. 거기 나오는 형태와 다르면 부정된다. 특히 TV 드라마는 좀 과하게 말하면 성형을 유발하는 주범이다. 월화, 수목, 금토일 등 쉬지 않고 뛰어나오는 드라마의 여주인공들은 어떻게 얼굴을 고쳐야 되는가의 모범답안이다. TV 예능 프로는 말할 것도 없고, 신문에 나오는 사진을 봐도 '이런 모습이 아니면 안 된다' 식의 메시지를 은연 중에 강요함으로써 사람들을 공연한 좌절과 결핍, 불만과 불안에 가두어둔다. 이런 유행은 여성에 국한되었지만 드라마 〈추노〉 등을 통해 '복근남' , '초콜릿 복근' , '식스 팩' , '짐승남' , '짐승돌(짐승+아이돌)' 등으로 상품화해서 '남자 몸 소비사회' 의 트렌드를 만들고 있다. 여기에서 커머셜을 제작하는 광고회사들도 크게 한 몫 한다. 불난 집에 마구 부채질을 해대는 것이다.

뷰티 산업의 대표는 미용·성형이다.[111] 지난 1990년 276명이었던 성형외과의사 숫자가 15년 만인 2005년엔 400%가 증가해 1,102명에 이르렀다. 특히 서울 강남의 압구정역·신사역·강남역 주변은 성형외과가 집중적으로 몰려 있어 '성형의 3대 메카' 로 꼽힐 정도다. 업계에서는 2006년 화장품 시장 규모를 5조3,000억원

---

111) 《조선일보》, 2005년 9월 7일. 참조. 이 리포트는 5년 전의 기록이기 때문에 현재와는 다를 수 있다. 다만 성형이라는 상황은 미루어 해석할 수 있을 것이다.

으로 잡고 있다. 얼굴과 피부 관리를 하는 미용관리실은 7,000여 개로 1조2000억원 규모로 추산하고 있다. 몸짱 신드롬은 남성과 주부들까지 끌어내고 있어, 등록된 헬스클럽만 5,701개(2004년)에 달하고 있다. 국내 광고시장의 규모는 지난 1984년 6,833억원에서 2004년 6조6,647억원을 기록했다. 광고시장의 팽창에 따라 연예기획사들도 규모가 커져 자신들의 주력 '상품' 인 연예인을 얼짱·몸짱으로 만들기 위해 거금을 투자한다. 현재 8명의 연예인을 데리고 있는 한 연예기획사는 "연예인 지망생 한 명을 키우는데 성형수술 등 1년에 1억원이 든다" 고 밝혔다(2005년 현재). 연예기획사는 주로 기대하는 성형외과를 비롯해 미용실, 메이크업 원장들을 거느리고 있다. 이제 성형은 시스템이다. 위의 내용은 5년 전의 기록이기 때문에 현재와는 많은 차이가 날 수 있다. 다만 이런 추세를 통해 더욱 광범위하고 세력이 확장된 성형이라는 상황을 미루어 추측해볼 수 있다.

위의 글을 읽고 우리 몸에 대해 어떤 것이 적절한 통제인가에 대해 생각해 보았을 것이다. 성형수술의 경우 지하철 광고에 "1,000번을 망설이다가 1,001번째 시행했다" 는 문구가 나온다. '해야 좋다' , '아니다' 에 대해 말하기는 어렵다. 또 필요악이라는 표현도 적절하지 않다. 성형은 개인에 따라 성공률과 실패율이 다르다. 최저 300만원에서 1,500만원 정도의 비용이 소요된다. 다만 이런 '뷰티' 의 아이템들은 미디어와 관련 산업에서 확대·광파(廣播)했음은 부인하기 어렵다. 개인이 각자 심사숙고해서 접근하는 자세가 매우 중요할 것으로 생각된다.

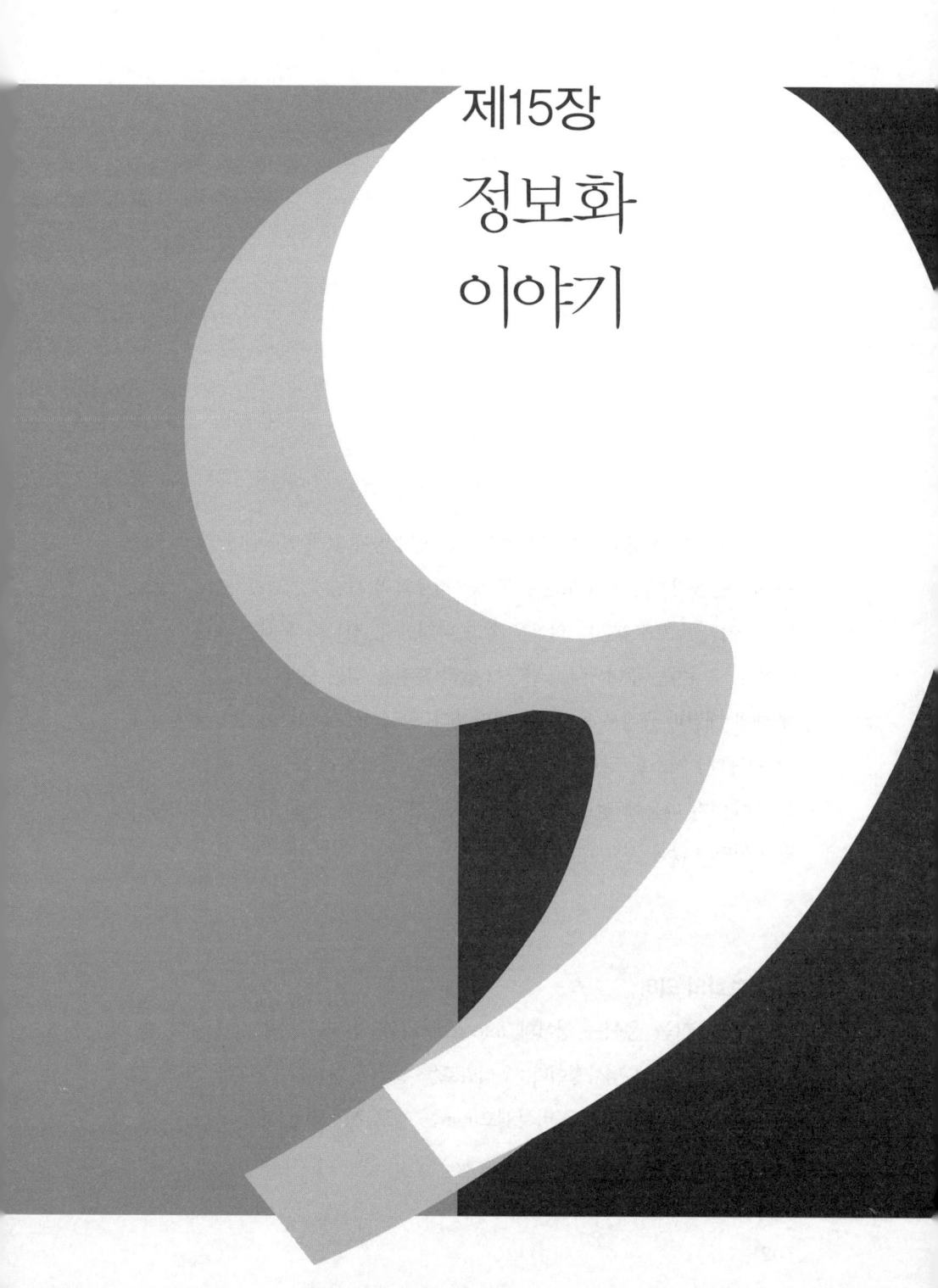

제15장

정보화
이야기

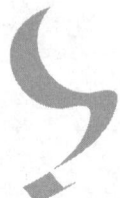

　　대중문화와 정보화는 일견 보기에는 연관성이 없게 인식된다. 그러나 대중
문화로 만들어지는 거의 모든 콘텐츠는 정보화의 개념에 입각해, 또는 정보화의
하드웨어와 소프트웨어의 의상을 입고 나타난다. 정보화 문제는 시니어는 시니
어대로, 주니어는 주니어대로 접근이 달라 혼란을 겪는 문제이기도 하다. 정보화
에 대한 개념과 규정은 보기보다 까다롭다. 상식선에서 이루어지는 것이 아니다.
앞부분에서 제소를 당한 가수 '비'의 경우도 나왔지만, 또 로봇 배우가 등장하
는 시대이기 때문에 정보화에 대한 이해는 필요하다. 중요 부분을 짚어보는 노
력이 헛되지 않을 것으로 기대된다.

1. 정보화의 의미

　　'정보'라는 용어는 영어의 'information'을 번역한 것으로, '알린다'를 의
미하는 'inform'의 명사형이다. 우리말로는 '알림', '알려지는 행위', 또는 '알려
지는 사실'로 풀이된다.112) 버클랜드(1991)는 정보 시스템이 사물(레코드, 텍스트, 데

---

112) 최회곤 지음, 『지식 정보사회의 이해』, 2002. pp.1~4. 참조.

이터)에 작용하기 때문에 정보를 사물의 의미로 사용하게 되었음을 지적했다. 그는 사진, 레코딩, 박물관 전시물, 자연대상, 실험, 사건 등도 정보가 될 수 있다고 보았다.

웹스터 사전은 '정보는 다른 사람에 의해 전달되거나 조사를 통해 얻어지는 지식, 또는 특수한 사건이나 상황 등에 관한 지식'으로 규정하고 있다. 데이비스는 정보는 "수신자에게 의미가 있는 형태로 처리된 데이터이며, 현재나 미래의 행동이나 의사결정에서 실제적이거나 지각되는 가치를 가지고 있다"고 설명했고, 노우만은 "정보는 미소(微小)한 에너지로 복제가 가능하며, 복세된 후에도 원래와 동일한 상태를 유지하는 것에 대해서 그 복제된 내용"이다. 켄트는 "정보는 지식이며, 조직이며, 활동이다. 정보는 여러 개의 데이터를 사용자의 목적에 따라 취합, 분석하여 결과를 얻는 지식이다. 정보는 하나의 재화(goods), 상품(commodity)이다"라는 견해를 보이고 있다.

'정보사회'라는 용어는 1960년대 일본 학자들이 처음 사용했고, 비슷한 시기에 미국에서 '후기산업사회'라는 개념이 대두되었다. 여기에는 여러 가지 다각적 관점이 존재한다.

후기산업사회는 탈산업사회 경제에서 중심 자원이 정보와 지식이며, 여기에 기여한 요소는 과학적 지식과 공학기술의 결합을 기반으로 한 정보통신기술이다(다원적 관점). 마틴은 디지털 네트워크의 확산을 기반으로 하는 '그물망 사회(wired society)'로 규정하고, 이런 디지털 네트워크 기술은 생산성 향상과 노동시간 감소, 여가시간 증대 변화초래를 예측했다(기술적 관점). 첨단정보통신기술이나 정보가 대중을 통제하거나, 이윤축적을 극대화하는 도구로 이용되기 때문에 정치적 지배구조, 경제적 계층구조의 고질적인 불평등성을 심화시킬 가능성이 있다고 본다(사회적 관점). 오부라이언은 '경제활동 영역이 상품제조에서 정보와 지식 제조로 이동하게 되는 것'을 지적했다.

앨빈 토플러(Alvin Toffler)의 저서 〈제3의 물결〉, 〈미래의 충격〉, 〈권력의 이동〉의 내용들을 요약하면, 산업사회(대량생산)에서 이룩한 규격화, 전문화, 동시화, 집중화, 극대화, 집권화 등에 대응하여 '정보화사회'는 탈 대량화 현상(demassification)을 추구했는데 탈 대량화, 다양화, 탈 전문화, 탈 동시화, 탈 집중화, 탈 극대화, 분권화 등의 특성을 지닌다. 이들의 공통적 내용은

　　① 무형의 지식 및 정보가 유형의 물체나 에너지보다 중시되는 사회

　　② 정보가치 창조가 지배적 영향력을 행사하는 사회

　　③ 정보산업 종사자가 농업·산업·서비스업 종사자를 능가하는 사회로 정리되고 있다.

2. 장기경기파동 이론

　　1925년 러시아의 경제학자 콘드라티에프(Kondratief)는 〈장기경기파동 이론 The Long Wave Cycle〉이라는 논문을 발표한다. 이 연구에 의하면 각 산업은 한 사이클(약 50년 주기)에 걸쳐 생존하고, 그 다음 쇠퇴의 길을 밟게 된다(번영→하강→침체→상승→번영). 1789년 산업혁명 이후 1차 파동의 산업은 면방직, 2차 파동은 석탄, 3차 파동은 철강, 4차 파동은 석유, 5차 파동은 정보통신기술(IT) 관련 산업이다.

　　최근 IT 외에 CT(Culture Technology), BI(Bio Technology), NO(Nano Technology), 위성산업, 로봇산업, 태양광발전, 2차 전지산업 등이 각광을 받고 있다. 우리나라는 반도체·철강·조선·자동차·휴대폰 등 첨단상품의 수출로 2010년 4,500억 달러의 수출을 달성할 것으로 전망된다.

　　이렇게 변화하는 산업적 경향에 따라 오늘의 정보사회가 도래하게 되었다. 현재의 추세는 미래를 예측하기 어렵다. 그중 하나가 앨빈 토플러가 주장하는 '프로슈머(prosumer)'이다. 즉 producer(생산자)와 consumer(소비자)로만 머물러 있지 않고 적극적으로 생산 활동에 참여하는 사람들이 늘어나고 있는 사실이(UCC

등) 프로슈머를 증명한다. 따라서 우리는 일상생활과 직업전선에서 정보화에 깊이 개입할 필요성이 절실하다.

3. 정보화의 전사(前史)

1946년 2월 15일 미국의 펜실베이니아 대학 특설실험실에서 세계 최초의 전자계산기 애니악(ENIAC) 실험이 성공했다. 용도는 군사적 목적이었다. 존 모클리와 프레스터 에커트 교수팀이 3년 동안 연구한 결실로 나온 애니악은 '97,367의 5천승'을 순식간에 계산해냈다. 대포를 발사할 때 대기온도, 풍속 등을 고려해 사격거리를 측정하려면 노련한 수학자라도 7~20시간이 걸린다. 애니악은 200단계의 탄도 계산을 30초 만에 끝냈다. 당시 미국 육군은 약 5억원 정도를 펜실베이니아 대학에 지불했다. 이때부터 인류의 정보화는 시작됐다.

또 1969년 9월 2일 미국 캘리포니아 주립대 로스앤젤레스 캠퍼스(UCLA)에서 행한 컴퓨터 실험을 통해 '인터넷(아파넷)'이 탄생했다. 레오나드 클라인로크 교수, 미국 국방성 및 컴퓨터 관계자 등이 참관한 가운데 이들은 스탠포드 연구소의 컴퓨터에 '접속(log in)'이란 메시지를 보내려다 'L, O' 두 글자만 보내는데 성공했다. 그것도 글자를 받았는지 전화를 걸어 확인했다. 클라인로크 교수는 통신선도 예약제를 쓸 수 없을까를 연구하다가 이 '패킷 교환' 이론을 고안해냈고, 결국 인터넷을 창안했다.

인터넷도 군사전략의 산물이다. 1957년 소련이 인공위성 스푸트니크를 발사하자 미국 정부가 핵 공격에도 군사 통신망을 안전하게 보존할 방법을 모색하게 되었다. 한 지역이 파괴되면 여기에 집중된 수많은 정보가 날라 가는데 컴퓨터끼리 정보를 교환한다면 그런 결함을 피할 수 있다. 1973년 빈튼 서프와 밥 칸이 인터넷 프로토콜 TCPIP를, 스위스의 입자물리연구소의 연구원이던 팀 버너스 리가 월드와이드웹(www)을 창안함으로써 오늘 우리가 누리고 있는 정보화의 기틀을 마련했다.

4. 퍼스널 컴퓨터와 스티브 잡스

　1976년 대학 중퇴생인 21세의 스티브 잡스(Stene Jobs)와 스티브 워즈니악(Steve Wozniak)은 미국 캘리포니아 산타클라라의 한 차고에서 세계 최초의 퍼스널 컴퓨터 '애플I'을 만들어낸다. 컴퓨터 시대를 개막한 2000년 인류 역사상 최고의 발명이었다. 당시 스티브 잡스는 오리건의 한 농장에서 선(禪) 애호가들과 어울렸다고 한다. 사과 한 알을 먹어보고, 사과가 너무 빨갛고 예쁘고 맛이 좋아 감동을 받았다. 사과야말로 완벽한 과일이며, 자신들의 회사도 완벽하길 바라는 마음에서 회사 이름을 '애플'로 지었다는 것이다. 자연친화적 이름이라고 자랑도 했다. 그럴듯하다. '애플I'은 모니터도, 케이스도 없는 조악품(粗惡品)이었다. 값은 650달러로 200대 정도 파는데 그쳤다. 1977년에 출시한 '애플II'는 달랐다. 키보드와 모니터도 구비된 제품이었다. 1978~1980년 사이에 1억1,700만 달러를 팔았다. 이때부터 '애플 신화'라는 말이 나왔다.

　그러나 문제가 발생했다. 애플은 본체와 모니터, 키보드가 한 덩어리로 붙어있는 반면, IBM PC는 세 가지가 다 분리되어 있고, 부품도 다른 제품을 쓸 수 있는 호환 시스템이었다. 그러나 잡스는 "우리 제품은 최고라 호환은 불가능하다"고 큰소리쳤다. 1981년 나온 IBM 소형 PC는 표준규격을 정하고 부품공급도 개방함으로써 인텔과 마이크로소프트는 애플을 따라잡고 급성장한다.

　스티브 잡스는 1984년 매킨토시를 개발한다. 하지만 1985년 자신이 영입한 전문경영인 존 스컬리에 의해 애플에서 축출 당한다. 물론 잡스를 껄끄러워한 주주들의 사주가 주요 원인이었다. 애플을 떠나 1985년 넥스트(NeXT)를 설립한다. 그리고 1986년 할리우드에 뛰어들어 3차원 디지털 애니메이션 회사 '픽샤'를 인수해 〈토이 스토리〉를 성공시킨다. 하향세를 면치 못하던 애플은 1996년 넥스트를 인수하고 잡스를 복귀시킨다. 그리고 모니터, 키보드, 소프트웨어가 일체형인 아이맥 돌풍을 일으켜 애플을 살렸다. 초대용량 MP3[113] 플레이어인 '아이패드'로 디지털 음반 사업을 주도한다. 또 아이폰4까지 내놓아 돌풍과 논란을 일으키고 있다. 실리콘벨리의 풍운아답게 IBM이 '생각하라' 는 모토를 내자, '다르게 생각하라' 는 광고로 받아치기도 했다.

스티브 잡스의 아이폰4를 자세히 살펴보면 통신의 영역만이 아니고 '대중문화의 핵심' 에 자리 잡고 있다. 사용 중인 젊은 유저들은 그 이유를 잘 알 것이다. 따라서 스티브 잡스는 이제 컴퓨터, 영화, 음악 등 대중문화의 생산자이고 전파자이고 콘텐츠의 중계자이다. 그의 인생 스토리는 애달프면서도 치열하기 그지없다.

그는 1955년 샌프란시스코에서 시리아인 정치학자 압둘파타 잔달리와 대학원생이었던 미국 여성 조앤 시벨에게서 태어났다. 연인 관계이기만 했던 그들은 부득이 폴 잡스와 클라라 잡스 부부에게 입양시켰다. 잡스의 학교생활은 산만했고 계속 말썽꾸러기였고, 예측불허의 성격이었다. 대학을 중퇴하고 인도 여행을 떠나는 등 갈등시기를 겪는다. 그러나 1980년 '애플II' 가 호황일 무렵 주식을 공개해 2억 달러가 넘는 자산가가 되었다. 또 애플로 돌아오면서 넥스트를 애플에 넘기는 조건으로 3억7,750만 달러와 애플 주식 150만 주를 받았다. 그리고 연봉 1달러를 받는 애플 CEO가 된다.[114] 2001년 두 개의 제품이 나온다. '아이튠스' 는 이 소프트웨어로 CD에서 노래를 복사해 컴퓨터로 들을 수 있는 프로그램이다. 호주머니 크기의 '아이팟' 은 1,000곡의 노래가 저장돼 다니면서 음악을 들을 수 있다. 말썽이 났지만 음반업계와 음악가들을 설득해 '아이튠즈 뮤직 스토어' 를 개장해 한 곡당 99센트에 팔았다. 〈타임〉은 이 가상 음반가게를 '2003년 최고의 발명품' 이라고 평가했다. 2007년 6월에는 '아이폰' 을 출시했는데, 그

---

113) MP3의 MP는 'Moving Picture Exports Group' , 즉 동화상을 부호화 방법으로 표준화하는 동화상 전문가 그룹을 말하고 MP3는 음반이나 CD의 음질을 유지하면서 일반 CD를 50배로 압축가능하다.
114)짐 콜리건 지음, 권오열 옮김, 『스티브 잡스 이야기』 , 명진출판. 참조.

기능은 휴대전화 기능을 갖춘 아이팟이다. 2010년 6월 '아이폰 4G'가 출시되었지만 성능에서 말썽을 빚고 있는 중이다.

또 잡스는 한 연설에서 "우리가 농업국가일 때 모든 차들은 트럭이었지만, 도시가 발전하면서 승용차가 등장했다" 면서 "PC 역시 트럭처럼 되고 (애플 아이패드 같은) 태블릿 PC는 승용차가 될 것" 이라는 전망을 내놓았다. 아이패드(iPad)115) 는 애플이 만든 태블릿 형 컴퓨터이다. 9.7인치(25cm)의 LCD를 사용하였으며, 아이폰과 같은 운영 체제를 기반으로 하여 아이폰에서 구동되는 모든 어플리케이션이 사용 가능함은 물론 전자책과, 애플에서 개발한 업무용 프로그램인 아이워크(iwork) 등 보강된 기능들이 탑재된 것이 특징이다. 2010년 4월 3일 북미 지역에서 첫 출시되었으며, 와이파이 전용 모델과 3G와 와이파이를 함께 쓸 수 있는 모델의 두 가지가 제공된다.

잡스는 건강이 좋지 않아서인지 유저에게 던지는 말투가 곱지 않다. 그래서 탈도 많고 말도 많다. 하지만 2010년 3분기 매출이 157억 달러로 사상 최대를 기록했다. 아이패드와 아이폰의 호조가 원인이다.

5. 실리콘 밸리 이야기

실리콘 밸리(Silicon Valley) 지역에는 1900년대 초까지만 해도 하이테크 산업은 거의 없었다. NASA(미 항공우주국) 연구소 등 국방 관련 연구소만 일부 있었다. 1930년대 스탠퍼드 대학의 프레데릭 터먼 교수는 스탠퍼드 대학의 넓은 땅을 싼 값에 빌려주고 학생들의 벤처 창업을 도왔다. 1939년 터먼 교수의 제자였던 윌리엄 휴렛과 데이브 패커드는 패러앨토의 한 차고에서 음향발진기를 만들었다. 터먼 교수는 은행대출을 알선하면서 그들에게 회사를 차릴 것을 권유했는데, 이것이 실리콘밸리의 최초의 벤처기업인 휴렛 패커드(HP)다. 휴렛 패커드는 월터 디

---

115) 위키 백과. 참조.

즈니 영화사로부터 주문을 받아 3년 만에 연간 100만 달러의 매출을 올리는 회사가 되었다.

　'실리콘 밸리' 라는 명칭은 1971년 1월 11일자 〈일렉트로닉뉴스(Electronic News)〉에 게재된 엔지니어 돈 해플러의 기고문에서 유래되었다. '실리콘' 은 실리콘(규소)을 소재로 한 반도체 칩이 패러앨토에서 새너제이에 이르는 새로운 산업 지역에서 집중적으로 생산된다는 의미에서, '밸리' 는 지형상으로 보면 거대한 분지 모양의 지형이라는 뜻에서 '실리콘 밸리' 라는 명칭이 탄생되었다.

　1976년 스티브 잡스 등이 애플을 만들었고, 1977년 20대의 로렌스 엘리슨이 산타클라라에서 오라클을 창업했다. 유닉스로 유명한 선마이크로 시스템은 27살의 청년 4명이 1982년 세운 회사다. 1990년대 '넷스케이프' 를 만든 마크 앤드리센이 웹브라우저 붐을, '야후' 를 만든 제리 양은 인터넷 포털 대중화를 열었다. 제리 양은 1994년 스탠퍼드대 전기공학과 박사 과정 중이던 28살에 야후를 개발했다. 세르게이 브린과 래리 페이지는 1996년 구글 검색 엔진을 개발했다. 2005년 2월 샌프란시스코 만을 낀 작은 항구도시 산 마테오 3번가에서 벤처기업 유튜브(youtube.com)의 신화가 생겨났다. 유튜브는 네티즌이 각자 만든 인터넷 동영상을 방송할 수 있게 해주는 UCC 제작업체다. 유튜브의 공동창업자인 채드 헐리, 스티브 첸은 1년 만에 억만장자가 됐다. 유튜브의 성공비결은 거의 대부분 웹브라우저에 이미 설치돼 있는 '매크로미디어 플래시' 라는 기능을 이용해 동영상을 보낸다. 이 때문에 유튜브에 회원으로 가입하거나 소프트웨어를 다운로드해 설치하지 않아도 누구나 유튜브의 동영상을 볼 수 있다. 기술도, 콘텐츠도 모두 아웃 소싱한 덕분에 순식간에 인기 사이트가 됐다. 그러나 2006년 10월 구글은 유튜브와 주식교환을 통해 16억5천만 달러에 이 회사를 인수했다.

6. 지적 재산권

2001년에 '소리바다' 가 저작권 위반으로 피소되면서 인터넷 이용 방식, 특히 저작권의 영향에 대한 관심이 높아졌다. 2005년 1월에 소리바다는 항소심에서 무죄판결을 받았다. 판결요지는 소리바다가 아닌, 소리바다를 통해서 파일을 주고받은 이용자들이 유죄라는 것이다. 이제 인터넷을 이용하는 누구라도 저작권에 관심을 기울이지 않을 수 없게 되었다.116)

저작권(copyright)이라는 용어는 저작권에 대한 특권을 말한다. 즉 대량으로 생산된 복제물에 관한 권리의 문제가 나타나게 되었다. 1450년 독일의 구텐베르크가 '활판인쇄술' 을 발명했다. 구텐베르크는 1454년에 이 인쇄술을 이용해 라틴어 성경을 찍었다. 1500년경에는 유럽에 1,000곳이 넘는 인쇄소가 생겨, 성경이며 각종 고전 문헌을 값싸게 찍어 널리 보급할 수 있었다. 소수의 특권층이나 수도사들만이 가질 수 있던 책을 이제는 일반인들도 손쉽게 볼 수 있게 되어 넓은 의미에서 구텐베르크 혁명은 지식과 정보의 민주화가 이루어져 '사회의 민주화' 를 촉진하게 되었다.

그 역사적 과정을 살펴보면, 1496년 베네치아에서 '출판특허제도' 가 만들어졌다. 이것이 형식적으로 저작권법의 출발이라고 할 수 있다. 그 무렵엔 아직 '저작자의 권리' 라는 개념이 나타나지 않았다. 이 제도는 봉건군주의 권위에 비판적인 저작물 출판을 금지하고, 특허 수수료를 챙기려는 봉건군주의 정치적, 경제적 속셈과 저작물의 출판을 독점해서 이익을 보려는 출판자의 경제적 야합으로 만들어졌다.

근대적 저작권법은 1710년에 제정된 영국의 '앤 여왕 법' 으로 출발하였다. 근대적 저작권법은 봉건군주가 몰락하고 근대사회가 나타나면서 저작자와 출판자의 이익을 보호하기 위한 제도로 나타났다. 미국은 1790년에, 프랑스는 1793년에, 독일은 1871년에 저작권법을 제정하였다.

---

116) 이종구·조형제·정준영 지음, 『정보사회의 이해』, 미래M&B, 2005. pp.311~316. 참조.

이런 추세에 따라 나라마다 다른 저작권법을 국제적으로 관리하는 문제가 제기되었다. 그 결과 1886년에 '문학·예술 저작물의 보호를 위한 베른 협약', 1892년에 산업재산권에 관한 '파리 협약과 베른 협약을 관리하기 위한 지적재산권 보호 국제합동사무국', 1970년에 '세계지적재산권기구(WIPO)', 1994년 '세계무역기구의 무역관련 지적재산권 최종 협약안'이 성립되고, 1996년 '세계 지적재산권기구 저작권조약'과 '세계지적재산권기구 실연·음반조약'이 만들어졌다.

여기서 우리는 '자본주의의 지리적 확장에 정보적 확장이 따르고 있음'을 알 수 있다. 자본주의의 지리적 확장은 적용지역이 서구에서 전 세계로 확장된 것을 뜻하고, 자본주의의 정보적 확장은 적용대상이 유형의 물리재(物理財)에서 무형의 정보재(情報財)로 확장된 것을 뜻한다. 매우 중요한 개념이다.

지적재산권 최종 협약안은 종래 특수한 영역으로 다루어지던 지적재산권을 일반무역의 의제로 다루기 시작한 것이다. 완전자립경제를 이루고 폐쇄적으로 살지 않는다면 무역을 하는 어떤 나라도 이 협약의 틀을 벗어날 수 없다. 자본주의의 지배 아래 이루어지는 정보사회화(化)는 정보의 경제가치가 갈수록 커지는 사회의 변화를 뜻한다. 따라서 자본주의의 지배 아래 놓인 현실 정보사회에서는 정보의 독점적 사용을 법이라는 강제규범을 통해 보장하지 않는다면 정보의 경제 가치는 쉽게 사라질 수도 있기 때문이다.

한 가지 첨가할 것은 '퍼블리시티권'이다. 이것은 상업적 가치가 있는 유명인의 초상이나 이름을 상업적으로 이용할 수 있는 권리를 뜻하는 것으로 '초상사용권(right of publicity)'을 말한다. 초상권이나 프라이버시권이 함부로 촬영 공포되지 않을 인격권인 데 비해, 퍼블리시티권은 재산권으로서 양도가 가능하다. 미국에서는 1950년대부터 인정돼 있다. 그러니까 스타의 모든 것은 상품화되어 있다는 사실을 알고 있어야 한다. 즉 돈 내고 또는 허락받고 쓰지 않으면 안 되는 세상이다.

7. 권리의 연한

저작권을 포함한 모든 지적재산권은 국가의 강제력을 이용해서 '정보의 무한성' 을 인위적으로 없애, 정보를 경제적 거래의 대상으로 만드는 제도이다. 그러나 중요한 관점은 그 목적이 '정보의 소유자' 에게 막대한 독점이윤을 제공하는 것이 아니라 사회의 지적재산을 풍부하게 해서 사회의 지속적인 발전을 도모하는 것이다.117)

권리의 연한은 일반적으로 특허권은 20년, 저작권은 50년의 연한을 갖는다. 이 기간 동안은 국가가 권리를 보장해주지만, 이 기간이 지나면 그 권리는 사회적 재산으로 귀속된다. '공정이용권' 이란 어떤 저작물을 비영리적이고 부분적으로 이용할 경우에 저작권자의 허락을 받지 않고도 이용할 수 있는 권리를 말한다. 예컨대 논문이나 보도에서 다른 사람의 글을 인용하는 경우를 들 수 있다.

1990년대 중반 인터넷 대중화 무렵, 저작권과 관련해 논란이 일어났다. 인터넷은 '정보의 바다' 라는 찬사와 반대로 '해적의 천국' 이라는 우려가 나왔다. 미국 정부는 1993년 '정보 고속도로 구상' 을 발표하고 이에 대한 대책을 마련했는데, 그 요지는 기존의 저작권을 모든 디지털 저작물로, 그리고 그것을 손쉽게 주고받을 수 있는 인터넷으로 확대해서 적용한다는 것이었다. 따라서 디지털 저작물의 복제는 '불법복제' 라는 관점에서 파악되기 시작했고, 인터넷은 정보의 바다이기에 앞서 해적의 천국이라는 시각에서 검토되기 시작했다. 미국 의회는 1998년 10월에 디지털밀레니엄 저작권법을 제정했다.

1957년 1월에 제정된 한국의 저작권법은 1986년에 처음 개정되었으며, 2003년의 개정은 11번째이다. 주요 관점은 창의성의 유무를 구분하지 아니하고 데이터베이스를 제작하거나 그 갱신·검증 또는 보충을 위하여 상당한 투자를 한 자에 대하여는 일정 기간 당해 데이터베이스의 복제·배포·방송 및 전송권을 부여하도록 한다. 또 데이터베이스 제작자의 권리보호기간은 데이터베이스를

---

117) 앞의 책, pp.316~318. 참조.

제작하거나 갱신 등을 한 때부터 5년으로 한다 등 8개 항목이다.

8. 정보공유 운동

정보공유 운동은 "정보를 자유롭게 공유할 수 있는 정보사회를 만들고자 하는 시회운동"으로 정의할 수 있다. 정보공유 운동은 소프트웨어와 콘텐츠 분야로 나눌 수 있다. 또 사적 영역과 공적 영역으로도 구분된다. 소프트웨어 분야에 있어 사적 영역=운영체계·응용 프로그램이고, 공직 영역=운영체세·응용 프로그램이다. 콘텐츠 분야의 사적 영역=문자 자료, 음악, 미술, 영상, 사진, 논문 등이고, 공적 영역=문자 자료, 음악, 미술, 영상, 사진 등이다.

크리에이티브 코먼스(Creative Commons 창조적 공유제)는 2001년에 설립된 미국의 정보공유 운동단체로서 저작권의 제한에서 벗어나 자유롭게 정보를 공유할 수 있도록 하는 활동에 주력하고 있다. copyright는 저작물의 공유를 막는 제도라고 할 수 있다. 이 점에 착안해 리처드 스톨만은 저작물의 공유를 허용하는 표시로 '카피레프트(Copyleft)'라는 말을 채택하였다. 이 표시를 한 저작물은 누구나 자유롭게 사용해서 새로운 저작물을 만들 수 있다. 그러나 상업적으로 사용할 수 없으며, 새롭게 만들어진 저작물도 카피레프트가 된다.

9. 세계화와 시장통합

오늘날 시장개방 문제는 매우 의미가 크다.118) 시장개방은 '개별 국가의 특수한 사정을 인정하지 않고, 여러 국가가 경제행위에 대해 동일한 규칙을 적용한다'는 뜻이다. 경제 영역에서부터 국경의 벽이 낮아지고, 국가의 주권이 미치는 범위가 줄어들며, 기업은 이윤추구에 유리한 조건을 찾아 쉽게 국제적으로 이동

---

118) 앞의 책, pp.401~407. 참조.

할 수 있다. 경제활동의 초(超) 국적화가 진행되면 지역 또는 세계를 단위로 하는 시장통합도 촉진된다. 북미자유무역협정(NAFTA, 1995), 유럽연합(EU, 1957), 태평양경제협력체(APEC, 1989), 동남아국가연합(ASEAN, 1967), 세계무역기구(WTO, 1995)가 그것이다.

시장통합의 진행과 함께 개별 국가의 주권행사도 지역적, 세계적 단위의 국제기구에서 이루어지는 의사결정을 존중하며 이루어지게 되었다. 이로 인해 국가 내부의 각종 사회제도를 세계표준에 맞게 전반적으로 재조정해야 하는 일도 많아졌다. 따라서 세계화라는 개념은 '국제사회에서 상호의존성이 증가함에 따라 세계가 하나의 사회체계로 통합되는 방향으로 나가고 있다'는 것으로 정의될 수 있다.

디지털 시대의 정보화는 세계화가 진전될수록 정보통신에 대한 수요가 커지므로 새로운 시장이 창출되는 효과가 발생한다. 하드웨어, 소프트웨어, 법률, 제도를 포괄한 정보통신기반이 국경을 초월하여 구축되면 기업으로서는 국제분업과 시장통합을 통해 최적의 조건에서 활동을 전개할 수 있는 환경이 조성된다. 개인에게도 거대 기업화된 기존의 대중매체나 정부가 관리하는 통신수단에 의존하지 않고 직접 외국과 대량의 정보를 교환할 수 있는 길이 열렸다.

특히 디지털 테크놀로지를 활용한 멀티미디어 시대에는 복제물이 원본과 구별되지 않는다. 또한 정보의 가공·변형과 대량 전파가 용이하게 되었으므로, 창작물의 지적재산권을 보호하기 위해서는 새로운 제도의 틀을 마련할 필요가 생겼다. 따라서 기본적으로 인쇄물을 기준으로 삼아 만들어진 현행 지적재산권제도를 새로운 환경에 맞도록 개선해야 하는데, 이 문제를 담당하는 국제기구가 '세계지적재산권기구(World Intellectual Property Organization-WIPO)'이다. 지역적, 세계적 규모의 시장통합이 진행되고 있는 세계화시대에는 기업 활동에 대한 정부 규제의 완화를 주장하는 신자유주의의 원리가 지배적으로 강조되고 있다.

10. 신자유주의

신자유주의(New freedom)는 '작은 정부, 큰 시장 지향' 으로 요약된다. 신자유주의는 1938년 8월 30일 프랑스 파리에서 결성된 '월터 리프만 콜로키움' 이 그 출발이라고 한다. 당시 대공황으로 인한 경제혼란이 시장경제 때문으로 보았고, 자유주의 경제이념을 살리기 위해 일부 인사들이 이 모임에 참가하게 되었다. 그새 70여 년이라는 세월이 흘러갔다. 미국과 영국은 다년간 복지정책을 실시한 결과 관료화와 비효율이 사회 전체적으로 확산되면서 각종 규제는 기업의 경쟁력을 약화시키고 경제를 파탄으로 몰고 갔다. 1980년내 미국의 레이건과 영국의 대처는 직면한 심각한 재정적자와 경제침체를 극복하기 위해 '신자유주의' 정책을 실시했다. 규제 없는 시장이 궁극적으로 모든 사람에게 이익을 줄 경제 성장의 견인차라는 믿음 아래 자유화, 탈규제화, 민영화, 개방정책을 도입했는데, 이 개념이 신자유주의이다.

신자유주의 정책 수립가들은 정부의 역할을 줄이고, 시장기능을 확대하고, 노동시장을 유연화하고, 사회의 모든 부문에 있어 구조조정을 추진했다. 국가 보조금을 축소하고, 교육·건강 부문에서 사회적 서비스 비용을 줄여 시장에 맡기는 정책을 채택했다. 이러한 정책은 국가가 시장에 최소한 개입하여 시장 자유를 최대한 보장하면서 최대의 효율을 도모한다는 가정에 기초하고 있다. 신자유주의의 특징은 국가 기능에 대한 불신과 시장에 대한 신뢰이다. 공공자원을 분배하는 경우에도 국가와 비교하여 효율적이고 도덕적으로 우월하다는 것이다(신중섭).

영국의 '대처리즘' 은 복지정책의 개선, 감세, 국영기업 민영화, 노동조합 규제, 민간의 자율적 경제활동을 강조함으로써 소위 '영국병' 을 치료할 수 있었다. 미국의 '레이거노믹스' 도 크게 다르지 않은 데 감세, 정부 규제 완화, 안정적 금융정책 수립 등이 핵심이다. 두 사람은 오늘과 같이 세상을 바꾸어 놓았지만, 오늘에도 그 그늘 또한 먹구름이 가득한 상황이다.

시장과 경쟁력을 중시하고 작은 정부를 지향하는 신자유주의 정책에서는 강자와 약자 사이에 존재하는 자원획득 능력의 격차가 용인되므로 빈부격차의 문제가 소홀하게 다루어질 우려가 있다. 모든 국가에 동일한 규칙이 적용되는 시장개방이 확대되면 결과적으로 자본, 기술력, 마케팅을 포함한 총체적인 경쟁력에서 우위를 차지하고 있는 선진국에 유리한 환경이 만들어진다. 정보화 수준의 격차 때문에 선진국과 후진국의 경제 격차가 더욱 확대될 수도 있다. 반면에 소프트웨어 부문에서 인도의 정보통신 인력이 경쟁력을 발휘하고 있는 사례에서 볼 수 있듯이, 영어구사 능력과 저렴한 인건비를 결합하면 후진국이 비교우위를 가질 수 있는 여지가 있다는 점에 주목할 필요가 있다.

크고 작은 대중문화의 여러 국면과 작은 아이템들을 설명하고 확인하면서 이런 저런 생각에 잠기게 된다. 나라의 공적인 부분과 개인의 사적인 내용들이 낱낱이 공개되는 세상이다. 또 인터넷은 이런 사정들을 전파 또는 광파(廣播)하는 속도에 있어 무서운 위력을 발휘하고 있다. 대중문화는 글자 그대로 국민 모두가 즐기고 참가할 수 있는 소재이다. 텔레비전이 이런 정황을 지속적으로 확대 재생산해 우리의 일상생활조차도 대중문화 속으로 빨려 들어가고 있다.

이렇게 대중문화와 예술의 범위도 확장되고, 공급도 늘고, 수요도 증가한다. 전국에는 많은 연극영화과, 방송연예학과, 신문방송과, 언론정보학부가 설치되어 있고, 시내에는 해당 분야를 전문적으로 학습하는 아카데미도 개설되어 있다. 그러나 거기에서 시행되는 커리큘럼은 가벼운 이론이거나 실습 위주의 내용들로 채워질 수밖에 없다. 올바른 엔터테이너의 전문성과 현대사회의 격조 높은 연예인의 양식(良識)을 공급하는 통로는 막혀 있는 것이 사실이다. 그래서 연예계는 마약, 자살, 이혼, 성 상납 등 본인이 원치 않았다 하더라도 듣기 민망한 스캔들로 지면을 채우는 사정은 진정 안타깝기 그지없다. 아무 말 없이 있으면 될 것을 '북한이 로켓을 발사한 것은 잘한 일이다', '광우병이 득실거리는 소를

517

뼈째로 수입하다니 차라리 청산가리를 입 안에 털어넣는 편이 오히려 낫겠다',
'대마초는 마약으로 볼 수 없다' 는 등 막말을 외쳐댄다. 인기를 무기로 비교양
적이고 비상식적인 발언으로 자신의 존재감을 나타내고자 하는 왜곡된 작태일
것이다.

이것이 우리가 대중문화의 정확한 모습을 인식하지 않으면 안 될 대목이라
고 생각한다. 그래서 가수 김장훈 등 스타들의 기부행위와 오드리 헵번이나 김
혜자 씨의 봉사활동을 소개하는 뜻이 있다. 누구도 연예인이 되고 싶고, 그 길
도 고속도로처럼 넓다. 그러나 들어가는 대문은 바늘구멍이다. 또 눈 고치고 코
높이고 다리 찢기를 해서 만약 들어갔다 하더라도 그 지속성은 아무도 장담할
수 없는 것이 현실이다.

따라서 이 책이 가장 중요하게 의도하는 바는 연예인 지망생 자신이나, 부
모 가족이 이런 상황에 관한 깊은 이해를 통해 '연예인 되기' 와 '연예인 하기' 를
보다 신중하게 접근하기를 바라는 희망 그 자체이다. 또한 대학이든 아카데미든
탤런트협회든 가수협회든 어떤 재교육에 관한 프로젝트를 구상하면 어떨까 하
는 생각을 해본다. 왜냐하면 인기는 짧고 심리적·경제적 고통은 길기 때문이다.

경제인들은 흔히 '자신들은 교도소 담장 위를 걸어가는 인생' 이라는 표현
을 쓴다. 수익을 찾다가 자칫 실정법을 어기면 교도소 담장 안으로 추락해서 교
도소에 수감된다는 이야기다. 연예인도 마찬가지다. 대중이라는 담장 위를 인기
를 타고 걷다가 다리를 헛디뎌 교도소에 해당하는 벽 안으로 떨어져서는 안 된
다는 점을 강조하고자 한다. 인기에서 멀어진 소외된 연예인 상(像)은 바람직하
지 않다. 엔터테이너는 이제 국가적 자산이다. 또 대중문화는 국민 모두의 공유
재(公有財)이다. 이런 심도 있는 의미와 의의가 충분히 전달되기를 바라는 마음 간
절하다.

그간 2권의 텔레비전 관련 서적을 출간 바 있다. 2003년에 〈텔레비전 다큐
멘터리 제작론〉, 그리고 2004년에 〈한국 다큐멘터리 비평〉이 나왔다. 그 이후부

터 〈대중문화의 이론과 현장〉을 써야겠다는 열망에 가득 차 있었지만, 세월은 그새 6년이 흘러가고 말았다. 이제 시력도, 자판을 두들기는 유연성도 많이 떨어져 더 이상 늦추면 안 된다는 강박관념에서 헤어나지 못하다가 지난 2009년 봄, 3월 3일에 집필을 시작해 6월 11일, 그러니까 날짜로는 꼭 70일, 그리고 작업을 한 날만 따져 53일 만에 컴퓨터를 껐다. 밤낮을 가리지 않고 속도전으로 글을 쏟아내 오랫동안 지고 있던 짐을 벗었지만 내용 부실에 대한 새로운 걱정거리가 생겼다. 그래서 2010년 여름방학이 시작되자마자 보강 수정작업에 들어가 이제 겨우 마치게 되었다. 그래도 대중문화에 대한 변화의 속도와 흐름이 거세고 빨라 미흡한 부분이 생길 수 있다. 이 점 독자 여러분의 양해가 있으시기를 충심으로 바라마지 않는 바이다.

2011년 1월　최양묵

| 부록 |

1. 아카데미상(Academy Award)

아카데미상의 정식명칭은 '영화예술과학아카데미상(Academy of Motion Picture Arts and Sciences)'이다. 그 전 해에 발표된 미국 영화 및 미국에서 상영된 외국영화를 대상으로 우수한 작품과 그 밖의 업적에 대하여 해마다 봄에 시상한다. 1927년 창설된 미국영화예술과학아카데미 주관으로 1929년부터 매년 시상해 왔는데, 이는 오늘날 미국 영화계의 가장 큰 연중행사의 하나일 뿐만 아니라 세계적인 관심과 흥미의 대상이 되고 있다. 그러나 시상 내역이 지나치게 미국적 사고방식에 편향되어 있다는 비판도 면치 못하고 있다.

수상작품 선정은 먼저 각 부문 해당 회원들이 투표에 의해 후보작품을 뽑은 다음, 다시 3,000여 명의 아카데미 회원 전원이 투표로 수상작품을 최종 결정하게 된다. 제1회 때는 11개 부문을 시상하였으나, 현재는 작품·감독·배우 등 25개 부문에 걸쳐 시상한다. 상금은 따로 없으나 '오스카' 라는 애칭의 인간입상(人間立像)이 수여된다. 청동제의 금도금한 오스카는 높이 34cm, 무게 3.85kg의 인체상이다. 영화인에게는 오스카를 받는 것이 하나의 커다란 목표이자 명예이다. 오스카라는 별명이 붙은 데는 여러 가지 설이 존재하나, 아카데미 사서 출신에서 감독으로 변신했던 마거릿 헤릭 여사가 트로피를 보고 "우리 오스카 아저씨를 닮았네요" 라고 말한 것을 한 신문기자가 아카데미상을 오스카상이라고 기사화함으로써 유래됐다는 설이 가장 유력하다.[119]

▷2010년 제82회

●허트 로커=작품상, 감독상, 편집상, 각본상, 음향상, 음악효과상(6관왕) ●남우주연상=제프 브리지스(크레이지 하트) ●여우주연상=산드라 블록(블라인드 사이드) ●남우조연상=크리스토프 왈츠(바스터즈: 거친 녀석들) ●여우조연상=모니크(프레셔스) ●시각효과상, 미술상, 촬영상=아바타(3관왕, 제작비 6,000억원) ●다큐멘터리상=더 코브: 슬픈 돌고래의 진실(일본) ●주제가상=크레이지 하트 ●애니메이션상=업(피터 닥터) ●외국어영화상=엘 시크레토: 비밀의 눈동자(아르헨티나, 감독: 후안 호세 캄파넬라) ●공로상=고(故) 존 휴즈(나홀로 집에)

---

119) 아카데미상, 칸영화제, 베네치아영화제, 베를린영화제 연혁은 네이버 백과사전, 두산백과사전 등 참조.

▷2009년 제81회

●작품상=슬럼독 밀리어네어 ●남우주연상=숀 펜(밀크) ●여우주연상=케이트 윈슬렛(더 리더)
●감독상=대니 보일(슬럼독 밀리어네어) ●외국어영화상=굿바이(타키다 요지로) ●장편 애니메이
션작품상=월-E(앤드류 스탠튼)

▷2008년 제80회

●작품상=노인을 위한 나라는 없다 ●남우주연상=대니얼 데이 루이스(데어 윌 비 블러드) ●여우주연
상=마리온 꼬띨라르(라 비 앙 로즈) ●감독상=에단 코엔 외 1명(노인을 위한 나라는 없다) ●외국어영
화상=카운터페이터(슈테판 루조비츠키) ●장편 애니메이션작품상=라따투이(브래드 버드)

▷2007년 제79회

●작품상=디파티드 ●남우주연상=포레스트 휘테커(라스트 킹) ●여우주연상=헬렌 미렌(더 퀸)
●감독상=마틴 스코세지(디파티드) ●외국어영화상=타인의 삶(플로리안 헨켈 폰 도너스 마르크,
독일) ●공로상=엔니오 모리꼬네

▷2006년 제78회

●작품상=크래쉬 ●남우주연상=필립 세이모어 호프먼(카포티) ●여우주연상=리즈 위더스푼(앙코
르) ●남우조연상=조지 클루니(시리아나) ●감독상=이안(브로크백 마운틴)

▷2005년 제77회

●작품상=밀리언 달러 베이비 ●남우주연상=제이미 폭스(레이) ●여우주연상=힐러리 스웽크(밀리
언 달러 베이비) ●남우조연상=모간 프리먼(밀리언 달러 베이비) ●감독상=클린트 이스트우드(밀
리언 달러 베이비) ●외국어영화상=씨 인사이드(알레한드로 아메나바르, 스페인) ●장편 애니메이
션작품상=인크레더블(브래드 버드)

▷2004년 제76회

●작품상=반지의 제왕3-왕의 귀환 ●남우주연상=숀 펜(미스틱 리버) ●여우주연상=샤를리즈 테
론(몬스터) ●여우조연상=르네 젤위거(콜드마운틴) ●감독상=피터 잭슨(반지의 제왕3-왕의 귀환)
●장편 애니메이션작품상=니모를 찾아서(앤드류 스탠튼)

▷2003년 제75회

●작품상=시카고 ●남우주연상=애드리언 브로디(피아니스트) ●여우주연상=니콜 키드먼(디 아워
스) ●여우조연상=캐서린 제타 존스(시카고) ●감독상=로만 폴란스키(피아니스트) ●각본상=페드
로 알모도바르(그녀에게) ●외국어영화상=러브 인 아프리카(까롤리네 링크) ●장편 애니메이션작
품상=센과 치히로의 행방불명(미야자키 하야오) ●공로상=피터 오툴

▷2002년 제74회

●작품상=뷰티풀 마인드 ●남우주연상=덴젤 워싱턴(트레이닝 데이) ●여우주연상=할리 베리(몬스터 볼) ●감독상=론 하워드(뷰티풀 마인드) ●외국어영화상=무인 지대(다니스 타노비치, 보스니아-헤르체고비나) ●장편 애니메이션작품상=슈렉(제프리 카젠버크) ●공로상=시드니 포이티에, 로버트 레드포드

▷2001년 제73회

●작품상=글래디에이터 ●남우주연상=레셀 크로우(글래디에이터) ●여우주연상=줄리아 로버츠(에린 브로코비치) ●감독상=스티븐 소더버그(트래픽) ●외국어영화상=와호장룡(이안) ●공로상=잭 카디프

▷2000년 제72회

●작품상=아메리칸 뷰티 ●남우주연상=케빈 스페이시(아메리칸 뷰티) ●여우주연상=힐러리 스웽크(소년은 울지 않는다) ●남우조연상=마이클 케인(사이더 하우스) ●여우조연상=안젤리나 졸리(처음 만나는 자유) ●감독상=샘 멘데스(아메리칸 뷰티) ●외국어영화상=내 어머니의 모든 것(페드로 알모도바르) ●공로상=안제이 바이다(폴란드)

▷1999년 제71회

●작품상=셰익스피어 인 러브 ●남우주연상=로베르토 베니니(인생은 아름다워) ●여우주연상=기네스 팰트로(셰익스피어 인 러브) ●남우조연상=제임스 코번(어플릭션) ●감독상=스티븐 스필버그(라이언 일병 구하기) ●외국어영화상=인생은 아름다워(로베르토 베니니) ●공로상=엘리아 카잔

▷1998년 제70회

●작품상=타이타닉 ●남우주연상=잭 니콜슨(이보다 더 좋을 순 없다) ●여우주연상=헬렌 헌트(이보다 더 좋을 순 없다) ●여우조연상=킴 베신저(LA 컨피덴셜) ●감독상=제임스 카메론(타이타닉) ●주제가상=제임스 호너(타이타닉)

▷1997년 제69회

●작품상=잉글리쉬 페이션트 ●남우주연상=제프리 러쉬(샤인) ●여우주연상=프란시스 맥도맨드(파고) ●여우조연상=줄리앳 비노슈(잉글리쉬 페이션트) ●감독상=안소니 밍겔라(잉글리쉬 페이션트) ●주제가상=앤드류 로이드 웨버(에비타) ●외국어영화상=콜리아(Jan Sverak, 체코)

▷1996년 제68회

●작품상=브레이브 하트 ●남우주연상=니콜라스 케이지(라스베가스를 떠나며) ●여우주연상=수잔 서랜든(데드 맨 워킹) ●감독상=멜 깁슨(브레이브 하트) ●주제가상=포카혼타스(알랜 맨켄)

●외국어영화상=안토니아스 라인(마를렌 고리스) ●특별공헌상=토이 스토리(John Lasseter)

▷1995년 제67회
●작품상=포레스트 검프 ●남우주연상=톰 행크스(포레스트 검프) ●여우주연상=제시카 랭(블루 스카이) ●감독상=로버트 제맥키스(포레스트 검프) ●주제가상=라이언 킹(엘튼 존) ●외국어영화상=위선의 태양(니키타 미할코프, 러시아) ●공로상=미켈란젤로 안토니오니

▷1994년 제66회
●작품상=쉰들러 리스트 ●남우주연상=톰 행크스(필라델피아) ●여우주연상=홀리 헌터(피아노) ●감독상=스티븐 스필버그(쉰들러 리스트) ●음악상=존 윌리엄스(쉰들러 리스트) ●외국어영화상=아름다운 시절(페르난도 투루에바, 스페인, 프랑스, 포르투갈) ●공로상=데보라 카

▷1993년 제65회
●작품상=용서받지 못한 자 ●남우주연상=알 파치노(여인의 향기) ●여우주연상=엠마 톰슨(하워즈 엔드) ●감독상=클린트 이스트우드(용서받지 못한 자) ●촬영상=흐르는 강물처럼(필립 루셀롯) ●외국어영화상=인도차이나(레지스 와그니어, 프랑스) ●공로상=페데리코 펠리니

▷1992년 제64회
●작품상=양들의 침묵(미녀와 야수 최종심 진출) ●남우주연상=안소니 홉킨스(양들의 침묵) ●여우주연상=조디 포스터(양들의 침묵) ●남우조연상=잭 팰런스(굿바이 뉴욕 굿모닝 내 사랑) ●감독상=조나단 드미(양들의 침묵) ●주제가상=미녀와 야수(알랜 멘켄) ●외국어영화상=지중해(가브리엘 살바토레, 이탈리아)

▷1991년 제63회
●작품상=늑대와 춤을 ●남우주연상=제레미 아이언스(행운의 반전) ●여우주연상=캐시 베이츠(미져리) ●여우조연상=우피 골드버그(사랑과 영혼) ●감독상=케빈 코스트너(늑대와 춤을) ●외국어영화상=희망의 여행(자비에 콜러, 스위스)
●공로상=소피아 로렌

▷1990년 제62회
●작품상=드라이빙 미스 데이지 ●남우주연상=대니얼 데이 루이스(나의 왼발) ●여우주연상=제시카 탠디(드라이빙 미스 데이지) ●감독상=올리버 스톤(7월 4일생) ●주제가상=인어공주(알랜 멘켄) ●외국어영화상=시네마 천국(쥬세페 토르나토레, 프랑스) ●공로상=구로자와 아키라

▷1989년 제61회
●작품상=레인 맨 ●남우주연상=더스틴 호프만(레인 맨) ●여우주연상=조디 포스터(피고인) ●감

독상=배리 레빈슨(레인 맨) ●외국어영화상=정복자 펠레(빌레 아우구스트, 덴마크)

▷1988년 제60회
●작품상=마지막 황제 ●남우주연상=마이클 더글러스(월 스트리트) ●여우주연상=쉐어(문스트럭) ●남우조연상=숀 코넬리(언터쳐블) ●감독상=베르나르도 베르톨루치 ●주제가상=더티 댄싱(Franke Previte) ●음악상=마지막 황제(사카모토 류이치) ●외국어영화상=바베트의 만찬(가브리엘 악셀, 덴마크) ●단편 애니메이션작품상=나무를 심은 사람(프레더릭 백)

▷1987년 제59회
●작품상=플래툰 ●남우주연상=폴 뉴먼(컬러 오브 머니) ●여우주연상=마리 매트린(작은 신의 아이들) ●감독상=올리버 스톤(플래툰) ●외국어영화상=한밤의 암살자(폰스 라드메이커스, 네덜란드)

▷1986년 제58회
●작품상=아웃 오브 아프리카 ●남우주연상=윌리암 허트(거미 여인의 키스) ●여우주연상=제라르딘 페이지(바운티풀 가는 길) ●감독상=시드니 폴락(아웃 오브 아프리카) ●음악상=아웃 오브 아프리카(존 배리) ●외국어영화상=오피셜 스토리(루이스 푸엔조, 아르헨티나) ●공로상=폴 뉴먼

▷1985년 제57회
●작품상=아마데우스 ●남우주연상=F. 머레이 에이브라함(아마데우스) ●여우주연상=샐리 필드(마음의 고향) ●남우조연상=행 S. 응고르(킬링 필드) ●감독상=밀로쉬 포먼(아마데우스) ●음악상=모리스 자르(인도로 가는 길) ●공로상=제임스 스튜어트

▷1984년 제56회
●작품상=애정의 조건 ●남우주연상=로버트 듀발(텐더 머시스) ●여우주연상=셜리 맥클레인(애정의 조건) ●남우조연상=잭 니콜슨(애정의 조건) ●감독상=제임스 L. 브룩스(애정의 조건) ●외국어영화상=화니와 알렉산더(잉마르 베리만, 스웨덴)

▷1983년 제55회
●작품상=간디 ●남우주연상=벤 킹슬리(간디) ●여우주연상=메릴 스트립(소피의 선택) ●여우조연상=제시카 랭(투씨) ●감독상=리챠드 어텐보로 ●음악상=ET(존 윌리엄스) ●공로상=미키 루니

▷1982년 제54회
●작품상=불의 전차 ●남우주연상=헨리 폰다(황금 연못) ●여우주연상=캐서린 헵번(황금 연못) ●감독상=워렌 비티(레즈) ●외국어영화상=메피스토(이스트반 자보, 독일) ●공로상=바바라 스탠윅

▷1981년 제53회
●작품상=보통 사람들 ●남우주연상=로버트 드니로(분노의 주먹) ●여우주연상=씨씨 스페이식(광부의 딸) ●감독상=로버트 레드포드(보통 사람들) ●주제가상=페임(마이클 고어) ●공로상=헨리 폰다

▷1980년 제52회
●작품상=크레이머 대 크레이머 ●남우주연상=더스틴 호프만 ●여우주연상=샐리 필드(노마 레이) ●여우조연상=메릴 스트립(크레이머 대 크레이머) ●감독상=로버트 벤튼(크레이머 대 크레이머) ●외국어영화상=양철북(폴커 슐렌도르프, 독일-구 서독) ●공로상=알렉 기네스

▷1979년 제51회
●작품상=디어 헌터 ●남우주연상=존 보이트(귀향) ●여우주연상=제인 폰다(귀향) ●감독상=마이클 치미노(디어 헌터) ●외국어영화상=손수건을 꺼내라(베르뜨랑 블리에, 벨기에) ●공로상=로렌스 올리비어, 킹 비더

▷1978년 제50회
●작품상=애니 홀 ●남우주연상=리차드 드레이퍼스(굿바이 걸) ●여우주연상=다이안 키튼(애니 홀) ●감독상=우디 알렌(애니 홀) ●외국어영화상=마담 로자(모쉬 미즈라히, 프랑스)

▷1977년 제49회
●작품상=록키 ●남우주연상=피터 핀치 ●여우주연상=페이 더나웨이(네트워크) ●감독상=존 G. 아빌드센 ●주제가상=스타 탄생(바브라 스트라이샌드) ●외국어영화상=코트디부아르

▷1976년 제48회
●작품상=뻐꾸기 둥지 위로 날아간 새 ●남우주연상=잭 니콜슨(뻐꾸기 둥지 위로 날아간 새) ●여우주연상=루이스 플레처(뻐꾸기 둥지 위로 날아간 새) ●감독상=밀로스 포만(뻐꾸기 둥지 위로 날아간 새) ●외국어영화상=데루수 우자라(구로자와 아키라 ※러시아와 중국 경계에 있는 우수리 강의 산악지역. 이 지역 측량 임무를 맡아 부하들을 데리고 온 장교와 우연히 만나게 된 몽고인 노인 데루수 우자라 간의 우정을 그리고 있다)

▷1975년 제47회
●작품상=대부2 ●남우주연상=아트 카니(해리와 톤토) ●여우주연상=엘렌 버스틴(엘리스는 이제 여기 살지 않는다) ●남우조연상=로버트 드니로(대부2) ●여우조연상=잉그리드 버그만(오리엔트 특급 살인 사건) ●감독상=프란시스 포드 코폴라(대부2) ●각본상=차이나타운(로버트 타운) ●음악상=대부2(니노 로타) ●외국어영화상=나는 기억한다(페데리코 펠리니) ●공로상=장 르누아르

▷1974년 제46회

●작품상=스팅 ●남우주연상=잭 레몬(호랑이를 구하라) ●여우주연상=글렌다 잭슨(주말의 사랑)
●감독상=조지 로이 힐(스팅)

▷1973년 제45회

●작품상=대부 ●남우주연상=말론 브란도 ●여우주연상=라이자 미넬리(캬바레) ●감독상=밥 포
시(캬바레) ●외국어영화상=브르조아의 은밀한 매력(루이스 부뉴엘, 프랑스) ●공로상=에드워드 G.
로빈슨

▷1972년 제44회

●작품상=프렌치 커넥션 ●남우주연상=진 핵크만(프렌치 커넥션) ●여우주연상=제인 폰다(콜걸)
●남우조연상=벤 존슨(마지막 영화관) ●감독상=윌리엄 프리드킨(프렌치 커넥션) ●외국어영화상=
핀치 콘치니의 정원(비토리오 데 시카) ●공로상=찰리 채플린

▷1971년 제43회

●작품상=패튼 대전차 군단 ●남우주연상=조지 C. 스콧(패튼 대전차 군단) ●여우주연상=글렌다
잭슨(사랑하는 여인들) ●남우조연상=존 밀스(라이언의 딸) ●감독상=프랭클린 J. 샤프너(패튼 대
전차 군단) ●음악상=러브 스토리(프란시스 레이), Let It Be(폴 매카트니) ●외국어영화상=완전 범
죄(Elio Petri, 이탈리아) ●공로상=오손 웰스

▷1970년 제42회

●작품상=미드나잇 카우보이 ●남우주연상=존 웨인(진정한 용기) ●여우주연상=매기 스미스(미스
진 브론디의 전성기) ●감독상=존 슐레진저(미드나잇 카우보이) ●음악상=Hello, Dolly!(Lennie
Hayton) ●외국어영화상=제트(코스타 가브라스, 알제리) ●공로상=캐리 그란트

▷1969년 제41회

●작품상=올리버 ●남우주연상=클리프 로버트슨(찰리) ●여우주연상=캐서린 헵번(겨울의 라이온)
●감독상=캐럴 리드(올리버)

▷1968년 제40회

●작품상=밤의 열기 속으로 ●남우주연상=로드 스타이거(밤의 열기 속으로) ●여우주연상=캐서
린 헵번(초대받지 않은 손님) ●남우조연상=죠지 케네디(폭력 탈옥) ●감독상=마이크 니콜스(졸업)
●외국어영화상=가장 가까이 다가서서 본 열차(지리 멘젤, 체코)

▷1967년 제39회

●작품상=사계의 사나이 ●남우주연상=폴 스코필드(사계의 사나이) ●여우주연상=엘리자베스 테일러(누가 버지니아 울프를 두려워하랴) ●감독상=프레드 진네만(사계의 사나이) ●주제가상=야성의 엘자(존 베리) ●외국어영화상=남과 여(끌로드 를루슈, 프랑스)

▷1966년 제38회

●작품상=사운드 오브 뮤직 ●남우주연상=리 마빈(캣 벌루) ●여우주연상=줄리 크리스티(달링) ●감독상=로버트 와이즈(사운드 오브 뮤직) ●음악상=닥터 지바고(모리스 자르) ●외국어영화상=중심가의 상점(Elmar Klos, 체코) ●공로상=밥 호프

▷1965년 제37회

●작품상=마이 페어 레이디 ●남우주연상=렉스 해리슨(마이 페어 레이디) ●여우주연상=줄리 앤드루스(메리 포핀스) ●남우조연상=피터 유스티노브(토프카피) ●여우조연상=릴라 케도바(희랍인 조르바) ●감독상=조지 큐커(마이 페어 레이디) ●주제가상=메리 포핀스(Richard M. Sherman) ●음악편집상=마이 페어 레이디(안드레 프레빈) ●외국어영화상=사랑의 변주곡(비토리오 데 시카)

▷1964년 제36회

●작품상=톰 존스의 화려한 모험 ●남우주연상=시드니 포이티어(들백합) ●여우주연상=패트리샤 닐(허드) ●감독상=토니 리차드슨(톰 존스의 화려한 모험) ●외국어영화상=8과 1/2(페데리코 펠리니)

▷1963년 제35회

●작품상=아라비아의 로렌스 ●남우주연상=그레고리 펙(알라바마 이야기) ●여우주연상=앤 밴크로프트(미라클 워커) ●감독상=데이빗 린(아라비아의 로렌스) ●촬영상=프레디 영(아라비아의 로렌스) ●음악상=모리스 자르(아라비아의 로렌스) ●외국어영화상=시벨의 일요일(세르주 브르기뇽, 프랑스)

▷1962년 제34회

●작품상=웨스트 사이드 스토리 ●남우주연상=맥시밀리안 쉘(뉘른베르크의 재판) ●여우주연상=소피아 로렌(두 여인) ●남우조연상=조지 샤키리스(웨스트 사이드 스토리) ●감독상=로버트 와이즈(웨스트 사이드 스토리) ●음악상=Henry Mancini(티파니에서 아침을) ●외국어영화상=거울을 통해 어렴풋이(잉마르 베리만) ●공로상=Jerome Robbins

▷1961년 제33회

●작품상=아파트 열쇠를 빌려드립니다 ●남우주연상=버트 랜커스터(앨머 갠트리) ●여우주연상=엘리자베스 테일러(버터필드 8) ●남우조연상=피터 유스티노브(스파르타커스) ●감독상=빌리 와일러(아파트 열쇠를 빌려드립니다) ●주제가상=일요일은 참으세요(Manos Hadjidakis) ●외국어영화

상=처녀의 샘(잉마르 베리만) ●공로상=게리 쿠퍼

▷1960년 제32회
●작품상=벤허 ●남우주연상=찰톤 헤스톤(벤허) ●여우주연상=시몬 시그노레(꼭대기 방) ●여우조연상=쉘리 윈터스(안네의 일기) ●감독상=윌리엄 와일러(벤허) ●음악상=벤허(마이클로스 로자), Porgy and Bess(안드레 프레빈) ●외국어영화상=흑인 오르페(마르셀 케이머스, 프랑스, 포르투갈)

▷1959년 제31회
●작품상=지지 ●남우주연상=데이빗 니븐(세퍼레이트 데이블) ●여우주연상=수잔 헤이워드(나는 살고 싶다) ●남우조연상=벌 아이비스(빅 컨츄리) ●감독상=빈센트 미넬리(지지) ●음악상=노인과 바다(디미트리 티옴킨), 지지(안드레 프레빈) ●외국어영화상=나의 아저씨(자크 타티, 프랑스) ●공로상=모리스 슈발리에

▷1958년 제30회
●작품상=콰이 강의 다리 ●남우주연상=알렉 기네스(콰이 강의 다리) ●여우주연상=조앤 우드워드(이브의 세 얼굴) ●남우조연상=레드 버튼즈(사요나라) ●감독상=데이빗 런(콰이 강의 다리) ●음악상=콰이 강의 다리(말콤 아놀드) ●외국어영화상=카리비아의 밤(페데리코 펠리니)

▷1957년 제29회
●작품상=80일간의 세계일주 ●남우주연상=율 브린너(왕과 나) ●여우주연상=잉그리드 버그만(아나스타샤) ●남우조연상=안소니 퀸(열정의 랩소디) ●감독상=조지 스티븐스(자이안트) ●외국어영화상=길(페데리코 펠리니)

▷1956년 제28회
●작품상=마티 ●남우주연상=어네스트 보그나인(마티) ●여우주연상=안나 마냐니(장미 문신) ●남우조연상=잭 레몬(미스터 로버츠) ●감독상=델버트 맨(마티) ●주제가상=모정(Sammy Fain)

▷1955년 제27회
●작품상=워터프론트 ●남우주연상=말론 브란도(워터프론트) ●여우주연상=그레이스 켈리(회상 속의 연인) ●남우조연상=에드먼드 오브라이언(맨발의 콘테샤) ●여우조연상=에바 마리 세인트(워터프론트) ●감독상=엘리아 카잔(워터프론트) ●주제가상=애천(Jule Styne) ●공로상=그레타 가르보

▷1954년 제26회
●작품상=지상에서 영원으로 ●남우주연상=윌리암 홀든(제17 포로수용소) ●여우주연상=오드리 헵번(로마의 휴일) ●남우조연상=프랑크 시나트라(지상에서 영원으로) ●여우조연상=도나 리드(지상에

서 영원으로) ●감독상=프레드 진네만(지상에서 영원으로) ●주제가상=캘러미티 제인(세미 페인)

▷1953년 제25회
●작품상=지상 최대의 쇼 ●남우주연상=게리 쿠퍼(하이 눈) ●여우주연상=셜리 부스(사랑하는 시바여 돌아오라) ●남우조연상=안소니 퀸(혁명아 자파타) ●감독상=존 포드(말 없는 사나이) ●주제가상=하이 눈(드미트리 티옴킨) ●공로상=밥 호프

▷1952년 제24회
●작품상=파리의 미국인 ●남우주연상=험프리 보가트(아프리카의 여왕) ●여우주연상=비비안 리(욕망이라는 이름의 전차) ●남우조연상=칼 말든(욕망이라는 이름의 전차) ●감독상=조지 스티븐스(젊은이의 양지) ●공로상=진 켈리

▷1951년 제23회
●작품상=이브의 모든 것 ●남우주연상=호세 페러(시라노) ●여우주연상=주디 홀리데이(귀여운 빌리) ●감독상=조셉 L. 맨키위즈(이브의 모든 것)

▷1950년 제22회
●작품상=모두가 왕의 부하들 ●남우주연상=브로데릭 크로포드(모두가 왕의 부하들) ●여우주연상=올리비아 드 하빌랜드(사랑아 나는 통곡한다) ●감독상=조셉 L. 맨키위즈 ●공로상=세실 B. 데밀, 프레드 아스테어

▷1949년 제21회
●작품상=햄릿 ●남우주연상=로렌스 올리비에(햄릿) ●여우주연상=제인 와이먼(조니 벨린다) ●감독상=존 휴스턴(시에라 마드레의 황금)

▷1948년 제20회
●작품상=신사협정 ●남우주연상=로날드 콜먼(이중 생활) ●여우주연상=로레타 영(농부의 딸) ●감독상=엘리아 카잔(신사협정)

▷1947년 제19회
●작품상=우리 생애 최고의 해 ●남우주연상=프레드릭 마치(우리 생애 최고의 해) ●여우주연상=올리비아 드 하빌랜드(투 이치 히스 원) ●감독상=윌리암 와일러(우리 생애 최고의 해) ●공로상=로렌스 올리비에

▷1946년 제18회
●작품상=잃어버린 주말 ●남우주연상=레이 밀랜드(잃어버린 주말) ●여우주연상=조안 크로포드

(밀드레드 피어스) ●감독상=빌리 와일더(잃어버린 주말) ●공로상=머빈 르로이

▷1945년 제17회
●작품상=나의 길을 가련다 ●남우주연상=빙 그로스비(나의 길을 가련다) ●여우주연상=잉그리드 버그만(가스등) ●감독상=레오 맥커레이(나의 길을 가련다)

▷1944년 제16회
●작품상=카사블랑카 ●남우주연상=폴 루카스(라인의 감시) ●여우주연상=제니퍼 존스=(베르나데트의 노래) ●감독상=카티나 팍시누아스(누구를 위하여 좋은 울리나) ●각본상=카사블랑카(줄리어스 J. 엡스타인)

▷1943년 제15회
●작품상=미니버 부인 ●남우주연상=제임스 카그니(성조기의 행진) ●여우주연상=그리어 가슨(미니버 부인) ●남우조연상=밴 헤프린(자니 이거) ●감독상=윌리엄 와일러(미니버 부인) ●공로상=샤를르 보와이에

▷1942년 제14회
●작품상=나의 계곡은 푸르렀다 ●남우주연상=게리 쿠퍼(요크 상사) ●여우주연상=조안 폰테인(서스피션) ●감독상=존 포드(나의 계곡은 푸르렀다) ●공로상=월트 디즈니, Leopold Stokowski

▷1941년 제13회
●작품상=레베카 ●남우주연상=제임스 스튜어트(현대의 여신) ●여우주연상=진저 로저스(키티 포일) ●감독상=존 포드(분노의 포도)

▷1940년 제12회
●작품상=바람과 함께 사라지다 ●남우주연상=로버트 도나트(굿바이 미스터 칩) ●여우주연상=비비안 리(바람과 함께 사라지다) ●남우조연상=토마스 밋첼(역마차) ●감독상=빅터 플레밍(바람과 함께 사라지다) ●아역상=주디 갈랜드

▷1939년 제11회
●작품상=우리들의 낙원 ●남우주연상=스펜서 트레이시(보이스 타운) ●여우주연상=베티 데이비스(제저벨) ●감독상=프랑크 카프라(우리들의 낙원)

▷1938년 제10회
●작품상=에밀 졸라의 생애 ●남우주연상=스펜서 트레이시(소년과 바다) ●여우주연상=루이즈 라이너(대지) ●감독상=레오 맥커레이(이혼 소동) ●음악상=오케스트라의 소녀(Universal Studio Music Dept.)

▷1937년 제9회
●작품상=위대한 지그펠드 ●남우주연상=폴 무니(과학자의 길) ●여우주연상=루이스 라이너(위대한 지그펠드) ●감독상=프랭크 카프라(천금을 마다한 사나이)

▷1936년 제8회
●작품상=바운티호의 반란 ●남우주연상=비터 매라글렌(정보원) ●여우주연상=베티 데이비스(댄저러스) ●감독상=존 포드(정보원) ●공로상=D.W. 그리피스

▷1935년 제7회
●작품상=어느 날 밤에 생긴 일 ●남우주연상=클라크 게이블(어느 날 밤에 생긴 일) ●여우주연상=클로데트 콜베르(어느 날 밤에 생긴 일) ●감독상=프랭크 카프라(어느 날 밤에 생긴 일) ●아역상=셜리 템플

▷1934년 제6회
●작품상=캐벌케이드 ●남우주연상=찰스 로튼(헨리 8세) ●여우주연상=캐서린 헵번(아침의 영광) ●감독상=프랭크 로이드(캐벌케이드)

▷1933년 제5회
●작품상=그랜드 호텔 ●남우주연상=프레드릭 마치(지킬 박사와 하이드) ●여우주연상=헬렌 헤이즈(마델론의 비극) ●감독상=프랭크 보제즈(배드 걸)

▷1932년 제4회
●작품상=시마론 ●남우주연상=라이오넬 베리모어(자유의 혼) ●여우주연상=마리 드레슬러(참극의 선착장) ●감독상=노먼 터로그(스키피)

▷1931년 제3회
●작품상=서부 전선 이상 없다 ●남우주연상=조지 알리스(디즈레일리) ●여우주연상=노마 셔러(이혼녀) ●감독상=루이스 마일스톤(서부 전선 이상 없다)

▷1930년 제2회
●작품상=브로드웨이 멜로디 ●남우주연상=워너 백스터(추억의 아리조나) ●여우주연상=매리 픽포드(코퀘트) ●감독상=프랭크 로이드(정염의 미녀)

▷1929년 제1회
●작품상=날개 ●예술작품상=일출(Fox) ●남우주연상=에밀 재닝스(최후의 명령) ●여우주연상=자넷 게이노(제7의 천국) ●코미디감독상=미인국 2인 행각(루이스 마일스톤) ●드라마감독상=제7의 천국(프랭크 보제스) ●공로상=찰리 채플린

2. 칸 국제영화제(Cannes Film Festival)

프랑스 남부의 휴양도시 칸에서 매년 5월 개최되는 국제영화제로 미국의 아카데미, 이탈리아의 베네치아 국제영화제, 독일의 베를린 국제영화제와 함께 세계 4대 영화제이다. 1932년 베네치아 영화제가 개최되자 프랑스 정부에서는 1939년 9월 1일 제1회 개최를 목표로 칸 영화제를 기획하였으나 히틀러의 폴란드 최후통첩으로 인하여 연기되었고, 1946년 9월 20일 임시정부의 승인 아래 18개국의 영화를 모아 영화제를 개최하였다. 그 후 1948년부터 1950년까지를 제외하고는 매년 개최되고 있으며, 1951년부터 영화제 기간을 5월로 옮겨 2주일간의 행사기간을 가지게 되었다. 칸 영화제는 영화의 예술적인 수준과 상업석 효과의 균형을 잘 맞춤으로써 세계 영화의 만남의 상으로서 명성을 얻게 되었고, 세계적으로 인정받는 감독들이 많이 참여하여 세계적인 영화산업의 집결지가 되어 갔다. 황금종려상·심사위원대상·남우주연상·여우주연상·감독상·각본상·심사위원상 등의 경쟁 부문이 있다.

▷2010년 제63회
●황금종려상=분미 삼촌의 전생(아피찻퐁 위라세타쿨, 태국) ●그랑프리(심사위원대상)=신과 인간(자비에르 보부아, 프랑스) ●감독상=마티유 아말릭(순회공연, 프랑스) ●각본상=이창동(시, 한국) ●남우주연상=하비에르 바르뎀(비우티플, 멕시코), 엘리오 게르마노(우리들 인생, 이탈리아) ●여우주연상=줄리엣 비노쉬(증명서, 프랑스) ●심사위원상=스크리밍 맨(마하마트 살레하룬, 프랑스)

▷2009년 제62회
●황금종려상=하얀 리본(미칼렝 하네케, 오스트리아) ●심사위원대상(그랑프리)=예언자(자크 오디아르, 프랑스) ●심사위원상=박쥐(박찬욱, 한국), 피시 탱크(안드레아 아놀드, 영국) ●남우주연상=크리스토프 왈츠(인글러리어스 베스터즈, 미국) ●여우주연상=샬롯 갱스부르(안티크라이스트, 덴마크) ●감독상=브리얀테 멘도사(키나테이, 필리핀) ●공로상=알랭 레네(프랑스)

▷2008년 제61회
●황금종려상=앙트레 레 뮈르(로랑 캉테) ●심사위원대상=Gomorra(마테오 가로네) ●남우주연상=게릴라(베니치오 델 토로) ●여우주연상=리냐 지 파시(Sandra Convelone dans) ●감독상=세마리 원숭이(누리 빌제 세일란)

▷2007년 제60회
●황금종려상=4개월, 3주 그리고 2일(크리스티안 문쥬, 루마니아) ●심사위원대상=모가리의 숲(카와세 나오미) ●감독상=잠수종과 나비(줄리앙 슈나벨, 프랑스)

▷2006년 제59회
●황금종려상=보리밭을 흔드는 바람(케네스 로치, 영국) ●심사위원대상=플랑드르(브루노 듀몬트)
●감독상=바벨(알레한드로 곤잘레스 이냐리투, 멕시코)

▷2005년 제58회
●황금종려상=더 차일드(장 피에르 다르덴) ●심사위원대상=브로큰 플라워(짐자무시) ●감독상=
히든(미카엘 하네케, 독일)

▷2004년 제57회
●황금종려상=화씨 9/11(마이클 무어) ●심사위원대상=올드 보이(박찬욱) ●감독상=추방된 사람
들(토니갓리프)

▷2003년 제56회
●황금종려상=엘리펀트(구스 반 산트) ●심사위원대상=우작(누리 빌게 세일란, 터키) ●감독상=엘
리펀트(구스 반 산트, 미국)

▷2002년 제55회
●황금종려상=피아니스트(로만 폴란스키) ●심사위원대상=과거가 없는 남자(아키 카우리스마키)
●감독상=취화선(임권택), 펀치 드렁크 러브(폴 토마스 앤더슨)

▷2001년 제54회
●황금종려상=아들의 방(난니 모레티, 이탈리아) ●심사위원대상=피아니스트(미카엘 하네케) ●감
독상=멀홀랜드 드라이브(데이빗 린치), 그 남자는 거기 없었다(조엘 코엔, 에딘 코엔)

▷2000년 제53회
●황금종려상=어둠속의 댄서(라스 폰 트리에, 덴마크) ●심사위원대상=귀신이 온다(지앙 웬) ●감
독상=하나 그리고 둘(에드워드 양)

▷1999년 제52회
●황금종려상=로제타(뤼크 다르덴, 벨기에) ●심사위원대상=휴머니티(브루노 듀몬트) ●감독상=
내 어머니의 모든 것(페드로 알모도바르, 스페인)

▷1998년 제51회
●황금종려상=영원과 하루(테오 앙겔로풀로스) ●심사위원대상=인생은 아름다워(로베르토 베니
니) ●감독상=제너럴(존 부어만)

▷1997년 제50회
●황금종려상=우나기(이마무라 쇼헤이), 체리 향기(압바스 키아로스타미, 이란) ●심사위원대상=달
콤한 후세(아톰 이고얀) ●감독상=해피 투게더(왕가위)

▷1996년 제49회
●황금종려상=비밀과 거짓말(마이크 리) ●심사위원대상=브레이킹 더 웨이브(라스 폰트리에) ●감
독상=0

▷1995년 제48회
●황금종려상=언더 그라운드(에밀 쿠스트리차) ●심사위원대상=율리시즈의 시선(테오 앙겔로플로
스) ●감독상=증오(마티유 카소비츠)

▷1994년 제47회
●황금종려상=펄프 픽션(쿠엔틴 타란티노) ●심사위원대상=인생(장이모우), 위선의 태양(니키타 미
칼코프) ●감독상=나의 즐거운 일기(난니 모레티)

▷1993년 제46회
●황금종려상=패왕별희(첸 카이거), 피아노(제인 캠피온) ●심사위원대상=멀고도 가까운(빔 벤더
스) ●감독상=0

▷1992년 제45회
●황금종려상=최선의 의도(빌레 아우구스트) ●심사위원대상=어린이 도둑(지아니 아멜로) ●감독
상=플레이어(로버트 알트만)

▷1991년 제44회
●황금종려상=바톤 핑크(조엘 코엔) ●심사위원대상=누드 모델(자크 리베트) ●감독상=바톤 핑크
(조엘 코엔)

▷1990년 제43회
●황금종려상=광란의 사랑(데이빗 린치) ●심사위원대상=틸라이(이드리사 오에드라오고), 죽음의
가시(오구리 코헤이) ●감독상=택시 블루스(파벨 룽긴)

▷1989년 제42회
●황금종려상=섹스 거짓말 그리고 비디오테이프(스티븐 소더버그) ●심사위원대상=시네마 천국
(주세페 토르나토레), 내겐 너무 이쁜 당신(베르뜨랑블리에) ●감독상=집시의 시간(에밀 쿠스트리
차, 유고슬라비아)

▷**1988년 제41회**
●황금종려상=정복자 펠레(빌레 아우구스트) ●심사위원대상=월드 아파트(크리스 멘지스) ●감독상=남쪽(페르난도 E. 솔라나스)

▷**1987년 제40회**
●황금종려상=참회(텐기즈 아불라제), 사탄의 태양 아래(모리스 피알라) ●심사위원대상=0 ●감독상=베를린 천사의 시(빔 벤더스)

▷**1986년 제39회**
●황금종려상=미션(롤랑 조페, 영국) ●심사위원대상=테레즈(알랭 카발리에), 희생(안드레이 타르코프스키, 러시아) ●감독상=특근(마틴 스코세지)

▷**1985년 제38회**
●황금종려상=아빠는 출장중(에밀 쿠스트리차) ●심사위원대상=버디(알란 파커) ●감독상=랑데부(앙드레 테시네)

▷**1984년 제37회**
●황금종려상=파리 텍사스(빔 벤더스) ●심사위원대상=Naplo gyermekeimnek(마르타 메자로스) ●감독상=시골의 어느 하루(베르트랑 타베르니에)

▷**1983년 제36회**
●황금종려상=나라야마 부시코(이마무라 쇼헤이) ●심사위원대상=몬티 파이튼-삶의 의미(테리 길리암) ●감독상=돈(로베르 브레송), 노스탈지아(안드레이 타르코프스키)

▷**1982년 제35회**
●황금종려상=욜(일마즈 귀니, 터키), 미싱(코스타 가브라스) ●심사위원대상=로렌조의 밤(파올로 타비아니) ●감독상=피츠카랄도(베르너 헤어조크)

▷**1981년 제34회**
●황금종려상=철의 인간(안제이 바이다, 폴란드) ●심사위원대상=라이트 이어즈 어웨이(알레인 태너) ●감독상=0

▷**1980년 제33회**
●황금종려상=재즈는 나의 인생(밥 포시), 카게무샤(구로자와 아키라), ●심사위원대상=미국의 아저씨(알랭 레네) ●감독상=불변수(크지스토프 자누시)

▷1979년 제32회
●황금종려상=지옥의 묵시록(프란시스 포드 코폴라), 양철북(폴커 슐렌도르프) ●심사위원대상=
시베리에이드(안드레이 콘찰로프스키) ●감독상=천국의 나날들(테렌스 멜릭)

▷1978년 제31회
●황금종려상=나막신 나무(에르마노 올미) ●심사위원대상=외침(저지 스콜리모우스키), 시아오 마
스키오(마르코 페레리) ●감독상=열정의 제국(오시마 나기사)

▷1977년 제30회
●황금종려상=빠드레 빠드로네(비토리오 타비아니, 파올로 타비아니, 이탈리아) ●심사위원대상=0
●감독상=0

▷1976년 제29회
●황금종려상=택시 드라이버(마틴 스코세지) ●심사위원대상=까마귀 기르기(카를로스 사우라)
●감독상=추하고 더럽고 미천한(에토르 스콜라)

▷1975년 제28회
●황금종려상=불타는 해의 연대기(모하메드 라크다르 하미나) ●심사위원대상=하늘은 스스로 돌
보는 자를 돌보지 않는다(베르너 헤어조크) ●감독상=더 오더(미첼 브롤트), 스페셜 섹션(코스타
가브라스, 그리스)

▷1974년 제27회
●황금종려상=컨버세이션(프란시스 포드 코폴라) ●심사위원대상=아라비안 나이트(피에르 파올로
파졸리니) ●감독상=0

▷1973년 제26회
●황금종려상=하수인(앨랜 브릿지즈), 허수하비(제리 샤츠버그) ●심사위원대상=엄마와 창녀(장 유
스탄체) ●감독상=0

▷1972년 제25회
●황금종려상=노동자 계급은 천국으로(엘리오 페트리), 매테이 사건(프란체스코 로지) ●심사위원
대상=솔라리스(안드레이 타르코프스키) ●감독상=붉은 시편(미클로시 얀초, 헝가리)

▷1971년 제24회
●황금종려상=사랑의 메신저(조셉 로지) ●심사위원대상=탈의(밀로스 포만) ●감독상=0

▷1970년 제23회
●황금종려상=매쉬(로버트 알트만) ●심사위원대상=분노의 함성(스투어트 해그먼) ●감독상=레오더 라스트(존 부어만)

▷1969년 제22회
●황금종려상=만약(렌제이 앤더슨) ●심사위원대상=아달렌 31(보 비더버그) ●감독상=올 굿 시티즌(보체크자스니), 죽음의 안토니오(글라우버 로차)

▷1968년 제21회
●황금종려상=0 ●심사위원대상=0 ●감독상=0 (※영화제 도중 행사 취소)

▷1967년 제20회
●황금종려상=확대(Blow Up, 미켈란젤로 안토니오니) ※일본 영화업자들이 수입 과정에서 '욕망'으로 작명해 한국에서도 그대로 사용되고 있다 ●심사위원대상=사랑의 상처(조셉 로지) ●감독상=10,000개의 태양(페렝 코사)

▷1966년 제19회
●황금종려상=마담 시뇨리(피에트로 제르미), 남과 여(끌로드 를르슈) ●심사위원대상=0 ●감독상=레닌의 초상(세르게 요트케비치)

▷1965년 제18회
●황금종려상=넥, 어떻게 얻을 것인가(리차드 레스터) ●심사위원대상=콰이단(고바야시 마사키) ●감독상=로스트 포레스트(리비유 치우레이)

▷1964년 제17회
●황금종려상=쉘부르의 우산(자크 데미) ●심사위원대상=모래의 여자(테시가하라 히로시) ●감독상=0

▷1963년 제16회
●황금종려상=레오파드(루치노 비스콘티) ●심사위원대상=Seppuku(고바야시 마사키), Az prijde kocour(보테크 야스니) ●감독상=0

▷1962년 제15회
●황금종려상=산타 바바라의 맹세(안젤모 두알테) ●심사위원대상=잔 다르크의 재판(로베르트 브레송), 태양은 외로워(미켈란젤로 안토니오니) ●감독상=0

▷1961년 제14회

●황금종려상=두 여인(앙리 콜피), 비리디아나(루이스 부뉴엘) ●심사위원대상=천사들의 마더 조안(예르지 카발레로비치) ●감독상=Povest plamennykh let(율리야 솔른트세바)

▷1960년 제13회

●황금종려상=달콤한 인생(페데리코 펠리니) ●심사위원대상=정사(미켈란젤로 안토니오니), 열쇠(이치가와 곤) ●감독상=0

▷1959년 제12회

●황금종려상=흑인 오르페(마르셀 케이머스) ●심사위원대상=스타즈(콘라트 볼프) ●감독상=400번의 구타(프랑수아 트뤼포)

▷1958년 제11회

●황금종려상=학이 난다(미하일 칼라토조프, 러시아) ●심사위원대상=나의 아저씨(자크 타티) ●감독상=브링크 오브 라이프(잉마르 베리만)

▷1957년 제10회

●황금종려상=우정어린 설득(윌리엄 와일러) ●심사위원대상=제7의 봉인(잉마르 베리만) ●감독상=사형수 탈출하다(로베르트 브레송)

▷1956년 제9회

●황금종려상=침묵의 세계(루이 말) ●심사위원대상=피카소의 비밀(앙리 조르주 클루소) ●감독상=오델로(세르게이 유트케비츠)

▷1955년 제8회

●황금종려상=마티(델버트 맨) ●심사위원대상=잃어버린 대륙(죠르지오 모세르, 레오나르도 본지 외 3인) ※마이클 카레라스 및 레슬리 노먼 감독의 동명 영화(1968년 작)와는 다른 영화임 ●감독상=리피피(줄스 다신), 십카의 영웅들(세르게이 바실리에프)

▷1954년 제7회

●그랑프리=지옥문(기누가사 데이노스케, 일본) ●심사위원대상=리쁘와 씨(르네 끌레망) ●감독상=0

▷1953년 제6회

●그랑프리=공포의 보수(앙리 조르주 쿠르조, 프랑스) ●심사위원대상=0 ●감독상=이상한 나라의 앨리스(월트 디즈니)

▷1952년 제5회
●그랑프리=2펜스의 희망(레나드 카스테라니, 이탈리아), 오셀로(오손 웰스) ●심사위원대상=우리는 모두 살인자다(안드레 카야트) ●감독상=팡팡 튤립(크리스티앙 자크)

▷1951년 제4회
●그랑프리=밀라노의 기적(비토리오 데 시카), 쥬리 양(알프 쉐베르그, 스웨덴) ●심사위원대상=이브의 모든 것(조셉 맨키위즈) ●감독상=잊혀진 사람들(루이스 부뉴엘)

▷1949년 제3회
●그랑프리=제3의 사나이 ●심사위원대상=0 ●감독상=문을 넘어서(르네 끌레망)

▷1947년 제2회
●그랑프리=앙뜨완느와 앙뜨와네뜨(자크 베케르 연출, 프랑스), 악당들(르네 끌레망), 십자포화(에드워드 드미트릭), 폴란드의 홍수(E. 포샥크, 폴란드), 지그필드 롤리즈(빈센트 미넬리), 덤보(월터 디즈니)

▷1946년 제1회
●그랑프리=무방비 도시(로베르토 롯셀리니), 결정적 전환점(프레데릭 앨므레, 구 소련), 날개 없는 사나이들(M. 카프, 구 체코), 하얀 처녀지(에밀리오 페르난데스, 멕시코), 마지막 기회(레오폴드 린드베르크, 스위스), 시련(알프 셰베르이, 스웨덴), 아랫 마을(체다 아난도, 인도), 짧은 만남(데이비드 린), 전원교향곡(장 들라노이, 프랑스), 붉은 대지(보딜 입센, 라우 라우리첸, 덴마크), 잃어버린 대지(빌리 와일더), ●감독상=철로 변 전투(르네 끌레망)

※칸 영화제는 최우수작품에 대해 1회부터 7회까지는 '그랑프리(Grand-prix)' 란 이름으로 시상했고(2회 때는 부문별로 모두 시상), 8회부터 황금종려상(Golden Palm)으로 시상하고 있다.

3. 베네치아 국제영화제(Venezia Film Festival)

1932년에 시작되어 국제영화제로서는 가장 오랜 전통을 지니며, 칸 영화제와 쌍벽을 이룬다. 최우수작품에는 그랑프리(황금사자상)가 수여되고, 남우상, 여우상 등 각 부문상이 시상되었으나 운영상 분쟁이 일어나 1969년부터는 콩쿠르 형식을 지양하고 모든 상을 없앴다. 그러나 시상제가 없어지면서 활기가 없어지고 급기야 중단되는 사태가 발생하자 1974년부터 다시 시상제도를 부활하였다. 매년 8월 말~9월 초에 열린다.

▷2010년 제67회
●황금사자상=섬웨어(Somewhere, 소피아 코폴라, 미국) ●은사자상=발라다 드리스데 드룸페타 (Balada triste trompeta, 알렉스 드 라 라글레사아, 스페인) ●남우주연상=빈센트 갈로(특급살인 〈Essential Killing〉, 미국) ●여우주연상=아리안 라베드(아텐베르크〈Attenberg〉, 프랑스)

▷2009년 제66회
●황금사자상=레바논(사무엘 마오즈, 이스라엘) ●은사자상=남자 없는 여자들(시린 네샤트, 이란) ●남우주연상=콜린 퍼스(싱글맨, 영국) ●여우주연상=크세냐 라포포르트(라 도파아 오라, 러시아)

▷2008년 제65회
●황금사자상(작품상)=더 레슬러(대런 오로노프스키, 미국) ●은사자상(감독상)=종이병사(알레세이 게르만 2세, 러시아)

▷2007년 제64회
●황금사자상=색, 계(이안) ●은사자상=편집하다(Redacted, 브라이언 드 팔마, 미국)

▷2006년 제63회
●황금사자상=스틸 라이프(장 케 지아) ●은사자상=마음(알랭 레네)

▷2005년 제62회
●황금사자상=브로크백 마운틴(이안) ●은사자상=아망뜨 레귤리어스(필립 가렐)

▷2004년 제61회
●황금사자상=베라 드레이크(마이크 리) ●은사자상=0

▷2003년 제60회
●황금사자상=리턴(안드레이 즈비아킨체프) ●은사장상=0

▷2002년 제59회
●황금사자상=막달레나 시스터즈(피터 뮬란) ●은사자상=Clown(이리나 에프티바)

▷2001년 제58회
●황금사자상=가을 이야기(에릭 로메르), 몬슨 웨딩(미라 네이어) ●은사자상=0

▷2000년 제57회
●황금사자상=써클(자파르 파나히) ●은사자상=0

▷1999년 제56회
●황금사자상=책상 서랍 속의 동화(장이모우) ●은사자상=17년 후(장위엔)

▷1998년 제55회
●황금사자상=우리가 웃는 법(지아니 아멜리오) ●은사자상=검은 고양이 흰 고양이(에밀 쿠스트리차)

▷1997년 제54회
●황금사자상=하나비(기타노 다케시) ●은사자상=0

▷1996년 제53회
●황금사자상=마이클 콜린스(닐 조단) ●은사자상=0

▷1995년 제52회
●황금사자상=씨클로(트란 안 홍) ●은사자상=0

▷1994년 제51회
●황금사자상=비포 더 레인(Milcho Manchevski), 애정만세(차이밍량) ●은사자상=Toro, II(칼로 마자쿠라티), 비열한 거리(제임스 그레이), 천상의 피조물(피터 잭슨)

▷1993년 제50회
●황금사자상=세 가지 색 제1편 블루/자유(크시슈토프 키에슬로프스키, 폴란드), 숏 컷(로버트 알트만) ●은사자상=Neues Spiel, neues Gluck(바크타아르 쿠도이나자로프)

▷1992년 제49회
●황금사자상=귀주 이야기(장이모우) ●은사자상=0

▷1991년 제48회
●황금사자상=우르가(니키타 미칼코프) ●은사자상=피셔 킹(테리 길리암), 홍등(장이모우)

▷1990년 제47회
●황금사자상=로젠 크란쯔와 길던스턴이 죽다(톰 스톱파드) ●은사자상=좋은 친구들

▷1989년 제46회
●황금사자상=비정성시(허우 샤오시엔) ●은사자상=0

▷1988년 제45회
●황금사자상=영험한 애주가의 전설(Ermanno Olmi) ●은사자상=안개 속의 풍정(테오 앙겔로플로스)

▷1987년 제44회
●황금사자상=굿바이 칠드런(루이 말) ●은사자상=모리스(제임스 아이보리)

▷1986년 제43회
●황금사자상=녹색 광선(에릭 로메르) ●은사자상=0

▷1985년 제42회
●황금사자상=방랑자(아그네스 바르다) ●은사자상=더스트(Marion Hansel)

▷1984년 제41회
●황금사자상=태양의 해(크지스토프 자누시) ●은사자상=0

▷1983년 제40회
●황금사자상=미녀 갱 카르멘(장 뤽 고다르) ●은사자상=사탕수수 길(유잔 팔시)

▷1982년 제39회
●황금종려상=사물의 상태(빔 벤더스)

▷1981년 제38회
●황금종려상=돌리벨을 아시나요?(에밀 쿠스트리차), Bleierne Zeit, Die(마가레스 본 트로타)

▷1980년 제37회
●황금사자상=글로리아(존 카사베츠), 아틀란틱 시티(루이 말)

▷1979년 제36회~1969년 제33회=자료 없음

▷1968년 제32회
●황금사자상=서커스 돔 위의 예술가(알렉산더 클루게)

▷1967년 제31회
●황금사자상=세브린느(루이스 부뉴엘)

▷1966년 제30회
●황금사자상=알제리 전투(길로 폰테코르보)

▷1965년 제29회
●황금사자상=올사의 아름다운 별(루치노 비스콘티)

▷1964년 제28회
●황금사자상=붉은 사막(미켈란젤로 안토니오니)

▷1963년 제27회
●황금사자상=도시 위의 산(프란체스코 로시)

▷1962년 제26회
●황금사자상=이반의 어린 시절(안드레이 타르코프스키)

▷1961년 제25회
●황금사자상=지난 해 마리앙바드에서(알랭 르네)

▷1960년 제24회
●황금사자상=레노의 산책(안드레 카야트)

▷1959년 제23회
●황금사자상=La Grande guerra(마리오 모니첼리), 로베라의 장군(로베르토 로셀리니)

▷1958년 제22회
●황금사자상=위기의 남자(이나가키 히로시)

▷1957년 제21회
●황금사자상=아푸 제2부-아파라지토(사티야지트 레이) ●은사자상=백야(루치노 비스콘티)

▷1956년 제20회=자료 없음

▷1955년 제19회
●황금종려상=오데트(칼 테오도르 드레이어) ●은사자상=빅 나이프(로버트 알드리치), 여자 친구들(미켈란젤로 안토니오니)

▷1954년 제18회
●황금종려상=로미오와 줄리엣(Renato Castellani) ●은사자상=길(페데리코 펠리니), 7인의 사무라이(구로자와 아키라), The Bailiff(미조구치 켄지), 워터프론트(엘리아 카잔)

▷1953년 제17회
●은사자상=Sadko(알렉산더 네브스키), 물랑루즈(존 휴스턴)

▷1952년 제16회
●황금사자상=금지된 장난(르네 끌레망)

(※이전 자료 없음)

4. 베를린 국제영화제(Internationale Filmfestspiele Berlin)

1951년 동서화합을 기치로 내걸고 당시 분단 상태에 있던 독일의 통일을 기원하는 영화제로 시작되었다. 이탈리아, 프랑스, 러시아와 더불어 국제영화제작자연합에서 공인한 A급 영화제의 하나로, 매년 2월 중순에 약 10일간에 걸쳐 개최된다. 최우수작품상인 금곰상(金熊賞), 감독상인 은곰상, 심사위원대상, 남녀연기상, 예술공헌상, 최우수 유럽영화상 등 여러 부문에 걸쳐 시상이 이루어지며, 10여 명의 심사위원단이 공식 경쟁 부문 출품작 가운데서 부문별로 선정해 매년 2월 중순 시상한다.

▷2010년 제60회
●금곰상=허니(세미 카플라노글루, 터키) ●은곰상=로만 폴란스키(유령작가, 프랑스 등) ●심사위원대상 및 알프레드 바우어 상=플로린 세르반(휘파람을 불고 싶으면 난 불지, 루마니아)

▷2009년 제59회
●금곰상=슬픈 모유(클로디아 로사, 스페인) ●은곰상=마렌 아데, 독일(Everyone Else)

▷2008년 제58회
●금공상=엘리트 스쿼드(호세 파딜라) ●은곰상(심사위원대상)=에롤 모리스(S.O.P standard operating procedure) ●은곰상(감독상)=폴 토마스 앤더슨(데어 윌 비 블러드)

▷2007년 제57회
●금곰상=투야의 결혼(왕지안) ●은곰상(감독상)=조셉 세다르(보포트)

▷2006년 제56회
●금곰상=그르바비차(야스밀라 이바니치) ●은곰상=마이클 윈터바템(관타나모로 가는 길)

▷2005년 제55회
●금곰상=카르멘(마크 돈포드 메이) ●은곰상=마르크 로테문트(소피 숄의 마지막 날들)

▷2004년 제54회
●금곰상=미치고 싶을 때(파티 아킨) ●은곰상=김기덕(사마리아)

▷2003년 제53회
●금곰상=인 디스 월드(마이클 윈터바텀) ●은곰상=빠띠수 세로(그의 형제들)

▷2002년 제52회
●금곰상=블러드 선데이(폴 그린그래스), 센과 치히로의 행방불명(미야자키 하야오) ●은곰상=월요일 아침(오타르 요셀리아니)

▷2001년 제51회
●금곰상=정사(파트리스 쉐로) ●은곰상=린 쳉성(아름다운 빈랑나무)

▷2000년 제50회
●금곰상=매그놀리아(폴 토마스 엔더슨) ●은곰상=밀로스 포만(맨 온 더 문)

▷1999년 제49회
●금곰상=씬 레드 라인(테렌스 맬릭) ●은곰상=스티븐 프리어스(하이 로 컨트리)

▷1998년 제48회
●금곰상=중앙역(월터 셀러스, 브라질) ●은곰상=닐 조단(푸줏간 소년)

▷1997년 제47회
●금곰상=래리 플린트(밀로스 포만) ●은곰상=에릴 휴먼(Port Djema)

▷1996년 제46회
●금곰상=센스, 센서빌리티(이안) ●은곰상=리차드 론크레인(리차드 3세)

▷1995년 제45회
●금곰상=라빠(베르트랑 타베르니에) ●은곰상=리차드 링클레이터(비포 선라이즈)

▷1994년 제44회
●금곰상=아버지의 이름으로(짐 쉐리단) ●은곰상=크시슈토프 키에슬로프스키(세 가지 색 제2편-화이트)

▷1993년 제43회
●금곰상=향혼녀(사비), 결혼 피로연(이안) ●은곰상=앤드류 버킨(Cement Garden)

▷1992년 제42회
●금곰상=그랜드 캐년(로렌스 캐스단) ●은곰상=얀 트로엘(Capitano, II)

▷**1991년 제41회**

●금곰상=Casa del 넉갸내(Marco Ferreri) ●은곰상=조나단 드미(양들의 침묵)

▷**1990년 제40회**

●금곰상=줄 위의 종달새(지리 멘젤), 뮤직 박스(코스타 가브라스) ●은곰상=Michael Verhoeven(Das Schreckliche Madchen)

▷**1989년 제39회**

●금곰상=레인 맨(베리 레빈슨) ●은곰상=Dusan Hanak(Ja milujem, ty milujes)

▷**1988년 제38회~1980년 제30회=자료 없음**

▷**1979년 제29회**

●금곰상=David(Peter Lilienthal)

▷**1974년 제24회**

●금곰상=더디 크레이비츠의 수습기간(테드 코체프)

▷**1968년 제18회**

●금곰상=누가 그의 죽음을 보았는가(트로엘) ●은곰상=카를로스 사우라 얼음에 얼린 박하)

▷**1967년 제17회**

●금곰상=출발(저지 스콜리모우스키) ●은곰상=Zivojin Pavlovic(Budjenje Pacova)

▷**1966년 제16회**

●금곰상=궁지(로만 폴란스키) ●은곰상=카를로스 사우라(사냥)

▷**1965년 제15회**

●금곰상=알파빌(장 뤽 고다르) ●은곰상=사타야지트 레이(Charulata)

▷**1964년 제14회**

●금곰상=Susuz(Ismail Metin) ●은곰상=사티야지트 레이(대도시)

▷**1963년 제13회**

●금곰상=Bushido zankoku monogatari(지안 루이지 폴리도로) ●은곰상=Nikos Koundouros(Mikres aphrodites)

▷1962년 제12회
●금곰상=사랑의 유형(존 슐레진저) ●은곰상=프란체스코 로시(Salvatore Giuliano)

▷1961년 제11회
●금곰상=밤(미켈란젤로 안토니오니) ●은곰상=벤하드 위키(Das Wunder des Malachias)

▷1960년 제10회
●금곰상=El lazarillo de tormes(Cesar Ardavin) ●은곰상=장 뤽 고다르(금곰상과 같은 작품)

▷1959년 제9회
●금곰상=사촌들(끌로드 샤브롤) ●은곰상=구로자와 아키라(Kakushi toride nosan-akunin)

▷1958년 제8회
●금곰상=산딸기(잉마르 베리만) ●은곰상=이마이 타다시(Jun-ai monogatari)

▷1957년 제7회
●금곰상=12명의 노한 사람들(시드니 루멧) ●은곰상=마리오 모니셀리(Pardri efigli)

▷1956년 제6회
●금곰상=무도회의 초대(진 켈리) ●은곰상=로버트 알드리치(오텀 리브스)

▷1955년 제5회
●금곰상=Die Ratten(로버트 시오드막) ●은곰상=0

▷1954년 제4회
●금곰상=홉슨의 사위 고르기(데이비드 린)

▷1953년 제3회
●금곰상=공포의 보수(앙리 조르주 클루조)

▷1952년 제2회
●금곰상=Hon dansade en sommar(Arne Mattsson)

▷1951년 제1회
●금곰상=데스티네이션 문(어빙 피첼)

대종상영화제

우리나라 정부가 주관하는 영화 부문의 유일한 상으로 1958년부터 문교부(현 교육과학기술부)에 의해 실시되던 '국산영화상'을 2회 이후부터 공보부(현 문화관광부)에서 주관하면서 1961년 대종상으로 명칭을 바꾸어 1962년 제1회 시상을 가졌다. 그 후 1969년 제8회와 1970년 제9회 때 대한민국 문화예술상(영화 부문)으로 명칭을 바꾸었다가 1971년 제10회부터 다시 대종상으로 개칭하여 오늘에 이른다.

제12~17회(1973~1978년)까지는 문공부와 영화진흥공사가 공동주최했고, 18~24회까지는 영화진흥공사 단독으로 행사를 주최했으며, 제25회(1986년) 때는 다시 영화인협회와 영화진흥공사의 공동주최로 진행되었는데, 이때부터 사단법인 영화인협회의 본격적인 참여가 이루어졌다. 제30회(1992년) 때부터 민간기업의 참여가 이루어졌는데 삼성그룹이 재정후원을 담당했다. 이에 따라 행사주최도 영화인협회와 삼성그룹 공동으로 이루어졌다. 제32회(1994년) 때부터는 삼성 계열 문화재단인 삼성미술문화재단이 대신 참여해 영화인협회와 삼성미술문화재단 공동주최로 바뀌었다.

처음에는 우수작품, 감독, 연기, 촬영, 음악, 미술, 각본 등 18개 부문에 걸쳐 시상하였으나, 1973년 제12회부터 우수작품상 외에 다시 최우수작품상과 그 밖에 우수반공영화상 등을 증설하여 22개 부문으로, 다시 1989년에는 공로상 등 4개 부분을 추가해 26개 부문을 시상했다.

▷2010년 제47회
▪최우수작품상=시　▪감독상=강우석(이끼)　▪남우주연상=원빈(아저씨)　▪여우주연상=윤정희(시)

▷2009년 제46회
●작품상=신기전　●감독상=김용화(국가대표)　●남우주연상=김명민(내 사랑 내 곁에)　●여우주연상=수애(님은 먼 곳에)

▷2008년 제45회
●작품상=추격자　●감독상=나홍진(추격자)　●남우주연상=김윤석(추격자)　●여우주연상=김윤진(세븐 데이즈)

▷2007년 제44회
●작품상=가족의 탄생 ●감독상=봉준호(괴물) ●남우주연상=안성기(라디오 스타) ●여우주연상=
김아중(미녀는 괴로워)

▷2006년 제43회
●작품상=왕의 남자 ●감독상=이준익(왕의 남자) ●남우주연상=감우성(왕의 남자) ●여우주연상=
전도연(너는 내 운명)

▷2005년 제42회
●작품상=말아톤 ●감독상=송해성(역도산) ●남우주연상=조승우(말아톤) ●여우주연상=김혜수
(얼굴 없는 미녀)

▷2004년 제41회
●작품상=봄 여름 가을 겨울 그리고 봄 ●감독상=박찬욱(올드 보이) ●남우주연상=최민식(올드 보
이) ●여우주연상=문소리(바람난 가족)

▷2003년 제40회
●작품상=살인의 추억 ●감독상=봉준호(살인의 추억) ●남우주연상=송강호(살인의 추억) ●여우
주연상=이미연(중독)

▷2002년 제39회
●작품상=집으로 ●감독상=송해성(파이란) ●남우주연상=설경구(공공의 적) ●여우주연상=전지
현(엽기적인 그녀)

▷2001년 제38회
●작품상=공동경비구역 JSA ●감독상=한지승(하루) ●남우주연상=송강호(공동경비구역 JSA) ●여
우주연상=고소영(하루)

▷2000년 제37회
●작품상=박하사탕 ●감독상=이창동(박하사탕) ●남우주연상=최민수(유령) ●여우주연상=전도연
(내 마음의 풍금)

▷1999년 제36회
●작품상=아름다운 시절 ●감독상=이광모(아름다운 시절) ●남우주연상=최민식(쉬리) ●여우주
연상=심은하(미술관 옆 동물원)

▷**1998년 없음**

▷**1997년 제35회**
●작품상=접속 ●감독상=정지영(블랙잭) ●남우주연상=한석규(초록물고기) ●여우주연상=심혜진
(초록물고기)

▷**1996년 제34회**
●작품상=애니깽 ●감독상=김호선(애니깽) ●남우주연상=최민수(테러리스트) ●여우주연상=심혜
진(은행나무 침대)

▷**1995년 제33회**
●작품상=영원한 제국 ●감독상=박종원(영원한 제국) ●남우주연상=김갑수(태백산맥) ●여우주
연상=최진실(마누라 죽이기)

▷**1994년 제32회**
●작품상=두 여자 이야기 ●감독상=장선우(화엄경) ●남우주연상=박중훈, 안성기(투캅스) ●여우
주연상=윤정희(만무방)

▷**1993년 제31회**
●작품상=서편제 ●감독상=임권택(서편제) ●남우주연상=이덕화(살어리랏다) ●여우주연상=심혜
진(결혼 이야기)

▷**1992년 제30회**
●작품상=개벽 ●감독상=김호선(사의 찬미) ●남우주연상=이덕화(개벽) ●여우주연상=장미희(사
의 찬미)

▷**1991년 제29회**
●작품상=젊은 날의 초상 ●감독상=곽지균(젊은 날의 초상) ●남우주연상=이영하(단지 그대가 여
자라는 이유만으로) ●여우주연상=원미경(단지 그대가 여자라는 이유만으로)

▷**1990년 제28회**
●작품상=추락하는 것은 날개가 있다 ●감독상=장길수(추락하는 것은 날개가 있다) ●남우주연
상=신성일(코리안 커넥션) ●여우주연상=강수연(추락하는 것은 날개가 있다)

▷**1989년 제27회**
●작품상=아제 아제 바라아제 ●감독상=김호선(서울 무지개) ●남우주연상=이덕화(추억의 이름으

로) ●여우주연상=강수연(아제 아제 바라아제)

▷1988년 없음

▷1987년 제26회
●작품상=연산일기, 독불장군 ●감독상=임권택(연산일기) ●남우주연상=이영하(우리는 지금 제네바로 간다) ●여우주연상=강수연(우리는 지금 제네바로 간다)

▷1986년 제25회
●작품상=안개 기둥 ●감독상=임권택(티켓) ●남우주연상=이영하(안개 기둥) ●여우주연상=최명길(안개 기둥)

▷1985년 제24회
●작품상=깊고 푸른 밤, 에미, 길소뜸 ●감독상=배창호(깊고 푸른 밤) ●남우주연상=안성기(깊고 푸른 밤) ●여우주연상=김지미(길소뜸)

▷1984년 제23회
●작품상=푸른 하늘 은하수, 그 여름의 마지막 날, 자녀목 ●감독상=정진우(자녀목) ●남우주연상=윤일봉(가고파) ●여우주연상=이미숙(그해 겨울은 따뜻했네)

▷1983년 제22회
●작품상=일송정 푸른 솔은, 내가 마지막 본 홍남, 여인 잔혹사 물레야 물레야, 전통 다도 ●감독상=이두용(여인 잔혹사 물레야 물레야) ●남우주연상=안성기(안개마을) ●여우주연상=장미희(적도의 꽃)

▷1982년 제21회
●작품상=철인들, 아벤고 공수군단, 낮은 데로 임하소서, 전통 도예 ●감독상=이장호(낮은 데로 임하소서) ●남우주연상=안성기(철인들) ●여우주연상=김보연(꼬방동네 사람들)

▷1981년 제20회
●작품상=초대받은 사람들 ●감독상=임권택(만다라) ●남우주연상=남궁 원(피막) ●여우주연상=정윤희(앵무새 몸으로 울었다)

▷1980년 제19회
●작품상=사람의 아들 ●감독상=이장호(바람 불어 좋은 날) ●남우주연상=이대근(뻐꾸기도 밤에 우는가) ●여우주연상=정윤희(뻐꾸기도 밤에 우는가)

▷1979년 제18회
●작품상=깃발 없는 기수 ●감독상=정진우(심봤다) ●남우주연상=최불암(달려라 만석아) ●여우주연상=유지인(심봤다)

▷1978년 제17회
●작품상=경찰관 ●감독상=임권택(족보) ●남우주연상=하명중(족보) ●여우주연상=고은아(과부)

▷1977년 제16회
●작품상=난중일기 ●감독상=최인현(집념) ●남우주연상=김진규(난중일기) ●여우주연상=윤미라(고가)

▷1976년 제15회
●작품상=어머니 ●감독상=설태호(원산 공작) ●남우주연상=신일룡(아라비아의 열풍) ●여우주연상=최민희(빗속의 연인들)

▷1975년 제14회
●작품상=불꽃 ●감독상=이만희(삼포로 가는 길) ●남우주연상=하명중(불꽃) ●여우주연상=김지미(육체의 약속)

▷1974년 제13회
●작품상=토지 ●감독상=김수용(토지) ●남우주연상=박근형(이중섭) ●여우주연상=김지미(토지)

▷1973년 제12회
●작품상=홍의장군 ●감독상=최훈(수선화) ●남우주연상=남궁 원(다정다한) ●여우주연상=윤연경(비련의 벙어리 삼룡)

▷1972년 제11회
●작품상=안중근 ●감독상=신상옥(평양 폭격대) ●남우주연상=황해(평양 폭격대) ●여우주연상=고은아(며느리)

▷1971년 제10회
●작품상=무명의 교사 ●감독상=유현목(분례기) ●남우주연상=장동휘(대전장) ●여우주연상=윤정희(분례기)

▷1970년 제2회 대한민국문화예술상과 통합, 영화부문 시나리오상=최금동
▷1969년 제1회 대한민국문화예술상과 통합, 영화부문 수상자 없음

▷1968년 제7회
●작품상=대원군 ●감독상=신상옥(대원군) ●남우주연상=신성일(이상의 날개) ●여우주연상=문희(카인의 후예)

▷1967년 제6회
●작품상=귀로 ●감독상=김수용(안개) ●남우주연상=박노식(고발) ●여우주연상=문정숙(귀로)

▷1966년 제5회
●작품상=갯마을 ●감독상=유현목(순교자) ●남우주연상=김진규(태양은 다시 뜬다) ●여우주연상=최은희(민며느리)

▷1965년 제4회
●작품상=벙어리 삼룡이 ●감독상=신상옥(벙어리 삼룡이) ●남우주연상=신영균(달기) ●여우주연상=최은희(청일전쟁과 여걸 민비)

▷1964년 제3회
●작품상=혈맥 ●감독상=이만희(돌아오지 않는 해병) ●남우주연상=김승호(혈맥) ●여우주연상=황정순(혈맥)

▷1963년 제2회
●작품상=열녀문 ●감독상=유현목(아낌없이 주련다) ●남우주연상=신영균(열녀문) ●여우주연상=도금봉(새댁)

▷1962년 제1회
●작품상=연산군 ●감독상=신상옥(사랑방 손님과 어머니) ●남우주연상=신영균(연산군) ●여우주연상=최은희(상록수)

(※출처 : 대종상영화제 조직위원회)

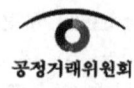

공정거래위원회

표준약관 제10063호
(2009. 7. 6. 제정)

대중문화예술인(연기자 중심) 표준전속계약서

표준약관 제10063호(2009. 7. 6. 제정)

[매니지먼트사]　　　　　　　(이하 '갑' 이라 한다)[와, 과]

[대중문화예술인]　　　(본명 :　　) (이하 '을' 이라 한다)[는, 은]

다음과 같이 전속 매니지먼트 계약을 체결한다.[120]

제1조 (목적)

이 계약은 을이 대중문화예술인으로서의 활동(이하 "연예활동" 이라 한다)에 대한 매니지먼트 권한을 갑에게 위임하고, 이에 따라 갑이 그 권한을 행사하는 데에 있어서 필요한 제반 사항을 정함으로써, 연예활동에 있어서의 갑과 을의 상호의 이익과 발전을 도모함에 그 목적이 있다.

제2조 (매니지먼트 권한의 부여 등)

① 을은 갑에게 제3조에서 정하는 연예활동에 대한 독점적 매니지먼트 권한을 위임하고, 갑은 이러한 매니지먼트 권한을 위임 받아 행사한다. 다만 을이 갑에게 위 독점적인 매니지먼트 권한의 일부를 위임하는 것을 유보하기로 양 당사자가 합의하는 경우에는 그러하지 아니 하다.

② 갑은 을이 자기의 재능과 실력을 최대한 발휘할 수 있도록 성실히 매니지먼트 권한을 행사하여야 하고, 갑의 매니지먼트 권한 범위 내에서의 연예활동과 관련하여 을의 사생활보장 등 을의 인격권이 대내외적으로 침해되지 않도록 최대한 노력한다.

③ 을은 계약기간 중 갑이 독점적으로 권한을 행사하도록 되어 있는 연예활동과 관련하여 갑의 사전승인 없이 자기 스스로 또는 갑 이외의 제3자를 통하여 출연교섭을 하거나 연예활동을 하여서는 아니 된다.

제3조 (연예활동의 범위 및 매체)

① 을의 연예활동은 다음 각 호의 활동을 말한다.

1. 배우·모델·성우·TV 탤런트 등 연기자로서의 활동 및 그에 부수하는 방송출연, 광고출연, 행사진행 등의 활동

2. 작사, 작곡, 연주, 가창 등 뮤지션으로서의 활동(단, 갑의 독점적 매니지먼트의 대상이 되는 범위에 대하여는 갑과 을이 별도로 합의하는 바에 따른다)

3. 기타 위 제1호 또는 제2호의 활동과 밀접히 관련되거나 문예·미술 등의 창작활동 등으로서 갑과 을이 별도로 합의한 활동

---

120) 출처: 공정거래위원회.

② 을의 연예활동을 위한 매체 등은 다음 각 호와 같다.

1. TV(지상파 방송, 위성방송, 케이블, CCTV, IPTV 기타 새로운 영상매체를 포함한다) 및 라디오, 모바일기기, 인터넷 등

2. 레코드, CD, LDP, MP3, DVD 기타 음원 및 영상물의 고정을 위한 일체의 매체물과 비디오테이프, 비디오디스크 기타 디지털 방식을 포함한 일체의 영상 녹음물

3. 영화, 무대공연, 이벤트 및 행사, 옥외광고

4. 포스터, 스틸 사진, 사진집, 신문, 잡지, 단행본 기타 인쇄물

5. 저작권, 초상권 및 캐릭터를 이용한 각종 사업이나 뉴미디어 등으로 갑과 을이 별도로 합의한 사업이나 매체

③ 제1항 및 제2항의 규정에도 불구하고 구체적인 연예활동 범위와 연예활동 매체 등은 갑과 을이 부속 합의서에서 달리 정할 수 있다.

제4조 (갑의 매니지먼트 권한 및 의무 등)

① 갑이 제2조에 따라 행사하는 을에 대한 매니지먼트 권한 및 의무의 범위는 다음 각 호와 같다.

1. 연예활동에 필요한 능력의 습득 또는 향상을 위한 일체의 교육실시 또는 위탁

2. 제3조 제1항의 연예활동을 위한 계약교섭 및 계약체결

3. 제3조 제2항의 매체에 대한 출연교섭

4. 을의 연예활동에 대한 홍보 및 광고

5. 제3자로부터 을의 연예활동에 대한 출연료 등 대가 수령 및 관리

6. 연예활동 일정의 관리

7. 콘텐츠의 기획·제작, 유통 및 판매

8. 기타 을의 연예활동을 위한 제반 지원

② 갑은 을을 대리하여 제3자와 을의 연예활동에 관한 계약의 조건과 이행방법 등을 협의 및 조정하여 계약을 체결할 권한을 가지는데, 그 대리권을 행사함에 있어 갑은 을의 신체적, 정신적 준비상황을 반드시 고려하여야 하고, 급박한 사정이 없는 한 미리 을에게 계약의 내용 및 일정 등을 사전에 설명하여야 하며, 또 을의 명시적인 의사표명에 반하는 계약을 체결해서는 아니 된다.

③ 갑은 을의 연예활동과 관련하여 계약기간 이후에도 효력을 미치는 계약을 교섭·체결하기 위해서는 을의 동의를 얻어야 한다.

④ 을의 연예활동을 제3자가 침해하거나 방해하는 경우 갑은 그 침해나 방해를 배제하기 위한 필요한 조치를 취해야 한다.

⑤ 갑은 이 계약에 따른 을의 연예활동 또는 연예활동 준비 이외에 을의 사생활이나 인격권을 침해하거나 침해할 우려가 있는 행위를 요구하여서는 아니 되고, 부당한 금품을 요구하여서도 아니 된다.

제5조 (을의 일반적 권한 및 의무)

① 을은 제2조에 따라 갑이 위임받아 행사되는 매니지먼트 활동에 대하여 언제든지 자신의 의견을 제시할 수 있고, 필요한 경우 을의 연예활동과 관련된 자료나 서류 등을 열람 또는 복사해줄 것을 갑에게 요청할 수 있고, 갑은 이에 응해야 한다.

② 을은 갑의 매니지먼트 권한 행사에 따라 자신의 재능과 실력을 최대한 발휘하여 연예활동을 하여야 한다.

③ 을은 연예활동에 지장을 초래할 정도로 대중문화예술인으로서의 품위를 손상시키는 행위를 해서는 아니 되며, 갑의 명예나 신용을 훼손하는 행위를 해서도 아니 된다.

④ 을은 갑이 제4조 제5항의 규정에도 불구하고 부당한 요구를 하는 경우에는 이를 거부할 수 있다.

⑤ 을은 계약기간 중 갑의 사전 동의 없이는 제3자와 이 계약과 동일하거나 유사한 계약을 체결하는 등 이 계약을 부당하게 파기 또는 침해하는 행위를 하여서는 아니 된다.

제6조 (을의 인성교육 및 정신건강 지원)

갑은 을이 대중문화예술인으로서 자질과 인성을 갖추는데 필요한 교육을 제공할 수 있고, 을에게 극도의 우울증세 등이 발견될 경우 을의 동의 하에 적절한 치료 등을 지원할 수 있다.

제7조 (수익의 분배 등)

① 수익분배방식(예: 슬라이딩 시스템)이나 구체적인 분배비율은 갑과 을이 별도로 합의하여 정한다. 이때 수익분배의 대상이 되는 수익은 을의 연예활동으로 발생한 모든 수입(을과 관련된 콘텐츠 판매와 관련된 수입도 포함)에서 을의 공식적인 연예활동으로 현장에서 직접적으로 소요되는 비용(차량유지비, 의식주 비용, 교통비 등 연예활동의 보조·유지를 위해 필요적으로 소요되는 실비)과 광고수수료 비용 및 기타 갑이 을의 동의 하에 지출한 비용을 공제한 금액을 말한다.

② 갑은 자신의 매니지먼트 권한 범위 내에서 을의 연예활동에 필요한 능력의 습득 및 향상을 위한 교육(훈련)에 소요되는 제반비용을 원칙적으로 부담하며, 을의 의사에 반하여 불필요한 비용을 을에게 부담시켜서는 아니 된다.

③ 을은 연예활동과 무관한 비용을 갑에게 부담시켜서는 아니 된다.

④ 이 계약을 통하여 얻는 모든 수입은 일단 갑이 수령하여 매월 (   )일자로 정산하여 다음 달 (   )일까지 을이 지정하는 입금계좌로 지급한다. 단, 매월 정산하기 어려운 부분에 대해서는 을에게 이러한 사실을 알리고 별도의 정산주기 및 지급일을 정할 수 있다.

⑤ 을의 귀책사유로 갑이 을을 대신하여 제3자에게 배상한 금원이 있는 경우 을의 수입에서 그 배상비용을 우선 공제할 수 있다.

⑥ 갑은 정산금 지급과 동시에 정산자료(총 수입과 비용공제내용 등을 증빙할 수 있는 자료)를 을에게 제공하여야 한다. 을은 정산자료를 수령한 날로부터 30일 이내에 정산내역에 대하여 공제된 비용이 과다 계상되었거나 을의 수입이 과소 계상되었다는 등 갑에게 이의를 제기할 수 있고, 갑은 그 정산근거를 성실히 제공하여야 한다.

⑦ 갑과 을은 각자의 소득에 대한 세금을 각자 부담한다.

제8조 (상표권 등)

갑은 계약기간 중 본명, 예명, 애칭을 포함하여 을의 모든 성명, 사진, 초상, 필적, 기타 을의 동일성(identity)을 나타내는 일체의 것을 사용하여 상표나 디자인 기타 유사한 지적재산권을 개발하고, 갑의 이름으로 이를 등록하거나 을의 연예활동 또는 갑의 업무와 관련하여 이용(제3자에 대한 라이선스 포함)할 수 있는 권리를 갖는다. 다만 계약기간이 종료된 이후에는 모든 권리를 을에게 이전하여야 하며, 갑이 지적재산권 개발에 상당한 비용을 투자하는 등 특별한 기여를 한 경우에는 을에게 정당한 대가를 요구할 수 있다.

제9조 (퍼블리시티권 등)

① 갑은 계약기간에 한하여 본명, 예명, 애칭을 포함하여 을의 모든 성명, 사진, 초상, 필적, 음성, 기타 을의 동일성(identity)을 나타내는 일체의 것을 을의 연예활동 또는 갑의 업무와 관련하여 이용할 수 있는 권한을 가지며, 계약기간이 종료되면 그 이용권한은 즉시 소멸된다.

② 갑은 제1항의 권한을 행사함에 있어 을의 명예나 기타 을의 인격권이 훼손되는 방식으로 행사하여서는 아니 된다.

제10조 (콘텐츠 귀속 등)

① 계약기간 중에 을과 관련하여 갑이 개발·제작한 콘텐츠(이 계약에서 "콘텐츠"라 함은 을의 연예활동과 관련하여 제3조 제2항의 매체 등을 통해 개발·제작된 결과물을 말한다)는 갑에게 귀속되며, 을의 실연이 포함된 콘텐츠의 이용을 위하여 필요한 권리는 발생과 동시에 자동적으로 갑에게 부여된다.

② 계약종료 이후 제1항에 따라 매출이 발생할 경우, 갑은 을에게 매출의   %를 정산하여 (   ) 개월 단위로 지급한다. 다만, 을이 갑에게 지급하여야 할 금원이 있는 경우에는 위 정산금에서 우선 공제할 수 있고, 갑은 을의 요구가 있는 때에는 정산금 지급과 동시에 정산자료를 을에게 제공하여야 한다.

③ 이 조항과 관련하여 갑은 대한민국 저작권 관련 법령에 따라 보호되는 을의 저작권 및 저작인접권(실연권)을 인정하고, 을은 자신의 저작권 및 저작인접권(실연권) 활용을 통해 갑의 콘텐츠 유통 등을 통한 매출확대 및 수익구조 다변화를 기할 수 있도록 적극 협력한다.

제11조 (권리 침해에 대한 대응)

제3자가 제8조 내지 제10조에 규정된 권리를 침해하는 경우, 갑은 갑 자신의 책임과 비용으로 그 침해를 배제하기 위한 조치를 취해야 하며, 을은 이와 같은 갑의 침해배제조치에 협력한다.

제12조 (계약의 적용지역)

이 계약의 적용범위는 대한민국을 포함한 전 세계 지역으로 한다.

제13조 (계약기간)

① 이 계약의 계약기간은 7년을 초과하지 않는 범위 내에서
_____년 _____월 _____일부터 _____년 _____월 _____일까지(_____년 _____개월)로 한다.

② 계약기간 중 다음 각 호의 어느 하나와 같이 을의 개인 신상에 관한 사유로 을이 정상적인 연예활동을 할 수 없게 된 경우에는 그 기간만큼 계약기간이 연장되는 것으로 하며, 구체적인 연장일수는 갑과 을이 합의하여 정한다.

1. 군복무를 하는 경우
2. 임신·출산 및 육아, 대학원에 진학하는 경우
3. 연예활동과 무관한 사유로 인하여 병원 등에 연속으로 30일 이상 입원하는 경우
4. 기타 을의 책임 있는 사유로 연예활동을 할 수 없게 된 경우

제14조 (확인 및 보증)

① 갑은 을에 대해 계약체결 당시 제4조 제1항의 매니지먼트 권한 및 의무를 행사하는데 필요한 인적·물적 자원을 보유하거나 그러한 능력을 갖추고 있다는 것을 확인하고 보증한다.

② 을은 갑에 대해 다음 각 호의 사항을 확인하고 보증한다.

1. 이 계약을 유효하게 체결하는데 필요한 권리 및 권한을 보유하고 있다는 것
2. 이 계약의 체결이 제3자와의 다른 계약을 침해하지 않는다는 것
3. 계약기간 중 이 계약내용과 저촉되는 계약을 제3자와 체결하지 않는다는 것

제15조 (계약내용의 변경)

이 계약내용 중 일부를 변경할 필요가 있는 경우에는 갑과 을의 서면합의에 의하여 변경할 수 있으며, 그 서면합의에서 달리 정함이 없는 한, 변경된 사항은 그 다음 날부터 효력을 가진다.

제16조 (권리 등의 양도)

갑은 을의 사전 서면동의를 얻은 후 이 계약상 권리 또는 지위의 전부 또는 일부를 제3자에게 양도할 수 있다.

제17조 (계약의 해제 또는 해지 등)

① 갑 또는 을이 이 계약상의 내용을 위반하는 경우, 그 상대방은 위반자에 대하여 14일 간의 유예기간을 정하여 위반사항을 시정할 것을 먼저 요구하고, 그 기간 내에 위반사항이 시정되지 아니하는 경우에 상대방은 계약을 해제 또는 해지하고, 손해배상을 청구할 수 있다.

② 갑이 계약내용에 따른 자신의 의무를 충실히 이행하고 있음에도 불구하고, 을이 계약기간 도중에 계약을 일방적으로 파기할 목적으로 계약상의 내용을 위반한 경우에는 을은 제1항의 손해 배상과는 별도로 계약 잔여기간 동안 을의 연예활동으로 인해 발생된 매출액의 _____%를 위약

벌로 갑에게 지급한다. 단, 위약벌은 을의 연예활동으로 인해 발생된 매출액의 15%를 넘지 못한다.

③ 계약해지일 현재 이미 발생한 당사자들의 권리·의무는 이 계약의 해지로 인하여 영향을 받지 않는다.

제18조 (불가항력에 따른 계약종료)

을이 중대한 질병에 걸리거나 상해를 당하여 연예활동을 계속하기 어려운 사정이 발생한 경우 이 계약은 종료되며, 이 경우에 갑은 을에게 손해배상 등을 청구할 수 없다.

제19조 (비밀유지)

갑과 을은 이 계약의 내용 및 이 계약과 관련하여 알게 된 상대방의 업무상의 비밀을 제3자에게 정당한 사유 없이 누설하여서는 아니 되며, 이를 비밀로 유지하여야 한다. 이 비밀유지의무는 계약기간 종료 후에도 유지된다.

제20조 (분쟁해결)

① 이 계약에서 발생하는 모든 분쟁은 갑과 을이 자율적으로 해결하도록 노력한다.

② 제1항에 따라 해결되지 않을 때에는 다음 중 (   )에 따라 해결한다.

1. 중재법에 의하여 설치된 대한상사중재원의 중재(仲裁)

☞ '중재' 란 분쟁을 해당 분야 전문가들의 판정에 의해 해결하는 제도인데, 소송(3심제)과는 달리 단심으로 끝남 (중재판정은 법원의 확정판결과 동일한 효력)

2. 민사소송법 등에 따른 법원에서의 소송(訴訟)

제21조 (부속 합의)

① 갑과 을은 이 계약의 내용을 보충하거나, 이 계약에서 정하지 아니한 사항을 규정하기 위하여 부속 합의서를 작성할 수 있다.

② 제15조에 따른 계약내용 변경 및 제1항에 따른 부속 합의는 이 계약의 내용과 배치되거나 위반하지 않는 범위로 한정한다.

이 계약의 성립 및 내용을 증명하기 위하여 계약서 2부를 작성하고, 갑과 을이 서명 날인 후 각 1부씩 보관한다.

_____년 _____월 _____일

갑 : 매니지먼트사
주 소 :
회사명 :
대표자 :   인
을 : 대중문화예술인
주 소 :
주민등록번호 :
성 명(실명) :   인
[개인인감증명서 및 주민등록등본 첨부]

을의 법정대리인(을이 미성년자인 경우)
을과의 관계 :
주 소 :
주민등록번호 :
성 명(실명) :   인
[개인인감증명서 및 주민등록등본 첨부]

〈 첨 부 〉
1. 부속 합의서

대중문화예술인(가수 중심) 표준전속계약서

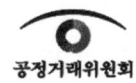

공정거래위원회

표준약관 제10062호
(2009. 7. 6. 제정)

표준약관 제10062호(2009. 7. 6. 제정)

[프로덕션]   (이하 '갑' 이라 한다)[와, 과]

[아티스트]   (본명 :   )(이하 '을' 이라 한다)[는, 은]

다음과 같이 전속계약을 체결함에 있어 상호 신의성실로서 이를 이행한다.

제1조 (목적)

이 계약은 갑과 을이 서로의 이익과 발전을 위하여 적극적으로 협력하는 것을 전제로, 을은 최선의 노력을 통해 자신의 재능과 자질을 발휘하여 자기 발전을 도모함은 물론, 대중문화예술인으로서 명예와 명성을 소중히 하여야 하며, 갑은 을의 재능과 자질이 최대한 발휘될 수 있도록 매니지먼트 서비스를 충실히 이행하고 을의 이익이 극대화되도록 최선을 다함으로써 상호 이익을 도모함에 그 목적이 있다.

제2조 (매니지먼트 권한의 부여 등)

① 을은 갑에게 제4조에서 정하는 대중문화예술인으로서의 활동(이하 "연예활동" 이라 한다)에 대한 독점적인 매니지먼트 권한을 위임하고, 갑은 이러한 매니지먼트 권한을 위임 받아 행사한다. 다만 을이 갑에게 위 독점적인 매니지먼트 권한의 일부를 위임하는 것을 유보하기로 양 당사자가 합의하는 경우에는 그러하지 아니 하다.

② 갑은 을이 자기의 재능과 실력을 최대한 발휘할 수 있도록 성실히 매니지먼트 권한을 행사하여야 하고, 갑의 매니지먼트 권한 범위 내에서의 연예활동과 관련하여 을의 사생활보장 등 을의 인격권이 대내외적으로 침해되지 않도록 최대한 노력한다.

③ 을은 계약기간 중 갑이 독점적으로 권한을 행사하도록 되어 있는 연예활동과 관련하여 갑의 사전승인 없이 자기 스스로 또는 갑 이외의 제3자를 통하여 출연교섭을 하거나 연예활동을 하여서는 아니 된다.

제3조 (계약기간 등)

① 이 계약의 계약기간은

_____년 _____월 _____일부터 _____년 _____월 _____일까지

(_____년 _____개월)로 한다.

② 제1항에 따른 계약기간이 7년을 초과하여 정해진 경우, 을은 7년이 경과되면 언제든지 이 계약의 해지를 갑에게 통보할 수 있고, 갑이 그 통보를 받은 날로부터 6개월이 경과하면 이 계약은 종료한다.

③ 다음 각 호의 어느 하나에 해당하는 경우에는 제2항의 규정에도 불구하고 갑과 을이 별도로 서면으로 합의하는 바에 따라 해지권을 제한할 수 있다.

1. 장기의 해외활동을 위해 해외의 매니지먼트 사업자와의 계약체결 및 그 계약이행을 위하여 필요한 경우

2. 기타 정당한 사유로 장기간 계약이 유지될 필요가 있는 경우

④ 계약기간 중 다음 각 호의 어느 하나와 같이 을의 개인 신상에 관한 사유로 을이 정상적인 연예활동을 할 수 없게 된 경우에는 그 기간만큼 계약기간이 연장되는 것으로 하며, 구체적인 연장일수는 갑과 을이 합의하여 정한다.

1. 군복무를 하는 경우

2. 임신·출산 및 육아, 대학원에 진학하는 경우

3. 연예활동과 무관한 사유로 인하여 병원 등에 연속으로 30일 이상 입원하는 경우

4. 기타 을의 책임 있는 사유로 연예활동을 할 수 없게 된 경우

⑤ 이 계약의 적용범위는 대한민국을 포함한 전 세계 지역으로 한다.

제4조 (연예활동의 범위 및 매체)

① 을의 연예활동은 다음 각 호의 활동을 말한다.

1. 작사·작곡·연주·가창 등 뮤지션으로서의 활동 및 그에 부수하는 방송출연, 광고출연, 행사진행 등의 활동

2. 배우, 모델, 성우, TV탤런트 등 연기자로서의 활동(단, 갑의 독점적 매니지먼트의 대상이 되는 범위에 대하여는 갑과 을이 별도로 합의하는 바에 따른다)

3. 기타 위 제1호 또는 제2호의 활동과 밀접히 관련되거나 문예·미술 등의 창작활동 등으로서 갑과 을이 별도로 합의한 활동

② 을의 연예활동을 위한 매체 등은 다음 각 호와 같다.

1. TV(지상파 방송, 위성방송, 케이블, CCTV, IPTV 기타 새로운 영상매체를 포함한다) 및 라디오, 모바일기기, 인터넷 등

2. 레코드, CD, LDP, MP3, DVD 기타 음원 및 영상물의 고정을 위한 일체의 매체물과 비디오테이프, 비디오디스크 기타 디지털방식을 포함한 일체의 영상 녹음물

3. 영화, 무대공연, 이벤트 및 행사, 옥외광고

4. 포스터, 스틸 사진, 사진집, 신문, 잡지, 단행본 기타 인쇄물

5. 저작권, 초상권 및 캐릭터를 이용한 각종 사업이나 뉴미디어 등으로 갑과 을이 별도로 합의한 사업이나 매체

③ 제1항 및 제2항의 규정에도 불구하고 구체적인 연예활동 범위와 연예활동 매체 등은 갑과 을이 부속 합의서에서 달리 정할 수 있다.

제5조 (갑의 매니지먼트 권한 및 의무 등)

① 갑은 이 계약에 따라 을에 대하여 다음 각 호의 매니지먼트 권한 및 의무를 가진다.

1. 필요한 능력의 습득 및 향상을 위한 일체의 교육실시 또는 위탁

2. 제4조 제1항의 연예활동을 위한 계약의 교섭 및 체결

3. 제4조 제2항의 매체에 대한 출연교섭

4. 을의 연예활동에 대한 홍보 및 광고

5. 제3자로부터 을의 연예활동에 대한 대가 수령 및 관리

6. 연예활동에 대한 기획, 구성, 연출, 일정관리

7. 콘텐츠의 기획·제작, 유통 및 판매

8. 기타 을의 연예활동을 위한 제반 지원

② 갑은 을을 대리하여 제3자와 을의 연예활동에 관한 계약의 조건과 이행방법 등을 협의 및 조정하여 계약을 체결할 권한을 가지는데, 그 대리권을 행사함에 있어 갑은 을의 신체적, 정신적 준비상황을 반드시 고려하여야 하고, 급박한 사정이 없는 한 미리 을에게 계약의 내용 및 일정 등을 사전에 설명하여야 하며, 또 을의 명시적인 의사표명에 반하는 계약을 체결해서는 아니 된다.

③ 갑은 을의 연예활동과 관련하여 계약기간 이후에도 효력을 미치는 계약을 교섭·체결하기 위해서는 을의 동의를 얻어야 한다.

④ 을의 연예활동을 제3자가 침해하거나 방해하는 경우 갑은 그 침해나 방해를 배제하기 위한 필요한 조치를 취해야 한다.

⑤ 갑은 이 계약에 따른 을의 연예활동 또는 연예활동 준비 이외에 을의 사생활이나 인격권을 침해하거나 침해할 우려가 있는 행위를 요구하여서는 아니 되고, 부당한 금품을 요구하여서도 아니 된다.

⑥ 갑은 을의 사전 서면동의를 얻은 후 이 계약상 권리 또는 지위의 전부 또는 일부를 제3자에게 양도할 수 있다.

제6조 (을의 일반적 권한 및 의무)

① 을은 제2조 및 제5조에 따라 행사되는 갑의 매니지먼트 활동에 대하여 언제든지 자신의 의견을 제시할 수 있고, 필요한 경우 을의 연예활동과 관련된 자료나 서류 등을 열람 또는 복사해 줄 것을 갑에게 요청할 수 있고, 갑은 이에 응해야 한다.

② 을은 갑의 매니지먼트 권한 행사에 따라 자신의 재능과 실력을 최대한 발휘하여 연예활동을 하여야 한다.

③ 을은 연예활동에 지장을 초래할 정도로 대중문화예술인으로서의 품위를 손상시키는 행위를 해서는 아니 되며, 갑의 명예나 신용을 훼손하는 행위를 해서도 아니 된다.

④ 을은 갑이 제5조 제5항의 규정에도 불구하고 부당한 요구를 하는 경우에는 이를 거부할 수 있다.

⑤ 을은 계약기간 중 갑의 사전 동의 없이는 제3자와 이 계약과 동일하거나 유사한 계약을 체결하는 등 이 계약을 부당하게 파기 또는 침해하는 행위를 하여서는 아니 된다.

제7조 (을의 인성교육 및 정신건강 지원)

갑은 을이 대중문화예술인으로서 자질과 인성을 갖추는데 필요한 교육을 제공할 수 있고, 을에게 극도의 우울증세 등이 발견될 경우 을의 동의 하에 적절한 치료 등을 지원할 수 있다.

제8조 (상표권 등)

갑은 계약기간 중 본명, 예명, 애칭을 포함하여 을의 모든 성명, 사진, 초상, 필적, 기타 을의 동일성(identity)을 나타내는 일체의 것을 사용하여 상표나 디자인 기타 유사한 지적재산권을 개발하고, 갑의 이름으로 이를 등록하거나 을의 연예활동 또는 갑의 업무와 관련하여 이용(제3자에 대한 라이선스 포함)할 수 있는 권리를 갖는다. 다만 계약기간이 종료된 이후에는 모든 권리를 을에게 이전하여야 하며, 갑이 지적재산권 개발에 상당한 비용을 투자하는 등 특별한 기여를 한 경우에는 을에게 정당한 대가를 요구할 수 있다.

제9조 (퍼블리시티권 등)

① 갑은 계약기간에 한하여 본명, 예명, 애칭을 포함하여 을의 모든 성명, 사진, 초상, 필적, 음성, 기타 을의 동일성(identity)을 나타내는 일체의 것을 을의 연예활동 또는 갑의 업무와 관련하여 이용할 수 있는 권한을 가지며, 계약기간이 종료되면 그 이용권한은 즉시 소멸된다.

② 갑은 제1항의 권한을 행사함에 있어 을의 명예나 기타 을의 인격권이 훼손되는 방식으로 행사하여서는 아니 된다.

제10조 (콘텐츠 귀속 등)

① 계약기간 중에 을과 관련하여 갑이 개발·제작한 콘텐츠(이 계약에서 "콘텐츠"라 함은 을의 연예활동과 관련하여 제4조 제2항의 매체를 통해 개발·제작된 결과물을 말한다)는 갑에게 귀속되며, 을의 실연이 포함된 콘텐츠의 이용을 위하여 필요한 권리는 발생과 동시에 자동적으로 갑에게 부여된다.

② 계약종료 이후 제1항에 따라 매출이 발생할 경우, 갑은 을에게 매출의 _____%를 정산하여 (   )개월 단위로 지급한다. 다만, 을이 갑에게 지급하여야 할 금원이 있는 경우에는 위 정산금에서 우선 공제할 수 있고, 갑은 을의 요구가 있는 때에는 정산금 지급과 동시에 정산자료를 을에게 제공하여야 한다.

③ 계약종료 후 1년간 을은 갑이 을을 통하여 개발·제작한 콘텐츠의 소재가 된 것과 동일 또는 유사한 것을 해당 콘텐츠와 동일 또는 유사한 형태의 콘텐츠(예컨대, 가수가 동일 곡을 재가창한 음반, 디지털파일 등의 녹음물)로 직접 또는 제3자를 통하여 제작하여 사용하거나 판매할 수 없다.

④ 이 조항과 관련하여 갑은 대한민국 저작권 관련 법령에 따라 보호되는 을의 저작권 및 저작인접권(실연권)을 인정하고, 을은 자신의 저작권 및 저작인접권(실연권) 활용을 통해 갑의 콘텐츠 유통 등을 통한 매출확대 및 수익구조 다변화를 기할 수 있도록 적극 협력한다.

제11조 (권리 침해에 대한 대응)

제3자가 제8조 내지 제10조에 규정된 권리를 침해하는 경우, 갑은 갑 자신의 책임과 비용으로 그 침해를 배제하기 위한 조치를 취해야 하며, 을은 이와 같은 갑의 침해배제조치에 협력한다.

제12조 (수익의 분배 등)

① 이 계약을 통하여 얻는 모든 수입은 일단 갑이 수령하며, 아래 제2항 및 제3항에 따라 분배한다. 단, 을이 그룹의 일원으로 활동할 경우, 해당 연예활동으로 인한 수입에 대해서는 해당 그룹의 인원수로 나눈다.

② 음반 및 콘텐츠 판매와 관련된 수입은 각종 유통 수수료, 저작권료, 실연료 등의 비용을 공제한 후 갑과 을이 분배하여 가지는데, 그 분배방식(예: 슬라이딩 시스템)이나 구체적인 분배비율은 갑과 을이 별도로 합의하여 정한다.

③ 연예활동과 관련된 수익에 대한 수익분배방식(예: 슬라이딩 시스템)이나 구체적인 분배비율도 갑과 을이 별도로 합의하여 정한다. 이때 수익분배의 대상이 되는 수익은 을의 연예활동으로 발생한 모든 수입에서 을의 공식적인 연예활동으로 현장에서 직접적으로 소요되는 비용(차량유지비, 의식주 비용, 교통비 등 연예활동의 보조·유지를 위해 필요적으로 소요되는 실비)과 광고수수료 비용 및 기타 갑이 을의 동의 하에 지출한 비용을 공제한 금액을 말한다.

④ 갑은 자신의 매니지먼트 권한 범위 내에서 을의 연예활동에 필요한 능력의 습득 및 향상을 위한 교육(훈련)에 소요되는 제반비용을 원칙적으로 부담하며, 을의 의사에 반하여 불필요한 비용을 을에게 부담시켜서는 아니 된다.

⑤ 을은 연예활동과 무관한 비용을 갑에게 부담시켜서는 아니 된다.

⑥ 을의 귀책사유로 갑이 을을 대신하여 제3자에게 배상한 금원이 있는 경우 을의 수입에서 그 배상비용을 우선 공제할 수 있다.

⑦ 갑은 을에게 분배할 금원을 매월 (   )일자로 정산하여 다음 달 (   )일까지 을이 지정하는 입금계좌로 지급한다. 단, 매월 정산하기 어려운 부분에 대해서는 을에게 이러한 사실을 알리고 별도의 정산주기 및 지급일을 정할 수 있다.

⑧ 갑은 정산금 지급과 동시에 정산자료(총 수입과 비용공제내용 등을 증빙할 수 있는 자료)를 을에게 제공하여야 한다. 을은 정산자료를 수령한 날로부터 30일 이내에 정산내역에 대하여 공제된 비용이 과다 계상되었거나 을의 수입이 과소 계상되었다는 등 갑에게 이의를 제기할 수 있고, 갑은 그 정산근거를 성실히 제공하여야 한다.

⑨ 갑과 을은 각자의 소득에 대한 세금을 각자 부담한다.

제13조 (확인 및 보증)

① 갑은 을에 대해 계약체결 당시 제5조 제1항의 매니지먼트 권한 및 의무를 행사하는데 필요한 인적·물적 자원을 보유하거나 그러한 능력을 갖추고 있다는 것을 확인하고 보증한다.

② 을은 갑에 대해 다음 각 호의 사항을 확인하고 보증한다.

1. 이 계약을 유효하게 체결하는데 필요한 권리 및 권한을 보유하고 있다는 것
2. 이 계약의 체결이 제3자와의 다른 계약을 침해하지 않는다는 것
3. 계약기간 중 이 계약내용과 저촉되는 계약을 제3자와 체결하지 않는다는 것

제14조 (계약내용의 변경)

이 계약내용 중 일부를 변경할 필요가 있는 경우에는 갑과 을의 서면합의에 의하여 변경할 수 있으며, 그 서면합의에서 달리 정함이 없는 한, 변경된 사항은 그 다음 날부터 효력을 가진다.

제15조 (계약의 해제 또는 해지)

① 갑 또는 을이 이 계약상의 내용을 위반하는 경우, 그 상대방은 위반자에 대하여 14일 간의 유예기간을 정하여 위반사항을 시정할 것을 먼저 요구하고, 그 기간 내에 위반사항이 시정되지 아니하는 경우에 상대방은 계약을 해제 또는 해지하고, 손해배상을 청구할 수 있다.

② 갑이 계약내용에 따른 자신의 의무를 충실히 이행하고 있음에도 불구하고, 을이 계약기간 도중에 계약을 일방적으로 파기할 목적으로 계약상의 내용을 위반한 경우에는 을은 제1항의 손해배상과는 별도로 계약해지 당시를 기준으로 직전 2년간의 월평균 매출액에 계약 잔여기간 개월 수를 곱한 금액(을의 연예활동 기간이 2년 미만인 경우에는 실제 매출이 발생한 기간의 월평균 매출액에서 잔여기간 개월 수를 곱한 금액)을 위약벌로 갑에게 지급한다. 이 경우 계약 잔여기간은 제3조 제3항의 규정이 적용되는 경우가 아닌 한, 제3조 제1항에 따른 계약기간이 7년을 초과하는 경우에는 7년을 초과한 기간은 계약 잔여기간에서 제외한다.

③ 계약 해지일 현재 이미 발생한 당사자들의 권리·의무는 이 계약의 해지로 인하여 영향을 받지 않는다.

④ 을이 중대한 질병에 걸리거나 상해를 당하여 연예활동을 계속하기 어려운 사정이 발생한 경우 이 계약은 종료되며, 이 경우에 갑은 을에게 손해배상 등을 청구할 수 없다.

제16조 (비밀유지)

갑과 을은 이 계약의 내용 및 이 계약과 관련하여 알게 된 상대방의 업무상의 비밀을 제3자에게 정당한 사유 없이 누설하여서는 아니 되며, 이를 비밀로 유지하여야 한다. 이 비밀유지의무는 계약기간 종료 후에도 유지된다.

제17조 (분쟁해결)

① 이 계약에서 발생하는 모든 분쟁은 갑과 을이 자율적으로 해결하도록 노력한다.

② 제1항에 따라 해결되지 않을 때에는 다음 중 (   )에 따라 해결한다.

1. 중재법에 의하여 설치된 대한상사중재원의 중재(仲裁)

☞ '중재' 란 분쟁을 해당 분야 전문가들의 판정에 의해 해결하는 제도인데, 소송(3심제)과는 달리 단심으로 끝남 (중재판정은 법원의 확정판결과 동일한 효력)

2. 민사소송법 등에 따른 법원에서의 소송(訴訟)

제18조 (부속 합의)

① 갑과 을은 이 계약의 내용을 보충하거나, 이 계약에서 정하지 아니한 사항을 규정하기 위하여 부속 합의서를 작성할 수 있다.

② 을이 그룹의 일원으로 연예활동을 하는 경우에 제8조(상표권 등) 내지 제10조(콘텐츠 귀속

등)의 규정은 별도의 합의로 정할 수 있다.

③ 제14조에 따른 계약내용 변경 및 제1항에 따른 부속 합의는 이 계약의 내용과 배치되거나 위반하지 않는 범위로 한정한다.

이 계약의 성립 및 내용을 증명하기 위하여 계약서 2부를 작성하고, 갑과 을이 서명 날인 후 각 1부씩 보관한다.

계약체결 일시 :　　　년　　월　　일
계약체결 장소 :

갑 : 프로덕션
주 소 :
회사명 :
대표자 :　　　　　　　　인

을 : 아티스트
주 소 :
주민등록번호 :
성　명(실명) :　　　　　　　인
[개인인감증명서 및 주민등록등본 첨부]

을의 법정대리인(을이 미성년자인 경우)
을과의 관계 :
주 소 :
주민등록번호 :
성　명(실명) :　　　　　　　인
[개인인감증명서 및 주민등록등본 첨부]

〈 첨 부 〉
1. 부속 합의서

(※출처 : 공정거래위원회)

대중문화의 이론과 현장

지은이 최양묵 ● **펴낸이** 박영발 ● **펴낸곳** W미디어 ● **등록** 제2005-000030호 ● **1쇄 발행** 2011년 1월 10일

주소 서울 양천구 목동 907 현대월드타워 1905호 ● **전화** 6678-0708 ● **팩스** 6678-0309 ● **E-mail** wmedia@naver.com

ISBN 978-89-91761-43-8   03300

값 20,000원